온정신의 회복

마음챙김을 통한 자신과 세계 치유하기

Coming to Our Senses:
Healing Ourselves and the World Through Mindfulness
by Jon Kabat-Zinn

온정신의 회복

마음챙김을 통한 자신과 세계 치유하기

Coming to Our Senses

Healing Ourselves and the World Through Mindfulness

Jon Kabat-Zinn 저 | 안희영 · 김재성 · 이재석 공역

학지사

한국어판 서문

이 책을 번역한 이재석 씨, 김재성 교수, 안희영 박사에게 깊은 감사를 보낸다. 이 책의 저술은 내게 큰 흥밋거리였으며, 나는 이 책을 매우 소중히 여기고 있다. 이 책이 만만치 않은 저작이기 때문에 지난 몇 년간 이 책을 번역하고 교정하는 일을 이 분들이 얼마나 즐거워했는지 나로서는 알 수가 없다. 나는 이 책을 번역하고자 하는 이 분들의 초심이 한국의 독자들과 마음챙김과 MBSR(마음챙김에 근거한 스트레스 완화) 프로그램을 진정으로 나누고 싶은 강한 동기에서 비롯된 것임을 잘 알고 있다. 안희영 박사는 미국 매사추세츠 주립대학교 병원 마음챙김센터(미국 MBSR 본부)의 MBSR공인지도자로서 이 일을 실천하고 있으며, 나는 그를 깊이 존경한다. 이 책에 담긴 내용이 독자 여러분의 삶을 심원한 차원에서 풍요롭게 해 주기를 희망한다.

무엇보다도 독자들은 나에게 선을 지도해 주신 숭산스님의 영향과 1970년대 미국에서 나와 여러 미국 제자들을 지도한 그분의 노력을 알게 될 것이다. 숭산스님은 놀라운 스승이자 인간이었으며, 나는 지금까지 그분의 가르침을 값을 매길 수 없는 선물로 간직하고 있다.

당신이 마음챙김에서 무엇인가를 찾고 있다면, 당신이 찾고 있는 것뿐만이 아니라, 처음부터 찾고 있는 그 사람의 진면목을 밝히고 만족할 수 있는 깊은 차원에서 이 책이, 그리고 당신의 삶에서 당신이 하도록 고무되고 있는 마음챙김 수련이, 당신에게 영향을 미치기를 바란다. 아마도 그때 그 찾기는 끝날 것이며, 진정한 삶이 시작될 것이다. 우리는 이것을 온정신의 회복(coming to our senses), 즉 깨어남(waking up)이라고 부른다.

매사추세츠 렉싱턴

존 카밧진(Jon Kabat-Zinn)

역자 서문

이 책의 원제는 'Coming to Our Senses'로 '제정신을 되찾다' '잠이 깨다' '의식이 돌아오다'라는 뜻을 담고 있다. 이 책의 골자는 마음챙김(mindfulness)이라는 특별한 종류의 의식을 계발하여 유용하지만 파괴적일 수 있는 사고(thinking)의 차원을 넘어서 자각(awareness)이라고 하는 인류 궁극의 공통 경로를 온전하게 회복하자는 것이다. 이 책은 서구 사회에서 마음챙김을 일상의 삶 속으로 가져오는 데 큰 공헌을 한 MBSR 프로그램의 창시자 존 카밧진 박사님의 사상과 경험이 잘 드러나는 역작으로서 마음챙김, MBSR, 힐링과 성장이라는 주제에 관심이 있는 독자에게 꼭 추천하고 싶은 책이다. 원저가 처음 나왔을 때 기쁜 마음에 바로 국내에 소개해야겠다고 마음먹었지만 여러 사정으로 이제야 출간하게 되었다.

2014년 2월 3일자 시사주간지 『타임』은 '마음챙김 혁명(Mindful Revolution)'이라는 제목의 특집기사를 실었다. 스트레스로 가득 찬 멀티태스킹 사회에서 집중력을 강화하는 과학이라는 부제가 붙은 이 기사는 마음챙김이 미국을 중심으로 서구 사회에서 혁명적인 변화를 가져오고 있음을 자세히 보도하고 있다. 이 혁명의 중심에 마음챙김에 근거한 스트레스 완화(MBSR) 프로그램이 있다 해도 과언이 아닐 것이다. 『타임』은 MBSR 같은 마음챙김 프로그램이 서구 사회에서 성공적으로 받아들여지게 된 것은 상식적인 언어를 사용한 현명한 전달 방식과 과학적인 연구 성과에 기인한다고 분석하고 있다.

역자(안희영)는 고등학교 시절 선사들의 일화를 모아 놓은 도화집을 읽다가 자각의 세계를 동경하게 되었고 명상이 가지고 있는 치유와 변화의 힘에 관심을 갖게 되었다. 특정 종교나 믿음 체계에 국한되지 않고 모든 이가 보편적으로 수용할 수 있는 방법을 모색하는 과정에서 미국 유학 중 만나게 된 MBSR이 치유와 성장, 변화를 위한 내적인 자원을 계발하여 사회의 의식 수준을 향상시키는 매우 우수한 심신치유 프로그램임을 알게 되었다. MBSR 지도자 훈련과정을 주제로 박사논문을 쓰고, 미국 MBSR 본부(CFM)의 공인 지도자가 되기까지 카밧진 박사님을 비롯한 MBSR 지도자들을 만나서 그들이 동양에서 건너 간 마음챙김을 체계적으로 활용하고 있다는 것에 감명을 받고, 그것을 제대로 배워 보고자 애를 썼다.

MBSR의 치유적 힘은 궁극적으로 비이원성(nonduality), 전체성, 상호 연관성을 근간으로 하는 다르마(Dharma)를 계승하는 데서 나온다고 볼 수 있다. 과학과 다르마의 세계를 넘나들면서 마음챙김을 삶의 현장에서 어떻게 적용할 것인가를 눈앞에서 생생하게 보여 주는 것은 과학자이자 수행자인, 카밧진 박사님의 오랜 내공에 기초하고 있는 것으로 보인다. 적지 않은 분량이지만 인내심을 가지고 읽다 보면 속도 중독과 단절로 상징되는 현대사회를 사는 우리에게 카밧진 박사님이 전해 주시는 주옥같은 실천적 지혜를 만날 수 있을 것이라 생각된다. 이 책이 명상에 관심 있는 모든 분, 특히 서구 사회의 마음챙김의 활용 및 MBSR 프로그램에 대해 잘 모르거나 제대로 알고 싶은 국내 독자에게 바른 이해의 계기가 되기를 바란다.

수년 전 스터디 그룹을 통해 함께 이 원서를 읽었던 서울불교대학원대학교 심신치유교육학과 원생들, 이 책이 나오기까지 성원해 주신 노경미 힐링스테이 대표, 학지사 편집부 여러분, 그리고 김진환 사장님께 깊은 감사의 말씀을 드린다. 그리고 긴 여정을 함께 한 공역자 김재성 교수님, 이재석 선생에게도 감사와 기쁨의 마음을 전한다.

이 책이 독자 여러분의 가슴속에서 자유와 행복을 향한 새로운 연결과 소통의 기회가 되기를 기대한다.

2017년

들어가는 말

일생의 도전

우리가 무엇을 해야 할지 더는 알 수 없을 때
우리는 우리가 진정으로 해야 할 일에 이른 것
우리가 어느 길로 가야 할지 알 수 없을 때
우리의 진정한 여정이 시작된 것

– 웬델 베리

저는 여러분 개인에 대해서 잘 모릅니다. 그러나 내가 생각하기에 우리는 지금 지구상에서 생명의 중요한 지점에 다다른 느낌입니다. 세상이 어떤 방식으로 되어 갈지 짐작하기 어렵습니다. 세계는 뜨겁게 불타고 있고, 우리의 가슴도 그러합니다. 두려움과 불확실성으로 불타고 있습니다. 확신은 부족하고, 뜨거운 그러나 현명하지 못한 열정만 가득합니다. 이 중요한 지점에서 우리가 우리 자신과 세계를 어떻게 바라보느냐는 이 세상이 앞으로 어떻게 펼쳐질 것인가에 커다란 영향을 미칠 것입니다. 개인으로서 나에게, 또 사회 전체로서 우리에게 앞으로 일어날 일은 상당 부분 우리가 우리 자신의 타고난, 비할 데 없는 자각의 힘을 어떻게 활용하느냐에 달려 있을 것입니다. 그것은 우리가 우리의 삶과 우리 시대에 잠재한 괴로움과 불만족, 아픔을 치유하기 위해 무엇을 선택하느냐에 따라—우리가 그 모든 좋고 아름다운 것을 아무리 키우고 보호한다 하더라도—달라지게 될 것입니다.

우리에게 닥친 도전은 우리가 한 사람의 개인으로서, 그리고 인류 전체로서 과연 '온정신을 회복할(coming to our senses) 수 있는가' 하는 것입니다. 지금 세계는 그러한 방향으로 움직여 가는 의미심장한 움직임이 나타나고 있다고 보입니다. 지금까지 잘 눈에 띄지 않았고 제대로 이해되지 않았던 인간의 창조성과 선함, 돌봄이라는 '지류'가 이제 활짝 열린 깨어 있는 마음과 사랑 그리고 지혜라는 '본류'로 합쳐지고 있는 듯합니다. 이 여행이 우리를 인류라는 하나의 종으로서, 그리고 우리의 개인적 삶에 있어서, 또 하루하루 펼쳐지는 우리의 일상에서 어디로 우리를 데려갈지는 아무도 모릅니다. 우리가 나아가고 있는 이 집단 여행의 목적지는 아직 정해지지 않았고, 미리 정할 수도 없습니다. 목적지가 따로 있는 것이 아니라 여행 자체가 목적이라고 해야 맞을 것입니다. 지금 우리에게 닥친 일에 어떻게 대처하느냐가 바로 다음 순간 우리에게 일어날 일을 결정짓습니다. 그런 식으로 우리 앞에 펼쳐질 미래는 완전한 '불확정 상태'입니다. 미리 결정할 수 없는 어떤 것, 신비 그 자체입니다.

그러나 분명한 한 가지가 있습니다. 바로, 이 여행은 지구상의 모든 사람이 좋든 싫든 함께하는 여행이란 것입니다. 삶이란 그 삶으로 무엇을 하느냐에 관한 것입니다. 그리고 삶이란 것이 만만치 않은 이유는 우리가 거기서 의미를 찾을 수 있기를 바라기 때문일 것입니다. 우리는 인간이기에 언제나 어떻게 살 것인가에 관한 선택을 내릴 수 있습니다. 우리는 제대로 검토해 보지도 않은, 그래서 우리를 잘못된 환상과 미망 속에 가둬 버리는 관성과 습관의 힘에 휩쓸리며 살 수도 있습니다. 아니면 그런 것들에 완전히 깨어 있으면서, 그리고 그것이 펼쳐지는 모습에 온전히 참여하면서—그것을 좋아하든 싫어하든—살아갈 수도 있습니다. 그러나 분명한 사실은, 우리가 그것에 깨어 있을 때에만 우리의 삶이 실제적인 것이 될 것이며, 그럴 때라야 우리가 개인적이고 집단적인 미망과 질병, 괴로움에서 해방될 가능성이 생긴다는 것입니다.

몇 년 전, 열흘간의 침묵 명상에서 명상 지도자가 내게 물었습니다. "세상이 당신을 어떻게 대하고 있나요(요즘 사는 게 어때요)?" 나는 별 문제가 없다는 의미로 건성으로 몇 마디 답했습니다. 그러자 선생님이 이렇게 묻더군요. "당신은 세상을 어떻게 대하고 있습니까?"

나는 한 방 먹은 것 같았습니다. 전혀 예상치 못한 질문이었습니다. 그가 일반적인 의미에서 내 안부를 물은 게 아니라는 것은 분명했습니다. 그가 물었던 것은 바로 그 집중명상 코스에서, 바로 그날, 그와 내가 함께한 바로 그 자리, 그 순간에 내가 어떤 상태에 있느냐였습니다. 사실 나는 집중명상 코스에 참가하게 되면서 '세상과 잠시 작별'하고 있다고 생각했습니다. 그런데 그의 이 질문이 나에게 어떤 깨달음을 주었습니다. 바로 '세상과 작별하는 것'이 불가능하다는 것, 그리고 매 순간 내가 어떻게 세상과 관계 맺는가—집중명상 코스라는 인위적으로 단순화한 환경에서조차—하는 것이 내가 그곳에 간 궁극적인 목적에 아주 중요하다는 사실이었습니다. 나는 그 순간, 내가 애당초 왜 그곳에 왔는지, 명상이란 도대체 무얼 하자는 것인지, 그리고 그 모든 것을 넘어 도대체 그때까지 내가 어떻게 삶을 살아오고 있었는지에 대해 아직 잘 모르고 있다는 사실을 뼈저리게 깨달았습니다.

이후 수년에 걸쳐 내가 서서히 깨닫게 된 것은 그 두 가지 질문이 실은 동전의 양면과 같다는 것이었습니다. 우리는 매 순간 이 세상과 접촉하며 살아갑니다. 그 관계 속에서의 주고받음이 끊임없이 우리 삶의 모양을 만들어 갑니다. 그 주고받음이 우리가 살아가는 세상, 우리의 경험이 펼쳐지는 세상을 만들어 갑니다. 대부분의 시간 동안 우리는 삶의 이 두 측면—세상이 나를 어떻게 대하는가, 내가 세상을 어떻게 대하는가—이 서로 별개의 문제라고 인식합니다. 당신은 우리가 얼마나 쉽게 우리 자신을 세상이라는 고정된 무대에서 연기하는 배우라고 생각하는지—그래서 세상은 나와 관계없이 단지 '저기 바깥에' 그냥 그렇게 존재할 뿐이라고 생각하는지—알 수 있습니까? 마치 저기 바깥과 나라는 존재 사이에 건너지 못할 의미심장한 거리가 존재하는 듯이 행동한 적은 없습니까? 우리가 체험적으로 그 거리라는 것이 실제로는 아주 얇은 막, 아니 실은 그 사이에 아무것도 없다는 것을 알고 있으면서도 말입니다. 우리 안과 밖의 간격이 그리 크지 않다는 것을 알 때에도 우리는 우리 각자의 삶이 세상에 영향을 미치고 세상을 만들어 가는 방식에 대해, 그리고 세상이 우리 각자의 삶을 형성하는 방식에 대해 꽤 무감각할 수도 있습니다. 사실, 나와 세상의 주고받음과 상호의존이라는 공생의 춤은 우리 삶의 모든 영역에서 일어나고 있습니다. 우선 우리는 몸이라는 것을 가지고 세상과 교류합니다. 또 가족과 맺는 관계, 우리가 습관적으로 구매하는 물건들, 텔레비전에 나오는 뉴스에 대한 우리의 견해, 또 지구 전체의 이슈에 관한 우리의 행동을 통해 우리는 세상과 주고받는 관계를 맺으며 살고 있습니다.

그런 관계성에 무감각한 우리는 모든 것이 내 방식대로 되어 가기를 강요합니다. 그것이 잠재적인 폭력성을 동반한다는 사실을 모른 채 말입니다. 그런 강요는 세상과 나의 공생의 춤이 지닌 주고받음과 미묘함이라는 아름다움을 부정하는 행위입니다. 그렇게 우리는 알게 모르게 스스로 많은 곤란을 일으킵니다. 그런 무감각이, 그런 단절이 우리를 우리 본연의 가능성으로부터 분리합니다. 우리는 우리 앞의, 있는 그대로의 현실을 인정하기를 거부합니다. 왜 그럴까요? 우리가 처한 관계나 상황이 그렇게 되는 것을 원하지 않기 때문입니다. 그렇게 되면 우리가 원하는 것을 갖지 못할 것 같은 두려움 때문입니다. 그 와중에 우리는 우리가 어떻게 살아야 하는가를 자각하지 못하고 있다는 사실조차 잊어버리게 됩니다. 그리고 우리는 이 춤이 단순하면서도 미묘하다는 사실도 잊어버립니다. 두려움 앞에서도 우리가 무너지지 않을 수 있다면, 또 삶이 우리가 바라는 방식대로 되어야 한다고 강요하지 않고, 있는 그대로의 진실을 살 때 새롭고 경이로운 일들이 일어날 수 있다는 사실도 잊어버립니다.

개인으로서 그리고 인류로서 우리는 더 이상 나와 세상이 맺고 있는 관계, 주고받음과 상호 연결성이라는 근본적인 속성을 무시할 수 없게 되었습니다. 그리고 우리 각자가 자기 나름의 방식대로 그러한 주고받음과 상호 연결성에 충실할 때—그것이 때로 무척 모호하고 불투명해 보일지라도—우리의 열망과 의도에서 새로운 가능성이 탄생한다는 사실도 무시할 수 없습니다. 과학과 철학, 역사와 영적 전통을 통해, 우리는 개별적 존재로서 우리의 건강과 안녕, 행복, 그리고 생명의 유구한 흐름—거기서 우리가 잠시 나타났다 사라질 뿐인 거품과 같은 존재인—우리의 미래 세대에 대한 책임 등이 모두 우리가 지금 여기에 살아 있는 동안 자신의 삶을 어떻게 사느냐에 달려 있다는 것을 깨닫게 되었습니다.

동시에 우리는 우리가 발 딛고 서 있는 이 지구—거기에 사는 생명체와 문명은 말할 것도 없고—의 운명도 우리가 사회적 존재로서 행하는 집단적 행동에 달려 있다는 것을 깨닫게 되었습니다.

단적인 예로, 지구 온난화의 문제가 있습니다. 지구의 온도는 40만 년 전까지 거슬러 올라가 정확하게 측정할 수 있습니다. 그리고 그 기간 동안 지구는 더운 시대와 추운 시대를 번갈아 겪어 왔다는 것도 알 수 있습니다. 그러나 최근 나는 달라이 라마와 일군의 과학자들이 만난 자리에서 지난 44년 동안 대기 중 이산화탄소 수치가 18퍼센트나 증가했으며, 이 수치는 지난 16만 년 사이에 가장 높은 수치라는 사실을 알고 깜짝 놀란 적이 있습니다. 그리고 그 수치는 지금도 계속해서 증가하는 추세에 있다고 합니다.*

최근 대기 중 이산화탄소 수치가 이렇게 급격하게 증가한 것은 틀림없이 인간의 활동 때문입니다. 적절히 규제하지 않으면 2100년에는 대기 중 이산화탄소 수치가 지금의 2배가 될 것이며, 그 결과 지구 전체의 평균 온도 또한 급격히 상승할 것이라고 기후 변화에 대한 범정부 패널(Intergovernmental Panel on Climate Change)이 예측했습니다. 이미 북극과 남극의 얼음이 녹고 있으며 전 세계적으로 빙하가 사라지고 있다고 합니다. 해수면이 비교적 짧은 시간 안에 상승할 것이며 전 세계의 해변 도시들도 물에 가라앉을 위험에 점점 더 노출되고 있습니다. 해수면이 15미터만 상승한다고 하더라도 뉴욕 맨해튼이 어떻게 될지 상상해 보십시오.

그런데 지구 온난화는 지구의 자가면역질환—우리 몸의 면역세포가 자신의 몸을 공격하여 발생하는 질환: 역자 주—의 한 가지 증상에 불과합니다. 인간의 무분별한 행위가 지구 전체의 균형을 무너뜨리고 있습니다. 우리는 그 사실을 알고 관심을 기울이고 있나요? 아니면 단지 과학자나 정부, 정치가, 자동차 회사들이 책임져야 할 문제인가요? 우리 모두가 지구라는 한 몸체의 일부라면 우리 모두가 이 문제에 대해 지혜를 모아 역동적인 균형을 회복해야 하지 않을까요? 그리고 그 회복의 방식은 우리와 후손의 삶을, 그리고 다른 많은 생명체의 삶을 위협하지 않는 방식이 되어야 할 것입니다.

이제 우리는 타인과 환경이라는 바깥 세계에 대해 우리가 알고 있는 것에 주의를 기울일 때를 지나 우리 자신의 생각과 감정, 열망과 두려움, 희망과 꿈이라는 내면의 세계에도 주의를 기울일 때가 되었습니다. 우리는 우리가 누구이고 어디에 살든 관계없이 공통의 것을 공유하고 있습니다. 우리는 누구나 평화롭게 살고자 희망하며, 개인의 꿈과 창의적 욕구를 추구하고 실현하고자 하며, 의미 있는 방식으로 좀 더 큰 목적에 기여하고자 합니다. 또 자기 본연의 모습으로 살아가면서 개인과 가족으로서

---

* Steven Chu, Stanford University, Nobel laureate in physics, Mind and Life Institute, Dialogue X, Dharamsala, India, October 2002.

번영하기를, 개인으로나 공동체 전체로나 건강한 조화 속에 살기를 기원합니다. 또 서로의 차이를 존중하고 창의성을 신장하며 공동의 안녕과 존재를 위협하는 악의적인 피해와 위협이 없는 세상에서 살기를 바랍니다.

그러한 전체적인 역동적 균형의 상태는 내가 보기에 천국과 같은 느낌, 편안한 집에 거주하는 느낌과 같을 것입니다. 우리가 내면과 외면에서 진정으로 평화를 체험하고 평화가 무엇인지 알 때 느끼는 평화의 느낌이라고 할까요. 혹은 건강한 느낌이라고 할까요. 아니면 진정한 행복의 느낌이라고 할까요. 마치 제 집을 찾은 느낌이라고 할까요. 그런 것이야말로 우리가 진정 원하는 것이 아닐까요?

그러나 아이러니하게도, 그러한 조화와 균형은 이미 계속해서 우리 손가락 끝에 있어 왔습니다. 그것은 우리의 단순한 바람이나 엄격한 권위주의적 통제, 유토피아와는 관계가 없습니다. 그 조화와 균형은 우리가 우리 자신의 몸과 마음에 조율할 때, 그리고 하루와 일생에 걸쳐 우리를 움직여 가는 힘, 즉 '무엇을 위해 살며 무엇을 해야 하는가'라는 우리의 동기와 비전에 조율할 때 이미 여기에 있다고 할 수 있습니다. 그것은 낯선 사람 사이에서, 가족 사이에서, 또 전시라면 맞선 적 사이에서 일어나는 조그마한 친절한 행위 속에 이미 있었습니다. 그 조화와 균형은 우리가 병과 신문을 재활용할 때마다, 혹은 물을 절약해야겠다고 생각할 때마다, 그리고 어려운 이웃을 살피고 황폐해져 가는 자연과 함께 지구를 공유하는 다른 생명체들을 보호하기 위해 행동할 때마다 이미 거기에 있었습니다.

우리 지구가 자가면역질환을 앓고 있고, 그 원인이 우리 인간의 행동과 마음에 있다면 그러한 우리의 질환에 대한 가장 효율적인 치료법을 첨단 현대의학으로부터 배울 수 있다고 생각합니다. 지난 30년 동안 심신의학, 행동의학, 정신신체의학, 통합의학이라고 알려진 영역에서 엄청난 연구와 임상 실습의 발전이 있었습니다. 이를 통해 의학은 우리가 '건강'이라고 부르는 신비하고 역동적인 균형의 상태가 몸과 마음 모두와 관련되어 있다는 사실을 알게 되었습니다. 그리고 지지적이고 회복적이며 치유적인 주의(attention)의 특정 성질을 이용하여 건강을 증진할 수 있다는 사실도 깨닫게 되었습니다. 그리고 우리 누구에게나 가슴과 뼛속 깊숙한 곳에 역동적이고 생기 넘치는 내면의 평화와 안녕에 대한 능력이 있음을, 그리고 단지 개념상의 인식을 넘어 거대하고 다채로운 앎에 대한 능력도 있음을 알게 되었습니다. 그러한 능력을 활용할 수 있다면 우리는 신체적으로, 정서적으로 그리고 영적으로 훨씬 더 건강해질 것입니다. 그리고 지금보다 더 행복해질 것입니다. 사고도 더 명확해지고, 마음의 폭풍에 휩쓸리는 일도 줄어들 것입니다.

주의를 기울여 현명한 행동을 하는 이러한 능력은 단지 막연한 바람을 넘어 충분히 계발할 수 있습니다. 우리가 그럴 의도를 갖고 있다면 말이지요. 그러나 슬픈 사실은, 개인으로서 우리는 생명을 위협하는 질병이나 심한 충격을 받은 다음에야 그런 동기를 갖게 된다는 것입니다. 또 그런 의도가, 우리의 스트레스 완화 클리닉을 찾는 환자들처럼 현대의 의료기술이 아무리 첨단으로 발전했다 하더라도 그것이 완전한 치료를 보장할 수 없다는 사실, 치료라고 하는 것—그것도 효과적인 치료법이 있는 경우에 한해서—이 종종 기껏해야 현재 상황을 근근이 유지하기 위한 것이라는 사실, 진단이라고 하는 것도 부정확한 경우가 많다는 사실을 절실히 깨닫고 나서야 생긴다는 사실입니다.

하나도 과장을 더하지 않고 말해서, 의료 내의 이 새로운 분야들—심신의학, 행동의학, 정신신체의학, 통합의학 등—은 우리가 인간이기 때문에 누구나 갖고 있는 내면의 깊은 자원을, 평생에 걸친 학습과 성장, 치유와 변화에 활용하는 것이 가능하다는 사실을 보여 주고 있습니다. 이런 능력은 우리의 유전자와 뇌, 몸과 마음에, 그리고 서로 간에 맺는 관계와 세상에 대한 관계 속에 이미 들어 있습니다. 우리가 그 능력에 접근할 수 있는 것은 바로 지금 여기에서부터입니다. 왜냐하면 바로 지금 여기야말로 우리가 가질 수 있는 유일한 것이기 때문입니다. 우리는 어떤 상황에 처해 있더라도—오래된 문제이든 최근에 나타난 문제이든, 아니면 우리가 그것을 '좋다' '나쁘다' 혹은 '희망이 없다' '희망이 있다'라고 하든, 혹은 그 상황이 일어나게 된 원인이 우리 내면이든 외면이든—치유와 변화의 잠재력을 갖고 있습니다. 이 내면의 자원은 우리의 타고난 권리입니다. 그리고 삶의 어느 시점에서도 우리는 그 자원을 활용할 수 있습니다. 그것은 결코 우리와 분리될 수 없습니다. 배우고 성장하고 치유하며 생각과 행동에 있어서 더 큰 지혜, 그리고 자신과 타인에 대한 더 큰 사랑으로 나아가는 것은 인간으로서 타고난 우리의 본성입니다.

그러나 이런 능력도 계발해야 활용할 수 있습니다. 그것이 평생에 걸친 우리의 도전입니다. 즉, 우리가 살고 있는 삶의 매 순간을 최대한 활용할 수 있어야 합니다. 대개 우리는 삶의 매 순간을 쉽게 흘려 버립니다. 아니면 원하거나 원치 않는 것들로 삶의 매 순간을 채워 버립니다. 그러나 실제로 우리가 가진 것이란 삶이 펼쳐지는 순간순간뿐입니다. 그 순간들에 현존할 수 있다는 것은 우리에게 축복입니다. 그리고 우리가 매 순간 현존할 때 우리에겐 흥미로운 일이 일어납니다.

이 필생의 도전, 학습과 성장, 치유와 변화를 위한 이 능력을 계발하기로 선택하는 것은 또한 필생의 모험이기도 합니다. 이를 통해 우리는 우리가 진정 누구인지, 참으로 의미 있는 삶을 향한 여정에 오르게 됩니다. 그리고 실제로 우리는 그런 삶을 살 수 있습니다. 우리가 생각하는 것 이상으로, 또 단지 우리 자신의 즐거움이나 성취를 넘어서 말이지요. 그럼에도 기쁨과 안녕, 성취감은 하나도 줄어들지 않을 것입니다.

더 큰 건강과 온전한 상태를 향한 이 여행은 우리가 이미 갖고 있는 자원을 동원하고 계발함으로써 더 촉진됩니다. 그중 가장 중요한 자원은 주의를 기울이는 우리의 능력입니다. 특히 우리가 살면서 그다지 관심을 기울이지 않았던 측면에 더욱 주의를 기울일 필요가 있습니다. 어쩌면 지금껏 영원히 무시하고 있었던 측면에 말입니다.

주의를 기울이는 것은 자각을 연마하는 방법입니다. 또 자각이란 언어와 함께 인간의 개인적이고 집단적인 학습과 변화의 가능성을 드러내 보여 주는 것이기도 합니다. 우리는 우리가 가진 오감을 통한 직접적인 이해를 통해 성장하고 변화하고 학습하고 자각합니다. 거기에 마음이라는 것도 덧붙여 작용합니다. 불교에서는 마음도 하나의 감각으로 인정하고 있지요. 우리는 무한한 상호 연결성의 그물망 속에서 이들 경험의 어떤 한 가지 측면이라도 존재한다는 것을 인식할 수 있습니다. 그리고 그중 어떤 것은 우리의 직접적이고 장기적인 안녕에 아주 중요한 것들입니다. 그러나 실은 우리는 그러한 관계성을 잘 보지 못하는 경우가 많습니다. 그것들은 당분간은 우리 삶의 숨결 속에 숨은, 잘 보이지 않는, 그리고 발견되기를 기다리고 있는 차원일지 모릅니다. 그렇다고 하더라도 이 숨은 차원, 다시 말해 이 '자유의 새로운 차원(new degree of freedom)'은 언제든 우리에게 가능한 것으로 우리가 지속적으로 깨어 있는 의식의 힘을 계발하고 거기에 머물 때 스스로 우리에게 모습을 드러낼 것입니다. 다시 말해 그 새로운 차원의 자유는, 경외감과 부드러움으로 우리가 위치해 있는 우리 주변의 복잡한—그러나 근본적으로는 질서가 있는—우주와 세상, 가족, 몸과 마음에 주의를 기울일 때 우리에게 찾아올 것입니다. 그리고 우리 주변의 세계는 우리가 알든 모르든, 좋아하든 싫어하든 다양한 차원에서 끊임없이 변화하고 있습니다. 그리고 그러하기에 성장의 기회, 더 분명하게 볼 수 있는 기회, 그리고 우리의 행동을 통해 더 큰 지혜로 나아가는 예상치 못한 도전과 기회가 우리를 기다리고 있다고 할 수 있습니다. 그리고 그것은 궁극적으로 고요함과 휴식으로부터 멀어져 있는 우리 마음의 혼란과 괴로움을 가라앉혀 줄 것입니다.

건강과 온전함으로 나아가는 이 여정은 우리가 아직 죽지 않고 살아 있는 동안에 삶의 충만함에 깨어 있으라는 초대와 다름이 없습니다. 헨리 데이비드 소로는 『월든』에서 이렇게 말했습니다.

> 내가 숲에서 살기로 작정한 것은 내 의도에 따른 삶을 살면서 삶의 본질적인 측면과 접하기 위해서였다. 그것은 또 죽는 날, 삶이 내게 가르쳐 줄 수 있었던 것을 배우지 못했고, 그래서 내가 삶이란 것을 제대로 살지 못했다는 사실을 맞닥뜨리지 않기 위해서였다.

삶을 충분히 살지 못하는 것, 삶에 깨어 있지 못한 채 죽음을 맞이하는 것은 우리 모두가 끊임없이 맞닥뜨리는 중대한 위험이라고 할 수 있습니다. 오늘날 우리는 소로의 시대보다 훨씬 엄청난 속도의 시대에 살고 있습니다. 그 속에서 우리의 습관과 분별 없음이라는 자동성은 우리에게 가장 소중한 관계에서부터 우리 삶의 잘 드러나지 않는 부분에까지 영향을 미치고 있습니다.

그러나 소로가 조언했듯이 지혜롭고 열린 가슴으로 주의를 기울이는 것에 대한 우리의 타고난 능력에 우리의 터전을 잡는 것은 충분히 가능합니다. 소로는 우선 우리 가슴과 정신의 넓고 광활한 자각을 맛본 다음 그 안에 머무는 것이 가능하며, 또 매우 바람직하다고 말했습니다. 그런 능력을 제대로 계발하면 우리의 고정된 사고패턴과 습관화된 감각, 일상화된 관계가 드리우는 장막과 한계를 분별하고 감싸 안으며 초월하여 그로부터 자유로워질 수 있습니다. 그리고 그런 것들에 따르게 마련인 혼란스럽고 파괴적인 마음 상태와 감정에서도 자유로워질 수 있습니다. 그런 부정적 습관들은 사실 유전자뿐 아니라 우리의 과거로부터 조건화된 결과입니다. 즉, 과거의 트라우마(정신적 외상), 두려움, 신뢰와 안전감의 결핍, 있는 그대로의 자신으로 인정받지 못하는 무가치함, 과거에 당한 무시와 불공정, 피해 같은 것들 때문입니다. 그런 것들은 우리의 시야를 좁히고, 이해를 왜곡시키며, 그에 주의를 기울이지 않으면 우리의 성장과 치유를 방해합니다.

인류 전체로서, 그리고 개별 인간으로서 우리가 온정신을 회복하기 위해서(coming to our senses)—문자 그대로, 그리고 비유적인 의미에서—우리는 우선 몸으로 돌아와야 합니다. 몸은 우리의 생물학적 감각과 우리가 마음이라고 부르는 것이 일어나는 장소입니다. 그런데 몸은 우리가 대개 무시하고 있는 장소이기도 합니다. 우리는 몸에 주의를 기울이고 그것을 보살필 생각은 잘 하지 않습니다. 몸은 이상하게도, 우리에게 가장 친숙한 것인 동시에 놀랍도록 낯선 무엇이기도 합니다. 몸은 우리가 과거에 무엇을 경험했고 미래에 무엇을 맞이할 것인지에 따라 때로 두려워하기도 하고 싫어하기도 하는 영역입니다. 또 어떤 때 우리는 자기 몸의 크기나 모양, 몸무게, 외모 등으로 끊임없는 자기함몰과 자아도취에 빠지기도 합니다.

개인 차원에서 우리는 지난 30년간 심신의학 영역의 다양한 연구를 통해 몸과 마음 안에서 일정한 평화에 이르러 더 큰 건강과 안녕, 행복과 명료함을 발견할 수 있다는—커다란 도전과 어려움에 직면해서도—사실을 알게 되었습니다. 수천 명의 사람들이 이미 이 여정을 시작했으며, 그들 스스로 그리고 주변 사람들과 함께 놀라운 이로움을 계속해서 보고하고 있습니다. 우리는 이렇게 주의를 기울여 삶의 숨겨진 차원, 새로운 자유의 맛을 보는 것이 다만 선택된 소수를 위한 길이 아니라는 것을 알게 되었습니다. 누구라도 이 여정을 시작하면 그로부터 상당한 이익과 편안함을 누릴 수 있습니다.

'온정신을 회복하는 것'은 과거나 미래의 문제가 아니라, 오직 '지금 여기'라는 현재에 현존하며 깨어 있는 문제입니다. 그러나 동시에 그것은 역설적으로 우리가 평생에 걸쳐 해야 할 일이기도 합니다. 우리가 이 여정을 '평생 동안(for life)' 걷겠다고 했을 때 그 말이 갖는 의미는 결코 작지 않습니다—for life는 '평생 동안'이라는 의미도 있지만, '삶을 위하여'라고 해석할 수도 있다: 역자 주.

삶의 모든 차원에서 우리가 온정신을 회복하는 모험의 첫 단계는 '마음챙김(mindfulness)'이라고 불리는 특별한 종류의 의식을 계발하는 것입니다. 마음챙김은 우리가 인간이게 하는 궁극의 공통 경로이며, 자각(awareness)과 자기-앎(self-knowing)의 능력입니다. 그렇다면 어떻게 마음챙김을 계발할 수 있을까요? 그것은 바로 주의를 기울이는 것을 통해서입니다. 그런데 곧 보게 되겠지만, 주의를 기울이는 것은 '마음챙김 명상'이라고 하는 수련을 통해 더욱 계발되고 다듬어질 수 있습니다. 마음챙김 명상은 과거 30년 동안 전 세계에 급속도로 퍼져 나가며 서구의 주류 문화에 입성했습니다. 그것은 마음챙김 명상이 가져다주는 다양한 효과에 대한 과학적, 의학적 연구가 계속해서 증가한 덕분이기도 합니다. 그러나 '명상'이라는 소리만 들어도 무언가 기괴한 것, 나와는 상관없는 무엇으로 생각하는 사람도 있을 것입니다. 그러나 당신이 명상에 대해 갖고 있는 생각과 이미지가 무엇이든 간에 명상은, 특히 마음챙김 명상은 당신이 기존에 생각하던 그런 것이 아님을 알 필요가 있습니다.

명상에 있어서 사실 기괴하거나 이상한 것은 아무것도 없습니다. 명상은 단지 우리 자신의 삶에 주의를 기울이는 것에 관한 것입니다. 또한 명상이 전혀 이상한 것이 아니지만 그것은 또한 동시에 매우 특별한 것, 우리가 상상하지 못했던 방식으로 우리 삶을 변화시킬 수 있는 무엇이기도 합니다.

우리가 마음챙김을 적절히 계발하면 개인과 회사, 사회, 정치, 전 지구적 차원에서 효과적인 기능을 발휘할 수 있게 됩니다. 그러나 그것은 우리가 자신의 진정한 존재를 깨닫고 삶을 진지하게 살겠다는—나 자신을 위해서뿐 아니라 세상을 위해서—동기와 의지가 있을 때 가능합니다. 평생에 걸친 이 모험도 바로 이 첫 단계에서 시작합니다. 이 여정을 밟아 나가면서—이 책에서 우리는 그 여정을 함께할 것입니다—우리는 이러한 도전에 있어 우리가 결코 혼자가 아니며 이 과정에서 겪는 어려움도 나만의 것이 아님을 깨닫게 될 것입니다. 왜냐하면 마음챙김 수련에 임하는 것은 곧 지향성(intentionality)과 탐험의 전 세계적인 공동체—궁극적으로 우리 모두를 포함하는—에 참여하는 것을 의미하기 때문입니다.

우리의 여정을 떠나기 전에 한 가지 더 유념할 것이 있습니다.

우리가 마음챙김의 계발을 통해 배우고 성장하고 치유되기 위해 우리 스스로 아무리 많이 노력한다고 하더라도, 건강하지 못한 세계 속에서 자기 혼자 온전히 건강한 개인으로 남는 것은 불가능에 가깝습니다. 우리와 가깝고 우리에게 소중한 사람, 우리가 전혀 모르는 사람, 그리고 우리의 이웃과 세계 곳곳에 어마어마한 고통과 고뇌가 존재하고 있다는 사실은 확실합니다. 우리가 모든 것에 대한 상호관계 속에 있을 때 다른 이의 고통은 곧 우리의 고통이 됩니다. 그것은 바로잡아야 할 '문제'라기보다 오히려 우리 내면과 외면의 변화를 위한 강력한 동기가 되어 줄 수 있습니다.

이미 말했듯이 우리가 살고 있는 이 세계가 심각하고 점점 더 악화되는 질병으로 고통받고 있다는 것은 결코 과장이 아닙니다. 과거 어느 시대보다 오늘날의 세계는 집단 광기와 편협한 근본주의가 더 판치고 있습니다. 그리고 그로 인해 더 큰 비극과 혼란이 오늘날의 세계를 휩쓸고 있습니다. 이런 분출은 지혜나 균형과 정반대의 상태입니다. 또 이런 상태는 자기과장의 망상이나 타자에 대한 착취에 몰두하는 편협한 오만으로 인해 더 악화됩니다. 그리고 이런 것들이 설령 대개 인본주의나 경제발전, 세계화, 물질적 '진보', 그리고 서구형의 민주주의라는 이름으로 포장되어 있다 할지라도, 이데올로기나 정치, 문화, 종교, 기업 헤게모니와 필연적으로 관련된 의제들이라고 할 수 있습니다. 이러한 힘들은 종종 문화적이고 환경적인 동질화와 퇴보, 그리고 무자비한 인권 탄압 등의 숨은 비용을 치르게 합니다. 그리고 그것은 기존의 우리의 질병을 더 악화시킵니다. 이제 추는 점점 더 빨리 움직이는 듯 보이며 우리에게는 지금 우리가 경련성 발작과 평화로움 사이의 어디에 위치해 있는지를 확인할 시간조차 없어 보입니다.

우리는 20세기가 평화와 전쟁종식이라는 미명하에 과거 어느 시대보다 더 조직화된 살상을 자행했음을 알고 있습니다. 그리고 역설적이게도 그 살상의 대다수는 교양과 훌륭한 문화의 위대한 중심지인 유럽과 극동아시아에서 일어났습니다. 그리고 지금의 21세기 역시 20세기와 다른 방식으로, 그러나 그와 마찬가지의 파괴적인 방식으로 그 뒤를 그대로 잇고 있습니다. 주창자가 누구이든 그리고 어떠한 대의명분과 특수한 이슈를 갖고 있든 전쟁—암암리에 진행되는 전쟁과 테러에 대한 전쟁을 포함하여—은 언제나 거기에 참가한 모든 당사자의 가장 지고하고 거부하기 힘든 목적과 원칙의 명분 아래 진행되어 왔습니다. 그리고 그것은 언제나 피해자와 가해자 모두에게 결국 해를 입히고 마는 잔혹한 유혈사태로 이어졌습니다. 또한 그것은 언제나 인간의 마음속 분란 때문에 일어난 것이기도 했습니다. 보다 창의적인 방식으로 더 잘 해결할 수 있는 분쟁을 해결하려고 상대방에게 해를 입히는 행위는 전쟁과 폭력이 그 자체로 우리 인간만이 독특하게 그리고 집단적으로 겪고 있는 자가면역질환의 한 증상이라는 사실을 눈감게 만듭니다. 그것은 또한 우리가 그것을 혐오하고 적극적으로 그에 맞서 싸우고자 하지만 알게 모르게 키우고 확장하고 있는 매우 실제적이고 위험한, 심지어 독성의 힘으로 파괴되는 조화와 균형을 회복할 수 있는 또 다른 방식에도 눈감게 만듭니다.

게다가 오늘날 전쟁에서 '승리한다'는 것은 전쟁의 상흔 속에서 평화를 일구어 내는 것과는 판이하게 다른 새로운 도전으로 우리에게 다가옵니다. 그렇기 때문에 우리에게는 지금까지와 완전히 다른 새로운 사고와 의식, 계획의 질서, 다시 말해 우리 자신을 더 잘 이해하고 우리가 가장 중요하게 여기는 것을 염원하지 않는 상대방, 자신만의 문화와 관습, 가치를 가진, 그리고 동일한 사건을 때로 믿기 힘들 정도로 우리와 다르게 해석하는 상대방에 대한 보다 자애로운 이해를 통해서만 생겨나는 사고와 의식, 계획의 질서가 요청되는 것입니다. 우리는 이러한 새로운 사고와 의식, 계획의 질서를 제2차 세계대전 후의 마셜플랜—Marshall Plan: 제2차 세계대전 후, 1947년부터 1951년까지 미국이 서유럽 16개 나라에 행한 대외원조계획: 역자 주—에서 놀랍도록 예지력 있는 방식으로 달성한 바 있습니다.

동시에 우리는 우리가 더 넓게 그리고 더 정확하게 보지 못하게 만드는 제한된 틀 속에 갇힌 채, 우리의 의식과, 그러한 의식을 형성하며 또한 동시에 의식에서 나오는 동기 사이의 상관성을 지속적으로 인식해야 할 필요도 있습니다. 오늘날의 상황을 놓고 볼 때 이제는 우리 모두가 인간 지성의 더 깊은 차원, 우리의 서로 다른 인식의 방식 아래에 놓여 있는 공통성의 더 깊은 차원을 계발해야 하는 때가 되었습니다. 이것은 곧 우리가 우리 자신의 개별적인 안녕과 안정만을 추구하는 것은 현명하지 못한 행위라는 사실을 의미합니다. 왜냐하면 우리의 안녕과 안정이란 오늘날 우리가 살고 있는 점점 더 좁아지는 세계 속에서 결국 우리 이외의 다른 모든 것과 필연적으로 관련을 맺을 수밖에 없기 때문입니다. 우리가 온정신을 회복한다는 것(coming to our senses)은 우리의 모든 감각에 대한—우리의 마음과 그것의 '한계'까지 포함하여—더할 나위 없이 중요한 의식—알아차림—을 계발하는 작업입니다. 또한 거기에는 우리가 깊은 불안감을 느낄 때면, 그리고 그 불안감을 해소해 줄 것이라고 생각하는 많은 자원을 갖고 있을 때면 외부세계의 모든 가능한 변수를 되도록 엄격하게 통제하고 싶은 유혹에 대한 알아차림도 포함됩니다. 그러나 그러한 외부세계에 대한 통제란 실제로 달성하기가 쉽지 않으며, 궁극적으로 우리를 소진시키고 본질적으로 폭력적이며 자기소모적일 수밖에 없는 시도입니다.

전 세계의 건강이라는 보다 큰 영역에서도, 우리 자신의 삶에서와 마찬가지로, 우리는 '몸'에 대한 의식(알아차림)에 무엇보다 큰 중요성을 두어야 합니다. 왜냐하면 그것은 매우 근본적인 것이기 때문입니다. 물론 이 경우 '몸'이란, 다양한 공동체와 단체(corporation: 이 단어는 곧 '몸'을 의미한다), 국가와 국가 집단—그 자신의 질병과 병폐, 혼합된 견해와 더불어 자신의 전통과 문화 속에 자기의식과 치유를 위한 심오한 자원까지 함께 가지고 있는—으로 구성된 정치 공동체(body politic)를 가리킬 것입니다. 또 여기서 몸이란 것은 각 공동체와 국가의 범위를 넘어 서로 다른 다양한 문화와 전통이 함께 뒤섞이는 속에서 오늘날의 세계에 고유한 질병과 치유의 자원까지 함께 가지고 있는 상황을 가리킬 것입니다.

실제로 자가면역질환이란 몸 스스로 가지고 있는 자기감각과 감시의 체계라고 할 수 있습니다. 몸의 보안 시스템인 면역체계가 정상 상태에서 벗어나 자신의 세포와 조직을 공격하는 것입니다. 자신의 한 부분이 다른 부분에 대해 전쟁 중인 그러한 상황에서는 어떠한 몸도, 어떠한 정치적 통일체도 오랫동안 번창할 수 없습니다. 또한 어떠한 국가라도 조절이상 면역체계의 한 징후인 알레르기 반응으로 만들어진 외교 정책으로는 세계 속에서 오랜 기간 번영을 누릴 수 없습니다. 또 어떠한 국가라도 선의의 혹은 냉소적인 지도자가 '우리는 심각한 외상 후 스트레스를 겪고 있다.'고 변명하는 것—그것이 비록 사실이라고 해도—으로 오랜 기간 번영을 유지할 수는 없습니다. 어쩌면 그들이 말하는 '외상 후 스트레스'란 치유 혹은 진정한 안정과 무관한 목적을 위해 자신의 권력을 남용하는 것을 더 쉽게 만들어 줄 뿐인지도 모릅니다.

치명적이지 않은 심장병이나 기타 뜻밖의 진단으로 인해 건강과 안녕의 길로 의도하지 않게 들어선 사람들과 마찬가지로, 우리의 전체 시스템에 가해진 이러한 충격—그것이 아무리 두려운 것일지라도—은 우리가 그것을 돌봄과 주의로 보듬어 안고 이해한다면 치유를 위해 그리고 우리의 노력과 우선순위를 재조정하는 데 사용할 수 있는 심오하고 강력한 우리 내면의 자원을 활용하는 기회가 될 수 있습니다. 그 자원은 아마도 우리가 우리의 안전과 안녕을 보전하기 위해 신중하게 그리고 열심히 대응했다는 사실에도 불구하고 우리가 너무 오랫동안 소홀히 다뤄 왔던, 그리고 우리 스스로 그것을 갖고 있다는 사실조차 잊고 지냈던 것인지 모릅니다.

보다 큰 세계의 이러한 치유는 여러 세대에 걸쳐 진행되어야 할 작업입니다. 그러한 치유는, 우리가 다 죽어 가는 '환자'의 상태인 오늘날의 세계에 주의를 기울이지 않음으로 인해, 이 지구상의 생명의 삶, 특히 인간의 삶인 그 '환자'가 지금까지 걸어왔던 길에 주의를 기울이지 않음으로 인해—왜냐하면 인간의 활동이야말로 지구상의 모든 생명체의 운명을 평생토록 좌우하는 것이기 때문에—또 우리가 직면하고 있으면서도 쉽게 받아들이지 못하는 자가면역질환 진단에 주의를 기울이지 않음으로써, 그리고 아직 시간이 남아 있는 동안 살아 있는, 따라서 지각하는 존재로서 우리 자신의 본성 안에 있는 가장 심오한 최선의 것을 폭넓게 끌어안는, 치료에 대한 가능성에 주의를 기울이지 않음으로써 맞게 되는 어마어마한 위기감을 자각하게 되면서 세계 도처에서 이미 시작되고 있습니다.

우리가 살고 있는 이 세계를 치유한다는 것은 생명과 자유, 진정한 행복의 추구를 위해 우리 세대뿐 아니라 우리 다음의 세대들에서도, 우리가 가진 다양한 지성을 동원하는—그것이 아무리 잠정적이더라도—법을 익히는 것을 말합니다. 그것은 미국을 비롯한 서구인을 위해서뿐만 아니라 이 지구상의 모든 거주민—그들이 어느 대륙, 어느 섬에 살든—을 위한 것입니다. 또 그것은 비단 인간만을 위한 것이 아니라 자연계에 존재하는 모든 존재, 인간의 세계를 넘어선 세계에 존재하는, 불교에서는 '유정(有情: 지각하는 능력을 가진 모든 생명체)'이라고 부르는 모든 존재를 위한 것이기도 합니다.

왜냐하면 지각하는 능력이야말로 우리가 우리 자신의 온정신을 회복하여 우리에게 가능한 것에 눈뜨는 데 있어 가장 핵심적인 요소이기 때문입니다. 지각하는 능력이 없이는, 그리고 우리의 의식을 사용하고 연마하며 그 속에 머무는 법을 배우지 않고는, 또 개인으로서 우리 자신 속에서 그리고 우리의 제도—기업, 상원과 하원, 백악관과 각 정부 부처들, 그리고 국제연합과 유럽연합 같은 보다 큰 집합체를 포함하여—속에서 더 분명하게 보고 이타적으로 행동하는 우리의 타고난 능력 없이는, 우리는 우리 자신에 대한 자각 없음이라는 자가면역질환에 걸릴 수밖에 없습니다. 그리고 그 자각 없음으로부터 환상과 미망, 탐욕과 두려움, 잔혹함과 자기기만 그리고 궁극적으로 무의미한 파괴와 죽음이 끝없이 반복되는 결과가 생길 것입니다.

이제는 생명을 선택해야 할 때입니다. 그리고 그러한 선택이 우리에게 요구하는 바에 대해 곰곰이 성찰해야 할 때입니다. 이러한 선택은 거대하고 두려운 관념적 선택이 아니라 우리의 현실에 매 순간 맞닿아 있는 선택인 것입니다. 그것은 우리의 생각과 느낌을 통해 우리 내면에서, 그리고 매 순간 우리의 말과 행동을 통해 우리 외면에서 펼쳐지고 있는—어떠한 방식으로든—우리 삶의 근본적인 기질과 매우 긴밀하게 맞닿아 있습니다.

지금 세계는 이러한 선택으로 만개할 꽃들을 필요로 하고 있습니다. 그 꽃들이 아무리 짧은 순간 동안—우리가 '평생'이라고 부르는 시간도 긴 역사의 관점에서 보면 순간일 뿐입니다—핀다고 하더라도 말입니다. 그리고 그 꽃들이 각각 어떠한 꽃들인지, 그 각각의 꽃들이 모여 우리 전체가 어떠한 꽃인지 발견하는 것이야말로 지금 우리에게 부여된 임무입니다. 또 우리의 독특한 아름다움을 우리가 살아 있는 소중한 시간 동안 세계와 함께 공유하는 것, 또 우리가 살아가는 방식과 우리의 제도 속에서, 그리고 가정과 세계에서 우리의 상호 연결성을 축복하는 방식을 통해 구체화되는 지혜와 사랑의 유산을 우리 아들딸과 손자들에게 물려주는 것 역시 우리에게 주어진 책무입니다. 이렇게 우리는 오늘날 우리의 삶 속에서 그리고 우리가 사는 세계 속에서 우리의 온전한 정신—서로의 반영이자 한 생물 종으로서 우리가 지닌 천재성의 내적, 외적 반영인 온전한 정신—속에 굳건히 서 있어야 하지 않을까요?

이런 점에서 우리 각 개인의 창의적이고 상상력 풍부한 노력과 행동이 매우 중요하며, 세계의 건강은 이러한 균형에 달려 있다고 할 수 있습니다. 세계는 지금 문자 그대로의 의미에서 그리고 비유적인 의미에서 우리가 '온정신을 회복하기(coming to our senses)'를 바라고 있으며, 지금이 바로 이를 위한 적기입니다. 지금이야말로 우리가 우리 본연의 아름다움에 눈뜰 때이며, 우리 이전에 있었던 것들과 지금 꽃피우고 있는 모든 가치 있는 것의 토대 위에서 우리 자신과 우리 사회 그리고 지구를 치유하는 작업에 착수하고 또한 그것을 확장해 나가야 할 때입니다. 여기서는 우리가 갖는 어떠한 의도도 사소한 것이 없으며 우리가 기울이는 어떠한 노력도 소중하지 않은 것이 없습니다. 이 여정에서 우리가 밟게 되는 모든 걸음걸음이 중요합니다. 그리고 앞으로 보게 되겠지만 우리 한 사람, 한 사람이 모두 중요합니다.

이러한 모험을 떠나는 데 있어 나는 이 책을 8부로 나누었으며, 각 부에는 나의 개인적 체험에 관한 이야기를 어느 정도 포함하였습니다. 이렇게 한 것은 독자에게 명상수행이란 것이 한편으로 얼마나 개인적이고 특수한 것이며 동시에 다른 한편으로는 그것이 끝없이 자기화하는 마음의 습관이 지어내는 '나의' 체험, '나의' 삶이란 자기중심적 이야기를 넘어 얼마나 비개인적이고 보편적인 것인가에 관한 역설적인 느낌을 갖게 하기 위한 것입니다. 또 그것은 자신의 체험을 진지하게 받아들이되 자기만의 개인적인 것으로(즉, '나의 것'으로) 받아들이지 않고 가벼운 마음과 유머감각으로 대하는 것이—특히 우리가 인간임으로 인해 당하게 되는 엄청난 고통에 직면하여, 그리고 우리가 세계와 우리 자신을 이해하려는 시도에서 그렇게 자주 집착하고 마는 우리의 의견과 견해라는 왜곡된 렌즈의 궁극적 무상함에 비추어—매우 중요하다는 것을 독자가 느끼게 하려는 의도에서입니다.

1부에서 우리는 무엇이 명상이고 무엇이 명상이 아닌지 그리고 마음챙김의 계발을 어떻게 실천할 수 있는지 알아볼 것입니다. 2부에서는 우리의 고통과 '편치 않음(disease)'의 원인이 무엇이며, 어떻게 의도적이고 비판단적인 주의 기울임을 통해 그러한 고통으로부터 해방될 수 있는지, 또 마음챙김이 어떻게 해서 주류 의학에 통합되었는지, 그리고 마음챙김이 어떻게 우리 마음과 가슴의 회복적이고 변혁적인 새로운 차원을 심오하게 드러내고 있는지 살필 것입니다. 3부에서는 우리 삶의 '감각 풍경(sensescape)'에 대해, 그리고 감각에 대한 더 큰 알아차림(자각)이 어떻게 우리의 안녕을 증진하고 또한 우리의 삶과 이 세계 속에서 그리고 우리 자신의 내면에서 우리의 앎과 존재의 방식을 풍요롭게 해 주는지 알아볼 것입니다. 4부는 일련의 공식 명상수련을 통하여 다양한 감각으로 마음챙김을 계발하는 상세한 지침을 독자들에게 전합니다. 이것은 독자들에게, 우리에게 매 순간 가능한 그러한 감각들의 비할 데 없는 풍부함을 맛보게 할 것입니다. 5부에서는 마음챙김의 계발이, 우리가 세계 속에서 파악한 다음 그것을 행동으로 옮기는 '의식의 순환'을 통해 어떻게 치유와 더 큰 행복으로 이어질 수 있는지 살필 것입니다. 6부는 마음챙김의 계발을 더 확장하여 그것이 어떻게 우리의 일상생활의 다양한 측면—장소를 경험하고 슈퍼볼을 관람하는 것(혹은 관람하지 않는 것)에서부터 '우리가 죽기 전에 죽는 것(dying before we die)'에 이르는—에 영향을 줄 수 있는지에 관한 여러 사례를 제시할 것입니다. 7부에서는 심신의학의 관점에서 오늘날의 정치세계와 세계의 스트레스에 관해 살펴보고 마음챙김이 이러한 정치 공동체와 세계의 건강을 변화하고 나아가 증진할 수 있는 몇 가지 방식을 제안할 것입니다. 8부에서는 우리의 삶과 오늘날 우리가 직면하고 있는 도전들을 인간이라는 생물 종(種)과 지구상에서 인간의 진화라는 보다 큰 맥락과 관점에서 살펴볼 것입니다. 또 우리가 우리 삶을 매 순간 그리고 매일 정말로 소중한 것으로 살 수 있게 해 주는 가능성의 숨은 차원을 드러내 볼 것입니다.

차 례

제2부

제3부

제4부

공식 수련 껴안기-마음챙김 맛보기- 265

제5부

치유 가능성-몸과 마음의 영역- 339

제6부

본래의 자기로 돌아오기 433

제7부

정치 공동체의 치유 533

제8부

우리가 사랑하는 아름다움이 우리의 행위가 되게 하라 617

제1부

명상,
그것은 당신이 생각하는 것과 다르다

우리의 사고와 행동의 범위는
우리가 보지 못하는 것에 의해 제한된다.

– 로널드 랭

내 속에 그것이 있다. 나는 그것이 무엇인지 알지 못한다.
그러나 그것이 내 속에 있다는 사실은 안다.

– 월트 휘트먼

명상은 가슴이 나약한 사람을 위한 것이 아니다

모든 것이 너무나 빨리 변해 가는 현재 순간의 시간을 초월한 아름다움과 풍요로움에 대해 말하기란 쉽지 않은 일이다. 그러나 모든 것이 더 빨리 움직일수록 우리가 그 영원성에 발 담그고 그 안에 머무는 일은 더 중요해진다. 그렇지 않으면 우리는 행복과 비참, 지혜와 어리석음, 안녕과 우리가 '편치 않음(dis-ease)'이라고 부르는 몸 · 마음 그리고 세계의 소모적인 혼란을 가름하는 우리 인간됨의 차원들과의 접촉을 상실하게 될 것이다. 왜냐하면 우리의 불만족이란 비록 겉으로 그렇게 보이지 않을지라도 참으로 하나의 질병이기 때문이다. 때로 우리는 이러한 느낌과 상태를, 그리고 우리가 대부분 시간 동안 느끼는 이러한 '편치 않음'을 아주 직설적으로 '스트레스'라는 말로 표현한다. 그것은 대개의 경우 고통스럽게 느껴지고 또 우리에게 부담을 안긴다. 그리고 거기에는 언제나 근본적인 불만족의 느낌이 함께 따라다닌다.

1979년 나는 스트레스 완화 클리닉을 시작했다. 그 당시를 회상하며 나는 지금 스스로에게 이렇게 묻는다. '어떤 스트레스?' 왜냐하면 그 이후로 세계는 너무나 많이 변했고, 우리 삶의 속도는 증가하고 있고, 세계의 변화와 위험이 전에 없이 우리의 코앞에 닥쳐 있으니 말이다. 내가 스트레스 완화 클리닉을 시작할 당시에 우리가 처했던 개인적 상황과 환경을 직시하고 건강과 치유를 위한 새롭고 창의적인 방법을 찾아내는 것이 중요했다면, 세계가 더욱 상호 연관성이 높아지고 작아진 지금, 고도의 혼돈과 속도에 내던져진 채 사건이 전개되고 있는 오늘날의 세계에서 그 중요성은 더욱 커졌다고 하겠다.

기하급수적인 가속도의 시대에 우리가 영원에 머물면서 위안과 분명한 봄을 위해 영원에 의지하는 법을 배우는 것은 더욱 중요하고 긴급한 일이다. 그것이 바로 처음부터 스트레스 완화 클리닉 커리큘럼의 핵심이었다. 나는 먼 미래에 여러분이 오랜 기간의 노력 뒤에 마침내 무엇인가를 얻게 되는 상황, 명상적 알아차림의 무시간적 아름다움과 그것이 제공하는 모든 것을 맛보는 상황, 그리하여 마침내 더 만족스럽고 평화로운 삶을 살게 되는 상황에 대해 이야기하고 있는 것이 아니다. 나는 지금 바로 이 순간 영원성에 다가가는 것에 대해 이야기하고 있다. 왜냐하면 영원이야말로 바로 우리 코앞에 있는 것, 다시 말해 그렇게 함으로써 지금으로서는 우리에게 숨겨져 있는—왜냐하면 우리가 현존하기를 거부하고 미래와 과거를 향해 최면에 걸리듯 끌려가기 때문에, 또 사건과 우리 자신의 반응과 무감각이라는 습관적인 의식 흐름에 파묻혀 가고 있기 때문에 숨겨져 있는—가능성의 차원에 접근할 수 있기 때문이다. 이렇게 우리는 실제로 가장 중요한—실은 우리 자신의 안녕과 온전한 정신 그리고 생존 자체를 위해서도 매우 중요한—것과의 접촉을 상실하는 중에 강박까지는 아니더라도 자신도 모르게 '중요하다'고 딱지를 붙인 일에 온 신경을 쏟고 있다. 우리가 미래와 과거에 몰입하는 습관은 우리에게 너무나 중요한 것이 되어서 우리는 대부분의 시간 동안 현재 순간을 전혀 의식하지 못한 채 지내고 있다. 그 결과 우리는 우리 자신의 삶과 마음의 기복과 굴곡에 전혀 통제권을 갖지 못하고 있다고 느끼게 된다.

미국 마음챙김에 근거한 스트레스 완화 프로그램(Mindfulness Based Stress Reduction program: MBSR) 본부인 '의학, 건강관리, 사회에 있어서의 마음챙김센터(Center for Mindfulness in Medicine, Health Care, and Society: CFM)'의 마음챙김 집중수행과 훈련 프로그램을 소개하는 안내책자의 첫 인사말은 다음과 같다. "명상은 가슴이 나약한 사람을 위한 것이 아닙니다. 또 자기 가슴이 속삭이는 갈망에 계속적으로 귀를 닫고 있는 사람을 위한 것도 아닙니다." 이 문장을 맨 처음에 둔 데는 그럴 만한 이유가 있다. 그것은 아직 영원성(the timeless)에 준비가 되지 않은 사람들, 또 그러한 영원성을 이해하려 하지 않고 그것의 체험과 이해에 다가가려는 마음의 여유가 없는 사람들에게는 프로그램 참가를 권하지 않고자 하는 것이다.

만약 그들이 우리 프로그램에 참가하게 되면 십중팔구 그들은 자신들이 이 프로그램에서 권고받는 명상수련이란 것이 불합리한 활동, 순전한 고문, 그리고 시간 낭비라고 생각하며 프로그램 내내 스스로와 갈등을 일으킬 것이다. 아마도 그들은 거부와 반대에 너무 사로잡혀 있어 우리가 함께 작업할 수 있는 길지 않은 소중한 순간들 속으로 결코 침잠하지 못할 것이다.

그래서 집중 수련에 참가하는 사람들에 대해 우리는 그가 중형을 선고받았기 '때문에' 아니면 중형을 선고받았음에도 '불구하고' 참가했다는 것을 안다. 어떤 경우이든 자신의 몸과 마음의 내적 풍경을, 그리고 고대 중국의 도가 사상가들과 선승들이 '무위(無爲, non-doing)'라고 부른 영역을 탐험하려는 숨은 의지가 참가자에게 있다고 우리는 추측한다. 무위의 영역이야말로 진정한 명상의 영역이며, 그 속에서는 어떤 것도 일어나거나 행해지는 일이 없지만 동시에 중요한 것은 남김없이 행하게 되고 그 결과로 열린, 그리고 자각하는 무위의 신비로운 에너지가 행위의 세계에서 놀랄 만한 방식으로 드러나게 된다.

물론 우리는 대개 살면서 행위의 흐름에 떠밀려 우리 자신의 가슴이 속삭이는 갈망을 외면한 채 산다. 그리고 나는 명상이 항상 쉽거나 즐거운 것이라고 말하려는 것도 아니다. 명상은 단순하지만 결코 언제나 손쉬운 것만은 아니다. 바쁜 일상 가운데 단 몇 순간만이라도 한데 엮어 규칙적으로 공식 수련을 한다는 것은 쉬운 일이 아니다. 또 언제나 펼쳐지고 있는 우리의 삶 속에서 '비공식적' 마음챙김이 항상 가능하다는 것을 기억하는 것도 만만치 않은 일이다. 그러나 때로 우리는 우리 가슴이 넌지시 내비치는 바를 더 이상 무시하지 못하고 우리가 평소 잘 가지 않는 곳에 이끌려 가는 자신을 발견하기도 한다. 예컨대, 어릴 적 우리가 살았던 곳이나 자연, 집중명상수련회, 혹은 오랫동안 우리 안에서 무시되고 있던 측면을 드러내 놓고 보고 듣고 느끼고 알 수 있는, 또 우리 자신에 의해, 스스로를 만나려는 우리 자신의 가슴의 오랜 갈망에 의해 살 수 있는 우리 안의 무시당하던 측면을 드러내 줄 책이나 강좌, 대화에 신비로운 힘에 의해 끌리게 된다.

마음챙김의 세계가 우리에게 제시하는 모험은, 너무나 오랫동안 무시당하고 주의를 기울이지 않았던 우리 존재의 차원 속으로 들어가는 하나의 가능한 입구다. 앞으로 보게 되겠지만, 마음챙김은 우리 삶의 전개에 영향을 미치는 풍요롭고 조화로운 능력을 가지고 있다. 그와 마찬가지로 마음챙김은 우리가 속해 있는 더 큰 세계—우리의 가정과 직장, 사회, 그리고 우리가 스스로를 바라보는 방식, 소위 정치 공동체라고 부르는 것, 우리가 이 지구상에 함께 모여 사는 세계 공동체 등을 모두 포함하여—에 영향을 미치는 힘도 갖고 있다. 그리고 이런 일은 마음챙김 수련에 대한 우리 자신의 체험을 통하여 일어날 수 있다. 그런 일이 일어날 수 있는 것은 우리 자신이 세계의 뗄 수 없는 한 부분이기 때문이며, 또 우리의 내면과 외면이, 그리고 존재와 행위가 상호적인 관계에 있기 때문이다.

또 우리가 생명 자체의 그물망, 그리고 지각과 의식을 가능하게 하는, 그래서 무지를 지혜로, 불협화음을 화해와 조화로 변화시키는 의식의 잠재력을 실현시켜 주는 마음이라고 하는, 눈에 보이지 않고 손으로 만져지지 않는 정수의 뗄 수 없는 한 부분이기 때문이다. 의식(알아차림)은, 상황이 지금보다 '좋아지거나' 모든 것을 통제하게 될, 혹은 우리 자신을 더 '향상시키게 될' 먼 미래가 아닌 바로 지금 이곳에서 우리 스스로를 회복시킬 수 있는 장소, 중요하고 역동적인 조화와 평온, 창의성과 기쁨 속에 머물 수 있는 안전한 장소를 우리에게 제공한다. 이상하게 들릴지 모르지만 마음챙김에 대한 우리의 능력은, 우리가 가장 깊이 갈망하면서도 대부분 우리에게서 달아나는 것, 그리고 흥미롭게도 언제나 우리와 그토록 가까이 있는 것, 마음의 더 큰 안정과 평화 그리고 그와 더불어 우리에게 가능한 매 순간 그와 함께 일어나는 모든 것을 음미하고 체현할(embody) 수 있게 해 준다.

미시적 차원에서 평화란 지금 바로 이 순간과 별개로 존재하는 것이 아니다. 거시적 차원에서 평화란 특히 정의나 개인의 본질적 인간성과 권리에 대한 인식과 관련된, 우리 모두가 집단적으로 갈망하는 무엇이다. 평화는 우리가 개인으로서 조금 더 깨어 있고 인간이라는 생물종으로서 좀 더 깨어 있을 때 가져올 수 있는 무엇이다. 또 평화란 우리가 온전히 우리의 본래적 존재로 돌아갈 수 있을 때, 인간으로서 우리에게 가능한 내재적 가능성 속에 머물 수 있을 때 일어나는 무엇이다. "평화에 이르는 길이 따로 있는 것이 아니다. 평화가 곧 길이다."란 격언이 있다. 그것은 세계의 외면적 풍경에 대해서도, 우리 가슴의 내면적 풍경에 대해서도 마찬가지다. 그리고 이 둘은 심오한 면에서 서로 둘이 아니다.

열린 가슴의, 매 순간의, 비판단적 알아차림이라고 할 수 있는 마음챙김은 단지 그것에 관해 생각하는 것보다 명상을 통해서 가장 적절하게 계발할 수 있기 때문에,

그리고 마음챙김의 가장 정교하고 완전한 표현은 불교적 전통에서 나오고 있으므로—불교에서는 마음챙김을 불교명상의 핵심이라고 말한다—나는 이 책의 여기저기서 불교와 불교가 마음챙김 수련과 맺는 관계에 대해 언급할 것이다. 그것은 우리가 불교라는 이 특별한 전통이 지난 2,500여 년간 존립해 오면서 오늘날의 세계에 던지는 메시지에 대한 어느 정도의 이해를 획득하고 그로부터 이로움을 얻기 위한 것이다.

내가 보기에 여기서 핵심은 불교가 아니다. 우리는 붓다를 시대의 천재, 위대한 과학자, 다윈이나 아인슈타인처럼 걸출한 인물이라고 생각할 수 있다. 붓다는 불교학자 앨런 월러스(Allan Wallace)가 표현한 것처럼 자신의 마음 이외의 어떠한 도구도 갖지 않은 채 생과 사의 본질, 그리고 고통의 불가피성에 대해 깊이 있게 들여다보고자 했다. 탐구를 계속하기 위해 붓다는 우선 이러한 목적을 위해 자신이 사용하고 있던 도구, 즉 마음을 이해하고 계발하고 정교하게 만드는 법을 배워야만 했다. 그것은 오늘날 실험실의 과학자들이 물리학, 신체현상, 화학, 생물학, 심리학 등 모든 탐구 영역에서 우주의 본질과 그 속에서 펼쳐지는 방대한 상호 연관적 현상을 깊이 들여다보고 탐구하려는 목적으로 자신의 감각을 확장하기 위해 그들이 사용하는 도구—거대한 광학현미경이나 전파망원경, 전자현미경, 양전자 방사 단층 촬영법(PET: 두뇌 등의 인체 내부 촬영에 이용하는 방법) 스캔 장비 등—를 지속적으로 계발하고 정교하게 만드는 것과 마찬가지다.

이러한 도전에 응함에 있어 붓다와 그의 제자들은 마음 자체의 본성과 생명의 본질에 관한 깊은 질문을 탐구하기 시작했다. 그리고 그들의 노력과 자기관찰은 놀라운 발견으로 이어졌다. 그들은 철저히 인간과 관련된, 각자의 생각이나 신념, 문화와 별개로 인간이라면 누구나 보편적으로 공유하는 마음의 다양한 측면과 관련된 영역의 지도를 정확하게 그려 내는 데 성공했다. 그들이 사용한 방법과 그러한 탐구의 결실은 보편적인 것으로, 어떠한 이즘이나 이데올로기, 종교적 신앙, 신념체계와도 관련이 없다. 이 발견은 마치 의학적 혹은 과학적 이해와 더 유사한 것으로 누구라도 어디서든 자기 스스로 그 진위를 검사해 볼 수 있다. 아니나 다를까 붓다도 처음부터 자신의 제자들에게 스스로 진리를 조사하라고 권했다.

내가 마음챙김을 수련하고 가르친다는 이유로 사람들은 내가 불교신자라고 흔히들 생각한다. 불교신자인가라는 질문을 받으면 나는 대개 불교신자가 아니라고 대답한다—물론 과거에는 나 자신을 불교신자라고 생각한 적이 있었지만. 그리고 지금도 여전히 다양한 불교 전통과 수행에 커다란 존경심을 갖고 있다. 나는 스스로를 불교신자라기보다 불교 명상을 열심히 배우는 학생이라고 생각한다. 그리고 내가 불교 명상을 배우는 것은 불교 자체에 헌신해서가 아니라 불교의 가르침과 수행이 매우 심오하고 보편적으로 적용 가능하며 우리에게 깨달음을 주고 치유적이라는 사실을 발견했기 때문이다. 그것은 지난 40년 동안 내 경우에만 그러했던 것이 아니라 내가 함께 작업하고 수행하는 영광을 누렸던 다른 많은 사람의 경우에도 마찬가지였다. 그리고 나는 지금도 불교의 가르침과 수행에 녹아 있는 지혜와 사랑을 구현하며 사는 서양과 동양의 스승과 비스승들 모두에게서 깊은 감동과 영감을 받고 있다.

나에게 마음챙김 수련은 정말로 하나의 '연애사건'과 같은 것이라고 하지 않을 수 없다. 그런데 그것은 삶의 가장 근본적인 것, 우리가 진리라고 부르는 여여(如如)한 것과의 연애사건이다. 거기에는 아름다움, 미지의 것, 가능한 것, 실재 등 모든 것이 바로 지금 여기 이 순간 속에 녹아들어 있다. 그리고 동시에 그것은 모든 곳에 존재한다. 왜냐하면 여기란 결국 어느 곳도 될 수 있기 때문이다. 마음챙김은 언제나 지금이다. 왜냐하면 우리가 이미 언급했고, 또 앞으로 여러 번 언급할 것이지만 우리에게 지금 말고 다른 시간이란 존재하지 않기 때문이다.

'지금 여기'는 어느 곳에서나 그리고 항상, 영원과 무위의 작업, 매 순간 펼쳐지는 대로의 자신의 삶에서 구현되고 있는 알아차림의 작업에 대한 풍부한 기회—우리가 그에 관심을 갖고 노력하고자 하는 의지만 있다면—를 우리에게 제공하고 있다. 이것이야말로 시간을 초월한 작업이자 우리의 필생의 작업이라고 할 만하다.

특정 문화와 예술이 진리와 아름다움에 대한 독점권을 행사할 수는 없을 것이다. 그러나 나는 우리가 이 책과 우리의 삶에서 함께 떠나려고 하는 이 특별한 탐험을 위해서라면 '시(詩)'라고 하는 마음과 가슴의 언어에 전념한 지구상의 특별한 몇몇 사람들의 작업을 참고하는 것이 도움이 되고 또 영감을 줄 수 있을 것이라고 생각한다. 우리의 위대한 시인들은 마음과 언어, 그리고 우리 내면과 외면의 풍경 사이의 친밀한 관계에 대한 심오한 내적 탐험을 떠나는 사람들이다. 마치 명상 전통의 위대한 수행자나 스승처럼 말이다. 실제로 명상 전통에서도 깨달음과 통찰의 순간들이 시를 통해 표현되는 일이 드물지 않다. 명상 수행자와 시인 모두, 진리에 대한 용감무쌍한 탐험가이자 가능성에 대한 분명한 수호자다.

위대한 시가 우리에게 건네는 렌즈는 모든 진실한 예술과 마찬가지로 우리의 시각을, 더 중요하게는, 우리가 처한 상황의 통렬함과 적실성, 우리 자신의 정신과 삶을 고양하는 잠재력을 갖고 있다. 그것은 명상 수행이 우리에게 보고 이해하며 그에 가슴을 열 것을 요청하는 방식, 그리고 우리가 느끼고 알 수 있도록 해 주는 방식과도 다르지 않다. 시는 지구상의 모든 문화와 전통에서 터져 나왔다. 시인은 양심과 인간 영혼의 수호자이며, 그것은 어느 시대에나 마찬가지였다. 시인은 우리가 주의를 기울이고 숙고할 가치가 있는 진리의 다양한 측면에 대해 이야기한다. 북미, 중미, 남미, 중국, 일본, 유럽, 터키, 페르시아, 인도, 아프리카, 기독교, 유대교, 이슬람교, 불교, 힌두교, 정령신앙, 고전신앙, 남성과 여성, 고대와 현대 등 모든 시대와 장소의 시인은 우리가 탐구하고 음미하고 간직할 가치가 있는 신비한 선물을 우리에게 선사한다. 그들은 우리가 예상했거나 이미 알고 있는 것보다 훨씬 더 근본적이고 인간적인 무엇을 제공하며, 우리가 다양한 시대와 문화를 통해 자신을 바라보고 알 수 있는 신선한 렌즈를 준다. 그러나 그러한 렌즈를 통해 바라보는 풍광이 언제나 편안한 것만은 아니다. 때로는 그것이 매우 불편하고 불안하게 만들 수 있다. 그런데 아마도 그러한 시가 우리가 가장 깊이 새겨야 할 시인지도 모른다. 왜냐하면 그러한 시야말로 우리 마음의 스크린에서 펼쳐지고 또 우리 가슴의 저류에서 움직이고 있는 빛과 그림자의 끊임없이 변화하는 전체 스펙트럼을 드러내 주기 때문이다. 시인은 그 최상의 순간에는 표현 불가능한 것을 표현해 내며, 그러한 순간에는, 뮤즈—예술가에게 영감을 주는 신—와 가슴으로부터 선사받은 신비한 은총에 의해 언어를 넘어선 언어의 달인으로 변모한다. 그리고 그 표현 불가능성은 부분적으로 우리—독자—의 참여에 의해 생명력을 얻는다. 또 우리가 시에 다가서고 시가 우리에게 다가오는, 시를 읽고 듣는 그 순간, 우리의 모든 감각과 지성으로 단어 하나하나를, 사건 하나하나와 순간 하나하나를, 또 그러한 순간들을 일깨우는 호흡 하나하나를 음미할 때, 생동감으로 불러낸 모든 이미지 하나하나를 음미할 때, 그리고 궁극적으로 모든 기교를 넘어 우리 자신과 실제의 진리로 돌아올 때, 시는 생명력을 얻는다.

그래서 우리는 우리의 여정에서 이따금씩 멈추어 이 명료함과 고뇌의 물에 함께 몸을 담그고, 스스로를 알고자 하는 인간적 열망의 피할 수 없는 노력에 몸을 담글 것이다. 그리하여 우리 스스로가 지금 알고 있는 것을 상기하며, 때로 매우 친절하고 궁극적으로는 대단히 관대하고 자애로운 행동 속에서 성공을 거둘 것이다. 비록 그러한 목적을 위해서는 시도된 적이 없지만 그것은 우리의 삶과 시각을 깊이 있게 만들어 가는 방법을 가리켜 보일 것이다. 그럼으로써 우리의 본연의 모습, 또 될 수 있는 가능성의 모습까지도 더 잘 이해하고 심지어 축복할 수 있게 될 것이다.

* * *

내 가슴은 당신에게 뭔가 새로운 것을
가져다주려고 생각하며 깨어나네.

당신의 관심을 끌고 또 많은 사람의 관심을 끌 새로운 것
보라, 세상에서 무엇이 새로운 것으로 통하고 있는지를.

그러나 당신은 거기서는 그것을 발견할 수 없으리.
오히려 사람들이 경멸하는 시 속에서 그것을 발견하리.

시에서 새로운 것을 얻기는 어렵지만
사람들이 매일 비참하게 죽어 가는 것은
바로 시에서 발견되는 그것이 부족하기 때문.

– 윌리엄 카를로스 윌리엄스

* * *

바깥은 추운 사막의 밤
오늘 또 다른 밤이 불을 붙이며 점점 따뜻해지네.
이 풍경이 가시 돋은 껍질로 덮이게 하라.
우리는 여기 부드러운 정원을 갖고 있으니.
대지는 파괴되고

도시와 마을 모든 것이
시커멓게 타들어 간 공처럼 되었네.

우리가 듣는 뉴스는 미래에 대한 슬픔으로 가득하네.
그러나 이곳에서 진짜 뉴스는
세상에 새로운 것은 아무것도 없다는 것.

– 루미

히포크라테스적 진실성을 목격한 사건

나는 지금 매사추세츠 주립대학 메디컬센터의 널따랗고 멋진 신축 교수 회의장에서 15명의 환자들과 함께 늦은 9월 오후의 희미한 햇빛을 받으며 카펫 바닥에 누워 있다. 나중에 스트레스 완화 클리닉이란 이름으로 알려질, '스트레스 완화 및 이완 프로그램'의 첫 회기 첫 시간을 막 시작한 것이다. 나는 지금 '바디스캔(body scan)'이라고 하는 누워서 하는 명상을 안내하는 중이다. 우리는 새로 구입한 다양한 밝은 색의 매트 위에 등을 대고 누워 있다. 환자들은 나의 지시사항을 더 잘 듣기 위해 방의 한쪽 구석에 옹기종기 모여 있다.

침묵의 한가운데서 갑자기 문이 열리더니 서른 명가량의 흰색 가운을 입은 사람들이 들어온다. 그 선두에는 키가 크고 위엄 있어 보이는 한 신사가 있다. 그는 내가 누워 있는 곳으로 성큼성큼 걸어와서는 누워 있는 내 얼굴을 응시한 다음 검은색 티셔츠와 가라테 바지 차림의 맨발로 놀랍고 황당한 표정으로 방 여기저기를 돌아다녔다.

그는 다시 나를 내려다보더니 잠깐 머뭇거린 뒤 마침내 입을 열었다. "지금 여기서 무슨 일이 진행되고 있는 거죠?" 나와 환자들은 알록달록한 매트 위에 시체처럼 계속 누워 있었다. 우리의 주의가 처음에 양발 사이에 머물다가 정수리로 올라가고 있던 중 이 위압적인 인물의 그림자 뒤로 하얀색 가운을 입은 사람들의 모습이 소리 없이 어렴풋이 보이기 시작했다. 나 역시 무슨 일인가 싶어 바닥에 누운 채로 "이곳

병원에서 새로 시작한 스트레스 완화 프로그램을 진행 중입니다."라고 대답했다. 그러자 그가 대답했다. "아, 지금 이곳 회의장에는 우리 병원 외과의들과 협력병원 의사들의 특별 연합 미팅이 예정되어 있습니다. 이를 위해 이곳 회의장을 특별히 예약해 두었습니다."

나는 이 말을 듣고 자리에서 일어났다. 내 키는 그의 어깨 정도밖에 오지 않았다. 나는 나를 소개한 뒤 이렇게 말했다. "어떻게 이런 일이 생겼는지 잘 모르겠습니다만 오늘부터 향후 10주간 수요일 오후 4시부터 6시까지의 시간대에 우리가 이 회의장을 사용하기로 병원 일정을 관리하는 직원과 두 번이나 확인했는데요."

'브라우넬 휠러(H. Brownell Wheeler), 의학박사, 외과장'이라는 자기 이름과 직책을 파란색 실로 수놓은 긴 하얀색 가운을 입은 그는 위아래로 나를 훑어보았다. 그는 나와 초면이었으며, 이 새 프로그램에 대해서도 모르고 있는 게 분명했다. 아마도 신발과 양말을 모두 벗고 스웨터나 운동복 차림으로 교수 회의장의 바닥에 누워 있는 우리의 모습이 그에게는 꼴불견으로 보였을 것이다. 그는 스케줄이 촌각을 다툴 정도로 바쁜 사람으로, 특별 미팅을 주관하는—나중에 안 사실이지만 그 미팅은 개별 지역병원의 외과 레지던트 프로그램을 종료하고 '통합' 매사추세츠 대학 프로그램을 만드는 것을 두고 새로 생긴 메디컬센터와 지역병원들 사이에 불거진 갈등을 해결하기 위한 것이었다. 지역병원들은 이 사안에 대해 매사추세츠 주립대학교에 상당한 불만을 품고 있던 터였다. 그래서 휠러 박사는 이 미팅에 상당한 부담을 가지고 있었으며, 이 아늑한 장소에서 미팅을 갖는 것이 박사에게는 무척 중요한 문제였다—이 메디컬센터에서 가장 권력 있는 사람 중 하나였다. 그런 그가 병원에서 아무런 지위도 없는 사람이 이끄는, 기이하기 이를 데 없고 전혀 예상치 못한 장면을 면전에서 맞닥뜨린 것이다.

그는 회의장에 누워 있는 사람들을 한 번 더 둘러보았다. 이즈음 환자들 중 몇몇은 무슨 영문인지 알기 위해 팔꿈치로 몸을 일으켜 지탱하고 있었다. 휠러 박사가 물었다.

"이분들 우리 병원 환자들인가요?" 그는 바닥에 누워 있는 사람들을 보며 물었다.

"네, 그렇습니다." 내가 대답했다.

"그렇다면 우리 미팅을 열 다른 장소를 알아보겠습니다." 그는 이렇게 말하고는 몸을 돌려 의사들을 이끌고 회의장을 나갔다.

나는 그에게 고맙다는 인사를 하고 그들이 회의장을 나간 뒤 문을 닫고 우리가 하던 프로그램을 계속 진행했다.

그것이 나와 브라우넬 휠러 박사와의 첫 만남이었다. 나는 그 순간 내가 이곳 메디컬센터에서 보람 있게 일할 수 있을 것이란 생각이 들었다.

몇 년 뒤 브라우넬 휠러 박사와 친구가 된 뒤 나는 그에게 그날의 에피소드를 가끔 상기시켜 준다. 그리고 그때 박사가 병원 환자들에게 보여 준 크나큰 배려에 내가 얼마나 감동했는지도 이야기한다. 사실 그는 그때 자신의 행동을 대단한 것으로 여기지 않았다고 한다. 환자를 무엇보다 우선시한다는 그의 원칙에는 어떠한 타협의 여지도 없었던 것이다.

그즈음 나는 휠러 박사 자신도 명상 수련을 하고 있으며 몸과 마음의 연결성이 가진 힘과 그것이 의료를 변화시킬 수 있는 가능성에 대해 깊은 이해를 가진 사람이라는 것을 알게 되었다. 그는 20년 이상 우리 스트레스 완화 클리닉의 든든한 후원자가 되어 주었으며, 외과장의 자리에서 내려온 뒤 지금은 죽음을 앞에 둔 환자들이 인간으로서의 존엄성을 갖고 죽음에 임할 수 있도록 돕는 운동에 앞장서고 있다.

그가 그날 늦은 오후 그 상황에서 자신의 권력과 권위를 사용하지 않은 일은 나로 하여금 나 자신이 우리 사회에 너무나 드문 무언가의 수혜자라는 것을 알게 했다. 그것은 바로 지혜와 자비의 체현이었다. 그가 그날 환자들에게 보여 준 존중은, 회의장 문이 열린 그 순간 우리가 하고 있었던 명상 수련을 통해 키우고자 했던 바로 그것이었다. 곧 우리 자신에 대한 깊고 비판단적인 수용, 그리고 우리 자신의 변화와 치유의 가능성을 계발하는 것이었다. 그날 오후 휠러 박사의 은혜로운 행동은 오늘날 우리 사회에서 절실하게 필요한 의학의 고대 히포크라테스 원칙을 다시금 되새기게 했다. 그는 어떠한 번지르르한 말도 하지 않았지만 행동으로 모든 것을 보여 주었다.

세계 각국에 부는 명상 바람

이런 그림을 상상해 보자. 전 세계의 병원과 메디컬센터에서 환자들이 의사의 권고에 따라 명상과 요가를 하고 있다. 어떤 경우 의사가 직접 명상을 지도하기도 한다. 또 어떤 때는 의사들 자신도 프로그램에 참가하여 환자들과 함께 명상을 한다.

노르웨이 오슬로에서 혈관계 외과의사로 활동하는 안드리에스 크뢰제(Andries Kroese)는 30년 동안 명상을 수련해 왔으며 위빠사나—상좌부 불교에서 전통적으로 하는 마음챙김 명상—집중 수행에 참가하기 위해 정기적으로 인도를 찾는다. 그런 그가 MBSR 훈련을 받기 원하는 건강전문가들을 위한 7일짜리 집중 훈련에 참가하기 위해 캘리포니아에 왔다. 프로그램을 마치고 고국으로 돌아간 직후 그는 자신의 외과 시술 시간을 줄여 그 시간을 스칸디나비아 반도의 자신의 동료들과 환자들에게 명상을 가르치는 데 쓰기로 했다. 그것은 그가 오랫동안 꿈꿔 왔던 일이었다. 이후 그는 마음챙김에 근거한 스트레스 완화에 관한 책을 노르웨이어로 썼는데, 그 책이 노르웨이와 스웨덴에서 베스트셀러가 되었다고 한다.

캘리포니아 마운틴뷰 엘카미노 병원의 외과의인 하워드 누델만(Howard Nudelman)이 어느 날 내게 전화를 걸어 왔다. 그는 흑색종—피부암의 하나—에 걸려 살 날이 얼마 남지 않은 자신이 두렵다고 했다. 그는 또 자신이 명상에 친숙하며 명상이 개인적으로 자신의 삶을 바꿔 줄 수 있다는 사실을 발견했다고도 말했다. 그는 나의 책 『마음챙김 명상과 자기치유(*Full Catastrophe Living*)』를 읽고 그가 오랫동안 꿈꿔 왔던 일, 즉 명상을 의료에 접목하는 일을 실행에 옮길 수 있는 방법을 찾았다고 말했다. 그는 자신의 병원에서 남는 시간을 이용하여 그 일을 해 보고 싶다고 했다. 한 달 후 그가 의사와 병원 행정가 한 팀을 데리고 우리를 찾아왔다. 집으로 돌아간 뒤 그들은 뛰어난 마음챙김 지도자인 밥 스탈(Bob Stahl)이 이끄는 MBSR 프로그램을 만들었다. 이후 프로그램이 진행되면서 밥은 또 다른 뛰어난 지도자들을 합류시켰다. 그 프로그램은 현재 10년 넘게 진행되어 오고 있다. 하워드는 자신이 베이 지역(Bay Area)—샌프란시스코 만안(灣岸) 지역: 역자 주—의 마음챙김 명상센터를 건립하는 모임의 회장을 맡게 되었다고 했다. 이러한 시도는 결국 캘리포니아 우드에이커에 위치한 스피릿록(Spirit Rock) 명상센터의 건립으로 이어졌다. 하워드는 우리를 방문한 지 채 1년도 되지 않아 세상을 떴다. 그가 우리를 방문했을 때 내가 소개시켜 주었던 휠러 박사가 그해 캘리포니아에 세워진 하워드 누델만 기념비 건립식에서 기념사를 했다.

엘카미노 병원은 현재 샌프란시스코 지역에서 MBSR을 제공하는 30개 이상의 병원과 메디컬센터, 클리닉 가운데 한 곳이다. 또 이 글을 쓰는 현재, 캘리포니아 북부 지역 카이저 퍼머넌트(Kaiser Permanente)—미국의 대표적인 건강보험 회사로 전국에 수많은 병원 체인을 갖고 있다: 역자 주—시스템의 17개 병원 가운데 한 곳이다. 카이저 퍼머넌트는 환자뿐 아니라 의사와 직원들에게까지 명상 훈련을 실시하고 있다. MBSR 프로그램은 시애틀에서 마이애미까지, 그 발상지인 매사추세츠 우스터에서 캘리포니아 샌디에이고까지, 캐나다 북부 유콘지역의 화이트호스에서 밴쿠버, 캘거리, 토론토, 핼리팩스까지, 홍콩에서 웨일즈까지, 멕시코에서 부에노스아이레스까지 전 세계 각지에서 번성하고 있다. 남아프리카공화국의 케이프타운과 호주, 뉴질랜드에도 MBSR 프로그램이 있다. 또 미국의 듀크 대학교, 스탠퍼드 대학교, 위스콘신 대학교, 버지니아 대학교, 제퍼슨 의과대학 등 미국 유수의 메디컬센터에서도 이미 오래 전부터 MBSR 프로그램을 진행해 오고 있다. 또 점점 많은 연구자가 의학과 심리학에서 마음챙김의 응용 가능성에 대한 임상 연구를 실시하고 있다. 우울증 재발을 예방하는 새로운 치료법인 MBCT—마음챙김에 근거한 인지치료—까지 등장했다. MBCT는 여러 차례의 임상 실험에서 우울증 예방에 매우 효과가 있는 것으로 밝혀져 임상심리학계에서 지대한 관심을 받고 있다.

30년 전만 하더라도 학구적인 메디컬센터와 병원에서 명상과 요가를 정식으로 받아들일 것이라고는—널리 보급되는 것은 고사하고—상상도 하기 어려웠다. 그러나 지금은 보편적으로 받아들이고 있다. 명상과 요가는 이제 단지 대체의학으로서가 아니라 양질의 의료(good medicine)로 인식되고 있다. 또 의대생들과 병원 직원들을 대상으로 하는 마음챙김 프로그램도 점점 더 많이 생겨나고 있다. 의료 처치 스펙트럼에서 고도로 기술 집약적이고 침습적인 영역에 속하는 골수이식 환자에게 명상을 지도하는 병원도 있다. 이런 일을 주도하는 사람이 스트레스 완화 클리닉의 나의 오랜 동료인 엘라나 로젠바움(Elana Rosenbaum)이다. 그녀는 그 자신이 림프암 진단을 받았을 때 골수이식 수술을 받은 적이 있다. 그때 그녀는 수술 합병증으로 죽음의 문턱에까지 갔었지만 명상을 통해 상태가 많이 호전되어 병원 의사와 직원들을 놀라게 했다. 그 결과로 병동의 많은 의사가 마음챙김 프로그램과 수련법을 배워 자신들의 환자에게 적용하고자 했다. 도시 빈곤층과 노숙자를 위한 MBSR 프로그램, 미국 내에서 스페인어로 진행하는 MBSR 프로그램도 있다. 통증 환자와 암 환자, 심장병 환자를 위한 MBSR 프로그램이 있으며, 예비 부모를 위한 MBSR 프로그램도 있다. 많은 환자는 의사가 MBSR 프로그램을 권할 때까지 기다리지 않고 먼저 그것을 요구하거나 아니면 스스로 프로그램을 찾아온다.

마음챙김 명상은 이제 로펌에서도 가르치고 있으며, 예일, 컬럼비아, 하버드, 미주리 대학교의 법학도를 대상으로 실시하고 있다. 마음챙김과 법, 대안적 분쟁 해결법에 대한 심포지엄도 2002년 하버드 대학교에서 개최되었다. 그리고 거기서 발표된 논문들은 그해 『하버드 협상 법 리뷰(*Harvard Negotiation Law Review*)』에 수록되었다. 이제는 유망 로펌에서 법조인들 스스로 명상과 요가를 수련하는 움직임이 일고 있다. 최근 『보스턴 글로브 선데이 매거진』은 정장과 타이를 갖춰 입은 한 고참 변호사가 맨발로 요가의 나무 자세를 취한 채 미소를 띠고 있는 장면을 표지 사진으로 실었다. 커버기사의 제목은 '새로운—더 친절하고 부드러운—변호사'다.

무슨 일이 일어나고 있는 걸까?

비즈니스 리더들은 매일 아침 6시에 시작하는 CFM(미국 MBSR 본부)에서 제공하는 5일간의 집중수행에 참여한다. 그것은 그들이 마음챙김을 훈련하고 스트레스를 감소시키고 더 큰 알아차림을 비즈니스라는 삶과 삶이라는 비즈니스에 가져가기를 원하기 때문이다. 몇몇 선구적인 학교들—공립학교와 사립학교 모두—은 초 · 중 · 고 수준에서 마음챙김 프로그램을 시작하고 있다. 미국 NBA 농구 시카고불스의 감독 필 잭슨(Phil Jackson)의 재임 시 팀은 우리의 교도소 프로젝트를 지휘하고 이너시티 MBSR 클리닉을 공동 설립했던 조지 멈포드(George Mumford)의 지도 아래 마음챙김을 훈련하고 수련했다. 이후 잭슨이 LA 레이커스로 옮겼을 때도 그 팀은 마음챙김을 수련했다. 두 팀 다 NBA 챔피언—시카고불스는 4회(조지의 지도 아래 있을 때), LA 레이커스는 3회 우승했다—이 되었다. 한편 잭슨의 형도 버지니아 샬로츠빌의 버지니아 대학교(UVA) 의과대학에서 MBSR을 가르친다. 미국뿐 아니라 영국과 인도의 교도소에서도 수감자와 교도관들에게 명상 프로그램을 제공하고 있다.

어느 여름날 나는 알래스카의 어부이자 명상 지도자인 인사이드 패시지(Inside Passages)의 커트 횔팅(Kurt Hoelting)과 함께 환경운동가들을 대상으로 하는 명상 집중수행을 공동 지도할 기회가 생겼다. 그 프로그램에는 앉기 명상과 요가, 마음챙김 걷기뿐 아니라 마음챙김 카약도 포함되었다. 집중수련회는 알래스카 남동부의 테벤코프 만 야생 지역(Tebenkof Bay Wilderness Area)의 외딴섬에서 진행되었는데 우리는 그곳에 수상비행기를 타고 가야 했다. 우리가 야생에서 8일을 지내고 다시 마을로 돌아왔을 때 『타임』지의 커버기사는 명상에 관해 다루고 있었다(2003년 8월 4일). 명상이 뇌와 건강에 미치는 효과에 관한 자세한 설명을 실은 커버기사였는데, 이것은 명상이 우리 문화의 주류에 깊숙이 들어왔음을 보여 주는 것이라고 하겠다. 명상은 이제 더 이상 소수의 기이한 사람들이나 하는 별난 취미가 아닌 것이다.

실제로 집중 수련회와 강좌, 워크숍을 제공하는 명상센터들이 세계 각지에 많이 생겨나고 있으며 점점 더 많은 사람이 명상을 배우고 수련하기 위해 한데 모이고 있다. 요가도 큰 인기를 누리고 있는데, 명상보다 1년 정도 먼저 『타임』지의 커버기사로 소개되었으며, 아동과 노인 등 다양한 계층에서 열정적으로 수련하고 있다. 『타임』은 2003년, 『뉴스위크』는 2004년에 심신의학을 특집 기사로 다루었으며, 두 잡지 모두 기사에서 명상을 권하고 있다.

도대체 무슨 일이 일어나고 있는 걸까? 우리는 하나의 문화로서 내면의 잠재력, 알아차림의 계발, 고요와 침묵에의 친밀함에 눈뜨는 초기 단계에 있다고 할 수 있다. 우리는 우리에게 더 큰 명료함과 통찰, 더 큰 정서적 안정과 지혜를 가져다줄 현재 순간의 힘을 깨닫기 시작하고 있다. 한마디로 말해 명상은 이제 더 이상 우리 문화에 이국적이거나 기이한 것이 아니다. 그것은 다른 어떤 것만큼이나 미국적인 것이 되었다. 명상은 우리 곁에 와 있다. 그리고 그것은 오늘날 세계의 상황과 그것이 우리의 삶에 미치는 엄청난 힘을 고려할 때 결코 빨리 온 것이 아니다.

그러나 한 가지 사실만은 염두에 두자. 명상은 당신이 생각하는 그러한 것이 아니다!

본래 순간

1970년대 초반에서 후반까지 나는 한국의 선승 숭산 선사님에게 공부한 적이 있었다. '숭산'이라는 선사님의 이름은 '높은 산'이라는 뜻으로 중국의 6대 조사 혜능이 깨달음을 얻었다는 산의 이름과 같다. 우리는 그분을 '선사님'이라고 불렀는데, 그 의미가 존경하는 선승이라는 것을 최근에야 알았다. 당시에 그 말의 의미를 알고 있는 사람은 거의 없었던 듯하다. 우리는 그것이 다만 그분의 이름이라고만 알고 있었다.

선사님은 한국에서 오셔서 로드아일랜드의 프로비던스에 자리를 잡고 계셨는데 그곳 브라운 대학교 학생 몇 명이 스님을 '발견했다.' 그런데 선사님은 뜻밖에도—이후 우리는 선사님의 모든 것이 뜻밖이라는 사실을 알게 되었지만—한국인이 운영하는 조그만 가게에서 세탁기 수리를 하고 계셨다. 이들 학생들은 선사님을 중심으로 비공식 모임을 마련해 선사님이 가르쳐 주시려는 것을 알아내고자 했다. 이 작은 비공식 모임이 결국 프로비던스 선(禪)센터(Providence Zen Center)의 건립으로 이어졌고, 이후 수십 년에 걸쳐 선사님의 가르침을 지지하는 세계 각지의 많은 선센터가 생겨났다. 나는 선사님에 대해 브랜다이스 대학교의 한 제자로부터 이야기를 듣고 어느 날 선사님을 뵈러 프로비던스로 찾아갔다.

선사님은 아주 매력적인 무엇인가가 있으신 분이었다. 우선 선사님은 선(禪)의 대가이시지만 세탁기 수리하는 일도 아주 즐겁게 하고 계신 듯 보였다. 선사님은 상대방의 마음을 열어 주는 매력적인 동그란 얼굴을 하고 계셨다. 선사님은 언제나 현재에 존재하고 계셨으며 어떠한 뽐내는 태도나 자만심도 없으셨다. 선사님은 머리를 완전히 삭발하셨다—선사님은 머리카락을 '무지의 풀'이라고 하시며 스님들은 정기적으로 머리를 삭발해야 한다고 말씀하셨다. 선사님은 작은 보트처럼 생긴 재미난 하얀 고무신을 신고 계셨다(한국 스님들은 가죽이 동물에서 나왔다고 하여 가죽신을 신지 않는다고 한다). 그리고 미국에 오신 초창기에는 주로 속옷 바람으로 다니셨다고 한다. 물론 법문을 하실 때는 긴 회색 가사를 입으셨고, 여러 조각의 천을 이어서 꿰맨 납작한 사각형 모양의 간단한 갈색 가사를 가슴에 걸치고 계셨다. 그것은 선불교 전통에서 중국의 첫 선 수행자의 너덜너덜해진 가사를 상징하는 것이었다. 선사님은 또 특별한 의식에 입으시는 더 화려하고 다채로운 가사도 가지고 계셨는데, 그것은 한국의 불교 공동체를 위해 설법할 때 입으시는 옷이었다.

선사님은 말씀하시는 방식도 특이했다. 그것은 영어 단어를 많이 모르셨기 때문이기도 했지만 미국식 문법에 익숙하지 않으신 탓이기도 했다. 또 엉터리 영어와 한국어로 말씀하셨는데, 그것이 오히려 선사님이 말씀하시고자 하는 요지를 듣는 사람들에게 매우 신선한 방식으로 전달될 수 있게 만들었다. 왜냐하면 우리는 한 번도 그러한 방식의 말씀을 들어본 적이 없던 터라 우리에게 들리는 말을 보통의 방식대로 해석할 수 없었기 때문이었다. 그러한 상황에서 흔히 일어나는 일이지만 선사님의 학생들 가운데 많은 이가 자기들 사이에서 선사님과 똑같은 방식으로 엉터리 영어로 대화를 나누기 시작했다. 예컨대, "다만 곧바로 나아가라, 네 마음을 확인하지 마라." 혹은 "화살은 이미 시내에 도착했다." "내려놓아라, 다만 내려놓아라." "너는 이미 알고 있다." 같은 것으로 그들 사이에서만 의미가 통할 뿐 다른 사람들에게는 헛소리처럼 들리는 말들이었다.

선사님은 178센티미터 정도의 키에 마르지도 살찌지도 않으셨다. 약간 통통하다고 표현하는 것이 가장 맞겠다. 나이도 어려 보이셨는데 40대 중반쯤으로 보이셨다. 선사님은 한국에서 매우 유명한 분으로 큰 존경을 받고 있었다고 했지만 미국에 와서 당신의 가르침을 전파하고 싶으셨던 듯하다. 1970년대 초반의 미국 젊은이들은 동양의 명상 전통에 대해 상당한 호기심과 열정을 갖고 있었으며 선사님 역시 1960년대와 1970년대에 미국으로 온 많은 동양의 명상 지도자 중 한 분이셨다. 당시 선사님의 말씀 그대로를 맛보고 싶다면 스티븐 미첼의 『붓다에게 재를 떨어뜨리기(*Dropping Ashes on the Buddha*)』를 읽어 보라.

선사님은 종종 자신이 가지고 다니시던 '선(禪)' 주장자(拄杖子)로 대중법회를 시작하셨다. 그것은 기괴한 모양의 나무 막대기였는데 선사님은 청중을 바라보실 때면 종종 그 막대기에 턱을 괴곤 하셨다. 아니면 머리 위로 막대기를 수평으로 들어 보이시며 이렇게 말씀하시곤 하셨다. "이것이 보입니까?" 청중은 침묵했다. 무슨 일인지 어리둥절했다. 그러자 선사님은 막대기를 바닥이나 당신 앞의 탁자 위에 내동댕이치셨다. '쿵' 하는 소리가 나자 선사님은 또 이렇게 말씀하셨다. "이 소리가 들립니까?" 또다시 청중은 침묵했다. 어리둥절한 표정들이었다.

그런 다음 선사님은 법문을 시작하셨다. 선사님은 법문을 시작하기 전의 이 행위가 무엇을 뜻하는지 말씀해 주지 않으셨다. 그러나 선사님이 전하고자 하시는 메시지는 점차 분명해졌다. 그것은 오직 선사님의 이런 행동을 반복해서 보고 나서야 이해되는 그런 메시지였다. 그것은 바로 선(禪)이나 명상, 마음챙김과 관련하여서는 아무것도 복잡하게 만들 필요가 없다는 것이었다. 명상은 인생이나 마음에 관한 정교한 철학을 만드는 것이 목적이 아니라는 것이다. 그것은 생각에 관한 것이 전혀 아니라는 것이다. 그것은 모든 것을 단순하게 만드는 것에 관한 것이라는 것이다. 지금 바로 이 순간 당신은 보고 있는가? 듣고 있는가? 아무런 꾸밈이나 장식이 없는 바로 이 봄과 들음, 바로 이것이 본래 마음의 회복이라는 것이다. '본래 마음'이라는 것까지 포함한 모든 개념에서 자유로운 회복인 것이다. 그리고 그 본래 마음은 이미 여기에 있다. 그것은 원래부터 우리 것이다. 정말로 그것을 잃어버린다는 것은 불가능하다.

당신이 그 막대기를 본다면, 누가 보고 있는 것인가? 막대기가 부딪히는 소리를 듣는다면 누가 그 소리를 듣는 것인가? 봄의 최초의 순간에는 오로지 봄 자체만 존재한다. 거기에는 생각이 끼어들기도 전에, 그리고 마음이 이런 생각을 만들어 내기도 전이다. '선사님이 무슨 말씀을 하시는 거지?' '누가 보다니? 당연히 내가 막대기를 보고 있지.' '막대기지 뭐야.' '참 희한하게 생긴 막대기로군.' '저런 걸 대체 어디서 구하셨을까?' '한국에 저런 게 있나 보지.' '저런 거 하나 가지면 좋겠군.' '저 막대기를 어디에 쓰시는 걸까?' '저런 걸 가진 사람이 또 있을까?' '멋진 막대기인 걸.' '우와!' '명상은 정말 엉뚱한 것 같아.' '나도 하나 구했으면 좋겠군.' '내가 선사님 가사를 입으면 어떤 모습일까?'

혹은 막대기가 부딪히는 소리를 들으면 이런 생각을 할지 모른다. '법문을 시작하는 방법치고는 참 독특한 방법이군.' '당연히 내가 소리를 듣지, 누가 듣는단 말이야?' '선사님은 우리가 귀가 먹었다고 생각하시는 걸까?' '저렇게 세게 탁자를 내려치면 자국이 남을 텐데.' '본인 물건도 아니면서 괜찮다고 생각하시는 걸까?' '도대체 어떤 분이시길래 저런 행동을 하실까?'

선사님이 말씀하고자 하는 바가 바로 그것이었다.

"당신은 봅니까?" 우리는 평소에 제대로 보는 법이 별로 없다.

"당신은 듣습니까?" 우리는 평소에 제대로 듣는 법이 거의 없다.

우리가 하는 모든 경험에는 너무나 빠르게 생각과 해석, 감정이 끼어든다. 그래서 우리는 보고 듣는 최초의 순간에 '거기에' 있었다고 하기 어렵다. 만약 우리가 정말로 거기에 있었다면 그것은 '거기'가 아니라 '여기'일 것이다.

그 대신 우리는 막대기가 아니라 막대기에 관한 우리의 관념을 보는 것이다. 우리는 막대기의 소리를 듣는 것이 아니라 그 소리에 관한 우리의 관념을 듣는 것이다. 우리는 평가하고 판단하며 범주화하고 감정적으로 대응한다. 그것이 매우 빠른 속도로 일어나기 때문에 우리는 순수한 봄과 들음의 순간을 잃어버리고 만다. 적어도 그러한 순간만큼은 우리가 제정신을 잃었고 우리의 감각도 제정신이 아니라고 해야 맞을 것이다.

그리고 그러한 자각 없음의 순간은 그다음에 이어지는 순간에도 영향을 미친다. 그래서 우리는 길을 잃은 채 꽤 오랜 시간 동안 생각과 감정의 자동적 패턴에 빠질 수도 있다. 그러면서도 그것을 알지 못한 채 살아갈 수 있다.

따라서 선사님이 "이것이 보입니까?" "이 소리가 들립니까?"라고 물으셨을 때 그것은 우리가 언뜻 생각하듯 그렇게 시시한 질문이 아니었던 것이다. 선사님은 우리가 자기함몰의 꿈에서 깨어나기를 요청하셨던 것이다. 그리고 우리를 지금 이 순간—이것이 모여 결국 우리의 삶이 된다—에 일어나고 있는 것으로부터 단절시키는 온갖 이야기를 지어내는, 끊임없는 습성으로부터 깨어나기를 원하셨던 것이다.

오디세우스와 장님 예언자

우리는 때로 누군가에게 실제 상황에 눈뜨라고 말할 때 '정신 차려!'라는 말을 한다. 물론 우리가 그렇게 하라고 한다고 해서 사람들이 마술적으로 제정신으로 돌아오는 것—심지어 우리 자신에게 그렇게 하라고 하더라도 잘 되지 않으니—은 아니지만 말이다. 그때 그들의 온정신은 자기 자신과 상황, 그 밖의 모든 것에 대한 점검이 필요하다. 때로 아주 철저한 점검이 말이다. 어떻게 그렇게 할 수 있을까? 때로 우리는 건강상의 위험을 겪고 나서야 그렇게 하게 된다. 설령 그것이 우리를 죽이는 정도에 이르지는 않더라도 말이다.

우리는 그가 더 이상 실제 상황과 접촉하고 있지 않을 때 '그는 정신이 나갔다.'는 말을 한다. 대부분의 경우 다시 실제와의 접촉으로 돌아오기란 그리 쉬운 일이 아니다. 우리가 실제와의 접촉을 상실한 경우 우리는 어디서부터 시작해야 할까? 그리고 사회 전체가, 아니 이 세계 전체가 정신이 나갔다면, 그래서 모두가 코끼리의 일부에 집중하고 있지만 아무도 그 전체 모습을 이해하고 있지 못하다면 어떻게 될까? 그리고 그러는 동안 우리가 코끼리라고 생각했던 것이 실은 미쳐 날뛰는 괴물이었다면, 그리고 우리가 실재를 인식하고 그것에 정확한 이름을 붙이려 하지 않는다면 어떨까? 벌거벗은 임금님을 못 본 척하는 방관자 백성들처럼 말이다.

문제는 우리가 훈련 없이 우리의 온정신(감각)을 회복하기가 그리 쉽지 않다는 데 있다. 그리고 우리는 대개 연습 부족이다. 감각과 관련하여 우리는 건강하지 못하다.

우리는 감각을 느끼고 감각과 시공간을 공유하며 감각으로부터 정보를 부여받고 그것에 의해 만들어지는 몸과 마음의 측면과 맺는 관계를 인식하는 데 있어 문제가 있다. 바꿔 말해 우리는 인식과 자각—바깥을 향한 것이든 자기 내면을 향한 것이든, 혹은 둘 다이든—에 관해서 집단적으로 문제를 갖고 있다. 우리는 우리의 주의 기울이는 능력을 반복적으로 훈련함으로써 본래 상태를 회복할 수 있다. 그리고 우리 자신의 마음에서 나오는 엄청난 저항에 직면하여, 그러한 연습을 통해 더 튼튼해지고 유연해지는 것은 이두근보다 훨씬 더 흥미진진한 것이다.

대부분의 경우 우리의 감각—물론 그 감각에는 우리의 마음까지 포함된다—은 우리에게 속임수를 쓴다. 그리고 그것은 단지 습관의 힘 때문에, 그리고 감각이란 것이 수동적이지 않으며 다양한 뇌 부위로부터 일관되고 능동적인 평가와 해석을 요구한다는 사실 때문이다. 우리는 언제나 사물을 보고 있으면서도 '관계'—우리의 보는 능력과 보이는 대상 사이의 관계—로서의 봄을 자각하는 경우는 별로 없다. 우리는 우리가 생각하는 것이 우리 바로 앞에 있다고 믿는다. 그러나 그러한 경험조차 실제로는 우리의 다양한 무의식적 사고의 구성물과 우리가 눈을 통해 받아들이는 세상 속에 우리가 살아 있는 신비한 방식을 통해 걸러진 것이다.

그래서 우리는 실제 눈으로 사물을 보면서도 우리의 펼쳐지는 삶에서 가장 중요하거나 적절한 것을 종종 보지 못하는 경우가 있다. 그렇게 우리는 습관적으로 본다. 그것은 우리가 매우 제한된 방식으로 사물을 본다는 의미다. 혹은 우리는 전혀 보지 못하고 있는 것인지도 모른다. 심지어 우리 바로 눈앞에 있는 것조차도 말이다. 우리는 자동 조종의 방식으로(on automatic pilot) 본다. 본다는 것의 기적을 그저 당연한 무엇으로 여기는 것이다. 그렇게 우리는 결국 그것이 우리가 그 속에서 움직이는, 인식하지 못한 배경의 일부일 뿐이라는 것을 알게 된다.

우리는 아이를 낳고 기르면서도 오랫동안 아이를 제대로 보지 못할 수도 있다. 왜냐하면 우리는 아이에 관한 우리 부모의 생각—우리 부모의 기대 혹은 두려움으로 채색된—만으로 보기 때문이다. 그 밖의 우리의 모든 인간관계도 마찬가지다. 우리는 자연세계 속에 살면서도 대부분의 경우 그것을 제대로 인식하지 못하며 살아간다. 햇볕이 나뭇잎을 어떻게 비추는지, 도시 건물의 유리와 자동차 유리창에 반사된 어지러움 속에 우리가 어떻게 둘러싸여 있는지 알지 못한다. 또 우리는 우리 자신 역시 다른 존재—풍경 속의 야생동물을 포함하여—에 의해 보이고 감각되고 있음도 알지 못한다. 하룻밤만이라도 우림 속에서 보내 보면 우리의 관점과 전혀 다른 방식으로 사물을 바라보게 된다는 것을 알게 될 것이다.

아마도 우리가 인간으로서 지닌 그러한 보편적이고 흔한 맹목성이야말로 호머가 서구 문학 전통의 여명기였던 기원전 약 800년경 자신의 『오디세이』에서 오디세우스가 하데스 국경 지역에서 테이레시아스라는 장님 예언자를 구하도록 했던 이유일 것이다. 오디세우스가 자신의 운명에 대해 알고 고향으로 안전하게 돌아가는 방법을 배우려면 테이레시아스라는 장님 예언자가 필요했던 것이다. '장님 예언자'가 등장하면 이야기는 훨씬 흥미진진해지고 실제감이 더해지는 것이다. 호머는 우리에게 진정으로 본다는 것은 단지 신체적인 눈을 갖는 것 이상이라는 것을 말하고 싶었던 듯하다. 어쩌면 신체적 눈은 오히려 자신의 길을 찾는 데 방해가 될 수도 있다. 우리는 우리의 습관적이고 기질적인 맹목성—오디세우스의 경우 그의 오만과 영리함의 산물이었던—을 넘어서 보는 법을 배워야 한다. 그 맹목성은 그의 장점이자 단점으로, 우리가 무언가를 배울 수 있는 비할 데 없는 재능이라고 할 수 있다—실제로 테이레시아스는 오디세우스의 두 번째 여행을 예언한다. 이번 여행은 전사들 없이 오디세우스 혼자서 하게 될 여행이었다. 그것은 그의 내면으로의 여행으로 그는 어깨에 노를 짊어지고 간다. 마침내 그는 한 번도 바다를 본 적 없는 낯선 사람으로부터 이런 질문을 받게 된다. "당신의 어깨에 있는 그 키질하는 부채꼴 물건이 무엇이오?" 키질하는 부채는 고대 세계에서 밀을 겨에서 분리하는 데 사용되었으며, 여기서는 현명한 분별, 오디세우스가 자신의 장기간의 여정이 끝나고 자신의 아내의 구혼자가 파멸하며 자신의 영토를 회복한 뒤에야 이르게 되는 지혜를 상징한다. 장님 예언자는 그의 말년의 이 내면으로의 여행을 예견하였으며, 호머에 의해 다시는 이 사건이 언급되지 않는다. 호머가 한 번도 말하지 않았던 이야기를 쓰고자 했던 헬렌 루크(Helen Luke)에 의하면 그것은 지혜와 내적 평화를 향한 노년의 여정과 우리의 맹목성과 오만으로 상처받은 신들과의 화해를 예언하는 것이다.

우리는 여기 있는 것을 보지 못할 뿐만 아니라 여기 없는 것도 종종 본다. 이런 점에서 우리의 눈은 얼마나 기만적인가! 마음은 없는 것도 만들어 낸다. 이것은 부분적으로 우리의 도저한 창조적 상상력 때문이기도 하고, 또 우리의 신경계가 원래부터 그렇게 만들어져 있는 탓이기도 하다. 카니자 삼각형이라고 알려진 다음의 그림에서 삼각형이 있는 것인가, 아니면 없는 것인가? 선사님이라면 이렇게 말씀하셨을 것이다. "삼각형이 있다고 말하면 당신을 죽비로 서른 번 때리겠습니다—실제로는 때리지 않으셨지만 옛날 중국에서는 실제로 때렸다고 한다. 삼각형이 없다고 한다면 그때도 서른 번 때리겠습니다." 선사님은 카니자 삼각형이 아니더라도, 손에 잡히는 어떤 물건이라도 활용하셨을 것이다. "당신이 이것을 막대기, 컵, 시계, 바위라고 말한다면 (혹은 그것이 아니라고 말한다면) 나는 당신을 때리겠습니다. …… 어떻게 하겠습니까?" 그것은 확실히 우리에게 색(형상)과 공, 어느 것에도 집착하지 말라는, 혹은 적어도 그것을 보지 말라는 가르침이었다. 그러나 자신도 모르게 우리는 많은 경우 그것이 보였고, 그 과정에서 뭔가 배움을 얻을 것이라는 기대를 가지고 계속해서 그렇게 했다.

우리 모두는 우리의 눈을 통해 인식하는 것과 관련하여 우리가 어떤 대상은 보지만 또 다른 대상은 보지 못한다는 것을 알고 있다. 심지어 그 대상이 바로 우리 눈앞에 있다 하더라도 말이다. 그리고 우리는 특정한 방식으로만 보도록, 그래서 그 이외의 다른 방식으로는 보지 못하도록 쉽게 조건화될 수 있다. 눈속임 마술사들은 관찰에 있어서 우리의 이러한 선별성을 항상 이용한다. 그들의 묘기는 우리의 주의를 능숙하게 딴 곳으로 돌리고 우리의 감각에 혼란을 일으켜 정신을 당혹스럽게, 혹은 즐겁게 만든다.

또 서로 다른 문화권의 사람들은 그들의 신념체계나 성향에 따라 동일한 사건이라도 매우 다르게 본다. 그들은 서로 다른 마음의 렌즈를 통해 사태를 보며, 따라서 서로 다른 실재를 보고 있다고 할 수 있다. 어떤 것도 완전히 진실인 것은 존재하지 않는다. 대부분의 경우 '어느 정도' 진실일 뿐이다. 미군이 이라크의 해방자인가 아니면 압제자인가? 당신의 말에 유의하라. 우리는 얼마나 오직 하나의 견해—오직 부분적으로만 진실일 뿐이며 오직 어느 정도만 진리일 뿐인—에만 집착하고 있는가?

때로 우리는 누구나 절대적인 것을 추구하는 흑백논리식의 사고에 빠지기 쉽다. 그것은 우리를 더 기분 좋게 그리고 안전하게 만들어 준다. 그러나 그것은 우리의 눈을 멀게 할 수도 있다. 이것은 좋고 저것은 나쁘다. 이것은 옳고 저것은 그르다. 우리는 강하고 그들은 약하다. 우리는 현명하고 그들은 그렇지 않다. 그녀는 미인이고 그는 꼴도 보기 싫다. 나는 폐인이고 그들은 미치광이다. 그는 결코 그로부터 벗어날 수 없을 것이다. 그녀는 너무나 무감각하다. 나는 결코 이것을 할 수 없을 것이다. 이런 식으로 끝이 없다.

이 모든 진술은 생각이다. 그리고 생각은 설령 그것이 부분적으로 진실이라 하더라도 우리의 견해를 왜곡하거나 제한한다. 왜냐하면 대부분의 경우 실제 세계의 것들이란 어느 정도만 진실이기 때문이다. 절대적인 의미에서 '키가 큰' 사람이란 존재하지 않는다. 사람이 똑똑한 것도 정도의 문제다. 그러나 우리가 그러한 사고방식에 빠져들 때, 우리가 그것을 보다 큰 자각의 빛에 비추어 검토해 본다면 우리는 그것이 융통성이 없고 제한적이며, 어쩔 수 없이 부분적으로 잘못된 것이라는 사실을 알게 된다. 그렇게 우리의 흑백논리식의 사고, 이것 아니면 저것 식의 사고방식은 아무런 반성 없이 자동적으로 우리를 고정되고 제한된 판단에 이르도록 만들어 버린다. 그렇게 우리는 삶의 온갖 변화무쌍한 기복을 통과해 가면서 우리 자신의 길을 찾아가는 우리 본연의 능력을 잃어버리게 된다. 한편 '판단(judging)'과 구분되는 것으로서의 '분별(discernment)'은 우리가 뉘앙스의 무수한 색채, 흰색과 검은색 사이, 완전히 좋음과 완전히 나쁨 사이의 수많은 회색을 보고 듣고 느끼고 인식하도록 해 준다. 이러한 소위 '현명한 분별'은 우리로 하여금 서로 다른 다양한 가능성을 보고 항해할 수 있도록 해 주는 반면, 즉각적인 반응으로서의 판단은 우리가 그러한 가능성을 아예 처음부터 보지 못하도록 만들어 버린다. 그렇게 우리는 실재하는 것의 전체 스펙트럼을 보지 못하게 되고, 우리에게 가능한 것을 자동적이고 무의식적으로 제한해 버리게 된다.

극과 극 사이의 이러한 '중간 세계'의 복잡한 프랙털—작은 구조가 전체 구조와 비슷한 형태로 끝없이 되풀이되는 구조—패턴을 연구하는 수학과 공학 분야가 존재한다. 그것을 퍼지 수학(fuzzy math)이라고 한다. 재미있는 것은, 우리가 사물의 정도성(degreeness)에 더 주의를 기울일수록 마음은 모호해지는(fuzzy) 것이 아니라 오히려 더 분명해진다는 사실이다. 우리가 마음챙김의 탐험에 점점 더 깊이 들어가면서 이 사실을 염두에 두는 것이 도움이 될 것이다. 서던캘리포니아 대학교의 바트 코스코(Bart Kosko) 교수는 자신의 책 『퍼지사고(*Fuzzy Thinking*)』에서 0과 1의 세계, 흑과 백의 세계는 아리스토텔레스에 의해 설명된 세계라는 사실을 지적한다. 덧붙여 말하자면 아리스토텔레스는 서구 문화에서 처음으로 다섯 가지 감각에 관해 글로 설명한 사람이다. 반면 0과 1 사이의 모든 회색은 붓다에 의해 명명된 세계다. 그렇다면 어떤 세계 모델이 정확한 것일까?

여기서 주의할 것이 있다!

우리는 사과는 붉은색, 초록색 혹은 노란색이라고 말한다. 그러나 우리가 사과를 자세히 관찰해 보면 사과는 오직 '일정 정도만' 붉거나 초록이거나 혹은 노랄 뿐이다. 종종 다른 색의 크고 작은 반점들이 뒤섞여 있는 경우도 있다. 어떠한 자연세계의 사과도 완전히 붉거나 초록색이거나 노란색일 수 없다. 명상지도자 조셉 골드스타인(Joseph Goldstein)은 사과를 들어 보이며 초등학생들에게 "얘들아, 이 사과가 무슨 색이니?"라고 질문한 어느 초등학교 교사의 이야기를 들려준다. 많은 학생이 붉은색, 노란색 혹은 초록색이라고 대답했는데, 그중 한 남자아이가 "하얀색이요."라고 대답했다. 선생님은 "하얀색이라고? 글쎄, 사과가 하얀색이 아니라는 것은 누가 보아도 분명하지 않을까?" 그때 그 남자아이는 교단으로 나와 사과를 한입 베어 물고는 그것을 선생님과 친구들이 볼 수 있도록 들어 보였다.

골드스타인은 또한 하늘에 북두칠성이란 실제로 존재하지 않으며, 단지 그 별들을 특정 각도에서 바라보았을 때 생기는 큰 국자 모양이 있을 뿐이란 사실을 즐겨 지적한다. 그렇지만 검은 밤하늘에서 그것을 바라보았을 때 확실히 커다란 국자 모양으로 생겼다. 그리고 이 커다란 국자 아닌 국자는 우리가 북극성의 위치를 찾거나 항해할 때 도움을 주는 것이 사실이다.

잠시 다음의 그림을 보라. 무엇으로 보이는가?

어떤 사람은 오직 늙은 노파로만 보기도 하고 또 어떤 사람은 젊은 여인으로만 보기도 한다. 어느 것이 옳을까? 이 그림을 보여 주기 전에 나는 청중의 절반에게는 약 5초간 다음의 왼쪽의 젊은 여인 그림을 보여 주고 나머지 반에게는 오른쪽의 노파 그림을 보여 준다. 그러면 왼쪽 그림을 먼저 본 청중은 어김없이 위 그림을 젊은 여

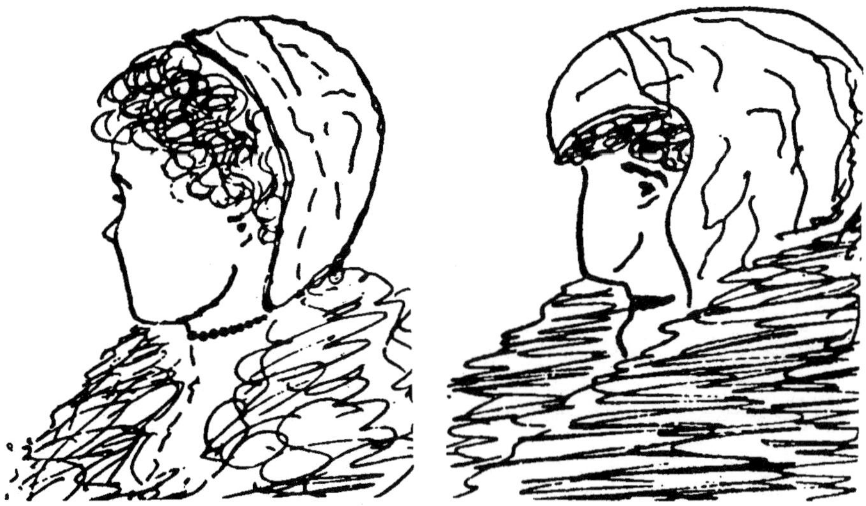

인의 그림이라고 하고, 오른쪽 그림을 먼저 본 청중은 거의 대부분 위 그림을 늙은 노파의 그림으로 본다. 일단 그러한 패턴이 자리 잡게 되면 한참 동안 그림을 바라보아도 자기가 보는 것 이외의 다른 것을 보기란 쉽지 않다.

그리고 생텍쥐페리의 『어린왕자』에 나오는 멋진 이야기도 있다.

> 내가 여섯 살 때 〈진짜 이야기〉라는 정글에 관한 책에서 멋진 그림 하나를 봤다. 야생동물을 집어삼킨 보아뱀(남미산 대형 뱀. 동물을 칭칭 감아 으스러뜨려 죽여 먹이로 삼음)을 그린 그림이었다.
>
> 책에는 이렇게 씌어 있었다. "보아뱀은 먹이를 씹지 않고 통째로 삼킨다. 나중에 더 이상 몸을 움직일 수 없게 되면 그 먹이를 소화하기 위해 6개월간 잠을 잔다."
>
> 당시 나는 정글의 모험에 관해 많이 생각했는데 결국 색연필로 나의 첫 그림을 그릴 수 있었다. 내 첫 번째 그림은 이런 그림이었다.
>
> 
>
> 어른들에게 나의 걸작을 보여 주고는 내 그림이 무섭지 않느냐고 물었다.
>
> 그러자 어른들은 이렇게 대답했다. "모자가 뭐가 무섭니?"
>
> 내 그림은 모자를 그린 게 아니었다. 그것은 코끼리를 소화하고 있는 보아뱀을 그린 그림이었다. 그래서 나는 보아뱀의 속을 보여 주는 그림을 그렸다. 그러자 어른들이 이해했다. 어른들은 언제나 설명을 필요로 하는 것 같다. 그래서 내 두 번째 그림은 이런 그림이 됐다.
>
> 
>
> 어른들은 보아뱀의 겉과 속을 그린 내 그림은 집어치우고 대신 지리학과 역사, 수학, 문법을 공부하라고 충고했다. 그것이 내가 불과 여섯 살의 나이에 멋진 예술

> 가의 직업을 포기한 이유였다. 내 첫 번째와 두 번째 그림의 실패로 인해 나는 기가 죽었다. 어른들은 결코 그 사물 자체로 그것을 이해하지 못한다. 아이들이 어른들에게 끊임없이 설명을 해 주어야 하는 것은 무척 피곤한 일이다.

그러므로 우리가 온정신을 회복하기 위해서 우리는 표면 아래의, 실재의 보다 근본적인 차원을 보는 우리의 타고난 능력을 계발하고 신뢰하는 법을 배워야 할지 모른다. 장님이었지만 중요한 것이 무엇인지 알아볼 줄 알았던 테이레시아스가, 눈은 멀쩡했으나 자신이 가장 절실하게 보아야 하고 알아야 하는 것이 무엇인지 분별하지 못했던 오디세우스에게 했던 것처럼 말이다. 아마도 우리에게 숨겨진 것처럼 보이는 이 새로운 차원이야말로 우리가 세계에 대한 경험의 전체 스펙트럼에 깨어 있도록 도움을 줄 수 있고, 우리 자신을 이해하고 우리 자신과 세상을 살리는 방법을 발견하는 우리의 잠재력에 눈뜨게 하며, 또한 우리 자신과 사람들 속의 가장 깊은 최선의 것을 끌어내는 잠재력에 눈뜨게 할 것이다.

* * *

나의 내면이여, 내 말을 들어라, 가장 위대한 영혼인
나의 스승이 가까이 다가왔다.
깨어나라, 깨어나라!

그의 뒤를 좇아가라—
그가 지금 네 머리 바로 옆에 서 있으니.
너는 수백만 년 동안 잠들어 있었구나.
왜 깨어나지 않느냐?
바로 오늘 아침에.

– 카비르

집착을 버린다는 것

이런 농담이 있다.

> 불교 진공청소기에 대해 들어 보셨소?
>
> 농담하는 거요? 도대체 불교 진공청소기가 뭐요?
>
> 부속품이 없어요(no attachment: 집착하지 말라는 뜻도 있음 – 역자주)!

사람들이 이런 농담을 주고받는다는 사실은 불교 명상의 핵심 메시지가 서구 문화의 집단정신 속으로 들어왔다는 것을 시사한다. 1940년대와 1950년대 나의 어린 시절에는 이러한 문화적 마음 확장은 상상하기 어려웠다. 칼 융은 서구인이 선(禪)을 이해하기 어렵다는 말까지 했다. 비록 그 자신이 선의 목적과 방법론에 대해 커다란 존경심을 갖고 있었는데도 말이다.

그럼에도 변화는 이미 일어나고 있으며 융이 초기에 가졌던 명상에 대한 관심은 현재의 변화를 이끌었을 뿐만 아니라 그것을 상징하는 것이기도 하다. 역사가 아놀드 토인비는 불교의 서구 전래야말로 20세기의 단 하나의 가장 중요한 역사적 사건이라고 말했다. 인류가 서로에게 끼친 해악을 포함하여 지난 백 년간의 주목할 만한 사건들을 생각할 때 이것은 놀라운 주장이다. 토인비의 말이 옳은지 그른지는 좀 더 두고 봐야 할 것이다. 제대로 된 평가를 내리기 위해서는 앞으로 적어도 백 년은 더 필요한지 모른다. 그러나 무언가 일어나고 있다는 사실은 분명하다.

어찌 됐건 서구인들은 『뉴요커』를 비롯한 다양한 매체에서 만화의 형태로 명상에 관한 농담을 주고받고 있다. 여기 하나를 소개한다.

> 가사를 입은 두 승려가 막 좌선을 끝냈다. 한 승려가 다른 승려를 향해 다음과 같이 말한다.
>
> "내가 생각하지 않는 것을 너도 생각하지 않니?"

서구 문화는 이제 명상에 대해 조금씩 알아가고 있다. 그리고 그것은 고급 문화에만 한정되지 않는다. 우리는 만화나 영화, 지하철 광고와 잡지, 신문에서 명상을 발견한다. 내면의 평화는 스파 관광에서 신형 자동차, 향수에 이르기까지 거의 모든 것을 판매하기 위해 사용되는 모토가 되었다. 이제 아무도 '이것은 좋은 상품입니다.'라고 말하지 않는다. 그러나 우리가 어느 차원에서 그러한 추구의 약속과 실용성에 대해, 그리고 상품을 팔기 위해서라면 그 무엇이라도 이용하는 우리의 능력에 대해 좀 더 의식적이 되는 과정에서 무언가 변화가 일어나고 있음은 분명하다.

몇 년 전 어느 젊은 환자가 내게 준 만화에는 다음과 같은 대화가 들어 있었다. 여러분은 이 대화를 통해 만화의 그림까지 상상할 수 있을 것이다.

> "모트, 뭐 하고 있니?"
>
> "명상하고 있어. 조금 후면 내 마음은 완전히 텅 빌 거야."
>
> "저런, 나는 그가 원래부터 그런 사람인 줄 알았지."

명상이 마음을 텅 비게 만드는 것이라는 생각은 명상에 대한 커다란 오해다. 그럼에도 사람들이 명상이 무엇이라고 생각하든, 명상은 전에 없이 서구문화 속으로 깊숙이 들어와 있다. 애플 컴퓨터의 거대 광고판에는 달라이 라마의 얼굴이 아래를 내려다보고 있다. 사무용품을 사기 위해 동네 문구점에 들러 보면 달라이 라마의 『행복의 기예(*The Art of Happiness*)』란 책이 비즈니스 섹션에 진열되어 있다. 지난 30년 동안 무언가 심대한 변화가 일어났으며 그 변화의 씨앗이 이제 곳곳에서 싹을 틔우고 있다. 이는 법(法)의 서구 전래라고 부를 만한 것이다. '법(다르마)'의 의미에 대해서는 제2부에서 자세히 다룰 것이다. 여기서는 법을 붓다의 공식적인 가르침, 사물의 실재를 묘사하는 보편적이고 본질적인 법칙성, 그리고 인식하고 아는 마음의 본성 정도로 생각하면 충분할 것이다.

45년간 쉬지 않고 가르침을 전했던 붓다는 자신의 모든 가르침의 핵심을 단 한 문장으로 요약할 수 있다고 말했다. 이 문장을 기억해 두는 것도 나쁘진 않을 것이다. 그 문장은 바로 이것이다.

> 아무것도 '나' 혹은 '나의 것'이라고 집착할 만한 것이 없다.

바꿔 말해 아무것에도 집착하지 말라는 것이다. 특히 자신과 자신의 정체성에 관한 고정된 생각에 집착하지 말라는 의미다.

이것은 곧바로 받아들이기 매우 어려운 메시지다. 왜냐하면 그것은 지금까지 우리가 바로 나라고 생각했던 모든 것에 의문을 제기하기 때문이다. 우리가 동일시하는 모든 것, 우리의 몸과 생각, 감정, 관계, 가치, 일, 기대 등 '내가 행복하기 위해서는 이렇게 혹은 저렇게 되어야만 해.'라고 생각하는 모든 것, 우리가 어디서 왔고 어디로 가며 도대체 우리는 누구인가 하는 것에 의문을 제기하기 때문이다.

그러나 붓다의 조언이 무섭거나 심지어 어리석고 부적절하게 느껴진다 하더라도 지나치게 빨리 반응하지는 말자. 여기서 우리가 눈여겨봐야 할 단어는 '집착'이다. '집착'이 무슨 의미인지 제대로 알아야 붓다의 명령을, 우리가 소중히 여기는 모든 것을 부정하는 것으로 잘못 해석하지 않을 수 있다. 오히려 붓다의 가르침은 우리가 가슴으로 소중히 여기는 모든 사람, 온전한 인간, 몸, 마음, 영혼, 정신으로서 우리의 안녕에 가장 중요한 모든 것과 더 많이 접촉하며, 그것들과 직접적이고 살아 있는 접촉을 하라는 초대인 것이다. 그리고 우리가 접촉을 유지해야 하는 것에는 인간 조건 자체에서 기인하는 스트레스와 고뇌 같은, 우리가 살아가면서 어쩔 수 없이 생겨나게 되는, 처리하기 어려운 문제들도 포함된다. 붓다의 가르침은 우리가 온전한 삶을 사는 데 방해가 되고 우리 본연의 모습, 우리에게 중요하며 가능한 것을 실현하는 데 장애가 되는 것은 바로 우리가 자신에 대해 갖고 있는 생각에의 집착이라는 사실을 말하고 있다. 이렇게 자신에 대한 완고한 생각과 '나' '나의 것'에 집착하는 과정에서 우리는 본질적인 것을 놓쳐 버리거나 잊어버린 채 본질적이지 않은 것을 움켜쥐고 그에 집착하는 습관을 무의식적으로 강화하고 있는 것인지 모른다.

신발의 기원에 관한 이야기

신발이 어떻게 생겨났는지에 관한 오래된 이야기가 있다.

아주 오랜 옛날 어느 왕국의 공주가 길을 가다 나무뿌리에 발부리를 차였다. 당황한 공주는 곧장 재상에게 달려가 왕국의 모든 도로를 포장할 것을 명하는 칙령을 만들라고 했다. 더 이상 누구도 나무뿌리에 걸려 넘어지는 일이 없게 하자는 취지였다. 재상은 왕이 공주를 끔찍이 사랑한다는 사실을 잘 알고 있던 터라 왕국의 모든 도로를 가죽으로 포장하면 문제를 해결하고 공주도 기쁘게 해 주며 더 이상 나무뿌리에 걸려 다치는 사람도 없게 될 것이라고 생각했다. 그러나 그것은 매우 비용이 많이 드는 등 문제가 많았다. 재상은 재빨리 이렇게 대답했다. "제게 좋은 생각이 있습니다! 왕국 전체를 가죽으로 덮는 대신 공주의 발 모양에 맞게 가죽을 잘라 발에 덧대고 다니면 어떨까요? 그러면 공주께서 어디를 가시더라도 땅과 닿는 지점에서 발을 보호하실 수 있을 것입니다. 그리고 엄청난 비용도 절감하게 되며 땅의 지력도 보호할 수 있을 것입니다." 공주는 재상의 제안에 무척 만족했다. 이렇게 신발이란 것이 세상에 나오게 되었고, 그로 인해 많은 어리석음을 피할 수 있었다.

나는 이 이야기가 무척 매력적으로 느껴진다. 얼핏 보기에 어린아이들의 동화에 불과할 수 있지만 이 이야기는 우리 마음에 관한 심오한 통찰을 몇 가지 드러내 주고 있다. 첫째, 화냄과 싫음을 일으키는 일들이 우리에겐 일어나게 마련이다. 이 두 단어는 몇몇 전통 불교에서 자주 사용하는 단어로, 일이 '우리 마음대로' 되지 않을 때 우리의 감정을 정확하게 표현하는 단어라고 생각한다. 우리는 발가락을 차이면 그것을 싫어한다. 발가락을 삐는 그 순간 우리는 짜증을 내고 혐오감에 빠진다. 우리는 "나는 발부리를 차이는 게 싫어."라고 말하며 그것을 '나의' 문제로 만들어 버린다. 그리고 그 문제는 해결책을 필요로 하게 된다. 그런데 우리가 신중하지 않으면 해결책은 문제 자체보다 훨씬 더 나쁠 수 있다. 둘째, 지혜는 해결책을 적용해야 하는 지점이 접촉의 바로 그 순간에 접촉의 지점이라는 것을 말해 주고 있다. 우리는 온 세상을 무지와 욕망, 두려움 혹은 분노로 뒤덮는 것이 아니라 바로 우리의 발을 보호함으로써 발가락이 삐는 것을 막는다.

이와 마찬가지로 우리는 날것 그대로의 감각 인상 때문에 일어나는 화나고 당황스러운 생각 및 감정에 대해서도 자신을 보호할 수 있다. 그것은 우리의 주의를, 감각 인상과 접촉하는 바로 그 순간에 접촉의 지점에 가져감으로써 가능하다. 이런 방식으로 봄이 있을 때 눈은 순간적으로 보이는 대상의 날것 그대로의 실재성과 순간적으로 접촉하게 된다. 바로 그다음 순간, 온갖 종류의 생각과 감정이 쏟아져 들어올 것이다. '나는 저것이 무엇인지 알아.' '아름답지 않니?' '이건 저것보다 못하군.' '이것이 계속 이대로였으면 좋겠어.' '빨리 사라졌으면 좋겠어.' '왜 이게 지금 이 순간 나를 괴롭히는 거지?' 등 끝이 없다.

대상이나 상황은 다만 있는 그대로 존재한다. 우리는 그것을 보는 바로 그 순간에 열린 주의를 가지고 볼 수 있는가? 최초 접촉의 순간으로부터 생기는 온갖 생각과 감정, 좋음과 싫음, 판단, 바람, 희망, 두려움과 절망의 폭포를 보기 위해 우리의 자각을 그곳으로 가져갈 수 있는가?

만약 우리가 단 한순간만이라도 보이는 대상을 보는 그 속에 단순히 머물 수 있다면, 접촉의 그 순간에 방심하지 않고 마음챙김을 적용할 수 있다면 우리는 마음챙김을 통해, 경험의 결과로 일어나는 유쾌하거나 불쾌한 혹은 무덤덤한 생각과 감정의 폭포에 깨어 있을 수 있다. 그리고 그것이 어떤 성질을 가졌건 그것에 완전히 휩쓸리지 않을 수 있으며, 즐거운 것이라면 추구하고 싫은 것이라면 거부하지 않고 바로 그 순간에 다만 일어나도록 내버려 둘 수 있다. 화는 다만 마음에서 일어나는 정신

현상으로 인식되기 때문에 녹아 없어지는 것을 확인할 수 있다. 접촉의 순간에, 접촉의 지점으로 마음챙김을 가져감으로써 우리는 우리의 고도로 조건화된, 반응적인 그리고 습관적인 사고방식에 사로잡히지 않고, 혹은 느낌 영역에서 일련의 혼란스러운 흐름에 사로잡히지 않고 순수한 봄의 개방성 속에 머물 수 있다. 그 혼란스러운 느낌은 더 큰 마음의 혼란과 소용돌이를 일으켜 우리가 존재의 실재성을 인식하거나 그것에 효과적이고 온전한 방식으로 대응할 수 있는 가능성을 우리에게서 앗아가 버린다.

이렇게 마음챙김은 우리의 감각 인상이 일어나는 바로 그 순간에 우리 자신의 존재의 보다 깊은 본성을 인식하고 기억하고 그 속에 머물지 못하는 데서 생기는 우리 자신의 습관적인 감정적 대응, 망각, 무의식적인 해악으로부터 우리를 보호해 주는 역할을 한다.

바로 그 순간에 그러한 방식으로 마음챙김을 적용하면 우리의 봄의 본질, 우리의 봄이라는 기적은 자유롭게 있는 그대로의 것이 되며 마음의 본성은 왜곡되지 않는다. 적어도 그 순간만큼은 우리는 해악으로부터, 모든 개념화로부터, 모든 집착의 흔적으로부터 자유롭게 된다. 우리는 보이고 들리고 냄새나고 맛나고 느껴지고 생각되는 대상—그것이 유쾌한 것이건 불쾌한 것이건 아니면 중립적인 것이건—을 다만 알고 있음 속에 머무는 것이 된다. 이런 방식으로 마음챙김의 순간들을 엮을 수 있다면 우리는 점차 더 많이 비개념적이고 비대응적이며 더 무선택적인 자각 속에 머물러 우리 자신의 자각 자체, 자각의 공간 자체이며 자유이기도 한 앎 그 자체가 된다.

값싼 신발치고는 나쁘지 않은 거래다.

그러나 마음챙김이라는 이 신발은 사실 값싼 것이 아니다. 사실은 값을 매길 수 없을 만큼 소중하다. 그것은 어디 가서 돈 주고 살 수도 없으며, 오직 우리 자신의 고통과 지혜로부터만 생겨날 수 있다. T. S. 엘리엇의 말을 빌리면, 그것은 "모든 것을 합친 것만큼의 가치가 있다."

명상, 그것은 당신이 생각하는 그런 것이 아니다

명상에 관해 흔히 오해하는 몇 가지를 분명하게 해 두는 것이 좋을 듯하다.

첫째, 명상은 하나의 혹은 일련의 테크닉이라기보다 하나의 존재 방식이라고 하는 점이다. 다시 한 번 강조하지만 명상은 테크닉이 아니라 존재의 방식이다. 그렇다고 해서 이것이 명상 수련과 관련된 방법이나 기법이 존재하지 않는다는 의미는 아니다. 명상의 방법과 기법은 분명히 존재한다. 그것들은 실제로 수백 가지도 넘게 존재하며, 우리는 그것들을 잘 활용할 수 있다. 그러나 모든 기법은 존재의 방식을 가리키는 수단이라는 것, 즉 현재 순간과 관련한, 그리고 자기 자신의 마음과 자신의 경험과 관련한 존재의 방식이라는 것을 이해하지 못하면 우리는 쉽게 기법들 속에서, 그리고 그 기법들을 이용하여 지금 이곳이 아닌 다른 어딘가에 도달하려고 하거나 이 모든 것의 특별한 결과 혹은 상태라고 생각되는 것들을 체험하려는, 우리의 잘못 인도된 그러나 충분히 납득할 만한 시도 속에서 길을 잃을 수도 있다. 앞으로 보게 되겠지만 그러한 방향성은 명상 수련의 온전한 풍요로움과 그것이 우리에게 제공하는 바에 대한 우리의 이해를 심각하게 방해할 수도 있다. 그러므로 무엇보다 명상이란 존재의 방식, 봄의 방식, 앎의 방식, 심지어 사랑의 방식이라는 사실을 유념하는 것이 도움이 된다.

둘째, 명상은 이완의 또 다른 이름이 아니다. 다시 한 번 말하건대 명상은 이완과는 분명하게 다르다. 그렇다고 해서 명상에 종종 심오한 이완의 상태와 깊은 평안의 느낌이 뒤따르지 않는다는 의미는 아니다. 명상에는 종종 그러한 상태가 따라온다. 그러나 마음챙김 명상은 특정 마음 상태를 다른 마음 상태보다 더 선호하지 않는다. 어떠한 마음 상태라도 그것을 자각 속에 끌어안는 것이다. 마음챙김 수련의 관점에서 볼 때 통증과 고뇌 혹은 지루함과 초조, 좌절, 불안, 신체의 긴장까지도 모두 똑같이 우리 주의의 유효한 대상이 된다. 만약 우리가 그것들이 일어나는 바로 그 순간에 그것들이 일어나고 있음을 알 수 있다면 말이다. 그 각각의 현재 순간들은 우리가 이완감을 느끼지 못하거나 최상의 행복감을 경험하지 못하고 있다고 해서 우리의 명상 수련이 '성공적이지' 못하다는 신호가 아니라 오히려 통찰과 배움, 그리고 잠재적으로 우리의 해방을 위한 풍요로운 기회가 될 것이다.

그러므로 명상은 그야말로 우리가 존재하게 되는 어떤 순간에도 적합한 존재의 방식이라고 할 수 있겠다. 우리가 우리 마음의 몰입 속에 잡혀 있다면 그 순간만큼은 적절한 방식으로 우리가 현존하고 있다고 할 수 없다. 우리는 스스로도 알지 못한 채 우리의 말과 행동, 생각에 우리가 원하는 모종의 의제(agenda)를 가져갈 것이다. 그렇다고 해서 마음챙김 훈련을 시작하면 곧장 우리 마음속의 혼란스럽고 고통스러운 다양한 마음 작용이 사라질 것이라는 의미는 아니다. 마음챙김을 하더라도 그런 것들은 계속해서 존재할 것이다. 그것이 마음의 본성이며, 그것은 우리 삶의 본질이기도 하다. 그렇다고 하여 우리가 반드시 그러한 것에 꼼짝없이 사로잡혀 그것들이 현재 일어나고 있는 사태 혹은 우리에게 요청하고 있는 것을 온전히 인식하는 우리의 능력—혹은 무슨 일이 일어나고 있으며 우리에게 요청하고 있는 것이 무엇인지 전혀 모른다는 것을 인식하는 우리의 능력—에 영향을 미쳐야만 하는 것은 아니다. 우리가 명상이라고 부르는 이러한 존재 방식을 구성하는 것은 바로 집착하지 않는 것, 그러므로 분명하게 인식하는 것, 그리고 어떤 상황에서도 적절하게 행동하겠다는 의지라고 할 수 있다.

미디어를 통해서만 명상을 접한, 명상에 대해 잘 알지 못하는 사람들 가운데는 명상은 기본적으로 의도적인 내면적 조작이며, 뇌 속의 스위치를 움직이는 것과 같아 명상을 하면 우리의 마음이 완전히 텅 빌 것이라고 생각하는 사람도 적지 않다. 명상을 하면 더 이상 생각도, 걱정도 없어진다는 것이다. '명상적' 상태에 던져지기만 하면 소위 '열반'의 상태라 여기는 깊은 이완과 평화, 고요, 통찰의 상태에 언제나 이르게 된다는 것이다.

이러한 생각은 충분히 납득할 만하지만 그러나 심각한 오해다. 명상 수련에는 우리 인간에게 따라다니게 마련인 생각과 걱정, 욕망과 다른 온갖 정신 상태가 가득하다. 중요한 것은 체험의 내용물이 아니다. 중요한 것은 그 내용물을 자각하는—알아차리는—우리의 능력이다. 더 나아가 그 내용물이 전개되도록 추동하는 요인들, 그리고 그러한 요인들이 오랜 시간에 걸쳐 매 순간 우리를 해방시키기도 하고, 감옥에 갇히게 만들기도 하는 그러한 방식들을 자각하는 우리의 능력이다.

명상이 깊은 이완과 평화, 고요, 통찰, 지혜, 연민으로 이어지며, '열반'이라는 용어가 단지 애프터쉐이브 로션이나 멋진 요트의 이름이 아니라 실제로 인간 체험의 중요하고도 증명 가능한 차원을 지칭한다는 데는 의문의 여지가 없지만 그것은 결코 우리가 생각하는 그러한 것이 아니며, 또 우리의 생각이 이야기의 전부라고 할 수도 없다. 이것이야말로 명상의 신비이자 매력 가운데 하나일 것이다. 그러나 때로 경험이 풍부한 명상가조차도 명상이 어딘가 특별한 곳에 이르는 것이 아니라는 사실을 망각한 채 우리의 욕구와 기대를 만족시켜 줄 특정한 결과를 얻기 위해 오랜 시간 애쓰는 것을 보게 된다. 그러나 우리가 '더 잘 알게' 된 후에도 그러한 욕구와 기대는 여전히 남아 있을 것이며, 그 순간 우리는 그러한 개념과 욕구마저도 놓아 버리고 그것들을 우리 마음속에서 일어나는 다른 생각들과 마찬가지로 다룰 것을 상기시켜야 한다. 그렇게 우리는 '아무것에도' 집착하지 않을 것, 그리고 그것들이 본질적으로 비어 있다는 것, 우리의 바라는 마음이 만들어 낸 허상—아무리 납득할 만한 것이라 해도—일 뿐이라는 사실을 상기해야 한다.

명상에 관한 또 하나의 흔한 오해는 명상이 자신의 생각을 통제하고 특정한 생각을 갖게 하는 특수한 방법이라고 생각하는 것이다. 물론 자애나 평정과 같은 존재의 특정한 성질, 그리고 기쁨과 연민 같은 긍정적인 감정의 계발을 목표로 하는 다양한 명상법이 존재한다는 점에서 이러한 생각이 전혀 틀린 것은 아니지만 우리가 명상에 대해 생각하는 방식은 종종 명상 수련을 필요 이상으로 어려운 것으로 만들어 버리기도 한다. 그렇게 해서 우리는 우리가 바라는 대로의 현재 순간이 아니라 실제로 존재하는 대로의 현재 순간에 대한 우리의 체험에 열린 가슴과 열린 마음으로 이르는 것을 방해한다.

왜냐하면 명상, 특히 마음챙김 명상은 스위치를 조작하거나 자신을 어딘가에 던져 넣는 것이 아니며, 또한 특정한 생각을 즐기거나 제거하는 것이 아니기 때문이다. 마음챙김 명상은 당신의 마음을 텅 비게 만들거나 당신이 평화롭거나 이완되도록 만들려는 것이 아니다. 마음챙김 명상은 현재 일어나고 있는 것들을 그것들이 이미 일어나고 있다는 이유만으로 받아들이는, 그야말로 우리의 가슴과 마음—이 둘은 분리할 수 없는 하나로 여겨진다—이 있는 그대로의 현재 순간에 대한 온전한 알아차림을 향하도록 만드는 내면의 제스처인 것이다. 심리치료에서는 이러한 내면의 정향을 '전폭적 수용(radical acceptance)'이라고 지칭한다. 이 작업은 어렵다. 특히 현재 일어나고 있는 일이 우리의 기대와 욕망, 환상에 부응하지 않을 때 이 작업은 더욱 어려운 것이 된다. 그것은 특히 명상 수련과 '발전'과 '성취'에 관한 문제일 때 매우 미묘한 방식으로 모든 것에 영향을 미칠 수 있다.

명상은 지금 있는 곳이 아닌 다른 어딘가에 이르려는 것이 아니다. 명상은 당신 자신이 지금 있는 정확히 그 자리에, 그 상태 그대로 있도록, 또한 이 세상도 바로 이 순간 그대로 이도록 허용하는 것이다. 그러나 이것은 그리 만만한 작업이 아니다. 왜냐하면 우리가 우리의 생각 속에 머물 때 우리가 문제 삼을 수 있는 무언가가 언제나 존재하기 때문이다. 그리고 단 한순간이라도, 있는 그대로의 것으로 들어가려 할 때 우리의 마음과 몸에는 커다란 저항이 있게 된다. 그런데 우리가 명상을 함으로써 변화를 일으키려 하거나 상황을 다르게 만들려고 하거나 우리 자신의 삶을 향상시키려 하거나 세계의 운명을 변화시키는 데 기여하고자 한다면 현존하는 것에 대한 그러한 저항은 더욱 복잡해진다.

그것은 긍정적인 변화를 일으키거나 상황을 변화시키거나 자신의 삶과 세계의 운명을 향상시키려는 당신의 열망이 잘못되었다는 의미가 아니다. 그것들은 명상을 통해 실현할 수 있는 매우 현실적인 가능성들이다. 다만, 명상을 함으로써, 다만 자리에 앉아 고요히 있음으로써 당신은 자신과 세상을 '변화시킬 수 있다'. 실제로 자리에 앉아 가만히 있는 것만으로도 당신은 작지만 꽤 의미심장한 방식으로 이미 자신과 세계를 변화시켰다고 할 수 있다.

그러나 명상의 역설은, 당신 자신이 주장하는 방식에서 단 한순간이라도 벗어나 자신을 온전히 내어 주고, 어떤 것—특히 당신의 생각의 산물인 목표를—도 추구하지 않으면서 있는 그대로 허용하는 것에 신뢰를 가질 때에만 자신과 세계를 변화시킬 수 있다는 사실이다. 아인슈타인은 이것을 매우 설득력 있게 표현했다. "오늘날 세계에 존재하는 문제는 그 문제를 낳았던 사고의 수준으로는 해결될 수 없다." 이것은 우리가 우리의 마음과 보고 아는 능력을 계발하고 다듬어야 한다는 의미일 것이다. 이것은 또 우리가 처해 있는 어려움을 만들었거나 그것을 더 복잡하게 만든 모든 동기와 개념, 무자각의 습관을 인식하고 그것을 뛰어넘는 우리의 능력을 계발하고 다듬으라는 의미일 것이다. 그러니까 그것은 지금까지와 다른 동기를 가진, 새로운 방식으로 보고 아는 우리의 마음을 계발하라는 의미일 것이다. 다시 말해 우리가 조건 짓지 않은 우리의 본래 마음으로 돌아가야 한다는 의미일 것이다.

그렇다면 우리는 어떻게 이 작업을 할 수 있을까? 그것은 바로 우리가 늘 고집하던 방식에서 단 한순간만이라도 벗어나 봄으로써 그렇게 할 수 있다. 바로 우리 일상의 사고 흐름에서 벗어나 단 한순간만이라도 강둑에 앉아 우리의 사고 아래의 존재 그대로에 머무는 것을 통해서 그렇게 할 수 있다는 의미다. 숭산 선사님은 그것을 '생각 이전'이라고 표현하였다. 그것은 단 한순간만이라도 존재하는 그대로 함께 머물면서 당신 안의 가장 심오하고 최선의 것을 신뢰하라는 의미다. 비록 생각하는 마음으로 볼 때 그것이 말이 되지 않는 것처럼 보인다 하더라도 말이다. 당신은 당신의 생각과 사상, 의견—당신이 누구인가에 관한 당신 자신의 생각과 세계 그리고 이야기, 당신이 그 모든 것에 관해 당신 스스로에게 들려주는 설명을 포함하여—의 총합을 훨씬 넘어선 존재이기 때문에 현재 순간에 대한 날것 그대로의 체험에 머무는 것은 곧 당신이 계발하고자 하는 바로 그 성질 속에 머무는 것이 된다. 왜냐하면 그 성질들은 모두 당신의 알아차림에서 나오며, 우리가 어딘가에 도착하거나 특정한 느낌을 가지려는 시도를 멈추고 우리 자신이 지금 있는 그대로 있도록, 우리가 지금 느끼고 있는 무엇이든 그것과 함께하도록 허용할 때 우리가 이르게 되는 것도 바로 알아차림이기 때문이다. 알아차림은 그것 자체가 스승이요 학생이자 교훈이라고 할 수 있다.

그러므로 알아차림의 관점에서 보자면 어떠한 마음의 상태도 명상적 상태라고 할 수 있다. 분노와 슬픔은 열정이나 기쁨만큼, 그리고 무감각하며 접촉을 상실한 텅 빈 마음보다 훨씬 더 흥미롭고 유용하며 가치 있는 마음 상태라고 할 수 있다. 분노, 두려움, 공포, 슬픔, 회한, 초조함, 열정, 기쁨, 혼돈, 혐오, 경멸, 부러움, 격노, 욕정, 심지어 둔감함과 의심, 나태 등 실제로 어떤 마음 상태와 신체 상태라도 우리가 멈추어서 살펴보고 귀를 기울일 수 있다면, 다시 말해 우리가 우리 자신의 감각—온정신—으로 돌아와 매 순간 알아차림 속에 현존하는 것과 친밀할 수 있다면 그것은 우리가 스스로를 더 잘 알 수 있는 기회가 된다. 선뜻 믿기진 않겠지만, 놀라운 것은, 이를 이루기 위해 그 무엇도 일어날 필요가 없다는 사실이다. 우리는 무언가 특별한 일이 일어나도록 만드는 시도를 포기할 수 있다. 무언가 특별한 일이 일어나기를 원하는 마음을 내려놓음으로써 우리는 매우 특별한 무언가가 이미 일어나고 있음을, 아니 항상 일어나고 있었음을 깨달을 수 있다. 그것은 곧 우리 삶이 매 순간 알아차림 자체로서 그 스스로를 드러내고 있었음을 깨닫는 일일 것이다.

두 가지 관점에서 바라본 명상

나는 앞에서 명상이 테크닉이나 일련의 기법이 아니라 하나의 존재 방식이라고 말했다. 여기서 명상이 무엇인가에 관한 두 개의 상반된 것처럼 보이는 견해가 존재한다는 것을 아는 것이 도움이 되겠다. 그리고 명상의 다양한 전통과 지도자에 따라 두 견해 가운데 어느 쪽에 비중을 두는가 하는 것도 제각각 다르다. 나는 이 두 견해를 동등하게 존중할 것인데, 그것은 두 견해 모두 진실이며 중요하기 때문이다. 그리고 두 견해 사이의 긴장 또한 창의적이며 유용하기 때문이다.

명상에 대해 생각하는 하나의 접근법은, 명상을 우리가 주의를 기울이며 현재 순간의 알아차림 속에 머무는 능력을 계발하고 다듬으며 심화시키는 일련의 도구이자 방법론, 하나의 훈련으로 생각하는 것이다. 이 방법—물론 여기에는 수많은 방법론이 존재한다—을 더 많이 연마할수록 우리는 내적으로 혹은 외적으로 우리의 알아차림의 장(場)에서 일어나는 특정한 대상과 사건에 주의를 기울이는 우리의 능력에서 더 큰 안정감을 계발할 수 있을 것이다. 이러한 안정감은 몸뿐 아니라 마음에서도 경험할 수 있으며, 종종 지각의 점증하는 생생함과 관찰 자체의 고요함이 함께 따라온다. 그러한 체계적인 수련을 통해 우리 자신을 포함한 사물의 본질에 대한 명료함과 통찰의 순간이 자연스럽게 일어날 수 있다. 이런 관점에서 명상을 바라보게 되면 그것은 일정한 목표를 향해 나아가는 점진적인 과정이 된다. 거기에는 지혜와 연민, 명료함으로 향해 나아가고자 하는 의도가 존재한다. 그것은 처음과 중간, 끝을 가진 하나의 궤도(trajectory)—비록 일직선이 아니며 어떤 경우에는 한 걸음 앞으로 나아갔다가 여섯 걸음 뒷걸음치는 것처럼 생각할 수도 있는—라고 볼 수 있다. 이런 관점에서 보자면 명상은 우리가 노력하여 실력을 향상하고자 하는 다른 모든 시도와 전혀 다르지 않다. 그리고 이런 점에서 당신을 이끌어줄 많은 지침과 가르침이 존재하고 있다.

이런 관점에서 명상을 바라보는 것은 필요하며 중요하고 유효하다. 그러나 붓다 자신도 6년 동안 열심히 명상을 하여 자유와 명료함, 이해의 남다른 실현에 이르긴 했지만, 명상 과정에 대한 이러한 방법론 중심의 설명은 명상에 대한 불완전한 설명이며, 그 자체로 명상의 실제 과정에 대한 잘못된 인상을 심어 줄 소지가 있다.

이것은 마치 물리학자들이 자신들의 실험과 계산의 결과에 의해 기본적인 입자의 본질을 입자와 파동이라는 두 가지 서로 보완적인 방식—실제로는 이 둘이 하나임에도—으로 설명할 수밖에 없었던 것과 유사하다. 그러나 여기서 언어는 소용에 닿지 않는다. 왜냐하면 기본 입자 차원에서 그것들은 더 이상 하나의 실체가 아니라, 극미 차원에서 모든 물질의 핵심에 있는 에너지와 공간의 성질을 갖기 때문이다. 이것을 명상에 대입해 말하자면 명상에도 그것을 설명하는 또 하나의, 첫 번째 설명과 똑같이 유효한 방식이 있는데, 그것은 우리가 명상 수련에 임할 때 과연 명상이 무엇인지를 보다 온전하게 이해하는 데 필수적이다.

명상을 설명하는 또 하나의 방식은 '명상'이 그 무엇이든 간에 그것은 결코 도구적인 것이 아니라는 것이다. 만약 명상이 하나의 방법이라면, 그것은 '방법 없음의 방법(method of no method)'이라고 할 것이다. 명상은 행위(doing)가 아니다. 명상은 지금 여기가 아닌 다른 곳에 도달하려는 것도 아니고, 수련할 것도 없고, 시작도 중간도 끝도 없으며, 성취도 없고, 아무런 얻을 것도 없음이다. 오히려 명상은 지금 이 순간 당신 본연의 모습을 직접적으로 깨닫고 체현(embodiment)하는 것이다. 그것은 시간과 공간, 어떤 종류의 관념도 모두 넘어 당신 존재의 바로 그 본질 속에, 우리가 흔히 말하는 본래 상태, 원래 마음, 순수한 자각, 마음 없음(no mind), 단순한 텅 빔 속에 온전히 머무는 것이다. 당신은 이미 당신이 원하는 모든 것을 갖춘 존재이므로 어떠한 의지적인 노력도 더 이상 필요하지 않다. 심지어 마음을 호흡으로 되돌려야 할 필요조차 없다. 어떠한 성취도 불가능하다. 당신은 이미 그것이다. 그것은 이미 여기에 있다. 여기가 이미 곧 모든 곳이며 지금이 이미 언제나다. 시인 카비르의 말을 빌리자면, 시간도 공간도 몸도 마음도 없다. 그리고 명상에는 어떠한 목적도 없다. 우리가 다른 어떤 목적도 아닌 오직 그 자체를 위하여 행하는 단 하나의 인간 행위—실제로는 '비행위(non-activity)'라고 하겠다—인 명상은 실제로 존재하는 것에 깨어 있고자 하는 것 외에는 다른 어떠한 목적도 없는 것이다.

예를 들어, 우리가 발을 '구할' 수 있는가? 발은 이미 우리 몸의 일부인데 말이다. 발은 이미 여기 있으므로 따로 구하고 말고 할 것이 없다. 그런데 우리의 생각하는 마음은 그것을 '발'이라는 하나의 실체로 만들어 버린다. 몸에서 분리되지 않는 한, 발은 결코 그 자체의 본질적 존재성을 가진 독립적 실체일 수가 없음에도 말이다. 발은 우리가 서고 걷기 위한, 다리 끝에 달린 몸의 일부일 뿐이다. 우리가 머리로 생각할 때 그것은 '발'이지만, 우리가 알아차림 속에, 생각의 바깥과 아래에, 그리고 생각을 넘어 머물 때 그것은—'발'이라는 실체가 아니라—단지 있는 그대로의 그것일 뿐이다. 그리고 당신은 이미 그것을 가지고 있다. 달리 표현하자면, 그것은 당신 이외의 것이 결코 아니며, 과거에도 한 번도 그런 적이 없었다. 이것은 당신의 눈과 귀, 코, 혀, 다른 신체 부위에 대해서도 마찬가지다. 성 프란체스코는 이것을 "당신이 찾고 있는 것은 바로 찾고 있는 그 사람이다."라고 말했다.

비슷한 맥락에서 당신은 인지, 앎, 본래 마음이란 것을 과연 구할 수 있겠는가? 켄 윌버(Ken Wilber)의 표현을 빌리자면, 본래 마음이 이 단어들을 읽고 있다는 것이다. 또 당신의 감각이 이미 완전히 작동 중이라면 당신이 자신의 감각으로 돌아온다는 것은 어불성설일 것이다. 당신의 귀는 '이미' 듣고 있고, 당신의 눈은 '벌써' 보고 있으며, 당신의 몸도 '원래부터' 느끼고 있다. 그런데 우리는 그것들을 개념으로 바꾸어, 우리 존재의 본체에서 사실상 분리해 버리고 만다. 우리 존재의 본체는 그 본성상 결코 분리할 수 없으며, 이미 온전하고 완전하며, 이미 지각하고 깨어 있는 그런 것인데도 말이다.

명상에 대한 이 두 가지 이해 방식은 서로 보완적이며 역설적이라고 할 수 있다. 마치 양자 수준 아래에서 물질의 본질을 입자와 파동으로 설명하는 두 방식이 그런 것처럼 말이다. 이것은 둘 가운데 어느 한쪽도 그 자체로는 완벽하지 못하다는 것을 의미한다. 하나만으로는 결코 완전히 진리일 수 없다는 것이다. 둘이 함께해야 비로소 진리가 된다.

이러한 이유로, 명상 수련, 특히 마음챙김 명상에 임하는 처음부터 이것을 알고 유념할 필요가 있다. 이러한 방식으로 우리는 이원적 사고방식—이미 우리 존재 자체인 그것을 얻고자 지나치게 애를 쓰거나, 아니면 우리가 실제로 맛보거나 실현하지 못한 그리고 그렇게 할 방법을 갖고 있지 않은 무엇을 이미 이루었다고 주장하는(비록 표면적으로 우리는 이미 우리가 이루고자 하는 그것이라고 할 수 있겠지만)—의 함정에 빠지지 않을 수 있다. 도구적 관점으로 명상을 본다면 이것이 사실이겠지만, 우리는 그것이 될 수 있는 잠재력을 갖고 있는 것만이 아니다. 그보다 우리는 이미 '그것'이다. 단지 그것을 아직 모르고 있는 것뿐이다. 그것은 이미 바로 우리 코앞에 있어 더 이상 가까울 수 없지만 한편으로는 꼭꼭 숨겨져 있다.

명상에 대한 이 두 가지 설명은 서로에게 보완이 된다. 우리가 이 두 가지 견해를 함께 가지고 있을 때—처음에는 개념적으로라도—우리가 좌선과 바디스캔, 요가, 그리고 일상생활의 모든 측면에 마음챙김을 가져가는 데 기울이는 노력은 올바른 노력이 될 것이고, 명상에 대한 올바른 태도를 갖추게 될 것이다. 왜냐하면 우리는 삶과 마음의 근본적인 본질에서 보자면 실제로 우리가 가야 할 다른 어떤 곳도 없고 어떠한 애씀도 필요하지 않다는 것을 기억할 것이기 때문이다. 지나치게 애쓰는 것은 실제로 역효과를 불러올 수 있다. 이것을 기억하고 있으면 우리는 자신에게 좀 더 친절하고 부드러우며, 편안하고 수용적이 될 수 있다. 그리고 자기 마음과 이 세상의 혼란에 직면하여서도 명료함을 유지할 수 있다. 그렇게 우리는 우리의 수련을 이상화하거나 우리가 명상을 '제대로' 하기만 하면, 그것이 우리를 어딘가로 데려가 줄 것이라는 '환상을 좇느라' 길을 잃지 않을 수 있다.

그렇게 우리는—도구적 관점에서 보자면 매우 합당하게도—우리 자신의 두려움 속에서 자신에게 속삭이는 온갖 도구적인 자기 지침을 넘어, 우리 자신의 반응성의 왜곡에 끌려가지 않을 수 있으며, 무위(non-doing)와 애쓰지 않음(non-striving), 우리 본연의 초심, 그리고 마음의 무한성, 연민, 상호 연결성 속에 자연스럽게 머물 수 있을 것이다.

상대적이고 시간적인 관점에서 보자면 붓다가 말한 '올바른—이것은 곧 '현명한'이라는 의미다—노력'이 요구된다. 그리고 우리가 며칠, 몇 주, 몇 달, 몇 년 혹은 수십 년을 수련한다고 할 때 우리는 그 교훈을 직접적으로 알고 터득하게 될 것이다. 왜냐하면 우리가 우리 몸과 마음의 끊임없는 동요 속에서 길을 잃을 것은 분명하기 때문이다. 우리가 명상하려고 자리에 앉을 때면 틀림없이 우리 주의력의 지속 시간은 매우 짧고 유지하기 어려우며, 우리의 알아차림은 너무나 자주 흐릿해지고, 우리의 마음은 그다지 명료하거나 밝지 않으며, 주의를 기울이는 대상도 선명하지 못하게 될 것이다. 우리가 우리 마음의 자연스러운 상태나 밝고 텅 빈 본성에 대해 아무리 자신에게 혼잣말을 하더라도 말이다. 그러므로 마음이 지루해하거나 안달할 때 당장 자리를 박차고 일어나기보다 그대로 앉아 있도록, 자신의 호흡으로 다시 돌아오도록, 그리고 우리를 다른 곳으로 데려가 버린 생각의 사슬을 내려놓도록, 그리하여 다시 한 번 알아차림 속에 자리를 잡도록 스스로 상기하는 것이 매우 중요하다.

명상에 대한 이 두 가지 설명 방식과 한동안 함께 산 다음 당신은 그것들을 점차 편안한 오랜 친구처럼 여길 것이다. 그렇게 수련은 점차로, 혹은 어떤 때는 갑자기, 수련과 노력에 대한 모든 관념을 뛰어넘게 된다. 그리고 그럴 때 우리가 기울이는 노력은 더 이상 노력이 아니라 '사랑'의 행위가 된다. 그때 우리의 노력은 자신에 대한 앎(self-knowing), 즉 지혜의 실현이 된다. 그러나 어떻게 보면 그것은 그리 대단한 일이 아닐지 모른다. 우리가 그것을 행하는 것 이상으로 우리는 이미 원래부터 그런 존재이기 때문이다. 마치 우리 자신과 우리의 발 사이에 아무런 본질적인 구분이 존재하지 않는 것처럼 나와 알아차림 사이에도 그런 본질적인 구분은 존재하지 않기 때문이다. 우리가 한 번도 그것—알아차림—이 아닌 적은 없었다.

그러나 한창 때의 미하일 바리시니코프—러시아 출신의 발레리노—나 마사 그레이엄—미국의 발레무용가—의 발이 일반인의 발과는 분명히 달랐을 것이다. 그들의 발은 비록 그 본질에 있어서는 우리의 발과 다를 것이 없었다 하더라도 우리의 발이 모르는 것을 '알고' 있었을 것이다. 우리는 그 동일성에, 그리고 그 차이성에 놀라워할 수 있다. 우리는 그것을 사랑할 수 있다. 그리고 우리는 그것이 '될' 수 있다. 왜냐하면 본질에 있어서 우리는 '이미' 그것이기 때문이다.

왜 굳이 명상을?

—명상에 임하는 동기의 중요성—

만약 명상적 관점에서 볼 때 당신이 찾고 있는 모든 것이 이미 여기에 있다면—비록 머리로 그것을 정확하게 표현할 수는 없어도—그리고 그 어떤 것도 얻거나 구할 필요가 없으며 자신을 향상시킬 어떠한 필요도 없다면, 당신이 이미 완전한 존재이고 또 세상도 그러하다면, 도대체 왜 굳이 명상을 해야 할까? 그렇다면 왜 우리는 애당초 마음챙김을 계발하려고 하는가? 그리고 명상을 위한 특정한 방법론이나 기법이 우리를 어딘가로 데려가 주는 것이 아니라면—나는 이미 명상의 방법론이나 테크닉이 명상의 전부가 아님을 이야기했다—우리는 왜 그것들을 이용하는가?

그에 대한 대답은, "당신이 찾고자 하는 모든 것이 이미 여기에 있다."는 말이 한낱 관념에 머무는 한, 그것은 어디까지나 단지 또 하나의 관념, 멋진 생각일 뿐이기 때문이다. 단지 생각일 뿐이므로 그것은 당신을 변화시키는 데 있어서, 그리고 이 언술이 가리키는 진리를 시현하여 궁극적으로 당신이 이 세상에서 살아가는 방식을 변화시키는 데 있어서 지극히 제한적일 수밖에 없는 것이다.

나는 무엇보다 명상을 사랑의 행위로 보게 되었다. 그것은 자신과 타인을 향한 자애와 친절의 내면적 제스처다. 온갖 결함과 상처, 성취와 고민, 습관적인 무자각 등 우리의 명백한 불완전성 속에서도 우리의 완전성을 인식하는 가슴의 제스처인 것이다. 또 그것은 어떠한 꾸밈이나 장식도 없이 잠시 자리를 잡고 앉아 현재 순간으로 들어가겠다는 매우 용감한 제스처다. 멈추어 바라보고 귀 기울이는 과정에서, 그리고 마음을 포함한 우리의 모든 감각에 우리 자신을 온전히 내줌으로써 우리는 그 순간만큼은 우리가 삶에서 가장 신성하게 여기는 것을 체현하고 있는 것이다. 그러한 제스처를 취하는 것은—거기에는 공식 명상 수련을 위한 특정 자세를 취하는 것뿐 아니라 우리 자신에 대해 좀 더 알아차림을 하고 너그럽게 대하는 것까지 포함된다—우리의 마음을 새롭게 해 주고(re-mind), 몸도 새롭게 해 준다(re-body). 그것은 우리를 새롭게 변모하게 하고 이 순간을 신선하고 영원한 것으로, 완전히 개방된 자유의 시간으로 만들어 준다. 그러한 순간에 우리는 우리가 생각하는 우리 자신을 뛰어넘는다. 우리는 자신에 관해 스스로 지어 낸 온갖 이야기들과 끊임없는 생각의 족쇄—그것이 때로 아무리 심오하고 중요해 보이더라도—를 뛰어넘어 단지 보이는 것을 보는 것 속에, 지금 여기서 알게 되는 것을 직접적이고 비개념적으로 아는 것 속에 머물게 된다. 그것은 우리가 굳이 알려고 하지 않아도 알게 되는 것이다. 왜냐하면 이미, 그리고 항상 여기에 있던 것이기 때문이다.

우리는 알아차림 속에, 즉 앎 그 자체에 머물게 된다. 그리고 그 앎에는 물론 '알지 못함'도 포함된다. 앞으로 반복해서 보게 되겠지만, 우리는 앎과 알지 못함까지 포함한 앎 자체가 된다. 그리고 우리는 우주의 기초 속에 완전히 자리 잡고 있으므로 알아차림의 이 자애로운 제스처에는 어떠한 경계도 없으며, 다른 존재들과의 분리도 없고, 가슴과 마음의 어떠한 제한도 없다. 또 우리 존재와 알아차림에, 그리고 우리의 열린 가슴의 현존에 어떠한 한계도 없게 된다. 말로만 하면 그것은 실현하기 어려운 이상처럼 들릴지 모른다. 스스로 직접 체험할 때라야 그것은 있는 그대로의 것과 더불어 삶이 스스로를 드러내며, 지각의 힘이 무한 속에서 진동하는, 있는 그대로의 것이 된다.

어떠한 순간이라도 알아차림 속에 머문다는 것은 곧 우리 자신을 우리의 모든 감각에 내준다는 의미다. 하나의 연속적인 전체로서 우리의 내면과 외면의 모든 풍경과 접촉한다는 의미다. 그렇게 매 순간 모든 곳에서, 그 온전함 속에서 전개되는 삶과 내면적으로 그리고 외면적으로 접촉을 유지한다는 의미다.

마음챙김 지도자이자 시인, 평화운동가인 베트남의 선승 틱낫한은 우리가 마음챙김을 수련하고자 하는 한 가지 이유는, 우리가 대부분의 시간 동안 자신도 모르게 마음챙김과 정반대의 것을 수련하고 있기 때문이라고 말했다. 우리가 화를 낼 때마다 우리는 화를 더 잘 내게 되며 화내는 습관을 강화하는 것이 된다. 심한 경우 우리가 화를 낼 때 우리는 그 순간 실제로 일어나고 있는 것을 보지 못하며 제정신을 잃는다. 우리가 자기 생각에 몰두할 때마다 우리는 무의식적인 자기 생각에 빠지는 일에 더 능숙해진다. 우리가 불안해할 때마다 우리는 불안에 더 익숙해진다. 무엇이든 연습하면 잘하게 되어 있다. 그것이 일어날 때 우리를 휩쓸어 버리는 분노와 자기몰두, 권태 같은 모든 마음의 상태에 대한 알아차림 없이는, 우리는 우리의 조건화된 행동과 무신경한 습관 아래에 있는 신경계 속의 시냅스 연결을 더 강화하게 된다. 그리고 그렇게 우리가 그것을 알아차리고 있다고 하더라도 그로부터 자신을 벗어나게 하는 일은 더 어려워진다. 우리가 욕망과 감정, 검토되지 않은 충동과 생각, 견해에 사로잡힐 때마다 우리는 매우 실제적인 방식으로 습관적인 반응 양식 속의 위축감에 즉각적으로 갇혀 버린다. 그것이 우울이나 슬픔처럼 스스로에게서 거리를 두는 습관이든 아니면 불안이나 분노 같은 감정과 정면충돌하면서 폭발하거나 그것에 옴짝달싹하지 못하게 낚이는 습관이든 말이다. 그러한 순간에 우리의 몸과 마음은 예외 없이 위축되고 만다.

그러나 만약 우리가 그것에 알아차림을 가져갈 수 있다면 그러한 위축에 빠져들지 않을 수도 있고, 혹은 그로부터 빠르게 회복할 수도 있다. 왜냐하면 우리가 우리 반응의 자동성과 그 부정적인 영향에 옴짝달싹할 수 없이 사로잡히는 것은, 오직 우리가 그 순간 우리 자신의 맹목성 속에 있을 때에만 그런 것이기 때문이다. 그 맹목성을 물리칠 수 있다면, 우리가 갇혀 있다고 생각했던 새장은 이미 열려 있을 것이다.

우리가 욕망을 욕망으로, 분노를 분노로, 습관을 습관으로, 견해를 견해로, 생각을 생각으로, 마음의 충동을 마음의 충동으로, 신체의 강렬한 감각을 신체의 강렬한 감각으로 알 수 있다면 우리는 그것으로부터 자유로워질 것이다. 우리가 자유로워지기 위해 다른 어떤 것도 일어날 필요가 없다. 우리의 욕망을 포기할 필요도 없다. 욕망이 일어나면—다른 것도 모두 마찬가지다—그것을 보고, 그것을 '욕망이라고' 알면 된다. 어떤 순간에도 우리는 마음챙김을, 아니면 그 반대인 '마음놓침(mindlessness)'을 연습하고 있는 것인지 모른다. 이렇게 생각하면 우리는 우리가 내면적으로, 그리고 외면적으로 매 순간 우리의 삶을 살아가는 방식에 더 큰 책임을 지게 될 것이다. 왜냐하면 우리의 삶에서 알아차림과 알아차림 없음 사이의 '중간 지대'란 존재하지 않기 때문이다.

그러므로 명상이란 아무것도 아닌 것이기도 하며—이르러야 할 곳도, 성취해야 할 것도 없기 때문에—동시에 세상에서 가장 어려운 것이기도 하다—왜냐하면 마음놓침이라는 우리의 습관은 너무나 뿌리가 깊어서 알아차림을 통해 그것을 알아보고 해체하기가 결코 쉽지 않기 때문이다—그리고 우리의 알아차림이 마음의 종잡을 수 없는 성질을 길들이기 위해 계발하고 연마하는 데는 일정한 방법과 테크닉, 노력이 필요하다.

아무것도 아닌 일과 세상에서 가장 어려운 일, 이 두 가지 모두로서의, 명상의 특징으로 인해 어떠한 집착이나 동일시도 없이 온전하게 현존하는 연습을 하는 데는 고도의 동기부여가 필요하다. 그러나 명상 말고도 이미 할 일—중요한 일, 필요한 일, 당신이 추구하는 것을 이루기 위해 해야 하는 일, 당신이 해낼 수 있는 일, 당신의 해야 할 일 목록에서 지울 수 있는 일—이 산더미처럼 쌓여 있는 상황에서 과연 누가 세상에서 가장 어려운 일을 기꺼이 하려고 할까? 그리고 명상이란 아무것도 하지 않는 것이며, 그러한 하지 않음의 결과는 이미 당신의 존재인 그것 자체를 넘어 다른 곳에 이르는 것이 전혀 아닌데도 왜 굳이 명상을 해야 할까? 그렇게 많은 시간과 노력, 주의를 필요로 하는, 나의 노력 아닌 노력의 대가로 나는 무엇을 얻게 될까?

이러한 질문에 대해 내가 내놓을 수 있는 유일한 대답은, 마음챙김 명상의 세계에 발을 들여놓고 자기 삶의 일정 기간 그것을 지속했던 사람들이 나에게 했던 말, 바로 만약 그들이 마음챙김 수련을 만나지 못했더라면 그들 삶의 최악의 순간에 그들이 과연 어떻게 견딜 수 있었을지 상상조차 할 수 없다고 말했다는 사실이다. 그렇게 마음챙김이란 아주 단순하면서도 매우 심오한 무엇이다. 일단 마음챙김 수련을 하게 되면 당신은 이것이 무슨 말인지 이해할 수 있을 것이다. 그러나 수련을 하지 않으면 결코 이 말의 의미를 알 수 없다.

물론 대부분의 사람이 처음에는 스트레스나 고통, 혹은 자기 삶의 어떠한 불만족 때문에 마음챙김 수련을 시작하게 된다. 마음챙김 수련을 통한 직접적인 관찰과 탐구, 자기연민을 통해 그런 것들을 바로잡을 수 있으리라는 생각에서일 것이다. 그렇게 스트레스와 고통은 마음챙김 수련에 입문하는 의미 있는 입구이자 동기부여가 된다.

• • •

한 가지 더 말해야 할 것이 있다. 내가 명상을 세상에서 '가장 어려운 일(the hardest work)'이라고 할 때, '일'이라는 표현은 사실 아주 정확한 것은 아니다. 만약 당신이 '일'이라는 단어를 우리가 일상적으로 사용하는 의미로만 받아들인다면 말이다. 내가 여기서 말하는 '일'에는 일상적 의미에서의 일 외에 '놀이(play)'의 의미도 포함되어 있다. 명상은 즐거운 작업이기도 한 것이다. 무엇보다 우리 자신의 마음 작용을 살펴보는 일은 흥미진진하다. 그것을 너무 심각하게 받아들일 필요는 없다. 올바른 마음챙김에는 너무 경건한 태도를 누그러뜨릴 수 있는 유머감각과 즐김의 태도가 필수적이다. 세상에서 가장 어려운 일에는 또 '부모 노릇하기(parenting)'가 있다. 그러나 만약 당신이 부모라면, 이 둘—명상과 부모 노릇하기—이 과연 서로 다른 것이라고 생각되는가?

나는 최근에 40대 후반의 한 의사 동료에게 전화를 받았다. 그는 나이에 걸맞지 않게 고관절 대체 수술을 받았는데, 수술을 받기 전에 MRI를 찍어야 했다. 그는 자신이 MRI 기계 속으로 빨려 들어갈 때 호흡이 얼마나 유용했었는지 이야기했다. 그는 마음챙김에 대해 알지 못하며, 호흡을 이용하여 그렇게 힘든 상황에서 중심을 잡을 줄 모르는 환자는 얼마나 힘들지 상상조차 할 수 없다고 말했다.

또한 그는 자신이 병원에 입원하는 동안 느꼈던 자신의 마음놓침의 정도에도 놀랐다고 말했다. 그는 처음에 의사로서 자신의 지위가, 나중에는 자신의 개인적 정체성이 떨어져 나가는 듯한 느낌이 들었다고도 말했다. 그는 '의료 돌봄(medical care)'의 수혜자였지만, 그 돌봄이라는 것은 전체적으로 그다지 환자를 배려하는(caring) 것이 아니었다. 배려(caring)는 공감과 마음챙김, 열린 가슴의 현존을 필요로 한다. 그러나 그것이 가장 분명하게 확인될 것이라고 생각되는 장소에서도 종종 놀랍게도 그러한 것이 매우 부족하다. 어쨌든 우리는 그것을 '건강 돌봄(health care)'이라고 부르지 않는가. 그러한 이야기가 너무나 흔히 발견되며, 심지어 그러한 이야기가 의사들 자신이 환자가 되어 돌봄을 필요로 할 때에 나온다는 사실은 놀랍고 슬픈 일이다.

내 삶에서 생겨나는 온갖 스트레스와 고통을 넘어 내가 마음챙김을 수련하는 이유는 아주 단순하다. 그것은 자각하지 못하고 놓쳐 버린 내 삶의 매 순간은 그야말로 제대로 살지 못한 순간들이기 때문이다. 놓쳐 버린 각 순간은 우리가 그다음 순간도 놓쳐 버리게 만들며 그래서 나의 삶 전체를 알아차림 속에서, 알아차림으로부터, 알아차림을 통해 사는 것이 아니라, 나의 개인적인 생각과 느낌, 행위의 자동반응성이라는 무자각적인 습관에 함몰된 채 살도록 만들 확률을 높인다. 나는 나의 삶 속에서 그러한 일이 반복적으로 일어나고 있음을 확인한다. 알아차림을 가지고 생각하는 것은 천국이다. 그러나 알아차림 없이 생각 속에 파묻히는 것은 지옥과 같다. 왜냐하면 마음놓침은 단지 아무 생각 없이 무감각하거나 모호한 상태가 아니기 때문이다. 대부분의 경우 그것은 우리가 알게 모르게 자신과 우리가 접촉하며 우리의 삶을 공유하는 타인에게 실제적인 해를 입힌다. 그리고 우리가 전심으로 삶을 위해 나서서 삶의 세부적인 것에 주의를 기울인다면 삶은 놀랍도록 흥미진진하고 큰 깨달음을 주며 경외감을 불러일으킬 것이다.

우리가 마음챙김을 하지 못해 놓쳐 버린 순간들을 모두 합한다면 우리는 우리의 삶 전체를 제대로 주의를 기울이지 못한 채 산다고 할 수도 있다. 그리고 이런 부주의는 우리가 행하는 모든 행위, 우리가 내리는—혹은 내리지 못하는—모든 선택에 실제적인 영향을 미칠 것이다. 이것이 우리가 삶을 사는 목적일까? 우리의 삶을 놓쳐 버리고, 그럼으로써 그것을 오도하는 것 말이다. 그보다 나는, 때로 계속해서 나의 노력—그것을 '나의' 노력이라고 생각한다면—의 미약함과 나의—그것을 '나의 것'이라고 생각한다면—가장 깊이 각인된 자동적인 습관의 끈질김에 직면하는 경우가 있더라도, 나에게 가장 중요한 것에 주의를 기울이며 두 눈을 크게 뜬 채 매일매일의 모험 속으로 뛰어들어 가기를 선택한다. 나는 내 삶의 매 순간을 완전히 새로운 것으로, 새로운 시작으로 맞이하는 것이 매우 유용함을 안다. 또 지금에 대한 알아차림으로 계속해서 돌아오는 것이 매우 중요함을, 그래서 수련의 규율로부터 부드럽게, 그러나 확고하게 생겨난 꾸준함이 내가 적어도 현재 일어나고 있는 일에 대해 열려서 그것을 알아보고 깊이 들여다보며 그러한 주의 기울임 속에서 그 상황의 본질이 드러나는 대로 배울 수 있는 교훈들을 배울 수 있도록 하는 것이 매우 중요하다는 것을 안다.

과연 그 밖에 우리가 무엇을 할 수 있을까? 만약 우리가 우리의 존재에 뿌리내리지 못한다면, 그리고 깨어 있음 속에 자리를 잡지 못한다면 우리의 삶이라는 이 선물과 타인에게 실질적인 도움을 줄 수 있는 가능성을 정말로 놓쳐 버리고 있는 것이 되지 않을까?

나는 때로 내 가슴에 지금 이 순간 가장 중요한 것이 무엇이냐고 물은 뒤 그 대답을 귀 기울여 듣는 것을 잊지 않으려고 하였다. 그러한 것은 나에게 매우 도움이 된다.

소로는 『월든』에서 "오직 우리가 깨어 있는 날만이 우리에게 밝아 온다."라고 말하였다.

주의의 겨냥과 지속

집중수행에 다녀온 내 동료 한 사람은 명상 수련이 주의를 겨냥하고는, 그다음 그러한 주의를 순간순간 지속하는 것이라고 생각한다고 말했다. 당시 나는 그것을 아주 뻔한 말이라고 생각하고 대수롭지 않게 여겼다. 또 그 말에는 어떤 행위를 하는 주체가 존재한다는 생각이 너무 강하게 배어 있어 거부감이 들었던 것 같다. 내가 그 통찰의 가치를 깊이 있게 음미하고 인식하기에는 오랜 시간이 걸렸다.

호흡에 호흡을 하는 사람(주체)이 필요하지 않은 것처럼 주의의 겨냥과 지속에도 그것을 하는 행위자가 필요하지 않다. 그럼에도 우리는 호흡을 하는 사람, 그리고 주의를 겨냥하고 지속하는 사람이 바로 '나'라고 상정한다. 특히 처음에는 우리의 자기화하는(selfing) 오랜 습관 때문에 더 그렇다. 그러나 우리가 알아차림 자체에, 그리고 '앎 그 자체가 되는' 경지에 머무는 일이 더 익숙해지면 주의를 겨냥하고 지속하는 일—그것을 하는 행위자를 상정하지 않고도—은 자연스럽게 일어난다.

호흡을 예로 들어 보자. 호흡은 생명활동에 필수적이다. 그것은 저절로 일어난다. 그리고 우리는 숨이 막히거나 물에 빠져 익사할 것 같은 경우나 알레르기가 있거나 심한 감기에 걸린 경우가 아니면 숨에 거의 주의를 기울이지 않는다. 그러나 호흡의 알아차림 속에 머무는 것을 상상해 보라. 그렇게 하려면 우리가 호흡을 느끼고 알아차림의 장—우리의 몸과 마음, 세상이 우리의 주의를 다른 곳으로 돌리기 위해 우리에게 제시하는 것들로 인해 끊임없이 변화하고 있는—안에서 그것에 일정한 자리를 부여해 줄 필요가 있다. 우리는 한순간 호흡을 느낄 수는 있지만 바로 그다음 순간 호흡이 아닌 다른 것 때문에 호흡을 잊어버리고 만다. 말하자면 겨냥은 있지만 그것을 지속하지 못하는 것이다. 그러므로 우리는 계속해서 주의를 겨냥할 필요가 있다. 주의가 호흡에서 달아나면 몇 번이고 호흡으로 주의를 되돌리는 것이다. 우리의 주의를 호흡이 아닌 다른 곳으로 데려가는 것을 끊임없이 관찰하고 또 관찰하는 것이다.

주의를 지속하려면 지속하려는 의도가 있어야 한다. 우리의 주의력은 너무나 쉽게 변화하고 너무나 쉽게 다른 곳으로 달아나는 경향이 있기 때문에 호흡에 초점을 지속하기 위해서는 상당한 주의가 필요하다. 그러나 주의를 지속하는 데 현명하고 부드러운 주의와 인내심을 갖고 며칠, 몇 주, 몇 달 혹은 몇 년을 연습한다면 우리는 보다 쉽게 호흡 속에, 그리고 매 순간 펼쳐지는 그대로의 앎 속에 머물 수 있을 것이다. 그리고 그러한 노력은 우리 자신의 삶 속에서 가능하다고 생각되지만 왠지 모르게 결여되어 있는 것 같은 더 큰 진정성에 대한 사랑에서 나올 수 있다.

이렇게 주의를 지속하는 것을 산스크리트어로 '사마디(samadhi)'라고 한다. 이것은 한 지점에 집중하는, 마음의 집중된 성질을 말하는 것으로 완전히 동요가 없는 상태는 아니라 하더라도 어느 정도 안정적인 상태다. 사마디는 평소 동요하는 우리의 마음이, 주의를 기울이기로 한 대상—여기서는 호흡—에서 벗어날 때마다 그것을 인식하고 어떠한 판단이나 반응, 안달도 없이 그것을 다시 가져 오는 능력을 지속적으로 연습함으로써 계발되고 깊어진다. 주의를 겨냥하고 지속하고, 또 지속이 사라졌을 때 그것을 인식한 뒤 다시 겨냥하고 지속하고……. 이런 과정을 단순하게 계속해서 반복하는 것이다. 마치 잠수함의 수평타나 돛단배의 용골처럼 사마디는 마음의 바람과 파도에 맞서 그것을 안정시킨다. 마음의 바람과 파도는, 우리가 더 이상 우리의 부주의함과 그것들의 존재와 내용에 대한 집착으로 그 힘을 키워 주지 않는다면 점차 잦아들게 된다. 이렇게 마음이 상대적으로 안정되고 흔들림 없게 되면 우리가 알아차림 속에서 인지하는 어떤 대상이라도 더 생생하게 되고, 더 큰 명료함으로 이해할 수 있게 된다.

명상의 초기 단계에서는 수업이나 워크숍에 참가하여 이러한 우리 마음의 가능한 상태가 스스로 드러나도록 할 수 있다. 특히 체계를 갖춘 집중수행은 우리의 바쁜 일상과 끝없는 역할, 의무와 의도적으로 한동안 절연하고자 하는 것이다. 외적으로 이 정도의 기본적인 고요함과 그와 함께 따라오는 내적인 침묵을 단지 경험하는 것만으로도 자신의 삶, 이러한 가능성을 계발하고 때로 그 속에 잠기고자 하는 시도로 조율할 수 있다. 그럴 때 우리는 우리 마음의 파도와 바람이라는 것이 마치, 마음의 내용이 가장 중요한 것이라고 생각—우리 마음의 내용물이 그 속에서 펼쳐지는 알아차림이 아니라—하며 쉽게 빠져들고 길을 잃는 변화무쌍한 날씨처럼 본질적인 것이 아니라는 것을 알게 될 것이다.

일단 주의의 집중력과 초점의 안정성을 어느 정도 맛보았다면 집중 수련회가 아닌 바쁜 일상의 한가운데에서도 마음의 그러한 안정성 속으로 들어가 머무는 일이 더 쉬워질 것이다. 물론 이것이 우리가 마음속에서 경험하는 모든 것이 고요하고 평화로울 것이라는 의미는 아니다. 우리는 그 과정에서 즐겁거나 불쾌한 혹은 무덤덤하여 전혀 알아볼 수도 없는 몸과 마음의 다양한 상태를 경험하게 될 것이다. 그러나 여기서 더 고요하고 안정되게 바뀐 것—몸과 마음이 경험하는 다양한 상태의 내용이 아니라—은 바로 우리가 주의를 기울이는 능력이다. 더 안정되게 변한 것은 관찰의 토대다. 그리고 주의 기울임 속에서 지속적으로 고요함을 계발하면, 우리가 그것에 집착하지만 않는다면 틀림없이 통찰의 계발이 뒤따를 것이다. 그 통찰은 우리의 알아차림, 마음챙김 자체, 다시 말해 그 어떤 순간이라도 모든 주의의 대상을 알 수 있는 마음의 본유적 능력으로 힘을 얻고 드러나는 통찰이다. 그것은 이름 붙이기를 통한 단순한 개념적 앎을 넘어, 그리고 생각을 통한 의미 지어내기를 넘어, 있는 그대로 아는 마음의 능력이다.

마음챙김은 호흡이 깊을 때 깊다고 안다. 호흡이 얕을 때는 얕다고 안다. 호흡이 들어오고 나갈 때는 들어오고 나감을 안다. 마음챙김은 호흡의 비개인적 성질을 안다. 마치 어떤 의미에서 보자면 지금 '내가' 숨 쉬고 있는 것이 아니라, 단지 호흡이라는 것이 일어나고 있을 뿐임을 당신이 알고 있는 것처럼 말이다. 마음챙김은 매 호흡의 비개인적 성질을 안다. 그것은 매 호흡과 함께 일어나는 생각과 감정, 관념과 충동까지도 일어나는 그대로 안다. 왜냐하면 마음챙김이란 알아차림(자각)이라는 아는 성질이자 마음 자체의 핵심 성질이기 때문이다. 마음챙김은 지속을 통해 강화되며 그렇게 힘을 얻으면 그것은 자기 스스로 지속할 수 있다. 마음챙김은 곧 앎의 장이다. 그 앎의 장이 고요함과 집중력을 통해 안정되면 앎 자체의 일어남이 지속되며, 앎의 질은 더 강력해진다.

그렇게 모든 것을 있는 그대로 아는 것, 이것을 지혜라고 부른다. 지혜는 우리의 본래 마음에 대한 신뢰에서 나온다. 그리고 우리의 본래 마음이란 곧 안정되고 무한하며 열린 알아차림, 그것을 말한다. 지혜란, 무엇인가가 알아차림의 장에 나타나거나 변화하거나 혹은 그 광대함 속에서 사라졌을 때 그것을 즉각적으로 아는 앎의 장이다. 지구 어느 곳에나 내리쬐는 햇볕처럼 그것은 항상 존재하고 있지만 구름에 의해—이 경우는 자기 스스로 만들어 낸 마음의 습관(주의 산만, 이미지, 생각, 이야기, 느낌들의 끊임없는 확장, 그것들 중 많은 것은 정확하지 못한)을 말한다—자주 가려질 뿐이다.

우리가 주의를 겨냥하고 지속하는 것을 더 많이 연습할수록 우리는 보다 자연스럽게 그 지속 속에 머무는 법을 터득하게 될 것이다. 이것은 마치 피아노의 서스테인 페달—밟고 있는 동안 누른 건반의 음을 울리도록 함: 역자 주—을 밟으면 그 음이 오래 지속되는 것과 마찬가지다.

이렇게 우리가 주의의 지속에 더 자연스럽게 머물수록 우리 본성의 자연스러운 빛—지혜와 사랑의 부분적이고 무한한 동시적 표현으로서의 우리 본성—은 더 많이 드러날 것이다. 이제 이 빛은 다른 것에 의해, 특히 우리 자신에 의해 가려지지 않는다.

현 존

만약 당신이 명상을 하고 있는 누군가를 우연히 맞닥뜨린다면 당신은 그 광경이 범상치 않은 무언가를 표현하고 있다는 것을 즉각 알 것이다. 명상 수업과 수련회를 지도하는 나는 그러한 경험을 꽤 자주 한다. 명상을 지도하면 수백 명의 사람들이 침묵 속에 앉아 있는 광경을 보게 되는데, 그것은 거기 앉아 있는 사람들의 저마다 다양한 내면 풍경에서 일어나고 있는 일 외에는 다른 어떤 일도 일어나지 않은 채 앉아 있는 모습이다. 만약 밖에서 지나가던 사람이 수백 명의 사람이 같은 방에 앉아 침묵 속에서 아무것도 하지 않는—잠깐 동안이 아니라 수십 분, 심지어 한 시간 가량을—이런 광경을 보게 된다면 그것을 기이하게 여길 것이다. 동시에 그 사람은 그 광경이 방사하는 만질 수 있을 것 같은 현존감에 마음이 움직일지도 모른다. 그만큼 현존감이란 우리 모두에게 매우 드문 체험인 것이다. 만약 당신이 그 사람이라면, 설령 당신이 지금이 어떤 상황인지 잘 모른다 하더라도 그 모임으로 다가가 커다란 호기심과 관심으로 지켜보고 싶을지 모른다. 그렇게 그 침묵의 에너지 장에 함께하고 싶을지 모른다. 그러한 광경은 본질적으로 매혹적이며 조화롭다. 움직이지 않고 침묵 속에서 자리에 앉아 있는, 그러한 자연스럽게 깨어 있는 주의가 주는 느낌은 마치 그러한 모임에서 체현되는 지향(intentionality)의 감각과 마찬가지로 그것 자체로 압도적인 힘이 있다.

주의(attention)와 의도(intention)! 백 명의 사람이 마음 챙기는 침묵 속에서 움직이지 않은 채, 현존하는 것 외에 아무런 의제 없이 앉아 있는 모습은 그야말로 인간적 선함(human goodness)의 비길 데 없는 현시라고 할 수 있다. 이 확고부동한 현존의 모습은 무척 감동적이다. 그러나 나는 단 한 사람이 앉아 있는 모습에서 풍겨 나오는 현존에도 그와 똑같은 느낌을 받고 감동한다.

백 명의 명상하는 사람이 한 방에 함께 앉아 있으면 틀림없이 누군가는 불편함으로 집중을 못하거나 현존하려고 애쓰게 되는데, 이것은 실제로 현존하는 것과 아주 미세한 차이일지라도 엄연히 다른 것이다. 명상하는 사람이 생각에 빠지거나 애를 쓰거나 통증을 느끼면 그것은 헤어날 수 없는 심연처럼 느낄 수 있다. 특히 안정된 주의가 계발되지 않은 사람의 내면에서는 마음이 이리저리 방황하고 알아차림을 했다가도 다시 밖으로 나오는 일이 계속될 것이다. 이것은 대개 겉으로 안절부절못하거나 몸을 뒤흔들고 움직이며 구부정한 자세를 취하는 것으로 나타난다.

그러나 일정 정도의 집중력을 계발한 사람 혹은 천성적으로 집중력이 좋은 사람에게서는 현존의 감각이 그들로부터 자연스럽게 방사되어 나온다. 내면에서 미세하게 빛을 발하는 것처럼 느껴지는 사람도 있다. 그들의 얼굴에 나타나는 평화로움은 나를 감동시킨다. 또 어떤 사람은 눈에 보일 듯 말 듯한 미소를 띠는 사람도 있는데 그것은 시간의 흐름 속에서도 늘 일정한 모습을 보인다. 그것은 시끄러운 '하하' 하는 웃음, 어떤 주체의 웃음이 아니라 정확하게 말하면 그 순간 주체의 부재가 만들어내는 웃음이다. 그것은 쉽게 알 수 있다. 더 이상 그는 한 사람 혹은 하나의 개성이 아니다. 그는 순수하고 단순한 존재가 되었다. 다만, 존재하는 것이다. 다만, 깨어 있는 것, 다만, 평화다. 그리고 그러한 평화 속에서, 그 순간 순수 존재로서의 그 사람의 아름다움은 분명하다.

내가 그것을 알기 위해 반드시 이런 광경을 눈으로 보아야 하는 것은 아니다. 내가 가르치는 누군가의 바로 옆에 앉아, 혹은 나 혼자 집중 수련회에 참가하여 한 방에서 침묵 속에 한 시간가량을 가만히 앉아 있는 사람에 둘러싸여 있으면 우리가 대화를 나눌 때보다 훨씬 더 그들의 현존과 아름다움을 느끼게 된다. 그들 중 많은 사람이 고통 속에서 괴로워하고 있지만 고통 속에 있고자 하는, 그리고 고통에 기꺼이 가슴을 열고자 하는 그들의 의지가 그들을 이 현존의 장, 마음챙김의 장, 침묵하는 광휘의 장으로 이끌었다.

전 세계 어느 학교에서나 선생님이 학생들의 출석을 부르면 학생들은 '예(present: 여기 있습니다－역자 주)'라고 대답한다. 그것으로 학생과 교사, 학부모 모두 그 학생이 수업에 틀림없이 출석했다고 안다. 그러나 많은 경우, 실제로 출석한 것은 학생의 몸뿐인 때가 많다. 아이의 시선은 수업 내내 창밖을 향하고 있고, 심지어 학교를 다니는 몇 년 동안이나 그러는 경우도 있다. 아이는 다른 누구도 보지 않는 자기만의 것을 본다. 아이의 정신은 환상의 꿈나라에 가 있거나 아이가 근본적으로 행복하다면 해야 할 더 중요한 숙명적인 일을 갖고 있기 때문에 수업에서 가끔씩만 눈에 띈다. 아니면 아무도 알지 못한 채 아이는 불안의 악몽 속에 숨어 몸을 숨기고 있는 것인지도 모른다. 혹은 자기의심과 자기혐오라는 악마에게 괴롭힘을 당하고 있는 것인지도 모른다. 그러한 것은 학교라는 장면에서 제대로 목소리를 낼 수 없다. 아이가 학교에서 현존하면서 그러한 작업에 집중한다는 것은 완전히 불가능하다. 왜냐하면 학교에서 아이의 세계는 언제나 학대받고 무시당하기 때문이다.

티베트 사람들은 달라이 라마를 지칭할 때 '쿤둔(Kundun)'이라는 말을 사용한다. 쿤둔은 현존(the Presence)이라는 의미다. 그것은 잘못된 이름도 과장도 아니다. 달라이 라마가 있는(present) 자리에서 우리는 더 현존하게(present) 된다. 나는 한때 달라이 라마가 복잡한 과학적 대화와 프레젠테이션을 하는 몇몇 사람들과 한방에 있는 것을 며칠 동안 지켜볼 기회가 있었다. 그런데 달라이 라마는 언제나 거기 그 자리에 있었다. 자신의 생각뿐만 아니라 느낌 속에도 현존하고 있었다. 그는 자신 바로 곁의 문제에 주의를 기울이고 있었으며, 나는 우리 모두가 그와 함께 있는 것만으로도 더 많이 현존할 뿐 아니라 더 개방적이고 사랑에 넘치는 것을 관찰했다. 그는 이해하지 못하는 부분이 있으면 대화를 중단한다. 그런 다음 깊이 생각하는데, 당신은 그것을 그의 얼굴에서 확인할 수 있다. 과학자의 고승들 그리고 학자들과 한방에 있을 때 달라이 라마는 프레젠테이션이 진행되는 동안에도 핵심적인 질문을 자주 던진다. 그러면 그에 대해 이런 대답이 나온다. "성하, 그것이 바로 저희가 스스로에게 던진 질문이었습니다. 다음 실험에서 저희가 그것을 해 보려고 합니다." 달라이 라마는 때로 주의가 산만한 것처럼 보이기도 하는데, 그것은 대개 나의 잘못된 생각이었다. 그는 여전히 핵심에 올바로 머물고 있었다. 그는 생각에 깊이 잠긴 채 당황하여 핵심을 깊이 고민하는 것처럼 보일 때가 있다. 그러나 바로 다음 순간 그는 기쁨과 친절을 내뿜으며 매우 활기차게 된다. 그가 이렇게 타고난 것이라고 말하는 것은 물론 전혀 다른 이야기가 될 것이지만, 그러한 자질은 또한 오랫동안 마음과 가슴의 엄격한 훈련의 결과일 것이다. 비록 그는 별것 아니라고 겸손하게 말하지만 그는 그러한 훈련의 화신이다.

사람들이 왜 그에게 그렇게 따뜻하게 응대하느냐고 묻자 달라이 라마는 이렇게 대답했다. "나는 특별한 자질을 가진 게 없어요. 아마도 내가 평생토록 내 마음의 힘을 모두 쏟아 사랑과 연민에 대해 명상을 했기 때문이 아닌가 생각합니다." 달라이 라마는 사랑과 연민에 관한 명상을 매일 아침 네 시간, 또 자기 전에 잠시 동안 한다고 한다. 그날 무슨 일이 예정되어 있더라도, 또 그가 어디에 있더라도 그것만은 꼭 지킨다고 한다. 그것을 상상해 보라.

현존하는 것은 결코 보잘것없는 일이 아니다. 어쩌면 그것은 세상에서 가장 어려운 일인지 모른다. 아니, 적어도 현존을 지속하는 것, 그것은 분명히 세상에서 가장 어려운 일이다. 그리고 가장 중요한 일이기도 하다. 현존 속으로 들어갈 때—건강한 아이들은 대부분의 시간 동안 현존의 풍경 속에서 산다—당신은 그것을 즉각적으로 알 수 있고 집에 온 것처럼 편안하게 느낄 수 있다. 그리고 집에 있으므로 당신은 느긋하게 당신의 존재 안에 머물 수 있다. 그것은 곧 알아차림 속에, 현존 그 자체에, 그리고 당신 자신의 가장 좋은 벗과 함께 머무는 것이다.

무슬림과 힌두교도가 모두 존경하는 15세기 인도의 시인 카비르(Kabir)는 우리가 현존의 요청을 얼마나 쉽게 간과할 수 있는지를 신랄하게 표현했다.

* * *

친구여, 당신이 살아 있는 동안 손님을 맞을 기대를 하라.
당신이 살아 있는 동안 그 경험 속으로 뛰어들라!
살아 있는 동안 생각하고…… 또 생각하라.
당신이 '구원'이라고 부르는 것은 죽음 이전의 시간에 속하는 것이니.

당신이 살아 있는 동안 당신의 밧줄을 끊지 않는다면
나중에 귀신들이 그렇게 해 줄 것이라고 생각하는가?

단지 몸이 썩었기 때문에
영혼이 황홀경과 합쳐질 것이라는 생각은
모두 환상이다.

지금 발견되는 것이 그때도 발견될 것이다.
지금 아무것도 발견하지 못하면
결국 죽음의 도시에서 아파트 한 채 얻는 것으로 끝맺게 되리.
만약 지금 신성과 사랑을 나누면
다음 생에서 욕망이 만족된 얼굴을 하게 되리.

그러므로 진실로 뛰어들어라. 그리고 누가 스승인지 알아내라.
위대한 소리를 믿으라!

카비르는 다음과 같이 말한다: 손님을 찾을 때 그 모든 작업을 하는 것은 손님에 대한 열망의 강렬함이다.
나를 보라, 그러면 당신은 그 강렬함의 노예를 볼 것이다.

– 카비르

철저한 사랑의 행위

겉에서 보기에 명상은 행동을 중지한 채 정지 속에 몸을 위치시킴으로써 멈추는 것이거나 아니면 흐르는 듯한 움직임에 자신을 내맡기는 것으로 보인다. 어느 경우이든 명상은 현명한 주의의 체현으로 대개는 침묵 속에서 취하는 내면의 손짓이며, 행위(doing)에서 존재(being)로의 이동이다. 명상은 처음에는 인위적인 것으로 보이지만 우리가 명상을 지속하면 곧 그것이 결국 우리 안과 주변에서 펼쳐지는 삶에 대한 순수한 사랑의 행위임을 알게 된다.

일군의 사람들과 명상을 진행할 때 나는 그들에게 '내가 명상을 하고 있다.'는 생각마저도 내려놓은 채 어떠한 노력이나 의제도 없이, 혹은 명상을 하면 이렇게 느껴야 한다거나 주의가 어디를 향해야 한다는 생각마저 없이 다만 깨어 있으라고 조언한다. 바로 이 순간 존재하는 것에 어떠한 꾸밈이나 설명도 없이, 다만 깨어 있으라는 것이다. 그러한 생생한 깨어 있음은 만약 당신이 진실로 초심자의 마음—샌프란시스코 선(禪)센터를 설립한 스즈키 선사(Suzuki Roshi)가 사용한 용어로, 명상 방석에 앉아서 '자신이 누구인가, 마음은 무엇인가.'에 대해 직접 체험을 통해, 열려 있고 방해받지 않는 질문을 던지는 것의 순수성을 표현하는 말이다—이 아니라면 처음부터 맛보기는 그리 쉽지 않을 것이다. 그러나 그러한 깨어 있음은, 설령 특정 순간에 그러한 개방적이고 넓은, 선택 없는 알아차림의 경험이 쉽게 달아나는 것이라 하더라도, 명상을 시작하는 처음부터 알아야 하는 중요한 명상의 차원이다.

우리는 더 복잡하게가 아니라 더 단순해질 필요가 있다. 처음부터 이러한 무위(non-doing)와 아무런 의제 없이 단지 존재 속에 머무는 것을 충분히 맛볼 정도로 우리가 해 오던 방식에서 벗어나는 것은 어려운 일이다. 이 때문에 그토록 많은 명상 방법론과 테크닉, 수많은 지침—내가 종종 '발판(scaffolding)'이라고 부르는 것이다—들이 존재하게 되었다. 우리는 이러한 방법론들을, 우리가 막혀 있는 수많은 서로 다른 방향과 장소로부터 우리를 의도적이고 의지적으로 되돌려 놓는 것, 완전하고 열린 침묵, 이른바 본연의 깨어 있음(original wakefulness)으로 우리를 되돌려 놓는 유용한 방법으로 생각할 수 있다. 그러한 본연의 깨어 있음은 과거에 한 번도 여기 없었던 적이 없었고, 지금도 언제나 여기에 존재하고 있다. 그것은 마치 태양이 간혹 구름에 가리더라도 뒤에서는 언제나 빛을 내고 있고, 바다가 표면에서 수많은 물결이 일렁이지만 저 깊은 곳에서는 고요하게 정지해 있는 것과 마찬가지다.

> 내 보트가 바다 저 깊은 곳에서
> 커다란 무엇에 걸려 멈춘 듯하다.
>
> 그런데 아무 일도 일어나지 않는다!
> 아무 일도…… 침묵…… 그리고 파도……
>
> 아무 일도 일어나지 않은 것인가?
> 아니면 모든 일이 일어난 것인가?
> 그래서 우리는 지금 고요히 새로운 삶 속에 서 있는 것인가?
>
> – 후안 라몬 지메네즈, 「대양」

우리 삶의 속도가 우리가 통제할 수 없는 수많은 힘에 의해 계속해서 더 빨라져 가고 있는 상황에서 점점 더 많은 사람이 철저한 존재의 행위이자 철저한 사랑의 행위라고 할 수 있는 명상을 찾고 있다. 오늘날의 물질만능 시대, 속도 중심, 발전 중심, 유명인과 타인의 삶에 중독된 오늘날의 시대에 이런 경향이 나타나고 있다는 사실은 놀라운 일이 아닐 수 없다. 우리가 이처럼 명상적 자각을 향해 움직이고 있는 데는 다양한 이유가 있을 것이다. 거기에는 우리의 온전한 정신을 유지하고자 하는 것,

우리의 전망과 의미에 대한 감각을 회복하고자 하는 것, 혹은 이 시대의 엄청난 스트레스와 불안감에 대처하고자 하는 것 등이 있을 것이다. 우리는 행위를 멈추고 의도적으로 지금 순간 그대로의 실재 속에 곧장 들어감으로써, 그리고 우리의 반응과 판단에 곧바로 굴복하지 않고 그것들을 현명하게 다룸으로써—그리고 굴복할 때에도 건강한 자기연민으로 대처함으로써—또 프로젝트를 완수하거나 원하는 목적을 추구하는 등 지금 이곳이 아닌 어딘가 다른 곳에 도달하기 위한 우리의 모든 계획과 활동에도 불구하고 잠시 동안이라도 현재 순간에 자리를 잡으려는 의도를 가짐으로써 이러한 행위가 엄청나게 어려운 일이면서도 동시에 매우 단순하고 심오하며 충분히 가능하다는 것, 우리의 몸과 마음, 영혼을 회복시켜 준다는 것을 알게 된다.

자리에 앉아 홀로 잠시 고요히 있는 것은 정말로 철저한 사랑의 행위다. 이렇게 자리에 앉는 것은 실제로 지금 그대로의 우리 삶—그것이 어떻든 간에—에서 자리를 잡는 하나의 방법이다. 우리는 자리에 앉음으로써, 그리고 자리에서 일어섬으로써 지금 여기에 자리를 잡는다.

오늘날의 점점 광포해져 가는 세상 속에서 평정심을 유지하는 것은 우리에게 커다란 도전이다. 만약 우리가 계속해서 우리 마음의 잡담과 우리 본연의 모습과 접촉을 상실하여 소외되는 느낌에 끌려간다면 어떻게 그 일을 할 수 있을까? 또 모든 행위와 성취가 공허하게 느껴지고 삶은 더없이 짧게 느껴진다면 어떻게 그 일을 할 수 있을까? 결국 실재하고 중요한 것에 대한 통찰을 우리에게 주는 것은 사랑뿐이다. 그래서 철저한 사랑의 행위, 생명에 대한 사랑, 자신의 가장 진실된 자아의 현현에 대한 사랑은 일리가 있다. 다만, 자리에 앉아 우리 자신이 현존 속으로 들어가도록 하는 것은, 우리가 천천히 그러나 확실하게 우리의 감각으로 돌아오고 있음을 확증하는 강력한 방법이다. 그것은 우리의 모든 머릿속 생각과 자기함몰 너머에 있는 직접적 체험의 세계가 여전히 온전하게 존재하고 있으며, 우리는 그것을 우리의 구원을 위해, 우리의 치유를 위해, 우리의 존재 방식을 알기 위해 사용할 수 있다는 사실을 보여 주고 있다. 그리고 다시 행위의 세계로 돌아왔을 때, 우리가 무엇을 해야 하는지, 적어도 어떻게 시작해야 하는지도 알려 줄 수 있다.

알아차림과 자유

당신은 통증에 대한 알아차림—자각—은 당신이 통증을 겪고 있을 때라도 고통스럽지 않다는 것을 관찰한 적이 있는가? 나는 당신이 분명히 그런 경험을 했으리라고 생각한다. 그것은 매우 흔한 경험이다. 특히 어릴 적에는 그런 경험을 자주 한다. 그러나 우리는 그것을 검토해 보거나 그것에 관해 이야기하지 않는다. 왜냐하면 그것은 너무나 순식간에 지나가 버리며 통증이 닥쳐오는 그 순간에는 통증이 너무나 압도적이기 때문이다.

또 당신은 두려움에 대한 당신의 알아차림은 당신이 두려움을 느낄 때라도 전혀 두려워하지 않음을 본 적이 있는가? 우울함에 대한 당신의 알아차림은 우울하지 않음을 본 적 있는가? 당신의 나쁜 습관에 대한 알아차림은 그 습관의 노예가 아님을 본 적은 없는가? 심지어 당신의 정체성에 대한 알아차림은 당신이 생각하는 자신의 모습과 다름을 본 적은 없는가?

당신은 다만 자신의 알아차림을 살펴봄으로써, 즉 알아차림 자체를 자각함으로써 이러한 주장을 직접 실험해 볼 수 있다. 이것은 어려운 일이 아니다. 그러나 우리는 평소 그렇게 해 볼 생각을 하지 못하는데 그것은 알아차림이란 것이 현재 순간과 마찬가지로 우리 삶의 숨겨진 차원이기 때문이다. 알아차림은 어느 곳에나 있기 때문에 쉽게 눈에 띄지 않는다.

알아차림—우리가 의도만 가진다면—은 어느 곳에서나 존재하며 언제라도 불러

올 수 있다. 그러나 그것은 수줍어하는 동물처럼 위장하고 있다. 그것은 공개적인 곳에 있지만, 우리가 그것을 잠깐이라도—지속적으로 보는 것까지는 아니더라도—보기 위해서는 일정 정도의 노력과 멈춤이 필요하다. 당신은 깨어 있어야 하고 호기심을 가져야 하며 그것을 보려는 동기도 있어야 한다. 알아차림은, 그것에 대한 앎이 당신에게 오도록 해야 하며, 당신은 당신의 생각과 경험의 한가운데서 조용히, 그리고 능숙하게 그것을 초대해야 한다. 결국 당신은 이미 보고 있고, 이미 듣고 있지 않은가 말이다. 바로 지금 여기에서 당신의 마음을 포함한 모든 감각의 문으로 들어오고 있는 그 모든 것에 대한 알아차림이 존재할 수 있다.

당신이 아주 짧은 시간 동안이라도 통증의 한가운데서 그것에 대한 순수한 알아차림으로 옮겨갈 수 있다면 당신이 통증과 맺는 관계는 바로 그 순간 변화할 것이다. 그것은 변화하지 않을 수가 없는데, 왜냐하면 아주 잠시라도 통증을 품어 안는 행위만으로 통증의 보다 큰 차원성(dimensionality)이 드러나기 때문이다. 자신의 경험과 맺는 관계에서 일어나는 그러한 변화는 설령 당신이 무엇을 해야 하는지 모른다 하더라도 특정 상황에서 당신이 취하는 태도와 행동에 더 큰 자유를 부여한다. 그런데 이 '알지 못함'은 우리가 그것을 알아차림 안에 품어 안을 때 그 자체로 하나의 '앎'이 된다. 이상하게 들릴지 모르겠지만, 수련을 지속적으로 하면 생각의 차원을 넘어 이것이 무슨 의미인지 알게 될 것이다.

알아차림은 우리가 신체 감각의 영역에 속하는 것이라고 생각하는 통증을 변화시키는 것과 마찬가지로 감정적인 고통도 변화시킨다. 우리가 감정적인 고통 속에 있을 때 만약 우리가 그것에 면밀한 주의를 기울이면 우리가 느끼고 있는 고통에 '관한' 생각과 여러 가지 느낌이 그 고통에 덧씌워 있다는 사실을 알게 된다. 그리고 여기서도 우리는 우리가 감정적 고통이라고 생각하는 것 전체를 알아차림 안으로 반기며 맞이할 수 있다. 물론 이것이 처음에는 얼토당토않은 소리처럼 들릴 것이다. 여러분은 우리가 자신의 감정과 느낌에 이런 식으로 접근하는 것에 얼마나 익숙하지 않은지, 그러나 이 작업이 우리에게 얼마나 큰 깨달음과 해방감을 주는지 알면 놀랄 것이다. 특히 그 감정과 느낌이 광포하고 절망적일 때는 더욱 그러할 것이다.

그러나 우리의 고통보다 더 크고 또 고통과 다른 성질을 가진 알아차림의 이 독특한 성질을 실험해 보기 위해 자신에게 일부러 고통을 줄 필요는 없다. 우리는 다만 고통이 우리를 찾아올 때 그 고통의 도착에 깨어 있으면 된다. 우리의 이러한 주의 깊음은 최초의 사건—그것이 감각이든 생각이든, 표정이든 눈빛이든, 누군가의 말이든 아니면 어떤 사건이든—과 접촉하는 바로 그 순간, 알아차림을 생기게 할 것이다. 이때 우리가 지혜를 일으키는 것은 바로 여기, 바로 그 접촉의 지점과 접촉의 순간에서다. 당신이 엄지손가락을 망치로 내리쳤든, 아니면 세상이 갑자기 예측하지 못하게 돌변하여 당신이 커다란 파멸에 직면했든, 아니면 갑자기 비탄과 슬픔, 분노와 두려움이 물밀듯 밀려와 당신의 세계 속에 꿈쩍 않고 자리를 잡았든, 어떤 경우라도 당신은 지혜를 일으킬 수 있다.

우리가 처한 상태, 우리의 몸과 마음, 가슴의 상태에 알아차림을 가져가는 것은 바로 그 순간, 바로 그것이 우리에게 영향을 미치고 있는 순간에서다. 그런 다음 우리는 한 발 더 나아가 알아차림 자체에 자각을 가져가면서 우리의 그러한 자각 자체가 고통 속에 있는지, 화를 내거나 두려워하거나 슬퍼하고 있는지 관찰한다.

그렇게 하면 알아차림 자체는 그렇지 않다는 것을 우리는 알게 된다. 그럴 수가 없다. 그러나 당신은 그것을 당신 스스로 확인해야만 한다. 그것에 관해 생각하는 것만으로 자유를 얻을 수 없다. 생각은 단지 우리가 그것을 관찰하고 그 특정한 순간을 알아차림 속에 품어 안아 우리의 알아차림에 자각을 가져갈 것을 기억하는 데에만 유용하다. 그때가 우리가 확인해야 하는 때다. 알아차림은 즉각적으로 알기 때문에 우리는 그것을 '확인한다'고 할 수 있다. 그것은 단 한순간만 지속될 뿐이지만 바로 그 순간에 자유를 체험할 수 있다. 바로 그 순간, 우리가 자유를 경험하는 순간의 자연스러운 성질인 지혜와 따뜻함으로 들어가는 문이 열린다. 그 외에 달리 할 일은 없다. 알아차림 스스로가 그 문을 열어 당신이 안을 들여다보도록 초대할 것이다. 비록 한순간이라도 당신 스스로 그것을 보도록 초대할 것이다.

그러나 이것이 알아차림이란 것이, 고뇌와 상실의 순간에, 그리고 그것이 영향을 미치는 시간 동안 우리의 깊은 고통으로부터 고개를 돌리는 차갑고 무감각한 전략이라는 의미는 아니다. 상실과 고뇌, 이별과 슬픔, 불안과 절망은 우리가 누릴 수 있는 기쁨과 마찬가지로 우리 인간성의 가장 핵심에 자리 잡고 있으며, 우리에게 그것들이 일어날 때 정면으로 마주하라고, 그리고 있는 그대로의 그것들을 알고 받아들이라고 손짓하고 있다. 알아차림은 정말로, 우리에게 가장 요청되는 감정으로부터, 그리고 알아차림이 드러내고 있는 감정으로부터 도망가거나 그것을 부정하고 억압하는 것이 아니라 그것을 향하여 다가가 품어 안는 것이다. 알아차림이 모든 상황에서 우리의 고통을 줄여 주는 것은 아니다. 그러나 알아차림은 어떤 상황에서도 우리의 고통을 부드럽게 품어 안고 그것을 친밀하게 알 수 있는 '더 큰 그릇(a greater basket)'을 제공한다. 그리고 그것은 우리를 심오한 차원에서 변화시키며, 우리가 계속해서 고통과 괴로움에 갇혀 지내느냐 아니면 괴로움으로부터 자유로워지느냐를 판가름한다. 비록 알아차림을 지닌다고 하여 우리가 인간으로서 겪을 수밖에 없는 여러 가지 고통으로부터 완전히 벗어나는 것은 아니지만 말이다.

물론 우리의 일상생활에서 일어나는 일들에 알아차림을 적용하여 우리의 삶 전체가 하나의 연속적인 마음챙김의 계발이 될 수 있는 크고 작은 기회가 많이 있다. 우리 삶에 깨어 있고 그러한 깨어 있음 자체로부터 변화할 수 있는 도전을 감당하는 것은 그것 자체로 언제 어디서나 응용할 수 있는 하나의 요가, 일상생활의 요가라고 할 수 있다. 직장과 인간관계에서, 또 부모라면 자녀를 키우는 데 있어서, 부모님과의 관계에 있어서—아직 살아 계시든 아니면 돌아가셨든—과거와 미래에 관한 우리 자신의 생각과 맺는 관계에서, 우리 자신의 몸과 맺는 관계에서 등등……. 우리는 지금 일어나고 있는 어떤 일에도 알아차림을 가져갈 수 있다. 갈등의 순간, 조화의 순간, 혹은 너무 무덤덤하여 우리가 눈치채지도 못하는 그런 순간에도 알아차림을 가져갈 수 있다. 당신은 그러한 각각의 순간으로 알아차림을 가져갈 때 당신의 마음챙김의 손짓에 답하여 세상이 문을 여는지 그렇지 않은지, 시인 메리 올리버(Mary Oliver)의 표현을 빌리면 "당신의 상상력에 그 자신을 내주는지" 그렇지 않은지를 직접 확인해 볼 수 있다. 또 그렇게 함으로써 당신에게 새롭고 더 넓은 시야가 열리는지, 존재하는 것과 함께할 수 있는지, 그럼으로써 협소한 시각과 그에 따른 당신의 강한 집착—당신은 그 시각이 '당신의 것'이라고 생각한다—의 위험에서 당신을 자유롭게 할 수 있는지 스스로 확인해 볼 수 있다. 심지어 커다란 고통 속에서 우리는 단지 습관적으로 자신도 모르게 지어 낸 자신에 관한 온갖 이야기에 또다시 미혹당할 수 있지만 그럴 때라도 우리는 그것이 전개되는 것을 지켜보고 그것에 더 이상 힘을 실어 주지 않는 수많은 기회를 가질 수 있다. 그것에 정지 명령을 내리고 그동안 잠겨 있던 자물쇠를 열고 감옥에서 나와, 움츠러들거나 회피하기보다 새롭고 더 넓으며 적절한 방식으로 세상을 맞이할 수 있다. 존재하는 것을 이렇게 의도적으로 껴안고 그것에 대해 작업하는 데는 커다란 용기와 마음의 현존이 필요하다.

그러므로 어떤 순간에 어떤 일이 일어나더라도 우리는 언제나 우리 스스로 확인해 볼 수 있다. 알아차림이 걱정하는가? 알아차림이 분노나 탐욕, 고통 속에서 길을 잃는가? 아니면 아주 잠시라도 현재 순간에 가져간 알아차림이 단지 앎을 갖추고 있는가? 그리고 그 앎을 통하여 우리를 자유롭게 하는가? 이러한 것들을 직접 확인해 볼 수 있다. 알아차림은 우리를 우리 자신으로 돌아가도록 해 준다는 것이 나의 체험이다. 내가 아는 한, 알아차림은 그렇게 할 수 있는 유일한 힘이다. 알아차림은 신체적, 정서적, 도덕적 지성의 정수다. 이렇게 말하면 알아차림이 인위적으로 불러내야 하는 것으로 생각될지 모르지만 실은 그것은 항상 여기에 있다. 단지 우리가 그것을 발견하기를, 회복하기를, 껴안기를, 그리고 그 속으로 들어와 자리 잡기를 기다리고 있을 뿐이다. 이 같은 기억 속에서 알아차림은 정교해진다. 그런 다음 그 내려놓음 속에서 일본의 시인 료칸이 말한 것처럼 '오직 이것, 오직 이것'에 머무는 것이다. 이것이 마음챙김을 '수련한다'는 말의 의미일 것이다.

우리가 이미 보았듯이 우리에게 던져진 도전은 두 가지다. 하나는, 최선을 다하여 우리의 순간—아무리 사소한 방식이라도—으로 알아차림을 가져오는 것이고, 나머지 하나는 알아차림을 지속하는 과정에서 그것을 더 잘 알게 되고, 알아차림의 더 크고 결코 줄지 않는 전체성 속에서 사는 것이다. 그렇게 할 때 마치 비누거품을 살짝만 건드려도 '톡' 하고 터지듯이 커다란 슬픔의 한가운데서도 우리는 생각이 스스로를 해방시키는 것을 보게 될 것이다. 그때 생각은 사라지고 없다. 또 우리가 타인의 슬픔을 위로하고 그 괴로움 속에 머물 때에도 슬픔이 스스로를 해방시키는 것을 보게 될 것이다.

이러한 자유 속에서, 우리는 모든 것을 더 큰 개방성을 가지고 맞이할 수 있다. 우리는 우리가 지금 직면하고 있는 도전들을 더 큰 꿋꿋함과 인내, 명료함을 가지고 품어 안을 수 있다. 우리는 이미 더 큰 현실 속에 사는 것이다. 그 현실은 고통과 슬픔이 일어날 때 그것을 현명한 사랑의 현존으로, 알아차림으로, 그리고 자신과 타인을 향한 친절과 존경의 꾸밈없는 행동—안과 밖의 미혹된 분별 속에서 더 이상 헤매지 않는—으로 끌어안음으로써 창조할 수 있는 현실이다.

그러나 실제로 평생에 걸쳐 그렇게 하기 위해서는 우리가 출발할 수 있는 시작점, 따라 해 볼 수 있는 매뉴얼, 좇아갈 수 있는 지도, 현명한 조언, 먼저 이 길을 간 많은 사람이 노력해서 얻은 경험과 지식 등이 필요하다. 그리고 거기에는 알아차림과 자유—역설적이게도, 언제나 바로 우리 곁에 있으면서도 또 때로는 우리가 닿을 수 없는 너무나 먼 곳에 있는 것처럼 여겨지는—로 향하는 여러 가지 굽은 길도 있을 것이다.

계보, 그리고 '발판'[*]의 용도와 한계에 관하여

내가 더 멀리 볼 수 있었던 것은 오직 거인의 어깨 위에 서 있었기 때문이다.

– 뉴턴

우리 모두는 우리보다 앞서 간 사람들이 지금까지 이뤄 놓은 것을 활용하는 것에 대단한 이익이 있다는 것을 잘 알고 있다. 사물의 본질을 더 깊이 알기 위해 노력과 헌신을 아끼지 않았던 그들—앞서 간 이들 탐험가들이 과학자이건, 시인이건 아니면 예술가, 철학자, 공예가, 명상가 등 그 무엇이건—의 창의적 천재성과 고된 노고의 토대 위에서 우리가 더 잘 알게 된다는 사실을 잘 알고 있다. 배움이 필요한 어떤 영역에서든, 우리는 우리보다 앞서 간 사람들의 어깨 위에서 그들이 커다란 헌신과 노력으로 무엇을 알고 있었는지 인식하고자 한다. 만약 우리가 현명하다면, 우리는 우리가 어디서부터 시작해야 하고, 무엇을 우리 자신의 것으로 만들 것이며, 무엇을 토대로 삼고, 어디에 새로운 통찰과 기회, 잠재적 혁신이 놓여 있는지 알기 위해,

* 역자주: scaffolding은 건물을 지을 때 높은 곳에서 공사를 할 수 있도록 임시로 설치한 작업용 발판을 말한다. 여기서는 명상 수련에 있어 우리보다 앞선 선배들로부터 전해 오는 명상의 지침 등의 비유적 의미다.

우리의 모든 노력을 다하여 그들이 만든 지도를 해독하고, 그들이 걸어간 길을 따라 갈 것이며, 그들이 사용한 방법을 탐구하고, 그들이 해낸 발견을 확증할 것이다. 그러나 종종 우리는 우리가 딛고 서 있는 토대, 우리가 살고 있는 집, 우리가 보고 있는 렌즈—이 모두는 대부분 이름 없는 타인에 의해 우리에게 선물로 주어진 것이다—를 잊고 지낸다. 시인 예이츠(W. B. Yeats)는 우리보다 앞서 간 사람들의 창의성과 노동에 우리가 어마어마한 빚을 지고 있다는 점을 인식하고는 그의 이른바 '무명의 교사들'에 대한 불멸의 감사를 표현하는 네 줄짜리 시를 남겼다. 그들의 심대한, 그러나 어떤 면에서 보면 순간적이고 사라지기 쉬우며 비할 데 없는 성취가 아니었더라면 오늘날의 문명도, 지식도 없었을 것이다.

그들이 시도한 것을
그들은 이룩해 냈네.
모든 것은 풀잎 위의
한 방울 이슬처럼 맺혀 있네.

언어로 말하고 생각하는 우리의 능력은 우리 자신의 노력만으로는 우리 본연의 타고난 생물학적 능력의 절정에 도달할 수 없음을 보여 주는 한 가지 예다. 우리 모두는 언어를 구사하는 잠재력을 가지고 있다. 그러나 그런 잠재력도 어릴 적부터 주변에의 노출을 통해—다른 사람의 말소리를 듣거나 몸짓 언어를 통해—언어를 배우지 않은 채 홀로 떨어져 성장한다면 온전히 발달되지 못할 것이다. 그에 따라 인지적, 감정적인 많은 정신 기능의 발달이 멈출 것이고, 말과 추론 능력까지도 심각하게 훼손될 것이다.

우리가 타고난 능력을 계발할 수 있는 틀은 처음부터 존재한다. 그러나 그것은 인간이 내는 소리 속으로 들어가 봄으로써, 그러한 소리를 내는 얼굴에 노출됨으로써, 다른 사람과 서로 눈빛을 주고받고 관계를 형성함으로써, 그들이 내는 소리뿐 아니라 냄새와도 접촉함으로써, 그리고 다양한 감각적, 감정적 연결을 맺음으로써 자극을 받을 필요가 있다. 왜냐하면 뇌는 경험의 결과, 스스로를 만들어 가기 때문이다. 그리고 언어 발달이 일어나려면 시간적 발달의 특정한 시기 동안 이런 일이 일어나야 한다. 그 시기를 놓치면 벙어리가 될 수도 있고 우리의 타고난 능력과 그 잠재적 개화(開花)가 어려울 수도 있다. 왜냐하면 주변과 맺는 관계적 차원으로 그러한 타고난 능력을 지지하고 형성해 주지 못했기 때문이다.

좀 더 근본적인 예를 하나 더 들자면, 생물 자체도 철저히 역사적 존재라고 할 수 있다. 새로운 생명체는 그보다 더 오래된 생명체애서 나온다. 생명은 그 자신 위에 스스로를 만들어 가는 존재다. 물론 세포가 가장 초보적인 형태에서는 약 30억 년 전의, 오늘날과 무척 다른 생물 발생 이전의 환경에서 생겨난 것으로 추정되기는 하지만 세포는 비세포 환경에서 온전히 발달하지 않는다. 게다가 세포의 구조도 성장한다. 세포는 자체의 조직학적 온전성을 유지하면서 계속해서 스스로를 확장시킨다. 이것을 세포의 자가생성(autopoesis)이라고 한다. 몇몇 과학자들은 이것을 생명과 인지 사이의 최초의 연결고리, 즉 자기 스스로를 아는 최초의 앎이라고 생각한다. 이것이 사실이건 그렇지 않건, 만약 이러한 선행적 구조—생명체가 3차원 분자 구조로 탄생하는—가 없었다면 우리는 새로운 생명을 탄생시킬 수 없었을 것이다. 이렇듯 생명은 철저히 '역사적'이다.

그러므로 생물학적 차원에서 심리적, 사회적, 문화적 차원에 이르는 모든 차원에서 소위 '발판(scaffolding)'에 대한 근본적인 필요가 존재한다. 우리는 우리 마음이라는 야생, 자연이라는 야생을 탐험하는 데 있어서, 그리고 우리가 그 속에 존재하고 있는 이 우주를 의미 있게 탐험하는 데 있어서, 과거 선조로부터 내려온 지침과 가이드, 맥락, 관계, 언어에 의존한다. 물론 때로는 정해진 길에서 벗어나 우리 자신만의 알려지지 않은 영역을 탐험하는 경우도 있긴 하지만 말이다. 그러한 지식의 집합체는 우리보다 앞서 간 선조의 계보에 의해 수백 년, 수천 년 동안 발전되고 다듬어지면서 그 정수가 전해 오고 있다. 그 계보에는 수렵채집을 통한 생존의 계보도 있고, 야생식물과 동물의 길들임의 계보도 있으며, 과학과 공학, 건축, 예술의 계보도 있고, 명상의 계보도 물론 있다. 이러한 계보들은, 특정 영역에 대한 풍부하게 발달되고 힘겹게 얻은 지식과 그 영역을 효과적으로 탐험하는 데 필요한 기술—우리가 그 위에 더 쌓아 갈 수 있는 형태로 다듬어지고 틀 지어진, 그러나 오직 우리가 그들이 걸어간 길을 꿰뚫어 이해한 다음에라야 더 쌓아 갈 수 있는 기술—의 역사를 우리 후손에게 남겨 주고 있다. 그 계보들은 또 그들이 무엇을 했고 어디로 갔는가에 대한 지침—오직 우리가 그들이 묘사한 영역과 도전, 그리고 그들이 도착한 해결책에 어느 정도 익숙해진 다음에야 알 수 있는 지침—도 우리에게 남겨 놓고 있다.

이것이 명상 수련에 있어서 우리의 유산이다. 명상 수련도 어느 날 하늘에서 뚝 떨어져 오늘에 이른 것이 아니기 때문이다. 우리보다 앞서 간 사람들, 붓다와 붓다 이전의 시대까지 거슬러 올라가는 교사들의 직계와 방계의 다양한 계보가, 우리가 탐험하고 가늠할 수 있는 지도를 우리에게 제공하고 있다. 이 지도는 우리가 이미 시작한 인간 마음과 그 잠재력에 대한 내면적 탐험의 가능성을 더 확장시키고 풍부하게 만들어 줄 수 있다. 인간으로서 우리에게 그러한 유산이 남겨져 있다는 사실은, 다시 말해 우리가 딛고 설 수 있는 높고 튼튼한 어깨가 있다는 사실은 매우 축복받은 일이다.

왜냐하면 언뜻 보아 명상은 매우 간단하고 그 이익도 매우 분명한 것 같지만, 명상적 탐구가 지닌 온전한 힘, 엄정한 규율의 필요성, 자신의 몸과 마음을, 그리고 인간성에 가장 근본적인 무엇을 탐구하는 실험실로 사용하는 것, 또한 오늘날의 끝없는 변화와 불확실성, 취약성의 세계에서 우리 서로의 근본적인 상호 연결성을 인식하는 공동체에 내재한 힘은, 혼자서는 좀처럼 만나기 어려운 유산이기 때문이다. 그것은 무엇보다 마음과 가슴의 과학으로 우리에게 주어져 있는 것으로, 우리가 그 속에 참여하고 그 위에 더 쌓아 가야 하는 유산이다. 이것은 우리가 명상 아닌 다른 지식과 이해의 영역에서도 우리보다 먼저 있었던 것 위에 개인적으로, 그리고 집단적으로 더 쌓아 가야 하는 것과 마찬가지다.

거의 모든 과학자에게 자신의 멘토 혹은 특정 시기에 자신과 다른 새로운 방식으로 사물을 바라보고 의문을 던지도록 영감을 주었던 사람들이 있었다. 20세기 물리학의 가장 위대한 성취인 '맥스웰의 전자기 방정식'으로 알려진 제임스 클러크 맥스웰(James Clerk Maxwell)도 자신보다 시대적으로 앞섰으며, 그와 수학적 기교는 아니더라도 많은 직감을 공유했던 마이클 패러데이(Michael Faraday)의 업적 위에서 자신의 노력을 이어 갔다. 네 개의 기본적인 방정식만으로, 공간 속의 전자기장을 정확하게 설명하는 그의 놀라운 통찰에 이르기 위해 맥스웰은 기계적 비유를 차용했다. 그것은 어떻게 이런 신비하고 전에는 한 번도 육안으로 관찰되지 않았던 무형의 전기력과 자기력이 서로 실제로 관련을 맺을 수 있는지 스스로에게 설명하기 위한 또 다른 정신적 모형이었다. 그 모형은 완전히 틀린 것으로 드러났지만 그에게 일종의 발판 역할을 해 주어 그가 이해하고자 했던 힘의 본질에 대한 진정한 통찰에 이르는 데 도움을 주었다. 그가 자신이 세웠던 생각의 발판에 오름으로써 이르렀던 네 개의 방정식은 완벽하게 옳았다.

맥스웰은 현명하게도 자신의 기계적 모델을 세상에 발표하지 않았다. 그는 기계적 모델을 유용하게 활용했다. 그 모델은 주어진 역할을 충분히 다했다. 눈에 보이지 않고 손에 만져지지 않는 전자기장의 법칙성이 최종적으로 설명되었던 것이다. 그 발판은 더 이상 중요하지 않았다.

명상도 마찬가지다. 우리는 우리 스스로 만든 혹은 우리보다 앞서 간 사람들이 만든 다양한 발판을, 우리의 마음과 몸의 영역을, 그리고 그것이 뗄 수 없이 관계 맺고 있는 이 세계를 알고 이해하는 데 있어서 자신에게 동기를 부여하고 도움을 받기 위해 활용할 수 있다. 그러나 어느 지점에 이르러 만약 우리가 우리 자신의 인지되고 물려받은 모형을 넘어 지침과 말, 개념으로 가리켜지고 있는 것에 대한 직접적인 체험으로 나아가고자 한다면 그 발판, 우리가 더 잘 보기 위해 만들었던 그 발판을 넘어서야 한다.

그런데 아주 드문 경우를 제외하고, '명상을 하기 위해' 가끔 혹은 오랫동안 꾸준히, 자리에 한동안 앉는 것만으로 통찰과 변화, 자유가 일어나지는 않을 것이다. 비록 명상을 하고자 하는 열의가 값지고, 자신에 대한 신뢰가 명상이라는 모험에 임하는 데 필수적인 것이긴 하지만 말이다. 대개 우리는 우리의 노력을 맥락화할(contextualize) 필요가 있다. 그러면서도 그러한 틀과 맥락에 보통 따라다니게 마련인 이야기(narrative) 속에 빠져들지 않는 것이 중요하다.

그러한 명상적 이야기에는 정해진 목적지에 대한 생각도 포함된다. 이미 우리가 현재 순간에 대한 중요성과 그것이 이미 여기 있으므로 우리가 가야 할 다른 '장소'는 없다는 것에 대한 깨달음을 통해 살펴본 것처럼 명상에서 가장 중요한 것은 여정 자체다. 명상을 통해 우리가 이르고자 하는 목적지는 언제나 '여기'다. 과학에서 발견하고자 하는 것 역시 우리가 그것을 보고 알고 묘사하고 실험하고 확증하고 이해하기 전에 항상 거기에 있었던 것처럼 말이다. 미켈란젤로는 그가 자신의 심오한 예술가의 눈으로 '본' 형상—어떤 의미에서 처음부터 거기 있던 형상—이 실은 커다란 대리석 덩어리에서 제거해야 할 필요가 있는 것을 제거한 결과일 뿐이라고 말했다. 그러나 실제적인 작업 없이는, 우리의 마음과 가슴에서 드러나기를 기다리고 있는 그 어떤 것이라도—심지어 그것이 이미 여기 있다 하더라도—흐릿하며 우리에게 소용없는 채로 남게 될 것이다. 그것이 실제로 드러나기 위해서는 우리가 그 가능한 드러냄의 과정에 참여하여, 그 과정 자체에 의해 우리 자신이 기꺼이 변화되고 변모될 수 있어야 한다.

이러한 이유로 명상을 처음 시작할 때부터 "지도가 곧 영토는 아니다(The map is not the territory)."라는 중요하고도 날카로운 지적—어떤 이는 또 이것을 진부한 표현이라고 할 것이지만—을 유념하면서, 우리가 앞으로 탐험하고자 하는 영토에 대한 지도를 갖는 것이 확실히 도움이 된다. 인간 존재로서의 우리 경험과 마음의 내면적, 외면적 영역은 실제로 그 한계가 없다. 명상 수련에 있어 우리가 나아가야 할 방향을 일러 주는 지도가 없다면, 우리는 단 한순간도 명료함과 평화로움, 그리고 우리 자신의 강압적인 생각과 견해, 욕망으로부터의 해방을 맛보지 못한 채 오랫동안 제자리에서 맴돌지 모른다. 우리의 방향을 잡아 줄 지도를 갖지 못하면 우리는 방금 말한 것, 즉 명상을 통해 특별한 결과를 만들어 낼 것이라고 이상화한 채 지금 이곳이 아닌 '다른 어딘가에 이르러야' 하고 명료함과 자유, 평화를 얻어야만 한다는 환상과 자기기만에 빠지게 될지도 모른다. 그러나 매우 역설적이게도, 이것은 우리가 이르러야 할 특별한 장소, 얻어야만 하는 특수한 상태가 존재하지 않는다는 말처럼 들리기도 한다. 그러한 장소, 그러한 상태는 존재하기도 하고 존재하지 않기도 한다. 그렇기 때문에 우리는 지도를 갖고, 우리보다 앞서 간 사람들의 조언을 따를 필요가 있는 것인지 모른다. 비록 그 조언들 중 몇몇은 '지도란 없다.' '방향도 없고 비전도, 변화도, 성취도, 얻을 것도 없다.'고 분명히 선언하고 있긴 하지만 말이다. 아니, 그렇기 때문에 더 그런 조언을 따를 필요가 있을지 모른다. 더욱이 이상하게 들리겠지만, 우리가 명상을 수련하는 과정에서 우리 자신과 타인에게 뜻하지 않은 해를 입힐 수 있는 공격적이고 성취적이며 애쓰는 태도로 인해 길을 잃지 않도록, 수련을 하고자 하는 우리의 동기까지도 살필 필요가 있다.

혼란스러운가? 문제될 것 없다. 당신이 지금부터 걸어가려는 길에 대해, 그리고 거기서 마주치게 될 예상치 못한 일들에 대해, 과거에 그 길을 걸었고 그래서 그 지도—그들 나름대로 무한과의 짧은 조우의 순간에 작성한—를 만든 사람들이 일러 주는 바를 어느 정도 아는 것으로 족하다. 그렇게 우리는 자신의 운이나 선한 의도, 그 순간의 판단에만 전적으로 의지하기보다 다른 사람들이 에베레스트 산—혹은 다른 어떤 산이라도—을 어떻게 올랐는지 아는 것이 도움이 된다. 그렇게 우리는 장비뿐 아니라 타인의 경험에서 나온 정보와 지식, 지도—그것을 그대로 원용할 수 있지 않다면 적어도 우리가 직감으로 이해할 수 있는 정도—로도 채비를 갖춰야 한다. 그렇게 우리는 우리의 타고난 지혜—또한 선조로부터 정보를 얻은 지혜—로 채비를 갖춰야 한다. 그렇지 않다면 스스로 미혹하여 산 중턱에서 무모한 죽음을 맞이할 수도 있다. 당신을 지지하는 발판이 아무리 충분하다 하더라도 그 가운데 살아남는 것은 결코 쉬운 일이 아니다. 또한 그 발판과 우리가 정상에 이르는 데 필요한 온갖 세부사항들 때문에 우리가 산—그리고 당신 자신—의 경외스러운 아름다움과 현존의 온전함 속으로 들어가는 일을 방해받아서는 안 될 것이다.

심지어 길을 잃는 것 자체도 어쩌면 문제가 아닐 수 있다. 사실 여정에서 길을 잃는 것은 여정의 중요한 일부이며, 우리가 아무리 정확한 지도를 가졌다 하더라도 우리는 언제든 길을 잃을 수 있는 것이다. 길을 잃고 혼란에 빠지며 심지어 실수하는 것까지도 모두 배움의 빼놓을 수 없는 일부다. 그런 과정을 통해 우리는 우리가 탐험하고자 하는 영역을 우리 자신의 것으로 만들 수 있다. 그렇게 우리는 그 영역을 친밀하게, 직접적으로 알 수 있다.

명상 수련은 언제나, 특히 처음에는 명상 지침이나 다양한 방법론과 테크닉 등 일정한 '발판'을 필요로 한다—그러나 실제로 이것들이 너무나 당연한 것으로 받아들여 그것만 있으면 더 이상 자신의 어떠한 '의지'나 '시도' 또는 '상기시켜 주는 것'이 필요하지 않은 것처럼 보일 수도 있다. 그러한 발판에는, 우리가 고요함 속에 머물며 자기 마음의 본성을 깊이 들여다보고, 지금 바로 이 순간, 그리고 우리 앞에 드러나는 모든 순간에 알아차림의 해방적 차원을 깨닫는 능력을 연마하는, 명상이라는 그토록 기괴한 필생의 모험에 착수하는 보다 큰 맥락—환경—도 포함될 것이다.

건물을 짓는 데 발판이 필요한 것처럼, 그리고 미켈란젤로와 그의 제자들이 시스틴 성당 천장에 벽화를 그리는 데 발판이 필요했던 것처럼 우리가 지금 이 들숨과 날숨, 이 몸, 이 순간에 명상이라는 내면적 작업의 본질에 다가가기 위해서는 일정한 틀이 필요하다.

그러나 건물이 다 지어지거나 천장이 모두 완성되고 나면 발판은 더 이상 건축이라는 시도의 본질이 아니므로—그것은 건축을 효율적으로 하기 위한 필요하고도 유용한 도구일 뿐이었다—필요 없게 되어 철거되는 것과 마찬가지로 명상에 있어서도 선배들의 지침과 일정한 틀이라는 발판은 해체되어 오직 손으로 만져지지 않는 본질만이 남게 된다. 그 본질은 생각이 일어나기도 전에, 발판 너머 혹은 아래에 있는 깨어 있음 그 자체다.

흥미로운 것은, 명상에 필요한 발판은 매 순간 필요하지만 그와 마찬가지로 매 순간 해체되어야 한다는 점이다. 명상에 필요한 발판은 시스틴 성당처럼 위대한 작품을 다 완성하고 난 뒤가 아니라 순간순간 해체되어야 하는 무엇이다. 우리는 그것이 다만 발판일 뿐임을 앎—그것이 아무리 필요하고 중요하다 할지라도—으로써, 그리고 그것에 집착하지 않음으로써 그것을 이룰 수 있다. 매 순간 발판이 만들어지고 해체되도록 내버려 두는 것이다. 물론 시스틴 성당의 경우에는 그 발판을 보관하여 향후에 있을 수 있는 수리나 복구, 복원에 대비할 필요가 있을지 모른다. 그러나 명상에 있어서는, 걸작이란 언제나 만들어지는 과정에 있으며, 동시에 우리의 삶과 마찬가지로 매 순간 언제나 완전한 것이다.

달리 표현하자면, 적절한 명상 지침은 비록 처음에는 신비하고 모호한 장비로서 나중을 위해 기억하는 하나의 참고사항일 뿐이지만, 그것은 티베트인이 말하는 소위 '명상 아닌 것(non-meditation)' 속으로 들어가는 출발점을 제공한다고 하겠다. 왜냐하면 '당신이 명상하고 있다는 생각' 자체도 이미 하나의 발판이기 때문이다. 그러한 발판은 당신이 수련을 시작하고 지속하는 데 도움을 주지만 그러나 그것을 통해 당신이 실제로 수련 속으로 들어가는 것 또한 중요하다. 이 두 가지—발판과 실제 수련—모두 당신이 개념적인 마음과 그것이 끝없이 지어내는 이야기—특히 명상과 당신 자신에 관한 이야기—를 넘어, 자리에 앉아 알아차림 안에 머물며 다양한 방식으로 수련을 할 때 매 순간 함께 작동하고 있다.

이 책뿐만 아니라 명상에 관한 모든 책, 모든 명상 가르침, 명상의 계보와 전통—그것이 아무리 유서 깊은 것이라 해도—모든 명상 수련 CD와 테이프는 기본적으로 발판, 다시 말해 달을 가리키는 손가락에 불과하다. 그것은 우리가 어디를 보아야 하는지, 그리고 우리가 봐야 할 것이 있다는 사실을 상기시켜 준다. 우리는 그 발판, 그 손가락만 뚫어져라 바라볼 수도 있고, 아니면 그 손가락으로 가리키고 있는 대상을 직접적으로 알 수도 있다. 선택은 우리가 내리는 것이다.

우리가 명상을 처음 시작할 때부터, 그러한 단순히 개념적이고 이상적인 것, 특별한 지도자와 가르침, 명상의 방법론과 지침—그것이 아무리 유혹적이고 만족스러운 것처럼 보여도—에 함몰되지 않도록 이것을 알고 기억하는 것이 매우 중요하다. 명상에 있어서 이러한 무자각이 가지고 있는 위험성은, 다른 어느 순간도 아닌 우리가 깨달음을 얻을 수 있는 유일한 순간인 바로 지금, 우리가 누구이고 무엇인지에 관한 본질을 깨닫지 못한 채, 명상에 관한, 그리고 명상이 우리에게 얼마나 중요한지에 관한 그럴 듯한 이야기를 지어낸 뒤 그에 빠져 버리는 것이다.

도덕과 업(業)

그런데 지금까지 이야기한 발판도 튼튼한 토대를 필요로 한다. 만약 발판을 모래나 흙, 진흙 위에 세운다면 쉽게 무너져 버리고 말 것이다.

마음챙김 수련, 그리고 모든 명상적 탐구와 탐색의 토대는 윤리와 도덕, 그중에서도 다른 존재에게 해를 끼치지 않겠다는 동기(the motivation of non-harming)다. 왜 그런가? 왜냐하면 만약 당신이 명상에서 이용하는 도구, 즉 당신의 마음이 당신의 행동으로 인해 계속해서 흐려지고 동요하고 불안정해진다면, 당신은 자신의 마음을 앎의 도구로 사용하여 사물의 표면 아래 있는 실재를 지각하지 못하는 것은 물론, 자신의 몸과 마음의 고요함과 평온함도 알 수 없을 것이기 때문이다.

우리는 우리가 정직하지 못하거나 거짓말을 하거나 남의 것을 훔치거나 생명을 죽이거나 다른 존재에게 해를 입힐 때—잘못된 성 행위를 포함하여—남에 대해 험담을 할 때, 우리 자신의 불행 때문에, 그리고 고통에서 벗어나기 위해 알코올이나 마약 같은 약물을 남용하여 자신의 마음을 자극하고 둔하게 만들고 오염시킬 때, 그 결과는 자신과 타인에게 막대한 해를 입히고—우리가 그 사실을 알든 모르든, 또 우리가 자신과 상대를 배려하든 그렇지 않든—언제나 파괴적이라는 사실을 알고 있다. 그러한 행동의 결과들에는 그러한 행동들이 우리의 마음을 흐리게 하고, 고요함과 안정, 명료함, 그리고 그러한 명료함과 함께 따라오는 생생하고 깊이 보는 인식을 방해하는 여러 가지 에너지로 마음을 채운다는 확실성이 있다. 그러한 행동의 결과는 우리의 몸에도 해를 입혀 만성적으로 수축되고 긴장하며 공격적이고 방어적이 되도록 만든다. 그리고 분노와 두려움, 동요, 혼란, 궁극적으로 소외의 효과로 가득 차게 만든다. 그리고 또 우리의 마음을 슬픔과 회한으로 가득 차게 만든다.

이러한 이유 하나만으로도 우리가 삶을 실제로 어떻게 살아가고 있는지, 실제로 어떤 행위를 하고 있으며 우리의 실제 행동이 어떠한지 살펴보고, 세상 속에서 그리고 우리의 가슴속에서 우리의 생각과 말, 행동이 어떤 영향을 미치고 있는지 자각하는 일이 중요하게 된다. 만약 우리가 우리의 삶에서 계속해서 동요를 일으키고 자신과 타인에게 해로움을 입히고 있다면 우리가 우리의 명상 수련에서 만나게 되는 것도 그러한 동요와 해로움일 것이다. 왜냐하면 우리가 일상생활에서 키우고 있는 것이 바로 그런 것들이기 때문이다. 만약 우리가 우리의 마음과 가슴의 평화를 어느 정도 원한다면 우리 자신 안의 그러한 해로운 성향과 행동에 더 이상 힘을 실어 주는 일을 그만두고 그렇게 함으로써 이로움을 얻을 수 있어야 한다. 이렇게 해로운 충동을 인식하고 그로부터 일정한 거리를 두겠다는 의지를 드러내는 것만으로도 우리는 건강하지 못한—불교도가 색다르게 그러나 정확하게 '불선한(unwholesome)'이라고 부르는—그리고 파괴적인 마음 상태와 행동으로부터 보다 건강하고, 보다 선하며(wholesome), 덜 가리운 마음과 몸의 상태로 옮겨 갈 수 있다.

관대함, 신뢰, 친절, 공감, 연민, 감사, 타인의 행운에 기뻐함, 포용, 수용, 평정심 등은 세상에 주는 이로운 영향은 말할 것도 없고, 우리 안의 안녕과 명료함의 가능성까지 키워 주는 마음과 가슴의 자질들이다. 이러한 마음의 자질들이야말로 도덕적이고 윤리적인 삶의 토대를 형성한다.

탐욕, 자기에게 주어지지 않은 것을 자기 것으로 취하는 것, 타인을 신뢰하지 못하고 정직하지 못한 것, 비도덕적이고 비윤리적인 것, 잔인하고 악의로 가득 차는 것, 분노와 두려움에서 타인을 무시하고 자기중심적으로 행동하는 것, 혼란과 동요에 빠지는 것, 중독 등은 그것이 세상에 일으키는 해로운 효과는 말할 것도 없고 우리가 내적인 만족, 평정심, 평화로 이어지는 삶을 살기 어렵게 만드는 마음의 자질이다. 그런데 마음챙김은 우리가 이러한 부정적인 마음의 자질을 단지 부정하거나 억압하지 않고 그것들에 계속해서 출구를 만들어 주며 현명하게 다룰 수 있도록 해 준다. 그러한 부정적인 마음의 에너지가 우리를 찾아올 때 우리는 다만 그것들에 압도당하기보다 그것들에 알아차림을 가져가 그것들을 살펴보고 그것들로부터 우리의 고통의 근원에 대해 배울 수 있다. 또 우리의 태도와 행위가 자신과 타인에게 미치는 실제적이고 직접적인 영향도 느끼고 알 수 있다. 나아가 우리는 이러한 마음 상태 자체가 우리의 명상 스승이 되도록, 또 우리가 어떻게 삶을 살아야—혹은 살지 말아야—하며 행복이 어디에 있는지, 그리고 지금 이외의 곳에서 결코 행복을 발견할 수 없음을 알게 해 주도록 할 수도 있다.

동양에서 '업(karma)'이라고 하는 것은 기본적으로 우리의 현재 행위가 어떤 방식으로 미래에 우리와 우리 주변의 사람들에게 일어날 일에 영향을 미치는가라는 신비다. 업의 법칙, 다시 말해 원인과 결과의 법칙은 우리가 과거에 한 행동이 필연적으로 지금 여기서 결과를 맺는다고 말한다. 그 결과 가운데 어떤 것은 눈에 쉽게 띄고 어떤 것은 그렇지 않으며, 또 어떤 것은 이해가 가능하고 어떤 것은 그렇지 않은데—도저히 불가해한 것도 있다—그것들 모두 우리 자신의 최초의 동기와 의도, 그 행위를 일으켰던 마음의 자질에 의해 만들어지는 것이다. 그런데 흔히 일어나는 것처럼 우리의 특정한 행위와 말의 이면에 어떤 동기가 있는지 우리 스스로도 알지 못하는 때가 있다. 그것은 우리가 그 순간, 동요된 마음 상태에 푹 빠져 버려 자신이 무엇을 하고 있는지도 알지 못하기 때문에 일어나는 일이다.

과거는 이미 지나갔을지 모르나 우리는 과거에 일어난 일의 축적된 영향—과거의 결정과 선택에 대한 후회 혹은 우리에게 일어났던, 그러나 우리가 방지하거나 통제할 수 없었던 일에 대한 억울함—을 지니고 살아간다. 그러나 적절한 노력과 지원, '발판'으로 우리가 최선을 다하여 마음을 챙기며 현재 순간으로 되돌아옴으로써, 그리고 해롭고 파괴적인 몸과 마음의 상태로부터 보다 건전한 상태로 옮겨 가고자 하는 의도를 드러냄으로써 우리는 업을 변화시킬 수 있다. 우리는 우리의 외면적 행동 아래에 있는 동기에 알아차림을 가져감으로써, 또한 생각과 말을 통해 우리의 마음과 몸에서 표현되는 내적 행동들에 알아차림을 가져감으로써 우리의 업을 긍정적인 방향으로 바꿀 수 있다. 우리의 동기에 대한 그러한 알아차림을 오랫동안 지속함으로써, 그리고 자애로운 동기를 키우고, 불선한 동기 혹은 순전한 무자각 때문에 생기는 반응적 행동을 적극적으로 피함으로써, 다시 말해 삶의 원칙에서만이 아니라 매 순간 자신의 내면과 외면에서 윤리적이고 도덕적인 삶을 적극적으로 사는 데 헌신함으로써 우리는 심오한 변화와 치유를 위한 토대를 준비할 수 있다. 윤리적 토대 없이는 변화도, 치유도 제대로 뿌리내리기 어렵다. 도덕적 토대가 없으면 마음은 동요하고 조건화와 자기망상, 파괴적 감정에 발목을 잡혀 우리 안의 가장 심오하고 최선인 것, 가장 건강한 것을 계발하는 적절한 토양을 제공하기 어렵게 될 것이다.

결국 우리의 행동과 그 결과에 도덕적으로 마땅히 책임을 져야 하는 것은 우리 각자다. 제2차 세계대전에서 나치가 자행한 반인륜적 범죄와 베트남의 미라이(My Lai) 양민학살 사건, 보스니아 스레브레니차(Srebrenica) 학살 사건에서 국제 전범 재판소는 항상, 결국 우리의 인간됨을 보전해야 하는 책임이 온전히 우리 각자에게 있다는 사실—우리가 사회에서 어떤 지위에 있건—을 알게 되었다. 심지어 군대에서도 명령에 복종하지 않고 불복해야 하는 경우가 있다. 베트남 미라이의 대학살이 진행되던 중 상공을 비행하고 있던 어느 정찰 헬리콥터의 조종사는 마을에서 일어나고 있는 일을 목격하자 마을 한가운데 헬리콥터를 착륙시킨 뒤 자신의 승무원들에게 마을의 여자와 아이들, 노인들을 학살하고 있던 미군들을 향해 사격할 것을 명령했다. 결국, 부도덕하고 비윤리적인 행위에 직면하여 인간적 선량함과 친절이라는 증언대에 설 수 있는 것은 우리 한 사람, 한 사람의 개인이다. 때로 이 공군 장교가 취한 것 같은 극적인 행동을 취해야 할 수도 있다. 또 어떤 때는 전혀 눈에 띄지 않더라도 윤리적으로 행동해야 하는 경우도 있다—그것을 아는 유일한 사람이 당신 혼자라 하더라도. 혹은 자신의 양심에 떳떳하기 위한 시민 불복종의 형태를 띨 수도 있다. 스스로 부도덕하거나 해롭다고 생각하는 정치 공동체 내의 특정 행동이나 정책, 법률에 공중의 관심을 끌어 그에 저항하기 위해 법을 공개적으로 위반하는—그리고 자신의 행동에 대한 법적 책임을 기꺼이 지겠다고 하는—경우도 있을 수 있는 것이다.

간디와 마틴 루터 킹 목사는 당시 만연했던 조직화된 잔혹 행위와 불의에 맞서 인간의 권리라는 대의를 수호하기 위한 비폭력 시민 불복종 운동을 전개했다. 그러한 도덕적 저항자들은 당시의 정부나 많은 방관자로부터 '문제아'로, 법과 질서를 무시하는 사람으로, 심지어 국가의 적으로 간주되곤 한다. 그러나 그들은 나라의 적이 아니라 애국자라고 해야 맞을 것이다. 그들은 오직 자신의 양심의 지혜에 귀 기울이고 그것을 신뢰하면서 기존의 것과 다른 북소리에 맞춰 행진하는, 불의와 맞서 싸우는 사람들이라고 해야 할 것이다. 그들의 도덕적 현존은 보다 큰 진리를 목도하고 있다. 한 세대가 지나지 않아 그들은 대개 존경을 받고 심지어 성웅으로 추앙받는다.

그러나 다른 사람의—대개는 세상을 떠나거나 심지어 살해당한 사람들의—도덕성과 윤리를 추앙하는 것보다 지금 현재의 순간에 그러한 도덕성과 윤리를 우리 스스로 체현하는 일이 언제나 더 어렵다.

도덕과 윤리는 궁극적으로 영웅과 리더, 혁혁한 사건에 관한 것이 아니다. 그것은 우리가 매 순간 우리의 삶을 살아가는 방법에 관한 것이며, 친절함과 관대함, 연민, 선의를 위한 우리 가슴의 가장 깊은 자원을 끌어내는 것이 가장 필요한 때에 오히려 우리를 탐욕과 증오, 미혹됨으로 몰아가는 우리 마음의 성향에 우리가 어떤 태도를 취할 것인가에 관한 것이다. 이러한 마음의 자원은 우리가 크리스마스 이브에만 느끼는 감상적인 감정이 아니라 진정으로 우리가 삶을 살아가는 방식, 그것 자체 하나의 온당한 수련이어야 한다. 그것은 또한 치유와 변화, 명상과 마음챙김을 통하여 우리가 실현할 수 있는 가능성의 토대가 되기도 한다.

이러한 문제를 명상 수련의 처음부터 제기하는 것이 좋지만 그것은 때로 자주 설교처럼 들릴 수도 있다. 그리고 그러한 설교는 사람들의 마음속에 '그러한 가치를 주장하는 사람들은 실제로 그러한 가치에 충실하게 살고 있는가.'라는 정당한 의문을 불러일으킨다. 왜냐하면 몇몇 명상센터를 비롯하여, 지위를 가진 자들—종교 지도자, 정치인, 치료사, 의사 혹은 법률가 등—이 자신들이 전하는 계율과 직업 윤리강령을 오히려 어기는 경우가 비일비재하기 때문이다. 스트레스 완화 클리닉에서 마음챙김을 가르칠 때 우리는 열린 가슴의 현존과 신뢰, 관대함, 친절을 우리 수련의 필수적 일부로서 최선을 다하여 체현하는 것이 보다 효과적이며 진정성이 있다는 것을 알게 된다. 그리고 우리가 살고 가르치고 행동하는 방식에 있어서, 도덕과 윤리에 관한 명시적인 대화는 참가자들이 명상 수련 자체—곧 다름 아닌 삶 자체—에 관한 각자의 체험을 공유하는 대화 속에서 자연스럽게 일어날 수 있도록 하는 것이 좋을 것이다. 다른 존재에게 해를 입히지 않는 태도와 자신의 반응적이고 파괴적인 마음 상태와 습관을 명확하게 보는 것은 명상 지침의 중요한 일부로서, 우리가 수련을 하면서 그것에 주의를 기울인다면 누구나 특정한 생각의 흐름과 행위의 이익, 그리고 그와 다른 생각과 행위의 위험성에 대해 더 많이 자각하게 될 것이다.

윤리와 도덕은 현란한 말이 아니라 실제 우리의 삶을 통해 터득해야 하는 무엇이다. 그리고 확실히 당신 스스로 보고 느끼고 경험하게 될 것이지만, 윤리와 도덕은 우리의 행동과 말, 심지어 우리의 생각과 얼굴 표정이 우리의 안과 밖에 미치는 영향을 매 순간, 매 호흡 그리고 매일 직접적으로 보고 느끼는 것이라는 의미에서 마음챙김의 계발에 처음부터 내재한 것이라고 할 수 있다.

마음챙김

지금까지 마음챙김에 관해 많이 이야기했는데, 그렇다면 과연 마음챙김이란 무엇인가?

불교학자이자 승려인 냐나포니카(Nyanaponika) 스님에 따르면, 마음챙김이란 마음을 '아는(knowing)' 확실한 마스터키이자 시작점이며, 마음을 '만들어 가는(shaping)' 완벽한 도구이자 초점이다. 또한 마음이 성취한 바, 자유의 고귀한 표현이자 절정이라고 하였다. 본질적으로 주의를 기울이는 것에 관한 것인 마음챙김에 대한 적절한 설명이라고 하겠다.

마음챙김이란, 특정한 방식으로, 그러니까 현재 순간에, 가능한 한 비반응적이고 비판단적으로, 그리고 열린 가슴으로 주의를 기울임으로써 계발되는 매 순간의 비판단적인 알아차림이라고 할 수 있다. 마음챙김을 의도적으로 계발할 때 우리는 그것을 '의도적인 마음챙김(deliberate mindfulness)'이라고 하고, 자연스럽게 마음챙김이 일어난다면—의도적으로 연습하면 할수록 더 자연스럽게 일어날 수 있다—그것을 '자연스러운 마음챙김(effortless mindfulness)'이라고 할 수 있다. 그러나 어떤 방식으로 마음챙김에 이르건 간에 모두 마음챙김이라고 할 수 있다.*

---

* 나는 의도적 마음챙김과 자연적 마음챙김의 차이를 구분하기 위해 다이얼 접속식 인터넷 연결과 케이블 모뎀식 인터넷 연결의 비유를 든다. 다이얼 접속식 네트워킹이라고 할 수 있는 의도적 마음챙김은

전 세계 각지에서 오랜 세월에 걸쳐 발전되어 온 다양한 명상적 지혜 전통 가운데 마음챙김이야말로 가장 근본적이고 강력하며, 가장 보편적이고 가장 쉽게 체득하고 누구나 해 볼 수 있는, 아마도 오늘날 우리가 가장 필요로 하는 지혜 전통이라고 할 것이다. 왜냐하면 마음챙김이란, 지금 일어나고 있는 그대로의 것을 아는 데 우리가 이미 지니고 있는 본유적 능력 이외의 다른 것이 아니기 때문이다. 위빠사나 지도자인 조셉 골드스타인(Joseph Goldstein)은 마음챙김을 "판단이나 추론 없이 현재 존재하고 있는 것을 알아차리는 마음의 자질이며 그 앞에 나타나는 무엇이라도 그대로 되비추는 거울과 같다."고 설명한다. 또 한 사람의 위빠사나 지도자인 래리 로젠버그(Larry Rosenberg)는 마음챙김을 "마음의 관찰하는 힘, 수련자의 성숙도에 따라 그 정도에 다양한 차이가 나는 힘"이라고 말한다. 여기서 우리는 마음챙김이란 거울, 그것도 자기 영역에 들어오는 무엇이든 '비개념적으로(non-conceptually)' 아는 거울이라고 할 수 있다. 그리고 2차원의 거울을 넘어 마음챙김은 일종의 전자기장, 앎의 장(a field of knowing), 자각의 장(a field of awareness), 비어 있음의 장(a field of emptiness)이라고 할 수 있다. 그것은 마치 본질적으로 비어 있는 거울이, 그 앞에 서는 것은 무엇이든 '담을' 수 있는 것과 마찬가지다.

마음챙김이 마음의 타고난 자질이라고 하지만, 그것은 또한 체계적인 수련을 통해 정련되어야 하는 것이기도 하다. 그리고 우리 대부분에게 마음챙김은 수련을 통해 다듬어지지 않으면 안 된다. 우리는 주의를 기울이는 우리의 타고난 능력을 발휘하는 데 있어서 우리가 실제로 얼마나 쉽게 거기에서 벗어나는지 이미 살펴보았다. 명상이란 바로 그 능력을 계발하려는 것이다. 다시 말해, 명상이란 깨어 있는 현존의 체계적이고 의도적인 계발과 그를 통해 지혜, 연민 그리고 자신의 끈질긴 맹목과 망상이라는 족쇄로부터 자유로워지는 데 필요한 마음과 가슴의 자질을 체계적이고 의도적으로 계발하려는 것이다.

우리가 마음챙김이라고 부르는 주의의 태도를 냐나포니카 스님은 '불교 명상의 정

종종 연결이 끊어지기 때문에 지속적으로 접속을 유지하기 위해서는 애써야 할 필요가 있다. 한편, 케이블 모뎀으로 연결하는 자연스러운 마음챙김에서는 연결이 항상 유지된다. 다이얼 접속이 필요치 않은 것이다. 이미 계속적으로 연결이 되어 있다. 모든 것은 이미 있는 그대로 존재하고 있으며, 우리 역시 마찬가지다. 다만, 그 사실을 깨닫기만 하면 된다. 아니, 어쩌면 그 정도도 필요하지 않은 것인지 모른다. 우리와 대상 사이에 거리는 더 이상 존재하지 않는다.

수(the heart of Buddhist meditation)'라고 말씀하셨다. 마음챙김은 붓다의 모든 가르침의 중심이자, 중국, 한국, 일본, 베트남의 다양한 선(禪) 전통에서 미얀마, 캄보디아, 태국, 스리랑카 등 다양한 위빠사나 전통, 그리고 인도, 티베트, 네팔, 라다크, 부탄, 몽골, 러시아의 티베트 불교(밀교)에 이르는 모든 불교 전통의 중심이라고 할 수 있다. 그리고 이들 종파와 그들에게 수반되는 전통은 서구문화에 확고한 뿌리를 내리고 번성하고 있다.

이런 다양한 가르침이 최근 서구에 소개된 것은 붓다의 입멸 이후 수세기 동안 인도에서 번창했던, 그리고 이런 다양한 형식을 통해 아시아 전역에 전파되었던, 또한 수백 년 동안 그 가르침이 쇠퇴했던 인도로 비교적 최근에야 되돌아온, 가르침의 역사적 확장이라고 할 만한 것이다.

엄격하게 말해 마음챙김(mindfulness)을 하면 알아차림(자각, awareness)이 생긴다. 마음챙김이 더 크고 안정적일수록 그로부터 생기는 알아차림과 꿰뚫는 통찰력 역시 더 커진다. 그러나 일반적으로는 마음챙김과 알아차림이라는 용어가 혼용되고 있으며, 우리도 여기서는 편의상 그렇게 할 것이다. 그리고 주의를 기울이는 것 혹은 알아차림에 관해 특별히 불교적인 것, 특별히 동양적이거나 서양적인 것, 혹은 특별히 북방적이거나 남방적인 것은 없으므로 마음챙김의 정수는 실로 보편적인 것이라고 하겠다. 마음챙김은 특정 이데올로기나 신념, 문화와 관련된 것이 아니라 인간 마음의 본성에 관한 것이다. 그것은 특정 종교나 철학, 관점이 아니라 우리의 앎의 능력—우리가 살펴보았듯이 소위 '지각(sentience)'이라고 하는 것—과 관계된 것이다.

다시 거울의 비유를 들자면, 거울은 크든 작든, 깨끗하든 아니면 먼지로 뒤덮여 흐리거나 세월에 바랬든, 어떤 풍경도 담을 수 있다는 것이 가장 기본적인 미덕이다. 그러므로 마음챙김이라는 거울을, 특정한 하나의 풍경에만 한정할—똑같이 유효한 다른 풍경을 제외시킨 채—필요는 없다. 앎에는 여러 가지 방법이 존재한다. 마음챙김은 그 모든 것을 포괄한다. 마치 진리는 하나이지만 진리를 이해하고 표현하는 방식은 시공간에 따라서, 그리고 다양한 문화적 조건과 지역에 따라서 달라질 수 있는 것처럼 말이다.

그러나 마음챙김을 거울에 비유하는 것은 때로 매우 유용할 때도 있지만 어떤 면에서 보자면 제한된 비유라고 할 수 있다. 왜냐하면 거울에 비치는 이미지는 원래 모습에서 언제나 뒤집혀 있기 때문이다. 거울을 통해 바라보는 당신의 얼굴은 세상 사람들이 실제로 보는 당신의 모습이 아니라 그것의 거울 이미지다. 거울 이미지는 왼쪽이 오른쪽, 오른쪽이 왼쪽이 된다. 그것은 사물을 있는 그대로 반영하는 것이 아니라 단지 있는 그대로 반영한다는 환영을 만들 뿐이다.

거의 모든 현대와 고대의 문화권에서 마음챙김이 가치 있게 평가받는 것은 그 이름 때문이 아니라 마음챙김이라는 마음의 자질 때문이다. 정말로 우리의 삶과 우리의 존재 자체는 거울로서의 마음의 명료성, 그리고 있는 그대로의 것을 충실히 반영하고 그 안에 담으며, 만나고 아는 마음의 정련된 능력에 의존해 왔다고 할 수 있다. 예를 들어, 인류의 오랜 조상은 매 순간 자신들이 처한 상황에 대한 즉각적이고 정확한 판단을 내려야 했다. 그것은 개인으로서, 그리고 공동체 전체로서 그들이 생존하느냐 아니면 절멸하느냐 하는 문제를 좌우했다. 그러므로 오늘날 지구상에 사는 사람들 모두, 세대를 거쳐 생존한 조상의 자손이라고 할 수 있다. 실시간으로 무엇이 일어나고 있는지 알고, 그에 의존하고 그에 따라 행동해야 한다는 것을 즉각적으로 아는 마음은 진화적으로 볼 때 분명히 이점을 갖고 있었다. 만약 그러지 못하고 마음의 거울에 문제가 있었던 조상은 자신들의 유전자를 후대에 전하는 데 필요했던 결정을 효과적으로 내리지 못했을 것이다. 이런 방식으로, 생존에 영향을 주는 어떤 문제에서든, 감각의 문을 통해 들어오는 모든 메시지를 즉각적으로 인지하고 정확하게 반영할 줄 아는 '깨끗한 거울'에는 확실히 선택적 이점이 있었다.

우리는 그렇게 계속해서 스스로를 다듬어 가는 진화 과정의 상속인이다. 그러한 의미에서 우리 모두는 게리슨 케일러(Garrison Keillor)의 워비곤 호수(Lake Wobegon)에 사는 평균 이상의 젊은 주민이라고 할 수 있다—풍자 소설가 게리슨 케일러의 작품에 등장하는 호수로 이 마을 사람들은 모두 자신이 평균 이상이라고 생각한다: 역자 주—아니 어쩌면 평균보다 훨씬 뛰어난, 기적과도 같은 존재들인지 모른다.

우리 조상은 우리 모두가 타고난 이 정밀한 알아차림과 통찰의 보편적 능력을 오랜 세월에 걸쳐 탐험하고 그 지도를 그리고 보존하고 계발하고 정련해 왔다. 그러나 농업과 노동의 분화, 선진 기술의 등장 같이, 인류 역사의 '성공적' 흐름으로 인해 사라지고 말았던—그리고 슬프게도, 그들이 세상에 대해 알고 있던 모든 지식도 함께 사라져 버리고 말았던—원시 수렵 · 채집사회에서 제대로 할 수 없었던 그 일은 주로 사원에서 이루어져 왔다. 이렇게 의도적으로 고립된 사원의 환경은 일찍이 고대에 생겨났으며 수천 년의 풍랑을 견뎌 왔다. 사원에서는 모든 세속적 관심사와 단절한 채 모든 노력을 기울여 오로지 마음챙김을 계발하고 다듬고 심화시켜 그것을 마음의 본질을 탐구하는 데 활용하고자 했다. 거기에는 온전히 인간이 된다는 것의 완전하고도 체현된 실현에 이르러, 습관적인 정신적 고통과 괴로움의 감옥에서 벗어나고자 하는 의도가 있었다. 이러한 사원들은 실제로 마음을 탐구하는 진정한 '실험실'이었으며, 그곳에 거주하면서 지금도 그 작업을 계속하고 있는 수행자들은 자기 자신을 과학자로서, 그리고 동시에 이 끊임없는 탐구의 연구 대상으로서 이용했다.

이러한 수행자들과 재가자들은 붓다와 그의 가르침을 자신들의 준거로 삼았다. 우리가 이미 본 것처럼 붓다는 여러 가지 업의 이유로 스스로 자리를 잡고 앉아 인간의 고통과 마음 자체의 본성 탐구에, 그리고 질병, 늙음, 죽음, 인간의 근본적인 편치 않음(disease)으로부터의 해방의 가능성에 직접적으로 주의를 기울였던 사람이었다. 그는 이러한 인간의 근본적 편치 않음을 부정하거나 피해 가는 것이 아니라 오히려 인간 경험 자체의 본질을 직접적으로 바라보았다. 그리고 붓다는 우리 모두가 갖고 있지만 좀처럼 붓다의 경지까지 정련하지 못하는, 사물을 깊이 있게 들여다보는 능력을 그 작업의 도구로 사용했다. 그것은 곧 흔들림 없는 주의력과 알아차림, 그리고 그로부터 생기는 깊고 분명한 통찰이었다. 그는 자신을 신이라고 부르지 않고—어떤 이는 붓다의 지혜와 빛, 그리고 그 현존만으로 그에 대한 경외감에 휩싸여 그를 신이라고 불렀지만—다만 '깨어 있는(awake)' 자라고 했다. 그의 이러한 깨어 있음은 인간이 처한 근본 조건과 고통에 대한 그의 깊은 통찰에서 나온 것이었다. 그리고 끊임없는 자기망상과 그릇된 인식, 정신적 괴로움의 쳇바퀴를 깨고 나와 우리 본연의 자유와 평정심, 지혜로 옮겨 가는 일이 가능하다는 그의 발견에서 직접적으로 나온 것이기도 했다.

우리는 이 책에서 앞으로 계속해서 마음챙김을 다룰 것이다. 즉, 마음챙김이 무엇인지, 그리고 마음챙김을 계발할 수 있는 공식적이고 비공식적인 다양한 방법에 대해서도 살펴볼 것이다. 그 과정에서 우리는 마음챙김에 관해 우리가 지어내는 '이야기'에 빠져 버리지 않아야 한다—틀림없이 그런 이야기들을 만들어 내게 될 것이지만 말이다. 지금부터 우리는 다양한 각도에서 마음챙김을 살펴볼 것이다. 그리고 마음챙김이 가진 다양한 에너지와 성질을 우리 나름의 방식으로 느껴 볼 것이다. 그리고 그것이 어떻게 우리의 구체적인 일상생활과 관련을 맺을 수 있는지, 우리의 장기적이고 단기적인 안녕과 행복에 그것이 어떻게 관련이 있는지 살펴볼 것이다.

우리는 우선 왜 주의를 기울이는 것이 애당초 그토록 우리의 안녕에 중요한 작업인지, 그리고 그것이 우리의 삶과 세상을 치유하고 변화시키는 보다 큰 구도 속에서 어떤 위치를 갖는지 자세하게 살펴볼 것이다.

제2부

주의의 힘과 세상의 편치 않음

방황하는 주의를 반복적으로 스스로 되가져 오는 능력은
판단과 성격, 의지의 뿌리다.
그런 능력을 갖지 못한 사람은 자신의 주인이라고 할 수 없다.
이러한 능력을 향상시키는 교육이야말로
가장 우수한 교육이 될 것이다.
그러나 이를 이루기 위한 실질적인 지침을 주는 일보다
단지 이러한 이상에 대해 이야기하는 것이 더 쉽다.

– 윌리엄 제임스, 『심리학의 원리』(1890)

왜 주의를 기울이는 것이 그토록 중요한가

윌리엄 제임스(William James)가 앞의 구절을 썼을 때 그는 분명히 마음챙김 수련에 대해 알지 못했을 것이다. 그러나 방황하는 주의를 반복적으로 되가져오는 능력을 향상하는 교육이 정말로 존재했다는 것을 알면 기뻐했을 것이다. 왜냐하면 이것이 바로 불교 수행자들이 불교의 원래 가르침에 기초하여 수천 년에 걸쳐 정교한 예술로 발전시켜 온 것이기 때문이다. 그리고 이 예술은 이러한 종류의 자기교육(self-education)을 가져오는 실질적인 가르침으로 가득하다. 제임스가 이미 이 우주에 존재했으나 자신은 사용하지 못했던 무언가의 부재에 대해 한탄했지만, 그럼에도 미국 심리학의 창시자인 그는 그 문제의 중대성을 십분 이해하고 있었다. 그는 마음이 얼마나 고질적으로 방황하는지, 그의 표현을 빌리자면 '판단, 성격, 의지'의 삶을 살고자 한다면 자신의 주의를 감독하는 것이 얼마나 중요한지 알고 있었다.

주의를 기울이는 것은 우리가 너무나 자기 마음대로 행하는 일이기 때문에 우리는 이미 우리 눈앞에 있는 것도 보지 못하고, 공기를 통해 우리 귀로 분명히 들어오고 있는 것조차 듣지 못하는 경우가 많다. 이것은 다른 감각에 대해서도 마찬가지다. 아마도 당신 역시 그것을 스스로 관찰했을 것이다.

우리가 제대로 맛을 보지 않고 식사를 한다든지, 비 온 후의 촉촉한 흙의 향기를 맡지 못한다든지, 우리가 내보내는 느낌을 알지도 못한 채 다른 사람과 접촉한다든지 하는 경우는 매우 흔한 일이다. 실제로 이미 여기서 감각되고 있는 것—눈이나 귀 혹은 다른 감각—을 감각하지 못하고 놓치는 매우 흔한 사례를 우리는 '접촉에서 벗어난(out of touch)' 사례라고 할 수 있다.

우리는 접촉을 우리의 모든 감각을 통하여 세상과 관계를 맺는 데 대한 하나의 비유로 사용한다. 왜냐하면 우리는 실제로 우리의 모든 감각을 통하여, 즉 우리의 눈과 귀, 코와 혀, 몸과 마음을 통하여 세상에 의해 말 그대로 접촉을 당하고 있기 때문이다.

그런 점에서 보자면 우리는 대부분의 시간 동안 접촉에서 벗어난 상태로 사는 데, 그리고 우리가 얼마나 접촉을 벗어나 있는지에 대해서도 접촉에서 벗어난 상태로 있는 데 전문가라고 할 수 있다.

우리의 내면과 외면의 삶을 때때로 관찰함으로써 이런 현상을 살펴보면 우리가 대부분의 시간 동안 얼마나 접촉에서 벗어나 있는지 매우 분명해진다. 우리는 우리의 느낌과 인식, 우리의 충동과 감정, 우리의 생각, 우리가 내뱉는 말, 심지어 우리 자신의 몸과도 접촉하지 않고 있다. 이것은 대부분 우리가 끊임없이 우리의 머릿속 생각에 몰두하고 거기에 빠져 있거나 과거 또는 미래에 대한 강박관념에 사로잡혀 있고, 우리의 온갖 계획과 욕망으로 가득 차 있기 때문이다. 또 즐거움과 유희를 좇고 우리의 기대와 두려움 그리고 그 순간의 갈망에 쫓기기 때문이다. 이 모든 것이 아무리 무의식적이고 습관적인 것이라 해도 말이다. 이렇게 우리는 현재 순간—그 자신을 바로 지금 우리에게 실제적으로 제시하고 있는 순간—과 놀랄 만큼 이러저러한 방식으로 접촉을 상실하고 있다.

그것은 또한 우리가 우리 눈앞에 있는 것을 보지 못하고, 우리 귀로 분명히 들어오고 있는 것을 듣지 못하며, 우리가 너무나 다른 생각에 골몰하고 주의가 산만하여 냄새와 맛, 촉각의 세계를 놓치고 있는 것에만 한정되지 않는다. 당신은 지금 당신이 열고 있는 문으로 걸어오기까지 아무 생각 없이 걸어 온 적이 얼마나 많았는가? 또 자신도 모르게 손이나 팔꿈치를 무언가에 부딪힌 적은 또 얼마나 많았는가? 혹은 자신이 지니고 있는지도 몰랐던 물건을 떨어뜨린 적은? 그것은 아마도 당신이 거기에 실제로 '있지 않았기' 때문일 것이다. 그래서 당신은 당신 몸의 공간적, 시간적 위치 인식—평소에는 우리가 특별히 주의를 기울이지 않아도 충분히 커버할 수 있는—과도 순간적으로 접촉을 상실한다.

또 우리는 소위 '외부'세계, 그리고 우리가 다른 사람에게 미치는 영향과 얼마나 접촉을 상실하고 사는가? 다른 사람이 무엇을 중요하게 생각하고, 무엇을 경험하고 느끼고 있는지—심지어 그것이 그들의 얼굴에 쓰여 있고, 그들의 신체언어를 통해 분명히 드러나고 있어도—얼마나 알고 있는가? 우리가 주의를 기울여 관찰하기만 한다면 충분히 알 수 있는 것인데도 말이다.

그런데 우리가 이런 것들과 접촉할 수 있는 유일한 방법은 바로 우리의 감각을 통해서다. 감각이야말로 우리가 우리 자신의 내면의 세계와 '세상'이라고 부르는 외면의 풍경을 아는 유일한 방법이다.

우리는 우리가 생각하는 것보다 많은 감각을 갖고 있다. 직관도 감각의 일종이다. 고유수용감각(proprioception)이라는 신체의 위치 감각—공간 속에 자기 몸이 어떻게 위치하고 있는지 아는 것—도 감각의 하나다. 내부감각(interoception)—하나의 전체로서 몸을 느끼는 것—도 하나의 감각이다. 마음도 그 자체로 감각의 하나로 생각할 수 있다. 그리고 이미 이야기한 것처럼 마음은 불교에서 여섯 번째 감각으로 생각한다. 우리가 내면과 외면의 풍경을 느끼고 아는 것의 대부분은 마음에서의 처리과정을 통해 완성을 이루기 때문이다. 마음이 없다면 아무리 완벽한 눈과 귀, 코와 혀, 피부를 가졌다 해도 그것은 우리가 사는 세상에 대한 그다지 유용한 그림을 제공하지 못할 것이다. 우리는 우리가 보고 듣고 맛보고 냄새 맡고 만지는 것을 '알' 필요가 있으며, 그 앎은 오직 감각 자체와 우리가 마음이라고 부르는 것의 상호작용을 통해서만 일어난다. 마음이란 생각을 포함하지만 단지 생각에만 한정되지 않는, 유정(有情)과 의식의 신비로운 아는 특징이다. 그러므로 우리는 마음이라기보다 알아차림(awareness) 자체를 우리의 여섯 번째 감각이라고 부르는 것이 더 정확할 것이다. 이런 점에서 보자면, 알아차림과 마음의 핵심은 동일한 것을 표현하는 두 가지 표현이라고 할 수 있다.

우리는 우리가 실제로 아는 것을 상당 부분 비개념적인 방식으로 안다. 생각과 기억은 최초의 순수한 감각 접촉의 순간 뒤에, 그러나 매우 빨리 뒤이어 따라온다. 생각과 기억은 우리의 원래 체험—최초의 감각 체험—을 너무나 쉽게 물들여 최초의 감각 체험 자체를 왜곡하거나 그로부터 벗어나는 경우가 많다. 이것이 화가들이 새 그림을 그릴 때 개념에서 시작하기보다 다만 느낌을 통해 새로운 그림을 만들어 가는 것을 선호하는 이유다. 물론 개념도 나름의 역할을 할 것이지만, 개념은 단지 그러한 최초의 느낌을 뒤따라오며, 우리의 감각이 새롭고 놀라운 방식으로 깨어날 수 있도록 그것에 방향을 제시하는 것뿐이다. 최초의 인식—맨 체험—은 날것 그대로이며, 근원적이며, 생명력이 넘치며, 그렇기 때문에 창의적이고 상상력이 풍부하며, 숨어 있던 무언가를 드러내 보인다. 있는 그대로의 감각과 알아차림으로 우리는 그러한 방식으로 주의를 기울일 수 있게 된다. 그것은 곧 우리가 더 살아 있는 삶을 사는 것이다.

* * *

이 새로운 관망대를 무어라고 부를까
우리 동네에 문을 연 이 전망대
사람들이 조용히 앉아
마치 빛처럼, 마치 응답처럼
조용히 자신들의 시선을 던지고 있네

– 루미, 「형상을 위한 방은 없다(No Room for Form)」

건강과 안녕에서 주의가 차지하는 중요성을 가르치는 데 있어, 나는 건강과 질병에서 주의의 핵심적 역할을 강조하는 심리학자 게리 슈워츠(Gary Schwartz)가 처음으로 제안한 모델을 가지고 이야기하는 것이 효과가 있고, 또 어떤 깨달음을 준다는 것을 알게 되었다. 우리의 몸과 마음이 끊임없이 우리에게 말하고 있는 것에 주의를 기울이지 않는 것이 우리에게 어떤 영향을 미칠지 생각해 보라. 물론 당신이 애당초 매우 건강하다면 오랜 기간 우리는 그 무엇에도 주의를 기울이지 않고도 그럭저럭 지낼 수 있다. 아니면 적어도 표면적으로는 그렇게 보일 것이다. 그러나 아주 미세한 것이라도 다양한 신호와 증상을 무시한 채 너무 오랫동안 그것에 주의를 주지 않고 내버려 둔다면, 그리고 당신이 겪고 있는 증상이 당신의 몸과 마음에 커다란 부담이 된다면, 이러한 **부주의**(dis-attention)는 **단절**(dis-connection)로 이어질 수 있다. 단절은 특정 경로가 쇠약해지고 차단되는 것으로, 건강의 근본이 되는 역동적 과정을 유지하는 데는 그 경로들의 미(微)조정된 통일성이 반드시 필요하다. 단절은 이제 자연적인 항상적 균형에서 멀어지면서 실제로 몸에 문제가 생기기 시작하는 **조절이상**

(dis-regulation)으로 이어진다. 조절이상은 다시 세포와 조직, 기관, 계통 차원에서 조절 불능의 혼돈 상태로 붕괴되는 **무질서**(dis-order) 상태로 이어지며, 장애는 다시 **질병**(disorder), 즉 **편치 않음**(dis-ease)으로 이어지거나 그것으로 나타난다.

처음에는 뻣뻣한 감각이나 근육의 뭉침으로 나타나는 목 통증에 주의를 기울이지 않는 경우를 그 간단한 예로 들 수 있을 것이다. 뻣뻣함이나 뭉침은 만약 그것이 사라지지 않고 지속된다면 우리가 주의를 기울여야 하는 무엇인가에 대한 최초의 신호나 지표가 될 것이다. 의사를 찾아가든지 물리치료나 요가를 할 수도 있을 것이다. 그러지 않고 그것을 계속해서 무시하면 뻣뻣함과 뭉침은 점차 빈도도 잦아지고 정도도 심해져 만성적인 문제로 이어질 수 있다. 그것은 어쩌면 더 심각한 문제가 겉으로 드러난 증상인지도 모른다. 그렇게 되면 우리는 그것에 어느 정도 익숙해져서 통증이 아주 심하지 않거나 우리가 그에 신경 쓸 겨를이 없는 경우, 그것을 단지 긴장이나 스트레스로 치부하고 계속해서 무시하게 될 것이다. 몇 주, 몇 달 혹은 몇 년 동안 계속해서 주의를 기울이지 않으면 그 증상은 스스로 사라질 수도 있지만 특히 스트레스를 받고 있는 경우에는 더 심해질 수도 있다. 그렇게 되면 우리는 부상에 더 취약하게 된다. 예를 들면, 운전 도중 갑자기 머리를 돌리거나 혹은 '잘못된 방법으로' 침대에 눕는 것만으로도 부상을 당할지 모른다. 이쯤되면 이제 그것은 일종의 증상이 되어, 우리는 그에 익숙해져 그것을 완전히 무시하거나 참는 법을 익히게 된다. 그렇게 그 증상에 대해 뭔가 조치를 취하는 것의 잠재적 중요성을 부정하는 것이다. 우리의 이러한 단절(disconnection)은 목 근육과 신경의 점차적인 조절이상(disregulation)으로 이어지고, 그것은 다시 만성적인 긴장이나 자세 보정—뼈나 연결 조직에 장기간 영향을 미쳐 증상을 더 악화시키는—으로 나타난다. 이렇게 조절이상이 지속되면 목은 더 이상 정상적으로 기능하지 못하는 지점까지 이르게 되고, 통증과 불편감, 운동과 자세에서의 신체적 제약은 더 악화된다. 이것은 다시 부상으로 인한 염증에 더 취약하게 만들고, 이렇게 상태는 더욱 무질서해진다(disorder). 그렇게 되면 관절염 같은, 상당한 편치 않음(dis-ease)을 동반하는 더 심각한 질병(disease) 증상의 가능성도 그만큼 커진다.

이와 반대로 우리는 주의(attention), 특히 신경증적인 자기함몰이나 건강염려증과는 다른 현명한 주의가 연결성(connection)을 다시 확립하고 강화한다고 말할 수 있다. 연결성은 다시 더 큰 조절력(regulation)으로 이어지고, 그것은 또 질병과 반대되는 것으로서의 편안과 안녕, 건강의 상징이라 할 수 있는 역동적인 질서(order) 상태로 이어진다. 그리고 이렇게 되기 위해서는 물론 주의를 의도적으로 유지하고 돌보아야만 한다. 이렇게 의도와 주의는 함께, 서로를 지지하는 데 중요한 역할을 한다. 이것은 명료함과 자비뿐 아니라 건강과 치유의 근본에 자리 잡고 있는 음과 양이라고 할 수 있다.

이와 같은 예에서 주의를 기울인다는 것은 요가를 하거나 때때로 좋은 마사지를 받거나 하는 것이다. 아니면 스트레스와 긴장이 어떻게 특정 시기에 자신의 목에 쌓이게 되는지, 또 그것에 대한 우리의 알아차림으로도 그에 영향을 미치고 가능하다면 그러한 경우를 최소화할 수 있는지를 알 수 있도록 스스로를 훈련하는 일도 포함될 것이다. 그럼으로써 우리는 비유적으로, 그리고 문자 그대로의 의미로 우리의 목과 더 많이 접촉하게 되며, 목이 무슨 일을 하고 있는지, 목이 무엇을 할 수 있는지 더 잘 알게 될 것이다. 이러한 연결성은 목이 우리의 주의에 반응하게 되면서 더 큰 조절력으로 이어진다. 몸이 보내는 메시지에 지속적으로 주의를 기울인다는 것에는 축적된 긴장이 계속해서 목에 쌓이지 않도록—그래서 '목의 통증'이 되지 않도록—그것을 다루는 법을 익힐 수 있는 스트레스 완화 프로그램을 수강한다든지, 초기의 경고 신호나 증상을 감지할 수 있도록 목에서 느껴지는 감각에 더 큰 마음챙김을 가져가는 것과 같은 간단한 무언가를 배우는 것, 그리고 숨을 통해 축적된 긴장을 풀어주는 법을 배우는 것 등이 포함될 수 있다. 이런 방식으로 우리는 우리를 증상 악화로 내모는 여러 환경이 집중되는 것을 미연에 방지할 수 있으며, 목의 이상이 계속해서 커지는 것이 아니라 '질서'와 편안, 목 통증의 부재—심지어 스트레스 상황에서도—를 점점 더 많이 체험하게 된다.

그러나 우리는 무언가에 주의를 기울일 때 때로 잘못된 지각(mis-conception)에 뜻하지 않게 빠지는 경우도 얼마든지 있을 수 있다. 그러한 잘못된 지각의 순간에 우리는 무슨 이유에서인지 특정 순간에 펼쳐지고 있는 것을 분명하게 보지 못하고, 그럼으로써 주의로부터 더 큰 연결성, 마침내 편안과 행복, 명료함, 심지어 어느 정도의 지혜—목과 관련하여—와 자비—자신과 자신의 목에 더 친절해지는 것—로까지 이어지는 진정한 연결성과 고리를 놓치게 된다. 그러한 잘못된 지각의 순간에 주의를 기울이지 못하면 그것은 상황과 주변을 잘못 이해하고(mis-apprehension) 잘못 평가하게(mis-appraisal) 만들어 잘못된 귀인(mis-attribution)과 잘못된 취함(mistake)으로 이어지게 된다. 이는 우리의 일상생활에서 우리가 실제로 실수—주로 잘못된 지각과 잘못된 귀인으로 인해 생기는 실수—를 하게 되는 순간에 일어나는 일이다. 제대로 살피지 못하면 이것은 심리적, 사회적, 신체적 편치 않음(dis-ease)으로 이어지는 또 하나의 길이 될 수 있다.

이를 목 통증의 예에 대입해 보면, '잘못된 지각'은 목에서 잠깐 일어났다 사라지는 감각에 강박적으로 사로잡혀 그것을 통증으로 확대 해석한다든지—이것은 소위 건강염려증으로 이어진다—아니면 목을 튼튼하고 유연하게 만들 수 있는 목 운동은 하지 않으면서 불필요한 목 보호대만 차고 다닌다든지 하는 것이 될 것이다. 우리는 스스로 이것을 자신의 만성적인 목 이상이라 단정 짓고 그것을 더 깊이 들여다보는 기회를 온통 놓쳐 버리고 만다. 우리는 이것을 우리를 다른 질서의 단절 속에 가둬 버리는 반응적 자기몰두에 기초한 일종의 '현명하지 못한 주의(unwise attention)'라고 부를 수 있다.

그러한 현명하지 못한 주의는 또한 모든 것을 너무나 자주 정치 공동체(body politic) 수준에서 몰아가, 사람들은 경황없이 잘못되고 불완전하며 잘못 분석된 정보를 가지고 새 정책을 입안하거나 의사결정을 내리게 된다. 이러한 잘못된 지각과 잘못된 취함(mis-take)의 결과는 결코 무시할 수 없는 것으로, 결국 많은 기회를 놓치는 결과로 이어진다. 종종 그러한 잘못 취함은 이미 악화되어 있는 상황—지각 렌즈의 투명도를 애당초 주의의 대상으로 삼았더라면 더 정확하게 지각되었을 수 있는—에 불필요하게 불을 붙이는 결과로 이어질 수 있다. 이러한 이유로, 정확한 지각과 이해는 우리가 우리 자신의 감각으로—온전한 정신으로—돌아오는—문자 그대로의 의미와 비유적인 의미에서—능력에 있어 핵심 요소가 된다.

마음챙김 수련에서 우리가 몸의 모든 감각의 문을 통해 몸에 귀를 기울이는 법을 배울 때, 또한 우리의 생각과 느낌의 흐름에 주의를 기울이는 법을 배울 때, 우리는 우리 자신의 내면의 풍경 속에서 연결성을 다시 확립하고 강화하는 과정을 시작하게 된다. 그러한 주의는 우리가 몸이라고 부르는 차원에서, 그리고 마음이라고 부르는 차원에서 펼쳐지는 우리 삶과의 익숙함과 친밀함을 계발해 준다. 그러한 익숙함과 친밀함은 우리의 삶에서 매 순간 전개되는 그 무엇과의 관계에서도 안녕과 평안의 감각을 깊게 해 주고 강화시켜 준다. 이렇게 우리는 질병(disease)을 포함한 편치 않음(dis-ease)으로부터 더 큰 평안과 조화, 그리고 곧 보게 되겠지만 더 큰 건강으로 옮겨 가게 된다.

앞으로 보게 되겠지만, 이것은 우리 개인으로서의 몸과 마음에 진실인 것만큼이나 우리 공동의 제도나 기관, 정치 공동체에 대해서도 진실이다.

편치 않음

내 가슴을 다 태워 버려라, 욕망으로 병들고
죽어 가는 동물에 매여
자신이 무엇인지 알지도 못하네.

– W. B. 예이츠, 「비잔티움으로 항해를(Sailing to Byzantium)」

질병(disease)이나 편치 않음(dis-ease)과 관련하여, 부주의(disattention)와 단절(dis-connection), 잘못된 지각(mis-conception)과 잘못된 귀인(mis-attribution)으로부터 생기는 가장 근본적인 평안하지 못함은 우리가 제대로 알지 못하고 제대로 살펴보지도 않는 인간 조건 자체의 고통이라고 할 것이다.

가슴의 검토되지 않은, 속삭이는 갈망에 대해 이야기하는 우리의 명상 유인물 서두가 암시하는 것처럼, 우리는 거의 모두가 자기 정신의 깊은 곳에서 속삭이듯 들려오는 갈망, 비밀의 삶, 우리가 대개는 감추고 있는 꿈과 가능성으로 가득 찬 삶을 어느 정도는 가지고 있다. 슬픈 사실은 우리가 대개는 그것을 우리 자신에게도 감추고 있다는 것이다. 그 결과, 우리는 커다란 고통을 겪는다. 그 비밀은 우리 자신이 삶을 소모하고 자기파괴적인 자기기만의 공범자라는 암시를 하나도 주지 않은 채 종종 평생 동안 감추어진다.

진짜 비밀은 무엇인가? 바로 우리가 우리 자신과 다른 모든 사람을 암흑 속에 가두기 위해 만들고 또 감추는 온갖 피상적인 몰두와 가장, 내면과 외면의 가식 때문에 우리가 누구인지 제대로 알지 못한다는 것이다.

우리의 가슴은 우리가 아무리 외면적으로 성공한 것처럼 보이고 편안해 보여도 때로 충족되지 못한 크고 작은 끝도 없는 욕망에 쫓기며, 심지어 고문을 당하고 있지 않은가? 그리고 우리는 우리 정신의 깊은 곳 어딘가에서 우리가 정말로 죽어 가는 동물에 '매여' 있다고 어렴풋하게라도 자각하고 있지 않은가? 또 우리가 우리 자신이 누구인지 제대로 알지 못하고 있다는 사실을 자각하고 있지 않은가?

단 세 줄의 시로 예이츠는 인간 조건의 근본적 측면을 잘 포착했다. 첫째, 우리는 만족을 느끼지 못하며 그로부터 고통을 겪고 있다는 것이다. 둘째, 우리는 질병, 노령, 죽음, 그리고 영원하지 않음과 항상적인 변화의 냉혹한 법칙에서 벗어날 수 없다는 것이다. 셋째, 우리는 우리 자신의 진정한 본성에 무지하다는 것이다.

이제 우리가 우리 자신이 알게 허락하는 것보다 이미 더 큰 존재임을 깨달아야 할 때가 되지 않았는가? 보다 큰 그 앎 속에 머무는 일이 가능하다는 것, 그렇게 가장 중요한 것을 습관적으로 무시하는 고통에서 우리 자신을 해방하는 것도 가능하다는 것을 발견해야 할 때가 되지 않았는가? 나는 이미 오래전에 그때가 되었으며, 지금이 또한 가장 적기라고 말하고 싶다.

실제로 우리는 우리 정신의 미세한 동요에서 우리의 불편감을 어렴풋이 지각할 때가 가끔씩 있다. 아주 이따금씩 우리는 한밤중에 잠에서 깨어 방향을 잃고 두려움에 짓눌린 채 순간적으로 우리의 불편감을 목도하기도 한다. 혹은 우리와 아주 가까운 누군가가 커다란 고통을 겪거나 죽음을 맞이하게 될 때, 아니면 우리 자신의 삶의 틀이 갑자기 붕괴될 때—마치 이상하게도 우리가 그러한 불편감을 단지 상상만 했던 것처럼—그것을 목도하게 된다. 그러나 그럴 때라도 우리는 되도록 빨리 다시 잠으로 빠져들려고—문자 그대로의 의미와 비유적 의미에서—하지 않는가? 그렇게 이러저러한 구실로 우리 자신을 마취하지 않는가?

우리 자신이 도대체 누구인지 모르는, 예이츠가 이야기한 이러한 근본적인 인간의 편치 않음은 우리가 감내하기에는 너무 거대한 것이다. 그래서 우리는 그것을 우리 정신의 깊숙한 곳에 비밀로 묻어 둔 채 환한 의식으로부터 숨어 버린다. 그러나 우리가 보았던 것처럼 우리는 종종 갑작스러운 위기에 맞닥뜨리고 나서야 편치 않음에,

진정한 치유의 가능성에, 그리고 우리의 두려움과 무지라는 암흑에서 우리 자신을 해방시킬 수 있는 가능성에 깨어난다.

이렇게 우리는 우리가 인간이기에 유래하는 이 모든 것으로부터 고개를 돌려 회피하는 데서 커다란 몸과 마음의 고통을 겪는다. 우리는 탈진한 것처럼 느끼고, 예이츠의 표현을 빌리면 말 그대로 '통째로 먹혀 버리며(eaten up)' 우리가 있는 그대로의 우리의 전(全) 실재를 소홀히 하는 데서 수많은 방식으로 쪼그라들고 만다. 그러면서도 그것을 분명히 그리고 확신 있게 알지 못한다.

자각 없음이라는 이 편치 않음, 우리 자신의 본성에서 가장 근본적인 것을 무시하는 이 편치 않음은 실제로 매 순간 그리고 수십 년 동안 개인으로서의 우리 삶에 영향을 미친다. 그것은 우리 몸과 마음의 건강에 단기적이고 장기적인 영향을 미친다. 그리고 그것은 틀림없이 우리가 자각하지 못하는 방식으로 우리의 가정생활과 직장생활에 영향을 미칠 것이다. 혹은 오랜 기간 특정한 손상을 입은 다음에야, 그리고 현명하지 못한 길을 자기도 모르게 걸었다는 것을 알고 나서야 그것을 자각할 것이다. 게다가 그러한 편치 않음의 존재는 자신을 바라보고 일을 처리하는 우리 모두의 집단적인 방식을 통하여 사회에까지 흘러나오게 된다. 그것은 우리의 제도에 만연하며, 또한 우리가 우리의 내적, 외적 환경을 형성하거나 무시하는 방식에도 만연해 있다.

우리가 행하는 모든 일은 우리가 누구인지, 그리고 우리가 지금 어떤 상태에 있는지 모르는 고질적인 질병을 무시하는 것으로부터 영향을 받지 않을 수 없다. 그것은 궁극적인 고통이며 근원적인 질병이다. 그리고 그것은 몸과 마음, 세계의 차원에서 수많은 변종, 다양한 고뇌와 고통을 일으킨다.

고 통

불교에는 욕망으로 가득 차는 데서, 죽어 가는 동물에 묶인 데서, 그리고 우리가 누구인지 알지 못하는 데서 생기는 편치 않음을 가리키는 매우 유용한 단어가 있다. 그것이 붓다가 사용한 언어인 팔리어로 '둑카(dukkha)'라고 부르는 것이다. 영어에는 둑카의 의미를 정확하게 표현할 적절한 단어가 없는데, 번역가들은 그것을 '고통, 고뇌' '스트레스' '불안' '편치 않음' '불만족' 등 다양한 단어로 표현했다.

붓다의 가르침의 첫 번째 고귀한 진리는 언제나 여러 미묘하고 명확한 방식으로 우리 삶의 속살 깊이 물들이고 조건 짓는 타고난 고통인 이 둑카—이하, '고통'으로 씀—의 중심성, 보편성, 불가피성이다. 모든 불교의 명상 수련은 바로 이 고통을 인식하고, 그 근본 원인을 파악하며, 강박적이고 우리를 제약하는 감옥과도 같은 그 영향에서 자유로워질 수 있는 해방구를 설명하고, 계발하고 개척하는 것을 중심으로 전개된다. 그런데 고통으로부터 자유에 이르는 이 해방구들은 우리의 경험 속에서 일어나는 무엇에라도 현명하게 주의를 기울여—우리가 흔히 그러듯이 전혀 주의를 기울이지 않거나, 그 속에 푹 빠져 그것을 사실과 다르게 낭만적으로 이상화하거나 그냥 모른 척 꾹 참고 견디거나, 그것과 맞붙어 싸우거나, 그 속에 빠져 버리거나, 그로부터 도망치기 위해 끊임없이 다른 구실을 찾거나 하지 않고—우리 스스로에게 감추고 있는 것에 깨어 있도록 하는 것을 목표로 하는, 단 하나의 해방구다. 이러한 해방구는 우리에게 훨씬 더 만족스럽고 참된 삶을 살 수 있는 가능성을 제시한다. 따라서 고통의 보편성이라는 진리는 고통의 불가피성을 애도하는 감상적이고 수동적인 성격의 것이라고는 할 수 없다. 왜냐하면 이 불만족과 고뇌 역시 결코 지속적이거나 본질적으로 우리를 제약하는 것이 아니기 때문이다. 그것은 우리가 충분히 다룰 수 있는—심지어 가장 극악한 고통이라 하더라도—것이다. 고통은 우리의 스승이 될 수 있다. 그것은 우리가 고통의 장악력에서 스스로를 해방시키는 방법을 알려 주는 데 도움이 될 것이다.

그리고 중요한 것은 바로 고통으로부터의 해방과 보다 참되고 충만한 삶을 사는 가능성에 대한 우리의 모색이 결코 우리 자신만을 위한 것이 아니라는 점이다—물론 그것은 그 자체로 대단한 성취이고, 우리를 마음챙김 수행으로 이끄는 충분한 동기가 되기는 하지만—그보다 그것은 매우 실제적이고 현실적인 면에서 우리의 삶이 불가피하게 얽혀 있는 모든 존재와 우주 전체의 이익을 위해서라는 것이다.

이처럼 고통에 대한 인식과 고통으로부터의 해방, 고통의 멈춤을 위한 이 모든 명상 수련의 핵심에 자리 잡고 있는 것이 바로 마음챙김의 계발이라는 것이다. 이것은 우리가 편치 않음이 만연한 상황과 관계를 맺는, 이전과는 전혀 다른 방식으로 편치 않음을 껴안고 그것에 대해 기꺼이 무언가를 해 보려는 방식, 어떠한 편견도 없이 그 가장 친밀한 성격에서 그것을 다만 관찰하고자 하는 방식이다. 이미 말했듯이, 마음챙김이란 열린 가슴의, 비판단적인 현재 순간의 알아차림이자 자신의 경험이 전개되는 바로 그 순간—그것이 일어나고 잠시 머물다 사라지는 동안—에 직접적이고 비개념적으로 아는 것을 말한다. 붓다는 열심히 그리고 체계적으로 수련하는 것을 통해 자신의 가르침을 실현하는 데 헌신했던 사람들에게 다음과 같이 말하였다.

> 이것이야말로 존재의 정화를 위한 직접적인 길이며
> 비탄의 극복을 위한 길이며
> 고통과 슬픔의 소멸을 위한 길이며
> 진정한 도(道)를 얻는 길이며
> 해방의 실현을 위한 길이니
> 이것이 곧 마음챙김의 네 가지 확립이다.

이 얼마나 거칠 것 없는 선언인가!

불교의 모든 것은 우리가 우리 마음대로 지어내고 과거의 체험으로 인해 조건 지어진 미망으로부터 깨어나는 것을 향하고 있다. 그 깨어남을 통해 우리는 우리의 제한된 자기 경도적 견해와 우리가 좋아하는 것을 움켜쥐려고 하고 싫어하는 것은 물리치려고 하는 성향 때문에 실재의 본성을 잘못 취하는 것(mistaking)에서 오는 고통과 고뇌로부터 우리 스스로를 자유롭게 만들 수 있다.

지난 2,500년 동안 불교는 마음챙김, 그리고 마음챙김 수련으로 자연스럽게 드러나는 지혜와 자비를 계발하는 정교하고 효과적인 방법을 다양하게 발달시키고 탐색하고 다듬어 왔다.

토머스 케이힐(Thomas Cahill)—미국의 학자이자 작가, 『아일랜드인들의 문명보전법(*How the Irish Saved Civilization*)』을 저술: 역자 주—은 아일랜드인이 서구 문명을 보전한 것은 중세 유럽의 수도사들이 고대 문헌을 필사했기 때문이었고, 역사적 시간의 최초 표현과 그에 따라 신적 존재와 개인적 관계를 맺으면서 시간 속 개인의 발전 가능성을 세계에 선사한 것이야말로 유대인이 세계에 준 선물이라고 했다. 그와 마찬가지로 우리는 붓다라는 역사적 인물과 그를 따랐던 사람들이 이 세계에 준 선물은 분명하게 설명된 탐구의 길—붓다 자신이 인간 본성의 가장 근원적인 것을 찾기 위해 따랐던—이라고 할 수 있다. 그가 추구했던 인간의 본성이란 곧 완전하게 의식적이고 분명하게 깨어 있을 수 있는 가능성, 우리를 조건 짓는 온갖 족쇄—사고와 지각의 검토되지 않은 습관, 우리도 모르게 그에 따라다니는 괴로운 감정—로부터 자유로워질 수 있는 가능성을 말한다.

고통을 끌어당기는 자석

이 점을 생각해 보자. 당신이 그것을 스트레스, 편치 않음 혹은 고통 등 무엇이라고 부르건 간에, 우리 사회에서 병원이 고통이 몰려드는 자석으로 기능한다는 사실은 꽤 분명하다. 병원은 특정 시기에 질병(disease)이나 편치 않음(dis-ease) 혹은 둘 모두—스트레스, 통증, 정신적 외상(trauma), 온갖 종류의 질병—로부터 가장 큰 고통을 받고 있는 사람들을 끌어당긴다. 사람들이 달리 갈 곳이 없을 때, 그리고 다른 선택이나 자원이 완전히 고갈되었을 때 가는—혹은 실려오는—곳이 바로 병원이다. 통상적으로 병원은 우리가 즐거움을 얻거나 무언가를 배우러 가는 곳이 아니다. 그렇더라도 우리는 병원에 가면 치료가 안 되더라도 무언가 처치를 받을 수 있고 '수리'될 수 있다는 희망을 갖는다. 우리는 병원이 우리를 위해 무언가 적절한 조치를 취해 줄 것이고, 배려와 관심으로 우리를 보살펴 줄 거라고 기대한다. 그리고 만약 우리가 운이 좋다면 병원에서 우리 몸에 지금 무슨 일이 일어나고 있고, 그에 따라 우리가 무엇을 해야 하는지 '깨달을' 수 있다는 희망을 품는다.

이처럼 병원으로 몰려드는 고통의 양을 생각할 때 우리는 이렇게 생각해 볼 수 있다. '붓다 같은 권위자께서 슬픔과 비탄을 극복하고 고통과 괴로움을 사라지게 하는, 다시 말해 고통을 덜어 주는 직접적인 길(방법)이라고 말씀하셨던 마음챙김을 훈련하는 곳으로 병원보다 더 적절한 곳이 있을까? 만약 마음챙김이 정말로 붓다가 말씀하신 것처럼 그렇게 강력하고 근본적이고 보편적인 것이라면, 병원 문으로 걸어 들어오거나 병원으로 실려오는 그 많은 사람에게 정말로 어떤 이익을 줄 수 있지 않을까?' 물론 이러한 제안은 환자들이 기존에 받고 있는 양질의 자애로운 의료적 돌봄에 대한 대체물이 아니라 그들이 현재 어떤 치료를 받고 있든 그에 대한 유용한 보완물일 것이다. 그리고 환자뿐 아니라 많은 경우 환자만큼 스트레스를 많이 받는 병원 관계자를 위해서도 이런 훈련을 제공하는 데 병원보다 적합한 곳이 있을까?

이것이 바로 마음챙김에 근거한 스트레스 완화 프로그램(MBSR)이 탄생하게 된 배경이다. 처음에 MBSR은 주로 기존에 받고 있는 의료적 처치로 더 이상 큰 도움을 받지 못하는, 의료 시스템의 사각지대에 놓인 환자들을 대상으로 제공되었다. 그런데 그런 환자들의 수가 무척 많았다. 또 전통적인 의료적 처치로 증상이 호전되지 않는 많은 사람과 현재의 의학으로는 별다른 대안이나 치료법이 없는 곤란한 증상으로 고생하는 사람도 포함되었다. 우리는 그런 환자들을 위해 그들 스스로 자신의 가능성의 한계를 탐색해 보는 기회를 제공해 줄 수 있다는 사실에 기꺼웠다.

그런데 이후 MBSR 프로그램은 이보다 훨씬 더 광범위한 환자들을 끌어들이기 시작했다. 결국 '스트레스 완화'라는 말은 누구에게나 호소력을 갖는 말이 아니던가. 복도에 붙여 놓은 우리 클리닉의 간판을 본 사람들의 반응은 한결같이 '저거 한번 해 봐야지.'였다. 물론 많은 경우 그다음에 이어지는 반응은 '그렇지만 시간이 없어.'였다. 그러나 그로부터 25년이 지난 지금은 점점 더 많은 환자와 의사가 MBSR 프로그램을 통해 지금까지 그토록 오랫동안 주의를 기울이지 않던 것에 사려 깊은 주의를 기울이는 일이 '반드시' 필요하다는 사실을 깨닫고 있다.

시작부터 스트레스 완화 클리닉은 여러 과(科)의 의사들에게 그들의 환자를 위한 새로운 대안을 제공해 주었다. 우리 클리닉은 외래 환자들이 자신들이 기존에 받고 있던 모든 의료적 처치에 대한 보완으로서 무언가—대단히 강력하고 또한 얻기 어려운 소중한 것—를 자기 스스로를 위해 하는 법을 터득하는 곳이었다.

그것은 또한 환자를 위한 적절한 치료 대안이 더 이상 없어 고민하는 의사의 부담도 덜어 주었다. 이제 환자들은 자신의 증상과 몸과 마음의 상태가 아무리 고통스럽고 이상이 있으며 만성적인 것이라 해도 그에 대해 더 주체적으로 반응하도록 도와주는 장소를 병원 안에 갖게 된 셈이었다. 이곳의 프로그램을 통해 환자들은 지금까지 몰랐던 자기 내면의 매우 심오하고 보편적인 자원—단지 프로그램을 익히는 8주 동안만 아니라 이후 평생토록 자신의 배움과 성장, 치유와 변화를 위해 활용할 수 있는 자원—을 활용하는 법을 익힐 수 있었다.

이 과정을 통해 이전에는 스스로를 단지 의료 돌봄의 수동적인 수용자로만 생각했던 환자들이 이제는 자신의 지속적인 건강관리와 안녕에 있어서 적극적인 참여자이자 활력 있는 파트너가 되는 기회를 갖게 되었다. 또한 환자들은 한 인간으로서의 존엄과 있는 그대로의 자기 자신, 그리고 자신들이 지금까지 겪어 온 일들에 대해 존중받는 분위기 속에서 이 과정에 참여할 수 있었다. 더욱이 8주에 걸쳐 참여자들 사이에서 자연스럽게 생긴 선의와 친절의 공동체—불교에서 상가(Sangha, 승가)라고 부르는 이것은 마음챙김을 함께 수련하는 사람들 사이에서 자연스럽게 생겨나는 것으로 보인다—의 품에 안전하게 안긴 상태에서 참여할 수 있었다.

또한 '의료(medicine)'와 '명상(meditation)'이 같은 의미의 어근을 공유하고 있다는 점에서, 비록 1979년이긴 해도 의료센터나 의과대학에 명상을 가르치는 곳을 함께 두는 것이 그렇게 억지 같은 생각은 아니었을 것이다.

'medicine'과 'meditation' 모두 '치료'를 의미하는 라틴어 '*mederi*'에서 왔다. 그러나 인도유럽어 *mederi*의 오래된 어근은 '측정한다(to measure)'는 핵심 의미를 갖고 있는데, 여기서 '측정한다'는 말은 우리가 통상 길이나 부피, 면적 등을 확정된 표준에 따라 양적으로 재는 것을 의미하지 않는다. 그보다 그것은 모든 사물이 자기 자신의 올바른 내면적 척도, 다시 말해 그 사물이 다른 어떤 것이 아니라 바로 그것이게 해 주는 자질 혹은 '존재성(isness)'을 본래적으로 가지고 있다는 플라톤적인 견해에 더 가깝다. 이런 점에서 의료는 환자들의 올바른 내면적 척도가 흐트러졌을 때 그것을 복원해 주는 것으로 이해될 수 있고, 명상은 자신의 올바른 내면적 척도를 직접적으로 지각하고 자신의 본성을 체험적으로 깊이 아는 것이라고 할 수 있다.

우리 사회에서 고통이 가장 분명하게 몰리는 곳은 병원만이 아니다. 교도소도 그렇다. 그곳은 고통 때문에 타인과 자신에게 끊임없이 괴로움을 가하는 사람들이 가는 곳이다.

그리고 학교와 직장 같은 많은 사회조직에서도 그 나름의 고통이 일어나고 있다. 단도직입적으로 말해서, 고통은 붓다가 가르친 것처럼 어디에나 있다. 이것은 변하지 않는 삶의 진실이다. 그런데 고통으로부터 벗어나는 유일한 길은 헬렌 켈러가 현명하게 관찰했듯이 고통 속을 통과하여 지나가는 것이다. 그리고 고통을 통과하여 지나가는 유일한 방법은 고통이 일어나는 순간 그것이 고통임을 알아보고 고통의 본성을 매 순간 직접적으로 아는 방법뿐이다.

다르마

우리가 살면서 겪는 일, 그리고 그런 일들이 펼쳐지는 내면, 외면의 다양한 풍경에 대한 우리의 관계는 확실히 우리 자신에서 시작된다. 예를 들어, 우리가 사는 이 세상이 좀 더 평화로운 곳이 되었으면 좋겠다는 바람을 갖는다면 우리는 자신이 평화로운 사람이 될 수 있는지를 살필 수 있어야 하지 않을까? 우리는 과연 우리 스스로 대부분의 시간 동안 그다지 평화롭지 않다는 사실을 관찰할 준비가 되어 있는가? 우리는 자신이 생활에서 그리고 내면의 마음에서 때로 매우 호전적이고 자기중심적이며 이기적이라는 것을 기꺼이 볼 수 있는가? 다른 사람들이 분명하게 볼 것을 바란다면 우리 자신이 먼저 자신을 보는 방식에 주의를 기울여야 하지 않겠는가? 우리 자신이 먼저 어떤 순간이라도 현재 일어나고 있는 일에 섣부른 판단이나 선입견을 갖지 않은 채 그것을 지각하고 이해할 수 있어야 하지 않겠는가? 그런데 우리는 그 작업이 얼마나 어려운 일이며 또 얼마나 중요한 일인지를 스스로에게 인정할 준비가 되어 있는가?

소크라테스가 "너 자신을 알라."고 한 것처럼 우리가 누구인지 알려면—예이츠는 우리가 자신이 누구인지 모른다고 했지만—자기 자신을 깊이 들여다보는 방법밖에 없다. 우리가 세상을 바꾸고자 한다면 우리는 세상의 변화와 자신의 변화를 함께 시작해야—우리 스스로 그 변화에 저항하고 주저하거나 무지하다 하더라도, 아니, 특히 그럴 경우에 더욱더—마땅할 것이다. 왜냐하면 우리는 한 개인으로서 우리가 아무리 결과에 저항하고 그것을 통제하려고 하더라도 모든 것이 영원하지 않다는 것(impermanence)과 변화의 불가피성이라는 법칙에 직면해 있기 때문이다. 우리가 더 큰 자각—알아차림—을 향해 도약하려면 우리 스스로 깨어 있고 그것에 깊이 관심을 갖는 수밖에 없다.

이와 마찬가지로 우리가 이 세상이 좀 더 지혜롭고 따뜻한 곳이 되기를 바란다면, 우리는 스스로 따뜻함과 지혜로 자신의 몸에 머무는 데서부터, 불가능한 이상을 자신에게 강요하기보다 단 한순간이라도 있는 그대로의 자신을 받아들이는 데서부터 시작해야 한다. 그렇게 할 때 세상은 즉시 지금과 다르게 보일 것이다. 우리가 이 세상에 진정으로 변화를 일으키기를 바란다면 아마도 우리는 먼저 우리 자신의 삶, 우리 자신의 앎과 어떤 관계를 맺어야 하는지부터 알아야—아니면 적어도 그 과정을 통해서 배워야—할 것이다. 왜냐하면 세상은 우리를 기다려 주지 않지만 우리와 함께 친밀한 상호성 속에서 펼쳐지고 있기 때문이다. 그리고 만약 우리가 좀 덜 공격적이고 물욕을 줄이며 보다 확신을 갖고 너그럽게 되기 위해 어떤 방식으로든 성장하고 변화하고 치유되기를 바란다면 우리는 먼저 침묵과 고요를 맛보아야 하며, 또 그 우물가에서 깊이 마시는 것 자체가 지금 이 순간 '여기'에서 우리가 발견하게 되는 모든 것—우리의 깊이 각인되고 무의식적인 성향을 포함하여—을 알아차림 안에 품어 안음으로써 치유와 변화를 일으킨다는 사실을 알아야 한다.

이 모든 것은 이미 오래전부터 사람들이 알고 있었던 것이다. 다만, 명상과 같은 해방적 수련은 대개의 경우 다양한 문화적, 종교적 전통의 통제 아래 수세기 동안 수도원 같은 곳에 유리되어 있었다. 이 다양한 전통 사이에 놓여 있는 지리적, 문화적 거리를 포함한 여러 이유 때문에, 그리고 동일한 전통 내에서도 세속의 수행자와 출가 수행자 사이의 차별성 때문에, 이 수도원들은 자기들만의 비밀스러운—어떤 경우에는 편협하고 배타적인—수련법을 전수하는 등 세상과 격리되는 경향이 있었다. 적어도 지금까지는 그렇다.

그런데 오늘날의 시대에는 인간에 의해 발견된 모든 것이 전에 없이 우리의 탐구 대상이 되었다. 특히 불법(佛法, 붓다다르마, Buddhadharma) 혹은 간단히 법(法, 다르마, Dharma)이라고 알려진 불교 명상과 그 지혜 전통은 전에 없이 우리의 탐구 대상이 되었고, 40~50년 전만 하더라도 생각하지 못했던 방식으로 미국을 비롯한 서양 사람들의 삶에 영향을 주고 있다.

불교에서 말하는 법은 세상을 움직이는 오래된 힘을 의미한다. 다만, 본질적으로 법은 종교 개종이나 조직된 종교—불교 자신까지 포함하여—와 무관하다는 점—어쨌든 불교를 종교라고 생각한다면 말이다—을 제외하고는 마치 기독교에서 말하는 복음과 비슷할 것이다. 원래 붓다의 가르침, 우주의 법칙성, '있는 그대로의 방식' 등 다양한 의미를 갖는 법이라는 말이 영어에 들어온 것은 20세기에 미국의 소설가 잭 케루악(Jack Kerouac)이 자신과 자신의 비트족 친구들을 가리켜 '다르마 친구'라는 유명한 표현을 사용하면서—케루악은 『다르마 친구(*Dharma Bums*)』라는 소설을 썼다: 역자 주—비트제너레이션의 지도자격인 시인 앨런 긴즈버그(Allen Ginsberg)를 '다르마 사자(Dharma Lion)'라고 부르면서, 그리고 미국에서 종종 일어나는 것처럼 최근 텔레비전 쇼에서 어느 여성의 이름으로 '다르마'를 쓰기 시작하면서, 또 한동안 지하철역과 버스 측면의 광고판에 이 말이 등장하면서부터다.

법은 원래 네 가지 고귀한 진리, 즉 '사성제(四聖諦)'라는 붓다의 가르침으로 처음 설파된 것이다. 그것은 붓다의 필생의 가르침을 통해 다듬어졌고, 오늘날까지도 다양한 불교 전통 내에서 온전히 그 맥을 유지하면서 전해 오고 있다. 어떤 면에서 법은 과학적 지식과 닮았다고 할 수 있다. 과학적 지식과 마찬가지로, 법은 계속 커지고 변화하면서도 그 핵심적 방법론과 관찰법, 수천 년에 걸쳐 고도로 훈련된 자기관찰과 자기탐색을 통한 내면의 탐구로부터 정제한 자연법칙을 갖추고 있다. 또 법은 마음의 본성을 탐구하면서 조우한 자신의 체험을 면밀하고 정확하게 기록하고 그 지도를 그리는 작업이며, 또 그 결과를 직접적이고 경험적으로 검증하고 확인하는 작업이란 점에서도 과학적 지식과 닮아 있다.

그러나 법(다르마)의 법칙성이 진정한 법이기 위해서는 그것이 단지 불교의 전유물이라고 해서는 안 된다. 그것은 중력의 법칙이, 뉴턴이 영국 사람이므로 영국 것이라거나 갈릴레오가 이탈리아 사람이므로 이탈리아 것이라고 할 수 없는 것과 마찬가지다. 또 열역학 법칙이 볼츠만이 오스트리아 사람이라고 해서 오스트리아 것이라고 할 수 없는 것과도 마찬가지다. 자연 법칙을 발견하고 설명한 이들 과학자의 공은 언제나 그들이 속했던 특정 문화를 초월한 것이다. 왜냐하면 그들이 관심을 가졌던 것은 순수하고 단순한 자연, 단절 없는 하나의 전체로서의 자연이기 때문이다.

이와 마찬가지로 붓다가 다듬은 다르마의 법칙성 역시 붓다 자신이 살았던 특정 시대와 문화를 초월한다. 비록 그 법칙성으로부터 하나의 종교(불교)가 생겨났고,

또 그것이 궁극의 신성을 숭배하는 것과 무관할지라도 서양적 시각에서는 단지 여러 종교 중의 하나로 보일 뿐이기는 하지만 말이다. 마음챙김과 법은 괴로움이라는 인간 보편의 체험과 행복의 가능성과 관련하여 인간의 마음이 작동하는 방식에 대한—특히 주의력의 질에 대한—보편적 설명이라고 보는 것이 가장 적절할 것이다. 그것은 인간의 마음이 존재하는 곳이면 어디서든 적용된다. 마치 물리 법칙이 우주 어느 곳에서나—우리가 아는 한에서는—똑같이 적용되는 것과 마찬가지다. 그리고 노암 촘스키(Noam Chomsky)의 보편적 생성문법이 언어의 종류에 관계없이 모든 언어에 적용되는 것과도 마찬가지다.

그리고 보편성의 관점에서 보자면 붓다 자신도 불교도가 아니었음을 상기하는 것이 도움이 될 것이다. 그는 치유자이자 조용한 내면의 혁명가였다. 그는 우리 인간의 집단적 편치 않음을 진단하고 평안과 안녕을 위한 자애로운 약을 처방해 주었다. 그렇다면 불교가 인류 진화의 현 시점에서 다르마의 수레(dharma vehicle)로서 최대한의 효과를 발휘하기 위해서는, 그리고 인류가 지극히 필요로 하는 약이 최대한의 효력을 내기 위해서는 권위적 종교로서의 불교가 되어서는 안 될—아니면 적어도 이름이나 형식에 얽매이지 않아야 할—것이다. 법은 궁극적으로 비이원성(nonduality)에 관한 것이므로 불법(佛法)과 보편적 법 사이의 구분 혹은 불교도와 비불교도 사이의 구분은 근본적인 의미를 가질 수 없다. 이런 관점에서 보자면 특정 전통과 형식—법은 이것으로 표현된다—은 살아 움직이는 활력적이고 다중적이며 끊임없이 변화하는 것이지만, 동시에 법의 본질은 언제나 형태도 없고 무한하며 어떠한 구별도 넘어서는 것이라고 할 수 있다.

사실 불교(Buddhism)라는 단어 자체도 그 어원상 불교적인 것이 아니다. 이 단어는 자신들이 잘 알지 못하던 이국적 세계를 그들의 종교적, 문화적 렌즈와 암묵적 가정을 통해 해석하려고 했던 유럽의 인종학자, 문헌학자, 종교학자에 의해 17~18세기에 만들어진 단어였다. 2천 년 이상 붓다의 가르침을 닦아 온 사람들은—어떤 계보(종파)든, 또 한 국가 내에도 여러 계보가 있었으며 각자 붓다의 근본 가르침에 대해 조금씩 다른 해석을 내렸다—모두 자신을 '길을 따르는 자' 혹은 '법의 추종자'라고 불렀다. 결코 자신들을 '불교도(Buddhist)'라고 칭하지 않았다.

붓다의 가르침으로서의 법에 대해 다시 이야기해 보자. 붓다가 마음의 본성에 대한 깊은 탐구 뒤에 설명한 사성제 가운데 첫 번째는 고통의 우주적 편재성, 즉 인간

조건이 지닌 근본적인 편치 않음의 상태였다. 두 번째는 고통의 원인으로, 붓다는 집착과 갈애, 제대로 살피지 못한 욕망을 그 원인으로 지목했다. 세 번째는 자신의 명상 수련의 체험에 기초를 둔 것으로, 고통의 종식이 가능하다는 것이다. 바꿔 말해, 집착과 갈애로 인한 편치 않음의 상태를 완전히 치유할 수 있다는 것이다. 네 번째 고귀한 진리는 팔정도(八正道)라는, 고통의 종식과 무지의 제거 그리고 마침내 해방에 이르는 체계적인 접근법이다.

마음챙김은 이 길을 따라 닦아 나가는 여덟 가지 수련 가운데 하나로서 다른 모든 수련을 하나로 묶어 주는 것이다. 그 여덟 가지 수련이란 '바른 견해, 바른 생각, 바른 말, 바른 행동, 바른 생계, 바른 노력, 바른 마음챙김, 바른 집중'이다. 이들 각각은 모두 나머지 것을 포함하고 있다. 즉, 단절 없는 전체로서의 하나가 지닌 서로 다른 측면인 것이다. 틱낫한 스님은 이것을 다음과 같이 표현했다.

> 바른 마음챙김이 있을 때 사성제와 팔정도의 나머지 일곱 가지 요소도 함께 있게 된다.
>
> – 틱낫한

스트레스 완화 클리닉

고통과 편치 않음의 문제로 다시 돌아가 보자. 만약 내가 나의 개인적인 명상 수련, 그리고 사고하는 마음과 반응적인 감정의 격랑에 우리가 끊임없이 무의식적으로 휩쓸리는 경향에 대한 관찰을 통해, 고통과 편치 않음에 대해 그전에 몰랐다 하더라도, 스트레스 완화 클리닉에서 일을 해 보면 곧 자각 없음의 편치 않음 상태가 사람들 사이에 얼마나 흔한 문제인지, 사람들이 그런 상태를 바로잡고자 얼마나 원하는지, 사람들이 생생하게 살아 있고 분열되지 않았던 일관되고 참된, 진정한 체험에 얼마나 목말라 하는지, 또 마음의 평화를 얼마나 갈구하는지, 끊임없는 신체적 · 정서적 고통의 쳇바퀴 속에서 위안을 얻기를 얼마나 원하는지 쉽게 알 수 있다.

고통의 이러한 다양한 측면은 프로그램에 참가하기 전 설문 인터뷰를 받기 위해 찾아오는 사람들과 대화를 나누어 보면 잘 드러난다. 나는 "어떤 일로 스트레스 완화 클리닉을 찾아오셨습니까?"라는 말로 대화를 시작한 다음에는 조용히 귀 기울여 듣는다. 이런 간단한 질문만으로 사람들은 가슴으로부터 말을 하기 시작한다. 이 질문은 그의 고통이 엄청나게 깊은 것이라는 것—혹은 적어도 그렇게 느껴질 수 있다는 것—을 인정하고 받아들이는 것이라고 할 수 있다.

이러한 경청을 통해 나는 환자들이 우리 스트레스 완화 클리닉을 찾는 이유는 모두 다르지만 결국 그 다양한 이유는 하나로 귀결된다는 것을 알게 되었다. 그것은 다시 온전한 존재가 되는 것, 그들이 한때 가졌던 활력—혹은 한 번도 가졌다고 생각한 적은 없지만 갖게 되기를 바라는 활력—을 회복하는 것이었다. 그들은 어떻게 하면 진정한 휴식을 취할 수 있는지, 어떻게 하면 스트레스를 좀 덜 수 있는지, 어떻게 하면 신체적 고통을 줄이고 그와 더불어 잘 살 수 있는지 알고 싶어서 클리닉을 찾는다. 즉, 마음의 평화와 안녕을 회복하기 위해서라고 할 수 있다.

또 환자들은 자기 삶에서 스스로 주체적인 존재가 되고 싶어서, 진통제나 항불안제를 끊고 싶어서, 그리고 그들이 흔히 말하는 것처럼 '너무 신경질적이고 긴장한 상태'에서 벗어나기 위해서 우리 클리닉을 찾는다. 사람들은 심장병과 암, 만성 통증 질환, 그리고 자신의 건강과 자신의 꿈을 추구하는 자유로움에 방해가 되는 다양한 의학적 이상 때문에 우리 클리닉을 찾는다. 사람들은 어떤 절박함에서, 그런 문제에 대해 스스로 뭔가를 해야겠다고 생각했기 때문에, 지구상의 그 누구도 대신 해 줄 수 없는—자신들의 의사를 포함하여—무언가를 스스로 해야겠다고 판단했기 때문에 우리 클리닉을 찾는다. 즉, 기존의 대증요법 의료에 대한 보완책으로서 자신이 더 강해지고 건강해지고 또 내면적, 외면적으로 더 현명해지고자 하는 바람에서 자신의 삶을 보다 주체적으로 살아야겠다는 판단으로 우리 클리닉을 찾는다.

사람들은 자신의 삶과 몸의 여러 측면이 더 이상 자신에게 우호적이지 않고 기존의 의료 역시 일정한 한계를 갖고 있으며 지금까지 그것이 자신에게 충분하지 않았다면 앞으로도 그럴 것이라는 사실을 알기 때문에 우리 클리닉을 찾는다. 그들은 또 자신의 삶에서 겪는 스트레스와 고통에 대해 진지하게 대처하는 것에 의사들이 동의했기 때문에, 그리고 환자들을 우리 클리닉으로 보내 우리 쪽에서 무언가를 해 주는 것에 의사들이 동의했기 때문에 우리 클리닉을 찾는다. 아울러 환자들은 우리 클리닉이 병원 안에 있기 때문에, 그리고 마음챙김과 스트레스 완화, 명상, 요가 등 환자들이 이곳에서 하게 되는 모든 내면의 작업—대부분이 침묵 속에서 진행된다—이 주류 의료 및 건강관리의 필수적인 부분이며 자신들의 문제에 대처하는 인정할 만한 방식으로 보이기 때문에 우리 클리닉을 찾는다.

그리고 무엇보다 참가자들은 우리 클리닉에서 깊이 있고 가슴을 연 경청이 일어나는 분위기, 참여자들이 서로를 존중하고 수용하는 선의의 공감적 분위기를 만들어가기 때문에 우리 클리닉을 찾고 여기 머문다. 불행히도, 이러한 분위기는 바쁜 의료센터에서는 찾아보기 매우 힘든 경험인 것이다.

우리 클리닉에서는 참가자 모두에게 "무엇 때문에 이곳에 오셨습니까?"라는 한

가지 질문에 오랫동안 생각할 수 있는 시간을 준다. 그래서 참가자들은 대부분 그들이 이곳을 찾게 된 주된 진단과 이유—암 진단이나 통증 질환 혹은 심장 이상 등—를 넘어 자신들의 불안과 병, 상실감, 압도당하고 희생당하는 느낌 등을 솔직하고 공개적으로, 때로는 아주 적나라하게 기꺼이 이야기한다. 그들의 이야기 중에는 어릴 적 주변으로부터 인정받지 못하고 무시당했던 가슴 아픈 경험, 성인이 되어서도 자신의 선함과 아름다움, 가치를 제대로 알지 못하는 고통스러운 경험이 자주 등장한다. 그리고 그들은 자신들의 신체적 고통에 대해서도 많은 이야기를 한다. 만성적인 허리와 목의 통증, 안면 통증, 다리 통증에서부터 다양한 종류의 암, HIV와 AIDS, 심장병, 여러 신체 질병에 이르기까지. 이러한 증상들은 많은 경우 만성 불안과 공황, 우울증과 실의, 슬픔과 혼란, 소진, 만성적인 초조함과 긴장, 때로 아주 심한 감정 상태 등으로 더 악화되곤 한다.

그런데 좋은 소식은—이것은 MBSR을 받은 환자들 스스로 오랜 기간에 걸쳐 반복적으로 발견하였고, 또한 우리 클리닉뿐만 아니라 전 세계의 여러 병원과 클리닉에서 실시하는 마음챙김에 근거한 프로그램을 통해 도출되는 의학 연구의 수가 계속적으로 증가하는 데서도 입증되는 것인데—우리 누구나 인간으로서 우리 존재의 완전성과 대면하여 그것을 품어 안는 데 있어서 우리 스스로 어떤 역할을 할 수 있다는 사실이다. 그리고 우리가 어떤 사람이냐에 상관없이 우리 안에 숨겨져 있는 흐릿한 무엇, 우리가 알든 모르든 우리 삶에 영향을 미치고 있는 우리 안의 끔찍한 무언가에 깨어 있을 수 있고, 또 그것과 다르게, 우리 자신의 가슴 깊숙한 곳에서 우러나와 우리가 회복적이고 치유적인 방식으로, 많은 경우 증상을 크게 완화하는 방식으로 삶을 영위할 수 있게 해 주는 보다 건강하고 온전한 바람에도 마찬가지로 깨어 있을 수 있다는 것이다. 미국을 비롯한 전 세계의 MBSR 클리닉에서 나와 동료들은 '고난투성이(full catastrophe)'라고 할 정도로 살면서 끊임없이 일어나는 온갖 어려움으로 엄청난 스트레스와 통증, 질병, 상상하기 어려울 정도의 생활환경과 삶의 역사를 겪은 수많은 사람에게 이런 일이 일어나는 것을 직접 목격했다.

비교적 짧은 시간에 그들에게 일어나는 변화는 크건 작건 계속해서 나를 놀라게 한다. 내가 정신을 똑바로 차리고 있으면 때로 그런 일이 나에게도 일어나는 것을 감지하고는 한다. 그리고 정신을 잃을 때라도 나는 그것을 알아차릴 수 있고, 그럼으로써 어느 정도의 순간적인, 심지어 지속적인 균형과 명료함을 회복하기도 한다.

이 '고난투성이'를 온전히 끌어안는 것이야말로 우리 삶에 깨어 있는 것, 우리가 살도록 되어 있는 우리 본연의 삶을 사는 것의 일부라고 할 것이다. 또 거기에는 우리가 우리의 편치 않음과 고통—그것이 아무리 거칠거나 혹은 미세하더라도—을 알아차리지 못하고 그것이 무엇인지도 알지 못한 채 삶을 흘려보내지는 않겠다는 결심도 포함될 것이다. 거기에는 특히 우리 스스로 어떤 종류의 작업, 즉 알아차림이라는 작업을 기꺼이 하고자 한다면 우리의 경험에서 일어나는 일 쪽으로 우리가 기꺼이 '향하여' 그에 대해 '무언가를 하겠다'는 의지와 그것을 충분히 다룰 수 있음을 알고 신뢰하는 것도 포함된다. 여기서 우리는 알아차림이라는 작업을 통해 우리 자신을 자꾸 현재 순간과 그것이 제공하는 모든 것 속에 편안하게 자리 잡게 하여 그 속에 머무는 법을 배우고 또 기억할 수 있다. 또한 우리 삶에서 펼쳐지는, 있는 그대로의 삶에 내재하는 놀라운 에너지를 활용할 수도 있게 된다.

주의력결핍장애(ADD) 공화국

고통과 편치 않음의 한 징후는 특히 최근에 더욱 증가하고 있는 주의력결핍장애(attention deficit disorder: ADD)라는 것이다. ADD는 주의력 조절 과정에 심각한 이상이 생기는 것을 말한다. 아동과 성인 모두에게서 나타날 수 있는 ADD는 30년 전만 하더라도 존재하지 않았던 질환이었다. 그런 진단명 자체가 아예 존재하지 않았다. 그런데 지금은 점점 흔한 질환이 되어 가고 있다.

명상이란 곧 주의를 기울이는 능력을 계발하는 것이라는 점에서 명상적 관점이 이 ADD를 치료하고 예방하는 데 하나의 빛을 던져 줄 것이라고 생각할 수 있다. 그리고 그것은 사실이다. 그렇지만 명상적 전통의 관점에서 볼 때에는 우리 사회 전체가 거대한 ADD를, 그리고 그 가장 흔한 변종인 주의력결핍 및 과잉행동 장애(attention deficit hyperactivity disorder: ADHD)를 겪고 있다는 것도 사실이다. 그리고 그 증상은 날로 심각해지고 있다. 주의를 기울이고 지속하는 능력을 단련하는 것은 더 이상 사치가 아니라 우리 삶에서 가장 의미 있는 것, 그러면서도 우리가 가장 쉽게 놓쳐 버리고 무시하거나 부정하는, 혹은 너무 빨리 흘러가 버려 알아채지도 못하는 것으로 돌아가는 '생명줄' 같은 것이다.

나는 우리 미국인 역시 지난 반세기 동안 우리의 문화가 취해 온 방향으로 인해 보다 미묘하고 눈에 잘 띄지 않는 방식으로 주의력 결핍을 겪고 있다고 생각한다. 즉, 우리는 유명인으로 점철된 오락 문화 속에서 점점 더 외로움을 느끼고 존재감을 잃어 간다. 매일 밤 시트콤이나 리얼리티 프로그램을 시청하고, 다른 사람의 삶과 꿈을 흉내 내며, 자신의 가장 친밀한 관계를 온라인 채팅방에서 찾는다. 또 빈 시간이 생기면 참지 못하고 그것을 무엇인가로 채우려 하며, 지금 있는 곳이 아닌 어딘가 다른 곳에 이르러야 한다고 생각하며, 자신에게 부족하다고 생각되는 것을 반드시 얻어야만 만족과 행복을 느낄 수 있다고 생각한다.

그런데 우리가 느끼는 이 외로움과 고립감 속에는 보다 큰 전체와 연결되고자 하는 깊은 갈망과 바람, 익명의 존재로 남고 싶지 않은 바람, 또 누군가가 우리를 보아주고 알아주기를 바라는 갈망—대개는 의식되지 못하고 무시되는—이 존재하고 있다. 왜냐하면 관계성, 상호성, 주고받음을 통해—특히 감정적 차원에서—우리는 우리가 이 세상에 자리를 잡고 있다는 사실을 상기하게 되며, 또 우리가 어딘가에 소속되어 있다는 사실을 가슴으로 알게 되기 때문이다. 타인과의 의미 있는 관계를 경험하는 것은 우리에게 깊은 만족감을 준다. 우리는 자신보다 큰 무엇과 연결되어 있음을 느끼게 해 주는 소속감에 굶주려 있다. 우리는 타인이 우리를 봐 주기를, 우리가 하는 일 때문이 아니라 있는 그대로의 우리로서 인정해 주기를 갈망한다. 그럼에도 대부분은 그렇지 못하다.

사람들이 있는 그대로의 우리를 자애롭게 바라봐 주고 알아주는 일은 그리 흔하지 않다. 왜냐하면 사람들은 대개 매우 바쁘게 움직이며 자기 생각으로 머리가 꽉 차 있어 다른 사람에게 좀처럼 제대로 주의를 기울이지 못하기 때문이다. 도시나 시골 할 것 없이 오늘날 우리의 삶의 방식은 점점 더 배타적이고 고립적으로 되어 간다. 요즘에는 시골의 이웃 문화조차도 점점 고립되고 외로워지며 불안해진다. 아이들은 안전상의 문제 때문에 혹은 단지 습관이나 중독, 지루함 때문에 텔레비전과 컴퓨터 게임에만 몰두하느라 동네에서 잘 뛰어놀지 않는다. 텔레비전을 보는 동안 아이들이 기울이는 주의는 완전히 수동적이며 비사회적인 것이다. 그것은 자기 자신의 내면에, 그리고 사람들 사이에 형성되는 구체화된 관계성에 집중하지 못하고 끊임없이 산만해지는 주의력이다. 오늘날 아동의 활발한 대인 상호작용이 계속적으로 감퇴하고 있다는 것을 많은 연구가 보여 주고 있다. 그리고 어른도 이제는 더 이상 예전처럼 이웃을 잘 알지도 못하고 서로에게 의지하지도 않는다. 오늘날 이웃 사이에 진정한 공동체를 형성하는 것은 그만큼 드문 일이 되었다.

오늘날에는 가족 내에서도 어린 아동의 부모는 종종 심한 스트레스와 고민에 휩싸여 혹은 너무 바빠서 물리적으로 곁에 있더라도 자녀에게 진정한 관심을 갖지 못한다. 부모는 언제나 정신없이 바빠서 많은 경우 자녀를 제대로 바라보지 못하고 커다란 스트레스를 받을 때면 자녀를 안아 줄 생각조차 하지 못한다. 이렇게 가족 내의 어느 구성원도 그들이 필요로 하고 받아 마땅한 관심을 받지 못하고 있다.

그리고 오늘날 의료 현장에서는 의사가 환자에게 제대로 된 관심을 갖는 일도 만만치 않다. 어떤 경우는 거의 불가능하기까지 하다. 의사는 환자를 제대로 돌볼 시간이 턱없이 부족하다. 그만큼 여러 가지 압박과 스트레스를 받는 것이다. 이처럼 의도하지 않은 무관심은 의료상의 위험을 그만큼 높이며, 어떤 경우 이것은 고질적인 상황이 될 수도 있다. 물론 훌륭한 의사는 최선을 다해 그런 일이 없도록 대비하겠지만, 아무리 훌륭한 의사라도 오늘날의 '관리된'—효율성과 이익 추구를 중시하는—돌봄의 시대에 의료의 시간적 압박에 끊임없이 시달리고 있다.

주의력 결핍은 인류가 지구상에서 10만 년 넘게 '호모사피엔스사피엔스'로 살아온 수렵 · 채집의 시대에는, 혹은 1만 년 전 농사와 가축을 시작하던 때에도 매우 드문 현상이었다. '사피엔스(sapiens)'라는 단어는 라틴어로 '알다, 맛보다, 지각하다, 현명하다'라는 뜻의 동사 'sapere'의 현재분사, 즉 현재 진행되고 있음을 뜻하는 단어다. 그러므로 '사피엔스사피엔스'란 '알고 있음을 알고 있다'는 의미로 해석될 수 있다. 그렇다. 우리는 우리가 알고 있다는 사실을 아는 능력을 가진 종(種)이다. 바꿔 말해, 우리는 현명한 상위적 관점(meta perspective), 즉 자신이 자각하고 있음을 자각하는 능력을 갖춘 존재다.

앞서 말한 것처럼 인류의 수렵 · 채집 조상은 생존을 위해 끊임없이 주변 환경에 주의를 기울여야 했다. 그렇지 않았다면 그들은 굶어 죽거나 다른 동물에게 잡아먹히거나 길을 잃거나 예측할 수 없는 자연력에 무방비로 노출되었을 것이다. 그리고 개인이 소속된 공동체야말로 그 개인에게는 세상의 전부였기에, 자연세계의 신호에 주의를 기울이고 그것을 읽어 내는 능력에는 필연적으로 자기 공동체 구성원들의 얼굴과 기분, 의도를 읽어 내는 능력도 포함되었다. 이러한 이유로 주의력 결핍은 진화 과정에서 매우 불리한 위치에 놓이게 되었으며 결코 선택받지 못했다. 주의력 결핍을 가진 사람은 자녀를 낳아 자신의 유전자를 물려줄 만큼 오래 살지 못했을 것이다.

이와 마찬가지로 농부도 지구와 새 생명의 리듬에, 그리고 매 시간 작물을 관리해야 하는 필요성 때문에 자연스럽게 자연세계에 생물학적 사이클을 맞추게 되었다. 이러한 자연과 시간, 계절의 사이클에 주의를 기울여 그에 리듬을 맞추는 일은 시계와 달력이 절기를 표시하는 기준이 되기 훨씬 전부터 인간의 생존에 필수적인 것이었다.

그러므로 우리가 고요함을 찾으려고 할 때 많은 사람이 그것을 자연에서 구하는 것은 이상할 것이 없다. 자연은 꾸밈이 없다. 창밖의 나무와 거기 앉은 새는 자연 그대로의 야생의 유물이라고 할 수 있는 '지금'에 오직 머물고 있다. 지금이라는 이 유물은 과거에도 지금도 인간의 척도로 볼 때에는 시간을 초월한 영원성을 갖고 있다. 자연세계는 오직 '지금' 펼쳐진다. 우리는 우리가 자연의 일부임을 본능적으로 느낀다. 왜냐하면 우리의 조상도 자연에서 태어나 자연으로 돌아갔기 때문이며, 자연계야말로 우리가 아는 유일한 세상이기 때문이다. 자연계는 또한 거기 사는 사람들에게 매우 중층적인 경험의 차원—예컨대, 영계(靈界)라든지 신의 세계, 눈에 보이지는 않지만 분명히 느낄 수 있는 세계 등—을 제공하기도 했는데, 그것은 사람들이 생존하기 위해 알 필요가 있는 것이었다.

계절의 변화, 바람과 날씨, 빛과 어둠, 산과 강, 나무, 대양, 들판, 식물과 동물, 야생은 지금도 우리에게 말을 걸고 있다. 그것들은 우리를 초대하여 보여 주고 있고 언제나 머물고 있는—잊어버리지 않는 한, 인간도 머물고 있는—현재라는 곳으로 우리를 다시 데려간다. 그것들은 우리가 가장 중요한 것에 집중하고 주의를 기울이도록, 메리 올리버의 우아한 표현을 빌리면 "사물이라는 가족 속에서 우리가 서 있는 곳을" 상기시켜 준다.

그러나 지난 백 년 동안 우리는 자연세계와의 친밀성, 그리고 우리가 태어난 공동체와의 평생에 걸친 연결성으로부터 떠밀려 나가는 커다란 변화를 겪었다. 그리고 그 변화는 특히 디지털 혁명과 그것의 실질적인(virtual)—'가상현실'이란 뜻도 지닌 일종의 언어 유희—전 세계적 유행과 더불어 지난 15년여 동안 훨씬 더 두드러지게 나타났다. '시간을 줄여 주는' 우리의 모든 장치는 이제 우리를 더 빠른 속도, 더 밀도 높은 압축, 더 큰 탈화(脫化)와 거리감으로 몰아세운다.

어느 하나의 대상에 주의를 기울이는 것은 점점 더 어려운 일이 되어 가고, 우리가 주의를 주어야 할 대상의 수는 점점 늘어나고 있다. 우리는 한 대상에 집중하지 못하고 쉽게 주의가 분산된다. 엄청난 양의 정보와 각종 호소, 마감 시한과 커뮤니케이션이 우리에게 끊임없이 퍼붓는다. 빠르고 광포한 속도로 가차 없이 들이닥친다. 그리고 그것들 대부분은 인간이 만든 것이다. 그 이면에는 그것을 만든 사람의 생각이 있으며, 그것들은 우리의 탐욕과 두려움에 호소하는 경우가 그렇지 않은 경우보다 많다. 우리의 신경계에 대한 이러한 무차별 공격은 만족과 평정이 아닌 욕망과 동요를 계속해서 자극하고 키운다. 그것은 교감보다 반응을, 일치나 조화보다 부조화를, 있는 그대로 완전함을 느끼기보다 무언가를 얻어야 한다는 생각을 키운다. 우리의 현재 순간들이 공격당하고 끊임없는 긴박함의 뜨거움 속에서 소모되면서 우리는 계속 압박을 받고 미래 속으로 던져지고 있다.

이 모든 속도와 탐욕, 신체적 무감각 속에서 우리는 점점 더 우리의 머릿속으로 빨려 들어가, 상황을 있는 그대로 인식하기보다 모든 것을 머리로 해결하고 통제하려고만 한다. 더 이상 자연적이지도 않고 생명력도 잃은 세계 속에서, 우리는 우리가 가 닿을 수 있는 범위를 확장시켜 주는 기계—자동차 안의 라디오와 자동차, 침실의 텔레비전, 사무실의 컴퓨터, 점점 더 부엌에도 설치되는 컴퓨터 등—들과만 계속해서 교류한다. 이렇게 우리는 중독적으로 기계를 사용함으로써 스스로를 탈신체화(dis-embody) 하고 있다.

지난 몇 세대에 걸쳐 일어난, 우리 삶의 방식의 이러한 지칠 줄 모르는 가속화는 우리로 하여금 무엇 하나라도 그것에 온전히 집중하는 기술을 잃어버리게 만들었다. 그러한 상실은 디지털 혁명이라는 것으로 인해 더욱 심각한 문제가 되었다. 디지털 혁명은 우리의 일상에 불과 몇 년 전만 해도 상상할 수 없었던 변화를 몰고 왔다. 가정용 컴퓨터, 팩스, 삐삐, 휴대전화, 카메라가 달린 휴대전화, 개인용 팜 장치들, 노트북 컴퓨터, 24시간 내내 7일 동안 쉬지 않고 계속되는 초고속 연결망, 인터넷과 월드와이드웹, 이메일 등 얼마 전까지만 해도 상상하기 어려운 꿈이자 공상과학 소설에나 나오는 이야기였던 이 모든 것이 이제는 현실이 되었다. 이 모든 것의 거부할 수 없는 편리함과 유용성, 접근성, 효율성, 향상된 정보와 조직력, 오락성, 쇼핑과 뱅킹, 커뮤니케이션의 편리성 등 디지털 발전이 가져다준 모든 편익에도 불구하고, 이 거대한 디지털 혁명은 우리가 그것을 깨닫든 깨닫지 못하든 우리의 삶의 방식을 돌이킬 수 없이 변형해 버렸다.

그리고 이 디지털 혁명이 이제 막 시작되었다는 것에도 의문의 여지가 없다. 그럼에도 그것은 우리의 가정과 우리가 일하는 방식을 완전히 바꿔 놓았다. 많은 사람이 이제 계기판 앞에 앉아 컴퓨터 화면을 쳐다보면서 매일 하루 종일 타이핑을 하고 아이콘을 클릭하고 있다. 얼핏 보아도 노동력의 상당 부분이 이런 식으로 바뀌었다. 그리고 우리가 하루에 해낼 수 있는 일의 양을, 그리하여 목표 달성에 대한 우리의 기대치와 우리 혹은 '그들'이 원하는 것이 무엇이든 그것을 즉시 제공하는 것에 대한 기대치도 높아졌다. 이러한 새로운 일과 삶의 방식은 무수한 선택사항, 간섭 및 주의 분산의 기회, 뛰어난 대응 능력(response ability)—두 단어를 붙여 쓰면 '책임(responsibility)'이란 단어가 되는 것에 착안해서 주위의 무의미하고 사소한 요구에 끊임없이 대응해야 하는 능력이 곧 현대사회에서 '책임'있는 것으로 간주됨을 언어유희를 통하여 빗댄 것: 역자 주—그리고 사소한 일에도 아무렇게나 호들갑을 떠는 긴박함으로 우리를 몰아세우고 있다. 우리가 해야 할 일의 목록은 자꾸 길어지며, 우리는 다음 순간으로 넘어가기 위해 언제나 지금 이 순간을 허겁지겁 서두르고 있다.

이 모든 상황은 우리가 어떤 행동을 취하기 '전에' 어떤 사물이나 사안에 대하여 주의를 유지하고 그럼으로써 깊이 있는 방식으로 그것을 아는 능력과 성향을 소진하고 만다. 이런 경우를 우리는 이메일을 보낼 때 보게 된다. '보내기' 버튼을 클릭한 직후 우리는 본문에서 이야기했던 파일 첨부를 깜빡했다는 것을 깨닫는다. 혹은 정작 하고 싶은 말이 아니었는데 하고 후회하는 경우도 있고, 하고 싶었던 말을 하지 못했다는 것을 알게 되는 경우도 있다. 이미 메일을 보내고 나서 말이다.

기술 자체는 우리가 생각이나 반성, 고찰을 위해 필요로 하는 시간을 갉아먹는다. 그것은 때로 저항하기 힘들 정도로 지금 보고 있는 메일에서 벗어나 자꾸 편지함에 있는 다음 메일로 넘어가도록 부추긴다. 우리는 속으로 후회하면서 정정 메일을 보낸다. 그러나 이미 보내 버린 메일은 어떻게 할 것인가?

이런 방식으로 만약 우리가 자신도 별로 의식하지 못한 채 매 순간 내리는 선택들에 마음을 챙기지 않는다면 이러한 사사로움과 무의미성은 우리의 일상생활과 대인관계 속으로 계속해서 파고들 것이다. 왜냐하면 우리는 어느 ADD 전문가가 말했듯이 말 그대로 모든 달콤한 기회와 선택으로 주의가 분산되고 있기 때문이다. 우리는 심지어 강박적인 멀티태스킹—한 번에 여러 종류의 일을 동시에 하는 것: 역자 주—으로 우리 스스로를 매 순간 방해하기도 한다. 이처럼 한 가지 대상에 마음을 집중하고 한 가지 대상으로 마음을 향하는 우리의 능력과 욕구는 우리에게 너무 낯선 것이 되어 버렸다.

우리는 자신을 끊임없이 주의 산만으로 내몰고, 또 인간이 만든 세계 역시 일찍이 자연세계—우리가 인간으로 태어나 거기서 자란—가 한 번도 그러지 않았던 방식으로 우리를 주의 산만으로 내몰고 있다. 인간이 만든 세계는 그 모든 경이로움과 심오한 재능에도 불구하고 우리를 유혹하고, 환상과 무언가가 되고자 하는 우리의 끝없는 갈망을 자극하는 쓸데없는 것들을 점점 더 많이 우리에게 쏟아붓고 있다. 그것은 우리가 단 한순간이라도 그것을 다른 어떤 것으로 채우거나 성급하게 다음 순간으로 넘어가지 않고, 이 순간 실제로 일어나고 있는 것을 느끼면서 이 순간에 머무는 일에 만족할 수 있는 기회를 자꾸 없애 버리고 있다. 우리는 시간이 없다고 불평하지만 사실은 이것이 우리의 시간을 빼앗고 있는 것이다. 그것은 우리의 마음이 부주의와 불안정이란 춤을 추도록 만들고 있다. 우리가 마음이 산란하지 않도록 할 수 있고 일을 할 때는 산란하지 않을 수 있으면 좋으련만!

오늘날 많은 아동—심지어 3세 정도의 어린아이까지도—이 ADD나 ADHD에 대한 약물을 처방받고 있는 것은 많은 점을 시사하는 비극적인 일이다. 그런데 만약 아이들의 이런 행동이 우리 시대에 비정상적인 것이라면 많은 경우 아이들을 산만함과 과잉행동으로 끌어들이고 있는 것은 다름 아닌 어른들이 아닐까? 아이들의 행동은 보다 널리 퍼져 있는 가족생활의 편치 않음, 그리고 우리 시대의 삶 전반의 편치 않음의 한 징후에 지나지 않는 것이 아닐까? 마치 오늘날 어른과 아이 모두에게 유행병처럼 번지고 있는 비만이 그렇듯 말이다.

부모가 너무 바빠서 혹은 물리적으로 함께 있더라도 머릿속이 다른 생각으로 가득 차 있다면, 밤에도 주말에도 하루 종일 직장에 있다면, 집에 있더라도 계속 전화만 붙들고 있다면, 그리고 온갖 잡다한 집안일을 처리하느라 자녀에게 관심을 기울이지 못한다면, 우리 아이들—아무리 어려도—은 부모에 대한 결핍을 느낄 것이고 그 이면에서 커다란 존재론적 슬픔을 느낄 것이다. 이것은 부모의 관심의 결핍이며, 실제로 살아 있고 호흡하며 느끼는, 가끔이 아닌 언제나 몸을 함께하는, 산만하지 않은 현존의 결핍이다.

그러나 우리 어른은 그것이 결국 어른의 세계라고 생각하기 쉽다. 그러나 우리 어른이 끊임없이 주의 산만해져 무엇 하나에도 오래 집중하기 어렵다면 점점 더 많은 아이가 그렇게 변하는 것도 무리가 아니지 않을까? 왜냐하면 아이들의 리듬이란 태어날 때부터 상당 부분, 특히 영유아기 때는 어른의 리듬에 맞춰져 있기 때문이다.

또 아이들은 휴대전화나 문자 메시지를 사용하기 전에는 ADD를 잘 겪지 않는다. 그들은 그냥 많은 활기를 지닌 보통의 아이일 뿐이다. 그런 아이들이 이제는 학급의 문제아, ADD나 ADHD를 겪는 이상 행동의 아동으로 인식되고, 심지어 그렇게 진단을 받기도 한다. 왜? 어른이 아동기의 정상적인 활기와 도전을 인내심을 갖고 응대해 줄 시간을 갖지 못하기 때문이다.

많은 사람이 자신의 환경의 노예가 되어 가고 있다고 느낀다. 동시에 우리의 삶이 전개되는 속도에도 중독되어 있다. 심지어 우리가 느끼는 스트레스와 괴로움조차 어떤 때는 이상하게 만족스럽고 우리를 도취하게 하는 것으로 느낀다. 그래서 우리는 삶의 속도를 늦추고 우리 자신을 현재에 내주는 일을 꺼린다. 우리는 아이들의 필요가 우리 어른의 그것과 충돌할 때 그들의 필요에 온전히 주의를 기울이지 못한다. 우리 아이들의 필요가 매우 실제적인 것이고 계속 변화하고 있음에도—아이들에게 행동장애가 있어서가 아니라 그들이 '아이들'이기 때문에—말이다.

우리 아이들은 어쩌면 우리의 ADD 가정에서, 혹은 죽은 커리큘럼과 조각나고 분열된 정보로 가득 차고 지나치게 엄격한 ADD 학교에서 얻은 편치 않음에 굴복할지 모른다. 그러면 아이들은 결국 이런 방식으로 우리의 ADD 사회에 들어와 일과 인간관계, 그들 자신의 삶과 나름의 방식으로 관계를 맺을지 모른다. 이것이 오직 일부만 맞는 이야기라 하더라도 그에 대해 생각하는 것만으로 공황발작까지는 아니더라도 두통을 일으키기에 충분하다.

24/7 연결성

조금만 주의를 기울여 보아도 우리의 세계가 이제껏 인간의 신경계가 한 번도 체험하지 못했던 방식으로 우리 코앞에서 엄청난 격변을 겪고 있음을 쉽게 알 수 있다. 이러한 변화의 거대성과 그것이 우리의 삶, 가족생활, 일에 미치는 영향을 생각할 때 때로 그것이 어떻게 우리의 삶에 영향을 미치는지 반성해 보는 것도 좋은 생각일 수 있겠다. 그와 관련하여 마음챙김을 하루 24시간, 주 7일 내내 연결되어 있는 우리의 전 영역에, 그리고 그러한 24/7 연결성이 우리에게 어떤 영향을 미치고 있는가에 적용해 보는 것도 좋은 아이디어가 되겠다.

내 생각에 우리는 이런 것에 관하여 거의 알아차리지 못하고 있었던 것 같다. 우리는 새로운 가능성과 도전에 적응하는 데, 새로운 기술을 이용하여 더 많은 일을 더 빠르고 더 완벽하게 해내는 데, 그리고 그 과정에서 그것에 완전히 의존하는—심지어 중독되는—데 완전히 빠져 버렸다. 더구나 우리가 깨닫든 그렇지 못하든 간에 줄어들 기미가 전혀 보이지 않는 시간 가속화의 격류에 휩쓸려 떠내려가고 있다. 효율성과 여유시간에서 엄청난 이익을 창출한다고 자랑하는 기술은 오히려 우리로부터 이 두 가지 모두를 빼앗겠다고 위협하고 있다. 당신이 아는 사람 중에 과거보다 더 여유로워진 사람이 있는가? 이러한 생각은 오늘날의 시대에 어울리지 않는다. 그것은 우리가 너무나 바쁘게 일했던 1950년대를 생각나게 한다.

오늘날 우리의 삶의 속도는 무어의 법칙(Moore's law)—인텔 창립자 고든 무어가 처음 명명한 데서 붙은 이름—이라고 알려진 거역할 수 없는 기하급수적 가속화에 끌려가고 있다. 무어의 법칙은 IC 회로—집적회로—의 크기와 속도에 관한 것으로, 18개월마다 차세대 마이크로프로세서의 계산력과 속도는 2배 늘어나는 반면 크기는 2배 줄어들며 생산 비용은 동일하다는 것이다. 생각해 보라. 처리 속도는 증가하고 크기는 점점 작아지며, 전자제품의 가격은 계속해서 싸지는 현상이 끝없이 계속된다. 전 세계에서 날아오는 점점 더 많은 이메일과 음성 메일, 팩스, 문자 메시지, 휴대전화 통화에 좋든 싫든 응답을 할 수밖에 없는 상황에서 우리는 직장에서나 가정에서, 소비자 제품에서, 게임과 포터블 전자장치 등의 컴퓨터 시스템의 유혹에 쉽게 빠져들어 중독이나 방향 감각의 상실을 겪을 수밖에 없다. 도처에서 날아드는 산더미 같은 스팸 광고에서 빠져나갈 방법은 없다. 그러나 우리에게 날아드는 많은 정보가 또한 우리가 잘 아는 사람들, 우리가 연결을 유지하고 싶어 하는 사람들로부터 오는 것도 부인할 수 없다. 그런데 우리는 이러한 즉각적이고 동시적인 연결성, 즉각적인 대답에 대한 주변 사람들의 기대를 어떻게 조절해야 할 것인가?

휴대전화와 무선 팜 장치의 발달과 더불어 우리의 연결성은 획기적으로 향상되었으며, 우리는 언제 어디서든 누구와도 즉각적으로 연락을 하고 볼 일을 볼 수 있다. 그러나 당신은 그 과정에서 우리가 우리 자신과의 접촉을 상실하는 위험을 무릅쓰고 있다는 사실에 대해 생각해 보았는가? 이 모든 주변의 유혹 속에서 우리는 삶에 대한 우리의 주요한 연결 통로가 바로 우리 자신의 내면—즉, 우리 자신의 몸과 모든 감각(마음을 포함하여)을 체험하는 것—임을 망각하기 쉽다. 그것이야말로 우리가 세상을 접촉하고 또 세상이 우리를 접촉하는 매개가 되어 우리가 세상에 적절하게 대응할 수 있도록 해 주는 것이다. 그런 점에서 우리는 그 어떤 것으로도 채워지지 않은 순간, 그러니까 우리가 전화 한 통을 더 받고 이메일 하나를 더 보내며 일 하나를 더 계획하고 실행하기 위해 곧장 다음 순간으로 넘어가지 않고 그 무엇으로도 채워지지 않은 순간이 필요하다고 할 수 있다. 다시 말해, 반성의 시간, 숙고의 시간, 사려 깊음의 시간이 필요한 것이다.

연결성에 관한 이 모든 이야기에도 불구하고 우리 자신과의 연결성은 과연 어떤가? 우리는 자신을 제외한 다른 모든 사람과의 연결성이 극대화되었지만 정작 우리가 지금 실제로 있는 곳에는 전혀 있지 못한 것이 아닐까? 해변에서 휴대전화 통화를 하고 있는 우리는 정말로 거기에 있는 것일까? 길을 걸으면서 휴대전화로 통화하는 우리는 정말로 길에 있는 것일까? 운전하면서 휴대전화 통화를 하는 우리는 정말로 운전을 하고 있는 걸까? 우리는 삶의 속도의 가속화와 즉각적인 연결의 가능성 앞에서 우리의 삶 속에 존재할 수 있는 가능성을 날려 버려야 하는 것일까?

그 대신 특별히 '할 일 없는' 시간에라도 누구와도 연락하지 않는 건 어떨까? 사실 '할 일 없는' 시간이란 실제로 존재하지 않음을 깨닫는 것은 어떨까? 전화선의 저쪽(상대방) 말고 이쪽(나)과 접촉하는 것은 어떨까? 변화를 위해 우리 자신을 불러내어 체크인을 하고 우리가 지금 무슨 일에 매달려 있는지 보는 것은 어떨까? 우리 자신이 지금 어떻게 느끼고 있는지와—심지어 아무 느낌이 없는 멍한 상태에 있어도, 완전히 압도당하거나 지루하거나 지리멸렬한 순간에도, 또 불안하거나 우울한 상태에서도, 또 한 가지 일을 더 할 필요가 있는 상황에서도—단순하게 접촉하는 것은 어떨까?

우리의 몸, 그리고 우리가 외부세계를 감각하고 아는 감각의 우주 사이의 연결을 유지하는 것은 어떨까? 멍하니 아무 생각 없는 순간보다 어떤 순간에라도 그 순간 마음에 일어나는 것—우리의 감정과 기분, 느낌, 생각, 신념 등—에 대한 알아차림으로 그곳에 머무는 것은 어떨까? 마음속에 일어나는 일의 내용뿐 아니라 그 느낌의 색조와 함께 머무는 것은 어떨까? 어떤 에너지로서의 실재성, 그리고 우리 삶의 중요한 사건으로서의 실재성으로, 또 자기이해를 위한 거대한 정보의 저장고로, 변화를 촉진하는 훌륭한 기회로, 우리가 알고 있고 이해하고 있는 것으로 삶을 보다 참되게 사는 기회로 거기 머무는 것은 어떨까? 모든 차원에서 우리 자신을 포함하는 '큰 그림'을 그리는 것은 어떨까? 비록 그 그림이 언제나 진행 중이며, 항상 임시적이고, 변화하며, 분명하게, 그리고 어떨 때는 명확하지 않게 나타나거나 나타나지 않는 그림이긴 하지만 말이다.

많은 경우 우리의 새로 발견한 기술적 연결성은 어떠한 참된 목적에도 공헌하지 못하는 단지 습관일 뿐으로 불합리의 경계를 확장시킨다. 잡지 『뉴요커』에는 다음과 같은 만화가 나온다.

> 출퇴근 시간의 지하철 역사. 열차에서 쏟아져 나오는 사람들과 열차 안으로 쏟아져 들어가는 사람들 모두 귀에 휴대전화를 대고 있다. 그들이 하는 말. "나 지금 열차에 타는 중이야." "나 지금 열차에서 내리는 중이야."

이 사람들은 누구인가—저런, 잊을 뻔했다. 그건 우리 모두다—그 중요한 정보를 서로에게 전하지 않고 열차에 오르고 내리는 것이 과연 잘못된 일일까? 비행기에서 내리고서도 여전히 옛날 방식으로, 즉 휴대전화를 통하지 않고 기다리는 지인들을 만날 수 있지 않은가 말이다. 주의하지 않으면 곧 이런 일이 있을지도 모른다. "지금 욕실에 있어. 지금은 손을 씻는 중이야." 우리가 정말 이런 것까지 알아야 할까?

이런 식으로 상대방이 아닌 자신에게 말한다면 그것은 우리 체험을 마음챙김하며 명칭 붙이는 것이 된다. 그것은 현재 순간 펼쳐지는 체화된 경험에 대한 알아차림을 계발하는 데 무척 유용하다. 나는 열차에 타는 중이야—그리고 그것을 알고 있어. 나는 열차에서 내리는 중이야—그리고 그것을 알고 있어—나는 침실로 가는 중이야—그리고 그것을 알고 있어. 나는 내 손에서 물의 감촉을 느끼고 있어—그리고 그것을 알고 있어. 나는 이 깨끗한 물이 어디서 오는지, 그리고 그것이 얼마나 소중한지 고마워하고 있어. 이것이 바로 체화된 깨어 있음(embodied wakefulness)이다. 수련을 통해 우리는 그 인칭대명사(나)라고 하는 것이 그다지 필요치 않음을 알게 될 것이다. 그것은 다만 열차에 오르고 내리며, 가고, 느끼고, 알고, 알고, 알고…… 하는 것뿐이다.

이런 경험을 다른 사람에게 전하는 것? 누가 그것을 필요로 한단 말인가? 그것은 주의 분산, 산만, 물화(reification)를 통해 현재 순간을 무화(無化)할 수 있다. 우리의 경험 속에서 그것과 함께 홀로 있는 것은 그것이야말로 이 순간 우리의 삶임에도 불구하고 더 이상 충분하지 않게 되었다.

우리의 경험 속에서 그것과 함께 홀로 있는 것, 이것은 우리에게 한 번의 멈춤을 준다. 그것은 우리가 자신의 몸과 호흡, 있는 그대로 지금 이 순간의 순수한, 아날로그의, 비디지털의 자연세계 그리고 있는 그대로의 우리 자신과의 연결성을 깨닫는 데 필요한 멈춤이다.

그렇다고 우리가 개발하고 있는 기술들이 놀랍지 않다거나 유용하지 않다는 의미는 아니다. 부모는 휴대전화로 자녀와 계속해서 연락을 취할 수 있다. 9·11 테러 때 납치당한 비행기 승객들에게 휴대전화로 그들이 처한 상황을 알려 주었고, 네 번째 비행기 승객들이 비행기가 목표물과 충돌하는 것을 막을 수 있었다. 휴대전화는 우리가 서로를 쉽게 찾을 수 있도록, 그리고 아주 놀랍고 유용한 방식으로 우리의 활동을 조절할 수 있도록 해 준다. 그런데 휴대전화는 증가하는 자동차 사고의 원인이 되기도 한다. 사람들은 운전하는 동안 안전하게 운전하는 것보다, 심지어 자신이 어디로 운전해 가고 있는지 아는 것보다 휴대전화는 통화에, 그리고 최근의 연구에 의하면 자동차 라디오 채널을 돌리는 데, 먹는 데, 몸치장에 더 많은 신경을 쓰고 있다고 한다. 그것은 심지어 많은 경우 범죄의 수준에 근접하기도 한다—전화기를 귀에 댄 채, "이런, 죄송해요. 당신을 칠 뻔했군요. 제 앞에서 길을 건너고 있는 당신을 보지 못했어요. 방금 우리 회계사, 변호사, 어머니, 사업 파트너와 중요한 대화를 하던 중이었거든요."—그리고 디지털 기술은 우리에게 사생활이라는 커다란 이슈를 제기하고 있다. 우리가 구입하는 물건, 우리의 이동 경로까지 추적당하고 분석당하며, 우리가 상상하기 어려운 방식으로 우리의 개인적 습관마저도 기록된다. 이것은 우리 사생활의 영역에 대한 기존의 정의를 완전히 바꿔 놓는다. 그것은 적어도 우리가 우편으로 더 많은 상품 카탈로그를 받게 됨을 의미한다.

컴퓨터와 프린터, 또 그것의 놀라운 소프트웨어 능력은 이메일을 통해 언제 어디서든 즉각적으로 문서를 교환하고 예전 같으면 우리 손에 들어오는 데 며칠이 걸렸을 정보에도 즉각적으로 접근하도록 해 주는 능력과 더불어, 많은 경우 우리가 일주일 혹은 15년 전 같으면 한 달 동안 걸려서 했을 일을 단 하루 만에, 그것도 더 잘 마치도록 해 준다. 나 자신의 경우에도 그것은 확실히 사실이다. 나는 결코 기술적 발달에 대한 러다이트운동—19세기초 영국에서 일어났던 기계파괴운동. 이와 관련하여 디지털 혁명을 두려워하고 거부하는 운동을 신 러다이트운동(Neo Luddite)이라 한다: 역자 주—을 옹호하는 것이 아니다. 모든 것이 더 단순했던 과거로 되돌아가자는 낭만적 주장을 하는 것도 아니다. 그러나 나는 우리가 매일 그리고 매년 점점 더 이용 가능하게 되는 모든 새롭고 강력한 기술에 대해 깨어 있을 필요가 있다고 생각한다. 자칫하면 그런 기술들로 인해 우리는 외부세계 속에서 자신을 잃고 자신의 내면에 대해 망각하며, 더욱 우리 자신과의 접촉을 상실할 위험도 있는 것이다.

우리가 우리의 신경계가 과거 한 번도 경험하지 못했던 새롭고 급속한 방식으로 외부세계에 점점 더 많이 이끌려 갈수록 우리가 그에 대항할 수 있는 튼튼한 내면세계를 계발하는 것은 그만큼 더 중요하게 된다. 이 내면세계는 우리가 신경계를 고요하게 만들고 그에 조율하여 자신과 타인을 위해 더 현명하게 사는 데 도움을 줄 것이다. 우리는 몸과 마음, 그리고 우리의 내면과 외면의 인터페이스(접점)에서 일어나는 우리의 체험—우리가 연결을 유지하기 위해 기술을 사용하는 바로 그 순간, 그렇게 하려는 충동이 일어나는 바로 그 순간을 포함하여—에 마음챙김을 가져감으로써 이러한 균형을 계발할 수 있다. 그렇지 않으면 우리는 누가 이 모든 행위를 하며, 누가 보다 바람직한 곳에 이르고 있는가에 관해 생각할 시간을 더 이상 갖지 못하는, 로봇과도 같은 삶을 살게 될 위험성이 있다.

지속적이고 부분적인 주의

『뉴욕타임스』 칼럼니스트인 토머스 프리드먼(Thomas Friedman)은 마이크로소프트의 연구원인 린다 스톤(Linda Stone)의 말을 인용해, 오늘을 사는 우리의 현재 마음 상태를 '지속적이고 부분적인 주의(continual partial attention)'라고 표현했다. 프리드먼은 그에 덧붙여 이렇게 이야기한다. "나는 그 표현이 아주 적절하다고 생각해요. 그것은 당신이 이메일 답장을 쓰거나 아이들과 대화를 나누는 도중에 휴대전화가 울리고 전화 통화를 한다는 것을 의미하지요. 이제 당신은 여러 일 각각에 오직 부분적으로밖에 집중할 수 없는 계속적인 상호작용의 흐름 속에 있게 된 것입니다."

> 린다 스톤은 이렇게 말했다. "당신 자신을 누군가에게 혹은 어떤 경험에 온전히 전념하는 것이 곧 우리가 충족감을 느끼는 방식이라면, 그것은 일정 수준의 지속적인 주의력을 요구한다." 그리고 우리는 바로 그러한—지속적으로 주의를 기울이는—능력을 잃어 가고 있다. 왜냐하면 우리는 기회를 찾아 끊임없이 세계를 기웃거리며 무언가 더 좋은 것을 잃을까 하는 두려움에 계속해서 빠져 있기 때문이다. 이것은 믿기 어려울 정도로 영혼을 고갈시킨다.

프리드먼은 계속해서 다음과 같이 말한다.

> 너무나 많은 사람이 내 사무실에 전화를 건다. 그리고 내가 사무실에 없으면 곧장 내 휴대전화나 삐삐 번호—나는 둘 다 가지고 있지 않다—를 묻는다. 이제 당신은 더 이상 '밖에' 있을 수 없다. 당신이 언제나 '안에' 있어야 한다는 것이 암묵적인 전제가 되었다. 밖에 나가 있던 때는 끝났다. 이제 당신은 항상 '안에' 있어야 한다. 항상 안에 있다는 말은 항상 불이 켜진 대기 상태에 있어야 한다는 뜻이다. 불 켜진 대기 상태에 있을 때 당신은 무엇과 같은가? 마치 컴퓨터 서버와 같을 것이다.
>
> 문제는 인간이 원래 컴퓨터 서버와 같은 존재로 만들어지지 않았다는 사실이다. 한 가지만 말하면, 인간은 하루 8시간을 자도록 만들어졌다. 예일 경영대학원의 학장이자 『CEO의 마음(*The Mind of the CEO*)』의 저자인 제프 가튼(Jeff Garten)은 이렇게 말했다. "지금은 우리가—기술에—적응해야 하고, 그렇지 않으면 죽게 되는 시대가 아니다. 기술이—우리에게—적응하지 못하면 죽게 되는 시대다."

그러나 이런 종류의 적응은 우리가 더 마음을 챙기는 커다란 헌신 없이는 불가능할 것이다. 아마도 당신은 오늘날 사무기술의 혁신으로 우리의 업무량이 점점 끝없이 늘어나고 있음을 알 것이다. 더 이상 업무하는 날이 따로 있는 게 아니다. 일과, 어디서나 일할 수 있는 우리의 능력은 24시간으로 확장되었다. 더 이상 업무 주간이 따로 있지 않고, 주중과 주말의 구분도 희미해졌다. 더 이상 일하는 장소도 고정되어 있지 않다. 공항, 식당, 휴가지, 호텔 등 어디서나, 거리를 걷고 자전거를 타는 어느 곳에서도 업무를 보는 것이 가능해졌다. 게다가 휴대전화, 이메일, 인터넷도 있다. 『뉴욕타임스』에 실린 어느 전면광고 카피다. "마이크로소프트의 오피스 제품이 무선으로 바뀌면 놀라운 일이 벌어집니다. 사무실을 어디로든 가지고 다닐 수 있으니까요."

물론 이것은 놀랍고 편리한 일이다. 그리고 많은 면에서 크게 도움이 되는 것이 사실이다. 나는 그것을 비판하는 것이 아니라 그러한 기술 발전이 우리의 삶에 어떤 영향을 미치고 있는지 우리가 좀 더 자각해야 하며, 우리가 순간순간 삶의 전체적인 균형을 고려하면서 선택을 내려야 하지 않겠느냐는 말을 하고 싶은 것이다. 우리가 기술을 더 많이 사용할수록 우리는 그것에 더 의존하게 되며 기술의 점점 강해지는 유혹에 끌려가기 쉽게 된다. 따라서 그럴수록 우리가 "나를 위한 시간은 도대체 언제?" 같은 질문을 스스로에게 던질 필요가 있다. 우리가 단순히 존재하는 시간은 언제인가? 우리는 아날로그적 삶을 언제 살 것인가? 소중한 가족과의 시간을 방해받지 않을 때는 언제인가? 다만, 걷고 자전거 타고 먹고 쇼핑할 시간은 언제인가? 외부의 간섭 없이 혹은 우리의 쉼 없는 성취 욕구를 더 심화하지 않고, 지루할 때면 단지 시간을 때우지—우리는 시간을 '죽인다(kill)'는 표현을 쓴다—않고, 또 쉴 새 없이 다음 일을 처리해야 하는 필요성 없이, 현재 순간 펼쳐지고 있는 것과 다만 함께할 시간은 또 언제인가? 그리고 우리는 그러한 시간을 가지고 무엇을 해야 하는지, 어떻게 그 속에 존재할 것인지 알 수 있을 것인가? 아니면 우리 스스로 실제 삶에서 점점 멀어지면서 반사적으로 신문을 집어들거나, 누군가에게 전화를 걸거나, 멀리 떨어진 것을 클릭할 것인가?

일요일판 『뉴욕타임스』의 비즈니스 섹션에 등장한 몇 가지 사례를 소개한다.

> "10년 전에는 당신은 사무실에서 12시간을 보내야 했습니다." 시스코 시스템즈(Cisco Systems)의 기술정책 보조 상무 서기관이자 전 임원이었던 브루스 멜먼(Bruce P. Mehlman)의 말이다. 그는 이제 직장에서 하루 10시간을 보낸다고 한다. 그래서 아내와 세 자녀와 더 많은 시간을 보낼 수 있다고 한다. 무선 노트북과 블랙베리, 휴대전화를 사용하면서 말이다.
>
> "나는 아이들이 옷 입는 것을 도와주고, 밥도 먹여 주고, 목욕도 시켜 주고, 밤에는 동화책을 읽어 주기도 합니다." 그는 말했다. 그는 아들과 레고 비행기로 공중전 게임도 한다. 다섯 살 난 아들과 함께 레고 비행기를 가지고 가상의 공중전을 벌이는 것이다.
>
> 멜먼 씨와 아들은 둘 다 그 게임을 아주 좋아하는데, 그것이 아빠에게 이로운 점이 또 있다. 그것은 한 손으로 아들과 비행기 놀이를 하면서 다른 한 손으로는 수화기를 들고 통화를 하거나 이메일을 체크할 수 있다는 점이다. 이런 '멀티태스킹' 기술은 때로 노련한 기술을 요구하기도 한다. 멜먼 씨는 대개 일부러 아들이 레고 비행기 공중전에서 이기도록 하지만 때로 자신이 이길 경우도 있는데, 그 이유는 자신이 이기게 되면 아들은 비행기를 다시 조립하느라 몇 분을 보낼 것이기 때문이다. "아들이 비행기를 다시 조립하는 동안 나는 이메일과 블랙베리를 체크하지요." 멜먼 씨의 설명이다.
>
> 44세의 벤처 자본가 찰스 랙스(Charles Lax)는 자신의 자금 풍부한 경쟁자들과

벌이는 '시간 경주'에서 뒤지지 않으려고 첨단기술을 사용한다. 스스로도 자신이 '언제나 대기 상태'에 있음을 인정한다. 그의 사무실 책상에는 전화기, 휴대전화, 몇 대의 프린터와 연결된 노트북, 텔레비전—종종 CNN이나 CNBC에 채널이 맞춰져 있다—이 있다. 그의 곁에는 또 사이드킥(Sidekick: 조수)이라는 적절하게 이름 붙인 모바일 장치가 있어 카메라, 달력, 주소록, 문자 메시지, 심지어 전화기 기능도 한다. 이 장치는 인터넷 검색도 가능하고 이메일도 받을 수 있다. 그는 이 장치가 울려 댈 때면 언제라도 받아든다고 한다. 심지어 이 장치로 화장실에서 이메일을 체크한 적도 있다고 고백한다.

자동차 안에서도 쉴 시간이 없다. "전화기에 대고 말을 하면서도 머리에는 헤드셋이 씌워져 있지요." 랙스 씨의 말이다. 그가 이 장치로 이메일을 확인하는 것 외에도 다른 일을 할까? "그것 말고 다른 일은 얘기하지 않으렵니다. 그랬다간 체포될지도 모르니까요." 그가 웃으며 말했다.

랙스 씨는 끊임없는 자극이 좋다고 말한다. "그것은 즉각적인 만족감을 주지요." 지루할 틈이 없다는 것이다. "공공장소에서 줄을 서거나 식당에서 점심이 나오기를 기다리는 동안, 그리고 스타벅스에서 테이크아웃 커피가 나오기를 기다리는 동안 나는 그 장치를 사용합니다. 그리고 참, 공항을 빼놓을 수 없군요. 그곳에서 비행기를 기다리는 건 정말이지 지옥 같은 경험이니까요. 실시간으로 이메일을 주고받을 수 있다는 건 정말……." 그때 랙스 씨가 말했다. "잠깐만요. 다른 전화기가 울리네요."

전화를 받고 난 랙스 씨는 이러한 업무 방식을 자신의 많은 벤처 자본가 동료와 공유한다고 말했다. "우리 모두는 일종의 ADD를 겪고 있어요. 농담처럼 들릴지 모르겠지만 정말 그래요. 우리는 쉽게 지루함을 느낍니다. 동시에 할 수 있는 일이 너무나 많지요." 그는 심지어 헬스클럽에서 운동을 하면서도 이메일을 체크한다고 한다.

첨단기술은 그에게 자신의 여분의 에너지를 사용하는 방법을 제공하는 것 같다. "그것은 마치 리탈린(Ritalin: ADD 치료제)과 같아요." 그의 말이다. 그러나 그는 기술 의존은 부작용도 있다고 말한다. "미팅을 해도 내 프레젠테이션 내용이 아니라 자신들의 컴퓨터 화면에 집중하고 있는 사람들과 언제나 함께 있게 되지요."

우리가 항상 켜져 있는 컴퓨터 서버 모드에 점점 쉽게 유혹당할수록 우리는 우리의 내면의 삶의 중요성, 그리고 매 순간 펼쳐지고 있는, 있는 그대로의 우리 자신 및 세계와 연결을 맺는 데 있어 순간순간의 온전한 주의가 지닌 힘의 중요성을 상기해야 할 필요가 있다. 우리가 이메일이나 휴대전화와 떨어져 있을 수 없다면, 또 아무 생각 없이 계속해서 멀티태스킹을 하고 싶은 유혹에 굴복한다면, 우리는 결코 '아웃(out)'—연결망이 끊어지는 일: 역자 주—되는 일은 없을 것이다. 그러나 프리드먼이 말한 것처럼 '인(in)'—연결망 속에 들어가는 일: 역자 주—역시 끝나고 말 것이며 의미 없는 것이 되고 말 것이다. 그때 우리는 온전히 현존하는 법, 우리의 온전한 주의를 한 가지 대상에 기울이는 법을 더 이상 알지 못할 것이기 때문이다.

우리가 다시 우리 스스로 '인' 상태가 될 수 있을까? 현존하는 마음을 지속적으로 유지할 수 있을까? 지금 우리가 직면한 문제—그것이 어떤 것이든—그 한 가지에 주의를 기울일 수 있을까? 끊임없는 행동(do) 모드에서 벗어나 존재(be) 모드로 있을 수 있는 휴식 상태에 한 번이라도 존재할 수 있을까? 있다면 그것은 언제가 될 것인가?

우리 자신의 가슴의 속삭이는 열망과 본유의 지혜가 아니라면 그 무엇이 그리고 그 누가 우리를 우리 자신의 집으로 부를 것인가? 그리고 그 일을 하는 데도 우리는 앞으로 무선회사나 마이크로칩 같은 것을 필요로 하게 될까?

시간의 흐름에 대한 '감각'

당신은 낯선 장소에서 뭔가 도전적인 일을 할 때면 시간 감각이 놀랍도록 느려지는 것을 경험한 적이 있는가? 일주일 정도 낯선 도시에서 여러 가지 다양한 체험을 하고 일상으로 돌아오면 일주일이 아니라 훨씬 더 오랫동안 그곳에 가 있었다는 느낌이 들 것이다. 당신은 그곳에서 하루를 일주일처 럼, 일주일을 한 달처럼 여러 다양한 일을 체험하면서 무척 즐거운 시간을 보낸다.

야외로 캠핑을 가도 이와 비슷한 경험을 할 수 있다. 그곳에서는 모든 경험이 새롭다. 그것은 '관광(sightseeing)'이 아니지만 당신이 보게 되는(see) 모든 광경(sight)이 처음 보는 것처럼 새롭다. 이러한 이유로 캠핑을 가면 '주목할 만한' 혹은 '주목할 가치가 있는' 순간들의 빈도가 집에 있을 때보다 높다. 그리고 물론 캠핑장에서는 일상적인 집안일에 신경 쓰지 않아도 좋다. 당신이 위성방송 수신 안테나나 노트북을 캠핑카에 싣고 가지만 않는다면 말이다. 한편, 같은 시간에 캠핑을 가지 않고 집에 있었던 사람들은 평범한 일주일을 보냈다. 그리고 그 일주일은 마치 집을 떠나기 무섭게 곧바로 돌아온 것처럼 전광석화처럼 빠르게 지나갔다.

미국의 컴퓨터 귀재이자 감각 손상을 입은 사람들을 위해 감각 향상 장치를 발명한 레이 커즈웨일(Ray Kauzweil) 박사는 우리의 내면적이고 주관적인 시간 감각은 시스템 내의 '혼동 정도'와 더불어 우리가 '중요하다고' 혹은 주목할 가치가 있다고 느끼는 사건들 사이의 간격에 의해 조정된다고 한다. 그는 이것을 '시간과 혼동의 법칙(Law of Time and Chaos)'이라고 부른다. 한 시스템 내의 질서가 감소하고 혼동—그 과정과 관련한 무질서한 사건의 수—이 증가할수록 시간—두드러진 사건들 사이의 시간—은 느려진다고 한다. 반면 시스템 내의 질서가 증가하고 혼동이 감소하면 시간—두드러진 사건들 사이의 시간—은 빨리 흐른다고 한다. 그가 '수확 가속의 법칙(Law of Accelerating Returns)'이라고 부르는 이 논리는 종의 진화와 비슷한 방식으로 기술, 즉 계산력의 진화 과정을 설명하고 있다.

아기와 어린아이는 자라나는 시기에 많은 중요한 사건을 겪게 되고—시간이 지나면서 그러한 사건의 빈도는 점차 줄어든다—시스템 내의 혼동의 수준—예로, 예측하기 어려운 생애 사건들—도 증가한다. 아이는 중요한 사건들 사이의 시간 간격이 짧아 아동기에 대해 그들이 직접적으로 느끼는 체험은 마치 영원처럼 매우 느린 시간 감각이다. 아동기 때는 시간이 흐르는 것을 거의 자각하지 못하고, 많은 부분 현재 순간에 머문다. 그러나 나이가 들면서 중요한 발달단계 사이의 시간 간격이 점점 길어지면서 현재 순간이라고 하는 것이 어떤 것으로도 채워 있지 않은 텅 빈 것으로, 언제나 똑같은 것으로 인식된다. 우리가 나이가 들면서 주관적인 시간 감각이 빨라지는 것은 시간에 대한 우리의 기준 틀이 점점 길어지기 때문이다.

따라서 당신의 삶이 흘러가는 속도를 늦추고 싶다면 두 가지 방법이 있다. 하나는 자신의 삶을 되도록 많은 새롭고 '중요한' 체험으로 채우는 것이다. 많은 사람이 자신의 삶을 중요한 무엇으로 만들어 줄 다음의 커다란 체험을 언제나 갈구하면서 이러한 삶의 길에 중독되어 있다. 그들은 외국으로 거창한 여행을 떠나거나, 극한의 스포츠에 몰두하거나, 이제껏 맛보지 못한 진수성찬을 기다린다.

주관적인 시간 감각을 늦추는 또 다른 방법은 자신의 일상의 순간들을 놓치지 않고 관찰함으로써 그것들을 주목할 만한 것으로 만드는 것이다. 이 방법 역시 마음속에서 혼동을 줄여 주고 질서를 증가시켜 준다. 아무리 사소한 순간이라도 진정으로 중요한 순간이 된다. 지금 자신에게 펼쳐지고 있는 순간들에 진정으로 현존한다면 어떤 일이 일어나든 그 각각의 순간들이 모두 독특하고 새롭고, 따라서 중요한 순간이 된다는 것을 알 것이다. 그렇게 당신의 시간 감각은 느려진다. 당신은 현재 순간의 무시간적 특성에 열리면서 심지어 주관적인 시간 감각에서 벗어나 있는 자신을 발견할지도 모른다. 당신 삶의 남은 시간—당신이 아무리 나이가 들었더라도—에는 산술적으로 볼 때 천문학적인 수만큼의 순간들이 존재하고 있으므로, 당신이 그것들에 좀 더 현존할수록 삶은 더 생생한 것이 될 것이다. 그 순간들이 더 풍요해지고 순간들 사이의 시간 간격이 더 짧을수록 우리가 그것을 경험할 때 시간이 더 느리게 갈 것이며, 그만큼 당신이 당신의 삶의 순간들에 더 현존하게 되면서 삶은 더 '길어질' 수 있다.

시간 감각이 느려지는 또 다른 방식이 있다. 그것은 정말로 나쁘게 느껴지는 것인데, 바로 우리가 우울, 감정적 소용돌이, 불행에 휩싸여 있을 때다. 휴가 때 일이 잘 진행되지 않으면 일주일, 심지어 하루조차 끝나지 않을 것처럼 보인다. 그것은 우리가 그곳에 있기를 원하지 않기 때문이다. 일이 우리가 계획한 대로 진행되지 않는 것이다. 우리의 기대는 충족되지 않고, 우리는 지금 일이 되어 가고 있는 상황과 끊임없는 갈등을 일으킨다. 우리가 원하는 바와 다르기 때문이다.

시간은 엄청난 부담으로 느껴지고 우리는 참을 수 없게 된다. 집에 가려고 하고, 외부 상황이 바뀌기를 바라며, 비가 잦아들기를 바란다. 그것이 무엇이든 우리가 만족하고 행복을 느끼기 위해서는 그 일이 반드시 일어나야 한다. 집에 있든 집을 떠나 있든 우리가 우울이나 그와 관련된 기분 상태에 빠지게 되면 우리는 일을 처리하는 데 어려움을 겪게 되고, 우리가 하는 모든 일이 공허하게 느껴지며, 우리에게 사사건건 방해물이 된다. 모든 것이 힘들고 시간 자체가 우리를 가로막아 정체 상태에 빠지게 만든다. 의미 있고 중요하며 의욕을 북돋는 일은 결코 일어나지 않을 것처럼 느껴지며, 달성하거나 경험해야 할 발달상의 이정표는 더 이상 없는 듯 보인다.

외부세계의 영역에서 커즈웨일은 우리의 기술이 수확 가속의 법칙—무어의 법칙(반도체 집적회로의 성능이 18개월마다 2배로 증가한다는 법칙: 역자 주)이 그 좋은 예다—을 따라 기하급수적 속도로 진화하고 있으며 기술상의 이정표가 될 만한 발전이 점점 더 빨리 다가오고 있다고 주장한다. 우리의 생활과 우리가 사는 사회는 기계와 떼려야 뗄 수 없는 관계를 맺고 있기 때문에 변화의 이러한 가속도는 우리의 삶을 점점 더 빠른 속도로 몰아가고 있으며, 이 때문에 모든 것이 있는 그대로 존재하는 것이 아니라 점점 더 빨리 변화하고 있는 듯 보인다.

우리는 점점 빨라지기만 하는 일의 속도에 적응해야 하며, 엄청난 양의 정보를 빠르게 처리하고 효율적으로 커뮤니케이션을 하고 중요하고 긴급한 일을 처리해야 하는 필요성에도 적응해야 한다. 유흥을 즐기는 우리의 선택권마저 점점 더 빠른 속도로 확장하고 있으며, 그것은 우리가 휴식과 만족의 순간을 찾으려는 시도에서도 점점 더 많고 점점 더 즉각적인 선택권을 부여하고 있다. 그리고 시간이 갈수록 그것은 점점 더 빨라지고 있다.

• • •

많은 디지털 공학자—커즈웨일도 그중 한 명이다—는 기계가 점점 더 '똑똑하게' 프로그래밍되면서—입력(경험)에 기초하여 출력을 학습하고 조정할 수 있다는 의미에서—사람이 아닌 기계가 다음 세대의 기계를 고안하게 될 것이라고 믿고 있다. 몇몇 경우에 이런 일이 이미 일어나고 있다. 게다가 기억력 향상을 위한 실리콘 주입물의 가능성이라든지 생각과 심지어 느낌마저도 자극하는 로봇이라든지, 나노기술, 유전공학 등의 사례에서 보듯이, 몇몇 선견지명이 있는 디지털 공학자는 진화가 인간의 수준을 넘어섰으며, 이제 기계의 진화까지 포함하게 되었다고 경고하고 있다. 이제 우리가 알고 있는 인간의 시대, 우리가 사용하는 '인간적'이라는 말의 시대는 우리가 생각하는 것보다 훨씬 빨리 종말에 이르게 될지 모른다.

이것이 아주 일말의 진리라도 포함하고 있다면, 우리는 우리가 가진 인간성과 진화적 유산의 전부를—우리가 아직 그것을 가지고 있는 동안에—탐구해야만 할 것이다. 그러한 탐구에는 이러한 기술적 진화가 수십억 년 동안 이어져 온 우리의 유전적 유산, 그리고 호모사피엔스사피엔스로서의 10만 년 유산, 그리고 우리가 중요하고 가치 있다고 여기는, '문명'이라고 부르는 5천 년 유산의 그러한 측면들을 가려버리지 않기 위해 그것—기술적 진화—을 의식적으로 규제하는 것이 사회로서의 우리에게 얼마나 중요한가 하는 물음도 포함될 것이다.

인류는 하나의 생물 종으로서, 특히 도구, 언어, 예술, 사고, 과학, 기술의 발달과 사용에 있어서 엄청나게 똑똑했다. 그러나 다른 영역에서 우리는 자기인식, 지혜, 사랑과 같은 우리의 잠재력을 아직까지도 충분히 사용하지 못하고 있다. 우리가 물려받은 유산들 중 이러한 것들은 우리의 커다란 뇌와 뛰어난 신체에 타고난 것이지만 아직까지는 비참할 정도로 계발되지 않은 상태로 있다. 우리가 우리 마음의 이러한 측면을 계발할 방법을 찾지 못하면, 또 내적 · 외적으로 시간을 늦추고 분명한 봄과 지혜를 위해 우리의 시간과 능력을 더 잘 활용할 방법을 찾지 못한다면, 우리는 앞으로 수십 년 동안 우리가 맞이하게 될 미래에 적응하는 데 상당한 어려움을 겪을 것이다.

• • •

시간의 흐름에 대한 체험으로 돌아와 마음챙김은 우리가 시간의 흐름과 함께 머물면서 우리의 모든 감각을 통하여 시간의 흐름을 느낄 수 있고 알아차림 속에서 그것을 알 수 있다는 것을 우리에게 상기시켜 줌으로써 우리의 순간순간을 복원시킬 수 있다. 그러한 알아차림은 경험적으로 시간의 흐름을 벗어난 것으로 영원한 지금, 즉 현재 속에 존재한다. 이렇게 고요한 깨어 있음 속에서 보내는 시간에는 다른 어떤 것도 일어나야 할 필요가 없다. 지금 이 순간 있는 그대로의 삶을 느낄 수 있을 만큼 살아 있고 깨어 있는 것 외에 다른 목적은 없다. 이렇게 고요한 깨어 있음 속에서 보내는 시간은 우리에게 균형과 명료함—거의 언제나 우리의 내적, 외적인 중독성의 소용돌이와 관성으로 훼손당하고 있는—을 부여한다. 이러한 방식으로 마음챙김은 시간이 흘러가는 감각을 늦추고, 심지어 한순간 멈추게도 한다. 그것은 또한 외부 풍경에서 일어나고 있는 일과 그에 대한 우리의 반응—기술적, 사회적, 정치적 영역에서 지금 일어나고 있는 일들에 대한 우리의 취약성과 이끌림을 포함하여—을 깊이 있게 들여다보는 새로운 방법을 제공해 준다. 그리고 내부 풍경에서 마음챙김은 우리에게 비참함과 절망, 외로움을 안기는 감정적 반응과 패턴을 넘어서 바라볼 수 있는 기회를 제공한다. 마음챙김은 우리에게 시간의 비어 있음과 차 있음의 신비, 시간의 흐름이라는 신비를 탐험하는 새로운 기회를 제공한다.

* * *

"사람들은 삶이 너무 짧다고 말하지요. 실제로는 매우 긴데도 말입니다. 이 장소들—커피숍, 가게들—이 그것을 증명하지요. 이것들은 단지 남아도는 시간을 때우기 위해 존재하는 겁니다."

그렇다면 왜 세인펠드 씨는 스스로 이런 일—스탠드업 코미디(1인) 루틴(공연의 일부로 전해져 있는 일련의 동작 · 농담 등)을 만드는 일—을 하는 것일까? 왜 자신이 벌어 놓은 수백만 달러를 들고 그냥 세인트바트에 몇 년이고 가 있지 않는 걸까?

"나는 그에 관해 많이 생각해 보았습니다. 내가 추측하기에 그 이유는 내가 그 일을 정말로 좋아한다는 것입니다. 나는 스탠드업 코미디를 정말 사랑하지요. 그것은 무엇보다 아주 재미있습니다. 그리고 내가 인간으로서 가진 모든 것을 활용하지요. 그것은 언제나 바로 지금, 여기서 일어납니다. 내가 성취하고 있는 모든 것이 바로 그 순간 나에게 반영되지요."

– 제리 세인펠드, 『뉴욕타임스』 일요일 판

중심도 주변도 없는 알아차림

알아차림은 우리가 그 안에 머물 때 중심도 주변도 없다는 것을 알기도 쉽지 않고 알지 않기도 쉽지 않다. 그런 면에서 알아차림은 공간 자체 혹은 우리가 알고 있는 바 우주의 경계 없는 구조와도 닮았다.

그러나 갈릴레오와 코페르니쿠스의 혁명, 그리고 모든 지점에서 모든 방향으로 우주가 팽창한다는 허블(Hubble)의 놀라운 발견에도 불구하고 우리는 여전히 우주가 우리의 작은 행성을 그 중심으로 하고 있는 듯이 생각하고 느끼고 말하는 경향이 있다. 우리는 해가 동쪽에서 떠서 서쪽으로 진다고 말한다. 비록 우리가 그것이 실제로 일어나는 일이 아니며 실제로는 지구가 태양 주위를 돌면서 우리에게 태양이 보이기도 하고 사라지기도 하는 것이란 사실을 잘 알고 있다 하더라도, 그러한 관습적인 표현은 우리가 일상을 살아가는 데 도움이 된다. 우리는 외견상 그렇게 보이는 것과 함께 가기—실제는 그것과 다르다 하더라도—를 좋아한다. 이렇게 우리가 사물을 바라보는 관점은 우리의 신체 감각을 통해 자연스럽게 진화해 왔다. 이런 면에서 우리가 지구중심주의와 자기중심성에 쉽게 빠져드는 것은 이해할 수 있고, 또 용서할 수 있는 것인지 모른다. 이것이야말로 우리가 세계에 대한 주체-객체 견해라고 통상적으로 부르던 그것이다. 그것은 완전한 진실이 아니지만 대체로 꽤 잘 작동한다. 중심을 만들고 자신을 그 안에 위치시키려는 이러한 본능은 실제로 우리가 보고 행하는 모든 것에 영향을 준다. 따라서 그것이 심지어 알아차림에 대한 우리의 경험에까지 영향을 미치는 것—우리가 스스로에게 부여하는 관습적 견해를 벗겨 내고 그것을 있는 그대로 체험하기 전까지—은 놀랄 일이 아니다.

우리의 관점은 어쩔 수 없이 우리가 어디서 보는가에 따라 달라진다. 우리의 경험은 몸을 중심으로 하고 있기 때문에 우리에게 이해되는 모든 것은 몸의 위치와 관련하여 이해되며 감각을 통해 알아진다. 보는 자와 보이는 대상, 냄새 맡는 자와 냄새 맡음의 대상, 맛보는 자와 맛의 대상, 한마디로 관찰하는 자와 관찰 대상이 있는 것이다. 이 둘 사이에는 자연스러운 분리가 존재하는 듯 보이며, 이것은 철학자들 외에는 아무도 의문시하거나 탐구하지 않았던 매우 자명한 현상으로 여겨졌다. 우리가 마음챙김 수련을 시작하면, 관찰자와 관찰 대상 사이의 분리로 표현되는 그 변함없는 분리의 감각은 지속된다. 우리는 마치 호흡이 그것을 관찰하는 주체와 분리되어 있는 듯이 우리의 호흡을 관찰한다. 우리는 우리의 생각을 관찰한다. 우리는 마치 지시사항을 실행하고 관찰하며 그 결과를 경험하는 '나'라는 실제적인 실체가 있다고 생각하며 우리의 느낌을 관찰한다. 우리는 우리가 자연스럽게 어떠한 강요도 없이 관찰과 주의 기울임, 이해와 앎 속으로 빠져들기까지는—다시 말해, 알아차림 속으로 들어가기 전에는—관찰자 없는 관찰이란 것이 존재할 수 있음을 상상조차 하지 못한다. 아주 짧은 시간이라도 우리가 알아차림 속으로 들어갈 때에 우리는 주체와 객체 사이의 그 모든 분리가 사라지는 것을 경험할 수 있다. 거기에는 아는 주체가 없는 앎, 보는 주체가 없는 봄, 생각하는 주체가 없는 생각 등 단지 알아차림 속에서 펼쳐지고 있는 비개인적 현상만이 존재하게 된다. 우리가 알아차림 속에, 그 앎 자체에 실제로 머물 때 자기를 중심에 둔 자기중심적 관점은 사라진다. 이것이 마치 텅 빈 공간과도 같은 알아차림과 마음의 성질이다. 그것은 우리가 더 이상 한 사람의 개인이 아니라는 의미가 아니다. 단지 한 개인으로서의 우리의 경계와 폭이 어마어마하게 확장되었음을, 그리하여 더 이상 우리가 모든 것을 '여기는 나, 저기는 바깥세상' 하는 식으로 행위자, 관찰자, 심지어 '명상가'로서의 나를 중심을 두고 구분했던 분리에 의해 제한되지 않는다는 것을 의미한다.

우리가 다섯 가지 감각의 관습적 경계를 넘어 알아차림 자체의 '공간풍경(spacescape)' '마음풍경(mindscape)' 혹은 단순히 '순수한' 의식 안으로 들어감에 따라 더 크고 보다 덜 자기중심적인 견해가 생겨나게 된다. 그것은 어떠한 공식적인 형태의 명상을 해 보지 않았다 하더라도 정도의 차이는 있지만 누구나 아무리 짧은 순간이라도 경험해 보았던 무엇이다. 그러나 우리가 주체가 없고 객체도 없는 이 비이원적인(non-dual) 알아차림—여기서는 무엇인가에 '머무는' '나'라는 개념도 더 이상 존재하지 않는다—에 머무는 정도는 우리가 주의를 기울이는 활동에 전심으로 전념함에 따라 점점 더 커진다. 일정한 조건이 되면—극심한 통증이나 보다 드물게 지극한 기쁨이 동반하는—그러한 비이원적 알아차림은 우리에게 갑작스럽게 그 모습을 드러낸다. 이때 나 중심성은 떨어져 나가고 더 이상 의식의 중심과 주변의 구별은 없게 된다. 다만, 앎, 봄, 느낌, 감각함, 생각함만이 존재한다.

우리는 이러한 알아차림의 무경계성을 누구나 경험해 보았다. 특히 자신의 관점을 잠깐 유예하고 상대방의 관점에서 보고 그와 함께 느끼고자 할 때 우리는 그러한 것을 경험한다. 우리는 이것을 공감이라고 부른다. 우리가 너무 자기몰입적이거나 자신의 경험에 붙잡혀 있을 때, 우리는 이런 방식으로 우리의 관점을 이동할 수 없게 된다. 심지어 그렇게 해 볼 생각조차 하지 못한다. 우리가 자기에게만 완전히 몰두하고 있을 때에는 우리가 매일 그 속에서 살고 있고 끊임없이 우리의 삶에 영향을 미치고 있는 실재의 전(全) 영역을 알아차리지 못한다. 우리의 감정, 특히 분노, 불안, 슬픔과 같이 우리를 '완전히 휩쓸어 버리는' 극심한 괴로움을 주는 감정은 우리가 상대방과 자신에게 실제로 일어나고 있는 일이라는 그림 전체를 보지 못하게 만든다.

그러한 무자각은 그 자체로 피할 수 없는 결과를 낳는다. 우리가 인간관계에서 자기중심성 때문에 그 관계가 오랫동안 질식해 있는 상황에서, 그리고 그 때문에 우리 코앞에서 벌어지고 있는 일도 보지 못하고 알지 못하도록 해 왔으면서도 우리의 관계가 무너지는 것에 그토록 크게 놀라는 것은 왜인가?

얼핏 보기에 의식은 주관적 체험처럼 보이기 때문에 우리가 주체이자 사고하는 자, 느끼는 자, 보는 자, 행위자, 그리하여 우주의 중심, 의식의 장의 중심이라고 생각하지 않기가 어렵다. 이렇게 생각하는 우리는 우주—혹은 적어도 우리의 우주—안에 있는 모든 것을 지극히 개인적—자기중심적—으로 받아들인다.

의식은 나 안에 자리 잡고 있는 중심으로부터 사방으로 확장하는 것처럼 느껴지기 쉽다. 그러므로 그것이 '나의' 의식인 것처럼 생각된다. 그러나 그것은 우리의 감각이 우리에게 부리는 속임수에 지나지 않는다. 그것은 우리가 마침 그곳에 있었기 때문에 우리가 위치한 장소와 관련하여 우주 안의 모든 것을 느끼는 것과 비슷하다. 어떤 면에서 의식은 나를 중심으로 하고 있지만—우리가 수용하는 일부 마디라는 점에서—보다 근본적인 차원에서 그것은 그렇지 않다. 의식은 중심이나 주변의 구분도 없는, 마치 텅 빈 공간 자체와 같은 것이다.

의식은 또한 사고가 체험을 주체와 객체로 나누기 이전의 비개념적인 것이다. 그것은 텅 비어 있으며, 그러므로 무엇이라도—생각까지도 포함하여—그 안에 담을 수 있다. 그리고 무엇보다 그것은 놀랍게도 아는 성질을 가졌다.

티베트 사람들은 앎의 이러한 본질적인 성질을 '마음의 정수'라고 불렀다. 인지신경과학자들은 그것을 지각력(sentience)이라고 부른다. 그것을 정확하게 이해하고 있는 사람은 없다. 어떤 면에서 우리는 그것이 뉴런이라는 뇌의 특정 구조와 그것의 무수한 연결에 의존하고 있다는 것을 알고 있다. 왜냐하면 특정한 뇌손상을 입으면 우리는 앎의 그러한 성질을 잃게 되기 때문이다. 또 동물들도 정도의 차이는 있지만 앎이라는 성질을 갖고 있는 듯 보이기 때문이다. 그러나 또 다른 면에서 우리는 앎이라는 성질에 관하여 대상을 감각하는 수용자가 필요로 하는 성질, 즉 처음부터 존재해 왔던 잠재성의 영역만을 이야기할 수 있을 뿐이다. 왜냐하면 우리가 의식한다는 바로 그 사실이야말로 우리가 처음부터—'처음'이라는 말이 무엇을 의미하든지—그러한 능력을 갖고 있었다는 것을 의미하기 때문이다.

다시 말해, 앎이라는 것은 언제나 있어 왔다고 할 수 있다. 그렇지 않았다면 우리가 지금 여기서 이렇게 알 수 없기 때문이다. 이것이 우주론자들 사이에서 우주의 기원과 여러 개의 우주—다중 우주—가 존재할 가능성에 관한 논쟁으로 촉발된 소위 인류원리(anthropic principle)—인간이라는 지적 생명체의 존재 자체가 어떤 물리계의 특성을 설명한다는 원리: 역자 주—라는 것이다. 우리는 비록 거기에 어떤 자유의지나 진화 혹은 의식에 대한 우주적 '필요'가 없었다 하더라도 우리라는 존재 자체가 바로 이 우주가 스스로를 알기 위해—그것이 어느 정도로 가능하든 간에—발달시킨 하나의 수단이라고 말할 수 있다.

그러한 유산을 물려받은 우리는 우리 자신—자연으로부터 분리된 우리가 아니라 자연과 빈틈없이 연결된 표현으로서의 우리 자신—에 대한 앎의 경계를 탐험하는 것이 필요할 것이다. 의식의 장, 지각력 자체의 장을 탐험하는 것보다 더 위대한 모험이 있을까? 스티븐 핑커(Steven Pinker)는 자신의 책 『마음은 어떻게 작동하는가(*How the Mind Works*)』에서 의식을 "존재하는 것 가운데 가장 부정할 수 없이 명백한 것"—비록 의식은 어떤 사물이 아니지만—으로 표현했듯이 과학은 우리의 의식이 언제나 우리의 개념적인 파악력을 훨씬 넘어서는 것이라고 말하고 있는데, 이러한 사실이 조금도 우리를 제지하지는 않는다.

개념화를 넘어서는 앎의 방식, 개념화를 앞서는 앎의 방식이 얼마든지 존재할 수 있기 때문이다. 의식이 그 자신을 경험할 때 가능성의 새로운 차원이 나타날 수 있다. 그리고 우리는 비개념적으로, 그리고 비판단적으로 주의를 기울이는 법을 배우는 마음챙김의 의도적인 계발을 통해 의식이 그 자신을 체험할 가능성을 비약적으로 높일 수 있다.

비어 있음

나는 아무도 아니다! 당신은 누구인가?
당신도 아무도 아닌가?
그럼 우리 두 사람은 짝인가?
아무에게도 말하지 말라! 그들이 알리고 다닐 수 있으니까!

누군가가 된다는 것은 얼마나 따분한 일인가!
우러러보는 습지를 향해
6월 내내
자기 이름을 말하는 개구리처럼
얼마나 공개적인 일인가!

– 에밀리 디킨슨

유대교의 대제일—大祭日, 신년과 속죄일—예배에서 한 랍비가 우주와 신과의 합일감과 연결감에 도취되었다. 갑작스러운 황홀감으로 그는 "오, 주여, 나는 당신의 종입니다. 당신은 나의 전부입니다. 나는 아무도 아닙니다."라고 외쳤다. 이에 깊은 감명을 받은 합창지휘자도 이렇게 외쳤다. "오, 주여, 나는 아무도 아닙니다." 그러자 교회당 문지기도 깊은 감명을 받아 똑같이 외쳤다. "오, 주여, 저는 아무도 아닙니다." 이 말을 들은 처음의 그 랍비는 합창지휘자에게 몸을 기울여서는 귓속말로 이렇게 말했다. "자기가 아무도 아니라고 말하는 저 사람은 누구요?"

이런 일은 우리 자신을 '아무도 아닌 자'보다 '누구인 자(특별한 자)'로 정의하려고 하는 우리의 끊임없는 시도에서 계속된다. 이렇게 아마도 우리는 마음속 깊은 곳에서 우리가 아무도 아닌 사람이라는 것을 의심하고 있으며, 또한 우리의 삶—우리가 삶에서 무엇을 성취하였든 간에—이 아무런 확실한 기초도 없는 모래 위에 지어져 있다는 사실을 의심하고 있다. 로버트 풀러(Robert Fuller)는 『신분의 종말—특별한 자와 아무것도 아닌 자의 경계를 넘어서(*Sombodies and Nobodies*)』라는 책에서 우리 내면의 긴장과 사람들 사이에 존재하는 이러한 긴장—특별한 자와 아무것도 아닌 자 사이의—이야말로 폭력과 인종주의, 성차별주의, 파시즘, 반유대주의, 노인차별 등의 사회적, 정치적 병폐 뒤에 숨은 근본적 동력이라는 설득력 있는 분석을 내놓았다. 그렇다면 그가 제시한 해결책은 무엇인가? 바로 '존엄주의(dignitarianism)'라는 것으로, 우리가 모든 사람을 그들의 지위나 성취를 초월한 동일한 근본적 존엄성을 가진 존재로 대하는 것을 말한다. 그는 각 개인의 지위나 성취는 자레드 다이아몬드(Jared Diamond)가 『총, 균, 쇠—무기 · 병균 · 금속은 인류의 운명을 어떻게 바꿨는가(*Guns, Germs, and Steel*)』라는 책에서 말한 것처럼 많은 부분 무엇보다 우연이나 기회, 지리의 문제라고 설득력 있게 주장한다. 노바스코샤—캐나다 동부의 반도: 역자 주—해안에서 발생한 스위스 항공 111편 추락 사고에서 목숨을 잃은 하버드 대학교 AIDS 보건연구원인 조나단 맨(Jonathan Mann)은 그 자신이 우리 세계의 모든 차원에서 건강을 창조하고 유지하는 데 있어 존엄성이 무엇보다 중요하다고 생각하는 사람이다. 그는 "오늘날 우리의 개인적이고 집단적인 존엄성에 가해진 위해는, 바이러스나 박테리아의 파괴력과 맞먹는, 신체적 · 정신적 · 사회적 안녕에 대한 파괴력을 가진, 우리가 지금껏 인식하지 못한 발병력을 가졌다."라고 말했다. 이는 의미심장한 말이다.

우리 인간은 정말로 한 가지 이상의 천재성을 가진 존재들이다. 그리고 우리가 가장 목말라 하는 것은 우리의 기본적인 존엄성이다. 로버트 풀러는 다음과 같이 말한다. "사람들이 필요로 하고 원하는 것은 타인을 지배하는 것이 아닙니다. 타인으로부터 인정을 받는 것이죠." 흥미로운 생각이다. 물론 다이아몬드라면 기술적으로 보다 진보한 문화가 기술적으로 낙후한 문화를 끊임없이 지배해 온 역사적 사례를 근거로 들면서 분명히 이에 동의하지 않았을 것이지만.

그러나 있는 그대로의 우리로 타인으로부터 인정받고 싶은 모든 욕구에도 불구하고, 그리고 그것을 인간으로서의 기본적인 권리로 인정받고 싶은 욕구에도 불구하고, 우리는 우리 자신의 제한되고 자기중심적인 생각에 얼마나 쉽게 사로잡히는가. 심지어 그것이 '영적' 생각이라 하더라도 말이다. 아니, 오히려 영적 생각인 경우 우리는 더 쉽게 그것에 사로잡히는 것인지 모른다. 영적 생각이라는 미명하에 우리는 실제로 자신이 가장 잘 알고 있는 것, 가장 자신다운 것, 가장 중요하게 생각하는 것에 눈가림한 채 스스로를 속이고 있는 것인지 모른다. 생각이란 그것이 어떤 종류의 것이건 결국 생각일 뿐이기 때문이다.

우리는 실제로 우리 자신이 누구라고 생각하는가? 앞서 랍비가 말한 것처럼, "자기가 아무도 아니라고 생각하는 저 사람은 누구인가?" 그리고 우리는 우리가 무엇이라고 생각하는가? 이것은 우리가 가장 쉽게 회피하는 질문이다. 우리는 그것이 가장 중요한 문제임에도 이러한 문제에 우리의 온 지성을 동원하여 해결해 보려고 하지 않는다. 그보다 우리는 영원히 지속적인 실체로서의 자아—비록 당신이 그것을 '아무도 아닌 자' '아무것도 아닌 사람'이라고 명명하더라도—의 몇몇 측면을 강조하는 이야기를 지어내려고 한다. 그러고는 그것에 집착하며 마음대로 되지 않을 경우 못마땅하게 여긴다. 이렇게 우리는 우리의 이름과 외모, 역할, 성취, 우리의 고질적인 마음의 건축물을 넘어서 우리 존재의 신비로운 본성을 살펴보려고 하지 않는다. 자신에 관한 이야기—제대로 검토해 보면 오직 부분적으로만 진실일 뿐인 이야기—를 지어내는 우리의 습관은 우리가 마음의 평화에 이르는 것을 대단히 어렵게 만든다. 왜냐하면 그럴 경우 우리는 언제나 우리가 생각하는 자신과 현실의 자신이 다르다는 사실에 찜찜한 느낌을 갖기 때문이다. 그것은 아마도 자신이 생각하는 자기에 못 미치는 자신에 대한 두려움일지 모른다. 실제로는 그보다 훨씬 더 큰 존재인 자신임에도 말이다.

우리가 자신을 특별한 존재—우리가 누구든 간에—라고 생각한다면 우리는 잘못 생각하고 있는 것이다. 그리고 우리가 아무것도 아닌 존재라고 생각한다면 그 역시 잘못된 생각이다. 숭산 선사님은 이렇게 말했다. "자신이 누군가 특별한 존재라고 생각된다면 당신은 이름과 형상에 집착하고 있는 것입니다. 그러니 내가 당신을 서른 대 때려 주겠습니다. 당신이 자신을 아무것도 아닌 자라고 생각한다면 당신은 공(空)에 집착하고 있는 것입니다. 그러니 이번에도 당신을 서른 대 때려 주겠습니다. 자, 어떻게 하시겠습니까?"

아마도 여기서 문제가 되는 것은 생각 자체일 것이다.

현재 뛰어난 미국의 선(禪) 지도자이자 80대 후반인 조코 벡(Joko Beck)은 보다 큰 생명의 흐름 속에서 개별적 존재로서 우리의 삶이 지닌 무상한 속성을 보여 주는 강력한 이미지로 『특별할 것 없는(*Nothing Special*)』이라는 자신의 책을 시작한다.

> 우리는 생명이라는 강물에서 일어나는 소용돌이와 같다. 강물은 앞으로 흘러가면서 많은 바위와 지류, 강바닥의 불규칙한 지형물에 부딪히면서 동시에 여기저기에서 소용돌이가 인다. 하나의 소용돌이 속으로 들어가는 물은 재빨리 그곳을 통과하면서 강물과 합쳐지고, 결국에는 다른 소용돌이와 합쳐지면서 계속해서 그 흐름을 이어 간다. 짧은 순간 그것은 독립된 별개의 사건으로 보이지만, 소용돌이 속의 물은 바로 강물 자체다. 소용돌이는 오직 일시적으로만 지속될 뿐이다. ……그러나 우리는 우리 자신인 이 조그만 소용돌이를 강물의 일부로 생각하기를 원치 않는다. 우리는 우리가 가진 모든 에너지를 우리가 임의로 설정해 놓은 개별성을 지키는 데 쏟는다. 개별성을 지키기 위해 우리는 인공적인, 고정된 방어막을 설치한다. 그 결과, 우리는 지나치게 많은 짐을 안게 되고, 그것이 소용돌이 속으로 흘러들어 가 다시는 밖으로 흘러나오지 못한다. 잡동사니들이 우리의 소용돌이를 꽉 막고 있어서 물의 흐름이 원활하지 못하다. 우리가 이렇게 집착함으로써 바로 곁의 소용돌이 속으로는 충분한 물이 흘러들지 못한다.

그런데 생명의 과정이란 것이 실은 얼마나 비개인적인 것인지, 그리고 우리가 얼마나 쉽게 두려움과 생각으로 인해 생명의 비개인적인 과정을 개인적인 것으로 만들어 버리고 우리가 제멋대로 만든 좁은 경계에 갇혀 있는지 우리 스스로 인식할 수 있다면 그것은 우리에게 커다란 이익과 자유를 안겨 줄 것이다. 우리는 온통 명사(名詞) 중심의 문화다. 우리는 물건을 다른 물건으로 치환하고, 심지어 소용돌이나 의식 그리고 우리 자신처럼 물건이 아닌 것까지도 사물화한다. 이렇게 우리는 이름과 형태에 자신도 모르게 꺼둘리게 된다. 무엇보다 우리는 인칭대명사에 대한 우리의 관계에 유의할 필요가 있다. 그렇지 않으면 우리는 모든 것을 개인적인 것으로 취하게 될 것—실제로는 그렇지 않음에도—이며 그 과정에서 실제로 존재하는 것을 놓치거나 잘못 받아들이게(mistake) 될 것이다.

우리가 1부 '집착을 버린다는 것' 장에서 보았듯이, 붓다는 자신의 모든 가르침을 "'나' 혹은 '내 것'이라고 집착할 만한 것이 없다."는 한 문장으로 요약할 수 있다고 말했다. 이는 우리의 정체성과 자기규정에 즉각적으로 의문을 갖게 만든다. 또한 그것은 '나' '우리' 등의 인칭대명사를 절대적이고 검토되지 않은 '자기'라는 것으로 실체화한 다음, 그것의 정확성이나 완전성을 검토하지도 않은 채 '나에 관한 이야기' 속에서 평생을 살아가는 우리의 습관, 자기동일시, 정체성에 의문을 던진다. 불교에서는 이러한 실체화야말로 모든 고통과 괴로운 감정의 뿌리라고 본다. 이렇게 우리는 자기 존재의 전체성을 '나' '우리' 같은 인칭대명사를 중심으로 멋대로 쌓은 제한된 이야기와 잘못 동일시하는 것이다. 이러한 동일시는 우리가 그것을 깨닫거나 그 정확성에 의문을 가질 여유도 주지 않은 채 일어난다. 그러나 우리는 그것을 알아보고, 그 이면의 더 깊은 진실을 꿰뚫어 보고, 언제나 우리에게 가능한 더 큰 지혜를 보는 법을 배울 수 있다.

• • •

우리가 자기와 동일시할 수 있는 단단하고 지속적인 중심지의 이처럼 비어 있는 성격은 정치에서부터 비즈니스, 심지어 우리 자신의 몸에 이르기까지 모든 과정에 적용된다. 비즈니스에서는 이런 말이 있다. "무엇보다 중요한 것은 과정이지 제품이 아니다." 또 "과정을 관리하면 제품은 자연스럽게 따라올 것이다."라는 말도 있다. 이것은 다양한 차원—그 과정의 목적까지도 포함한 차원—에서 핵심을 잊지 않은 과정을 잘 준수하면 그로부터 좋은 제품이 자연스럽게 따라올 것이라는 의미로 나는 해석한다.

이러한 비어 있음의 성격을 표현하는 또 다른 방식이 있다. 그것은 당신이 어떤 비즈니스를 하고 있는지 염두에 두라는 것이다. 경영대학에서 자주 드는 예로 이런 것이 있다. "당신은 항공 비즈니스에 종사하고 있습니까, 아니면 사람들을 그들이 가고

자 하는 목적지까지 안전하고 편안하게 모셔다 드리는 일에 종사하고 있습니까?" 전자는 비행기, 스케줄, 안전과 같은 제한된 틀에 초점을 맞추어 결국 결항이나 지연, 기내식 등의 서비스 질과 고객에 대한 정보 제공이 왜 그렇게 형편없는지에 대한 수많은 변명거리를 만들어 낸다. 반면 후자는 고객 만족에 대한 장애물을 바라보는 관점을 변화시켜 고객 만족이라는 사명을 보다 효과적이고 경쟁적이며 더 큰 이익을 내는 과정을 통해 달성할 수 있는 새롭고 창조적인 수단—즉, 비행기, 티켓 카운터, 수하물 취급, 스케줄, 직원 등—을 찾도록 만든다. 어떤 경우에도 과정은 제품, 결과 혹은 역동과 밀접하게 관련되어 있다. 그들은 결국 사업을 만들어 가는 것은 사람이라고 말한다. 그러나 영리조직이든 비영리 기관이든 상관없이 모두 비즈니스 플랜이 필요하고, 그것은 실전에서 효과적으로 적용할 수 있는 것이어야 한다. 이것은 어떤 비즈니스든 마찬가지다.

그럼에도 '비즈니스란 도대체 무엇인가?'에 대해서는 한마디로 딱 잘라 말하기가 어렵다. 어떤 면에서 비즈니스란 고용주도, 종업원도, 공급자도, 고객도, 제품도 아니다. 그것은 끊임없이 상호작용하는 상호 연결된 형성 과정 전체를 말하는 것인지 모른다. 그 과정의 일부 어디에서도 우리는 '비즈니스'란 것을 찾을 수 없다. 그것에는 어떠한 지속적인 존재성도 없이 텅 비어 있다. 그러나 그것은 작동할 때는 작동한다. 그 핵심에 어떠한 자기 존재도 없이 텅 비어 있는 이 과정은 관습적 차원에서 일이 일어나게 만들고, 사람들의 삶을 향상하고, 또한 주식거래소에서 거래가 일어나도록 만든다. 그러나 비즈니스의 모든 측면—그 본질적으로 비어 있는 성질까지 포함하여—을 의식하고 고려한다면 그것은 더 건강한 과정이 될 것이다.

생물학적 사례를 들어 보면, 생명 자체도 비행기나 다른 어떤 사업보다 더 복잡한 과정이라고 할 수 있다. 우리의 몸을 예로 들어 보자. 100조 개의 '종업원'인 우리 몸의 세포는 끊임없이 어떤 과정에 있으며 자신이 맡은 일을 놀랄 만큼 잘 수행한다. 골세포는 자신을 간세포라고 생각하지 않으며, 심장세포는 자신을 신경세포나 신장세포라고 여기지 않는다. 비록 이들 세포 모두가 그러한 다른 일을 할 수 있는 잠재력이나 청사진, 지시사항을 그들의 염색체 도서관의 서고 깊은 곳에 쌓아 두고 있긴 하지만 말이다. 그러나 재미있는 것은 당신이 그 세포들에 관해 잠시 생각한다 하더라도 엄격히 말해 당신 몸의 수백조 개의 시민—세포—이 '당신'을 위해 일하는 것은 아니다. 그것은 오히려 비개인적인 것이라고 할 수 있다. 당신의 세포는 단지 유전자 코드에 적혀 있는, 그리고 오랜 과거로 거슬러 올라가는 세포 중심의 생명의 역사적 연속성에 적혀 있는 그대로의 자신들의 본성을 따라 그들이 하게 되어 있는 일을 하는 것뿐이다.

우리가 우리의 독특한 개인성이라고 생각하는 것은 그 과정의 신비한 산물이다. 마치 모든 비즈니스가 그것의 에너지와 과정, 산출의 결과물인 것처럼 말이다. 우리의 몸과 건강, 우리의 지각력, 우리의 감정은 모두 우리의 생화학적 과정에 긴밀하게 의존하고 있다. 그러한 생화학적 과정에는 이온 통로, 축삭 수송—신경세포에서 세포체와 축삭말단 사이의 소세포질성 액포 간 물질의 능동 수송: 역자 주—단백질 합성과 분해, 효소에 의한 촉매작용과 신진대사, DNA 복제와 복구, 세포분열과 유전자 발현—유전자가 가지는 정보가 표현형(表現型, phenotype)으로서 발생 개체의 물리적 외형(성질)에 표현되는 것을 말함: 역자 주—의 조절, 대식세포—인체 유해물질 제거력이 있는 큰 세포로 혈액이나 세포 조직에서 발견됨: 역자 주—와 림프구를 통한 면역학적 감시(immunosurveillance)—동물체가 체세포성 변이에 의해 새로운 항원성을 갖는 자신의 변형 세포들(암세포 등)을 인식하여 면역 반응을 하도록 변화를 감시한다는 개념을 나타낸 용어: 역자 주—유전적으로 프로그래밍되어 있고 고도로 조절되는 세포사—細胞死, 전문용어로는 '세포자멸사'—신체가 전에 보지 못한, 해로울 수도 있는 화합물과 구조를 중화하고 쫓아내는 항체 형성 등이 있다. 복잡한 세포 과정과 그것이 '살아 있는 유기체'라는 집단에 조금의 빈틈도 없이 자연스럽게 통합되는 사례 목록은 무수히 많아서, 현재까지 우리가 쌓아 놓은 모든 지식에도 불구하고 여전히 불완전하다.

그리고 그 과정은 우리가 그 속을 깊이 들여다보면 어떠한 고정적이고 지속적인 자기성(selfhood)도 없이 비어 있다. 아무리 열심히 들여다보아도 우리가 동일시할 수 있는 '우리' 혹은 '누군가'가 없는 것이다. 우리는 우리의 리보솜(rebosomes)—세포 안의 RNA와 단백질의 복합체: 역자 주—이나 미토콘드리아 안에 있지 않으며, 우리의 뼈나 피부, 뇌 속에서 '우리'라는 존재를 찾을 수 있는 것도 아니다. 물론 한 사람으로서 삶을 살고 세상과 상호작용하는 경험은 최소한 이 모든 것의 작용과 조화로 인해 가능한 것이긴 하지만, 그 정밀함의 수준은 우리의 모든 과학적 지식과 총명함에도 불구하고 그것을 설명하기 힘들다.

또 우리가 우리의 눈인 것도 아니다. 우리는 시각이라는 것에 대해 많은 것을 발견하였지만 우리 눈으로 들어오는 빛으로부터 우리가 살고 있는 이 세계를 어떻게 창조하는지에 대해서는 아직 모르고 있다. 우리는 맑은 날 하늘이 파랗다는 것을 알지만 빛의 특정 파장 속에서 혹은 망막이나 시신경, 그리고 뇌의 시각 중추인 후두피질에서 '파랑'이라는 것을 찾을 수 있는 것도 아니다. 그럼에도 우리는 하늘을 파란색으로 경험한다. 우리가 '파랗다'고 느끼는 경험은 어디서 오는 것일까? 어떻게 그런 경험이 일어나는 것일까?

우리는 모른다. 그것은 우리의 감각을 통해 일어나는 다른 모든 현상과 마찬가지로—우리의 마음과 독립적으로 존재하는 자아라는 생각을 포함하여—하나의 신비다. 우리의 감각은 우리를 대신하여 하나의 세계를 창조한 뒤 우리를 그 속에 위치하게 한다. 이렇게 구성된 세계는 대개 높은 정도의 일관성을 갖고 있으며, 또한 인식하는 자와 인식당하는 대상, 사고하는 자와 사고의 대상, 느끼는 자와 느끼는 대상이라는 것이 독립적으로 존재한다는 생각을 강하게 갖도록 한다. 그것은 모두 비개인적 과정으로, 만약 거기에 어떤 실체적 결과물이 있다고 한다면 그것은 그 과정을 이루는 부분들 자체에서 밖에는 찾을 수 없을 것이다.

물론 우리 인간은 하나의 생물 종으로서 이 지구상에 성공적으로 정착하기 위한 진화적 해법 가운데 하나다. 그런 점에서 인간은 거미나 지렁이, 두꺼비와 하나도 다르지 않다. 우리 인간은 단순한 본능이 아닌 지력을 가지고 살아야 하는 도전에 잘 적응해 왔다. 물론 이것이 인간의 본능을 폄하하려는 뜻은 조금도 아니다. 인간은 마주 볼 수 있는 엄지손가락—생물학에서는 나머지 네 개의 손가락을 마주볼 수 있는 엄지를 'opposable thumbs'라고 부른다. 이는 일부 영장류와 인간에게서만 보이는 진화의 특징으로 인간은 마주볼 수 있는 엄지와 나머지 네 손가락 사이에 형성되는 긴장감 덕분에 도구를 사용할 수 있게 되었고, 고도의 인지 능력을 가지게 되었다고 한다: 역자 주—을 자유자재로 사용할 수 있고 양손으로 물건을 쥐고 도구나 장치를 제작할 수 있도록 직립할 수 있는 양발을 갖고 있다. 그리고 무엇보다 인간은 변화무쌍하게 변화하는 외부 상황에서 다양한 목적에 이용할 수 있는 내재적 능력으로서 사고와 지각을 갖추고 있다.

과학자들은 이러한 특징을 '창발적 현상(emergent phenonomena)'이라고 부른다. 세인트루이스 소재 워싱턴 대학교의 저명한 생물학자이자 교사인 어슐러 구디너프(Ursula Goodenough)는 이것을 "아무것도 없는 것에서 나온 무언가"로 이야기한다.

이는 창발적 특성을 잘 설명한 표현이다. 창발적 특성은 과정 자체의 복잡성으로부터 어떤 형태나 패턴의 모습으로 나타난다. 그것은 그 과정을 구성하는 개별 구성 성분에 귀인시킬 수 없고 그 부분들 사이의 상호작용에 귀인시킬 수 있을 뿐이다. 그리고 그것은 자세하게 예측할 수도 없다. 그것은 소위 '혼돈의 가장자리(the edge of chaos)'에 놓여 있다. 어떠한 복잡성이나 혼돈도 없다면 돌멩이나 오래된 사체처럼 아주 질서정연하고 예측 가능한 체계를 갖게 될 것이다. 반면 역동적 시스템 내에서 혼돈의 정도가 아주 크다면 무질서(disorder)와 조절이상(dis-regulation), 편치 않음(dis-ease), 그리고 그러한 조절이상의 증상, 예컨대 심방세동(心房細動)이나 공황발작과 같은 것이 나타날 것이다. 어떠한 지배적인 일관성이나 질서가 없게 될 것이다. 그러나 질서와 혼돈 사이에서 우리는 흥미로운 현상을 만날 수 있다.

혼돈의 가장자리에 있는 살아 있는 역동적 시스템은 혼돈의 가장자리에 있기 때문에 어떤 면에서 보면 매우 정교한 균형을, 또 어떤 면에서 보면 아주 놀랍도록 안정적인 과정—그 과정을 매우 안정적으로 유지시켜 주는 복잡하고 계속적으로 변화하는 그 자체의 질서를 가진 과정—을 만들어 내고 있다. 코뿔소를 생각해 보라. 주변 환경에 훌륭하게 적응한 코뿔소는 얼마나 놀라운 창발성의 표현인가. 코뿔소가 지닌 비개인적 과정의 역동적인 균형과 복잡성, 형태와 기능을 넘어선 무언가를 만들어 내는 지각력의 창발, 코뿔소 마음을 만들어 내는 그것의 형태와 기능을 포함한 코뿔소의 존재 자체와 그 신비스러움 전체, 그 자신의 페이스를 따라 살면서도 그 자신의 코뿔소 세계에 완전히 통합된, 그러면서도 어떠한 내재적 존재나 개별적 자아도 없이 텅 빈, 생명의 흐름 속의 한 '소용돌이'와도 같은 코뿔소의 존재는 얼마나 놀라운 창발성의 표현인가. 생명이 그렇게도 신비로운 이유도 바로 여기에 있을 것이다. 심지어 신성하다는 표현이 더 어울릴지 모른다. 그만큼 그것은 소중하고 존중해 주어야 할 무엇이다.

창발적 현상은 살아 있는 생명 시스템에만 국한되지 않는다. 체스는 본질적으로 체스의 말이나 체스의 움직임이 아니다. 그것은 바로 매우 숙련된 체스 경기자가 게임의 규칙을 가지고 상호작용할 때 나타나는 것이다. 체스의 규칙을 안다고 체스를 아는 것은 아니다. 완전한 몰입과 마음의 상호작용, 합의된 일련의 규칙, 체스판과 체스말 그리고 학습의 가능성을 통해 체스의 세계를 진정으로 알 때라야 살아 있는 체스를 즐길 수 있는 것이다. 이 가운데 어느 것도 그 자체로 체스인 것은 없다. 체스가 창발하기 위해서는 이 모두가 필요한 것이다. 야구를 비롯한 다른 스포츠도 모두 마찬가지다. 우리는 그 과정을 통해 창발하는 것을 보는 것을 좋아한다. 그것은 아무리 봐도 지루하지 않다. 왜냐하면 어떤 것이 창발할지 결코 알 수 없기 때문이다. 이것이야말로 경기를 '놀이(play)'라고 하는 이유일 것이다.

> 형상과 비어 있음이 다르지 않고, 비어 있음은 형상과 다르지 않다. 형상인 것이 비어 있음이요, 비어 있는 것이 곧 형상이다. 느낌, 인식, 의도, 의식에 대해서도 마찬가지다(色不異空 空不異色 色卽是空 空卽是色 受想行識 亦復如是, 『반야심경』에서).

사람들은 이런 말을 듣기만 해도 두려워하며 그것을 허무주의적 입장이라고 생각한다. 그러나 그것은 전혀 허무주의적이지 않다. 비어 있음은 곧 내재적 자아 존재, 다시 말해 어떠한 사람이나 어떠한 기업, 국가라도, 심지어 원자라도 다른 것들로부터 완전히 별개로 지속적이고 독립적이며 절대적이고 개별적인 실체로 존재할 수 없다는 것을 의미한다. 그 어떤 것도 그럴 수 없다! 모든 것은 특정한 원인과 상황—이 역시 끊임없이 변화하고 있는—의 복잡한 작용으로부터 창발하는 것이다.

이것은 자연의 본성에 대한 놀라운 통찰이다. 그리고 그것은 양자물리학과 복잡계 이론이 탄생하기 훨씬 이전에, 사고나 철학을 통해서가 아니라 직접적이고 비개념적인 명상 수련을 통해 도달한 통찰이다.

한번 생각해 보자. 당신이 그토록 열광하는 새 차도 하나의 소용돌이에 지나지 않는다. 그것은 비어 있다. 오래 지나지 않아 쓰레기 더미에 쌓일 것이다. 그 중간 과정에서 우리는 그것을 즐길 수 있지만 그것에 집착하면 안 된다. 우리의 몸에 대해서도 그리고 다른 사람에 대해서도 마찬가지다. 우리는 사람들을 너무나 중요하게 여겨 그들을 신 아니면 악마로 만들어 버리거나 특별한 사람 아니면 아무것도 아닌 사람으로 구분한다. 그러나 그들과 우리 모두 우리가 일으킨 온갖 곤란과 우리가 이 세상에 가져온 모든 아름다움에도 불구하고 얼마 지나지 않아 사라질 것이다. 어제의 커다란 이슈는 오늘 아무 의미도 없어질 것이다. 오늘의 큰 의제는 내일이면 아무것도 아니게 될 것이다. 이것은 그것들이 과거에 그리고 오늘날 중요하지 않다는 뜻이 아니다. 사실 그것은 우리가 생각하는 것보다 훨씬 중요할 수도 있다. 그러므로 우리는 그것을 단지 쓸데없는 생각의 대상으로 만들어 버리지 않도록 매우 신중해야 할 필요가 있다. 우리가 사물의 비어 있는 성질을 깨닫는다면 우리는 동시에 그것의 중력과 그것의 충만함, 그것의 상호 연결성을 깨달을 수 있을 것이다. 그리고 그것은 우리의 개인적 삶에서, 그리고 세계 무대에서의 한 정치 공동체로서 국가적 정책을 만들어 가는 데 있어서도 우리가 더 큰 목적성과 합일성 그리고 더 큰 지혜를 가지고 행동하게 해 줄 것이다.

실제로 모든 현상에서 언제나 지속적인 자아 존재처럼 보이는 것이 실은 본질적으로 비어 있다는 것을 인식하는 것은 도움이 된다. 그것은 우리의 협소한 자기중심적 관심과 욕망에 대한 집착으로부터 우리를 개인적으로 그리고 집단적으로 자유롭게 해 줄 것이다. 또한 우리 내면과 외면의 풍경에서 일어나는 것에 대한 현명하지 못하고 잘못된 지각으로 인해 일어나는 협소한 자기중심적 행동으로부터 우리를 자유롭게 해 줄 것이다. 이것은 결코 비도덕적인 수동성이나 침묵을 의미하는 것이 아니라 오히려 자아의 내재적인 비존재적 비어 있음을 염두에 두고 그러한 이해로부터 힘 있게 그리고 전심을 다해 행동하면서 그로부터 어떤 일이 일어나는지 기꺼이 보고자 하는 현명하고 자애로운 깨어 있음을 의미하는 것이다.

왜냐하면 비어 있음이란 꽉 차 있음과 긴밀하게 연결되어 있기 때문이다. 비어 있음이란 무의미한 허공을 의미하는 것이 아니며, 또한 허무주의나 수동성, 절망, 인간적 가치의 포기에 대한 이유가 될 수도 없다. 오히려 비어 있음은 그 자체로 꽉 차 있음이며 꽉 차 있음을 의미하며 또 꽉 차 있음을 가능하게 해 준다고 할 수 있다. 아울러 비어 있음은 개별적 사건이 창발하고 전개될 수 있는, 눈에 보이지 않고 손으로 만져지지 않는 '공간'이라고 할 수 있다. 비어 있음이 없다면 꽉 차 있음도 있을 수 없다. 이것은 매우 단순한 원리다. 비어 있음이란 곧 모든 사물과 과정, 현상의 상호 연결성을 가리키는 말이다. 비어 있음은 생명에 대한 존중과 모든 사물의 상호 연결성에 대한 인식, 그리고 자신의 이익을 극대화하기 위해—개인이든 국가든—자신의 협소하고 근시안적인 모형에 사물을 끼워 맞추려고 하는 어리석음에 대한 인식을 바탕으로 진정한 도덕을 가능하게 한다.

경전(반야심경)에서는 다음과 같이 말한다.

> 눈도 귀도 코도 혀도 몸도 마음도 형상도 소리도 냄새도 맛도 접촉도 마음의 대상도 존재하지 않는다. 눈의 영역도, 귀의 영역도, 코의 영역도, 혀의 영역도, 몸의

> 영역도, 마음의 영역도 존재하지 않는다(無眼耳鼻舌身意 無色聲香味觸法 無眼界 乃至 無意識界).

이 말이 우리가 세상을 아는 통로로서의 우리의 감각과 어떻게 관련되는지 보자. 이것은 우리의 감각과 감각되는 대상 가운데 그 어떤 것도 절대적이고 독립적인 존재를 갖고 있지 않다는 사실을 상기시킨다. 그것들은 한데 엮인 원인과 사건의 거대한 직조물 안에서의 일부인 것이다. 우리는 사물의 외관이 곧 실제라고 믿는 오랜 습관을 깨기 위해, 적어도 그것에 의문을 갖기 위해 반복해서 이것을 상기할 필요가 있다.

> 어리석음이 없으면 어리석음의 소멸도 없으며…… 늙음과 죽음이 없으면 또한 그것의 소멸도 없다(無無明 亦無無明盡 乃至 無老死 亦無老死盡).

여기서 경전은 우리의 모든 개념이 실은 그 속에 본질적인 자아 존재—우리 자신에 대한 견해와 향상과 초월의 가능성까지 포함하여—가 없이 비어 있다는 것을 상기시키고 있다. 그것은 모든 사고와 모든 제한적 개념을 넘어선 비이원적(non-dual) 세계를 가리키고 있다. 여기서는 심지어 불교의 모든 가르침조차도 본질적인 자아 존재를 갖지 않은 것으로 설명된다.

> 괴로움도 없고, 괴로움의 발생도, 괴로움의 멈춤도 없으며, 괴로움을 멈추기 위한 길에 이르는 길도 없으며, 인식도 없다. 또한 얻을 것이 없으므로 얻음도 없다(無苦集滅道 無智亦無得 以無所得故).

사성제와 팔정도 등 모든 것이 사라진다. 그러나…….

> 보살은 반야(지혜)바라밀에 의존하여 마음에 아무런 장애가 없다. 어떠한 장애도 없기 때문에 그에게는 어떠한 두려움도 존재하지 않는다. 그는 모든 왜곡된 견해에서 벗어나 열반에 머문다(菩提薩埵 依般若波羅蜜多故 心無罣礙 無罣礙故 無有恐怖 遠離顚倒夢想 究竟涅槃).

> 삼세의 모든 붓다는 반야바라밀에 의존하여 아눗타라삼먁삼보리를 얻는다(三世諸佛 依般若波羅蜜多故 得阿耨多羅三藐三菩提).

어떠한 얻음도, 얻을 대상도 없다는 사실을 매 순간 그리고 우리의 삶에서 인식하고 기억하고 실천할 수 있다면 모든 얻음이 가능할 것이라고 경전은 말하고 있다. 이것이야말로 비어 있음과 비이원 수련(practice of the non-dual), 반야바라밀의 표현과 수승(殊勝)하고 완벽한 지혜가 우리에게 주는 선물이다. 그리고 우리는 이미 그것을 가지고 있다. 우리에게 요구되는 것은 우리 스스로 그것이 '되는' 것이다. 우리가 그것이 될 때 형상은 형상이고 비어 있음은 비어 있음이 될 것이다. 그리고 마음은 더 이상 그 어느 것에도 집착하지 않을 것이다. 그것은 더 이상 자기중심적이지 않고 자유롭게 될 것이다.

* * *

나는 내 안의 바라는 생명체에게 이렇게 말했다.
네가 건너고자 하는 이 강은 무엇인가?
강의 길에는 여행자도 없고, 길도 없다.
강둑에서 움직이고 있는 혹은 쉬고 있는 누군가가 보이는가?
강도 없고 배도 없고 사공도 없다.
배를 당기는 줄도 없고, 줄을 당기는 사람도 없다.
땅도 하늘도 시간도 강둑도 여울도 없다.

몸도 없고 마음도 없다!
당신은 당신의 영혼의 목마름을 달래 줄 어떤 장소가 있다고 생각하는가?
그 거대한 부재 안에서 당신은 아무것도 발견할 수 없을 것이다.

그러니 강해져라. 그리고 당신의 몸속으로 들어가라.
거기서 당신이 발을 디딜 탄탄한 장소를 보게 될 것이다.
신중하게 숙고해 보아라!

다른 곳으로 달아나지 말아라!

카비르는 이렇게 말하고 있다. 모든 상상된 사물에 대한 생각을 던져 버리고 당신이 있는 그 자리에 굳건히 서 있으라.

– 카비르

"스푼은 존재하지 않는다."

– 영화 〈매트릭스〉 대사 가운데

당신은 환영 속에서, 그리고 사물의 외관 속에서 살고 있다.

실재가 있는데, 바로 당신이 그 실재다.

당신이 이것을 깨달을 때 당신은 당신이 아무것도 아니라는 것을 깨닫게 될 것이다.

그리고 아무것도 아닌 당신은 곧 모든 것이다. 그것이 전부다.

– 칼루 린포체, 티베트 라마

제3부

감각세계

-당신의 하나뿐인, 있는 그대로의 소중한 삶-

누가 이 세상을 만들었나?
누가 백조를, 흑곰을 만들었나?
누가 메뚜기를 만들었나?
내 말은 바로 이 메뚜기 말이다.
풀숲에서 갑자기 휙 뛰어나온 이 메뚜기
내 손에서 지금 설탕을 먹고 있는 이 메뚜기
위아래가 아닌 좌우로 턱을 움직이고 있는 이 메뚜기
커다랗고 정교한 두 눈으로 주변을 응시하고 있는 이 메뚜기
이 메뚜기를 누가 만들었나?
이제 메뚜기는 가녀린 아래팔을 들어 얼굴을 닦네.
이제 또 날개를 휙 하더니 저 멀리로 날아가 버리네.
나는 기도가 무엇인지 모른다네.
내가 아는 것은 어떻게 관심을 기울여야 하는지
어떻게 풀 속으로 떨어져야 하는지
어떻게 풀 안에서 무릎을 꿇어야 하는지
어떻게 빈둥거리고 축복을 받아야 하는지
어떻게 들판을 거닐어야 하는지
이런 것이라네.
이것들은 내가 하루 종일 하고 있는 일.
내게 말해 주오, 이것 말고 내가 무엇을 해야 하는지.
결국 모든 것은 죽게 마련, 그것도 곧
내게 말해 주오, 당신의 이 하나뿐인, 있는 그대로의 소중한 삶으로
당신이 계획하고 있는 것은 무엇인지.

– 메리 올리버, 「여름날(The Summer Day)」

감각의 신비와 감각적인 것의 마법

보고 듣고 움직이고 행동할 능력이 있는 것은 당신의 본래 마음.

– 지눌, 12세기 한국 선승

특별한 상황에서 우리의 감각은 매우 예리해질 수 있다. 호주의 오지에 사는 원주민 사냥꾼들은 맨눈으로 일반인이 보는 것보다 더 큰 목성을 볼 수 있다고 한다. 이것은 그들의 사냥 시력이 매우 예리하다는 뜻이다. 출생 전 혹은 두 살 이전에 특정 감각을 상실하면 그 감각을 제외한 다른 감각이 우리가 생각하는 것보다 훨씬 더 예리하게 발달한다고 한다. 이것은 시각장애인이 아닌 사람이라도 비교적 짧은 시간 동안—며칠에서 몇 시간까지—시력을 상실케 한 다양한 연구에서 증명되었다. 예를 들어, 올리버 색스(Oliver Sachs)의 말을 빌리면, 그들은 "촉각–공간 민감성에서 놀라운 향상"을 보였다.

헬렌 켈러는 방에 다른 사람들과 함께 있을 때 자신의 후각을 이용하여 사람들이 지금 무슨 일을 하고 있는지 알 수 있었다. "나무와 쇠, 페인트, 약의 냄새가 일하는 사람들의 옷에 묻어 있다. 누군가 한 곳에서 다른 곳으로 빠르게 이동할 때, 나는 그가 지금까지 어디에 있었는지—부엌, 정원 혹은 병실 등—냄새로 파악할 수 있다."

다양한 격리된 감각—우리는 그것들을 별개의 것으로, 서로 교차하지 않는 기능으로 생각하는 경향이 있다—은 모두 우리에게 세상의 다른 측면을 보여 준다. 그리고 그 감각은 있는 그대로의 감각 인상과 그에 대한 우리의 관계를 통해 우리로 하여금 세상을 구성하고 알게 한다. 각각의 감각은 그 자체의 고유한 특성을 무리로 갖고 있다. 그로부터 우리는 '저기 바깥' 세상에 대한 우리의 '그림'을 그릴 뿐 아니라 의미를 구축하고, 세상 속에 자신을 위치시키는 순간순간의 능력도 키울 수 있다.

우리는 우리 대부분이 공유하고 있는 감각 능력을 갖지 못한 사람들—태어날 때부터 혹은 나중의 사고로 인해—이 전하는 경험을 통해 우리 자신과 우리가 당연하게 받아들이는 것들에 대하여 많은 것을 배울 수 있다. 그리고 우리는 최소한 그러한 심대한 상실의 경험이라는 것이 어떤 것인지—적어도 우리에게 어떻게 느껴지는지—에 대해 생각해 볼 수 있고, 그러한 제약을 짊어지고도 온전한 삶을 살아가는 법을 터득한 이들로부터 어떤 통찰을 얻을 수도 있다. 그렇게 우리는 지금 이 순간 우리가 누릴 수 있는 감각이라는 선물에 감사하게 된다. 그리고 그러한 감각을 우리 내면과 외면의 풍경에 대한 자각—알아차림—을 계발하는 데 활용하는 우리의 무한한 잠재력에도 감사하게 될 것이다. 왜냐하면 우리가 알고 있는 것이란 오직 감각이라는 온 스펙트럼과 우리가 앎 자체라고 부르는 마음의 능력을 통해서만 알 수 있는 것이기 때문이다. 헬렌 켈러는 다음과 같이 말한다.

> 나는 눈도 보이지 않고 귀도 들리지 않아요. 귀가 들리지 않는 것은 눈이 보이지 않는 것보다 더 심각하고 복잡한 문제이지요. 귀가 들리지 않는다는 것은 훨씬 더한 불행입니다. 왜냐하면 귀가 들리지 않는다는 것은 가장 활기찬 자극—언어를 일으키는 목소리, 생각을 자극하고 우리가 다른 사람과 지적으로 함께 있음을 느끼게 하는 목소리—을 잃는다는 뜻이니까요. 내가 만약 다시 살 수 있다면 귀가 들리지 않는 사람들을 위해 훨씬 더 많은 일을 할 거예요. 귀가 들리지 않는다는 건 눈이 보이지 않는 것보다 훨씬 큰 장애입니다.

그러나 시인 데이비드 라이트(David Wright)는 자신의 청력 상실 경험을 오히려 소리 감각이 '없지 않았던' 체험으로 묘사한다.

> 나뭇가지 하나, 나뭇잎 하나 흔들리지 않는 아주 고요하고 적막한 날이었다. 산

> 울타리에는 시끄러우나 보이지 않는—들리지 않는—새들로 가득했지만 그날이 내게는 마치 무덤과 같았다. 그러다 나뭇잎 하나가 흔들릴 정도의 바람이 훅 하고 불었다. 나는 그 움직임을 마치 아주 놀라운 일인 양 보고 듣는다. 그러자 소리가 들리지 않는다는 환상은 깨졌다. 나는 나뭇잎이 흔들리는 것에서 마치 귀로 듣는 듯이 바람의 '시각적' 소리를 본다. 나는 때로 내가 아무것도 '듣지 못한다'는 사실을 스스로에게 상기시키기 위해 의도적인 노력을 기울여야 했다. 그러한 '소리 아닌 소리(non-sounds)'에는 이리저리 날고 움직이는 새들, 깨끗한 물이나 수족관 속에서 헤엄쳐 다니는 물고기들이 있다. 새의 비상도 멀리서 보면 소리가 들리지 않을 것이다. 그럼에도 그것은 마치 소리가 들리는 '것처럼' 느껴진다. 각각의 동물들은 다양한 '눈으로 보는 음악(eye-music)'을 만들어 낸다. 바다갈매기의 무심한 애수부터 요리조리 날아다니는 작은 새들의 스타카토 단음에 이르기까지.

40대 후반에 시력을 완전히 상실한 존 헐(John Hull)은 점차로 모든 시각 이미지와 기억을 상실했으며, 이른바 '깊은 눈 멈(deep blindness)'이라는 것으로 이어졌다. 『뉴요커』에 감각에 관해 기고한 올리버 색스에 따르면, '온몸으로 보는 사람(whole-body seer)'—헐이 자신의 '깊은 눈 멈' 상태를 묘사한 단어—이 되는 데는 자신의 주의와 무게중심을 다른 감각으로 이동하는 작업이 필요하다고 한다. 색스는 헐이 "이 작업이 새로운 풍요로움과 힘을 띠게 되었다고 거듭해서 쓰고 있다."고 말한다. 헐은 자신이 이전에 한 번도 주의를 기울이지 않았던 빗소리가 이제 그에게 완전한 풍경을 그려 주고 있다고 말한다. 왜냐하면 정원에 난 길에 떨어지는 빗소리와 잔디에 떨어지는 빗소리가 다르고, 또 정원의 풀숲에 떨어지는 빗소리와 길가 담장에 떨어지는 빗소리가 다르다는 것이다.

"비는 모든 것의 윤곽을 드러내는 방법을 갖고 있습니다. 비는 이전에는 보이지 않던 것들에 천연색 담요를 덮어씌우지요. 계속해서 떨어지는 빗방울은 단속적이고 분리된 세계가 아니라 이제 청각 경험의 연속성을 창조하게 됩니다. 또 전체 상황의 풍요로움을 동시에 드러내 줍니다. 그리고 우리에게 넓은 시각을 제공하고, 세계의 한 부분이 다른 부분과 서로 연결되어 있다는 실제적인 관계성을 드러내 줍니다."

'이전에 한 번도 주의를 기울이지 않았던'이라는 색스의 표현은 여기서 시사하는 바가 있다. 감각을 하나 이상 잃은 사람은 어쩔 수 없는 필요성 때문에 그러한 주의 기울임을 하게 된다. 그러나 우리는 그것에 주의를 기울이기 위해 시각이나 청각 등의 감각 상실을 경험할 필요는 없다. 감각기관과 감각 대상이 접촉하는 바로 그 순간에 우리의 감각과 만나고 그것을 알며 세상에 대한 그 앎 속에, 그 전체성 속에 머물라는 것—우리의 감각의 문 자체와 그것을 만나고 그것과 우리 자신에게 의미를 부여하는 마음을 모두 무시하고 습관적으로 그것을 무디게 만들면서 축소하기보다—이 마음챙김이 우리에게 손짓하는 바다.

하나 이상의 감각 상실을 경험한 사람들이 보여 주는, 온전한 삶을 창조하는 몸과 마음의 놀라운 적응력으로부터 우리가 무언가를 배울 수 있는 것과 마찬가지로, 우리는 자연세계—우리를 향해 손짓하며 우리의 모든 감각을 통해 동시에 자신을 드러내는 자연세계, 우리의 감각 자체가 그 속에서 만들어지고 다듬어진 그 자연세계, 그리고 처음부터 우리가 그 연속적 일부였던 자연세계—에 의도적으로 주의를 기울이는 것을 통해 무엇인가를 배울 수 있다.

우리는 잘 알아차리지는 못하지만 어떤 순간에도 우리의 모든 감각을 동시에 인식한다. 라이트와 헐의 묘사에도 잃어버린 감각을 가리키는 부분이 등장한다. 라이트는 자신이 보고 있는 대상을 듣지 못한다는 사실을 자신에게 상기해야 했다. 왜냐하면 그것은 그에게 들리는 '것처럼' 보였고 '눈에 보이는 음악'으로 나타났기 때문이다. 또 시각 체험이 전무한 헐도 '이전에는 눈에 보이지 않던 것들에 천연색 담요가 씌었다.'고 말한다. 이것은 주의 깊은 듣기를 통해—눈에 보이지 않던—그것들이 보이게 되었음을 의미한다.

감각은 겹쳐지고 한데 녹아들며 서로 넘나드는 것이다. 이러한 체험을 공감각(synesthesia)이라고 한다. 우리는 우리의 존재에서 분열되지 않았다. 우리는 결코 그랬던 적이 없었다. 한데 뒤섞이는 이러한 감각으로 우리는 세상에 대한 우리의 앎을 형성하고 매 순간 세상에 참여하며 살아간다. 우리가 이것을 인식하지 못하는 것은 우리가 느낌이 있는 우리 자신의 몸과 자연세계로부터 소외되어 있다는 의미일 뿐이다.

데이비드 에이브럼(David Abram)은 『감각적인 것의 마법(*The Spell of the Sensuous*)』에서 세상 속 모든 생명체—야생에 살 때의 우리 자신도 포함하여—에 의해 감각되고 알게 되는 대상으로서의 현상과 자연세계의 교류를 심도 있게 들여다본다. 그는 책에서 수십만 년 동안 인류를 탄생시키고 보살펴 준 감각세계의 풍요로운 차원에 대해 다음과 같이 이야기한다.

> 까마귀의 쩌렁쩌렁하고 울림 깊은 울음이 내 머리 위를 지나갈 때 그것은 다만 청각 영역에만 머물지 않는다. 그것은 시각 대상을 '통과하여' 울려 퍼진다. 까마귀의 새까만 형체에 어울리는 스타일과 분위기를 가진, 눈에 보이는 풍경에 생명력을 불어넣는다. 나의 다양한 감각은, 비록 그것들이 하나의 단일하고 일관된 몸에서 나오는 것이기는 하지만 우리가 인식하는 대상에서 또한 일관되게 한곳으로 모아진다. 마치 분리된 두 눈의 시점이 까마귀라는 인식 대상에서 하나의 초점으로 모아지듯이 말이다. 나의 여러 감각은 내가 인식하는 사물에서 서로 연결을 맺는다. 혹은 각각의 인식된 사물들이 내 감각을 일관된 방식으로 모으는 것인지도 모른다. 어쨌든 나로 하여금 내가 인식하는 사물 자체를 힘의 중심으로, 체험의 또 다른 핵심 고리로, 절대적인 타자로 경험하게 하는 것이 바로 이것이다.
>
> 이렇게 우리가 인식을 나의 몸과 사물 사이의 역동적 참여라고 한 것처럼 이제 우리는 인식이라는 행위 안에서 우리 몸 자체의 다양한 감각 시스템 사이의 상호 참여를 식별할 수 있다. 정말로 이 사건들이 서로 분리된 것이 아님은, 내 몸과 몸이 인식하는 사물 사이의 상호 엮임은 오직 내 감각의 상호 엮임을 통해서만 가능하기—혹은 그 반대로—때문이다. 내 몸 감각의 상대적인 분기성(分岐性)—나누어짐: 눈은 머리 앞쪽에, 귀는 등을 향하여 나 있는 것—과 그것의 흥미로운 양기성(兩岐性)—두 갈래로 갈라짐: 눈이 하나가 아니라 몸 한 쪽에 하나씩 두 개, 귀와 콧구멍 등도 마찬가지—은 이 몸이라고 하는 것이 세상을 향하고 있는 형체임을 가리킨다. 다시 말해, 내 몸은 오직 사물, 타인, 그리고 그것을 모두 포괄하는 대지에서만 스스로를 완성할 수 있는 일종의 '열린 회로(open circuit)'다.

자연세계에 소속된, 자연세계의 일부인 우리는 오직 우리의 감각을 통해서만 자연세계를 알 수 있다. 그리고 우리 또한 다른 존재들—비록 인간이 아니더라도 그들 자신의 고유한 방식으로 우리를 감각하는(점심 식사거리를 찾는 모기든, 숲 속에서 우리의 도착을 알리는 새들이든) 존재들—의 감각을 통해 그들의 앎의 대상이 된다. 우리는 이 풍경의 일부가 되며 그 속에서 성장하며 그러면서도 여전히 그 모든 재능의 소유자다. 비록 우리의 재능은 우리의 수렵 · 채집 조상에 비하면 많이 사용하지 않아 퇴화되긴 했지만 말이다. 그러나 결국 에이브럼의 아름다운 구절 '감각적인 것의 마법'은 우리 귀에 들려오는 빗소리, 우리 피부에 닿는 공기의 감촉, 우리 등에 내려쬐는 따스한 햇살, 개에게 다가갈 때 개의 눈에 비치는 우리의 모습과 다른 것이 아니다. 우리는 그것을 느낄 수 있는가? 우리는 그것을 알 수 있는가? 우리는 그 사물의 품속에 안길 수 있는가? 그리고 그것은 언제가 될 것인가? 언제? 언제? 언제? 언제?

봄

잘 관찰하면, 모든 대상은 그것을 지각하기 위한 기관을 만들어 낸다.

– 괴테

우리는 많이 본다. 렌즈를 통해 보고, 망원경을 통해 보며, 텔레비전을 통해 본다. 우리의 보는 일은 날로 완벽해지고 있다. 그러나 우리는 점점 더 적게 보게 되고 말았다. 본다는 것에 대해 이야기하는 것이 지금보다 더 절실한 때는 없었다. 우리는 구경꾼(on-looker)이며 관객(spectator)일 뿐이다. '주체'인 우리는 '대상'을 바라보고, 보이는 모든 것에 재빨리 이름표를 붙인다. 그리고 한번 붙인 이름표는 결코 떼지 않는다. 이 이름표로 우리는 모든 것을 인식하지만 동시에 그 어느 것도 있는 그대로 볼 줄은 모르게 되었다.

– 프레데릭 프랑크, 『봄의 선(*The Zen of Seeing*)』

우리 집 주변에는 어떤 각도에서 보면 내 눈을 특별히 즐겁게 하는 풀밭이 있다. 나는 이 풀밭 아래를 하루에도 몇 번씩, 사계절 내내 우리 집 개를 데리고 지나간다. 어떤 때는 혼자, 어떤 때는 다른 사람과, 또 어떤 때는 개 없이 지나간다. 그러나 그것은 중요하지 않다. 이 풀밭은 이곳을 지나가는 사람에게 끊임없이 다채로운 빛과 그림자, 모습과 색깔을 전하고 있다. 그럼으로써 우리가 그것을 눈과 귀, 코와 입, 피부 등 모든 가능한 방식으로 감각하고 받아들이는 도전을 제공하고 있다. 매일, 매시간, 매분, 또 지나가는 구름마다, 모든 날씨와 계절마다 여기서 보이는 모습은 끊임없이 변화하며 하나도 서로 같은 것이 없다. 그것은 마치 산이나 골짜기의 풍광과 마찬가지로 빛과 열기, 계절에 따라 한 모습에서 다른 모습으로 끊임없이 모양을 바꾼다. 그래서 모네 같은 화가는 건초더미 들판을 하루 중 시간의 변화에 따라, 그리고 계절이 바뀔 때마다 그 포착 불가능한 빛과 그 빛으로 인해 탄생하는 신비한 모양과 질감, 형상을 포착하기 위해 같은 장소에서 여러 대의 화가(畵架)를 놓고 그렸을 것이다. 문제는 우리가 살고 있는 세계에 의해 제시되는 그러한 풍경이 실은 어디든 존재하고 있음을 우리가 알아볼 수 있느냐는 것이다. 특히 완만하고 울퉁불퉁한 언덕의 경사면에 자리 잡은 이 풀밭은 두 개의 자연석이 땅 위로 튀어나와 있어 그 울퉁불퉁함을 더하는데, 아래에서 보면 그것은 나에게 특별한 감흥을 불러일으킨다. 그것을 응시하고 있으면 나 자신이 변화되고 있는 듯한, 나의 내면과 외면의 풍경에 좀 더 조율되는 듯한 신선한 느낌을 받게 된다.

언덕 깊숙이 자리 잡고 있는 이 풀밭은 보호지로 묶여 있어 잡초가 무성하게 자라고 있는 위와 아래의 다른 두 풀밭 사이에서 동쪽으로 경사를 이루고 있다. 북쪽으로는 빛바랜 붉은 헛간의 뒷면과 접해 있는데, 그 너머로는 자갈이 깔린 차도와 오래되었지만 잘 간수된 뉴잉글랜드의 농가가 있다. 여러 칸으로 구분 지어진 흰색의 그 농가는 가장 오래되고 길 쪽에 가장 인접한 칸에 오랜 세월에 걸쳐 솜씨 좋게 이어붙인 칸들 덕분에 제법 큰 규모였다. 같은 경사지에 있는 또 다른 보호지는 남쪽을 향해 누워 있었는데, 울타리를 친 풀밭과는 두 줄의 키 큰 떡갈나무와 산벚나무, 식민지 시대까지 거슬러 올라가는 낮은 바위벽으로 간격을 두고 있었다. 식민지 시대 당시는 이 땅이 식물 재배와 온갖 다양한 용도로 개간되었고, 양쪽 가장자리로는 검은 화강암을 넓고 거대하게 쌓아 올렸다.

내 눈을 사로잡은 그 풀밭은 세 겹의 나무 울타리로 둘레를 치고 있었는데, 눈에 잘 띄지 않는 전선줄 두 가닥이 눈에 띄는 노란색 역전류기로 각각의 울타리 기둥에서 떨어져 있었다. 그 역전류기는 우리의 이웃 농부가 기르고 있는 두 마리의 어린 암소를 가둬 놓기 위한 것이었다. 그 울타리는 오랫동안 불규칙한 오각형 모양을 하고 있어서, 나는 그것이 직사각형인 줄로만 알았다. 다시 보니 그것은 부등변사각형처럼 보였다. 한참을 응시하고 나서야 그것이 실제로는 다섯 개의 면을 가진 본래 모습을 드러냈다. 서쪽의 가장 낮은 울타리는 동쪽 울타리와 평행을 이루고 있으며, 이 두 면은 마치 직사각형의 길게 마주 보는 두 변인 양 남쪽에서 서로 만나고 있었다. 또 짧은 연결 변은 언덕 위까지 곧장 이르고 있었으며, 그 바로 남쪽의 두 줄의 나무와 바위벽과 평행을 이루고 있었다. 서쪽 바닥 면에 지어진 작은 암소 외양간을 지나 북쪽으로 6미터쯤 떨어진 곳에서 그 울타리는 대각선으로 언덕 위 북동쪽으로 길을 내고 있었다. 거기에 이 경사진 면이 윗면과 직각으로 만나는 가장 짧은 다섯 번째 면과 만나는 문이 있었다. 이러한 모습은 그 언덕의 윤곽을 품어 안고 이 일대의 풍경과 완벽하게 어울리는 풀밭과 울타리 모두에 자연스러운 인상을 부여한다. 내가 가장 좋아하는 지점인 바닥 오른쪽—남서쪽—으로부터는 암소 외양간의 내부와 그 외양간에 가려 보이지 않는 부분을 제외한 풀밭의 전체 모습이 눈에 보인다.

나는 이 풀밭이 좋다. 어떤 신비한 이유로, 이 풀밭 밑을 거닐면서 바라보게 되는 모습은 나의 시각에 활기를 불어넣어 준다. 갑자기 세상 모든 것이 더 생생하게 보인다.

나는 이 순간 남서쪽 지점에서 언덕을 응시하며 그늘에 앉아 있다. 7월 4일의 오전 하늘에는 태양이 그 강렬한 빛과 열로 풀밭을 흠뻑 적시며 하늘 높이 떠 있다. 천천히 커지는 좁은 그림자 선은 일렬로 늘어선 나무들의 호의로 남쪽 가장자리로부터 오른쪽에서 왼쪽으로 이동한다. 풀밭에는 풀이 무성하게 자랐고, 지난해 풀은 갈색과 황금색으로 말랐고 어떤 것은 완전히 씨앗이 되었다. 암소가 아직 먹지 않은 야생 데이지가 무성하게 핀 그곳에 작은 물방울들이 달려 있다. 하얀 나비가 이곳저곳을 펄펄 날아다니고, 때로 커다란 잠자리가 마치 석탄기 시대의 가공의 동물처럼 아름답게 수놓은 투명하고, 무척이나 쓰임새가 좋은 양 날개로 축 늘어진 공기를 휘저으며 모기를 찾아 풀의 위아래를 순찰하고 있다. 풀밭의 작은 나무 두 그루가 남서쪽 구석에서 내 바로 앞에 서 있고, 그보다 조금 더 큰 나무 몇 그루가 양쪽에서 외양간에 그림자를 드리우고 있다. 벌써 낮에는 뜨겁고 흐린 느낌이 있다. 내 뒤쪽의 하늘은 파랗고 구름이 없지만 내 시야에서 풀밭 너머의 하늘은 위쪽 풀밭 너머에 있는 커다랗고 멀리에 있는 나무들로 수놓인 채 완전히 하얀색이다.

한동안 풀 속에 앉아 풀밭을 바라본 뒤, 풀밭과 농가 아래로 난 길을 따라 돌아오면서 보니 조금 전 내가 이곳에 왔을 때 보았던 붉은 김의털—볏과의 여러해살이풀: 역자 주—이 조금 전보다 더 붉어졌다. 이제는 풀 여기저기서 자줏빛의 커다란 반점들이 보인다. 아마도 내가 전에 거의 보지 못했던, 꽃을 피우는 야생 콩인가 보다. 커다란 잔디밭의 가장자리에 무성하게 핀 노란색 백합은 이보다 더 노랄 수 없고, 마치 산들바람에 깡충깡충 뛰는 것처럼 보이는 백합의 미세한 움직임은 내 눈에 이보다 더 뚜렷할 수 없다. 조금 전보다 잠자리가 훨씬 많아졌고, 조금 전까지만 해도 보이지 않던 참새들이 키 큰 풀숲에서 이리저리 날아다니고 있다. 참새들은 또 오렌지색과 분홍색, 붉은색, 푸른색, 자주색, 황금색이 점점이 그리고 줄줄이 박혀 있는 잔디밭—그 농부는 자신의 꽃들을 사랑하나 보다—을 가로질러 이리저리 왔다 갔다 한다. 이 모든 것이 밝은 황색의 꿩의비름속(屬)의 넘쳐나는 장엄함에 의해 그 즙 많은 푸른 잎들로 정의되고 있다. 그 즙은 집 아래 거대한 잔디밭의 먼 가장자리로부터 일어나는 두 겹의 암벽 정원의 기다란 수평선을 따라 넘쳐흐른다.

길에 다다른 나는 오른쪽의 오르막길로 방향을 튼다. 그곳 역시 같은 언덕으로 우리 집으로 향하는 길이다. 나는 오늘 오후 늦게 그 풀밭과 내가 똑같은 길을 따라 걷게 될 산책이 완전히 다를 것임을 안다. 또 그 다름이 나를 다르게 만들 것임을, 내가 달라질 것을 요구할 것임을, 내가 도착하는 어떤 순간에도 나의 감각에 제시되는 것에 새롭게 현존할 것임을 안다. 그리고 그것은 여름이나 겨울, 봄과 가을, 어제와 오늘, 비가 오나 흐리나 눈이 오나, 밤의 별 아래에서나 항상 그러하다. 나는 항상 도착하고 있는 것이다. 그것은 이미 항상 있는 그대로의 여기며, 언제나 똑같은 풀밭이지만 결코 똑같은 풀밭은 아니다.

이 길을 걸으면서 주의를 기울이는 것에 나 자신을 온전히 내맡길 때, 나 자신이 나의 감각으로 돌아와 그 안에서 살고자 허락할 때, 나와 풍경 사이의 분리는 점점 작아진다. 주체—보는 자—와 객체—보이는 대상—는 보는 순간 하나가 된다. 그렇지 않으면 그것은 보는 것이 아니다. 어느 순간 나는 내 머릿속에서 나에게 그려지는 관습적인 풍경에서 분리된다. 그다음 순간에는 풍경도 없고 묘사도 없으며 오직 여기 존재하며 보는 것, 눈과 다른 감각을 통해 받아들이는 것만이 있을 뿐이다. 그 감각들은 너무 순수해서 어떠한 지시나 생각 없이도 자기 앞에 나타나는 무엇이라도 받아들이는 법을 알고 있다. 그러한 순간에는 오직 걷고 있음, 서 있음, 앉아 있음 혹은 들판에 누워 있음, 오직 공기를 느끼고 있음만 있을 뿐이다.

모든 감각 중에서 언어와 비유에서 가장 큰 부분을 차지하는 감각이 바로 눈의 영역인 시각이다. 우리는 세상과 우리 자신에 대한 우리의 '견해(view)'에 대해 이야기하고, '통찰(insight)'과 '관점(perspective)'을 얻는다고 말한다. 우리는 서로를 쳐다본(look) 다음에는 제대로 볼(see) 것을 권한다. 이것은 듣기(hearing)와 경청(listening)이 다른 만큼, 그리고 그냥 냄새 맡기(smelling)와 제대로 냄새 맡기(sniffing)가 다른 만큼 서로 다르다. 제대로 보는 것(seeing)은 이해하는 것, 포착하는 것, 있는 그대로 받아들이는 것, 관계를 인식하는 것이다. 거기에는 정서적 질감, 실제 존재하는 것을 인식하는 것도 포함된다. 칼 융은 이렇게 말했다. "우리는 지성으로만 세계를 이해하는 척해서는 안 된다. 우리는 세계를 느낌으로도 이해할 수 있다." 마르셀 프루스트는 다음과 같이 말했다.

> 발견의 진정한 여정은 새로운 풍경을 발견하는 것이 아니라 새로운 눈을 갖는데 있다.

우리는 실제로 우리 눈앞에 있는 것이 아니라 우리가 보고자 하는 것만을 본다. 우리는 쳐다보면서도(look) 제대로 이해하지 못할 수 있다. 우리는 악기를 조율하듯이 그 민감도와 범위, 명확성, 공감력을 키우기 위해 우리의 보는 감각 또한 조율해야 하는 것인지 모른다. 그것은 우리가 바라거나 두려워하는 대로가 아니라, 또 우리가 보거나 느끼도록 사회적으로 조건화된 대로가 아니라 사물을 있는 그대로 보기 위한 것이다. 융의 말이 맞는다면 우리는 우리의 느낌을 가지고 이해한다. 그렇다. 따라서 우리는 그 느낌과 친밀해지는 것이 가장 좋을 것이다. 그렇지 않으면 그것은 진정한 봄 혹은 진정한 앎에 대한 왜곡된 렌즈만을 제공할 것이다.

다른 감각과 마찬가지로, 우리의 마음은 우리의 명확하게 보는 능력을 종종 흐리게 만든다. 이러한 이유로 우리가 삶을 충만하게 경험하고 그것을 제대로 파악하고자 한다면 우리는 사물의 외관을 통과해 보도록 혹은 그 이면의 것을 보도록 우리 자신을 훈련시켜야 한다. 우리가 만약 사건과 일상적인 일을 포함한 우리 내면과 외면의 풍경을 있는 그대로의 실재로서 알고자 한다면, 우리는 감각 영역의 모든 것을 채색하는 우리 자신의 사고의 흐름에 대한 친밀감을 계발해야 한다.

* * *

지금 이 자리에서 당신이 기억하고 싶은 것은 무엇인가?
햇볕이 어떻게 반짝이는 마룻바닥을 타고 오는지?
오래된 목재에선 어떤 냄새가 나는지?
바깥의 어떤 부드러운 소리가 공기를 채우는지?

당신이 지금 어디를 가든 항상 지니고 다니는
그 숨 쉬는 측면보다 당신은 세상을 위해 더 좋은
선물을 가져갈 것인가? 당신은 당신에게 더 좋은 생각을
보여 줄 때를 기다리고 있는가?

당신이 돌아설 때 여기서 출발하여 당신이 발견한
이 새로운 일별을 들어 올려라. 오늘 하루에서 당신이 원하는
모든 것을 저녁때까지 가져가라. 당신이 이것을 보거나 들으면서 보낸
이 시간은 영원히 지속되리—

누군가가 당신에게 줄 수 있는 선물 가운데 지금보다 더 좋은 것이 있는가?
여기에 서서 바로 이 방에서 당신이 돌아설 때보다?

– 윌리엄 스태퍼드, 「이것을 읽고 있는 당신, 준비하라(You Reading This, Be Ready)」

보 임

아내 마일라(Myla)와 나는 우리 마음챙김 부모역할 워크숍에 오는 사람들을 상대로 때로 이런 훈련을 한다. 즉, 참가자들에게 어린 시절 자신의 있는 그대로의 모습으로 어른들—반드시 부모일 필요는 없다—에게 온전하게 보이고 받아들여졌던 순간을 떠올리게 하는 것이다. 그리고 그 기억으로 생겨난 느낌과 이미지 속에 머물러 보게 한다.

어릴 적의 그러한 기억이 잘 떠오르지 않으면 이번에는 있는 그대로의 자신의 모습으로 어른들에게 무시당하고 인정받지 못했던 기억을 떠올리게 한다. 그러한 안전한 모임의 분위기 속에서 우리가 온전하게 받아들였던 일이 우리의 기억 속에서 얼마나 빠르고 생생하게 떠오르는지 보면 놀라울 정도다. 할머니와 함께 흙장난을 치며 놀았던 일, 부모님이 강을 바라보시면서 자신의 손을 잡아 주던 일, 실수로 바닥에 달걀을 떨어뜨렸는데 당신이 당황하지 않도록 누군가가 또 다른 달걀을 일부러 바닥에 떨어뜨려 놓은 일 등. 이런 기억들은 이전에 의식적으로 불러낸 경험이 없어도 자연스럽게 떠오른다. 이 기억들은 한 번도 잊히지 않은 채 우리와 함께 평생토록 여기에 있어 왔다. 왜냐하면 어린아이라 하더라도 자신의 있는 그대로의 모습으로 온전히 받아들여지는 느낌의 순간은 쉽사리 잊히지 않는 것이기 때문이다.

대부분의 경우 그러한 순간들은 말이 없다. 그것들은 종종 침묵 속에서, 함께하고 함께 있는 짝놀이 속에서 말없이 펼쳐진다. 아마도 거기에는 눈빛이나 미소의 교환, 혹은 품에 안기는 느낌, 손을 잡는 느낌만이 존재할 것이다. 그러나 당신은 안다. 바로 그 순간에, 당신이 보이고 알아지고 느껴지는 그 순간에는 세상 그 무엇도 더 좋게 느껴지지 않으며 세상 무엇도 당신을 이보다 더 편안하고 평화롭게 해 주지 못함을 안다. 그러한 기억이 단 하나 있다 하더라도 우리는 그것을 평생 가지고 간다. 우리는 결코 그것을 잊지 않는다. 그것은 여기 이렇게 있다. 그것은 너무나 많은 것을 의미했고, 너무나 많은 것을 드러내 주었고, 너무나 많은 것을 축복했기 때문이다. 그것은 우리가 의식적으로 아는 것 이상의 선물이었다. 그러나 직관적으로 우리는 알았다. 몸도 알았다. 영혼도 알았다. 우리는 비개념적으로 알았다. 그리고 그 기억 속에서 우리는 움직였고, 그 기억으로 오늘까지 움직이고 있다.

또 우리 중 누구라도 그러한 기억이 매우 적다는 것, 그리고 많은 이가 그런 기억을 전혀 갖고 있지 않다는 것도 놀라운 일이다. 대신 거기에는 우리가 보이지 않고, 받아들여지지 않고, 심지어 있는 그대로의 우리로 수치심을 느끼고 조롱받았던 순간들에 대한 기억이 있다.

이 연습이 부모에게 주는 메시지는 물론 우리 아이들과 함께하는 모든 순간을 우리가 우리 아이들을 나이에 상관없이 있는 그대로 바라보고 온전히 받아들이는 기회로 삼을 수 있다는 것이다. 비록 아주 드물었다 하더라도 그러한 보임(being seen)의 순간이 어릴 적 우리에게 그렇게 소중했던 것이라면, 그래서 한 번도 그것을 잊어본 적이 없다면, 왜 당신의 자녀를 적어도 잠시만이라도 자녀에 대한 당신의 기대와 두려움, 판단, 심지어 희망을 넘어 보는 것으로부터 그러한 고요한 현존의 치유력이 또한 나올 것이라고 생각하지 않는가? 이러한 순간은 아주 짧을 수 있지만 그것을 알아보고 품에 안으면 아주 깊은 영혼의 영양제가 되고, 타인의 가슴에 흘러들어 가는 자애의 생명줄이 될 것이다.

그러므로—자녀에 대한—우리의 관심(regard)—프랑스어 regarder는 '보다'란 뜻이다—은 그 자체로 가치 있는 주의의 대상이며, 알아차림 속에 그것을 담을 때 그 결과를 볼 수 있고 느낄 수 있고 알 수 있다. 왜냐하면 중요한 것은 단지 보는 것만이 아니기 때문이다. 거기에는 또한 보임도 있게 된다. 그리고 그것이 우리에게 그러하다면 상대방 혹은 어떤 다른 사람에게도 그러할 것이다.

봄과 보임은 상호성이라는 신비로운 회로를 완성시킨다. 틱낫한 스님은 그것을

'상호 존재(interbeing)'라는 현존의 상호성으로 표현했다. 그 현존 속에서 우리는 있는 그대로의 우리 자신이고자 하는 성향과 있는 그대로의 우리 자신을 보여 주고자 하는 우리의 성향은 건강한 충동이라는 것을 알게 된다. 왜냐하면 있는 그대로의 우리야말로 사람들에 의해 보이고 인식되고 수용된 모습이기 때문이다. 그렇게 우리 존재의 중요한 주권성은 포용된다.

이 모든 것은 봄이 진정한 봄일 때의 상호성의 일부분이다. 우리의 생각과 의견이라는 장막이 충분히 얇아져 우리가 바라는 대로 되기를 원하기보다 있는 그대로의 사물을 보고 알 수 있을 때 우리의 시선은 친절하고 고요하고 평화로우며 치유력을 갖게 될 것이다. 그리고 그것은 다른 사람도 즉각 감지할 수 있다. 다른 사람도 그것을 느끼고 알 수 있다. 그리고 그 느낌은 매우 좋다.

자기를 쳐다볼 때 그 느낌을 알아채고 그 시선의 질감과 의도를 즉각적으로 감지하는 것은 아이들이나 사람만 할 수 있는 일이 아니다. 동물도 마음과 가슴의 특징을 가지고 그것을 알며 우리가 그들을 바라보고 있다는 것을 감지한다—두려움 속에서든 기쁨 속에서든—그리고 여성은 배려나 상대방의 주체성에 대한 인정으로 부드러워지지 않은 남성의 시선에 대해 불길하거나 탈인격화되거나 타자화하는 것으로, 때로는 야수적인 공격성으로 느낄 수도 있다.

몇몇 고대의 원주민 전통에서는 세상—심지어 나무나 관목, 바위까지도—이 우리가 그들을 보고 있다는 것을 느끼며 그렇게 우리를 다시 쳐다본다고 믿는다. 그리고 당신이 홀로 열대림이나 숲에서 하룻밤을 지낸 경험이 있다면 당신의 보고 있음과 당신의 존재의 특질이 인간세계를 넘어선 그 이상의 것에 의해 느껴지고 알아진다는 것을 분명히 알 것이다. 당신은 있는 그대로의 당신—비록 평소 스스로를 생각하는 바대로는 아니지만—이 보이고 알아진다는 느낌을 확실히 가질 것이다. 그리고 당신이 그것을 편안하게 생각하든 그렇지 않든 당신은 이 생명력을 가진 감각적인 세계의 친밀한 일부라는 것도 알 것이다.

* * *

오직 정원만이 언제나 놀라워라. 아무도 그것을 오랫동안 가꾸지 않았어도 정원은 씨앗과 야생화로 돌아갔네. 정원의 아름다움은 오직 조심스러운 관찰만이 인식할 수 있는 미묘함 속에 있는 것.

– 지오이아 팀파넬리, 『영혼(*Sometimes the Soul*)』

* * *

거기서 그것들은 위엄 있고, 보이지 않는 모습으로
자연스럽게 움직이고 있었네, 죽은 잎들 위로
가을의 열기 속에서, 활기찬 공기를 통과해
그리고 관목 숲의 들리지 않는 음악에 대한 화답으로
새가 노래 부르네,
보이지 않는 시선이 교차했네.
장미는 자신이 받고 있는 시선 그대로의
꽃의 모습을 하고 있네.

– T. S. 엘리엇, 『네 개의 사중주(*Four Quartets*)』, 「번트 노턴(Burnt Norton)」

들 음

오래된 연못
개구리 한 마리가 뛰어든다—
퐁당.

– 바쇼(芭蕉,1644~1694)

11월 중순의 이른 아침, 폭우가 머리 위 어둠 속에서 지붕을 때리고 있다. 매 순간 빗소리가 들린다. 나는 단 한순간이라도 비에 대한 내 생각을 넘어 그 소리를 들을 수 있나? 어떠한 관념도 없이—소리에 대한 관념까지 포함하여—이 소리를 있는 그대로 '받아들일' 수 있나? 나는 듣기(hearing)가 자연스럽게 일어나는 것을 관찰한다. 내가 무엇을 해야 할 필요는 없다. 아무것도 할 것이 없다. 사실 제대로 듣기 위해서는 '나'라는 것에서 벗어나야 한다. 나의 이 '나'라는 자아는—듣기에 있어—잉여의 것이다. 듣기 혹은 소리를 찾아 나서는 것, 즉 경청에는 '나'라는 것이 필요하지 않다. 사실 '나', 나의 기대, 나의 체험에 대한 생각에서 모든 사고가 일어남을 본다.

나는 실험한다. 다만 소리가 듣기의 맨 체험에서 일어나는 '이식(耳識)'—이미 매 순간 일어나고 있는—과 자연스럽게 만나도록 내버려 둘 수 있는가? 내가 고수하는 방식에서 벗어나 잠시만이라도 어떠한 꾸밈이나 노력도 없이 다만 듣는 경험 자체가 존재하도록, 그 소리가 내 귀에 이르러 귀 안에 존재하고 공기 안에 존재하도록 할 수 있는가? 소리는 이미 귀라는 통로를 두드리고 있으므로 다만 들리는 그것을 들을 수 있는가? 열린 주의 기울임의 고요 속에서 듣기와 함께할 수 있는가? 똑똑똑, 꼴꼴꼴, 콸콸콸…… 공기가 소리로 가득 채워진다. 몸도 소리에 푹 담긴다. 완전한 고요 속에서 지붕에 떨어지는 빗소리만 들린다. 귓 속의 순수한 소리만이 방을 가득 채운다.

지금 이 순간 어디선가 뒤쪽 멀리서, 내가 여기 앉아 있다는 것을 알고 비가 내리고 있다는 것을 아는 앎이 있다. 그러나 '생각 이전의' 그 체험, 스스로 증식하는 생각 이전의 그 체험은 순수한 소리 가운데 하나다. 다만 들음이 있을 뿐. 더 이상 듣는 사람과 들리는 대상이 분리되지 않는 오직 들음, 들음, 들음만 있을 뿐. 그 들음 속에 '비'라는 단어를 넘어선, '나'와 '들음'이라는 관념을 넘어선, 소리에 대한 앎이 있다. 그 앎은 들음 속에 머문다. 지금 이 순간에 이것들은 하나다.

오늘 아침 내리는 이 비는 무척 거세어 자연스럽게 주의가 그곳에 지속된다. 지금 이 순간의 소리 체험은 개념적 마음을 이겼다. 그러나 이것이 항상 그런 것은 아니다. 오히려 그렇지 않은 경우가 더 많다. 생각에 휩쓸려 버리기가 더 쉬운 것이다. 주의가 분산되기가, 주의가 귀에서 멀리 떠내려가 버려 아무리 거센 빗소리라도 더 이상 듣지 못하는 경우도 있다. 내 몸과 귀는 조금 전 오직 '이것'만 있을 때와 마찬가지로 빗소리에 푹 잠겨 있는데도 말이다.

그러므로 마음챙김의 본질적인 도전은 지금 여기 존재하는 소리를 듣는 것을 매 순간 알아차리는 것이다. 일어나고 사라지는 소리, 소리의 안과 아래에 존재하는 침묵, 일시적인 체험을 '좋다, 싫다, 무덤덤하다'고 해석하는 것을 넘어, 모든 규정자와 판단을 넘어, 그 어떠한 것에 대한 모든 생각도 넘어, 다만 앉음, 들음, 숨 쉼, 앎에 자신을 내주는 것이다.

그 들음 속에는 듣는 '나'와 들리는 대상, 즉 아는 주체와 앎의 대상 모두로부터의 일시적인 해방이 있다. 그럼에도 아무것도 빠진 것이 없다. 텅 비어 있고 앎 자체이며 광활한 본래 마음을 순간적으로 경험하게 된다. 잠시 동안이지만 우리는 실제로 온정신을 회복한 것이다. 우리는 여기에 잠시 머물 수 있나? 우리는 여기에 살 수 있나? 우리가 잃을 것은 무엇인가? 얻을 수 있는 것은? 회복될 수 있나? 언제 소리와 소리 사이의 공간이 우리에게 현존하지 않는가? 언제 광경이 우리에게 현존하지 않나? 우리는 그것들을 위해 여기 있나? 우리는 그것들과 함께할 수 있나? 우리는 그 앎이 되어 그 앎 속에 머물며 그 앎으로부터 행동할 수 있나? 그렇게 이미 존재하는 것에 온전히 현존할 수 있나? 그러한 순간의 느낌의 색조는 어떠한 것인가?

노력하는 것은 해답이 아니다. 우리는 듣기 위해 노력할 필요가 없다. 그러나 마음은 변하기 쉬운 것이다. 우리는 그것을 알고 있나? 우리는 그것을 알 수 있나?

* * *

교토에서도
빼꾸기 울음소리를 들으면서
나는 교토를 그리워하네.

– 바쇼

* * *

여기서 사람이 되어 보라. 강가에 서서 올빼미를
불러내라. 겨울을, 다음에는 봄을 불러내라.
여기 오기 원하는 어떤 계절이라도 와서
자신의 소리를 내게 하라. 그 소리가 지나간 다음에는 기다리라.

느린 거품이 대지를 뚫고 올라와
하늘, 별, 모든 공간을 차지하기 시작한다.
심지어 앞서 달리는 확장하는 생각까지도.
돌아와 그 작은 소리를 다시 들으라.

갑자기 당신이 갖고 있는 이 꿈이
모든 사람의 꿈과 일치하기 시작하며 그 결과가 세상이다.
다른 울음이 있었다면 세상도, 당신도, 강도, 올빼미의 울음도 존재하지 않으리.

당신이 여기 어떻게 서 있느냐가 중요하다.
당신이 다음 일이 일어나는 것을 듣는 것이 중요하다.
당신이 어떻게 숨 쉬는가가 중요하다.

– 윌리엄 스태퍼드, 「사람되기(Being a Person)」

소리풍경

6월 하순의 어느 날, 새벽 6시 42분. 창문을 통해 들려오는 낯선 새들의 노랫소리, 지저귐과 휘파람, 짹짹거리는 소리, 부르는 소리와 대답하는 소리, 긴 소리와 짧은 소리, 어떤 것은 곧장 알 수 있고 또 어떤 것은 쉽게 구분되지 않는 소리, 모두 조절되고 생략된 소리, 멜로디를 타고 혼란스럽게 공기 속으로 넘쳐나 이 세상을 노래로, 노래 아래에서, 노래 위에서, 노래 속에서, 노래를 따라 가득 채우는 소리에 나는 푹 젖는다. 새들의 노랫소리는 매 순간 새롭고 활기가 넘치는 떠들썩함 속에서 계속되고, 그 풍부한 소리는 주변 어느 곳에나 흘러넘친다.

또 그리 멀지 않은 곳에서 분명 차량들 소리임에 틀림없는 웅성거림이 점점 크게 들려온다. 그 소리는 도시의 서북 변두리에서 도심 깊은 곳으로 도시의 심장부를 향하여 진입하는, 그리고 그 반대 방향으로는 비슷한 압력으로 빠져나오는 주요 간선도로의 차량들에서 나는 소리다. 반쯤 액셀을 밟은 차량의 때로 으르렁거리는 소리는 쉽게 구분이 가며, 조급한 타이어의 씽씽거리는 소리와 멈추지 않고 돌아가는 엔진 소리가 하나의 소리로 합쳐져 인간의 목적과 산업의 세계가 새들과 함께 잠에서 깨어나고 있음을 알린다.

우리 집 가까이, 나의 뒤에서 나부끼는 거대한 단풍나무의 잎사귀 소리에 의해, 그리고 간간이 불어오는 부드러운 바람에 애무당하는, 내 앞의 헴록—미나릿과의 독초: 역자 주—가지에서 나는 한숨 소리에 의해 가끔씩 멈추게 되는 맛있는 소리풍경

(soundscape)은 지금 그 헴록 아래의 비포장도로에서 개를 산책시키며 걸어가는 사람들의 대화 소리와 함께 있다. 이제 분명하고 짤막하며 반복되지 않는 사이렌 소리가 더해져 무언가 무거운 물건이 언덕 아래 농장의 트럭에서 떨어지는 소리가 '쿵' 하고 들린다. 어디선가 후진하는 커다란 차량에서 나는 듯한 삐삐하는 경적음도 들린다. 이 소리풍경은 언제나 존재하고 있다. 그것은 같은 소리이면서 또 매시간, 매분이 흘러갈 때마다 항상 다르기도 하다. 그리고 항상, 매 순간, 그 새들의 노랫소리와 간간이 들려오는 쉿소리가 있다.

나는 더 이상 소리의 원천에 대한 생각을 멈추고 나 자신을 온전히 듣기에 내준다. 이것은 소리 안에 푹 잠기는 것과 같다. 순수한 소리와 그 소리들 사이의 빈 공간 속에서 감각적인 즐김을 갖는다. 이제 소리는 오직 있는 그대로의 그것일 뿐 더 이상 그것을 무엇이라고 규명할 필요도, 애써 귀 기울여 들을 필요도 없다. 나는 다만 여기 앉아서 매 순간 소리풍경에서 일어나는 것을 받아들일 뿐이다. 비록 대개의 경우 우리의 마음은 딴 곳에 가 있어 소리를 제대로 듣고 알지 못하지만, 소리는 이미 내 귀에 도달하고 있으므로 그것이 나의 귀에 이를 것을 굳이 초대할 필요도 없다. 우리는 항상 지금 내가 듣고 있는 소리의 출처가 어디인지, 자기가 더 좋아하는 소리가 무엇인지에 대해 생각하는 등 단지 듣는 체험보다 소리에 대한 의견을 갖는 경우가 더 많다.

이처럼 순수하고 단순한 듣기에 나를 내주는 이 순간에는 오직 들음만이 존재한다. 이 순간은 소리풍경이 전부다. 그것은 더 이상 세상 속에 있지 않다. 아니, 더 정확하게는 더 이상 세상도 존재하지 않는다. 듣는 나도 없고 '저기 바깥에' 들리는 소리도 없다. 새도, 트럭도, 비행기도, 사이렌도, 세워지는 사다리도 없다. 오직 소리와 소리 사이의 빈 공간만 있을 뿐이다. 오직 지금이라는 이 갑작스러운 영원의 순간 속에서 들음만이 있을 뿐이다. 그리고 그 영원의 순간은 또 바로 다음의 '지금'이라는 영원의 순간으로 흘러들어 간다. 그리고 그 들음 속에는 또한 소리가 일어나고 짧은 순간 지속되며 사라지는 그 순간에 들려지는 대로의 소리에 대한 즉각적인 앎이 존재한다. 그것은 생각과 함께 오는 그러한 앎이 아니라 더 깊은 앎, 보다 직관적인 앎, 우리의 앎에 덧씌워진 단어나 개념 이전의 앎, 생각 아래에 있는 더 근본적인 앎이다. 있는 그대로의 소리에 대한 앎과 동시에 일어나는 앎, 그것이 생각이나 사고의 옷을 입기 전, 우리의 이름 붙임에 의해 평가받기 전, 우리의 좋고 싫음, 우리의 판단에 의해 평가받기 전의 앎이다. 이 앎은 마치 소리를 비추는 거울과 같아서 어떠한 견해나 태도도 없이 단지 자기 앞에 있는 것은 무엇이든 있는 그대로 비출 뿐이다. 이 거울은 열려 있고 텅 비어 있으며, 그래서 그 앞에 나타나는 무엇이라도 담을 수 있다.

지금 이 순간 그 몰입은 너무나 완벽하여 더 이상 몰입이라고 하는 것도 존재하지 않는다. 소리는 어디에나 있고, 그 소리에 대한 앎도 몸이라는 '봉투'의 안과 밖 어디에나 있다. 왜냐하면 이제 더 이상 어떠한 종류의 경계도 존재하지 않기 때문이다. 오직 소리와 그 소리를 들음, 무한한 소리풍경 속에서의 조용한 앎만이 있다. 오직 이것뿐이다.

그렇다고 해서 생각이 일어나지 않는다는 의미는 아니다. 생각은 일어난다. 다만 생각이 일어나더라도 그것이 예전처럼 자신의 듣기에 색깔을 덧입히거나 온전한 듣기 경험을 방해하지 않는다는 뜻이다. 마치 이제 생각 자체도 소리가 되어서 다른 모든 것과 함께 듣고 알 수 있는 무엇이 되었다고 하는 것이 맞겠다. 생각은 이제 더 이상 우리의 주의를 흩뜨리거나 방해하지 않는다. 앎 속에서는 생각이란 것도 녹아 없어지고, 더 이상 계속해서 확산되지 않기 때문이다. 이 앎이란 마치 하늘과 같고 공기와 같다. 무한한 우주 공간처럼 그것은 도처에 있고 그 경계도 없다. 그것은 알아차림 자체 이외의 다른 것이 아니다. 순수하며 지극히 단순한 것이다. 그것은 또한 내가 만들어 낼 수 있는 것이 아니란 점에서 아주 신비로운 현상이기도 하다. 마치 수줍은 야생동물이 햇볕을 쬐기 위해 사람이 없을 때 숲 속 공터로 조심스럽게 나오듯이, 알아차림은 내가 고요할 때 그로부터 자연스럽게 흘러나오며 결코 나의 의지로 갑작스럽게 움직여 오지 않는다.

내 앞의 시계는 아침 8시 33분을 가리키고 있다. 요 몇 시간 동안 엄청나게 많은 순간이 지나갔다. 그러면서도 시간은 전혀 흐르지 않았다고도 할 수 있다. 마치 성유(聖油)를 바른 느낌이다. 시작도 모르고 끝도 알 수 없는 이 소리풍경 속에 푹 잠기고 몰입하는 경험으로, 또 들음, 깨어 있음, 앎인 이 기적으로 축복을 받은 느낌이다. 이 '오직 이것뿐'인 체험이 불가능한 순간들이 있을까? 어떤 순간이든 이 경험은 가능할 것이다. 언제나 이미 들려오고 있는 것들—그것은 항상 훨씬 더 큰 고요에 의해 잠시 멈추어지고 그 위에 떠 있다—을 듣는 데 또 무엇이 필요할까?

얼마 후에 나는 만약 주의하지 않으면, 즉 하루가 펼쳐지는 과정에서 알아차림 속에 계속 머물지 않으면 곧장 몇 시간이고 머릿속 생각의 흐름이 일으키는 광포한 소음밖에 듣지 못하게 된다는 사실을 깨닫게 된다. 내 귓가에 무엇이 들려오든 상관없이 말이다.

• • •

알래스카 동남쪽의 통가스 황무지 테벤코프만 입구에 있는 윈드폴 섬의 바위 많은 해변에서 채텀 해협과 바라노프 섬의 눈 덮인 봉우리들을 앞에 두고 한 무리의 환경운동가와 함께 명상을 하고 있노라면 만과 해협 사이에서 밤낮으로 오가는 조수와 함께 이동하는 혹등고래가 이 원시의 황무지 대기에서 우리를 둘러싼 소리풍경에 얼마나 커다란 기여를 하고 있는지 누구나 알 수 있다. 우리는 혹등고래가 숨을 내쉴 때 '훅' 하는 소리를 듣는다. 그 심오하고 기다란 울림 깊은 소리, 그 너무나 근본적인 고대의 소리에 우리는 마치 수백만 년 동안 같은 자리에서 방해받지 않고 계속되었던 숨소리에 깊이 빠져드는 느낌이다. 충분히 주의를 기울이면 우리는 때로 혹등고래가 다시 잠수하기 직전에 들이마시는 숨소리도 들을 수 있다. 눈을 뜨고 있으면 혹등고래의 날숨 소리를 들을 뿐 아니라 아주 멀리서 직접 눈으로 볼 수 있다. 수면으로 솟아오를 때마다 혹등고래는 하얀 수증기를 공기 중에 내뿜는다. 마치 우리가 여기 해변가에 눈을 감고 앉아 있다는 사실을 혹등고래가 알고 있는 듯하다. 잠시 동안이나마 우리는 광활한 고요 속에서 소리와 함께 흘러가는 5천 년, 아니 1만5천 년 전 세계와 전혀 다르지 않은 세상에 살고 있는 듯한 느낌을 받는다. 대머리독수리는 울음을 울고, 까마귀는 꽥꽥거리며 물 위와 대기의 작은 새들도 각자 나름의 울음을 운다. 파도는 해변에 찰랑거리며, 바람은 오래된 가문비나무와 헴록의 온대우림—가혹한 겨울의 힘은 알지만 날카로운 톱은 한 번도 닿은 적이 없는—을 통과하며 분다. 우리는 여기 앉아 이 세상, 이 소리풍경, 또 그 고대의 기억에 마음을 활짝 연다. 얼마나 확연한 세상인가?

우리 집 개는 들리는 소리만큼이나 들리지 않는 소리도 소리풍경에 포함된다는 것을 알고 있다. 만약 우리 집 개가 문이 열리고 닫히는 소리가 났는데 정작 문이 '찰칵' 하고 잠기는 소리는 나지 않았다는 것을 알아챘다면 자신이 집 밖으로 나갈 수 있다는 사실을 알 것이다. 우리 집 개는 그렇게 특정 소리를 듣지 않음으로써도 무언가를 알 수 있다. 이것은 소리풍경 속에서 특정 소리를 듣지 않는 것에도, 우리가 만약 소리의 부재 및 소리와 고요의 패턴 변화를 감지할 정도로 충분히 주의를 기울이고 있다면 거기에도 역시 중요한 정보가 가득하다는 것을 보여 주는 예가 된다. 타지마할(Taj Mahal)—미국의 블루스 가수로 1976년 〈Satisfied 'N' Tickled Too〉라는 제목의 앨범을 발표했다: 역자 주—이 노래한 것처럼, "음악이 우리의 청각 신경을 간지럽힐(tickle) 수 있지만" 소리풍경은 다만 소리에 그치지 않는다. 그것은 우리가 다만 존재함, 다만 소리와 함께 존재하는 것에 기꺼이 자신을 내줄 때 우리의 듣기에 의해 공유되는, 소리와 고요를 모두 포함한 전체 우주다.

여기 앉아 있으니 바깥에서 쓰레기 트럭 소리가 들린다. 오늘은 쓰레기 버리는 날이 아닌데……. 아마도 거리 청소부인가 보다. 내 마음은 소리의 정체를 알아내려고 애쓴다. 그런데 소리가 가시질 않는다. 아마도 무슨 구멍 내는 작업을 하나 보다. 트럭이 계속해서 가파른 경사면을 올라가는 것 같다. 소리는 가까워지지도 멀어지지도 않은 채 일정하다. 아마도 길에서 무슨 공사 같은 걸 하는 것이리라. 나는 여기 앉아서 그 소리에 대해 끝없이 생각하고 있다. 소리가 어디서 오는지, 빨리 사라져 주기를 바라며, 또 왜 이토록 이른 아침에 공사를 하는 것인지 등등. 어쩌면 지금 당장 자리에서 일어나 이 소리가 어디서 나는 소리인지 알아볼 수도 있을 것이다.

그러나 무엇을 위해? 지금 당장 나는 이렇게 앉아 있다. 내가 방해받을 것인지 그러지 않을 것인지는 나 스스로 선택할 수 있다. 그러나 그것은 쉬운 선택은 아닐 것이다. 그것은 일종의 의지력 게임으로, 이미 존재하는 것, 이미 여기에 있는 이 소리에 저항하는 하나의 방식인 것이다. 나는 방해받는 상태와 방해받지 않는 상태가 시계추처럼 반복되는 것을 관찰한다.

그런데 마음의 이러한 놀이 뒤에는 순수한 소리가 있다. 소리를 듣는 것, 그리고 그 소리가 '무엇인지' 알지 못하는 것 또한 '아는 것'이라고 할 수 있다. 이 순간, 나는 다만 그 앎 속에 머물 수 있는가? 알지 못하고 또 알 필요도 없는 그 앎, 그리고 지금 이 순간 소리가 다만 여기에 존재하기에 만족하는 그 앎에 머물 수 있는가? 사정은 이미 지금 당장 이러하다. 그것들을 있는 그대로 받아들일 수 있는가? 왜냐하면 소리 말고 다른 어떤 것이라도 싫음과 짜증, 방해, 더 큰 산만함으로 이어질 것이니까.

마음은 또 생각을 만들어 낸다. 그 소리가 무슨 소리며, 누가 소리를 내고 있고, 얼마나 오래 소리가 지속될 것인지를 안다면 그 소리를 더 잘 받아들일 수 있을지 모른다.

알아차림은 또한 생각이 일어나는 순간에 그것이 생각임을 안다. 알아차림은 생각하는 마음이 모종의 설명을, 확신을, 수용이 자리할 수 있는 일종의 좌표계를 더듬고 애착하고 열렬히 구하는 것을, 조금 전까지만 해도 다만 '소리'였던 것을 이제 '소음'으로 바꿔 버렸음—마법 같으나 불필요한 연금술이다—을 본다. 알아차림은 또한 이 생각들, 이 불편함, 이 애씀, 이 붙잡음을 똑같이 불필요하고 잉여의 것으로 본다. 이것들은 평정에 대한 방해물이다. 어쩌면 소리 자체보다 훨씬 더 큰 방해물인지 모른다. 소리 아래의 들음과 그 앎에는 평정이 있다. 나는 그 속으로 들어간다. 순간, 소리가 멈추었다가 다시 들려온다. 이제 아무런 방해도 일어나지 않는다.

갑자기 마음이 불편한 경련을 체험한다. 무슨 소리인지 알아야겠다고 우긴다. 순간 알아차림과 나의 더 큰 목표는 사라져 버린다. 소리의 출처를 알아야겠다는 경련과도 같은 불편함은 곧장 내 몸을 일으켜 창밖을 내다보게 만든다.

커다란 트럭이 지나가고 있다. 그것은 소음이다. 그러나 그것은—내가 조금 전 머릿속으로 생각했던—그 소음은 아니다. 이렇게 일어나 창밖을 내다본 행위를 통해 내가 얻은 것은 무엇인가? 아무것도 없다.

나는 다시 자리에 앉아 듣기 속으로 들어간다. 소리가 계속될수록 소리의 출처를 알아내고 싶은 충동은 더 커진다. 그래도 나는 계속 앉아서 듣기 속으로 들어간다. 잠시 뒤 소리는 저 멀리로 사라져 가고, 이번에는 새들의 노랫소리가 들려온다. 이제 그 소리에 따라—물론 이제 그것은 좀 더 고요한 소리이긴 하지만—또 다른 생각이 일어난다. 그것이 보인다. 미소가 내 얼굴에 번진다. 숨이 들고 난다. 나는 다만 여기 이렇게 앉아 있다. 나는 소리나 고요에 대한 생각에 더 이상 물들지 않은 널찍함 속에 있다. 알아차림이다. 그리고 더 이상 어떠한 방해도 없다. 마음은 이제 더 이상 스스로를 방해하지 않는다. 지금 있는 것은 오직 이것뿐이다. 이것뿐.

다시 소리가 들려온다. 내 얼굴에 미소가 번지고 잠시 머물다 이내 사라진다.

공기풍경

당신이 물속에 있다고 상상해 보자. 또 그러면서도 숨을 쉴 수 있다고 하자.

이제 몸을 움직여 보라.

우선 한쪽 팔과 손만 움직여 보라. '물'이 어떻게 팔 주위와 손가락 사이, 그리고 손등을 거쳐 흘러가는지 '느낄' 수 있는가? 나는 마치 내 팔과 손이 갑자기 새로운 생명을 부여받은 것처럼 그 움직임 자체에서 어떤 흐름이 느껴진다. 내 손과 팔은 이제 스스로 그 어디로든 물결치며 흘러가는 듯 보인다. 이제 더 큰 움직임의 자유로움을 가지고 스스로 실험하는 듯 보인다. 이 느릿하고 우아한 손과 팔의 움직임은 이제 그것이 흐르는 유체 속에 있다고 상상하고 그렇게 느끼는 것만으로 더 유동적이 된다.

만약 지금 그렇게 하고 있다면 당신은 당신의 움직임이 이미 얼마나 우아해졌는지 느낄 수 있는가? 또 얼마나 힘들이지 않고 자연스러운지 알 수 있는가? 움직임을 지속하면서 당신이 원하는 만큼 이 느낌에 머물러 보라. 그리고 원한다면 신체의 나머지 부분도 이 움직임에 동참하게 하라. 당신 자신을 바다와 땅이 만나는 얕은 바다에서 리듬감 있게 파도를 타며 움직이는 한 줄기 다시마라고 생각해 보라. 만약 당신이 지금 앉은 자세라면 자리에서 일어나 전신과 팔, 다리, 몸통 그리고 머리를 마음대로 움직여 보라. 몸을 품고 있는 유체에 그 어떤 방식으로든 몸이 선택하는 방식대로 반응하면서 몸 주변의 공기의 흐름을 느껴 보라.

실제로 우리는 대양의 바다에 살고 있다. '공기'라는 대양 말이다. 대양을 물이라고

만 생각하지 않는다면 당신은 조금 전처럼 자신의 팔과 손을 움직이면서 당신의 피부로 공기라는 이 대양을 직접 느껴 볼 수 있을 것이다. 당신의 손가락과 손 주변의 공기의 흐름을 느끼면서 당신이 현재 경험하고 있는—그것이 무엇이든—감각 속에 푹 빠져 볼 수 있다. 당신이 자신의 몸속에 점점 자리를 잡아 가면서, 또 전체로서의 몸에 더 많은 알아차림을 가져가면서 몸이 그 자신의 방식대로 움직이도록 할 때, 움직이는 몸에 대한 감각은 놀랍게도, 그리고 즉각적으로 태극권의 핵심, 즉 정지 속에서, 알아차림이라는 대양, 공기라는 대양 속에서 흐르는 움직임으로 바뀔 수 있다.

이제 자신을 고요함에 이르게 하고, 당신의 온몸으로 그 공기를 느껴 보라. 특정한 느낌을 구하려고 하기보다 아무 느낌이든지 스스로 나타나도록 내버려 둔다. 마치 공기가 스스로 말하는 것을 당신의 피부로 귀 기울여 듣는 것처럼 말이다. 여기서 당신은 어딘가에 도달해야 하거나 무언가를 하거나 느껴야 할 필요가 없다. 결국 공기는 당신과 접촉하며 당신 주변과 내부에 이미 존재하고 있는 것이니까.

자신이 이미 공기라는 이 유체 속에 파묻혀 있음을 느껴 보라. 공기라는 대양이 당신의 피부를 어루만지고 있고 당신을 감싸고 있고 품고 있음을 느껴 보라. 설령 방안에 공기의 흐름이 전혀 없다 해도, 완전히 정지된 상태라 해도 당신이 코와 입을 통해 주변의 공기를 자신의 몸속으로 자꾸 끌어들이는 신비로운 과정도 느껴 보라. 어떻게 이런 일이 아무런 노력 없이, 아무런 강제 없이, 심지어 아무런 의지 없이 일어날 수 있는지 보라. 또 폐라는 바구니를 통해 공기를 받아들이는 것도 느껴 보라. 엄청나게 거대하면서도 상상할 수 없을 만큼 작은 헤모글로빈 분자에 의해 폐포(肺胞)에서 확산되어 혈류 속으로 흘러 들어가는 공기에서 마치 마술처럼 낚이는, 상상할 수 없을 만큼 작은 산소 분자들에 대해 잠시 생각해 보라. 헤모글로빈 분자는 산소와 결합하면 선홍색 적혈구로 바뀌어 심장 좌심실이 수축할 때마다 공기의 정수를 당신의 몸이라는 무한하게 복잡한 우주를 구성하는 수조 개의 세포로 운반하는 작업을 한다. 이런 상상을 통해 당신은 잠시 멈추어 비유적으로 당신의 호흡을 알아차리고 의식적으로 이 공기풍경(airscape) 속에 자신을 위치시키는 기회를 갖게 된다.

나 자신이 지금 공기와의 사랑놀이를 하다 말다 하는 중이다. 내가 공기를 기억하면 사랑놀이는 진행된다. 그러다 공기를 잊으면 공기가 나를 상기시킬 때까지(re-mind), 나를 다시 몸으로 돌아오게 할(re-body) 때까지 사랑놀이는 멈춰 버린다.

공기를 사랑하는 것이 어려워서가 아니다. 여름날, 가벼운 아침의 산들바람이 눈을 감거나 뜬 상태에서 고요 속에 앉은 내 맨 어깨 위로 흘러간다. 나는 피부로 몸 주변의 공기를 느낀다. 그러자 피부가 생기를 얻는다. 나는 때로 세찬 돌풍 같기도 하고 때로 부드러운 흐름 같기도 한 방 안의 공기 속에 몸을 푹 담근 채 그 습기와 신선함을 있는 그대로 받아들인다. 그러자 갑자기 내가 더 깨어난다. 때로 무거운 저녁의 어둠은 그 자신의 혀로 내 피부와 코에 말을 건다. 그것은 바다의 미풍이 얼굴에 부딪힐 때 주는 자극이나 겨울철 해동기의 향기, 피부를 얼게 만드는 1월의 바람이 일으키는 자극과 다르지 않다.

언제나 그랬던 것은 아니었다. 내 대부분의 인생 동안 공기는 그저 공기일 따름이었다. 나는 그것을 전혀 알아보지 못했다. 그러나 그것은 단지 공기일 뿐이지만 동시에 엄청난 축복이라는 깨달음이 서서히 내게 찾아왔다. 이 얼마나 감각적인 선물인가. 이미 우리에게 주어진 것을 느껴 보라는 이 초대, 우리가 언제나 공기의 요정 아리엘(Ariel)에 의해 만져지고 또 우리가 그를 만지고 있다는 것, 그렇게 우리가 영원히 공기의 품에 안겨 있고 그로부터 돌봄을 받고 있다는 것을 체험해 보라는 이 초대야말로 얼마나 멋진 선물인가. 우리는 공기를 숨 쉬고, 공기는 또 우리를 숨 쉬고 있다. 우리는 샤갈의 그림에 등장하는 인물들처럼 공기 속에서 살고 있다. 그리고 공기를 마시며 또 공기 없이 살고 있다.

내가 어느 정도의 애정과 친밀감, 항상성으로 공기와 관계 맺을 때면, 즉 더 큰 마음챙김으로 공기와 관계 맺을 때면 공기풍경이 끊임없는 흐름 속에 있음을 어렵지 않게 알 수 있다. 어느 순간 흐르던 공기는 바로 다음 순간 흐름을 멈춘다. 내가 이런 방식으로 공기를 느낄 때 공기는 나를 손짓하며 부르고, 나를 깨우며, 나를 활기차게 만든다. 어느 순간 공기가 따뜻하게 느껴지는가 싶더니 다시 한 번 공기를 바라보고 느껴 보면 또 차갑다. 공기의 변화무쌍한 모습은 시시각각, 계절마다 다르다. 기억으로 가득한 달콤한 신학기의 차가움, 더 많은 기억으로 가득한 겨울의 상쾌한 냉기, 여름은 아니지만 여름인 듯한 온갖 느낌을 가진 이따금씩의 따뜻한 날—눈과 얼음이 사방에서 녹으며 공기에 그 자신의 독특한 느낌과 냄새를 전하는.

공기, 공기, 공기. 일단 당신이 공기에 주의를 기울이고 그것을 사랑하게 되면 당신은 왜 그것이 고대 문명에서 근본적인 요소로 숭앙되었는지 쉽게 이해할 수 있을 것이다. 공기! 공기! 밭에 서 있는 헴록을 쳐다보고 있으면 그들은 이리저리 자신들의 태극권을 춘다. 나는 그들을 움직이고 있는 그 공기가 이제 내 등과 어깨, 목을 통과해 움직이고 있음을 느낀다. 그 속에서 우리는 하나가 되며 동일한 파도에 의해 만져진다. 우리 각자는 저마다 자기만의 방식대로 움직이고 움직여지지만, 또한 놀랍게도 우리 각자보다 더 큰 주고받음 속에서 결합한다. 식물과 동물 등 모든 생명체가 시시각각 온 지구에서 이 주고받음에 참여하고 있다. 우주적 차원에서 이 거대한 살아 있는 왕국들 사이의 주고받음에, 공기의 재생과 재활에—그것은 또한 우리를 재생시키고 재활시킨다—참여하고 있는 것이다.

경이 중의 경이인 이 역동적 교환은 우리가 우주라고 부르는, 상상할 수 없을 정도로 광대한 진공—거의 공(空)이며 무(無)인 진공—속에서 우리의 둥근 집(지구)을 감싼 대기, 이 대기라는 얇고 연약한 보이지 않는 담요를 유지시킨다.

그리고 살아 있는 생명체인 우리의 관점에서 볼 때 그것이 전부다. 왜냐하면 눈에 보이지 않는 공기가 없다면 우리 자신은 곧 다시 아무것도 아닌 존재가 되기 때문이다.

* * *

다만 공기일 뿐인 당신은 그들의 괴로움을 만지고 느끼고 있는가?

– W. 셰익스피어, 『템페스트(*The Tempest*)』

접촉풍경

비록 공기의 접촉이 항상 존재하는 것이긴 하지만, 우리와 접촉하고 있는 것은 공기뿐만이 아니다. 우리의 몸은 앉아 있는 모든 의자와 접촉하고 있고, 그 위에 서 있는 모든 바닥이나 땅, 누워 있는 모든 표면과 접촉하고 있다. 또 우리가 입고 있는 옷은 무엇이든 우리의 피부와 접촉하고 있으며, 들고 있는 연장은 또 무엇이든 손과 접촉하고 있다. 우리가 쥐고 들고 밀고 받고 건네는 모든 물건이 우리와 접촉하고 있다. 그리고 아마도 가장 중요하게 우리는 수많은 방식—때로 자동적이고, 때로 기계적이며, 때로는 감각적이고 낭만적으로, 때로는 사랑을 담아, 또 때로는 공격적이거나 무감각하게, 때로는 분노—으로 서로 접촉한다. 우리가 어떤 방식으로 만져지는가에 따라 우리는 사랑을 느끼기도 하고, 수용되기도 하며, 인정받기도 하고, 무시당하기도 하며, 업신여김을 당하기도 하고, 공격을 당하기도 한다. 우리는 악수나 상대방 어깨에 손을 올리는 행위, 팔로 감싸는 행위—두드림, 안음, 들어 올림, 감쌈, 키스, 애무, 춤, 마사지 등—를 통해 서로를 접촉한다. 우리의 일상적 사회규범과 다른 별도의 규칙에 따라 접촉이 통제되는 게임에서는 부딪힘, 태클, 저지, 맞잡음, 심지어 발로 차거나 펀치를 날리는 행위를 통해 접촉이 일어난다. 그리고 불친절하거나 심지어 위협적인 혹은 그보다 포악한 방식으로 서로를 접촉하게 되는 때—게임이 아닌—도 있다. 물론 개인의 기본적 안전권과 신체 주권의 보호를 위해 사회 속에서 그러한 종류의 접촉을 규제하는 법률은 더 많다.

그러나 우리가 어떻게 접촉하든, 그리고 무엇과 접촉하든—생명 있는 것이든 생명 없는 것이든, 식물이든 동물이든 사람이든, 모르는 사람이든 고객이든 동료든 친구든 자녀든 부모든 연인이든—우리는 그것과 마음챙김으로 혹은 마음챙김 없이 접촉할 수 있다. 그리고 어떤 순간이라도 우리는 우리 자신이 어떻게 접촉되고 있고, 어떻게 느끼고 있으며, 매 순간 무엇을 감각하고 있는지를 알아차림을 통해 직접적으로 알 수 있다. 그것은 '우리가 어떻게 접촉하는가.'와 '우리가 어떻게 접촉되는가.' 두 가지 모두의 결과다. 이것이 감각의 풍경, 즉 접촉풍경(touchscape)이라고 하는 것으로 우리 자신과 세계 사이의 언제나 상호적이고 직접적인 신체 접촉이라는 감각 영역이다. 이것은 우리 몸 어느 곳에서나 얕게 혹은 깊게 느낄 수 있는 것이다.

글을 쓰는 이 순간, 바닥의 책상에 가부좌를 틀고 앉은 나는 엉덩이가 명상 방석과 접촉하는 감각, 아랫다리의 바깥쪽 면에서 느껴지는 감각, 무릎에서 발목, 그 바닥이 천장을 향한 발—한쪽이 다른 쪽 위에 얹힌—까지의 감각을 알고 있다. 또한 이 발이 솜을 넣은 방석 위에 얹혀 있고, 또 방석은 바닥으로부터 발을 받쳐 주고 있다는 것도 알고 있다. 나는 또한 발등에서 느껴지는 접촉 감각도 알고 있다. 발등도 방석과 접촉하고 있다. 이 부분들이 지금 현재 내 아래에서 나를 떠받치고 있는 것(방석 바닥)—비록 중력이 끊임없이 내 몸의 모든 부위를 바닥으로 끌어내리고 있지만—과 접촉하고 있는 유일한 부위다. 그럼에도 내 몸은 이 자세의 고요함만으로 완전한 평형을 이루고 있다.

지금 현재의 주된 감각은 엉덩이 아래 부분에서 느껴지는 묵직함이다. 그 묵직함은 넓적다리 윗부분까지 뻗치며, 그곳은 푹신한 방석 쪽을 향하여 아래로 내리누르는 상체의 압력을 흡수하는 곳이다. 골반은 앞으로 약간 기울어져 있으며, 그 결과 척추가 복부 방향으로 전만하게 된다. 이로써 대둔근 아래의 뼈에 가장 큰 압력이 주어지게 된다. 오른쪽 무릎보다 왼쪽 무릎에 조이는 느낌이 강한 것은 왼쪽 다리와 발, 발꿈치가 왼쪽 다리 위에 놓여 있는 오른쪽 다리보다 회음부에 더 가깝기 때문이다. 이 수축감은 무릎에 피가 통하지 않는 느낌을 준다. 따끔거리고 맥박이 뛰는 느낌, 심지어 고동치는 느낌도 왼쪽 무릎이 오른쪽 무릎보다 강하다. 푹신한 방석이 아랫다리의 바깥쪽 부분과 발등에 닿는 부드러운 느낌도 있다. 다리와 엉덩이에서 느껴지는 감각의 일부는 내 하체가 이 자세에서 바닥에 닿는 것으로부터 오는 느낌이라는 것을 알겠다. 그러나 무릎에서 느껴지는 것과 같은 다른 감각은 단지 이러한 신체 접촉에서 나오는 것만은 아니다. 그것은 내 몸이 자신을 인식하는 것에서, 그리고 몸의 여러 부위가 서로와의 관계성 및 몸이 차지하고 있는 공간과의 관계성 속에 놓이는 데서 오는 감각이다. 이것이 라틴어 *'propius'*—'자기 자신의'라는 의미—에서 온 '고유수용감각(proprioception)'이라는 감각 체험의 일부다.

내 몸의 나머지 부분은 몸 주변의 공기와만 접촉하고 있다. 손바닥 아랫부분이 랩탑 컴퓨터의 손 받침대와 접촉하고, 책상으로 사용하는 낮은 테이블에 앉아 손가락 끝이 키보드 자판을 두드리고 있는 것만 제외하고는 말이다. 손바닥 아랫부분에서는 따뜻함—랩탑 컴퓨터가 열을 내고 있다—과 손이 얹혀 있는 플라스틱 표면의 부드러움과 딱딱함, 그리고 손바닥 고유의 무거움이 느껴진다. 팔의 무게를 지탱하고 있는 손바닥 아랫부분은 흔들리지 않는 중심을 잡은 듯 묵직하게 느껴진다. 키보드에서 유연하게 움직이는 손가락은 가볍고 에너지가 넘치며 고동을 치는 듯하다.

물론 촉각이 다른 감각들과 분리되어 있는 것은 아니므로, 나는 여기 앉아 있는 이 순간에도 마치 공기가 내 피부를 푹 적시고 횡격막과 배가 수축할 때마다 폐 속으로 들어오는 것처럼 나를 감싸고 있는 소리풍경도 의식하고 있다. 그리고 나는 소리풍경에 의해 접촉을 당하고 있다. 그러나 그것은 접촉풍경의 직접적인 신체 감각적 접촉과는 다르다. 그것은 손으로 만져질 듯한 선명한 감각이 아닌, 보다 탈신체화한(diembodieds) 무엇으로 느껴진다. 마침내 나는 단지 귀가 아니라 나의 온몸으로 소리를 흡수하고 있음을 깨닫는다. 즉, 주의 깊이 관찰하면 소리의 물리적 진동을 실제로 느끼게—어떤 경우에는 뼛속까지—된다는 것이다.

그와 동시에 나는 또 내 눈앞에 계속적으로 나타나는 그 무엇—시각풍경(sightscape)이라고 부를 수 있을 것이다—도 알고 있다. 나는 지금 이 단어들이 보이고 있는 컴퓨터 화면—30년 전 전기 타자기 시절이라면 그야말로 공상과학 소설에나 나올 법한 이야기다—도, 화면 너머 내가 있는 방, 창문을 통해 내 오른편으로 들어와 책상 의자의 뒷면과 책상의 일부, 그리고 프린터 옆의 수직으로 쌓아 놓은 붉은 서류철을 비추고 있는 아침 햇살도 알고 있다. 바깥 단풍나무의 잎사귀 몇 개를 비추는 태양의 캘리그라피가 프린터 위의 선반을 받치는 수직 보드에 마술처럼 드리워 있다. 몇 분 지난 후 다시 보면 이 풍경은 이제 조금 전과 완전히 달라져 있다. 책상 위의 햇볕은 사라졌고, 그림자의 캘리그라피는 약간 다른 각도에서 펼쳐져 있으며, 나뭇잎과 줄기는 좀 더 명확한 형태로, 좀 더 납작한 모습으로 되었다.

애슐리 몬터규(Ashley Montague)는 접촉에 관한 자신의 책에서, '접촉'이라는 단어와 관련된 표제어가 옥스퍼드 영어사전에 가장 많이 실려 있다고 말했다. 심지어 '사랑'이라는 단어와 관련된 표제어보다 더 많다고 했다. 그런데 가만히 생각해 보면 이것은 그리 놀랄 일도 아니다. 접촉 없는 사랑이란 있을 수 없으니까 말이다. 접촉은 생명에 매우 중요하다—우리가 현미경 아래에 세포와 작은 동물들을 놓고 들여다보고 찔러 보고 살펴봤던 고등학교 생물시간에는 이런 특질을 '과민성(irritability)'이라는 단어로 차갑게 그리고 임상적으로 지칭했다. 세계의 일부인 우리는 그 모든 감각을 통해 세계를 아는데, 그중 가장 기본적이고 가장 특화되지 않은 것, 그리고 가장 보편적인 것은 아마도 접촉일 것이다. 접촉은 우리를 감싸고 우리의 몸을 정의하는 피부의 막을 통과해 가며, 몸의 내부 환경과 외부 환경, 그리고 몸 경계 바깥의 세계를 분별한다. 태어나기도 전에 우리는 어머니의 몸이라는 살아 있는 환경에서, 우리를 품으면서도 통합되기도 하는, 둘이 아닌, 심지어 분리된 몸체도 아닌 또 다른 막 안에서 우리의 몸과 존재로 커 나간다.

우리는 태어나기 전, 그리고 태어난 후에도 접촉—즉, 양육하는 접촉, 사랑하는 접촉, 사랑하는 안음—을 통해 양육된다. 엄마 젖을 물 때 아기는 입으로는 엄마의 한쪽 젖꼭지를 물면서 또 그 작은 손가락으로 엄마의 다른 쪽 젖꼭지를 쥐고 느낀다고 한다. 그렇게 사랑과 지속적인 양육, 양육적인 관계, 젖 자체를 넘어선 자양이라는 사랑의 회로가 완성된다. 또 품에 안은 아기는 부모나 양육자의 커다란 몸과 계속해서 접촉하게 된다. 그리고 침대에서 부모와 함께 잠잘 때 아기는 따뜻하고 포근한 이불에 덮인 채 부모와의 신체적인 접촉을 유지한다.

우리는 이러한 접촉을 잃을 수도(out of touch) 있고, 만져질(be touched) 수도 있으며(머리에서처럼), 접촉을 느낄(feel touched) 수도 있고(가슴이 움직이는 경우처럼), 약간의(touch) 부러움과 슬픔을 느낄 수도 있으며, 파프리카를 약간(touch) 넣을 수도 있고, 감기 증상을 약간(touch) 떨 수도 있으며, 촛불이 적절한 분위기(touch)를 내도록 할 수도 있고, 아무것도 건드리지 말라는(not to touch anything) 말을 들을 수도 있으며, 소란을 일으킬(touch off) 수도 있고, 대화 중에 무언가를 건드릴(언급할, touch upon) 수도 있고, 차에 난 흠집을 지울(touch up) 수도 있으며, 꽂꽂이 마무리 작업을 할(add finishing touch) 수도 있고, 누군가와 연락을 할(touch base) 수도 있다.

촉각은 신경학적 관점에서 보자면 수많은 다양한 감각을 하나로 표현한 것이라고 할 수 있다. 접촉의 딱딱함을 느끼는 것과 접촉의 온도를 느끼는 것은 서로 다르다. 또 너무 강하여 통증을 일으키는 접촉 감각과 너무 사랑스러워 즐거움을 주는 접촉 감각은 또한 서로 다르다.

촉각의 또 다른 차원이 있다. 그것은 자신의 몸을 내적으로 감각할 수 있는 능력이다. 예를 들어, 손을 움직이거나 쳐다보지 않고도 우리는 자신의 손이 어디에 있는지, 어느 순간에도 자신의 몸이 어떤 자세를 취하고 있는지 아는 능력을 갖고 있다. 이미 말했듯이, 우리 모두가 갖고 있는 이러한 감각 능력을 고유수용감각이라고 한다. 이것은 자신의 몸이 공간적으로 어디에 있는지 아는 감각, 몸의 영역 안에서 방향을 잡는 감각, 몸의 움직임과 의도를 아는 감각이다—최근에는 내부감각(interoception)이라는 새로운 용어가 신경과학자들에 의해 사용되기 시작했다. 이것은 몸 전체의 생리적 상태를 감각하고, 균형과 항상성(homeostasis) 유지를 위한 몸의 계속적인 조절을 감각하는 것을 말한다. 자신이 느끼는 느낌을 아는 상태를 만들어 낸다는 점에서 이것을 '내적인 접촉(inward touching)'이라고 할 수 있다—고유수용감각은 매우 기본적인 것이어서, 우리는 우리의 의식 안에서 그것에 아무런 위치도 부여하지 않는다. 그것은 그저 당연한 것으로 받아들여진다. 그러나 5부에서 보게 되겠지만, 감각신경 손상으로 인한 고유수용감각의 상실은 매우 파괴적인 결과를 가져올 수 있다. 고유수용감각이 상실된 사람은 자신이 더 큰 세상 속에서 잠재적이고 의도적인 활동성을 가진 의지적 우주에 거주한다는, 말하자면 자기 몸의 거주민이라는 사실을 더 이상 알지 못한다. 자신의 손과 발이 더 이상 자신의 것으로 느껴지지 않는다. 그것들은 아무런 가치나 유용성도 갖지 못한 낯선 사물처럼 느껴지게 된다. 평소처럼 팔과 다리를 움직일 수도 없게 된다. 자신이 팔, 다리와 맺는 관계도, 그리고 몸 전체와 맺는 관계도 단절된다. 그것은 완전히 접촉을 상실하는 것이다. 다행히도 이런 증상은 매우 드물다.

그러나 불행히도 고유수용감각을 자각하지 못하고 다른 어떤 목적 때문에 우리가 접촉을 상실하게 되는 것은 매우 흔한 일이다. 그러나 이 경우에도 다행히 우리가 살아 있는 경험의 이 놀라운 차원을 회복하기 위해 할 수 있는 일은 많이 있다. 왜냐하면 그것은 우리로부터 한 번도 멀어진 적이 없기 때문이다. 언제나 우리 가까이, 그것도 아주 가까이 있었기 때문이다. 우리가 접촉을 상실하는 것은 오직 우리가 이미 여기 존재하는 것을 무시하기 때문이다. 우리가 그것을 무시하지 않는다면 우리는 즉각적으로 우리의 온정신을 회복할(coming to our senses) 수 있다. 왜냐하면 감각이 이미 우리에게 와 있기 때문이다. 이것이 감각의 본질이다. 우리는 다만 그것에 깨어 있기만 하면 된다.

* * *

비 오지 않는 날이 한참 계속된 뒤 비가 왔네.
나무 아래는 시원하고 한적하고 깨끗하네.
축축한 습기가 마치 중력과 결혼한 듯
가지에서 가지로, 나뭇잎에서 나뭇잎으로, 땅으로 떨어져 내리고.

축축한 습기는 어디로 사라질 것인가—그것은 결코 사라지지 않네.
우리 눈에서 사라지는 것일 뿐.
참나무 뿌리가 그 나름으로 축축함을 빨아들일 것이고
풀의 하얀 실이, 이끼의 푹신한 방석이 그것을 빨아들이리.
진주처럼 동그란 몇 방울은 또 두더지 굴로 들어가리.

그러면 곧 수천 년 동안 묻혀 있던 그렇게 많은 작은 돌이
그 축축함으로 자신이 만져지고 있음을 느끼게 되리.

– 메리 올리버, 「행복에 머물기(Lingering in Happiness)」

피부와의 접촉

피부는 우리의 가장 커다란 감각기관이다. 누군가 조사해 보았더니 우리의 피부를 펼친 면적은 20제곱피트(약 1.9제곱미터), 잰 무게는 9파운드(약 4킬로그램)에 이른다고 한다. 앞서 이야기했듯이, 우리는 보다 특화된 방식으로 다른 감각기관을 통해서도 세상을 접촉하고 있는데도 피부를 '유일한' 접촉기관으로 보는 경향이 있다.

그러나 '접촉'이라는 단어가 불러일으키는 뉘앙스는 아무래도 우리의 피부와 가장 많이 관련되어 있다. 이것은 우리가 '느낀다(feel)'는 단어를 특정 방식으로 사용할 때도 그렇다. 왜냐하면 우리가 '신체적' 접촉이라고 여기는 것이 이루어지고 느껴질 수 있는 것은 피부를 통해서이기 때문이다. 그리고 우리와 세상의 접촉이라는, 동시적이고 쌍방향적인 상호성이 가장 분명하게 드러나는 곳도 바로 피부이기 때문이다. 또 우리 자신이 바로 그 순간 무언가에 의해 접촉을 당하지 않고는 무엇을 접촉할 수 없는 노릇이기 때문이다. 우리는 무언가를 접촉하지 않으면 무언가에 의해 접촉될 수 없다. 우리는 맨발로 걸을 때 우리의 발이 매 걸음 대지와 접촉하고 동시에 대지가 우리를 접촉하는 것을 느낄 수 있다. 물론 우리가 '접촉을 상실하고 있다면' 우리는 물리적으로 접촉하고 있더라도 그것을 느끼지 못할 것이다. 그리고 우리가 알듯이, 접촉을 상실하는 가장 좋은 방법은 마음이 온갖 망상에 사로잡히거나 생각과 감정의 격류에 휩쓸리는 등 자기 안에 함몰되는 경우, 그리하여 어느 순간에도 직접적인 체험을 하지 못하게 되는 경우일 것이다.

우리는 또한 피부가 우리의 감정과 긴밀하게 관련되어 있다는 것도 알고 있다. 살다 보면 '화나는(things can get under our skin)' 일이 생기게 마련이다. 또한 우리는 당황하여 얼굴이 붉어지기도 하고, 자부심으로 얼굴이 상기되기도 하며, 두려움으로 하얗게 질리기도 하고, 슬픔으로 창백해지기도 하며, 시기심으로 얼굴이 파랗게 되기도 한다.

이 모든 이유로, 그리고 그보다 더 많은 이유로, 피부는 훌륭한 명상 대상이 된다. 피부에 알아차림을 가져갈 때, 우리는 몸 주변의 공기를 즉각 감각하게—아마도 이것은 의식적으로는 처음일지 모른다—된다. 처음에는 바람이 약간 불 때 자신의 피부를 건드리는 공기, 또 공기와 접촉하는 자신의 피부를 느끼기가 더 쉬울 것이다. 그러나 연습을 하면 공기가 움직이지 않더라도 언제고 자기 몸 주변의 공기를 느낄 수 있다. 단지 몸이라는 이 '봉투'에 알아차림을 가져가는 것만으로 말이다. 피부는 숨을 쉰다. 그리고 우리는 단지 마음을 피부 위에 그리고 피부 안쪽에 둠으로써 피부가 우리의 살갗과 생물권의 다른 부분들 사이에 놓여 있는 이 얇은 막을 통해 숨 쉬는 것을 감각하거나 상상할 수 있다. 우리의 의식—알아차림—은 마치 장갑이 손을 감싸듯 그렇게 피부를 감쌀 수 있다. 마치 스펀지가 물을 빨아들이듯, 알아차림은 피부 속으로 곧장 스며든다. 우리가 피부의 감각에 마음챙김을 하면 그것은 마치 우리의 마음이 피부에 살고 있는 것처럼 느껴진다. 마음과 피부는 마음이 완전히 잠들지 않은 한 서로 별개의 것이 아니다. 피부는 마음의 한 측면이라고 해도 크게 다르지 않을 것이다.

이것은 그렇게 억지 주장이 아니다. 뒤에 보게 되겠지만, 우리 뇌에는 몸에 관한 수많은 지도가 존재한다. 그중 하나가 감각 호문큘러스(sensory homunculus)라는 신체감각뇌도다(p. 406). 감각 호문큘러스의 각 부위는 피부의 표면 특징과 상응한다. 그런데 감각 호문큘러스에서 손과 발 그리고 입술은 피부의 다른 부위보다 훨씬 크게 보인다. 이것은 피부라는 얇은 막과 그 아래의 조직 전체에 펴져 있는 정미한 감각 요소인 감각신경말단이 신체의 이들 특정 부위에 고도로 집중되어 있기 때문이다. 따라서 당신이 의도적으로 자신의 손과 발, 입술에 마음을 두면 이 부위의 피부를 통과해 흘러가는 생생한 감각의 파노라마를 느낄 수 있을 것이다.

피부는 그 자체로 감각세계라고 할 수 있다. 피부에 감각이 없는 때—심지어 피부에 아무것도 닿지 않은 때라도—는 결코 없다. 왜냐하면 피부는 나와 내 주변 사이의 '인터페이스'이므로 언제든 무엇인가와 닿아 있기 때문이다. 피부는 항상 접촉하고 있다. 문제는 '우리가' 접촉하고 있느냐다. 우리는 우리의 피부와 접촉을 유지할 수 있는가?

당신은 운동신경이 약해진 손과 발과 입술에서 더 큰 감각을 느낄지 모른다—특히 손에서. 장담컨대, 감각 기능과 운동 기능은 함께 간다. 안으로부터 피부를 통과해 바깥 방향으로 손을 느껴 보면, 당신은 미켈란젤로가 만든 조각상에 표현된 손가락에 결코 뒤지지 않는, 손의 형태와 기능의 아름다움을 느낄 것이다. 우리가 '돌에 생명력을 불어넣는' 예술품과 그 심미안을 찬양하는 것은 그것이 우리를 우리의 본질적 아름다움—우리의 나이, 그리고 우리의 몸에 어떤 식으로든 흔적을 남긴, 우리에게 일어난 그 모든 일을 초월한 아름다움—과 다시 연결시켜 주기 때문일 것이다. 말하자면 그것이 우리와 접촉하는 것이다. 그것은 또 우리가 우리의 이 기적과도 같은 손에 대해 너무나 무지했기 때문에, 그것을 너무나 당연하게 받아들였기 때문에, 또 너무나 기계적으로만 사용해 왔기 때문에, 역설적이게도 우리가 그것에 무감하게 되었다는 것을 상기시킨다. 대리석 조각에서 느껴지는, 손으로 만져질 듯한 생명력을 인지할 때 우리는 스스로 생명으로 되돌아오며, 비유적으로, 그리고 문자 그대로 누군가 우리에게 숨을 불어넣은 듯 소생하게 된다. 이것이 피부를 감각하는 데 따르는—이 경우 우리의 내부세계와 외부세계 사이에서 우리의 피부와 손가락, 엄지손가락과 손바닥의 튼튼하지만 섬세한 표면과 손이라는 기적을 통과해 교류하는 인터페이스에서 발생하는—필연적인 상호성이 지닌 또 다른 이익이라고 할 것이다.

* * *

누구보다 아름다운 당신
그러나 한 가지 신체적 결함이 있네.
당신의 작은 손이 아름답지 않았지.
나는 당신이 달려가 손목으로 물장난을 칠까 두렵다네.
그 신비롭고 언제나 넘쳐흐르는 호수에서
신성한 법칙을 따르는 자들이
물장난을 치고 완벽한 곳. 그대로 두라.

내가 키스한 그 손을

옛정을 생각하여.

– W. B. 예이츠, 「깨진 꿈(Broken Dreams)」

냄새풍경

8월 중순 케이프 코드 양식의 집—지붕의 경사가 가파르고 굴뚝이 하나인, 케이프 코드 지방의 목조 단층집: 역자 주—베란다에 앉아 있으면 내가 어릴 적부터 친숙하게 알던 바다 공기가 주변의 바다 냄새를 머금고 내 코에 이른다. 그것은 틀림없이 친숙한 냄새이지만 그 복잡성과 오묘함은 말로 표현하기 어려울 정도다. 이 지역에 올 때마다 나는 땅과 바다를 공기와 뒤섞는 그 냄새에 가까워지고 있음을 안다. 그 냄새에는 오늘 아침 이렇게 부드럽게 움직이는 공기처럼 촉촉함이 있다. 나는 그 냄새가 내 피부를 애무하는 것을 느낄 뿐만 아니라 지금 직접 그 냄새를 맡는다. 거기에는 희미한 해조 냄새, 젖은 모래 냄새, 거머리말 냄새, 삼면에서 우리를 감싸고 있는 바다의 온갖 동식물 냄새가 뒤섞여 난다. 또 근처 사사프라스 나무와 습지대에서 나는 축축한 흙냄새도 있고, 화원에서 나는 수국 냄새도 간혹 풍겨 온다. 점점 강해지는 오전의 햇살에 볕을 쬐고 있는 자르지 않은 풀들의 냄새도 난다. 그리고 삼나무 주변에 깔아 놓은 검은 뿌리덮개—갓 심은 작물과 나무를 보호하는 톱밥, 퇴비, 종이, 비닐 등—의 냄새도 분명히 있다. 더불어 이웃의 새집 공사장 벽면에 땅콩버터처럼 발라 놓은 마르지 않은 치장벽토의 냄새도 희미하게 있다.

지금까지 내가 말한 것을 보라. 나는 비유를 통해서, 아니면 대상에 이름을 붙임으로써 당신이 과거에 체험했던 유사한 기억을 불러일으켜—당신이 그런 체험을 했던 시간과 장소를 기억에 떠올리게 해—그 냄새의 독특한 특질을 기억하게 하는 방식으로 이 냄새풍경의 느낌을 묘사할 수밖에 없었다. 그런데 나는 당신을 대신해서, 그리고 나를 대신해서 이 냄새풍경의 정수를 병에 담듯이 박제할 수는 없다. 그것은 무한에 가까울 정도로 풍부하고 독특하며 매 순간 변화하는 것이다. 그러면서도 얼추 동일한 것으로 남아 있는 그런 것이다. 그것은 어디에 담거나 보관하거나 이동시킬 수 있는 것이 아니다. 나는 냄새의 그럴듯한 출처를 댈 수 있을 뿐 그 실제 체험을 다른 사람에게 전달하기란 쉽지 않은 일이다. 냄새를 제대로 알기 위해서는 직접 그 냄새를 맡아 보아야 한다. 그러나 그런 때에도 그 풍부하고 다양한 감각세계에 관해 이야기하기란 쉽지 않다. 그리고 그에 대해 이야기하지 않을 때라도 우리는 풍부하고 다양한 냄새의 감각세계에 대한 체험에 고요히 머무르기—우리가 어떤 경험이든 할 때면 매우 자주 그러는 것처럼—보다 우리 머릿속으로 들어가 두서없는 말을 지어내려고 한다. 그런데 그것은 고요한 감각과 앎, 나눔이라는 말로 표현할 수 없는 풍요로움을 쉽게 해치고 만다.

향기는 우리의 가장 정밀하게 조율된 감각을 통하여 우리에게 세계를 제시한다. 코는 극미량 수준—때로 1조분의 몇 개—의 냄새 화합물까지도 감지할 수 있다. 후각은 근본적으로 미각과 마찬가지로 분자에 의한 감각이다. 물론 냄새와 맛은 해부학적으로나 기능적으로 서로 긴밀하게 관련되어 있다. 코가 막히면 음식의 맛을 보는 것도 어려워진다.

공기 중의 분자는 우리가 오로지 기억을 통해 후각 체험을 재생하는 경우를 제외하고는 모든 후각 체험의 원천이 된다. 기억을 통해 후각 체험을 재생하는 경우에 우리는 프루스트 체험—프랑스 작가 마르셀 프루스트의 대하소설 『잃어버린 시간을 찾아서』에서 유래하였다. 이 작품에서 주인공 마르셀은 라임블로섬 차에 적신 과자 마들렌의 냄새를 맡고 어린 시절을 회상한다. '프루스트 체험'은 과거에 맡았던 특정한 냄새에 자극받아 기억하는 일을 말한다: 역자 주—을 한다고 하는데, 이 경우는 후각 뇌를 자극함으로써 원본과 마찬가지로 생생한 체험을 하게 된다고 한다. 비록 인간의 후각은 대부분의 동물에 비하면 열등하지만 "냄새만큼 기억에서 지워지지 않는 것도 없다."는 말 또한 진실이다. 특정 냄새가 유쾌하거나 불쾌하게 느껴질 때 그 냄새에 대한 우리의 끌림이나 혐오는 그 성질상 즉각적이고 반사적이며 거의 동물적이라고 할 수 있다. 오랜 기간에 걸쳐 진화해 온—비록 원시적인 면은 별로 없는데도 어떤 사람은 그것을 원시적이라고 한다—접근과 회피라는 생물학적 요청은 가장 기본적인 상태로 후각세계에 잠재되어 있고, 그 반사적인 파악력으로 언제나 우리와 함께 있다. 실제로 페로몬이라는 화합물은 우리가 서로에게 더 끌리도록, 맘에 맞는 상대를 더 쉽게 찾도록 해 준다. 그리고 다른 동물들과 마찬가지로, 우리가 참여하는 사회적이고 성적인 춤의 안무를 익히는 데, 또 어떤 배우자와 함께 새로운 조합으로 자신의 유전자를 다음 세대에 전할 것인가를 결정하는 데도 도움을 준다. 대중을 상대로 제조와 마케팅이 가능한 화학적 유혹물질을 찾으려는 노력은 현재 향수회사 연구소의 지상 과제가 되었다. 놀랄 일도 아니다.

유쾌하지도 불쾌하지도 않은 대부분의 냄새에 대해 우리는 그것을 놓쳐 버리기가 쉽다. 코는 강한 냄새에 대해서도 쉽게 무뎌진다. 심지어 유독한 냄새라도 우리는 잠시 그 냄새에 빠져 있다가 조금만 지나면 더 이상 아무런 냄새도 맡지 못하는 경우가 많다. 코는 아주 섬세한 기관이지만, 너무 많은 자극을 주면 이내 지쳐 버리고 만다. 심지어 우리가 식사를 통해 먹는 음식 냄새를 제대로 맡는 일도 쉽지만은 않다.

여기서도 감각의 출처와 그 감각의 감지자 사이를 매개하는 것은 공기다. 공기는 우리의 귀에 도달하는 소리보다 훨씬 더 멀리까지 전달된다. 냄새, 향기, 방향, 악취 등은 어디든 자신의 길을 찾아간다. 개는 사람보다 훨씬 생생하게 냄새—종종 사람이 그 냄새의 존재 자체를 알아채기도 훨씬 전에—를 맡는다. 개는 사람보다 훨씬 풍부한 냄새풍경(smellscape) 속에 산다고 할 수 있다. 개의 냄새풍경은 주로 후각이 지배하는 세계이며, 그리하여 개는 적절한 정보, 그러니까 다른 개와 사람, 장소에 관한 정보—그들의 역사와 지금까지 지나온 여정까지도 추정할 수 있는 정보—를 다량으로 얻을 수 있다. 냄새를 맡는 작업이 실제로 일어나는 곳은 코 안의 후각상피인데, 개의 후각상피는 인간보다 무려 17배나 넓은 표면적을 갖고 있으며, 1제곱센티미터당 후각 수용기 밀집도도 인간보다 100배 이상 높다고 한다. 또 쥐의 대뇌 후각 피질이 전체 대뇌피질에서 차지하는 비율은 상당히 크며, 그에 비해 인간은 그 비율이 낮다고 한다. 물론 인간은 쥐와 개가 갖지 못한, 감각 및 운동 기능에만 국한되지 않은 보다 고차원의 인지적, 창의적 기능에 필요한 커다란 대뇌피질을 갖고 있다.

나는 가끔씩 내가 개를 산책시키는 주목적이 개가 자기 코로 더 넓은 세상을 탐험하는 기회를 주는 것이라는 생각이 든다. 개가 이르는 곳마다 이미 이곳을 지나갔던 일—어떤 이웃과 개, 또 다른 동물이 이곳을 지나갔는지—에 관해 알려 주는 게시판 역할을 하는 것이다. 또 많은 특정 장소가 우리 개로 하여금—내 감각으로는 결코 알 수 없는 이유로—커다란 여름 풀 속에서 등을 땅에 대고 구르게 하고, 배를 하늘을 향해 벌리게 하며, 머리를 모로 누이게 만든다. 또 겨울에는 자신의 은색 시베리안 허스키 유전자에 어울리게 방금 내린 깊은 눈의 고유한 냄새와 질감에 반응한다. 그런 때에 우리 개는 자신의 코를 눈 속에 처박고 자신의 눈[眼] 위로 이리저리 눈[雪]을 파낸다. 내가 전혀 알 수 없는 세계와 만나고 있는 것이다. 냄새를 맡을 시간이 충분하지 못하다면 아마 우리 개의 뇌와 영혼은 황량해질 거라는 생각이 든다. 매시간 혹은 매 순간은 아니더라도 매일, 자신의 온전한 견성(犬性, dog-self)을 실현하는 데 필요한 돌봄을 받지 못한다는 생각에서다. 우리 개는 자신의 코가 이끄는 곳이면 어디든 자유롭게 다닐 필요가 있다. 그런데 인간이 지배하는 세계에서 이것은 쉽지 않은 일이다. 이런 점에서 보면 어쨌든 우리 개는 내 명상 스승이라고 할 수 있다. 정말로 내가 우리 개를 산책시키는 것이 아니라 개가 나를 산책시키고 있다는 생각이 든다. 이 사실을 기억할 때 나는 인간을 넘어선 보다 큰 세계에 가까워지고 있는 것이다. 그것은 나를 시간의 연속선상에서, 그리고 나의 머릿속에서 잠깐 비켜서게 해 준다.

사람, 국가, 도시, 마을, 건물과 집들, 육지풍경, 바다풍경 모두는 나름의 냄새를 가지고 있다. 뉴델리에서 처음 '훅' 하고 불어온 냄새는 지금도 결코 잊을 수 없다. 그것은 다른 장소와 계절도 마찬가지일 것이다. 우리가 강박적으로 그것들을 덮어 가리고 위생시설을 하지 않는다면 말이다. 냄새는 우리에게 많은 것을 이야기한다. 그것은 단지 노스탤지어나 단순한 기억을 넘어 훨씬 다양한 느낌과 감정을 불러일으킨다. 냄새나 향기는 우리를 슬픔에도, 황홀경에도 빠뜨릴 수 있다. 그러나, 그러나……. 냄새는 또 우리를 깨어 있게도 한다. 우리가 현재 순간에 온전히 열리도록, 그래서 향기, 지금의 향기에 몸을 담글 수 있도록 우리를 초대한다.

어느 멋진 날, 바람은 재스민 향기로
나의 영혼을 불렀네.
"나의 재스민 향기에 대한 화답으로

나는 당신의 장미가 지닌 모든 향기를 원하오……."

- 안토니오 마차도(Antonio Machado)

마차도(Machado)가 바람에 실려오는 향기와 자신의 영혼 속 향기 사이의 상호성에 갈급함을 느끼는 것은 별로 이상하지 않다. 그 둘이 한 번이라도 서로 분리된 적이 있었던가?

맛풍경

맛풍경(tastescape)이 어떤 것인지 알려 주기 위해 나는 아몬드 한 알을 먹은 뒤 그 체험을 설명해 보려고 했다. 나는 지난주 내가 직접 만든 그래놀라(granola)—볶은 곡물, 견과류 등이 들어간 아침 식사용 시리얼의 일종: 역자 주—에서 아몬드 한 알을 골라냈다. 그 그래놀라는 올리브 기름, 메이플 시럽, 귀리, 참깨, 해바라기 씨앗, 시나몬, 약간의 소금 등 다양한 재료를 곁들여 구운 것이었다. 아몬드 한 알을 입안에 넣었다. 생각보다 무척 컸다. 껍질이 부드러워지는 것을 느끼는 순간, 오, 갑자기 아몬드가 입안에서 두 조각으로 갈라졌다. 한쪽에서는 주름진 표면이, 다른 한쪽에서는 두 조각으로 갈라진 씨앗의 매끈한 표면이 느껴졌다. 아몬드를 깨물어 본다. 놀랄 만큼 바삭하다는 걸 알겠다. 그러고는 천천히 씹어 본다. 조금 전의 바삭함은 금세 옥수수가루 같은 끈적거림으로 바뀐다. 아몬드의 풍미가 입안을 가득 채우고 정점에 다다른 뒤 서서히 사라져 가는 느낌이 놀랍다. 이 과정은 생각보다 훨씬 빠르게 진행된다. 아몬드 맛을 조금 더 자세히 느껴 보기 위해 나는 첫 아몬드를 남김없이 깨끗하게 식도로 넘긴 뒤 또 하나의 아몬드를 입에 집어넣었다.

천천히 마음을 챙기며 씹고, 씹고, 맛보고, 또 맛본다. 흠……. 지금 나의 입에서 일어나고 있는 것 모두 맛풍경의 영역이다. 그런데 지금 이 순간 그 맛풍경은 어떠한 모습인가?

분명히 달다. 그러나 아주 미묘한 단맛이다. 만약 눈을 가리고 아몬드를 입에 넣었어도 그 맛으로 그것이 아몬드인 줄 알았을 것이다. 그러나 그것이 조금 전 시나몬 등 다른 재료에 섞여 있던 아몬드라는 것까지 맛으로 알 수 있었을까? 자신이 없다. 시나몬 맛을 가려낼 수는 있을 것이다. 그러나 그 역시 아몬드 맛이 원래 그런 것이려니 하고 알 것이다. 메이플 시럽이나 올리브 기름 그리고 다른 향료들도 마찬가지다. 이렇게 말하고 나니, 여기서도 역시 맛풍경이라는 것이 말로 쉽게 표현되는 것이 아님을 알겠다. '시나몬'이라는 말을 사용하지 않고 어떻게 시나몬 맛을 알 수 있을까? 시나몬 맛을 보는 체험에 고요히 머무를 때에야 비로소 그것이 지닌 무한한 맛을 알게 될 것이다. 그리고 그때에야 내게 이런 방식으로 만들어지지 않은 아몬드가 주어졌을 때, 즉 내가 만들었던 것처럼 부드럽고 사랑스러운 배려로 구워 낸 그래놀라에서 골라낸 아몬드가 아닌 '다른' 아몬드가 주어졌을 때 그것을 '다르다'고 알 수 있을 것이다.

나는 지난밤 동네 식당에서 재스민 라이스—곡물류—를 곁들인 고수잎 녹색 카레 넙치를 주문했다. 그것은 놀라운 질감과 식감의 조화였다. 한입 먹을 때마다 미묘한 맛의 변화가 감지되었다. 조리장은 그런 놀라운 체험을 음식을 통해 사람들에게 전하는 법을 알고 있음에 틀림없었다. 밥과 약간의 소스와 함께 입안에서 살살 녹게 만든 생선을 입안에 한입 넣을 때마다 말문이 막힐 정도—과장이 아니다—의 황홀감으로 마치 순간적으로 고요한 정지 상태에 머무는 것 같았다. 그 황홀경 속에서 나는 지금 내 입에서 일어나고 있는 일에 대한 마음챙김을 깊게 하기 위해 머리를 본능적으로 부자연스러운 각도로 갸우뚱하게 된다. 다음으로 기쁨과 만족의 탄성이 뒤따른다. 그러나 나와 다른 음식을 주문한 아내 마일라를 자극하지 않기 위해 나는 조심스레 탄성을 억제해야 했다. 그러한 기쁨의 원천이었던, 부드럽고 달콤하면서 코코넛밀크 향이 살짝 들어간, 그리고 후추를 적당히 뿌린 그 정미한 맛들의 어찔어찔하고도 폭발적인 뒤섞임을 한입씩 먹을 때마다 나는 그 맛 속에서 감각적으로 한동안 머물렀다. 여기서도 그 맛을 말로 표현하는 것은 불가능하다. 그것이 아마도 우리가 맛있는 음식을 먹는 이유일 것이다. 아무리 뛰어난 작가가 쓴 음식에 관한 글이라 해도 배고픔을 불러일으키는 수는 있지만 그 배고픔을 충족하거나 그 음식의 맛을 실제로 보여 줄 수는 없기 때문이다. 우리가 음식의 맛을 알기 위해서는 직접 그것을 입안에 집어넣어 직접 맛보아야 한다. 그러므로 여기서도 맛보기란 결국 앎이다.

우리가 예민한 주의력으로 음식을 맛본다면 아주 소량의 음식이라도 감각 경험의 온 우주를 우리에게 선사할 수 있다. 사과, 바나나, 빵, 치즈 등 어떤 음식이라도 우리가 그 맛에 깨어 있다면 한입 베어 무는 것만으로 놀라운 맛의 우주가 우리 앞에 나타난다. 아마도 그것이 콩이나 정어리 통조림처럼 아주 간단한 음식이라도 우리가 평소 세계를 체험하는 일상의 틀을 벗어나 여행이나 캠핑을 갔을 때 먹으면 훨씬 더 맛있게 느껴지는 이유일 것이다.

또한 그것이 우리가 스트레스 완화 클리닉에서 참가자들에게 제시하는 첫 번째 명상으로 건포도 먹기를 권하는 이유다. 먹기는 우리가 평소 명상에 대해 갖고 있던 온갖 관념을 물리친다. 건포도 먹기는 명상을 즉각적으로 우리의 일상생활 영역—당신이 이미 알고 있으나 지금까지와 다른 방식으로 알려고 하지는 않는—속에 가져다 놓는다. 건포도 한 알을 아주아주 천천히 먹는 경험은 당신이 전혀 애쓰지 않고 완전히 자연스러운, 그리고 언어와 사고를 완전히 넘어선 앎 속으로 곧장 빠져들도록 해 준다. 그것은 우리가 평소 무척이나 자동적으로, 그리고 무의식적으로 음식을 먹는다는 점을 고려하면 분명 범상치 않은 초대라고 할 수 있다. 그러한 훈련, 즉 단지 먹고 단지 맛보는 것은 즉각적으로 우리에게 깨어 있음(wakefulness)을 선사한다. 지금 이 순간에는 오직 맛보는 것만이 존재하게 된다. 그 밖의 모든 것은 다만 언어이고 생각일 뿐—현재 순간의 체험으로부터, 직접적인 앎과 맛봄으로부터, 입안의 맛풍경으로부터 동떨어진 무엇일 뿐—이다.

다시 그 녹색 카레 넙치로 돌아와, 나는 그 요리사가 자신의 창작물에 대해 뭔가 흥미롭고 대단한 무언가를 말하고 싶었던 게 아닌가 하는 생각이 들었다. 이 요리를 한입씩 맛있게 먹을 때마다 나는 나 자신이 마치 와인 시음회에서 한 병에 수백 달러나 하는 2백 년 이상 된 보르도 와인을 맛보는 느낌이 들었다. 내가 그 맛을 즐길 수는 있겠지만 어떻게 그 불가항력의 맛을 이해하고 말로 표현할 수 있을까? 또 나 스스로 직접 와인의 감정가(connoisseur)가 되지 않는다면 누구의 말을 듣고서 그 맛을 알 수 있을까?

그것은 아마도 특정 경험 영역에 주의를 기울이는 작업을 통해 그것과 '친숙해진'—connoisseur의 어원인 라틴어 *cognoscere*는 '안다'는 뜻이다—경험 많은 사람을 통해서일 것이다. 따라서 우리가 실제로 우리 입안에 집어넣는 음식에 마음챙김을 가져가 그 맛풍경에 주의를 기울일 때 우리는 우리가 먹는 음식의 감정가가 되는 것일 뿐 아니라, 애당초 '누가' 그 먹는 행위를 하는가에 대한 감정가가 되기도 하는 것이다. 그렇게 그것은 알아차림의 특정한 영역의 일부가 된다.

먹는다는 것에 관해 잠시 생각해 보자. 숨쉬기 다음으로 먹는 행위는 살아 있는 유기체로서 우리의 생존에 가장 기본적인 것이라고 할 수 있다. 우리는 먹지 않고 생명을 유지할 수 없다. 그리고 그러한 생명 유지의 일상적인 필요, 특히 배고픔과 목마름을 충족하려는 욕구는 맛을 감별하는 능력과 더불어—야생에서 절박하게 배가 고프거나 목이 마를 때라도 맛을 감별하는 능력 덕분에 우리는 독이 든 음식을 먹지 않을 수 있었다—하루도 빠뜨리지 않고 충족해 주어야 하는 것이었다.

수렵 · 채집 사회에서는 모든 신체 건강한 사람의 노동력이 식량 생산에 동원되었다. 그 후 대부분의 식량을 수렵 · 채집이 아닌 재배, 경작하는 농경사회에서도 한 사회의 노동력의 상당 부분이 여전히 식량 생산에 투입되었다. 그렇지만 농경과 그 이후의 가축 양육을 통해—적어도 그것이 가능했던 지역에서는—식량의 잉여 생산물이 생기기 시작했고, 그것은 사회 집단 내의 복잡성을 증가시켰다. 이로써 도시와 문명사회가 출현했고, 여기서는 모두가 생존을 위해 그 식량을 먹어야 했지만 모든 사람의 노동력이 식량의 생산과 분배에 사용되지 않았다. 모든 사람의 노동력이 식량 생산에 투입되지 않는 이런 경향은 그 후에도 지속되었고, 특히 산업사회와 후기 산업사회에서는 그런 경향이 더욱 뚜렷해졌다. 이렇게 식량의 획득과 보관, 저장, 분배, 먹을 수 있는 음식의 종류, 음식의 질과 영양적 가치, 편재성 등을 포함하여, 지난 1만여 년에 걸쳐 인간이 음식과 맺는 관계는 급격한 변화를 겪어 왔다. 그렇게 우리는 우리가 먹는 음식을 직접 재배하지도 채집하지도 않으면서 그것을 당연시하게 되었다. 또한 우리는 식량이 희귀할 때나 식량 생산이 어려울 때 음식을 구해야 하는 기본적인 필요와도 전혀 무관한 삶을 살고 있다.

그럼에도 불구하고 먹는다는 것이 선사시대와 마찬가지로 오늘날에도 우리의 생존에 매우 기본적인 일이라는 사실을 고려할 때, 우리는 음식을 인식하지 못하고(non-recognition) 그에 감사하지 못하는(non-appreciation) 매우 왜곡된 태도를 가질 수도 있다. 이렇게 먹는다는 것은 이제 생존과 생명의 유지라는 음식 본연의 기능에서 점점 멀어졌다. 이제 우리는 대부분 생명 유지와 건강 유지라는 음식 본연의 중요성에 대한 통찰 없이 기계적으로 음식을 먹는다. 우리는 필요가 아닌 욕망 때문에 음식을 먹는 일이 훨씬 많으며, 음식에 대한 우리의 관계도 광고업계나 농업 비즈니스, 음식 가공업체 등의 사회적 영향 때문에, 그리고 만들어진(conditioned) 맛의 기호와 음식 크기 때문에 크게 왜곡되었다. 또 이로 인해 선진국, 특히 미국에서는 겨우 10년 만에 비만이 사회적 유행병이 될 정도로 크게 확산되었다.

• • •

나는 오랜 기간 건포도 명상을 통해 많은 사람과 함께 건포도 한 알을 아주 천천히 먹어 왔다. 그 과정에서 나는 그것이 결코 '건포도 자체에 관한 것만은 아니라고' 생각하게 되었다. 건포도 명상에서 건포도는 단지 그 맛풍경과 먹기라는 온 영역에 대한 우리의 관계를 탐험하는 하나의 기회일 뿐이다. 그것은 우리가 평소 아무 생각 없이 기계적으로 임하고 있는 먹는 일에 대해 살펴보는 하나의 기회다. 그것은 또 우리가 무엇을 어떻게 먹고 있으며, 얼마나 허겁지겁 먹는지, 우리가 먹는 음식이 실제로 어떤 맛이 나는지, 그리고 이제 그만 먹어야 할 때라고 우리 몸이 알려 주는 시간에 관하여 얼마나 자각이 없는지 알려 주는 기회가 되기도 한다. 그리고 먹기를 넘어, 건포도는 우리가 우리 자신의 몸과 마음의 본성을 살피는 기회가 된다. 그런 점에서 보자면, 건포도 명상을 통해 우리가 경험하는 바는 우리가 세계 전체와 맺는 관계의 중요한 요소들을 드러내 줄 수 있다.

우리의 먹기는 종종 원시적인 충동에 지배당하며, 마찬가지로 원시적이며 지극히 무의식적인 행동이 그와 함께한다. 나는 우리가 어떻게 음식을 먹고 제대로 맛보고 있는가에 대해 의식하는 일이 마음챙김 수련 가운데 가장 어려운 것임을 직접 체험을 통해 알고 있다. 비록 처음에는 그것이 아주 자명하고 쉬운 것처럼 보일 수 있지만 말이다. 방금 살펴본 것처럼 우리가 의식 없이 기계적으로 먹는 습관 패턴은 매우 원시적인 요소를 가진 것이어서 그만큼 뿌리가 깊다. 한번 생각해 보라. 우리는 스스로 먹을 것을 찾아 먹는다. 그리고 생존을 위해서는 그 방법을 터득해야 했다. 또 우리는 늘 그 일을 하고 있다. 단지 우리의 생명을 유지하기 위해서라기보다 이제는 순전히 습관적으로, 실질적인 영양 공급과 무관한 욕구 충족을 위해, 또 실제적인 배고픔이 아니라 정서적인 불편함에서 생기는 욕구 충족을 위해 먹는 것이다. 물론 가족이나 친구와 음식을 함께 먹는 것은 사회적 연결성의 가장 기본적이고 근원적이며 만족스러운 도구 중 하나다. 그것은 우리 안에 깊이 흐르고 있는 또 다른 필요를 충족해 준다.

우리가 세계를 알고 세계와 접촉하는 방법 가운데 하나가 입과 혀를 통해 질감을 구별하는 그 정교한 능력을 통해서다. 혀는 대뇌피질의 신체 감각지도에서 비교적 큰 부위를 차지한다. 그것은 곧 미각이라는 특정 감각을 넘어 세계를 인식하는 도구로서 혀의 중요성을 반영하는 것이다. 아기였을 때 우리는 무엇이든 입안에 집어넣었다. 이것은 그것이 어떤 물건인지를 아는 매우 원초적이고 직접적인 방법이었다. 바위는 단단하고, 모래는 까끌까끌하며, 블루베리는 누르면 '톡' 하고 즙이 터진다. 입안에서는 모든 것이 자기만의 독특한 질감과 느낌을 갖는다.

건포도를 잠시 관찰한 뒤 한 알을 씹으면서 입에 의도적으로 알아차림을 가져가, 건포도에 대한 우리의 관념과 의견을 넘어 그것을 실제로 보게 되면 그 맛 자체가 매우 놀라운 새로움으로 우리의 입과 마음속에서 폭발한다. 그것은 매 순간 펼쳐지고 서로 뒤섞이는 감각의 우주라고 할 만한 것이다. 그리고 그것이 반드시 건포도이어야 할 필요는 없다. 약간 먹는 속도를 늦추기만 한다면, 우리는 우리가 먹는 어떤 음식에도 의도적으로 알아차림을 가져가 우리 입속에 있는 음식과 '함께 있을' 수 있다. 그렇게 진정으로 그 음식을 맛보고 씹으면서 목으로 삼키기 전에 그것을 알 수 있다.

냄새와 긴밀히 짝을 이루어, 맛은 우리의 기억을 가장 강하게 불러일으키는 감각이다. 미각의 이러한 힘을 보여 주는 문학작품의 유명한 구절을 마르셀 프루스트의 『잃어버린 시간을 찾아서(*Remembrance of Things Past*)』에서 볼 수 있다.

> 작은 마들렌—과자의 일종—의 맛을 보기 전에 다만 눈으로 보았을 때는 내 마음에 아무 일도 일어나지 않았다. 그러나 고모가 내게 주곤 하셨던 라임블로 섬 차에 적신 마들렌 쿠키 한 조각의 맛을 보자마자 고모의 방이 있었던 그 길가의 오래된 회색빛 집이 마치 부모님을 위해 뒤쪽에 지었던 정원 쪽을 향해 나 있는 작은 별채에 딸린 무대처럼 내 마음에 떠올랐다.

우리가 뇌, 우리의 내적 · 외적 감각, 우리의 기억과 알아차림 사이의 긴밀한 연관성을 나중에 탐험할 때를 위해 이 점을 기억하자.

마음풍경

땅풍경(landscape), 빛풍경(lightscape), 소리풍경(soundscape), 접촉풍경(touchscape), 냄새풍경(smellscape), 맛풍경(tastescape) 등의 모든 것은 결국 마음풍경(mindscape)으로 집약될 수 있을 것이다. 우리 마음의 알아보는 능력이 없이는 어떠한 내적, 외적 풍경에 대한 앎도 존재할 수 없다. 우리가 알 때, 우리가 그 앎 속에 머물 때, 우리는 마음풍경의 깊은 정수 속에 머무는 것이다. 알아차림 자체인 그 널따랗고 텅 빈 공간 속에 머무는 것이다. 그 공간이 바로 마음 자체의 감각이다. 아마도 그것이 가장 궁극적인 감각일 것이다.

마음의 빈 공간을 얻거나 그 안에 머무는 것이 결코 쉬운 일은 아니다. 그러나 마음챙김을 수련함으로써 우리는 그 공간을 이용하고, 맛보고 냄새 맡고, 그 자체가 되는, 그렇게 우리가 그것을 최대한으로 사용하는 수많은 방법을 발견할 수 있다.

여기, 알아차림 속에서 경험의 전 영역에 온전히 깨어 있는 우리는 얼마나 크게 혹은 좁게 렌즈를 설정했는가와 무관하게 경험의 모든 측면이 왔다 가는 것을 쉽게 관찰할 수 있다. 어떤 일어남도 영원하지 않다. 어떤 발생도 지속되지 않는다. 형상, 소리, 이 들숨과 날숨을 포함한 신체 감각, 냄새, 맛, 인식, 충동, 생각, 감정, 기분, 의견, 선호, 혐오, 더 많은 의견이 모두 왔다 간다. 끊임없이 움직이는 유동 속에서 우리가 무상(無常)과 우리 자신의 습관적인 바람과 집착을 관찰하는 무수한 그리고 풍부한 기회를 제공한다.

어떤 순간에라도 우리는 있는 그대로의 것을 보고, 듣고, 만지고, 냄새 맡고, 맛보고, 알 수 있다. 그것은 우리가 애써 노력해야 하는 어떤 이상이 아니다. 그보다 그것은 살아 있음의 순간적 경험이라는 풍부하고 다차원적이며 다양한 질감을 가진, 만화경과 같은 실재다. 물론 그것은 복잡하면서도 한편으로 우리가 그 속에 머물 수 있는 아주 단순한 것이다. 우리가 그것에 알아차림을 가져가기만 한다면 말이다.

우리는 실재하는 현상에 대한 친밀함과 익숙함을 지속적으로 계발함으로써 어느 순간에라도 이 영역에서 우리가 바라는 대로 일이 전개되지 않을지 모른다는 두려움—미래—을 떨쳐 버릴 수 있고, 또 미묘한 혹은 그다지 미묘하지 않은 방식으로 일이 우리에게 유리하게 전개되기를 강제함으로써 일이 우리가 바라는 대로 전개되기를 원하는 다양한 노력마저도—이 역시 미래다—놓아 버릴 수 있다.

그 순간에, 그리고 그러한 순간에는 언제나 우리가 수련을 통해 알고 있고 또 맛보았던 알아차림이라는 넓은 공간이—일단 어느 정도의 안정성과 지속성을 계발시켰다면—마음풍경에서의 우리의 정향(定向)과 있는 그대로의 실재를 완전히 수용하는 것까지는 아니더라도 인정하는 방향으로 향하게 할 수 있다. 그러면 어떤 순간에라도 우리는 이름과 형상, 겉모습, 좋아함과 싫어함, 좋고 나쁨을 넘어 우리 자신의 완전성과 아름다움과 실제로 접촉할 수 있게 된다. 여기, 오직 이곳에서만 평화를 찾을 수 있다. 여기, 오직 이곳에서만 우리는 우리의 지혜와 에너지, 사랑을 우리가 사랑하는 사람들과 이 세상을 위해 기여할 수 있다. 그리고 우리는 이 일을 마음풍경에 대한 우리의 친밀감을 체현하는 것을 통해 이룰 수 있다. 그러므로 우리는 마음풍경은 몸풍경(bodyscape), 즉 모든 감각의 영역과 몸 자체를 포함한다고, 그리고 모든 감각 영역과 몸 자체는 또한 몸풍경을 포함한다고 말할 수 있다. 신비하게도, 마음풍경은 완전히 체현되고 현명할 뿐만 아니라 사랑으로 넘치는 것이다.

그러나 이것이 바로 다음 순간부터 당신의 마음과 삶에서 갈등과 수용 부족이 없을 것이란 의미는 아니다. 그것들은 여전히 계속해서 존재할 것이다. 그것은 인간의 마음풍경, 심지어 마음챙김을 수련하는 사람들의 마음풍경에서도 큰 부분을 차지하고 있다. 그러나 그것은 내면의 갈등으로부터 평정심으로, 분노에서 사랑으로, 오직 겉모습만 보는 것에서 사물의 실제를 깊이 이해하는 것으로 시간이 지나면서 옮겨 가고 그 균형을 회복할 것이다. 물론 이 역시 그렇게 되는 경우도 있고 그렇지 않은 경우도 있을 것이다. 그러나 어떤 순간에라도 일정 정도의 평정심과 자기연민, 통찰이 있게 될 것이며, 이러한 것들은 이 내면의 마음풍경에 존재하는 다른 모든 것과 마찬가지로 관찰하고 축복해야 할 필요가 있다. 결국 여기서는 우리가 도달해야 하는 이상 같은 것은 존재하지 않는다. 마음풍경은 언제나 다만 지금 있는 그대로 존재하고 있는 것이다. 문제는 우리가 그것을 알 수 있느냐, 우리가 그것에 휩쓸려 버리지 않을 수 있느냐, 우리가 그로부터 자유로워질 수 있느냐, 우리가 그 속에서 자유로울 수 있느냐 하는 것이다.

지금풍경

펼쳐지는 것은 무엇이든 '지금' 펼쳐지고 있다. 그리고 그것은 지금풍경(nowscape)에도 해당되는 말이다. 우리는 자연이 어떻게 오직 그리고 항상 '지금'에서만 전개되는지를 이미 살펴보았다. 나무는 '지금' 자라고 있다. 새가 하늘을 날고 가지에 앉는 것도 '지금'이다. 강과 산도 언제나 '지금' 속에 있다. 바다도 마찬가지다. 식물 자체도 '지금' 변하고 있다. 아인슈타인과 시간에 대해 글을 쓴 어느 물리학자는 무엇인가의 변화가 곧 우리가 시간을 측정하는 방식이며, 따라서 일정한 방식으로 변화하는 어떤 것이라도 우리는 그것을 시계라고 부를 수 있다는 말을 했다. 사실 시간이 우리가 변화를 측정하는 방식이라기보다 변화가 곧 시간을 측정하는 방식이라고 말하는 것이 더 정확할 것이다. 시간은 그 자체로 신비로운 것이니까. 모든 것은 변화하며, 그렇게 시간이라는 것이 존재한다. 모든 것은 변화하며 그렇게 우리는 시간이라는 것을 경험한다. 모든 것은 변화하며 그렇게 우리는 시간으로부터 잠시 한 발 물러나 변화를 경험할 수 있다. 그렇게 우리는 시간의 신비인 추상을 넘어서 지금 현재 존재하는 것과 친밀해질 수 있다.

시간은 흐르고 지나가지만 우리는 정작 시간이 무엇인지 알지 못한다. 그리고 우리가 우리에게 시간이 무엇이냐고 묻는다면 거기에는 오직 한 가지 대답밖에 없다. 그리고 그것은 빅 벤(Big Ben)—영국 국회 의사당 내 시계탑에 있는 대형시계: 역자주—이나 당신의 알람시계, 손목시계 혹은 그랜드캐니언이 당신에게 무엇을 말하든 그 순간을 형성하는 것이다. 그것은 무엇일까? 다시 말하지만, 그것은 '지금'이다.

조금만 생각해 보아도 우리가 살아 있을 수 있는 시간은 오직 현재 순간밖에 없다는 것이 분명해진다. 아마도 그러한 깨달음, 보기에는 너무나 자명하고 사소한 것처럼 보이는 그 깨달음이 우리의 정신 깊숙이, 우리 자신의 가슴의 우물에 깊숙이 자리잡을 필요가 있다. 그러나 그것을 제대로 받아들이고 헤아리는 것은 실제로 매우 어렵다. 우리에게 '지금' 외에는 어떠한 시간도 존재하지 않는다. 우리는 우리가 생각하는 것처럼 어딘가로 '가고' 있는 것이 아니다. 지금 이 순간보다 더 풍요로운 다른 순간이란 결코 존재하지 않는다. 우리는 어떤 미래의 순간이 지금보다 더 기쁠 것 혹은 덜 기쁠 것이라고 상상할 수는 있지만 그것을 진정으로 알 수는 없다. 미래가 어떤 식으로 전개되든, 그것은 당신이 생각한 대로는 아닐 것이다. 그리고 그 '미래'가 막상 닥치게 되면 그 역시—미래가 아닌—'지금'이 될 것이다. 그것 또한 지금의 이 순간과 마찬가지로 매우 쉽게 놓쳐 버릴 수 있는 순간이 될 것이다. 그 역시 그것을 일으켰던 바로 이전 순간의 모든 원인과 조건이라는 끊임없는 변화와 변동의 영향 아래 놓일 것이다.

이런 의미에서 우리가 어디로 가든, 우리가 어디에 있든, 지금 무슨 일이 일어나고 있든, 시간이 몇 시이며, 달력이 가리키는 날짜가 며칠이든, 우리가 살 수 있는 곳은 오직 지금의 이 순간뿐이라고 할 수 있다.

그렇게 우리는 할 수 있는 동안 우리가 가진 순간을 최대한 이용할 수 있다. 그런데 그렇게 되기 위해서는 현재 순간에 주의를 기울이는 노력을 할 필요가 있다. 왜냐하면 현재 순간이란 너무나 빨리 지나가 버리며, 우리는 감각과 마음의 풍경에 너무나 쉽게 휩쓸려 버리기 때문이다. 또 그 풍경 안에 살고 있는 온갖 것과 에너지에 쉽게 고착되어서 아주 빠르게 우리 자신과 타인, 세계와의 접촉을 상실할 수 있기 때문이다. 우리는 미래로 상상의 나래를 펴며, 과거를 붙들고 놓지 않는다. 우리는 이런 일이 일어나고 저런 일이 일어나지 않으면, 언젠가 모든 것이 '잘'될 것이라고 생각한다. 물론 그 모든 것은 어느 정도는 진실이고 어느 정도는 그렇지 않을 것이다. 그러나 그때에도 당신은 당신의 삶을, 어떤 의미에서는 당신의 모든 삶을 놓치고 있는 것이다.

당신은 그것을 대탈주(Great Escape)라고 생각할 수 있다. 우리는 '탈출'하려는 절박한 시도로 감각풍경과 마음풍경으로부터, 지금풍경으로부터 벗어난다. 그것은 일이 우리가 마음먹은 대로 돌아가지 않을 때…… 그리고 역설적이게도, 마음먹은 대로 돌아갈 때에도 우리가 너무나 자주 사용하는 작전이다. 그래서 우리는 가장 어렵고 힘든 시기에도 마음과 몸과 세계—서로 별개의 것이 아닌—의 안과 밖의 풍경에 머무를 수도 있고, 아니면 대탈주를 시도하면서 우리의 삶이 있는 그대로 지속적이고 놀라운 방식으로 가능성을 품고 있다는 사실을 잊어버릴 수도 있다. 그리고 그 가능성은 결코 놓쳐서 안 된다는 것도 잊고 있다.

감각은 우리를 깨울 수도 있고 무감각하게 만들어 잠에 빠뜨릴 수도 있다. 마음 역시 우리를 깨울 수도 있고 잠에 빠뜨릴 수도 있다. 감각은 오직 현재 순간에만 전개되는 것이지만, 우리를 과거에 대한 기억과 미래에 대한 기대 속에 즉각 던져 넣고 만다. 그래서 우리는 과거에 대한—무슨 일이 일어났고, 무슨 일이 일어나지 않았으며, 그 모든 것이 지금의 '나'에게 어떤 영향을 미치고 있는지에 대한—끊임없고 종종 무익한 상념에 빠져들고 만다. 혹은 나중에 지금보다 더 좋은 '지금'을 만들기 위해 미래에 대한 강박에, 온갖 걱정과 계획에 사로잡히고 만다. 우리가 모든 것을 내려놓고 온전한 자기 자신이 된다 하더라도 지금에 존재할 시간이 없다면 그렇게 될 것이다.

그 과정에서 우리가 가지고 있는 유일한 순간인 현재는 지나치게 쪼그라들고 만다. 심지어 그것을 알아보지도, 느끼지도, 알지도, 그래서 사용하지도 못할 정도로 쪼그라들 수 있다. 그것을 다시 구축하고, 우리가 다시 그에 향하고 또 그것이 다시 우리를 향하도록—이 둘 사이에는 정말로 차이가 없기 때문에—할 수 있는 것은 오직 마음챙김뿐이다. 우리와 마음풍경은 언제나 여기 있었으며, 이 둘은 결코 둘이 아니었다. 그러나 이 실재성은 오직 느낄 수 있을 뿐 생각으로 헤아릴 수 있는 것이 아니다. 왜냐하면 실재성의 살아 있는 경험적 측면은 사고 과정에서 그 본래의 색이 퇴색될 수 있기 때문이다. 그것은 결코 생각으로 환원될 수 없다. 그것은 도대체 환원—축소—될 수 없는 것이기 때문이다. 지금은 그렇게 근본적인 것이다. 당신도 마찬가지다.

이것은 우리가 미래를 걱정하고 필요한 사회적 변화를 위해, 더 큰 정의와 경제적 자유를 위해, 더 큰 생태적 균형과 모든 살아 있는 존재를 위한 더 평화로운 세계를 만들기 위해 노력해서는 안 된다는 뜻이 아니다. 그것은 또 우리가 무심하거나 우리의 목적 실현을 위해 노력하지 말아야 한다는 뜻도, 우리의 비전과 꿈을 실현하기 위해 노력하지 말아야 한다는 뜻도 아니다. 그것은 우리가 학습과 성장, 치유, 우리 자신의 이익과 행복을 위해 우리의 창의적 상상력과 에너지를 동원하기 위해 노력해서는 안 된다는 뜻도 아니다. 또 우리가 하는 일로써, 또 사랑을 주는 삶을 삶으로써 다른 사람과 세상에 기여하는 노력을 해서는 안 된다는 뜻도 아니다. 오히려 그것은 우리가 미래가 지금과 다르게 되기를—거대한 국가적 · 사회적 · 지정학적 차원에서, 우리 자신의 삶의 상황을 개선하는 차원에서, 또 절박한 필요가 있는 일을 하는 차원에서—바란다면 우리가 미래에 영향을 주기 위해 가지고 있는 시간은 오직 하나뿐—즉, 지금—이라는 의미다.

지금은 이미 미래이며 이미 여기에 존재하고 있다. 지금은 조금 전 지나간 순간의 미래이며, 그 순간 이전에 존재했던 모든 순간의 미래다. 자신의 삶에서 당신이 아이였을 때, 청소년이었을 때, 그리고 청년이었을 때를 생각해 보라. 지금이 바로 그 미래다. 그때 당신이 되고자 했던 당신이 바로 지금의 당신이다. 지금 여기 존재하고 있는 당신, 이 모습이 바로 당신이 바라던 모습이다. 마음에 들지 않는가? 마음에 들지 않는 자는 누구인가? 누가 그런 생각을 하고 있는가? 그리고 누가 '당신'이 더 좋은 모습이기를, 지금과는 다른 방식이기를 원하는가? 그것 역시 당신이 아닌가? 깨어나라! 이 모습이 바로 당신이다. 당신은 이미 당신이 바라던 모습대로 되었다.

그러나 정말로 당신은 지금 이 순간 당신이 온전히 누구인지 알고 있는가? 그것이 문제다. 그것이 마음챙김이 말하고자 하는 바다. 왜냐하면 이것이야말로 실제로 존재하는 것이기 때문이다. 마음챙김은 현재 풍경에 계속해서 머무는 것이다. 그것은 좋아함과 싫어함, 바람과 거부를 넘어선, 파괴적이고 검토되지 않은—그것이 아무리 중요한 문제라도, 아무리 크고 작은 이해관계라도—감정의 습관과 사고 패턴에 계속적으로 얽매이는 것을 넘어선 깨어 있음이다. 그러한 지점, 그러한 관점에서 세상 속에서 그리고 세상을 위하여 일하는 것을 상상하라. 그것은 가치 있는 과제이며, 우리가 자신에게 제공할 수 있는 가치 있는 도전이며, 바로 지금, 오늘, 여기, 이 순간에 세상 속에서 그 체현을 연습할 수 있는 것이다.

지금의 매 순간을 분기점이라고 할 수 있다. 우리는 바로 다음 순간 무슨 일이 벌어질지 모른다. 현재 순간은 가능성과 잠재성을 잉태하고 있다. 우리가 지금 마음챙김을 할 때, 우리가 무슨 행동을 하고 무슨 말을 하고 무슨 일을 하고 무슨 경험을 하건 간에, 그다음 순간은 우리의 현재 마음에 영향을 받을 것이다. 그리고 그것은 우리가 그렇게 주의를 기울이지 않았을 때, 우리 마음과 몸, 외부 풍경의 소용돌이 속에 휩싸여 있을 때와는 다른 무엇이 될 것이다. 그래서 우리가 미래—그때에 가서는 또한 지금이 될—를 돌보고자 한다면, 우리가 그것을 할 수 있는 유일한 방법은 모든 과거의 순간과 노력의 미래인, 즉 현재를 돌보는 방법밖에 없다. 우리가 그것을 할 수 있는 유일한 방법은 매 순간을 분기점으로 알아보고, 그것이 세계와 당신의 세계, 당신의 한 번뿐인 소중한 삶이 전개되는 데 있어서 모든 차이를 만들 것임을 깨닫는 방법밖에 없다. 결국 우리는 현재 순간을 돌봄으로써 미래를 가장 잘 돌보게 되는 것이다.

이것은 우리가 통합과 현존으로, 친절과 연민으로, 우리 자신과 타인을 위하여 행동해야 하는 충분한 이유가 된다. 미래의 언젠가 더 좋은 장소에 이르겠다고 하는 것은 환상이다. 오직 지금밖에 존재하지 않는다.

그것은 또한 지금 여기 존재하는 수련을 닦는 이유가 되기도 한다. 그것이 바로 우리가 이어지는 4부에서 살펴보고자 하는 공식 명상 수련이다.

제4부

공식 수련 껴안기

-마음챙김 맛보기-

당신은 완전한 멈춤을 체험해 본 적이 있습니까?
당신의 몸 안에 완전히 존재하는 것,
당신의 삶 속에 완전히 존재하는 것을 경험해 보았습니까?
그래서 당신이 알고 있는 것과 모르고 있는 것,
당신의 과거의 모습과 아직 오지 않은 미래의 모습,
그리고 지금 바로 당신의 모습이
더는 불안이나 어긋남을 하나도 노정하지 않은 상태를 체험해 보았습니까?
그것은 곧 완전한 현존의 순간이며,
애씀과 체념의 받아들임을 넘어,
그리고 무언가로부터 도망가거나 무언가를 뜯어고치려는 욕구를 넘어,
더는 시간의 연속선상이 아닌 순수한 존재의 순간,
순수한 봄, 순수한 느낌의 순간일 것입니다.
또한 삶이 단순히 존재하고 있는
그래서 모든 것의 '존재성(isness)'이 당신을
당신의 온 감각으로, 각종 기억으로,
당신의 유전자로, 또한 사랑으로 붙잡는 순간이
당신이 집으로 돌아온 것을 환영하는 순간일 것입니다.

눕기 명상

눕기 명상을 하는 데 기억해야 할 가장 중요한 것은 그것이 잠에 떨어지는 것(falling asleep)이 아니라 깨어나는 것(falling awake)에 관한 것이라는 점이다. 그러나 우리는 바닥에 등을 대고 누우면 쉽게 잠에 떨어지기 때문에 졸음이나 자각 없는 상태로 빠져들 수 있는 결코 하찮지 않은 경우에 대하여 특별히 '깨어 있도록' 기억하는 것이 필요하다. 우리는 수련을 통해 깨어 있는 법—잠에 떨어지지 않는다는 의미에서도, 그리고 더 깊게는 알아차림에 온전히 현존한다는 의미에서도—을 배울 수 있다.

누워서 명상하는 것에는 장점이 많다. 우선 명상 초보자라면 누워서 하는 것이 앉아서 하는 것보다 편할 것이다. 그리고 오랜 시간 몸을 움직이지 않고 가만히 있을 수 있다. 또 우리가 잠을 잘 때 바닥에 눕기 때문에 눕는 것은 우리 자신과 접촉하는 자연스러운 토대가 된다. 그중 하나는 하루를 끝내고 잠자리에 들 때이고, 다른 하나는 아침에 잠에서 깰 때다. 이 두 번의 때는 공식 명상 수련—단 몇 분간이든 혹은 좀 더 긴 시간이든—을 자신의 하루에 가져오는 완벽한 기회다. 또한 등을 대고 누우면 몸이 죽 펴지게 되는데, 이때는 배가 호흡에 따라 오르내리는 것을 느끼기가 더 용이하다. 들숨에 배가 팽창하고 날숨에 배가 꺼진다. 이렇게 바닥에 눕는 자세는 우리가 누워 있는 그 바닥이 우리를 떠받치는 느낌을 우리에게 준다. 우리는 중력의 품에 자신을 완전히 내맡길 수 있다. 그렇게 바닥이나 매트, 침대에 우리를 던져두고 그것이 스스로 일하도록 하는 것이다. 때로 공중이나 수면에 떠 있는 느낌이 들 수도 있는데, 그것은 아주 유쾌한 느낌이며 자신의 몸과 현재 순간에 터 잡는 것에 대한 동기를 북돋울 수 있다.

게다가 중력에 몸을 맡기는 것은 마음을 소위 '무조건적 내맡김(unconditional surrender)'의 정신에 동조시키는 것이다. 그런데 그 내맡김이란 우리의 안녕에 대한 외부적 위협이 아니라 우리가 처한 상황에 상관없이 오직 현재 순간에 온전히 머무는 것에 우리를 내맡기는 것이다. 중력 자체의 품에 빠지는 수련을 통해 우리는 지금 이 순간에 더 기꺼이 빠져들 수 있다. 그렇게 우리는 우리의 몸과 마음에서 일어나는 일, 우리 삶의 어느 날, 어느 순간에 일어나고 있는 그 어떤 일이라도 그것을 온전하게 그리고 열린 가슴으로 수용할 수 있다. 다시 말해, 있는 그대로 놓아두고 흘러가는 대로 흘러가도록 내버려 둘 수 있다.

누워서 마음챙김을 계발할 때 우리는 주로 요가에서 '송장 자세'라고 알려진 자세를 취하게 된다. 이 자세는 송장처럼 누운 자세에서 양팔을 몸통 양쪽에 편하게 두고 양발은 약간 벌린 자세다. 이 자세에 특별히 감상적인 요소는 아무것도 없다. 그것은 단지 우리가 우리의 지나간 과거와 오지 않은 미래와 의도적으로 완전히 작별할 수 있다는 것, 그리하여 우리 자신을 현재 순간에 내맡길 수 있다는 것, 그리고 우리 안에서 지금 발현하고 있는 삶 자체에 스스로를 온전히 내맡길 수 있음을 다시 한 번 상기하는 것뿐이다. 누워 있을 때 우리는 정말로 송장 같은 자세를 취하게 되는데, 이 자세에서는 우리가 마음속의 온갖 잡다한 생각과 세상일에 적어도 잠시라도 우리 내면에서 작별을 고하는 태도를 의도적으로 일으키기가, 그래서 이 순간의 풍요로움에 열리기가 더 용이하다. 그러나 누워 있는 자세라도 반드시 등을 바닥에 대고 누워야 하는 것은 아니며, 자신이 선호하는 자세가 있다면 그 자세로 마음챙김을 수련해도 좋다. 예를 들어, 옆으로 누워 몸을 새우처럼 구부린다거나, 아니면 배를 바닥에 대고 엎드려 누워도 좋다. 모든 자세는 그 자체의 독특한 에너지와 문제점을 갖고 있다. 그리고 깨어 있음과 자기연민의 마음을 갖고 임한다면 모든 자세가 현재 순간과 만나는 완벽한 자세가 된다. 또한 당신이 어떤 자세를 취하든 한 가지 자세에서도 당신이 현재 순간과 관계 맺을 수 있는 다양한 수련 방식과 수련법이 존재한다.

• • •

이제 편안하고 약간 푹신푹신한 바닥—카펫이나 패드, 바닥, 침대, 카우치 등—에 누워 우선 지금 이 자세로 존재하는 바로 그 경험에 우리 자신을 내맡긴다. 이때 주변 소리에 가만히 귀 기울일 수도 있는데, 이것은 마치 우리가 이제 죽은 사람이며 우리 없이 돌아가는 세상을 가만히 엿듣는 것처럼 생각할 수도 있다. 이런 태도와 생각을 가지면 우리는 지금까지와 완전히 다른 방식으로 소리—그리고 소리들 사이의 빈 공간마저도—를 듣게 될 것이다. 혹은 이렇게 바닥에 누워 주변 소리에 귀 기울이는 것은 우리가 지금까지 한 번도 주변 소리를 제대로 듣지 못하며 살아왔다는 것을 처음으로 깨닫는 기회가 되기도 한다. 우리는 자신의 몸에서 일어나는 신체 감각과 마음에서 일어나는 정신적 소음, 또 멈추지 않고 질주하는 온갖 생각에 완전히 몰입해 있어서 주변 소리를 한 번도 제대로 귀 기울여 들어 본 적이 없는 것이다.

눕기 명상 내내 단지 주변 소리를 듣는 것에만 전념할 수도 있다. 마음이 소리가 아닌 딴 데로 방황하면 계속해서 소리를 듣는 것으로 주의를 되가져오는 것이다. 아니면 '지금 소리를 듣고 있는 것은 누구인가?'처럼 자신에게 계속해서 물어볼 수도 있다. 이것은 청각을 통해 우리의 온정신을 회복하는(coming to our senses) 아주 강력한 수련법이다.

아니면 단지 청각을 살아 있는 체험의 한 가지 측면으로만 받아들여—실제로 그렇다—특정 대상에 주의를 향하지 않고 더 넓게 펼칠 수도 있다. 이때는 청각뿐 아니라 신체의 모든 감각기관에서 한꺼번에 나오는 감각과 머릿속 생각이 일어나는 매 순간에 우리의 내면과 외면에서 있는 그대로 받아들이는 것이다. 우리가 마음을 여섯 번째 감각기관으로 보기 때문에, 이때 알아차림의 영역은 자연스럽게 모든 정신현상까지 포함하게 된다. 특정한 방향으로 주의를 향하지 않고 넓게 펼치는 이 수련—나중에 좀 더 자세히 알아볼 것이다—을 '선택 없는 알아차림(choiceless awareness)'이라고 한다.

아니면 누워서 단지 호흡의 감각이나 몸의 특정 부위에서 일어나는 감각에만 주의를 기울이는 방식으로 수련을 할 수도 있다. 몸을 하나의 전체로 보고 거기서 일어나는 감각을 알아차릴 수도 있다. 이 수련의 일부로서 우리의 피부에 초점을 맞추는 방식도 있다. 이때는 피부를 자신의 전신을 감싸고 있는 봉투처럼 생각하며, 누워 있을 때 일어나는 모든 감각과 그것의 변화에 주의를 기울여 알아차린다. 이때 몸에 닿는 공기의 감각을 느껴 볼 수도 있고, 몸 주변의 공기가 자신의 몸을 '목욕시킨다' '감싼다' '숨 쉬게 만든다'고 느낄 수도 있다. 아니면 피부가 숨을 쉬는 감각 자체를 느껴 볼 수도 있다.

우리는 또 단지 우리의 생각과 그것이 지니고 있는 감정적 '충전물'—긍정적이든 부정적이든 중립적이든, 상대적으로 강하든 약하든 상관없이—을 가만히 지켜보는 것에 머물면서 그것을 우리 의식이라는 무대의 중심에 두고, 그것을 제외한 현재 순간의 나머지 측면은 무대 가장자리로 물러나게 할 수도 있다. 아니면 주의의 대상 한 가지를 한동안 의식의 전경(foreground)에 배치한 뒤 그것이 의식의 배경(background)으로 물러나게 되면 다음으로 다른 측면을 무대의 중심에 불러낼 수도 있다.

당신이 알 수 있듯이 마음챙김은 커다란 팔레트와 같다. 그것은 우리가 어떤 신체 자세를 취하여 마음챙김을 수련하는가와 관계가 없다. 마음챙김이라는 팔레트는 다양한 방법과 변주를 충분히 활용하도록 끊임없이 우리를 초대한다. 그래서 알아차림과 평정, 놓아 버림을 계발하고 심화하는 데 그것들이 얼마나 중요하고 필요한 것인지를 알도록 해 준다. 동시에 우리가 이미 보았듯이, 우리는 어떤 주의 대상과 함께라도—그것이 호흡이든, 몸의 다양한 측면이든, 신체 감각과 인식이든, 마음에 흐르는 수많은 생각과 느낌이든—알아차림, 즉 모든 행위를 넘어선 광대하고 경계 없으며 무선택적이고 열린 알아차림 안에 머물 수 있다는 것을, 또 우리 스스로가 다만 알아차림이라는 앎 자체가 될 수 있다는 것을 유념하고 스스로에게 계속해서 상기할 수 있다.

그러한 선택을 내리는 데 있어서 우리는 또한 눈을 떠도 좋고 감아도 좋다. 송장 자세에서 눈을 뜨고 있으면 우리는 눈을 통해 들어오는 것—대개는 천장일 것이다—은 무엇이든 받아들이게 된다. 물론 따뜻하고 청명한 날 초원에 누워 몇 시간이고 하늘의 구름을 쳐다보고 있다면 그 역시 훌륭한 명상이 된다. 나무 아래 누웠다면 나뭇잎을 쳐다보는 것 역시 훌륭한 명상이다. 눈을 뜨는 것은 졸리거나 피곤할 때 특히 도움이 된다.

그러나 눈을 감고 눕기 명상을 하는 것도 매우 좋다. 많은 사람이 눈을 감는 것이 몸과 마음의 내부 풍경에 대한 알아차림을 계발하는 데 특히 더 도움이 된다고 말한다. 그들은 그것이 자기 내면을 향한 초점과 집중력을 키워 준다는 것을 안다. 그것은 당신 스스로 결정할 수 있는 문제이자, 때로 의도적으로 실험해 볼 수 있는 문제다.

수련을 하는 단 한 가지 올바른 방법이란 없다. 어떤 전통에서는 눈을 뜨고 하고 또 어떤 전통에서는 눈을 감고 한다. 때로 우리의 선택은 그 순간의 주변 상황이나 우리의 느낌에 따라 결정될 것이다. 그러나 명상 수련의 초기에는 우리가 내린 선택의 깊이에 대해 알도록, 그리고 우리의 기분에 따라 이 방법, 저 방법을 왔다 갔다 하지 않도록 한두 가지 방법으로 수련하는 것이 가장 좋다.

앞서 살펴보았듯이, 잠자기 직전과 잠에서 깨어난 직후에 누워서 명상을 하는 것은 매우 좋은 방법이다. 하루를 이런 방식으로 '샌드위치'시키면 당신은 아침에 침대에서 나오기도 전에 마음챙김에 대한 전념을 그날의 가장 중요한 일로 준비하게 될 것이다. 이렇게 하는 것은 그날 하루 종일 아주 긍정적이고 이로운 영향을 준다. 하루 전체가 매 순간 수련할 수 있는 또 하나의 기회로 바뀌는 것이다. 또 침대에서 나오기 전에 당신은 그날 하루가 열린 가슴의 호기심과 명료함으로 매 순간 자신의 삶에 현존하는, 하나의 지속적인 명상이 되고자 하는 의도를 일으킬 수도 있다. 아침에 눈을 뜨자마자 일으키는 그 알아차림은 침대에서 몸이 빠져나오는 동작, 양치질하는 행위, 샤워를 하는 행위—마음이 얼마나 쉽게 이야기와 정신적 소음에 빠져들어 자신의 몸, 그리고 현재 순간의 실재성과의 접촉을 상실하는지 보여 주는 쉬운 예로, 나는 종종 사람들에게 다음번 샤워를 할 때 자신이 정말로 '샤워 속에 있는지' 체크해 볼 것을 권한다. 자신이 샤워 속에 있지 않고, 예컨대 아직 일어나지도 않은 동료와의 미팅에 있는 경우가 드물지 않다. 그런 경우에 실제로 당신은 샤워를 하고 있는 것이 아니라 동료와 미팅 중에 있는 것이라고 할 수 있다. 그러는 와중에 당신은 피부에 닿는 물의 느낌뿐 아니라 그 순간의 상당히 많은 것을 놓치게 된다—등 그날 당신이 하게 되는 모든 행동으로 확장될 수 있다. 그리고 하루를 마무리하며 침대에 누워서는 그날 하루 있었던 모든 일을 겪고 난 자신의 몸과 마음이 지금 어떤 상태인지 경험할 수 있다. 그때 우리는 자신의 몸을 하나의 전체로 느끼며 그 느껴지는 감각 안에, 마음의 열린 공간에 머물 수 있다. 그날 하루 무엇이 좋았고 무엇이 나빴는지에 대한 모든 판단을 넘어서 말이다. 잠자리에 누워서 우리는 전체로서의 자신의 몸의 감각에, 우리 존재의 완전성에 조율할 수 있다. 또 우리가 우리 자신을 넘어 더 멀리로 확장하는 더 큰 완전성의 영역에 둥지를 틀고 있다는 것도 느낄 수 있다.

이렇게 우리는 그날 하루 우리에게 일어났던 모든 일을 서서히 놓아 버릴 수 있고, 또 그렇게 우리에게 찾아오는 잠을 편안하게 맞이할 수 있다.

눕기 명상은 잠에 들기 직전과 깨어난 직후 말고도 앞에서 이야기한 방식에 따라 하루 중 어느 때라도 할 수 있다. 궁극적으로 눕기 명상도 다른 모든 명상과 마찬가지로 있는 그대로의 지금 현재 순간에 1초 들어가는 것이자 시간을 벗어난 알아차림 속에 머무는 것이다. 그렇게 매 순간의 실재를 순간순간 분별하는 것에 관한 것이다.

내가 앉기나 기타 다른 자세보다 특히 바닥이나 침대에 누워서 명상하고 싶은 때가 있다. 다만 바닥—대지에 눕는다고 해도 될 것이다—에 잠시 눕는 것만으로도 현재 순간과 그날 하루, 지금 자신에게 일어나고 있는 일에 대한 당신의 관점이 완전히 바뀔 수 있다. 그것은 또한 앞으로만 나아가고자 하는 머리의 관성과 조급함을 늦추거나 멈출 수 있고, 그렇게 당신은 당신이 무슨 일을 처리하건 그 속에서 자신을 다시 추스르고(recalibrate) 더 체현된 상태가 될 수 있다. 그것은 그 순간 당신의 몸과 마음의 시야, 현재 일어나고 있는 일에 자신의 몸과 마음이 어떻게 반응하고 있는지에 대한 시야를 확장시켜 줄 것이다. 그리고 눕기 명상은 당신이 어떤 이유로든 몸이 아플 때, 병원에 누워 있을 때, 혹은 오랜 시간을 요하는 힘든 진단 과정을 지나고 있을 때—예컨대, CT나 MRI처럼 몸을 누인 채 움직이면 안 되는 상황 등—에 매우 유용하게 할 수 있다.

우리는 우리가 누워 있는 거의 모든 상황을 눕기 명상을 수련하는 기회로 활용할 수 있다. 그리고 그 과정에서 우리 삶의 숨은 차원(hidden dimensions of our own life)과 학습과 성장, 치유와 변화를 위한 새로운 가능성을 발견할 수 있다. 현재 순간의 안쪽에 보금자리를 잡은 우리는 우리가 용기 있게 나서서 현재 일어나는 어떤 일이든 함께하고자 할 때 훨씬 더 나타날 확률이 높은 가능성과 통찰을 발견하게 될 것이다.

다음으로 바디스캔(body scan)에 대해 살펴보자.

바디스캔은 매우 강력하고 치유적인 명상이라는 것이 증명되었다. 그것은 MBSR에서 연습하는 눕기 수련의 핵심에 해당한다. 바디스캔은 마음으로 몸 전체를 순서대로 훑어 내려가는 것이다. 이것은 사랑에 찬, 열린 가슴의, 관심 있는 주의를 신체 각 부위에 보내는 것으로, 일반적으로 왼쪽 발가락 끝에서 시작하여 왼발 전체—발

바닥, 발꿈치, 발등—로 옮겨 간 다음 다시 발목, 정강이, 종아리, 무릎, 슬개골, 넓적다리를 포함한 왼쪽 다리 전체로 올라간다. 또 사타구니와 왼쪽 고관절도 피부 표면과 살 안쪽에서 알아차린다. 다음으로 다시 오른쪽 발가락 끝으로 내려가 발 전체를 훑은 다음 왼쪽 다리와 동일한 방식으로 오른쪽 다리 전체로 올라온다. 그리고 거기서부터 초점을 천천히 연속적으로 고관절을 포함한 골반 부위 전체, 엉덩이, 생식기, 허리, 배, 다음으로 가슴 부분, 갈비뼈, 유방, 심장, 폐, 흉곽의 대혈관, 등쪽 흉곽 부근의 어깨뼈, 다시 더 위로 올라가 쇄골과 어깨로 이동한다. 이어서 어깨에서 팔로 이동한다. 팔은 양쪽 팔을 함께 해 준다. 손가락 끝에서 시작하여 연속적으로 손가락, 손바닥, 손등, 손목, 아래팔, 팔꿈치, 위팔, 겨드랑이, 다시 어깨까지 올라온다. 그런 다음 이제 목과 목구멍 그리고 마지막으로 얼굴과 머리로 올라온다.

바디스캔을 하는 과정에서 우리는 신체 각 부위의 놀라운 해부학적 구조, 생물학적 기능에 조율할 수도 있고, 좀 더 시적이고 은유적이며 감정적인 차원에 주파수를 맞출 수도 있다. 그리고 신체 각 부위가 지닌 고유한 역사와 가능성에 중점을 둘 수도 있다. 그것은 아마도 우리가 직립하도록 지탱해 주는 발의 능력, 생식기가 지닌 성적인 생산 에너지, 출산 경험이 있는 여성의 경우 생명을 탄생시키는 능력 및 임신과 출산의 기억, 방광과 신장, 대장의 제거와 정화 기능, 복부의 소화열과 호흡에 있어서 배의 역할, 그리고 신체 중력의 물리적 중심에 우리를 기초하게 하는 복부의 역할, 중력장에서 우리가 직립하여 이동하도록 도와주는 허리가 받는 압박과 업적, 태양신경총(명치)에 내재한 방사하는 잠재력, 신체적인 심장(heart)뿐 아니라 비유적인 가슴(heart)이 위치한 장소로서의 가슴 부분(chest)—우리는 '가슴이 가볍다(lighthearted, 마음이 편하다)' '가슴이 무겁다(heavyhearted, 마음이 무겁다)' '가슴이 단단하다(hard-hearted, 무정하다)' '가슴이 부서진다(brokenhearted, 상심하다)' '가슴이 따뜻하다(warm-hearted)' '가슴이 즐겁다(glad-hearted, 마음이 즐겁다)' '무엇을 털어놓아 가슴의 부담을 덜다(getting things off the chests, 마음의 짐을 덜다)'와 같은 표현을 사용한다—어깨의 놀라운 활동성, 손과 팔의 아름다움, 폐와 혀, 입술과 결합하여 우리의 가슴과 정신에 있는 것을 말과 노래로 표현하게 해 주는 후두의 놀라운 구조와 기능, 우리의 느낌을 전달하거나 감추기 위해 열심히 일하는 얼굴, 또 휴식을 취할 때의 얼굴의 고요한 위엄, 인간의 뇌와 신경계의 놀라운 능력 등일 것이다. 이들 가운데 어떤 것—혹은 모두가—이라도 우리가 사랑을 담은 주의력과 마음 챙기는 알아차림으로 몸을 훑을 때 우리 몸에 대해 이해하게 되는 것에 포함될 것이다.

바디스캔은 마음의 눈으로 몸의 여러 부위를 시각화하면서 아주 정교하고 자세하게 할 수도 있다. 이때 우리는 시간의 연속선 바깥에서 알아차림으로 신체 각 부위에 '살게(inhabit)' 되며 그것과 함께 머물게 된다. 그에는 호흡이 어떻게 우리 몸 안으로 들어와 신체 각 부위를 통과해 가는지—이것은 실제로 그러한데, 호흡 에너지는 산소를 실은 혈액을 통해 신체 각 부위로 보내기 때문이다—느끼는 것도 포함된다. 테이프나 CD의 도움 없이 혼자서 바디스캔을 한다면, 그리고 그럴 시간과 의지가 있다면 당신 자신의 느긋한 속도대로 해도 좋다. 충분히 시간을 들여 신체 각 부위에 머물면서 당신의 호흡과 호흡에서 나오는 순수한 감각(raw sensations)에 순간순간 주의를 기울이며 현재 있는 그대로의 그 부위와 깊은 친밀감을 계발하는 것이다. 그 작업이 충분히 되었다고 생각되면 이제 다음 신체 부위로 옮겨 가면서 그 부위를 있는 그대로 놓아두고 흘러가게 한다.

우리의 스트레스 완화 클리닉 환자들은 프로그램의 첫 2주 동안 일주일에 적어도 엿새, 하루 45분간 테이프나 CD를 들으며 바디스캔을 한다. 2주 이후부터는 바디스캔 수련을 지속하되 처음에는 마음챙김 요가와 그다음에는 공식 앉기 명상을 번갈아 가며 수련하게 된다. 이번에도 마찬가지로 테이프나 CD를 들으며 하게 된다. 만약 당신이 만성 건강질환이나 다양한 만성 통증을 겪고 있다면 바디스캔을 적극 활용할 것을 권한다. 물론 누구나 바디스캔을 해야 하는 것은 아니며, 명상을 좋아하는 사람이라도 언제나 해야 하는 것은 아니다. 그러나 당신의 상황이나 조건이 어떻든 간에 바디스캔에 대해 알고 때로 수련하는 것은 아주 유용하고 좋은 일이다. 만약 당신이 당신의 몸을 악기라고 생각한다면 바디스캔은 그 악기를 조율하는 작업이라고 할 수 있다. 만약 당신의 몸을 우주라고 생각한다면 바디스캔은 그 우주의 신비에 눈을 뜨게 되는 것이라고 할 수 있다. 또한 당신의 몸을 집이라고 생각한다면 바디스캔은 그 집의 창문과 문을 모두 열고 알아차림이라는 신선한 공기가 집 구석구석을 깨끗이 청소하는 것이라고 할 수 있다.

당신은 또한 자신이 처한 시간적 제약이나 특수한 사정에 따라 보다 빠른 속도로 바디스캔을 할 수도 있다. 한 번은 들숨과 함께, 한 번은 날숨과 함께 할 수도 있고 1분, 2분, 5분, 10분, 20분짜리 바디스캔을 할 수도 있다. 바디스캔의 정교함 수준은 물론 당신이 자신의 몸 각 부위를 얼마나 빨리 훑느냐에 달려 있을 것이다. 그러나 어떤 속도라 하더라도 그 나름의 장점을 갖고 있으며, 궁극적으로 그것은 당신의 존재 전체 그리고 당신의 몸과 시간이라는 연속선에서 완전히 벗어나 모든 가능한 방식으로 접촉하는 것에 관한 것이다.

바디스캔은 짧게 혹은 길게, 밤에 잠자리에 누워서 혹은 아침에 일어나기 전에 할 수 있다. 앉아서 해도 좋고 서서 해도 좋다. 바디스캔이나 그 밖의 눕기 명상을 당신의 삶 속에 가져갈 수 있는 창조적인 방법은 무수히 많다. 당신이 그중 어느 것이라도 활용한다면 그로 인해 당신은 삶의 새로운 활력을 얻을 것이고 자신의 몸에 대한 새로운 이해를 습득하게 될 것이며, 또한 당신의 위엄, 당신의 아름다움, 당신의 활력, 그리고 열려 있고 거칠 것 없는 당신의 마음을 포함해 당신 안의 가장 심오하고 가장 최선의 것을 지금 여기서 체현하는 훌륭한 도구가 되어 준다는 것을 깨닫게 될 것이다.

앉기 명상

눕기 명상과 마찬가지로 앉은 자세로 마음챙김을 계발하는 방법도 다양하다. 그러나 그런 다양한 방법도 궁극적으로는 모두 '지금'이라는 풍경 안에 머물며, 있는 그대로의 사물과 함께 하고 그것을 아는 능숙한 방법으로 귀결될 것이다. 매우 간단해 보인다. 그리고 실제로 그러하다. 그와 동시에 앉기 명상에는 다른 모든 명상 수련과 마찬가지로 어떠한 우연적인 요소도 없다. 앉기 명상에서 우리는 스스로에게 친절하고 온유할 수 있으며 또 그렇게 해야 한다. 그러나 동시에 우리의 삶이 그에 달려 있는 것처럼 진지한 자세로 앉아야 한다. 그렇게 할 때 우리의 삶은 반드시 그렇게 될 것이기 때문이다.

그러나 이 점을 이해하기 위해서 우리는 '앉는다'는 것이 무엇을 의미하는지 이해해야 한다. 여기서 '앉는다'는 것은 단지 서 있던 몸을 쉬기 위해 앉는다는 의미가 아니다. 그것은 지금 현재 순간 속에서, 그리고 그것과의 관계 속에서 당신의 자리를 잡는다는 의미다. 그것은 앉기를 통해 당신의 삶 안에서 일정한 자리를 잡는다는 의미이기도 하다. 이것이 위엄(dignity)—그것이 당신에게 의미하는 바가 무엇이든—을 체현하는 자세를 선택하여 유지하는 것이 앉기 명상의 핵심인 이유다. 안으로 및 밖으로의 위엄 체현은 당신이 누구이며 무엇인가 하는 당신 삶의 주권성(sovereignty)을 직접적으로 반영하고 방사한다. 그것은 모든 언어와 관념, 표현을 넘어선 것이며, 다른 사람이 당신에 대해 생각하는 것, 심지어 당신 '자신이' 당신에 대해 생각하는 것까지 넘어선 것이다. 그것은 자기를 내세움이 없는 위엄이다. 그것은 무언가를 향한 추구도 아니고 무언가로부터 물러서는 것도 아니다. 그것은 완전한 현존 속에 균형을 잡는 것이다.

설령 당신이 그렇게 느껴지지 않는다 해도, 이렇게 자리를 잡고 앉는 것 자체가 무조건적인 사랑의 행위—자신과 타인, 세상에 대한 사랑, 침묵과 통찰, 자비에 대한 사랑, 그리고 가장 중요한 것에 대한 사랑—라고 생각하며 앉기 명상에 임하는 것은 도움이 된다. 시간이 지남에 따라 당신은 단지 수련에 대한 이 단어나 개념이 의미하는 것보다 훨씬 심오한 방식으로 그것이 실제로 그러함—앉는 것이 사랑의 행위—을 깨닫게 될 것이다.

이러한 관점에서 볼 때 우리가 '앉기'라고 하는 것은 어떤 자세로도—심지어 눕는 자세나 서 있는 자세를 포함하여—수련할 수 있다. 여기서 우리가 이야기하는 것은 자기 내면의 방향성(inner orientation)이지 문자 그대로의 의미에서 자리에 앉느냐 마느냐 하는 문제가 아니기 때문이다. 여기서 '자리에 앉는' 것—몸이 아닌—은 마음이다.

그러나 그렇게 말하기는 하였지만 순수하게 문자 그대로의 의미에서 공식 앉기 수련 자체도 많은 장점을 갖고 있다. 그중에도 특히 앉기 명상은 안정감이 높고, 눕기 명상에 비해 쉽게 잠에 빠져들지 않으며, 서기 명상에 비해 자세를 유지하는 데서 오는 피곤함이 적다는 점을 들 수 있다. 왜냐하면 앉기—특히 당신이 근육 작용의 면에서 가능한 한 경제적으로 안정된 자세를 유지하는 법을 터득한다면—는 더 큰 집중력과 몸과 마음의 안정되고 통찰적이며 집중된 성질로 당신의 마음챙김 수련 능력을 뒷받침할 것이기 때문이다.

자세와 관련하여 최상의 안정감은 엉덩이를 바닥에서 적절한 각도로 올려 주는 명상 방석을 받치는 등의 다양한 가부좌 자세로 바닥에 앉는 데서 나온다.—명상 방석에 대한 지침: 방석에 앉을 때 방석 정중앙에 앉는 것보다 앞에서 1/3 지점에 엉덩이를 대고 앉는 것이 좋다. 이렇게 하면 골반이 자연스럽게 앞으로 기울어져, 크지 않으나 중요한 요추의 전만(앞으로 구부러짐)에 도움이 된다. 자리에 앉는 경험은 사람마다 다르게 체험되며—특히 명상 초기에—궁극적으로 이 수련은 몸의 안정성에 관한 것이 아니라 마음의 안정감과 개방성, 명료함, 그리고 수련하고자 하는 동기의 진정성이므로 당신이 어디에 앉는가는 상대적으로 중요하지 않다. 심지어 당신의 신체 자세도 상대적으로 중요하지 않다고 할 수 있다. 바닥이 아닌 의자에 앉는 것도 유효하고 강력한 앉기 명상 방법이다. 이때는 직립 등받이가 있는 의자가 좋다. 그래야 깨어 있음과 위엄의 자세를 체현하는, 허리를 곧추 세운 자세를 취할 수 있기 때문이다. 그러나 위엄의 개념이나 특정 방식으로 앉아야 한다는 것에 너무 집착하지 말자. 여기서 가장 중요한 것은 외적인 자세가 아닌 자기 내면의 태도다.

일단 앉는 자세를 취하였으면 우리는 자신을 현재 순간에 내맡긴다. 나머지 선택사항은 눕기 명상과 마찬가지다. 앉기 명상도 눈을 뜨고 해도 좋고 감고 해도 좋다.

아마도 앉기 명상으로 들어가는 가장 기본적인 문은 듣기일 것이다. 왜냐하면 우리가 자리에 앉게 되면, 우리 귀에 도달하는 소리를 인식하는 것 외에 달리 할 일이 없기 때문이다. 일어나는 일은 어떤 것이든 이미 일어나고 있으며, 우리—앉기 명상을 시작하기 전부터—는 이미 소리를 듣고 있기 때문에 우리가 그 소리를 인식하는 것 외에 특별히 할 일은 없는 것이다. 문제는 우리—이미 우리 귀에 도달하고 있는—가 그 소리를 '알아차릴 수 있느냐'는 것이다. 여기 앉아서 나에게 들려오는 어떤 소리든 우리가 머릿속에서 꾸며 내는 온갖 환상과 다른 소리 없이 다만 들을 수 있을까? 우리 대부분에게 그 대답은 "아니다. 그럴 수 없다."가 될 것이다. 그러나 우리는 바로 이 도전을 좀 더 탐구해 볼 수 있다. 우리는 우리가 얼마나 현재 순간의 그런 명백한 측면과 접촉을 상실할 수 있는지에 대한 자각을 계발하는 실험을 해 볼 수 있다. 그래서 이 특별한 수련에서 우리는 이 소리풍경(soundscape)에 우리의 주의를 열어 그 안에서 최선을 다하여 순간순간 그것을 지속하는 것이다. 붓다의 말을 빌리면, 들을 때는 오직 듣는 것만 있도록 한다. 마음이 소리를 떠나 방황—반드시 그럴 것이다—하면 바로 그 순간 아니면 조금 뒤 우리가 더 이상 소리에 주의를 기울이고 있지 않다는 것을 알게 되는 순간에 우리 마음속에 무엇이 있는지 알아차리면 된다. 그 순간 우리 마음속에 있는 것은 무엇이든 관찰하는 것이다. 그리고 어떠한 평가나 비난도 없이, 혹은 평가나 비난을 또다시 평가하는 일도 없이 최선을 다하여 관찰한다. 그러면 그때 거기—그것은 이미 지금 여기다—서 우리는 우리의 의식이 다시 한 번 듣기를 포용하여 주된 주의 대상으로서의 듣기가 자기 자리를 되찾도록 할 수 있다. 우리는 다시 듣기에 마음을 가져간다. 마음이 듣기에서 벗어나 다른 곳으로 향할 때마다 계속해서 반복적으로 듣기에 다시 마음을 되돌리는 것이다.

듣기와 똑같이 간단하고 명상 초보자라도 쉽게 할 수 있는 또 하나의 방법이 호흡을 주 관찰 대상으로 삼는 것이다. 호흡은 소리와 마찬가지로 언제나 우리와 함께 있으며 문자 그대로의 의미에서, 그리고 비유적인 의미에서 우리는 호흡 없이 '집을 떠날 수' 없기 때문이다. 듣기와 마찬가지로, 우리 자신의 호흡에 매 순간 주의를 기울이라고 하는 것은 아주 간단한 것처럼 보이지만 수련으로서의 그것은 결코 간단하지 않다. 특히 호흡에 대한 주의를 지속적으로 유지하기란 결코 만만한 일이 아니다. 듣기 명상과 마찬가지로 호흡에 대한 알아차림도 다른 명상 형태처럼 아주 깊이 있는 명상 수련이다. 호흡이나 기타 다른 형태의 명상을 통해 계발하는 마음챙김은 서로 동일한 것이며, 그 마음챙김을 통해 길러지는 지혜 또한 서로 다른 것이 아니기 때문이다.

호흡 마음챙김에 대한 기본 지침은 자기가 선택한 위엄 있는 앉기 자세를 유지한 채로 호흡이 가장 두드러지게 느껴지는 신체 부위—대개는 콧구멍이나 배—의 호흡 감각에 집중하는 것이다. 그런 다음 최선의 노력으로 숨이 들고 날 때의 콧구멍에서 느껴지는 감각에 대한 알아차림을 지속시킨다. 아니면—배를 주 대상으로 삼는 경우에는—들숨과 날숨 때 배가 팽창하고 수축하는 감각에 대한 주의를 지속한다.

마음이 주의가 머무는 주된 장소—호흡—를 벗어나 다른 곳으로 떠도는 경우—틀림없이 반복적으로 자주 그리고 매우 격렬하게 그럴 것이다—에는 판단하거나 비난하지 말고 그 순간 자기 마음속에 무엇이 있는지 관찰한 다음 호흡을 다시 기억하고 자신이 호흡과의 접촉을 잠시 동안 잃었다는 사실을 깨닫는다. 그러면 우리가 더 이상 호흡과 함께 있지 않다는 깨달음 자체가 알아차림임을, 그래서 우리가 이미 다시 현재 순간으로 돌아와 있음을 보게 된다. 우리는 조금 전 우리 마음을 차지하고 있었던 것이 무엇이었든 그것을 쫓아내거나 몰아내거나 심지어 기억할 필요조차 없다. 우리는 다만 호흡이 주된 주의의 대상으로서의 자리를 되찾도록 허용하기만 하면 된다. 왜냐하면 호흡은 한 번도 그렇지 않았던 적—즉, 주된 주의 대상이 아니었던 적—이 없었으며, 그 어느 순간과 마찬가지로 바로 지금 이 순간에도 호흡은 바로 우리 곁에 있기 때문이다.

또 하나의 강력한 앉기 명상 수련은 호흡이나 소리에 대한 알아차림이 어느 정도 안정되었다고 느낀 다음에 알아차림의 장을 더 확장하여 몸에서 느끼는 신체 감각까지 그에 포함하는 것이다. 여기에는 다양한 신체 부위에서 일어났다가 한동안 유지되다가 한순간 혹은 한 번 앉아 있는 동안에 변화하게 되는 신체 감각에 대한 알아차림이 포함된다. 그것은 무릎이나 허리에서 느끼는 불편함일 수도 있고 두통일 수도 있다. 또 그와 관련해 몸에서 느끼는 미세하거나 분명한 편안함과 불편함, 기쁨일 수도 있다. 또 몸이 바닥과 닿는 부위에서 느끼는 압박감이나 온도 등도 느껴 볼 수 있다. 아니면 쑤심, 가려움, 고통, 아픔, 두근거림일 수도 있고, 주변 공기 흐름과의 가벼운 접촉일 수도 있으며, 몸 어느 곳의 따뜻함과 차가움일 수도 있다. 어떤 신체 감각이든 관찰 대상이 될 수 있다. 또 오랫동안 몸을 움직이지 않고 앉아 있는 데서 생기는, 혹은 당신이 현재 겪고 있는 특정 질환에서 생기는 꽤 힘든 신체적 불편함이나 통증일 수도 있다. 그러나 이 모든 것이 반드시 앉기 명상 수련에 방해가 되는 것일 필요는 없다. 물론 그 순간 자신의 한계점을 넘어서지 않는 안전한 쪽을 택하는 것이 중요하다. 그러나 불편함의 정도에 상관없이 우리는 다만 신체 감각에 대한 알아차림을 유지하며 앉아 있는다. 즉, 우리가 경험하고 있는 신체 감각이 유쾌한가, 불쾌한가, 아니면 덤덤한가를 관찰하고, 그 정도를 관찰하며, 그것이 지금과 다르게 되기를 바라는 마음—그래서 우리의 명상이 지금보다 더 '나은' 것이 되었으면 하는 바람—에서 신체 감각에 감정적으로 반응하거나 그것에 불을 붙이지 않는 방식으로 알아차림을 유지한다. 간단히 말해, 지금 이 순간 우리에게 일어나는 어떠한 신체 감각이라도 그것에 붉은 카펫—멍석—을 깔아 주는 것이다. 그래서 우리의 온갖 좋음과 싫음, 기대를 넘어 있는 그대로의 그것을 안아 주는 것이다. 그렇게 우리는 지금풍경(nowscape)이라는 것—우리가 이미 계속해서 보았듯이, 무수한 방식으로 몸을 포함하고 몸에 터 잡고 있는—과 더 큰 친밀함을 계발하게 된다. 이렇게 우리는 몸풍경(bodyscape)과 스스로 자신을 드러내는 신체 감각에 대한 최고의 친밀감을 계발하는 것이다.

우리는 또한 몸 전체가 앉아 있거나 호흡하고 있는 것처럼 느끼며 앉기 수련을 할 수도 있다. 이것은 내가 특히 좋아하는 수련법이다. 어떤 전통에서는 이것을 '온몸 앉기(whole body sitting)'라고 한다. 여기서 우리는 미세한 고유수용감각 및 내부감각적인 앎의 감각중추, 그리고 신체 안의 보다 개별적인 분리된 감각에 열리게 된다. 여기서 알아차림은 피부를 포함한 몸 전체와 앉아 있는 자세 자체에 둔다. 이 감각 영역 안에서는 앞에서 언급한 감각을 포함한 모든 신체 감각이 끊임없이 몸을 통하여 흐르는 것으로 관찰된다. 그리고 접촉하는 바로 그 지점, 그 순간에 '유쾌하다' '불쾌하다' 혹은 '무덤덤하다'로 알게 된다. 그리고 어떤 것이든 있는 그대로 받아들인다.

이 수련에서 호흡과 전체로서의 몸은 별개가 아닌 하나로 느껴지고 알게 된다. 그리고 우리는 다만 순간순간 이곳에 머물면서 마음과 외부 환경으로 인해 주의가 산만해질 때마다 다시 이러한 상태를 반복적으로 확립한다.

당신이 알게 되듯이, 알아차림의 장을 호흡과 전체로서의 몸 주변으로 확장해 가는 과정은 실제로 무한하다고 할 수 있다. 우리는 우리가 여기 앉아서 듣는 것, 보는 것—눈을 뜨고 있다면—냄새 맡는 것에 대해 개별적으로 혹은 매 순간 펼쳐지는 그대로 모두 묶어 함께 관찰할 수도 있다. 그러나 전반적인 태도는 언제나 동일하다. 그것은 알아차림 자체에 머물면서 보이고 들리고 느껴지고 감각되는 것은 무엇이든 일어나는 그 순간과 지속되는 동안 그리고 사라지는 순간에 보고 듣고 느끼고 감각하는 것이다. 이때 우리는 앎(knowing) 자체가 된다. 그때 우리는 온갖 이름과 형상, 개념의 관습적 경계를 넘어 우리 안에 있는 가장 근본적인 것, 곧 알아차리는 능력, 앎 자체에 대한 능력에 정렬하기 때문이다.

앉기 명상에서 우리는 호흡 감각을 포함한 신체 감각의 세계가 소리풍경과 다른 감각 양식과 함께 의식의 배경으로 물러나도록 하면서, 사고 과정 자체 및 감정과 같은 현재 순간 우리 경험의 특별한 면을 의식이라는 무대의 중앙에 내세울 수도 있다. 이때 우리는 마음 이외의 기존의 다섯 가지 감각—시각, 청각, 후각, 미각, 촉각—활동에 주의를 기울이는 것과 마찬가지 방식으로 그 자체가 감각기관인 마음의 활동에 주의를 기울이게 된다. 그 과정을 통해 우리는 마음의 활동에 대해, 그리고 그것이 우리의 자각—알아차림—을 더 증가시키는지 혹은 저해하는지에 대해 친숙함과 친밀함을 키우게 된다.

생각을 관찰하는 이 수련에서 우리는 우리의 의식의 장에서 마치 격류나 급류, 폭포처럼 일어나고 사라지는 일종의 사건(events)으로서의 생각에 단순하게 주의를 기울인다. 최선을 다하여 우리는 그 급류의 내용과 그것이 지닌 감정값—기쁘고, 불쾌하고, 무덤덤한—그리고 사라지는 무상한 성질을 다만 지켜본다. 이 과정에서 우리는 생각의 내용에 꺼둘려 들어가지 않고자 거듭 노력한다. 생각의 내용에 빠지게 되면 그것은 분명 또 다른 생각과 이미지, 기억, 환상으로 이어져, 우리는 결국 꼬리에 꼬리를 물고 끝없이 이어지는 생각의 흐름에 휩쓸리고 말 것이다. 그보다 우리는 그 생각을 평정심으로 관찰하고, 내용과 감정값을 지닌 사건으로 분별할 수 있는 앎의 틀, 그리고 생각이 지닌 에너지를 다만 있는 그대로 내버려 둔 채 그것을 마음의 풍경, 의식의 장에서 일어났다 머물다 사라지는 일시적인 사건으로 관찰할 수 있는 앎 속에 머물러야 한다.

이 과정에 대한 언어적 묘사를 통해서도 짐작했겠지만, 당신이 그것에 집착하거나 문자 그대로 받아들이지만 않는다면 몇몇 이미지가 당신의 수련에 도움을 줄 수 있다. 예를 들어, 우리가 우리의 사고와 감정을 끊임없이 흘러가는 강물—우리가 명상을 하든 안 하든, 우리가 그것을 관찰하든 안 하든—이라고 생각할 때, 우리는 수련을 강물이 지어내는 온갖 소리와 이미지, 이야기에 휩쓸려 아래로 떠내려가지 않고 다만 강둑에 앉아 그것에 귀를 기울이라는 초대로 생각할 수 있다. 이것은 당신 자신의 마음을 관찰의 도구이자 대상으로 삼아 마음의 성질을 직접적이고 효과적으로 탐구하는 방법이 된다.

사람들이 유용하다고 알게 되는 또 하나의 이미지는 마음을 폭포에 비유하는 것이다. 높은 절벽에서 엄청난 낙수와 함께 생각과 감정의 급류가 폭포가 되어 흘러내린다. 이때 우리는 물과 분무로 된 이 커튼 안쪽에 동굴이 하나 있다고 상상할 수 있다. 우리는 이 동굴에 앉아 떨어져 내리는 폭포수—우리의 생각과 감정의 흐름—를 다만 바라보고 그 소리를 들을 수 있다. 폭포수의 혼란스러운 복잡성 안에서도 우리는 어쩌면 그것을 개별적인 물방울들로 인식할 수 있을지도 모른다. 또 그것을 광포한 낙수에 휩쓸리지 않은 채, 심지어 물안개에 하나도 젖지 않은 채 보고 느끼고 알 수 있는 개별적인 사건으로 인식할 수도 있다. 우리는 그 동굴에 앉아 몸에 물 한 방울 젖지 않은 뽀송뽀송한 상태로 각각의 마음의 사건, 각각의 물방울들이 생겼다 머물다 사라지는 것을 알아차리면서 다만 그것과 함께 머물 수 있다.

또 다른 이미지로는 수련을 건물의 창문 안에서 도로에 끊임없이 지나가는 자동차 행렬을 바라보는 것으로 생각할 수도 있다. 우리는 다만 지금 이 순간 창문 앞에 지나가는 자동차를 무심히 바라보기만 하면 된다. 이때 그 자동차는 새 차일 수도 있고 낡은 차일 수도 있으며, 아주 멋을 낸 자동차일 수도 있고 흔하디 흔한 자동차일 수도 있다. 그에 따라 우리의 마음은 자동차 한 대가 유리창 앞을 지나간 한참 후에도 계속해서 그에 대해 생각하고 있거나, 아니면 다른 자동차 혹은 다른 자동차 제조사—현재 운영 중이거나 아니면 이미 오래전에 사라진—와 비교하여 궁리할 수도 있다. 만약 우리에게 어떤 감상적인 기억을 떠올리게 하는 자동차가 지나가면 우리의 마음은 즉각 어렸을 적 가족 나들이를 갔던 즐겁거나 불쾌한 기억으로 길을 내거나, 아니면 다음에 자기가 사고 싶은 자동차를 머릿속에 그리게 될지 모른다. 어느 경우든 우리가 그 자동차 한 대에 집중해 있는 사이 다른 수백 대의 자동차가 그냥 지나가 버린—눈으로는 보면서도 알아차리지 못한—꼴이 되고 만다. 이런 일이 일어날 때마다 우리는 최선을 다하여, 우리를 휩쓸어 가 버린 그 연쇄적인 사건을 관찰하면서 우리가 지금 어디에 있는지 알아차린다. 그런 다음 지금 바로 우리 눈앞에 지나가고 있는 자동차를 관찰한다.

우리가 수련을 어떤 비유나 과정으로 생각하든 생각과 느낌을 관찰하는 것은 매우 어려운 작업이다. 왜냐하면 그것들은 너무나 제멋대로 증식하기 때문이다. 또 우리 눈에 잘 보이지 않고 쉽게 사라지는 것이면서도 정말로 우리의 실재를, 우리가 누구이며 무엇인가에 대한 우리의 이야기와 우리가 무엇을 중요하게 생각하며 무엇이 우리에게 의미가 있는가 하는 이야기를 구성하는 것이기 때문이다. 또 그것은 어떤 감정적인 부속물을 동반한다. 그 부속물이란 다름 아닌 우리의 생존을 보장해 주며 세계와 세계 속 우리의 위치를 확실히 이해하게 해 주는 것으로 여겨지는, 제대로 검토되지 않은 습관인 경우가 많다.

그 결과, 우리는 대개 우리의 생각과 느낌에 많은 부분 집착하고 있다. 그리고 생각과 느낌의 내용에 아무런 의문을 갖지 않고 마치 그것을 절대적인 진실인 것처럼 여기고 있다. 그러는 사이 그 생각과 감정이란 것이 실은 의식의 장 안에서 일어나는 개별적인 불연속적 사건이라는 사실, 그리고 다소 부정확하며 신뢰하기 어려운 사소하고 덧없는 사건이라는 사실을 잘 깨닫지 못한다. 우리의 생각이 때로 어느 정도의 적절성과 정확성을 가지면서도, 우리는 종종 우리의 야망과 혐오, 또 그에 따른 무시하거나 미혹되는 우리의 성향과 같은 아전인수 격의 경향에 의해 왜곡되는 경우도 많다.

그리고 '선택 없는 알아차림(choiceless awareness)'이 있다.

지금까지 이야기한 다양한 수련법을 통해 우리가 계발해 온 의식의 장이 근본적으로 그 성격상 무한하다고 볼 때, 그 순간 일어나고 사라지는 자신의 생각과 느낌의 흐름에 특별히 주의를 기울이는 것까지도 넘어서 우리는 우리의 의식을 더 멀리까지 확장할 수 있다. 우리는 의식의 장이 마치 우주나 하늘처럼 경계 없이 무한히 넓어지도록 할 수 있다. 거기에서는 우리 경험의 모든 측면, 내적이고 외적인 면, 감각, 인식, 신체적인 것, 정서적이고 인지적인 것 등 그 어느 것이라도 주된 관찰 대상으로 삼을 수 있다. 그리고 우리는 이러한 특수한 사건 가운데 특정한 것을 선택하거나 그에 초점을 두지 않은 채 다만 이 광대한 의식의 장 안에 머물 수 있다. 우리는 그 모든 경험이 다만 왔다가 가도록, 일어났다가 사라지도록, 그리고 매 순간 온전하게 우리의 앎의 대상이 되도록 허용할 수 있다. 왜냐하면 겉으로 보기에 개별적인 이 사건들은 우리의 감각 경험과 마찬가지로 잠재적으로 공감각적인 것, 실제로 지금풍경 안에서 같은 시공간에 존재하는 동시적인 것들이기 때문이다.

이것이 크리슈나무르티(Krishnamurti)가 '선택 없는 알아차림(choiceless awareness)'이라고 말한 것으로 지관타좌(只管打坐)—잡념을 두지 않고 오직 성성적적한 마음으로 앉아 있음: 역자 주—혹은 선(禪)에서의 '다만 앉기, 그것 말고 아무것도 하지 않기', 그리고 티베트 전통의 족첸(Dzogchen)—티베트 전통종교인 뵌교와 티베트 불교 닝파의 비밀스러운 수행법으로 알려진 족첸은 위대한 완성을 의미한다. 마음이 만들어 낸 모든 자기기만과 거짓을 벗어나 자신의 본래 모습을 발견하는 수행법이라고 할 수 있다: 역자 주—과 유사하다. 붓다는 한때 그것을 '자각의 주제 없는 집중(themeless concentration of awareness)'이라고 했다. 이런 방식으로 마음을 계발하면 마음은 일어나는 것—그것이 무엇이든 간에 일어나는 바로 그때에—을 즉각적으로 알고 인지하며 또한 즉각적으로 대상의 진정한 본성을 아는 능력을 갖고 있다. 대상이 일어나면 마음은 마치 하늘이 그 안에 있는 새와 구름과 달빛을 아는 것처럼 그 대상을 비개념적으로 알게 된다. 그리고 집착도 혐오도 없는 그 앎 속에서 바로 지금 이 순간, 사건과 감각, 기억, 생각의 거품, 상처 입고 슬픈 느낌, 분노, 기쁨은 티베트인이 좋아하는 표현처럼 비누거품을 터뜨리는 것처럼 스스로를 자유롭게 한다(self-liberate). 혹은 '물 위에 글을 쓰는 것처럼' 그 앎 속에서 자연스럽게 사라진다.

* * *

인간이란 존재는 여인숙과 같다.

매일 아침 새로운 손님이 도착한다.

기쁨, 절망, 비열함,
그리고 어떤 순간적 깨어 있음이
예기치 않은 방문객처럼 찾아온다.

그 모두를 환영하고 맞아들이라.
설령 그들이 슬픔의 무리이거나
그대의 집을 난폭하게 쓸어가 버리고
가구들을 몽땅 내가더라도.

그렇다 해도 각각의 손님들을 존중하라.
그들은 어떤 새로운 기쁨을 주기 위해
그대를 청소하는 것인지도 모르니까.

어두운 생각, 부끄러움, 후회.
그들을 문에서 웃으며 맞으라.

그리고 그들을 집 안으로 초대하라.
누가 들어오든 감사하게 여기라.
모든 손님은 저 멀리에서 보낸
안내자들이니까.

– 루미, 「여인숙(The Guest house)」

서기 명상

서서 명상할 수도 있다. 앉기, 눕기, 걷기와 함께 서기는 명상의 네 가지 고전적인 자세 가운데 하나다.

서기 명상에서는 나무로부터 힌트를 얻는 것이 도움이 된다. 나무야말로 매우 오랫동안—적어도 상대적으로 짧은 우리의 삶보다—한자리에서 움직이지 않고 서 있는 법을 알기 때문이다. 나무는 아무리 어리거나 늙었어도 언제나 영원한 현재(timeless present)에 있는 법을 안다. 그러므로 때로 당신이 좋아하는 나무 곁에 한동안 서서 나무가 듣는 것을 듣고, 나무가 지금 경험하고 있는 것을 경험하며, 나무가 느끼는 것을 느끼고, 나무가 서 있는 흙 위에 서고, 나무가 머무는 그 순간에 머무는 식으로 시간을 벗어나 서 있기를 연습하는 것이 도움이 된다.

다른 모든 명상 수련법과 마찬가지로 서기 명상도 그만두고 싶은 충동을 처음 느낄 때를 넘어서 좀 더 오래 지속하는 것, 현재 자신의 인내심의 한계를 조금이라도 확장하는 것이 필요하다. 또 자신의 발이 땅에 뿌리를 박고 있으며 머리는 일종의 우아함과 편안함으로 하늘을 향해 치켜들고 있다고 상상—한자 사람인(人) 자는 땅 위에 서 있는 사람의 형상이다—하는 것도 좋다. 왜냐하면 하늘과 땅 사이가 인간이 사는 영역이기 때문이다.

이렇게 서는 것은 자기 삶의 한가운데에 서는 것, 그리고 자신의 삶에서 당당히 서는 것을 의식적으로 체현하는 것이다. 자신의 체중이 어떻게 두 발에 고르게 분배되고 있는지, 자신의 머리와 양팔, 손바닥은 어떻게 지탱되고 있는지, 얼마나 오랫동안 그 자세를 유지하고 싶은지 등 당신의 태도와 몸의 자세 등 모든 것이 서 있는 자세에서의 이 거대한 마음챙김이라는 제스처의 일부가 된다. 그래서 이들 요소에 대한 알아차림이 유용하다. 물론 어떻게 서든 설 수는 있지만 서고자 하는 자신의 의도를 자기 존재의 중심적이고 수직적인 축과 정렬하는 것, 다시 말해 위엄 있는 자세로 서는 것이 도움이 된다. 그런 자세는 마음을 정화하고 안정시키며, 마음을 더 넓게, 그리고 덜 위축되고 정체된 것으로 만들어 준다.

그리고 이 자세에 당신은 모든 특정 감각과 현재 순간의 마음풍경(mindscape)까지 포함한 지금풍경(nowscape)의 널따란 알아차림을 적용한다. 그런 다음 앉기나 눕기 수련에서와 마찬가지로 지금 있는 것과 함께 하는 일에 다만 자신을 내준다. 지금 이 순간 자신에게 어떤 발판(scaffolding)이 적절한지—아무 발판도 없는 것까지 포함하여—다만 이 순간 여기에 서서, 더 바라는 것 없이 다만 앎 자체가 되어 본다. 이것이 선 자세에서 하는 선택 없는 알아차림이다. 서 있고, 숨 쉬고, 듣고, 보고, 만지고, 느끼고, 감각하고, 냄새 맡고, 맛보고, 앎 자체인 몸의 자세를 모두 포함한 선택 없는 알아차림인 것이다. 당신은 그 어디에도 가지 않는다. 당신은 움직이지 않고 여기 심어진 채 카비르의 말처럼 "지금 당신이 있는 그곳에 굳건히" 서 있는 것이다.

물론 서기 명상을 반드시 나무 근처에서 해야 하는 것은 아니다. 어느 장소에서나 그리고 아무리 오랫동안 해도 상관없다. 엘리베이터를 기다리거나 타고 있는 중에, 버스나 기차를 기다리는 중에, 아니면 약속한 사람을 공공장소에서 기다리는 중에 자리에 앉기가 불편한 경우에 해도 좋다. 언제 어디서든 수련할 수 있다. 반드시 누군가 혹은 무엇인가를 기다리고 있어야 하는 것도 아니다. 단지 서 있는 것 자체를 위하여 서 있을 수도 있다. 안절부절못하거나 몸을 많이 움직이지 않고 자신의 삶에 서 있는 인간 존재로서 다만 서 있는 것을 연습할 수도 있다. 단지 서 있으면서 다만 존재한다. 그렇게 다만 살아 있음을 느낀다. 산꼭대기, 숲, 둑, 베란다, 자기 집의 어느 한 구석 등 모두가 서서 수련할 수 있는 훌륭한 장소, 세상의 펼쳐짐을 목격할 수 있는 훌륭한 장소다.

언제나 그렇듯이 '마음챙김' 서기가 되려면 일종의 풍부한 의도와 주의—당신이 의도적으로 그것을 불러내든, 아니면 그 순간 자연스럽게 나타나든—가 요구된다. 몇 개의 시가 그러한 주의, 그리고 그것이 서기, 나무 및 온전히 내맡겨진 지금 현재 순간의 아름다움과 맺는 관계를 잘 말해 주고 있다.

* * *

가만히 서 있으라. 당신 앞의 나무와 당신 곁의 덤불은
사라지지 않을 것이니. 당신이 어디에 있든 그곳은 '여기',
당신은 그것들을 의미 있는 타인으로 대해야 하리.
그에 대해 알고자 한다면, 또 당신을 그에게 알리고자 한다면
그의 허락을 구해야 하리.
숲이 숨을 쉰다네. 들어 보라. 그러면 숲은 대답하지.
'내가 당신을 위해 이 장소를 만들었다오.
당신이 이곳을 떠나더라도 다시 돌아와 '이곳'이라고 말하오.'

어떤 두 나무도 까마귀에게 똑같지 않고,
어떤 두 가지도 굴뚝새에게 똑같지 않네.
나무와 덤불이 당신에게 한 일을 알아보지 못한다면,
당신은 분명히 길을 잃은 것. 가만히 서 있으라. 숲은 알지니,
당신이 어디에 서 있는지를. 숲이 당신을 발견하도록 해야 하리.

– 데이비드 웨거너

* * *

내 삶은 이렇게 가파르게 경사진 시간이 아니네.
정신없이 내달리는 그런 시간이 아니네.
이미 많은 일이 지나갔네.
나는 거기에 나무처럼 서 있을 뿐.
나는 다만 많은 입 가운데 하나일 뿐,
그러면서도 가장 빠른 입.

나는 두 음조 사이의 나머지 부분.
언제나 불협화음을 일으키는 두 음조,
왜냐하면 죽음의 음조가 올라오기를 원하기 때문.
그러나 그 어두운 공간에서 화해한 채,
그들은 여기서 떨고 있네.
그리고 노래는 계속된다네, 아름다운 노래.

– 라이너 마리아 릴케

걷기 명상

걷기 명상도 앉기 명상, 눕기 명상, 서기 명상과 동일한 방으로 들어가는 또 하나의 문이다. 걷기 명상의 정신과 방향성은 나머지 명상과 동일하다. 방법만 약간 다를 뿐이다. 왜냐하면 걷기 명상에서 우리는 움직이고 있기 때문이다. 그러나 궁극적으로는 동일한 수련이다. 다만 당신은 걷고 있을 뿐이다. 그러나 여기서 당신은 어느 곳에 도착하려고 하는 것이 아니다. 공식 걷기 명상은 걸어서 어딘가에 도착하려고 하는 것이 아니다—이것은 일반적인 걷기와 큰 차이점이다. 대신 당신은 매 발걸음과 함께 온전히 여기, 당신이 실제로 있는 곳에 머문다. 어딘가에 도착하려고 하는 것이—심지어 바로 다음 발걸음에조차도—아니다. 걷기 명상에서는 끊임없이 현재 순간에 도착하는 것 외에 달리 도착이란 없다.

걸을 때 우리는 앉거나 누워 있을 때와 또 다른 방식으로 우리 몸 안에 머무는 기회를 갖게 된다. 우리는 우리의 발에 주의를 가져가 매 발걸음에 발이 바닥에 닿는 느낌을 느껴 볼 수 있다. 마치 우리가 대지에 키스를 하면 대지는 곧이어 우리에게 키스로 화답하는 것처럼. 우리는 이것의 기적에 대해 그리고 접촉(touching)의 완전한 상호성에 대해 앞에서 살펴보았다. 고유수용감각을 비롯하여 우리가 의식의 장에 담을 수 있는 감각은 무수히 많다.

걷기란 '통제된 앞으로 넘어지기(controlled falling forward)'다. 우리는 걷기에 숙달되는 데 꽤 오랜 시간이 걸렸으면서도 때로 그것을 너무나 당연하게 생각한다. 걷는다는 것이 얼마나 신비하고 멋진 일인지 잊어버린 것이다. 걷기 명상에서 마음이 다른 곳으로 달아나면—다른 수련에서와 마찬가지로 그럴 것이다—우리는 마음이 어디로 달아났는지, 현재 마음이 어디에 있는지 일별한 뒤 마음을 부드럽게 지금 이 순간, 이 호흡, 이 걸음으로 되가져 온다.

걷기 명상에서 우리는 특정 지점에 도달하고자 하는 것이 아니기 때문에 정해진 길을 왔다 갔다 반복해서 천천히 걷는 과정에서 정신이 산만해질 수 있는 요소를 최대한 줄이는 것이 좋다. 걷는 길은 길 필요가 없다. 한 방향으로 열 걸음 또 반대 방향으로 열 걸음 정도면 충분하다. 어떤 경우에도 걷기 명상은 주변 환경에 대한 구경이 아니다. 눈은 부드럽게 뜨고 자신의 정면을 응시한다. 자신의 발을 쳐다볼 필요도 없다. 그렇게 하지 않아도 발은 신기하게도 자기가 어느 위치에 있는지 안다. 이렇게 발에 머물고 있는 우리의 의식은 이제 걸음 사이클—주기—의 각 부분과 걷고 숨쉬는 몸 전체에 매 순간 접촉한다.

걷기 명상은 여러 가지 속도로 수련할 수 있으며, 일상생활에서 다양하게 응용할 수 있다. 우리는 마음챙김 걷기에서 마음챙김 뛰기로—그 자체로 훌륭한 수련법인—용이하게 전환할 수 있다. 마음챙김 뛰기에서 우리는 물론 정해진 길을 따라 뛰지는 않는다. 그러나 MBSR에서 공식 마음챙김 걷기를 소개할 때 우리는 매우 천천히 걷는다. 빨리 움직이고 싶은 충동을 자제하면서, 걷는 경험의 감각 차원과 그것이 걷고 있는 몸 전체나 호흡과 어떻게 연결되어 있는지—마음에서 무슨 일이 일어나고 있는지 더 잘 아는 것은 물론이고—에 대한 친밀함을 키우면서 걷는다.

우선 길의 시작점에 서 있는 자신의 몸 전체에 의식을 가져간다. 이때 의식의 장에는 어떤 지금풍경이라도 포함될 수 있다. 이렇게 서 있다 보면 어느 시점에 우리는 아주 신기하게도 한쪽 발을 들어 앞으로 걷고자 하는 자신의 충동을 자각하는 수가 있다. 그렇게 우리는 발을 드는 동작을 자각하는데, 그보다 우선 발을 들고자 하는 의도를 알아차리고 마음에 새기는 것이 좋다. 마치 건포도 명상에서 입안에 넣은 건포도를 실제로 삼키기 전에 삼키고자 하는 의도를 자각하고자 했던 것과 마찬가지다.

한쪽 발꿈치를 들어 올린 다음 우리는 발과 다리가 앞으로 나아가는 것에, 그런 다음 발이 바닥에 닿는 것—대개는 발꿈치부터 닿는다—에 알아차림을 가져간다. 발꿈치가 바닥에 닿은 뒤 앞쪽 발이 완전히 바닥에 닿으면 우리는 몸의 무게중심이 뒤쪽 발에서 앞쪽 발로 이동하는 것을 관찰한다. 다시 우리는 뒤쪽 발이 바닥에서 들리는 것—발꿈치가 먼저 그리고 발의 나머지 부분이 그다음으로—을 관찰하고 발이 앞으로 나아가 바닥에 닿으면서 몸의 무게중심이 앞쪽 발로 완전히 이동하는 것을 관찰한다. 이렇게 발을 들고, 앞으로 나아가고, 발이 닿고, 무게중심이 이동하고, 다시 다른 쪽 발을 들고, 앞으로 나아가고, 닿고, 무게중심이 이동하는 식으로 계속되는 것이다.

걷기의 각 측면에 대하여 우리는 걷기와 관련된 모든 신체 감각의 스펙트럼과 접촉해 볼 수 있다. 즉, 발꿈치를 드는 것, 앞으로 나아갈 때 다리가 움직여 가는 것, 발꿈치를 바닥에 내려놓는 것, 몸의 무게중심이 앞쪽 발로 이동하는 것과 접촉할 수 있으며, 또 이 모든 요소의 빈틈없는 통일성 그리고 걷기의 연속성과 접촉해 볼 수 있다. 우리는 또 걷는 주기의 이런 다양한 측면에 호흡과 보조를 맞출 수도 있고, 몸이 움직일 때 호흡이 어떻게 움직이는지를 다만 관찰할 수도 있다. 물론 호흡과 몸의 움직임을 일치시킬 것인가는 당신이 얼마나 빨리 혹은 느리게 걷느냐에 달려 있을 것이다. 천천히 걸을 때 우리는 보폭이 작은 걸음을 취하게 된다. 그런데 이것은 단지 속도가 느릴 뿐 정상적인 걸음이다. 걷는 동작을 과장하거나 멋 부릴 필요는—그러고 싶은 충동이 일어나더라도—전혀 없다. 우리는 단지 보통의 걷기—다만 조금 더 느리고 우리가 그것을 알아차리고 있는 걷기—에 대해 이야기하고 있을 뿐이다.

호흡과 걸음의 주기를 맞추고 싶다면 이런 방법이 있다. 발꿈치가 바닥에서 들릴 때 숨을 들이쉬고, 숨을 내쉴 때는 걸음을 멈춘다. 그리고 다음 들숨에서 발꿈치를 바닥에서 완전히 떼고 앞으로 나아간다. 다음 날숨에서 발꿈치를 바닥에 닿으면서 발 앞쪽으로 무게중심을 이동한다. 다음 들숨에서 반대쪽 발꿈치를 들면서 앞에 있는 발이 완전히 평평해지면서 몸의 무게중심이 그 발로 이동한다. 다음 날숨에서 다시 몸을 멈춘다. 다음 들숨에서 뒤에 있는 발을 앞으로 움직인다. 이런 식으로 매 순간, 매 호흡, 매 걸음을 지속한다. 이런 방법이 너무 번거롭게 느껴진다면 호흡은 움직이는 대로 내버려 두어도 좋다.

다음으로, 손은 어떻게 하면 되는가? 손도 다만 알아차리면 되지 않을까? 손은 자연스럽게 늘어뜨려도 좋고 몸 앞이나 뒤에서 두 손을 서로 잡아 고정시켜도 좋다. 아니면 팔짱을 껴도 좋다. 어떤 경우든 손을 편안하게 고정시켜 몸 전체의 일부, 걷고 있는 몸의 일부가 되게 하라.

이 지침들이 다만 하나의 예시라는 것을 유념하라. 걷기 명상에 대해 당신이 실험해 볼 수 있는 수많은 다양한 방법이 존재한다. 궁극적으로는 다른 공식 수련과 마찬가지로 걷기 명상에서도 하나의 옳은 방법이란 존재하지 않는다. 걷기와 함께하는 면에서 자신에게 가장 효과적이라고 느껴지는 것은 무엇이든 실험해 볼 수 있다. 이 수련은 단지 걸으면서 당신이 걷고 있다는 것을 아는 것이다. 그리고 걷는다는 것이 실제로 어떤 것인지 몸에서 그 모든 스펙트럼을 알고 분별하는 것이다. 다시 말해, 단지 걷는 것을 위해 걷는 것 안에 있는 것이며, 걷는 모든 걸음과 함께하는 것, 그리고 자신을 앞질러 다른 곳으로 달아나지 않는 것이다.

선(禪) 전통에서 자주 이야기하듯이, 걸을 때는 단지 걸으라. 이것은 앉을 때는 다만 앉아 있으라는 말처럼 그렇게 쉬운 일이 아니다. 이때도 당신은 아마—우리 모두 그렇다—마음이 완전히 다른 것에 몰두한 채 몸만 걷고 있을 수 있다. 마음챙김 걷기에서 우리가 해야 할 일은 몸과 마음을 현재 일어나고 있는 일에 두는 것이다. 어느 순간에서나 그렇지만, 현재 일어나고 있는 일은 매우 복잡하다. 그러나 걷기 명상에서 우리는 걷기와 관련된 감각들을 의식의 무대 중앙에 두고자 노력한다. 그리고 그 감각이 무대 중앙이 아닌 다른 곳으로 달아날 때마다 중앙에 다시 되돌려 놓고자 한다. 이런 점에서 볼 때 걷기 명상도 다른 모든 마음챙김 수련과 전혀 다르지 않으며, 의식—알아차림—의 장은 자신이 원하는 정도—매 순간 발에서 느끼는 감각을 관찰하는 것에서 지금풍경의 광대한 공간에 대한 선택 없는 알아차림에 이르기까지—로 얼마든지 조정이 가능하다.

우리는 아직 자애명상에 대해 살펴보지는 않았지만, 걸으면서 자애명상을 수련할 수도 있다. 매 걸음에 당신이 자애의 장에 포함하기를 원하는 사람을 떠올린다. 매 걸음에 같은 사람을 반복해서 떠올릴 수도 있다. 아니면 한 걸음에 한 사람씩 일련의 사람을 떠올린다. 이 사람이 행복하기를, 저 사람이 행복하기를. 이 사람이 해로운 것에서 벗어나기를, 저 사람이 해로운 것에서 자유롭기를. 이에 대해서는 자애명상을 설명하는 장을 읽고 나면 아이디어를 얻을 수 있을 것이다. 걸으면서 하는 자애명상은 당신이 천천히 마음 챙기며 온전히 자신의 몸 안에 있을 때 가장 잘된다.

* * *

자기 바깥에서 진리를 찾고자 한다면
그것은 점점 더 멀어지고 만다.
오늘, 홀로 걸으면서
나는 내가 가는 모든 곳에서 그를 만난다.
그는 나와 같다.
그러나 나는 그가 아니다.
오직 이런 방식으로 이해할 때만
당신은 있는 그대로와 하나가 될 수 있다.

– 퉁샨(洞山, 807~869)

요 가

이 책은 요가 수련의 자세한 사항에 대해 알아보는 자리는 아니다. 여기서는 다만 요가가 지구상의 가장 큰 선물 중 하나이며, 우리가 요가의 아사나—자세—와 다양한 자세의 자연스러운 흐름을 통해 우리의 몸과 마음에 마음챙김을 가져가는 것이 우리에게 신선한 활기를 불어넣어 주고 매우 커다란 이완감을 줄 수 있다는 것을 말하는 정도로 충분하겠다. 우리는 요가를 자연스럽게 더 큰 힘과 균형, 유연성으로 이어지는 완벽한 360도 근골격계 조절 활동이라고 할 수 있다. 특히 마음챙김으로 수련할 때 요가는 심오한 명상 수련이며, 마음의 힘과 균형, 유연성을 길러 준다—몸 차원에서 이런 능력을 길러 주는 것은 물론이고. 요가는 또한 고요함으로 들어가는 커다란 문이며, 신체의 풍부한 복잡성과 치유의 가능성으로 들어가는 문이기도 하다. 그리고 다른 모든 명상 수련과 마찬가지로 선택 없는 알아차림에 대한 완벽한 플랫폼이기도 하다. 스트레스 완화 클리닉의 우리 환자들은 요가가 아주 유용하고 강력한 마음챙김 수련이라고 말한다.

요가에 대해 자세하게 알아보는 자리는 아니라고 했지만, 우리의 탐구와 이해를 자극하는 목적을 위해 앉기도 요가 자세—실제로 요가에는 많은 앉기 자세가 있다—이며 서기도 요가 자세—산 자세라고 부른다—이고, 이미 보았듯이 눕기도 요가 자세—송장 자세—라고 지적하는 것이 좋겠다. 그리고 신체가 만들어 낼 수 있는 거의 모든 자세가, 특히 알아차림을 가지고 그 동작을 취한다면 요가 자세가 될 수 있다. 하타요가에서는 8만 4천 개 이상의 주요 자세가 있다고 한다. 그리고 각 자세마다 적어도 10개씩의 변형이 있다고 하니 그것만으로 이미 84만 개의 자세가 나온다. 이것은 요가 자세를 서로 결합하고 그 순서를 조합하는 경우의 수가 실제로 무한하다는 의미다. 요가에서 탐구와 혁신을 위한 여지는 언제나 풍부하다. 또 요가 수련에서 핵심이 되는 것은 호흡이다. 다양한 요가 자세를 취하고 유지하는 과정에서 어떻게 숨을 쉬는가, 여러 가지 신체 자세에서 호흡의 질과 깊이는 어떠한가, 가장 중요하게는 호흡에 대한 그리고 매 순간 감각과 마음이 무슨 일을 하고 있는가에 대한 알아차림의 질이 마음챙김으로 요가 수련을 하는 데 가장 중요하다.

요가에서는 자세 자체는 우리가 수련에 임하는 태도—마음의 현존과 가슴의 열림이라는 관점에서—에 비해 2차적인 중요성밖에 갖지 않는다. 물론 8만 4천 개의 주요 요가 자세 가운데 기본 배열과 훈련은 비교적 소수에 불과하다. 그리고 이것들은 다양한 요가 학교나 프로그램, 다양한 요가 전통의 수련 센터의 훌륭한 지도자들로부터 습득할 수 있다. 오늘날 서구에서 요가가 꽃피고 있는 것은 몸과 마음의 각성을 향한 열망과 움직임의 징표이자 수백만 명의 노인과 젊은이가 평생에 걸친 진정한 안녕과 건강에 더 큰 관심을 갖게 되었다는 표시다. 이것은 태극권이나 기공도 마찬가지다.

마음챙김 하타요가는 MBSR을 시작한 이래 줄곧 친숙한 일부였다. 이것은 또한 심장병 호전에 효과가 있는 것으로 밝혀진 딘 오니시(Dean Ornish) 박사의 심장건강 라이프스타일 프로그램(Heart Healthy Lifestyle Program)과 레이첼 리먼(Rachel Remen)과 마이클 러너(Michael Lerner)가 개발한 커먼윌 암 도움 프로그램(Commonweal Cancer Help Program)의 중요한 요소이기도 하다. 마음챙김 요가는 아주 부드럽고 천천히 누구라도, 심지어 만성 통증이나 오래된 부상으로 고생하는 사람, 수십 년 동안 서서 걷지 못한 사람이라도 할 수 있다. 침대에 누워서, 심지어 휠체어에 앉아서도 할 수 있다. 유산소 운동으로 요가를 할 수도 있다. 다양한 방식으로 요가를 하는 다양한 학파가 존재한다. 다시 말하지만, 요가는 보편적이며 요가 자세는 움직임과 균형, 정지에 대한 인간 신체 능력의 엄청난 범주를 반영하는 것이기도 하다.

우리 환자들 중에는 부상이나 만성 통증 때문에 단지 머릿속으로 해당 요가 자세를 상상만 하는 환자도 있다. 그런데 그렇게 하는 것만으로도 실제 요가 자세를 취하는 것과 동일한 효과를 낼 수 있다. 왜냐하면 향후 특정 신체 부위의 염증이 가라앉으면 수련할 수 있도록 신경계와 근육조직을 준비시켜 주기 때문이다. 또 스스로 그렇게 상상하는 것만으로도 집중력과 자신감, 의도가 향상되기 때문이다. 가능한 신체 부위를 동원하여 자신이 처음에 취할 수 있는 정도의 몇몇 자세를, 부드럽게 취하는 것만으로도 몸을 사용하지 않는 데서 오는 쇠약함을 줄이고 회복을 촉진하며 더 큰 활동성을 위해 신체 각 부위에 활력을 줄 수 있다. 시간이 지남에 따라 여러 관절의 활동성이 좋아지고 신체를 움직이는 자유로움과 힘, 균형도 향상될 것이다.

앉기 명상과 눕기 명상을 공식적으로 꾸준히 수련하는 것이 중요한 것과 마찬가지로 요가도 이러한 방식으로 꾸준히 매일 수련하는 것이 좋다. 몸을 바닥에 누인 채 부드럽고 체계적으로, 그리고 무엇보다 마음챙김으로, 다양한 자세와 순서를 이용하여 몸을 움직이는 것만큼 멋진 일도 없다. 그것은 완전한 알아차림으로 자신의 몸 안에 머무는 것이며, 끊임없이 변화하는 몸의 경계와 한계, 능력을 지금 이 순간 사랑으로 탐험하는 행위다. 당신이 몇 살이든, 현재 신체 상태가 어떻든 상관없이 며칠, 몇 주, 몇 달, 몇 년이 지나면 당신은 자신의 몸과 마음이 놀라운 방식으로 변화하고 있다는 것을 알게 될 것이다. 비밀은 어느 순간이라도 자신의 한계의 이러한 측면에 대해 온화하게 대해 주는 것이다. 그렇게 당신은 근육과 인대, 관절을 지나치게 사용하는 위험을 줄여 당신의 몸이 겉으로 보이는 한계를 넘어 스스로 뻗어 나갈 수 있게 해 주는 최대한의 기회를 당신의 몸에 주게 된다. 여기서도 끝은 없으며 아주 작은 노력으로도 충분하고 또 그것이 중요하다. 언제나처럼 '이것이 바로 그것이다'. 자신의 몸 안에 머무는 것은 언제나 지금, 여기서 일어나는 일이다. 설령 당신이 자신에게 수련에 대한 동기를 부여하고 에너지를 북돋고자 발전적인 목표를 설정한다 하더라도, 여기서는 여정 자체가 언제나 목적지가 된다. 나아가 여정도 없고 목적지도 없다. 오직 지금 이 순간만이 존재할 뿐이다.

이런 방식으로 자신의 몸에 주의를 기울이는 것은 매 순간 자신의 몸의 안녕을 최선으로 보증하는 데 당신이 알아야 할 것을 가르쳐 준다. 어떠한 기대도 없이 그 경험 속으로 녹아들어 가는 그 순간 우리는 그것을 느낄 수 있고 알 수 있다. 당신의 신체가 시간이 지남에 따라 더 강해지고 건강해진다면 그것은 더 좋은 일이다. 더구나 요가는 당신의 앉기 수련을 보완해 줄 뿐만 아니라 그것을 더 정교하게 하고 심화시키는 데 도움을 줄 것이다.

마음챙김 요가 수련을 통해 우리는 몸 안에 '머문다'는 것이 어떤 것인가에 관한 이해를 확장하고 심화할 수 있다. 그리고 살아 있는 순간의 살아 있는 몸에 대해 더 구체적으로 이해할 수 있다. 실제로 '재활(rehabilitation)'의 깊은 의미는 다시(re) 안에 사는(live inside) 법을 배운다는—프랑스어 *habiter*는 '산다(dwell)' '거주한다(inhabit)'는 뜻—뜻이다. 이 단어의 인도유럽어 어근은 *ghbae*로, 그 뜻은 '주고받는다'다.

그렇다면 '주고받는 것'이 '몸 안에 거주하는 것'과 도대체 무슨 관계가 있는가? 우리가 새 아파트나 주택에 터를 잡게 되면 우리는 그 새로운 공간에 우리 자신을 내주지 않는가? 다시 말해, 그 새로운 장소의 특징과 특성에, 방의 배치나 그 속에서의 우리의 움직임 패턴에, 시간에 따른 일광의 변화에, 문과 창문의 위치에, 그리고 에너지(기)의 흐름 같은 것에 우리 자신을 내주지 않는가? 그러면 시간이 지나면서 그 공간은 또 우리—만약 우리가 그것에 열려 있다면—에게 무슨 물건이 어디에 놓여야 하는지, 어떻게 하면 그 공간에서 가장 잘 거주할 수 있는지, 어떤 리모델링을 하면 그 집의 활용도를 가장 높일 수 있을지를 다시 알려 주는 것이 아닐까? 이 모두는 우리가 그 집을 처음 보는 날 혹은 처음 이사 간 날 성급하게 결론을 내리려 해서는 결코 알 수 없는 것이다. 그 공간이 우리에게 천천히 자신을 열어 보이도록 해야 하는 것이다. 그리고 그것은 우리가 그것을 '받아들일' 준비가 되었을 때에만 그렇게 된다. 이러한 민감성은 지혜의 일종으로, 한국과 중국 등 동양권에서는 이를 '풍수(風水)'라고 부른다. 그것은 일종의 예술이자 과학이다.

이와 마찬가지로 우리 몸이 질병이나 부상, 만성 질환과 통증의 영향으로 혹은 오랜 시간 몸을 소홀히 한 결과로 재활의 필요성이 있을 때 우리는 몸의 전 영역에, 우리가 발견하는 그대로의 몸풍경에 우리를 내준다. 우리는 순간순간 느낌으로써, 감각함으로써, 그리고 마음을 통해, 알아차리는 부드러운 움직임을 통해 몸을 탐험함으로써 이 일을 한다. 이런 방식으로 우리가 주의 깊게 주의를 기울이면 몸은 우리에게 화답해 지금 이 순간 몸이 어떤 상태이며 한계가 어디이고 무엇을 필요로 하는지를 알려 준다. 느껴진 몸과 우리의 살아 있는 체험 사이의 이러한 상호관계성은 매일 그리고 매 순간 우리가 다시 안에 사는 법을 터득하게 해 준다. 누구의 몸, 누구의 생명이 그러한 회복, 그러한 재활—그리고 그 안의 삶—을 필요로 하고 갈구하지 않겠는가? 그리고 그러한 회복과 재활의 과정이 일어나기 위해 우리가 반드시 부상을 당하고 고통을 겪을 때까지 기다려야 하겠는가?

몸이 어느 정도로 화답해 올지는 모른다. 그것은 결코 짐작할 수 없고 당연하게 받아들일 수 없는 언제나 불확정이다. 그러나 몸은 그 과정을 좋아한다. 몸은 우리가 보내는 관심을 사랑한다. 그리고 몸은 그에 대해 우리가 생각할 수 없는, 때로 심지어 믿을 수 없는 방식으로 화답해 오기도 한다.

다음 장에서 우리는 심오한 재활의 과정에 있는 놀라운 사례로서 영화배우 크리스토퍼 리브의 예를 살펴볼 것이다. 그런데 이 원리는 매우 심각한 상태에 있는 환자들에게만 해당되는 것이 아니다. 마음챙김으로 요가를 하는 사람, 마음챙김을 신체 움직임에 적용하는 사람, 그리고 무엇보다 마음챙김 요가를 자신의 재활과 치유의 일부로 수련하는 사람—각자 매 순간 자신에게 맞는 수준에서—에게도 똑같이 적용된다.

몸의 재활—현재 상태가 어떠하든 상관없이 온전히 그 안에 살고 몸과의 친밀함을 계발한다는 의미에서의 재활—은 마음챙김 요가뿐 아니라 마음챙김 수련 전반의 공통된 특징이다. 그리고 궁극적으로 마음을 떠난 몸, 몸과 별개의 마음이란 존재하지 않으므로 우리는 지금—몸뿐만 아니라—우리의 전 존재의 재활에 대해, 우리 전체성의 회복에 대해 이야기하고 있는 것이다. 그리고 그 작업은 언제나처럼 우리가 지금 있는 바로 여기에서부터 매 순간, 매 단계, 매 호흡과 더불어 시작된다.

다만 알기

이미 보았듯이, 눕기, 앉기, 서기, 심지어 걷기나 요가 등 어떠한 명상 형태라도 당신이 그렇게 하고자 한다면 의도적이고 특정적으로 사고 과정 자체를 의식의 장 안에서 초점 맞출 수도 있다. 이는 자신의 생각을 하늘의 구름이 생겼다 사라지는 것처럼 임의적인 사건으로 바라보는 것이다.

이것은 아주 훌륭한 관람객 스포츠가 될 수 있다. 적어도 그 방법론에 불가피하게 수반되는 '관람자' 측면이 떨어져 나갈 때까지는 사고 과정 자체를 관찰함으로써 당신은 어떻게 그렇게 사소하고 변화무쌍한 마음의 '분비물'—실체적 존재도 없고 종종 매우 환영적이고 부정확하며 부적절한—이 그렇게 커다란 결과를 일으킬 수 있으며, 어떻게 그것들이 우리의 몸과 마음의 상태에 그렇게 큰 영향을 미칠 수 있는지 보게 될 것이다. 또 '생각'이라는 마음의 분비물이 우리 자신과 타인에게 잠재적으로 파괴적인 결과로써 우리가 내리는 결정에 영향을 미칠 수 있다는 것, 그리고 어떤 경우라도 모든 순간 실재하는 그대로의 것에 우리가 현존하는 것을 방해한다는 것을 알게 될 것이다. 매 순간 자신의 생각을 관찰하는 것은 커다란 깨달음과 해방감을 선사할 수 있다.

앉거나 눕거나 선 자세에서 일어나는 개별적 생각들을 바라보고 느끼는 것에 자신을 온전히 내맡기는 것이다. 그 생각들을 마치 물이 끓는 솥에서 물방울이 물 표면으로 올라오는 것처럼, 혹은 개울에 흐르는 물이 바위를 지나가면서 콸콸 소리를 내는 것처럼 여기는 것이다.

이 수련을 심화하는 데 도움이 되는 다른 이미지 하나는 자신의 생각을 마치 텔레비전 소리를 끈 상태에서 거기서 나타나는 이미지만—물론 자막도 없다—쳐다보는 것처럼 바라보는 것이다. 이제 텔레비전의 내용은 그 힘을 잃고 당신은 이전까지와 완전히 다른 방식으로 텔레비전을 보게 된다. 당신은 더 이상 텔레비전의 내용이나 코멘트, 드라마에 완전히 빠져 있지 않다. 이렇게 순수한 봄(pure seeing), 순수한 앎(pure knowing)의 기회가 더 커진다.

이미 여러 번 살펴보았듯이, 우리의 생각은 도로상의 자동차처럼 줄이나 고리 모양으로 생겨난다. 하나가 일어난 뒤 이어 또 하나가 일어나게 되는데, 그 둘은 서로 명백하게 관련된 것일 때도 있고 전혀 무관하고 임의적인 때도 있다. 어떤 때 생각의 흐름은 똑똑 떨어지는 물방울 같다. 또 어떤 때는 사나운 폭류나 폭포수 같다. 이에 대해 우리가 할 수 있는 일은 언제나 한 가지다. 바로 개별적 생각을 그 생각의 내용에 사로잡히지 않은 채—비록 그 내용을 인식할 수 있다 하더라도—단지 생각으로 바라보는 것이다. 우리가 할 일은 개별적 생각을 그보다 더 큰 흐름 속에서 일어나는 사건, 의식이라는 커다란 장 안에서 일어나는 임의적 사건으로 보는 것이다. 생각이 일어나는 순간과 지속되는 동안, 그리고 사라지면서 다음 생각으로 이어지는 순간에 그것을 다만 생각으로 볼 줄 아는 것이다. 그리고 또 하나 해야 할 일은 생각들 사이의 공간을 보거나 느끼는 것, 그리고 의식—알아차림—이 생각이라는 사건 자체를 받아들이는 것은 물론 생각들 사이의 이 공간에 머물도록 하는 것이다.

우리는 의식 안에 머물면서 의식 자체가 된다. 이 의식은 그 안에서 일어나는 어떤 사건이라도, 어떤 모양의 생각 에너지라도, 어떤 물방울이나 분비물, 어떤 생각과 의견, 판단이라도, 어떤 거품이라도, 그 흐름, 그 폭류 속의 어떤 바람이라도 즉시 아는 장이다. 그렇게 우리는 생각을 볼 수 있고 알 수 있다. 또 생각이 갖고 있는 감정적 에너지도 보고 알게 된다.

그리고 그것이 전부다. 우리는 생각을 좇아 가거나 억압하지 않는다. 그것을 움켜잡지도 물리치지도 않는다. 다만 생각을 바라보고 알고 인식하는 것, 그리고 당신이 그렇게 하고자 한다면 생각을 단지 생각으로 즉석에서 마음에 등록시킴으로써 의식—알아차림—자체를 생각에 '닿게' 하는 것뿐이다. 그리고 알아차림과 생각의 그 접촉 속에서, 그 앎과 봄 안에서 그 생각은 우리가 손가락으로 비누거품을 만지면 톡 터지는 것과 같이 사라지고 녹아 없어지며 즉각 증발해 버린다. 그리고 앞에서 보았듯이, 티베트인이 하는 것처럼 그러한 인식의 순간에 그것은 "스스로를 해방시킨다."고 말할 수 있다. 생각은 이제 우리의 어떠한 노력이나 의도 없이도 널찍한 의식의 장에서 일어났다 사라지는 현상에 지나지 않게 된다. 마치 바다의 표면에 한순간 일어난 파도가 다음 순간 곧바로 사라지면서 다시 바닷물 자체가 되는 것과 같다. 그때 파도는 파도라는 자기의 정체성, 그 순간적인 상대적 자기성(self-hood)이 사라지고 분별없는 물의 본성으로 되돌아가게 된다. 여기서 우리는 아무 일도 하지 않았다. 단지 어떠한 방식으로든 생각을 계속해서 키우는 일을 하지 않은 것뿐이다. 생각을 계속해서 키우는 것, 그것은 오직 하나의 생각이 다른 생각, 다른 파도, 다른 거품으로 확산되게 만들 뿐이다.

그 결과, 우리는 우리의 생각과 느낌에 그렇게 자주 사로잡히지 않고도 우리의 존재 안에 머물 수 있다는 것을 알게 된다. 우리의 말과 행동, 심지어 우리가 우리의 몸 안에 존재하는 방식, 우리의 얼굴에 나타나는 표정이 이제 더 이상 우리의 생각에 그렇게 착 달라붙지 않게 된다. 이제 우리는 매 순간 더 분명하게 보고 있기 때문에 현명하지 못하고 반응적이며 자기에 함몰된 공격적이고 두려움에 가득 찬 충동을 더 많이 놓아 버리게 된다. 물론 우리의 그 앎 때문에 그것들이 먼저 우리를 놓아 버리는 경우도 있지만. 그러므로 우리가 우리의 생각을 단지 생각으로 보고 알 때, 그러니까 그것들이 사물의 진실은 아니며 우리가 누구인가에 대한 정확한 표현도 아니라는 것을 보고 알게 될 때 여기에는 상호적 해방(mutual freeing)이 있게 된다. 우리가 그 충동을 보고 알게 되는 것에서 그것은 스스로를 해방시키지 않을 수 없고, 그 순간 우리 자신도 그것으로부터 해방되는 것이다.

우리의 일상생활에서, 그리고 공식 수련에서 우리가 곧 우리 자신의 생각—아이디어, 의견, 그리고 강한 신념 등—이 아니라는 것을 아는 것은 크게 도움이 된다. 또 우리의 생각이란 것이 반드시 진실은 아니며 진실이라고 하더라도 어느 정도로만 그렇다는 것, 그리고 종종 그렇게 도움이 되지 않는다는 것을 아는 것도 도움이 된다. 우리가 생각의 믿을 수 없을 만큼 강하고 끈질기지만 종종 미혹된 에너지로부터 우리 자신을 해방시킬 수 없게 되는 것은 우리가 생각을 생각으로 알지 못할 때, 생각의 흐름 자체에 대한, 그리고 그 흐름 속에서의 개별적인 생각의 거품과 흐름, 소용돌이에 대한 알아차림이 없을 때다.

다만 듣기

앞에서 여러 번 보았듯이 소리와 그 소리들 사이의 공간은 우리의 귀에 닿는 일을 결코 멈추는 법이 없다. 우리는 명상을 하기 위해 어딘가에 앉거나 누울 때 주변 소리를 듣는 일에 의도적으로 우리 자신을 맡긴다. 지금 이 순간 우리에게 들려오는 것들을 다만 들을 뿐 더 이상 어떤 것도 하지 않는다.

그것은 우리가 할 일이 아무것도 없다는 뜻이다. 소리는 이미 우리에게 이르고 있다. 우리는 그 소리를 들을 수 있는가? 그 소리와 매 순간 함께할 수 있는가? 좋아함과 싫어함 없이, 판단과 평가, 분류를 하지 않고 다만 알아차림으로 그 소리와 소리 사이의 공간을 만날 수 있는가? 물론 당신은 음악에 대해 의도적으로 이것을 해 볼 수 있다. 음악은 그 자체로 풍부하고 훌륭한 수련이다. 그러나 여기서 우리가 할 일은 이미 우리에게 들려오고 있는 소리—당신이 만약 아주 순박한 성격이 아니라면 종종 언제나 즐거운 것만은 아닌—에 대해 우리가 이것을 연습해 볼 수 있느냐는 것이다. 그리고 여기서 우리에게 들려오는 소리가 어떤 소리인가 하는 것은 문제되지 않는다. 우리가 유쾌한 것과 불유쾌한 것 모두에 집착하지 않는 것을 연습하기 때문이다. 우리는 다만 듣는 것을 연습하는 것이다.

이것을 '소리와 함께하기'라고 부른다. 당신이 지금 여기서 듣기에 대한 순수한 알아차림 속에 있을 수 있는지 한번 보라. 물론 그 어느 순간이라도 당신이 듣고 있는 소리에 대한 생각이 일어나게 마련이고, 또 그 생각에 따르는 느낌과 그 소리가 일으키는 바—아마도 기억이나 환상일 수도 있고, 혹은 아무것도 일어나지 않을 수도 있다—에 따라 다양한 강도와 긍정적·부정적인 에너지를 지닌 다양한 감정도 함께 일어날 것이다. 어떤 경우든, 더 이상 무대 중앙과 가장자리의 구분이 없어질 때까지 소리가 아닌 것은 의식의 무대 가장자리에 놓아두고 오직 순수한 듣기만을 거듭 반복해서 의식의 무대 중앙으로 불러올 필요가 있다. 그러면 아마도 소리를 듣는 주체로서의 '당신'도 없을 것이고, 당신이 귀 기울여 듣는 객체 대상으로서의 소리도 없게 될 것이다. 대신 소리를 제외한 모든 것의 이전에, 그리고 그 아래에 오직 순수한 듣기만이 있게 된다. 오직 듣기라는 날것 그대로의 체험만이 존재하게 된다.

이런 방법으로 자신을 온전히 듣기에 내주고 매 순간 날것 그대로의 체험에 머물면서 당신이 의식이라는 무대 뒤에서 일어나는 일에 휩쓸리고 이를 알아차릴 때마다 반복적으로 다시 순수한 듣기 체험으로 돌아오는 것이다. 당신이 무대 뒤에서 일어나는 일—소리 이외의 경험—에 휩쓸릴 때마다 생각이란 것이 있게 되는데, 그럴 경우 당신은 자신의 주의를 다시 듣기에 두는 약간의 조치와 방법, 재초점화의 필요성이 생기게 된다. 갑자기 '당신'이란 존재가 등장하고 무대도 등장한다. 그리고 그에 따라 순수하고 단순한 듣기로 돌아갈 가능성도 함께 생기게 된다. 이때 당신은 무엇을 할 필요도, 어떠한 노력을 기울일 필요도 없이 다만 언제나 일어나고 있는 듣기에 주의를 향하고 지속하며, 또 듣기 체험에 자신을 내주고자 하는 의도를 계속해서 반복적으로 다시 만들면 된다. 실제로 그러한 순간에 당신은 당신 자신을 완전히 내려놓을 수 있게 된다. 다시 한 번 소리와 소리 사이의 공간에, 그리고 소리의 안과 아래에 있는 침묵에 자신을 완전히 여는 것이다. 소리와 알아차림이 같은 시공간에 함께 존재하도록(co-extensive) 하는 것, 그래서 모든 소리와 침묵이 즉각 만나서 생각하지 않고 있는 그대로의 서로를 알게 하는 것이다. 그것이 바로 '본래 마음(original mind)'이라고 하는 마음의 정수가 하는 일이다. 본래 마음은 비개념적으로 안다. 그것은 생각 이전에, 생각 없이도 이미 안다.

더 이상 듣는 주체도, 들리는 대상으로서의 소리도 존재하지 않게 될 때까지 듣기 안에 머물면서 듣기와 하나가 되면서—아마 처음에는 아주 짧은 순간일 것이다—오직 듣기, 듣기, 듣기만 있도록 한다. 이 수련에 점점 친숙해지면 더 이상 중심과 가장자리의 구분도, 주체와 객체의 구분도 없이, 계속해서 반복적으로 찾아가고 만질 수 있는 순수한 알아차림의 상태를 유지할 수 있게 된다.

다만 숨쉬기

소리가 우리 귀에 이르는 일을 결코 멈추는 법이 없듯이 호흡도 우리가 살아 있는 한 계속해서 일어나며 그 주기를 스스로 완성한다. '지금'이라는 순간에 우리는 언제나 호흡의 주기 중 어딘가, 그러니까 들숨이나 날숨 혹은 그 사이의 정지기 중 어느 한곳에 있게 마련이다. 그래서 앉기, 눕기, 서기, 걷기 명상이나 요가를 할 때 호흡과 관련된 신체 각 부위의 감각에 자신을 내맡기는 것이다. 우리는 질식하거나 익사하거나 아니면 심한 감기에 걸린 경우가 아니면 좀처럼 그러한 감각을 인식하거나 주의를 기울이는 일이 없다. 우리는 그저 호흡을 당연한 것으로 여기고 그것과 주파수를 맞추지 않게 된다.

그러나 호흡에 대한 마음챙김을 계발하는 데 있어 우리는 의도적으로 이러한 호흡 감각에 조율하고자 한다. 우리는 아주 가벼운 접촉의 감각으로 부드럽게 우리의 주의가 호흡에 다가가도록 한다. 앞에서 말했듯이, 마치 숲 속 공터의 나무 둥지에 앉아 일광욕을 즐기는 수줍은 야생동물을 만나듯이 말이다. 그러한 부드러움과 관심으로, 그 동물이 모르게가 아니라 동물에 대한 사랑으로, 마음으로 그렇게 하는 것이다.

또 다른 이미지를 들자면, 호수 표면에 나뭇잎 하나가 가볍게 내려앉아 그 위에 떠 있는 듯이 그렇게 자신의 호흡에 주의를 가져간다. 숨이 몸 안으로 들어오고 몸 밖으로 나갈 때 그 들어오고 나가는 처음 순간부터 끝나는 순간까지 숨의 감각을 놓치지 않고 함께 따라가는 것이다. 또한 들숨이 끝나고 날숨이 시작되는 지점, 그 순간적인 멈춤의 지점까지도 알아차리는 것이다. 여기서 당신은 호흡이나 호흡 감각에 대해 생각하는 것이 아니라 다만 호수 표면에 떠 있는 나뭇잎처럼, 혹은 고무보트를 타고 잔잔한 바다나 호수 표면을 미끄러져 가듯이 그렇게 호흡이라는 파도를 타면서 호흡을 느끼는 것이다. 이런 방법으로 당신은 매 순간의 호흡 감각에 자신을 온전히 내맡길 수 있다.

> 오직 신뢰하라.
> 나뭇잎도 다만 이렇게 떠가지 않는가?

매 순간 주의를 겨냥하고 유지하면서 호흡에 자신을 내줄 때, 당신은 호흡을 관찰하는 관찰자로서의 당신이 다만 호흡 자체에 녹아들어 가도록 초대하는 것이다. 주체인 '당신'과 객체—대상—인 호흡 혹은 '나의 호흡'은 이제 순수하고 단순한 현재 진행형으로서의 '숨 쉬고 있음'으로 녹아들어 간다. 그러한 알아차림 안에서는 이제 호흡을 만들어 내는 주체로서의 '당신'은 더 이상 필요가 없다. 그 알아차림은 생각을 넘어, 생각 아래에서, 그리고 생각 이전에 호흡이 전개되고 있음을 이미 알고 있다. 여기 이렇게 앉아서 다만 호흡하면 오직 이 순간, 오직 이번 호흡, 오직 이 비개념적인 앎만이 존재한다는 사실을 알게 된다. 이제 몸 전체가 호흡을 한다. 피부와 뼈, 몸의 모든 부분이 몸 안팎에서 호흡을 한다. 이것은 어쩌면 우리가 숨을 쉰다기보다(breathing) 다만 숨이 쉬어진다(being breathed)는 것—우리가 호흡에 대해 어떠한 생각을 갖고 있든 상관없이—이 더 정확한 표현이겠다.

우리는 이곳에 머물면서 호흡을 한다. 우리는 매 순간에 여전히 순간들이 존재하고 있는지, 매 호흡에 우리가 여전히 호흡하고 있는지를 안다. 호흡을 맛보며, 호흡을 냄새 맡고, 호흡을 있는 그대로 받아들인다. 자신이 스스로 숨 쉬어지도록 허용하고 주변 공기가 자신을 건드리도록, 애무하도록, 그리고 폐 속의 공기, 피부에 닿는 공기 및 모든 곳의 공기와 하나가 되도록 허용한다. 몸 안의 숨, 모든 앎과 하나가 되도록 한다.

그리고 물론 다른 수련과 마찬가지로 마음이 생각이나 기억, 기대, 이런저런 이야기—심지어 당신이 지금 어떻게 명상을 하고 있는가에 대한 이야기까지도—로 방황할 때마다 계속해서 반복적으로 호흡으로 되돌아와 호흡과 하나가 된다. 거기에 더 이상 '당신'은 없다.

자애명상

오랫동안 나는 스트레스 완화 클리닉에서 자애명상을 별도로 가르치는 것을 주저했다. 모든 명상 수련은 기본적으로 자애의 행위이며, 그러한 관점에서 명상을 가르치고 수련한다면 굳이 자애를 내건 명상을 따로 수련할 필요가 없다고 생각했기 때문이다. 결국 우리가 사랑에 찬, 가슴 열린 주의로서의 마음챙김을 강조하는 것 자체가 여인숙에 오는 모든 손님에 대한 환영이나 즐거움과 함께 그 자체로 자기 자신에 대한 커다란 환대와 친절의 제스처가 아니던가. 또 나는 명상에서 자기 스스로 자리를 잡고 앉는 행위가 곧 철저한 사랑의 행위라는 생각에 그것이 곧 자애의 정수를, 그리고 그 아래에서 적어도 남에게 해를 끼치지 않겠다는, 보다 근본적인 수련의 윤리적 정신과 의도를 포착한 것이 아닌가라고 생각했다. 게다가 우리 클리닉의 전체적인 분위기는 언제나 자애의 정신을 체현하고자 했으며 또한 히포크라테스의 원칙을 존중하고자 했기 때문에 내 생각에 별도로 자애에 대해 명시적으로 이야기할 필요가 있겠는가 싶기도 했다. 다만 우리가 스스로 우리가 하는 모든 일에서 최선을 다하여 사랑하고 친절하면 되는 것이 아닌가 생각했다.

그러나 공식 자애 수련을 가르치는 데 있어서 내가 가장 주저했던 부분은 우리가 지금까지 해 왔던 모든 명상 수련법의 근저에 깔린 무위(non-doing)와 애쓰지 않음(non-striving)의 태도와 실천을 처음으로 소개받은 사람들에게 어떤 혼란감을 안기지 않을까 우려해서였다. 나는 자애명상을 따로 가르침으로써 그것이 매 순간의 직접적이고 비반응적이며 비판단적인 주의 기울임—미국인에게는 무척 생소한—의 정신을 손상시키는 것을 원하지 않았다. 그런데 자애명상은 우리가 진지한 자세로 임한다면 심오한 변화와 해방을 가능하게 하는 힘이 있으며, 우리 자신의 현명한 노력과 원칙을 통해 하나의 존재 방식으로 만들어 갈 수도 있는 것이었다.

내가 주저했던 이유는 자애명상의 지시문을 읽으면 자신이 '무언가를 해야 한다.'는 느낌을 어쩔 수 없이 갖게 되기 때문이었다. 즉, 자애라는 특정한 느낌과 생각을 일으켜 마음과 가슴의 바람직한 상태를 만들어야 하는 것이다. 그런데 이것은 자연스럽게 일어나는 것은 무엇이든 단지 깨어 있음이라는 목적을 제외하고는 자신의 어떠한 생각이나 느낌과도 연관 짓지 말고 다만 관찰하라는 명상의 정신과 매우 다르게 느껴지며, 심지어는 정반대되는 것으로 여겨지기도 한다. 나는 '행위 없음—무위—'이라는 핵심 수련과 태도에 대해 참가자들에게 혼선을 주고 싶지 않았다. 왜냐하면 무위야말로 마음챙김 수련의 토대이자 마음챙김 수련을 통해 자연스럽게 생겨나는 지혜와 자비의 토대, 그리고 우리가 MBSR에서 가르치는 모든 것의 토대이기도 하기 때문이다.

나는 또한 참가자들에게 제한된 시간에 새로운 것을 너무 많이 던져 주어 그들을 혼란스럽게 하는 것도 원하지 않았다. 결국 명상이란 심지어 한 전통 안에서도 그렇게 다양한 수련법이 존재한다는 것을 생각할 때 마치 거대하고 세밀한 건축물과 같은 것이 아닐까. 그 거대한 건물의 단지 일부만을 개발하고 그것에 익숙해지는 데에도 평생에 걸친 참여가 요구되는 것이다. 그러므로 그 많은 문에 '동시에' 들어서는 것은 건물 안으로 들어가는 것을 아예 불가능하게 하고 만다. 또 계속해서 그 많은 문을 들락날락하는 것도 어리석은 짓이다. 만약 그렇게 한다면 결국 건물 안에서는 조금도 시간을 보내지 못한 채 끝을 맺고 말 것이다.

그렇지만 이런 문제점에도 불구하고 우리 스트레스 완화 클리닉에 참여한 사람들이 공식 자애 수련의 맛을 최소한 한 번은 봐야 한다고 생각하게 되었다. 왜냐하면 자애(lovingkindness) 수련은 심오한 방식으로 우리의 가슴을 일깨우는 잠재력을 지니고 있으며, 또한 우리가 사는 세상에 사랑(love)과 친절(kindness)을 강화하는 데 기여할 수 있기 때문이다. 게다가 내가 앞에서 말한 모든 것이 표면적으로는 사실이지만, 더 깊은 차원에서는 자애명상 지침이 무언가를 부자연스럽게 만들어 낸다는 것은 다만 겉으로 그렇게 보이는 것일 수 있다는 생각이 들었다. 그 표면 아래에서 나는 자애명상이 우리가 이미 가지고 있는 느낌을 드러내 줄 뿐이라는 생각이 들었다. 다만 그 느낌은 너무 깊은 곳에 파묻혀 있어서 그것을 불러내어 접촉하기 위해서는 지속적인 초대와 특별한 지속이 필요한 것이었다. 궁극적으로 우리는 있는 그대로의 그것을 알고 접촉하며, 있는 그대로의 가슴에 대해 이야기하고 있는 것이다. 그 앎과 접촉은 실제로 그 끝이 없이 무한하다. 그리고 교육적이고 실질적인 이유로 특별한 경우가 아니면 MBSR에서는 공식 자애명상 수련을 공식 앉기나 눕기 명상과 동등하게 다루지는 않지만, MBSR 프로그램의 6주차 종일 침묵 수행 때에는 유도 자애명상을 참가자들에게 소개한다.

팔리어로 '메타(*metta*)'라고 부르는 자애는 불교에서 신성한 천상의 영역에 속하는 것이라고 알려진, 붓다가 가르친 네 가지 기본 수련—자(慈, 자애), 비(悲, 연민), 희(喜, 공감적 기쁨), 사(捨, 평정심)—가운데 하나다. 이것들은 모두 한 지점에 주의를 모으는 사마디(집중력)를 계발하여 그 힘으로 다른 마음의 자질을 발현시켜 우리의 가슴을 변화시키는 것으로, 그 자체로 엄정한 명상 수련법이다. 그러나 이 수련들의 핵심은 우리가 지금까지 이야기한 마음챙김 수련에 전부 포함되어 있으며 마음챙김 수련을 통해 접근할 수 있다. 그렇다 하더라도 가슴의 이러한 자질에 이름을 붙이고, 우리 수련에서 그것의 역할을 분명하게 하는 것은 우리가 특히 어려운 시기에 그러한 자질로 가슴과 마음을 더 자주 향하게 하는 것은 물론이고, 마음챙김 수련 중에 그것이 자연스럽게 일어날 때 그것을 인식하는 데 도움을 줄 수 있다. 실제로 이 수련법들은 격심한 분노와 같은 마음 상태에 대한 유용하고도 효과적인 해독제가 될 수 있다. 격심한 분노는 사실 수련이 매우 높은 단계에 있는 사람이 아니면 종종 일어나는 그 순간에 직접적인 관찰을 통해 그에 주의를 기울이기란 어려운 일이다. 그런 경우에 공식 자애 수련은 우리가 자신을 압도하는 감정적인 마음 상태와 맺는 관계를 부드럽게 해 주어 우리가 그 분노의 에너지에 완전히 굴복하는 일이 없도록 해준다. 그것은 또한 격심한 분노로 가득 찬 그러한 마음 상태를 보다 접근 가능하고 다루기 용이한 것으로 만들어 준다. 그러나 수련이 쌓이면 직접적인 관찰은 그 자체로 어떠한 마음 상태—아무리 감정적이고 중독성 있는 마음 상태도—라도 품어 안을 수 있다. 그리고 열린 가슴의, 비반응적이고 비판단적인 현존 속에서의 그 봄과 앎을 통해 우리는 분노나 슬픔 혹은 그 무엇이라도 그 본질을 꿰뚫어 보게 된다. 그리고 그 봄 속에서, 그 품어 안음 속에서, 그 앎 속에서 그것은 힘을 잃고 약해지며 증기처럼 사라진다. 마치 비누거품을 건드리면 톡 하고 터지듯이, 혹은 물 위에 쓴 글자가 이내 사라지고 말듯이……. 그러한 순간에 우리 앞에 드러나는 것은 바로 자애의 마음이다. 그것은 우리가 억지로 불러내지 않아도 오랜 침묵 가운데 자연스럽게 일어나는 것이다. 자애의 마음은 한 번도 거기 '없었던 적이 없기' 때문이다.

공식 자애명상을 가르치고 수련할 때 나는 자애의 마음을 일으키는 전통적인 문구에만 의존하기보다 어떤 이미지나 자애의 직접적인 느낌을 강조하곤 한다. 나는 이런 이미지와 접근법에 대해서는 나의 동료 사키 산토렐리(Saki Santorelli)의 이끎과 언어를 따르고 있다.

앉거나 눕거나 선 자세에서 호흡과 숨 쉬는 전체로서의 자신의 몸에 알아차림을 가져간다. 여기 잠시 머물며 호흡의 파도를 타면서 매 순간 알아차림의 안정된 플랫폼을 확립한다.

호흡의 흐름을 타는 데 편안함을 느낀다면 이제 당신의 삶에서 당신을 사랑하고 있거나 무조건적으로 당신을 사랑해 주었던 누군가를 마음의 눈으로 그려 본다. 그들이 당신에게 주었던 이타적인 사랑과 친절의 마음과 그들의 당신에 대한 사랑의 전체 분위기(aura)를 느껴 보는 일에 자신을 온전히 내준다. 이 느낌과 함께 숨 쉬며 그 속에 몸을 담그며, 있는 그대로의 당신을 가슴으로 안아 주는 그 안에 머물러 본다. 당신이 지금과 다른 모습이 되지 않아도, 그들의 사랑을 받을 자격 같은 것을 따지지 않아도, 그들은 있는 그대로의 당신을 사랑해 주었고 받아 주었다. 당신은 자신이 그들의 사랑을 받을 자격이 있는지 의구심을 가질지 모른다. 그러나 그것은 문제가 되지 않는다. 사실 그렇게 생각하는 것은 여기서 적절하지 못하다. 여기서 적절한 것은 당신이 사랑을 받았거나 지금 받고 있다는 사실이다. 그들의 당신에 대한 사랑은 있는 그대로의 당신—아마 당신은 언제나 그래 왔을 것이다—에 대한 것이다. 그것은 진정으로 무조건적인 것이다.

이는 당신의 전 존재가 이런 느낌 안에 푹 잠기게 하는 것이며, 그 속에서 어루만져지는 것이며, 또한 당신의 심장 박동의 리듬감 있는 율동으로 매 순간 당신의 전 존재가 요동치는 것이다. 더불어 당신 호흡의 자연스러운 리듬 속에서 이 박애의 장, 이 자애의 장에 몸을 담그는 것이다.

당신이 만약 이런 사람을 기억에서 잘 불러내지 못하겠다면 누군가가 당신을 이렇게 대해 주는 것을 상상할 수도 있다.

이제 준비가 되었다고 느끼면, 그리고 그렇게 느낄 때마다 당신 자신이 그러한 느낌의 대상이 아닌 원천이 될 수 있는지 한번 보라. 다시 말해, 그러한 느낌이 이제는 타인의 것이 아닌 당신 자신의 것인 양 당신 스스로 그러한 느낌을 만들어 낼 수 있는지 보라. 자신 가슴의 리듬감 있는 박동과 함께 머물며, 자신에 대한 사랑과 수용, 친절의 느낌을 자신의 가슴속에서 어루만질 수 있는지 보라. 어떠한 판단도 하지 않고 다만 어머니가 아이를 품에 안듯이 그러한 자애의 느낌 속—거기서 당신은 어머니인 동시에 아이다—에 푹 빠질 수 있는지 보라. 매 순간 최선을 다하여 이러한 느낌 속에 머물면서 있는 그대로의 자신에 대한 친절한 관심과 수용 속에 빠져 보는 것이다. 결코 이러한 느낌이 강요된 억지가 아니라 스스로 지속되도록, 자연스러운 것이 되도록 해 보라. 아주 조금만 이런 느낌을 맛보아도 그것은 우리 정신의 표면 아래에 있는 온갖 부정성과 자기비난, 자기혐오에 대한 훌륭한 처방전이 될 수 있다.

이 자애의 장, 이 자애의 품 안에 머물면서 당신은 자신에게 다음과 같은 구절을 속삭일 수 있다. 아니면 바람, 공기, 숨, 세상이 이 구절을 당신에게 속삭이는 소리를 들을 수도 있다.

> 내가 안과 밖의 위험으로부터 보호받고 자유롭기를.
> 내가 행복하고 만족하기를.
> 내가 아무튼 건강하고 온전하기를.
> 내가 안녕이라는 평안을 경험하기를.

처음에는 이런 말을 자신에게 하는 것—심지어 생각하는 것조차—이 어색하게 느낄지 모른다. 그러나 결국 이것을 바라는 이, '나'는 누구인가? 그리고 이 바람을 받는 '나'는 또 누구인가? 궁극적으로 이 둘은 지금 이 순간 위험으로부터 안전하고 자유롭다는 이 '느낌' 속으로 사라진다. 또 지금 이 순간 만족하고 행복한 '느낌' 속으로 사라진다. 또 지금 이 순간 온전하다는 느낌 속—당신은 이미 온전하기 때문에—으로 사라진다. 또 안녕이라는 평안(ease)—이것은 우리가 대부분의 시간 동안 참고 견디는 편치 않음(dis-ease)이나 분열과 전혀 다른 것이다—에 머무는 느낌 속으로 사라진다. 이 느낌이 곧 자애의 정수다.

그러나 당신은 이에 대해 의아하게 생각할 수도 있다. 이타적인 수련이라고 생각하기 때문이다. 왜 나는 나에게만, 나 자신의 안전과 안녕, 행복에만 집중하는가? 그 대답은 당신이 당신을 낳은 이 세계와 별개의 존재가 아니기 때문이라는 것이다. 그러므로 이 세상의 다른 모든 것, 다른 모든 사람과 마찬가지로 당신도 자애의 대상이 될 자격이 있다는 것이다. 당신의 자애는 거기에 당신 자신도 포함되지 않으면 사랑을 주거나 친절할 수 없다. 그러나 동시에 당신은 걱정할 필요가 없다. 자애의 영역은 무한하기 때문에 그것은 당신 자신에게로 국한될 수가 없다. 원한다면 당신은 지금까지 이야기한 자애 수련을 사람들 앞에서 악기 연주를 하기 전에 먼저 악기를 조율하는 것으로 생각할 수도 있다. 이 경우 악기를 조율하는 것 자체가 이미 커다란 사랑과 친절의 행위이며, 어떠한 목적의 도구가 아니다.

수련은 계속된다.

일단 자기 주변으로 꽤 안정적인 자애의 장을 확립했고 한동안 그 품에 안겨서 어루만짐을 받는 경험을 했다면, 당신은 우리가 마음챙김 수련에서 알아차림의 장을 확장하는 법을 배운 것과 마찬가지로 이제 의도적으로 가슴의 장을 확장시킬 수 있다. 우리는 우리의 가슴과 존재 주변으로 자애의 장을 확장시켜 다른 존재들—하나 혹은 여럿을—이 커 가는 품 안으로 초대할 수 있다. 이것이 언제나 쉬운 것은 아니므로 당신이 자연스럽게 자애의 느낌을 가질 수 있는 한 사람으로부터 시작하는 것이 도움이 된다.

이제 당신의 마음의 눈으로 당신의 가슴에서 당신이 커다란 애정을 갖고 있는 한 사람, 당신이 정서적으로 가깝게 느끼는 한 사람에 대한 느낌을 떠올려 본다. 조금 전 당신 자신에게로 향하던 것과 똑같은 자애의 마음으로 이 사람을 당신의 가슴에 안을 수 있는가? 자녀든, 부모든, 형제자매든, 조부모든 혹은 가깝고 먼 친척이든, 가까운 친구이든, 소중한 이웃이든, 한 사람 혹은 여럿이 당신의 가슴속에서 그들과 함께 호흡할 수 있는가? 최선을 다해 당신의 가슴에서 그들을 머릿속에 그려 보며—이것이 효과를 발휘하기 위해 반드시 매우 생생한 이미지를 떠올려야 하는 것은 아니다—그들이 잘되기를 빌어 줄 수 있는가?

그녀, 그, 그들이 안과 밖의 위험으로부터 보호받고 안전하기를.

그녀, 그, 그들이 행복하고 만족하기를.

그녀, 그, 그들이 건강하고 어찌 되었든 온전하기를.

그녀, 그, 그들이 안녕이라는 평안을 경험하기를.

당신 자신의 가슴속에서 자애의 장에 매 순간 머물면서 이 구절들에 숨겨진 힘으로 그것들을 자신에게 조용히 소리 내어 말해 보라. 순서대로 계속해서 반복하면서 기계적이 아닌 마음 챙기는 온전한 알아차림으로, 당신이 하는 말을 충분히 자각하면서, 또 그 느낌 뒤의 의도를 인식하면서, 각 구절 뒤의 의도와 느낌을 알면서 그렇게 하라.

여기서부터 당신은 이제 당신이 잘 모르는 사람—당신과 무관한 사람, 심지어 전혀 모르는 사람, 단지 간접적으로만 관련이 있는 사람, 친구의 친구 등—까지도 한 사람 혹은 여럿을 당신의, 사랑하는 가슴의 장으로 초대할 수 있다. 그리고 다시 그, 그녀, 그들을 당신의 가슴속에서 어르며 그들에게 이렇게 빌어 줄 수 있다.

그녀, 그, 그들이 안과 밖의 위험으로부터 보호받고 안전하기를.
그녀, 그, 그들이 행복하고 만족하기를.
그녀, 그, 그들이 건강하고 어찌 되었든 온전하기를.
그녀, 그, 그들이 안녕이라는 평안을 경험하기를.

여기서부터 당신은 자각의 장을 더 확장시켜 당신과 이런저런 방식으로 문제가 있는 사람들까지도 포함시킬 수 있다. 당신과 힘든 과거를 보낸 사람, 이런저런 방식으로 당신에게 해를 입힌 사람, 어떤 이유든 당신이 친구라기보다 적이나 방해물에 가깝다고 생각하는 사람까지도 포함시킬 수 있다. 이것은 당신이 그들과 그들이 당신에게 입힌 상처를 반드시 용서해 주어야 한다는 의미는 아니다. 다만 당신은 그들 또한 당신과 마찬가지로 인간이며, 그들 또한 선한 바람을 지니고 있고 또 불편함, 질병으로 고통을 겪고 있으며, 그들 또한 행복하고 안전하기를 바란다는 사실을 자각하기만 하면 된다. 그래서 최선을 다하여 지금 당신에게 가능한 만큼만 혹은 기꺼이 경험할 수 있을 만큼만 그들에게로 자애를 확장하는 것이다. 당신과 그들 사이에 놓여 있는 온갖 어려움과 문제에도 불구하고 말이다.

그녀, 그, 그들이 안과 밖의 위험으로부터 보호받고 안전하기를.

그녀, 그, 그들이 행복하고 만족하기를.

그녀, 그, 그들이 건강하고 어찌 되었든 온전하기를.

그녀, 그, 그들이 안녕이라는 평안을 경험하기를.

이제 잠시 멈추어서 당신은 자신의 자애명상이 어떻게 나아가고 있는지 살펴볼 수 있다. 한 가지 주의 대상에 계속해서 머물 수도 있고 주의의 장을 확장하여 여러 가지 주의 대상을 포함할 수도 있는 마음챙김 계발에서와 마찬가지로, 자애 수련에서도 우리는 며칠, 몇 주, 몇 달 혹은 몇 년 동안 서로 다른 수련 수준에 머물 수 있다. 어떤 수준이라도 모두 나름의 가치가 있으며, 그 모든 수준은 결국에는 서로를 포함하게 된다. 그래서 당신이 한 번의 또는 여러 번의 앉기 명상에서 오직 자신에게로 향하는 자애의 마음만 계발해 왔다 하더라도 전혀 문제될 것이 없다. 혹은 자신이 잘 알고 사랑하는 사람에게만, 심지어 계속해서 한 사람에게만 자애의 마음을 향했다 해도 전혀 문제될 것이 없다.

그러나 아마도 시간의 흐름과 함께 당신은 당신에게서 안으로, 밖으로, 온 방향으로 뻗어 나가는 자애의 장 안으로 자연스럽게 더 많은 존재를 초대하게 될 것이다. 왜냐하면 자애는 그 함량—당신이 그것을 알든 모르든—이 실로 무한하기 때문이다. 그것이 사랑의 본성이다. 사랑은 그 경계가 없으며, 따라서 무한대의 공급량을 지녔다.

혹은 당신이 초대하지 않아도 저절로 자애의 장 안으로 들어오는 존재들도 있을 것이다. 이것은 흥미로운 현상이다. 당신이 의식적으로 그들—자애의 장 안으로—을 초대하지 않았는데 그들이 어떻게 당신에게 나타난 것인가? 흠……. 아마도 당신의 가슴이 당신이 생각하는 것보다 더 넓어졌거나 더 현명해졌기 때문일 것이다.

가슴과 사랑의 무한성의 정신에서 우리는 자애의 장을 확장하여 우리 이웃과 공동체, 국가, 전 세계를 포함할 수 있다. 자신의 애완동물, 모든 동물, 모든 식물, 모든 생명체, 전 생물권, 모든 지각하는 존재(sentient being)를 거기에 포함할 수 있다. 또한 당신의 자애의 장에 아주 특정적으로 특정 인물, 특정 정치 지도자를 포함할 수도 있다. 비록 당신이 그의 정치적 견해에 동의하지 못하고 그의 기본적인 인간성까지 매우 심하게 비난한다 하더라도 말이다. 그러나 오히려 그것이 그를 당신의 자애의 장에 포함하는 더 타당한 이유가 된다. 그들도 인간이며 그런 이상 그들은 타인의 자애의 마음을 받을 자격이 있으며, 아마도 당신이 생각하지 못하는 방식으로 부드럽게 변함으로써 당신이 보내는 자애의 마음에 반응할 것이다. 이것은 당신에게도 마찬가지다.

당신은 또한 당신의 자애의 장에 당신보다 불운한 사람, 직장과 가정에서 착취당하는 사람, 타당하거나 부당한 이유로 감옥에 갇힌 모든 사람, 자신의 적에게 위협을 당하는 모든 사람, 병원에 입원한 사람, 아프거나 죽어 가는 사람, 두려움에 떨면서 혼돈에 휩싸여 있는 모든 사람, 다양한 형태의 고통으로 괴로워하는 모든 사람을 포함할 수 있다. 어떤 일이 그들을 지금의 위치로 데려왔든 간에 우리와 마찬가지로 그들 역시 질병이나 분열보다 안녕이라는 평온을 경험하기를 바랄 것이다. 우리와 마찬가지로 그들 역시 행복하고 만족스럽기를, 온전하고 건강하게 되기를 바랄 것이며, 그들 또한 위험으로부터 안전하고 자유롭기를 원할 것이다. 이렇게 우리는 우리 모두 행복을 바라고 고통을 원치 않는다는 점에서 서로 공통점을 찾을 수 있고, 그들에게 다음과 같이 빌어 줄 수 있다.

> 나와 가깝고 먼 모든 존재가 안과 밖의 위험으로부터 보호받고 안전하기를.
> 나와 가깝고 먼 모든 존재가 행복하고 만족하기를.
> 나와 가깝고 먼 모든 존재가 건강하고 온전하기를.
> 나와 가깝고 먼 모든 존재가 안녕이라는 평안을 경험하기를.

그리고 여기서 멈출 필요는 없다. 당신의 자애의 장에 지구 전체는 왜 포함하지 않는가? 우리의 집이자 그 자체로 하나의 유기체인, 어떤 의미에서는 하나의 몸이라고 할 수 있는 지구를 왜 포함하지 않는가? 하나의 몸으로서의 지구는 사람들의 의식적이고 무의식적인 행위 때문에 균형이 깨어질 수 있다—지구가 영양을 보급하는 생명에, 그리고 그 생명체의 모든 측면에 깃든 지성에, 동물과 식물, 자연계에서 서로 긴밀하게 상호작용하는 광물에 커다란 위협을 드리우는 방식으로.

그리고 우리의 사랑하는 가슴의 장에, 우리의 자애의 장에 지구라는 전체로서의 행성, 더 나아가 우주 전체—그 속에서 지구는 하나의 원자에 지나지 않고, 우리는 하나의 쿼크(quark: 소립자의 일종 - 역자 주)에 지나지 않는—를 포함할 수도 있다.

우리 행성과 전 우주가 안과 밖의 위험으로부터 보호받고 안전하기를.

우리 행성과 전 우주가 행복하고 만족하기를.

우리 행성과 전 우주가 건강하고 온전하기를.

우리 행성과 전 우주가 안녕이라는 평안을 경험하기를.

행성 혹은 전 우주의 행복을 빌어 준다는 것은 어쩌면 어리석은, 일종의 정령신앙처럼 보일 수도 있다. 그러나 그렇게 하지 않을 이유가 무엇인가? 결국 우리가 우리에게 문제가 되는 개개인에 대해 말하고 있든 혹은 전 우주에 대해 말하고 있든 가장 중요한 것은 우리가 우리 자신의 가슴을 분리가 아닌 포용으로 향하게 한다는 것이다. 결국 타인과 지구, 우주에 혹은 그 사이의 어떤 차원에서 어떤 결과가 일어나든 우리 자신을 이런 방식으로 확장하고자 하는—문자 그대로의 의미에서, 그리고 비유적인 의미에서—의지는 우리 자신의 삶과 이 세계 속에서 살아가는 우리 자신의 능력에 심대한 영향을 미칠 것이다. 그리고 그것은 지혜와 자비, 자애와 평정심, 그리고 궁극적으로는 살아 있음에 내재한 기쁨을 표현하는 방식으로, 또 우리 자신을 우리 마음과 가슴의 모든 조건화와 그것이 초래하는 괴로움으로부터 자유롭게 하는 데 따르는 무한한 기쁨을 표현하는 방식으로 그렇게 할 것이다.

자애명상에서 그렇게 하는 것은 곧 지금 여기에서 가슴의 해방을 수련하는 것이다. 의심의 여지없이, 이 세계는 단 한 사람이 그러한 의도를 내는 것만으로도 이로움을 얻고 더 순수하게 될 수 있다. 실재의 격자 구조와 모든 생명체의 그물망 속 관계는 우리가 지니고 있을 수 있는 모든 원한과 악의—우리가 생각하기에 그것이 아무리 합당한 것이라도—를 놓아 버리려는 우리의 열림과 의지를 통해 조금씩 그러나 결코 사소하지 않은 방식으로 변해 갈 것이다.

동시에 이러한 수련과 우리 가슴의 가장 깊은 본성에 대한 충실함으로 우리, 지구에서 생겨난 우리, 생명의 흐름에서 생겨난 우리, 우주에서 생겨난 우리는 자애 수련의 몸짓이 지닌 관대함과 그것이 우리 가슴에 미치는 영향—적어도 잠시 동안이라도 그것은 더 이상 원한이나 악의를 품지 않을 것이다—으로 축복을 받게 되고 정화되며 더 온전한 존재가 될 수 있다. 아주 조금이라도 공식적 · 비공식적으로 자애를 수련할 것을 선택하는 우리는 그것의 첫 번째 수혜자다.

* * *

친절이 정말로 무엇인지 알기 전에
당신은 가지고 있던 것을 잃어야 하리.
미래가 한순간에 사라지는 것을 느껴야 하리.
마치 묽은 수프에 소금이 녹아들듯이
당신이 손에 쥐고 있던 것을
당신이 중요하게 여기고 소중하게 간직했던 것을
이 모든 것을 잃어야 하리.
그래야 친절이 없는 풍경이
얼마나 쓸쓸한지 알게 되리.
당신은 버스가 결코 멈추지 않을 것이라 생각하며
계속해서 버스를 타고 가는데
옥수수와 닭고기를 먹고 있는 승객들은
계속해서 창밖만 내다보네.

친절의 부드러운 중력을 알기 위해서는
하얀 비옷을 입은 인디언이 죽은 채
길가에 누워 있는 곳에 가 보아야 하리.
그래서 이 인디언이 곧 당신일 수 있음을,
그 역시 계획을 가지고 또 그를 살아 있게 하는
단순한 호흡을 가지고 밤을 여행하던 사람이라는 것을
알아야 하리.

내면의 가장 깊은 것으로서의 친절을 알기 위해
당신은 또 하나의 가장 깊은 것, 바로 슬픔을 알아야 하리.
슬픔으로 잠에서 깨어나야 하리.
당신의 목소리가 모든 슬픔의 가닥을 붙잡을 때까지
당신은 슬픔에 말을 걸어야 하리.

그래야 헝겊 전체의 크기를 보게 되리.

이제 이해가 되는 것은 오직 친절뿐.
오직 친절만이 당신의 신발을 묶어 주고
오직 친절만이 당신을 밖으로 나가게 해
편지를 부치고 빵을 사 오게 한다네.
오직 친절만이 세속의 군중 속에서 머리를 들어
이렇게 말하게 한다네.
당신이 찾고 있었던 건 바로 나요.
나는 당신이 가는 곳 어디라도 따라갈 테요.
친구의 그림자처럼.

– 나오미 시합 나이(Naomi Shihab Nye)「친절(Kindness)」

내가 제대로 하고 있나

우리는 학습 곡선을 따라 나아가게 되어 있는 새로운 시도에 착수할 때, 스스로에게 "내가 제대로 하고 있나?"라는 질문을 던지는 것은 당연하다. 우리는 '그것'이 무엇이든 간에 우리가 그것을 정확하게 하고 있는지 체크하고 확인하기를 원한다. 그리고 그 길에 어떤 표지판과 기준점이 있는지, 그래서 그것들이 우리가 한곳에 정체되거나 마음의 사르가소해(Sargasso Sea)—북대서양의 미국 바하마 제도의 동쪽 앞바다. 콜럼버스의 항해 때 바람이 없고 해조(海藻)가 배에 달라붙어서 마음대로 나아가지 못해 곤란했다는 기록이 있음: 역자 주—에서 끝없이 맴돌지 않고 정말 앞으로 진전하고 있으며, 우리가 어딘가에, 그것도 바람직한 어딘가에 가까워지고 있는지를 확인해 주기를 바란다. 아니면 적어도 그것이 우리가 지금보다 조금 더 사랑을 베풀고, 조금 더 친절하며, 조금 더 평온하고, 조금 더 마음챙김을 하는 사람이 되어 가고 있음을 알려 주기를 바란다. 그리고 물론 우리는 그 길에서 우리가 지금 느끼고 있는 것이 '원래' 그렇게 느끼게 되어 있는 것임을, 우리에게 일어나고 있는 일이 '원래' 그렇게 일어나게 되어 있는 일임을, 그래서 그것이 '정상'임을 확신할 수 있기를 바란다. 그것이 우리가 어딘가 모자라거나 잘못된 방향으로 가고 있는 것이 아님을, 또는 그 길에서 자신도 모르게 잘못된 습관이 몸에 배지 않았음을 확인해 주기를 바란다.

더 많이 연습하면 할수록 실력이 향상되는 기술로서, 즉 명상을 하나의 도구로 생각한다면 당신이 명상을 제대로 하고 있는지 알고 싶어 하는 것은 충분히 말이 된다.

그리고 그 길에는 당신의 진보를 알려 주는 표지판 같은 것이 실제로 있다. 주의력이 더 안정되고 고요해진다든지, 더 오랫동안 더 편안한 자세로 자리에 앉게 된다든지, 일어나는 현상에 대해 더 큰 통찰력과 평정심을 갖는다든지, 알아차림의 장에서 일어나는 그 무엇이든 접촉하는 순간에 그것과 만날 수 있는 능력을 갖게 된다든지, 우리 자신의 특정한 동일시나 집착과 관련하여 우리가 모든 것을 얼마나 심각하게 받아들이고 있는지 간파하는 여유가 생긴다든지 하는 것이 그것이다. 당신은 또 자애와 자비, 그리고 타인의 행운에 대한 기쁨의 느낌을 보다 자연스럽게 체험하는 자신을 발견하게 될지도 모른다.

또한 당신은 명상을 더 많이 수련하고자 하는 자신의 욕망과 열의를 스스로에게서 발견할 수도 있다. 당신은 자신이 이때까지는 습관적으로 보지 않으려고 했던 곳을 명료하게 보고자 하는 의지를 갖게 되었음도 알 수 있다. 또 자신의 마음 상태가 다른 사람과 자신에게 어떻게 영향을 미치는지 더 자각할 수도 있다. 감각세계의 마법과 질감을 예전보다 훨씬 더 정밀하게 음미하는 자신을 발견할 수도 있다. 자신이 예전보다 더 체현되었고 몸을 운반하는 자신의 피부 그리고 숨 쉬는 전체로서의 몸과 더 많이 접촉하게 되는 것을 알 수도 있다.

당신이 명상을 필생의 과업으로 생각하고 그에 전념하여 지속적으로 수련한다면 당신이 좋아하든 싫어하든 당신은 이 모든 표지판을 만날 수 있고 또 만나는 순간 그것들을 알아볼 것이다. 당신이 만약 훌륭한 스승과 함께 명상하는 행운을 누린다면 그것은 당신이 명상을 '제대로' 하고 있는지 확인하는 데, 당신의 명상 체험을 승인해 주는 데, 그리고 마음챙김을 실천하고 수련하는 과정에서 필연적으로 일어나게 마련인 수많은 체험에 올바로 대처하는 지침을 주는 데 확실히 도움이 될 것이다.

그런데 '내가 제대로 하고 있나?'라는 의문과 생각이 일어나 걱정과 의심, 혼란이 생길 때 그에 대한 또 다른 답이 있다. 그 답은 명상 수련의 비도구적 성격에서 나온다. 비도구적 성격으로서의 명상이란 특정 목표 지점에 도달하는 수단—도구—으로써의 명상이 아니라 이미 자신이 존재하고 있는 곳에 다만 존재하면서 그것을 아는 것으로써의 명상을 말한다. 이런 관점에서 보자면 만약 당신이 알아차림 속에 머물고 있다면 당신이 거기서 무엇을 체험하고 있든 상관없이—유쾌한 것이든 불쾌한 것이든 무덤덤한 것이든—당신은 명상을 제대로 하고 있는 것이다. 만약 지겨움을 느낀다 하더라도 그것을 알아차리고 있다면 당신은 명상을 제대로 하고 있는 것이다. 만약 두려움을 느낀다 해도 그것을 알고 있다면 제대로 하고 있는 것이다. 혼란스러움을 느낀다 해도 그것을 알고 있다면 제대로 하고 있는 것이다.

우울하더라도 자신이 우울하다는 것을 알고 있다면 제대로 명상하고 있는 것이다. 만약 당신의 생각이 결코 멈추는 법이 없지만 그것을 현재 순간에 자각하고 있다면, 그리고 당신이 생각의 동요에 휩쓸리지 않고 생각에 대한 앎 자체가 될 수 있다면 당신은 명상을 제대로 하고 있는 것이다. 그리고 당신의 생각하는 마음이 동요하고 제멋대로 퍼져 나가며 꼬리에 꼬리를 물고 이어진다 하더라도 당신이 그것을 알아차리고 있다면, 그리고 그 순간 그 앎이 될 수 있다면 당신은 제대로 하고 있는 것이다.

실제로 당신이 할 수 있고 당신에게 일어날 수 있는 일 가운데 당신이 그것을 알아차리기만 한다면 수련의 일부가 될 가치 없는 일이란 없다. 당신은 수련 중 일어나는 어떤 것에 대해서도 계속해서 혼란스러워하거나 동요하거나 집착하거나 원하거나 거부함 없이 그것을 신뢰하면서 알아차림 속에 머무는 것에 자신을 내줄 수 있다.

물론 우리가 알아차림을 잃게 되면 어떤 순간에라도 고통과 미망은 매우 힘겨운 것이 될 수 있다. 만약 당신이 고통과 미망을 알아차리지 못하고 그것들과 자신을 강하게 동일시하게 되면 당신은 불편함, 두려움 등의 괴로운 마음 상태에서 나오는 미숙하고 건전하지 못한 행동에 사로잡힐 수도 있다. 알아차림이 흐릿해지고 가려지면 우리는 실재와의 접촉을 잃고 정신까지도 잃어버리며 온전한 우리 자신도 잊어버리게 된다. 또한 정말 어처구니없는 방식으로 타인에게 해를 입히는 것은 물론 우리 자신의 안녕에 대한 방해물도 만들게 된다. 그러나 심지어 그런 상황에서도 알아차림은 언제나 가능하다. 알아차림을 수련하는 일은 언제, 어디서나 할 수 있다. 그리고 우리가 우리의 마음과 행동에서 일어나는, 잠재적으로 파괴적이고 해로운 것들을 인식하는 법을 익히면서 이들을 현재 순간의 알아차림 속에서 품어 안을 수 있다면, 그것은 훨씬 더 능숙한 것이 될 것이다. 그렇게 우리는 그 순간이 또다시 새로운 시작이 되도록, 우리 스스로 해롭고 파괴적인 행동을 삼가겠다고 결심하는 새로운 기회가 되도록, 또 우리가 이미 서 있는 곳에 굳건하게 서 있는 기회가 되도록 만들 수 있다.

알아차림은 우리가 그 안에 머물 수 있는 매우 넓은 공간이다. 알아차림은 단 한 번도 우리의 둥지, 친구, 성역, 피난처가 아닌 적이 없었다. 그리고 그것은 다만 때로 장막에 가려져 있었을 뿐 한 번도 여기에 있지 않은 적도 없었다. 그러나 앎이란 미세한 것이라서 아주 잠시 동안이라도 우리가 알아차림의 영역에 자주 방문할 것을 요구한다. 겨냥하고 지속하고, 겨냥하고 지속하고, 겨냥하고 지속하고……. 당신이 만약 의심 속에 있더라도, 그리고 불행, 혼란, 불안, 고통 속에 있더라도, 당신이 알아차림으로 향한다면 이러한 마음 상태는 더 이상 '당신의 것'이 아니게 된다. 그것들은 다만 몸과 마음의 변화무쌍한 날씨에 지나지 않는다. 당신이 의심하고 있고, 불행하게 느끼며, 혼란스럽고, 불안하고, 고통을 느끼고, 분개한다는 사실을 아는, '당신'의 바로 그 차원은 결코 그것들—의심, 불행 등—과 같지 않으며, 그 자체로 이미 온전한 무엇이다. 그 차원은 또한 가장 근본적인 차원에서 있는 그대로의 당신 본연의 모습일 것이다. 그리하여 당신이 현재 순간에 비판단적인 알아차림을 기억하여 그것을 신뢰한다면, 그리고 때로 길게는 아니더라도 자주 그곳을 방문한다면 당신은 명상을 '제대로 하고 있는' 것이다. 뿐만 아니라 이제는 더 이상 행위도, 그 행위의 주체도 없게 된다. 이제 그것은 더 이상 함(doing)의 문제가 아닌 존재(being)의 문제, 즉 앎 자체가 되는—알지 못하는 것에 대한 앎도 포함하여—문제가 된다. 이 둘은 서로 다른가?

한 번에 하나씩 그것과 함께 앉아 있어 보자.

수련의 흔한 장애물

명상 수련의 가장 흔한 장애물은 하고 싶지 않은 것이다. 당신 안의 어떤 부분이 명상을 하는 것은 좋은 일이라고 생각하지만 막상 명상을 하기 위해 자리에 앉으려고 하면 즉각적으로 다른 생각이나 느낌이 끼어들 때가 있다. 그것은 이와 같이 말한다. '지금 말고.' '시간이 없는데…….' '그보다 책을 읽거나 사람을 만나는 게 낫지 않을까?' '마침 밥 먹을 시간이군.' '당장 해야 할 일이 산더미 같은걸.' '명상은 조금 있다 하자.' '내일부터 해야지.' '다만 내가 현재 하고 있는 일에 좀 더 마음을 챙기면 돼.' 등. 처음에 명상을 하려고 다짐했던 마음을 방해하는 생각들이 언제나 일어나게 마련이다.

여기가 바로 의도성과 동기가 개입하는 자리다. 명상은 하나의 규율(discipline)이며, 우리가 그것을 하고 싶든 하고 싶지 않든, 그리고 마음이 우리가 목표에서 벗어나도록 선동하기 위해 무엇을 만들어 내든 간에, '규율'로서의 명상을 수련할 때 우리는 그로부터 이익을 얻는다. 따라서 당신이 공식 수련을 통해 당신의 삶에서 마음챙김을 계발하고 정련하고자 한다면, 당신이 마음챙김 수련을 처음 시작하는 단계이며 아직 규칙적인 수련의 규율을 정착시키지 못한 상태라면, 혹은 수련 규율이 당신에게 오랫동안 희미해지고 색이 바래 버렸다면, 당신은 아침 일찍 일어나서 자신을 위한 명상시간을 따로 마련함으로써—아직 그날의 해야 할 일이 당신의 명상 의도를 점령하지 않은 상태에서—명상 수련의 규율을 다시 확립할 수 있음을 알게 될 것이다. 그렇게 오직 당신 자신만을 위한 시간을 마련한다고 생각하라. 아무것도 채울 필요가 없고 또 어떤 것도 할 필요가 없는 시간, 다만 자기 자신과 함께 단순하게 머무는 시간, 매 순간 당신의 몸과 마음, 가슴에서 펼쳐지는 삶, 자기 스스로를 표현하는 삶과 친밀해지는 시간을 갖는다고 생각하라.

물론 명상 수련에 대한 장애물은 명상을 시작하는 데만 국한되지 않는다. 일단 방석에 앉고 나서도—넓은 의미의 명상을 모두 포함하는 것—지금 현재 일어나고 있는 일에 현존하고자 하는 자신의 의도에서 벗어나는 일은 다반사다.

무엇보다 당신의 몸은 계속해서 옴죽거리고 안달하면서 불편한 감각을 느낄 것이다. 몸 여기저기가 쑤시고 가렵고 따끔거리고, 혹은 몸을 움직이고 싶은 참을 수 없는 충동도 일어날 것이다. 그러나 이것은 전혀 문제가 되지 않는다. 이러한 것은 다만 몸이 적응해 가는 중간 단계일 뿐이다. 지속적인 수련을 통해 당신이 이것들을 단지 하나의 감각으로 보게 되면 신체의 다른 감각과 마찬가지로 그것들도 당신의 알아차림 속에서 가볍고 부드럽게 다룰 수 있다. 특히 끊임없이 그에 대해 판단하고 그것과 맞서 싸우고 그것을 변화시키거나 혹은 굴복하고 싶은 마음속의 불붙은 생각으로 그것들을 자꾸 키우지 않는다면 말이다. 마음속의 그 생각들은, 예컨대 당신에게 이렇게 속삭일 것이다. "너는 명상에 소질이 없어." "이것—이런 불편한 신체 감각—은 명상이 순전한 고문일 뿐이라는 것, 그리고 아직 자기 삶에서 충분히 고통을 맛보지 않은 사람이나 할 법한 자기학대 행위일 뿐이란 것을 확인시켜 주고 있어." 물론 이런 생각 자체가 순전한 넌센스이며, 이런 반응적 신체 '소음'에 덧씌운 반응적 정신 소음일 뿐이다.

이러한 마음 표면의 파도 아래 있는 고요함 속으로 자리를 잡아 들어가면 당신은 당신의 온 존재의 내적, 외적 풍경의 지형에 친숙해진다. 그리고 몸풍경, 마음풍경, 지금풍경, 공기풍경, 감각풍경 등에도 익숙해진다. 그렇게 되면 수련을 방해하는 요인들은 대부분 잦아들고 누그러지게 된다. 나중에 다시 그런 방해 요인이 가끔씩 나타나더라도 그것들은 단지 변화무쌍한 몸과 마음의 상태로 인식될 뿐이다. 우리가 지금 현존하는 것을 수련하지 않을 이유는 수백만 가지도 넘는다. 그러나 알아차림 속에 머물면서 앎 자체가 되면—경험의 영역에서 일어나는 다른 모든 현상에 대해서와 마찬가지로—우리는 그런 방해 요인들이 결코 지속되지 않는다는 것을 곧 알게 된다. 그러나 마음챙김 수련의 초기 단계에서는 이러한 방해 요인이 힘겹게 느껴지는 경우에는 우선 요가를 먼저 한 다음 서서히 앉기 명상이나 눕기 명상, 서기 명상을 통해 고요함 속으로 들어가는 것이 좋다.

왜냐하면 마음도 몸과 마찬가지로 이리저리 움직이고 싶어 하기 때문이다. 당신은 쉽게 조바심과 짜증을 느낄 수도 있다. 그러나 이러한 것 역시 문제가 되지 않는다. 그것들은 단지 마음의 습관일 뿐이다. 우리가 그것들을 관찰하면, 호흡이나 우리의 알아차림의 영역 안에 두기로 한 다른 무엇들과 함께, 있는 그대로의 그것들을 보고 알 수 있게 된다. 그것들은 단지 비개인적인 마음 상태일 뿐으로, 당신이 그것들과 맞붙어 싸우거나 그것들이 사라져 주기를 바라면서 그것들을 계속해서 키우지만 않는다면 사라질 것이다. 실제로 이런 조바심과 짜증은 그 자체로 중요한, 심지어 매우 유용한 명상 대상이 될 수 있다. 당신은 자신의 조바심이나 짜증과 친구를 맺을 수도 있다. 자신의 조바심이나 짜증과 친숙해지는 것, 또 그로부터 계발되는 친밀함은 그 자체로 더할 나위 없는 하나의 명상 수련이며 당신을 평정의 마음으로 이끌어 줄 것이다. 그것은 어떠한 조건이나 조건화도 넘어선 상태이며, 그러므로 자유롭다.

우리가 눕기 명상에서 본 것처럼 졸음 역시 수련에 대한 방해 요인으로 생각될 수 있다. 그러나 당신이 명상에 대해 진지하다면 졸음은 커다란 문제가 되지 않는다. 당신이 정말로 잠이 모자란 상태라면 명상 수련을 하기 전에 우선 잠을 더 자는 것이 맞다. 잠이 모자란 상태에서는 마음이 혼돈스럽고 균형을 잃기 쉽다. 이것은 오직 잠을 더 잠으로써만 바로잡을 수 있다. 그러나 그렇지 않고 당신의 졸음이 단지 수련을 하려고 앉을 때마다 나타나는 습관적인 것이라면 당신은 졸음을 물리칠 수 있는 어떠한 방법이라도 사용할 수 있다. 방석에 앉기 전에 얼굴과 목에 찬물을 끼얹는다든지, 찬물로 샤워를 한다든지, 눈을 뜬 채로 자리에 앉는다든지, 서서 명상을 한다든지 하는 다양한 방법이 있을 것이다. 당신이 정말로 자신의 삶 속에서, 그리고 자신의 삶에 깨어 있기를 원한다면 당신은 그러한 의도를 지지할 수 있고, 실제로 그렇게 될 수 있도록 하는 적절한 방법을 찾을 수 있다. 나는 밤늦게 자동차를 운전할 때 졸음이 오면—라디오에서 흘러나오는 시끄러운 로큰롤 음악이나 신선한 공기가 효과가 없을 때, 그리고 차를 멈추는 것이 적절치 않은 상황에서—얼굴을 손바닥으로 세차게 몇 차례 두드린다. 이런 상황에서 그것—학대의 행위가 아닌—은 지혜와 자비의 행위일 것이다. 앞에서 말했듯이 명상도 결국 중요한 것은 당신이 '수련에 얼마나 진지하게 임하는가'일 것이다. 마치 당신의 생명이 거기 달려 있는 듯이 명상 수련에 임해야 한다.

진정한 수련에 방해가 되는 또 다른 요인으로 자신의 수련을 이상화하고 자신에게 불가능한 기준을 설정하는 것이 있다. 그렇게 수련을 자신에 대한 자비나 가벼운 유머 감각 없이 일종의 의지적 행위—거의 공격적 행위에 가까운—로 만들어 버리는 것이다. 마음챙김은 철저한 사랑의 행위라는 것을 기억하기 바란다. 이것은 마음챙김의 뿌리에는 타인에 대한 자비와 자신에 대한 자비가 있다는 의미다. 만약 우리가 우리 자신과 우리가 지금 경험하고 있는 것—그것이 무엇이든 간에—을 온화하게 받아들이지 못한다면, 그리고 우리 자신과 타인에게 우리가 성장하고 있으며, 우리가 더 나은 사람이 되어 가고 있다는 것을 확신하기 위해 지금과 다른 더 좋은 경험을 계속해서 원한다면, 우리는 아마도 명상을 그만두어야 할 것이다. 그럴 경우 우리는 스스로에게 엄청난 스트레스와 고통을 만들어 낼 것이며, 명상에 대해 효과가 없다고 비난할 것이다. 실은 우리가 있는 그대로의 것, 우리가 발견한 것에 대해 어떻게 해 보려고, 또 있는 그대로의 우리 자신을 받아들이려고 하지 않았다는 것이 더 정확한 표현일 것이다. 억지와 애씀은 때로 '향상'과 '이동' '자신의 수련에서 어딘가에 도달했다.'고 하는 인상을 줄 수도 있다. 그러나 자기수용과 자기애가 없다면 그 조임과 밀어붙임의 에너지는 우리가 고요함을 탐험하는 데 있어 현명하지 못하고 서툰 동기가 되고 말 것이다. 그리고 상당한 집중력과 마음의 안정을 계발하더라도 거기에 지혜는 없게 될 것이다. 지혜란 우리가 손쉽게 손에 넣을 수 있는 그런 것이 아니라 다만 적절한 조건이 갖추어지면 우리 안에서 자연스럽게 자라나는 봄(seeing)과 존재(being)의 한 방식이기 때문이다. 심오한 수련이라는 토양은 깊은 자기수용과 자기애라는 비료를 필요로 한다. 이러한 이유로 부드러움은 사치가 아니라 우리가 온정신을 회복하는 데(coming to our senses) 반드시 필요한 요구사항이다. 그리고 우리가 이미 있는 그대로의 우리로서 괜찮으며 이미 온전하다는 것을 인식할 또 하나의 기회를 가졌을 때라도, 가혹함과 애씀은 궁극적으로 자각 없음과 무감각을 만들어 내어 분열을 더 심화시킬 뿐이다.

결국 수련에 대한 장애물은 끝없이 많다. 그러나 우리가 그것을 알아차림 속에 품어 안으면 그것들 모두—우리가 예상했던 것과 예상치 못했던 것들 모두—가 명상 수련의 지원군으로 바뀔 수 있다. 우리가 그것들을 있는 그대로 알아보고 '좋다' '나쁘다' 평가하지 않고 단지 지금풍경의 일부로 단순하게 인식할 수 있다면—왜냐하면 정말로 놀랍게도 그것들은 이미 그러하기 때문에—그것은 수련을 방해하기보다 수련에 힘을 실어 줄 것이다.

* * *

당신의 눈이 피곤하면
세상도 피곤한 것.

당신의 시력이 떨어지면
세상도 당신을 찾지 못하리.

밤이 자신의 눈을 인식하는
눈을 가진 어둠 속으로
들어갈 때가 되었네.

거기서 당신은 확신할 수 있네,
당신이 사랑을 넘어서 존재하지 않음을.

오늘밤 그 어둠은
당신이 새롭게 태어나는 자궁이 되리.
밤은 당신이 볼 수 있는 것보다
더 멀리 볼 수 있는 수평선을 당신에게 주리.

당신이 배워야 할 것 한 가지는
세상은 그 속에서 자유롭기 위해 만들어졌다는 것.

당신이 속하는 단 하나의 세상을 제외한
다른 모든 세상을 버려라.

당신을 살아 있게 하지 못하는
그 무엇도, 그 누구도
당신에겐 너무 작다는 것을 아는 데는
때로 어둠과 당신의 외로움이라는
달콤한 유폐가 필요하다네.

– 데이비드 화이트(David Whyte), 「달콤한 어둠(Sweet Darkness)」

수련의 지원군

마음챙김 수련의 가장 중요한 지원군은 뭐니 뭐니 해도 마음챙김 수련에 임하는 자신의 동기의 질과 열정의 정도일 것이다. 어떠한 외부적 지원도 이 내면의 불꽃을 대신할 수 있는 것은 없다. 정말로 중요한 것처럼 자신의 삶을 살겠다는 그 고요한 열정, 우리가 삶의 많은 부분을 의식 없음과 관성적 자동성, 그리고 우리의 뿌리 깊은 조건화에 내줘 버리기가 얼마나 쉬운지 깨닫고자 하는 그 고요한 열정을 대신할 수 있는 것은 아무것도 없다. 이것이 바로 내가 나와 함께 수련하는 이들에게 '마치 자신의 목숨이 거기 달려 있는 것처럼' 수련할 것을 권하는 이유다. 당신이 정말로 당신의 목숨이 수련에 달려 있다는 것을 알 때라야—혹은 정말 그럴지 모른다는 것에 조금이라도 생각이 미칠 때라야—당신은 평소보다 조금 일찍 잠에서 일어나고자 하는 열의와 동기를 갖게 될 것이다. 그래야 당신은 오직 당신 자신을 위한 방해받지 않는 시간, 오직 존재함을 위한 시간, 시간을 벗어난 시간, 하루 중 당신에게 더 적합한 때에 수련하기 위한 신성불가침의 시간을 마련할 수 있을 것이다. 그래야 당신은 해야 할 일이 많은 날에도 수련을 할 수 있을 것이다.

그리고 무엇보다 당신의 '삶 자체'를 진정한 수련으로 만들 수 있을 것이다. 그러므로 이것은 단지 공식 수련을 위해 일정한 시간을 마련하는 문제가 아니다. 그것은 우리가 살아 있는 매 순간—당신이 그 순간에 무엇을 하든 혹은 무슨 일이 일어나고 있든—에 마음챙김을 가져가겠다는 의지인 것이다. 그렇게 시간이 지나면 이제 '당신이 수련을 하는 것이 아니라 수련 스스로가 자신을 수련하는' 느낌을 받을 수 있을 것이다. 이것은 시간이 지나야 알 수 있는 것으로, 그렇게 되면 수련은 점차 특별한 노력을 기울이지 않아도 좋은 것, 당신의 삶의 방식으로부터 자연스럽게 흘러나오는 무엇이 된다. 그렇지만 우선은 이 온전한 행위에 참여하는 우리의 열의와 열정이 무엇보다 중요하다. 물론 시간 압박이 심하고 주의를 산만하게 하는 것들이 너무 많으며 우리에게 부과되는 요구사항이 이토록 많은 오늘날에 그러한 열의와 열정을 일으킨다는 것은 결코 쉽지 않은 일이다. 하지만 우리가 자각 없음과 그로부터 필연적으로 생기는 고통에서 벗어나기 위해 우리가 가진 힘을 유지하고 더 심화하기 위해서는 이러한 열의와 열정이 반드시 필요하다.

깨어 있음을 향한 그러한 고요한 열정과 조건화에서 자유로운 삶을 살겠다는 결의를 강화하는 방법은 찾아보면 무수히 많다. 우선 우리는 우리가 얼마나 그러한 조건화의 영향에 사로잡혀 있는지를 깨닫는 것에서 시작할 수 있다. 그런 다음 그 봄과 앎을 통해 우리 스스로를 그 조건화에서 벗어나게 하는 단계를 밟을 수 있다. 우리는 매 순간을 하나의 '분기점'으로 볼 수 있다. 그렇게 우리는 우리의 감각과 감성을 연마할 수 있다. 그렇게 매 순간이 우리에게 제공하는 장애물과 도전, 함정을 피해 가는 능력을 연마할 수 있다. 그렇게 우리는 그 길에서 아무리 많은 굴곡과 장애물이 우리 앞에 나타나더라도 명료성과 고요함, 집착 없음을 향하여 본능적으로 항해하고 움직이고 흘러가는 자신을 경험할 수 있다.

가장 중요한 것은 단 하나의 올바른 수련법이란 존재하지 않는다는 사실을 기억하는 것이다. 궁극적으로 우리는 수련을 '자신의 것'으로 만들어야 한다. 아니, 자기 자신을 수련에 내주어 그것이 자신의 스승이 되도록 함으로써 서서히 수련이 자기 것이 되도록 만들어야 한다는 표현이 더 정확할 것이다. 정말로 우리의 스승이자 교과과정은 다름 아닌 우리의 삶 자체다. 우리가 제대로 주의를 기울이며 눈을 뜨고 있다면 가장 평범한 순간에도, 가장 단순한 일에서도 우리는 삶 자체가 최고의 교사임을 거듭 깨닫게 될 것이다. 여기서 '교실'이란 감각풍경, 마음풍경, 지금풍경 등 우리 내면과 외면 세계의 전체 풍경, 일어나는 모든 일—정말로 하나도 빼놓지 않은 모든 일—비어 있음과 침묵, 그리고 이 모든 것을 그 안에 담아 안는 충만함이 될 것이다.

수련에서 자신의 삶으로 가져가는 열의와 열정을 대신할 수 있는 것은 없다. 충만하게 그리고 감사하는 마음으로 삶을 사는 것을 대신할 수 있는 것은 없다. 만약 당신이 지구상에서 유일하게 마음챙김을 수련하는 사람이라 해도 수련을 포기할 이유는 전혀 없다—물론 이것은 다소 힘 빠지는 생각이긴 하지만. 어쩌면 이것은 당신이 더욱 수련을 해야 하는 이유인지 모른다.

내가 보기에 우리의 수련을 도와주는 가장 강력한 지원군 중 하나는 지구상의 수백만 사람이 마음챙김에, 그리고 자각하는 삶을 사는 데 전념하고 있다는 사실이다. 하루 24시간 중 어느 때라도 지구에는 수백만의 사람이 명상을 하기 위해 자리에 앉아 있다는 사실을 떠올려 보라. 그러므로 당신이 명상을 하기 위해 자리에 앉을 때—그것이 하루 중 어느 때라도—당신은 혼자가 아니라는 사실을 알아야 한다. 이때 당신은 경계도, 중심도, 주변부도 없는 고요한 '현존'에 '로그인(접속)' 하는 것이다. 이때 당신은 깨어 있음과 해방을 향한 당신의 열정을 당신과 함께 공유하는, 비슷한 마음을 가진 사람들로 이루어진 거대한 공동체에 합류하고 있는 것이다. 그리고 과거에는 없던 수천 개의 장이 지금은 마련되어 날이 갈수록 점점 더 많은 사람이 수련의 장으로 들어오고 있다.

앞서 잠깐 언급했지만, 다르마—법, 진리—에 헌신하는 사람들의 공동체를 불교에서는 '상가(Sangha, 승가)'라고 부른다. 불경에 기록된 붓다의 가르침을 뜻하는 다르마(Dharma)가 대문자 D로 시작하듯이, 여기서 '상가'라는 단어도 대문자 S로 시작한다는 점에 주목하라. 원래 '상가'는 붓다의 가르침을 따르기 위해 속세를 버린 남녀 승려들의 공동체를 가리키는 말이었다. 그리고 그것은 지금도 상가라는 단어의 주요한 의미 가운데 하나다. 그러나 상가라는 이 단어는 이제 마음챙김의 삶, 해입히지 않는 삶을 사는 데 헌신하는 모든 사람을 포함하는 더 넓은 의미를 획득하게 되었다. 만약 우리가 수련하고자 하는 조금의 의지라도 가지고 있다면 우리는 서로 얼굴을 알든 모르든 모두가 상가—소문자 s로 시작하는—의 구성원이라고 할 수 있다. 이때 상가는 우리가 회원 가입을 해야 하는 구체적인 조직체를 의미하는 것이 아니다. 그것은 당신이 열정과 돌봄에 헌신함으로써 자연스럽게 그 일원이 되는 공동체다. 그리고 이러한 연결감을 갖는 것 자체가 자신의 수련에 커다란 지원군이 된다.

지금 내게 떠오르는 적절한 이미지가 하나 있다. 그것은 우리 모두가 같은 나무의 나뭇잎이라는 것이다. 우리는 모두 각자가 처한 상황에 따라 자기만의 독특한 위치와 견해를 가지고 있다. 그러면서도 우리는 각자 온전한 존재들이며, 나무 전체도 그 자신의 생명과 영양을 우리 개별 나뭇잎에 의존하고 있고, 또 우리 개별 나뭇잎도 생명과 영양을 나무 전체에 의존하고 있다. 우리는 스스로 온전한 존재인 동시에 더 큰 전체의 일부이기도 한 것이다. 사실 우리는 어떠한 경계도 알지 못하는 전체성의 내포적 차원의 일부인 것이다.

우리가 지금까지 어떻게 수련에 임했든 혹은 앞으로 어떻게 수련에 임하든 우리 스스로 수련의 방법을 만들어 낸 것이 아니라는 것은 사실이다. 수련은 우리가 우리에게 주어진 것, 그리고 고통과 그 이면의 열정, 천재성에 대해 최대한의 성실성과 존경심으로 우리 스스로 실험할 수 있도록, 스스로 탐구해서 알 수 있도록 과거로부터 우리에게 전해져 온 것이다. 수천 년 전 우리 앞에도 지금 우리와 똑같은 방식으로 다르마와 지혜, 연민에 헌신했던 많은 이가 있었다. 그들이야말로 시인 예이츠가 말했던 '이름 없는 교사들'로서, 모든 가치 있는 계보에서 그렇듯 우리 역시 앞으로 언젠가는 그들이 우리에게 남긴 유산과 재능에 대해 감사할 날이 있을 것이다. 그들 중에는 자신의 체험을 다양한 언어와 문화로 남겨 놓은 이도 있는 반면, 아무런 기록도 남기지 못한 이도 많다. 그러나 우리는 그들이 남겨 준 전체 유산을 바탕으로 우리보다 앞서 살아간 그들이 우리에게 남겨 준 그들의 정신과 방법론, 발판(scaffolding), 그 비어 있음, 한마디로 다르마를 우리에게 이롭게 활용하는 기회를 가질 수 있다. 이것은 어쩌면 종(種)에서 종으로 전해지는 유산으로서, 지금 그 활력과 필요성은 전에 없이 활발하고 크다.

지금 우리는 다양한 모습으로 드러난 보편적 다르마를 쉽게 접할 수 있는 축복받은 시대에 살고 있다. 훌륭한 명상 지도자와 수련자, 학자들이 쓴 책도 전에 없이 넘쳐 난다. 다양한 전통의 스승들에게 배울 수 있는 기회가 엄청나게 많으며 또, 우리가 이미 배운 것에 그것들을 계속해서 쌓아 갈 수도 있다. 나와 내 학생과 동료들의 삶에 큰 영향을 미친 책의 짧은 목록이 이 책의 끝 부분에 수록되어 있다. 또 수련의 다양한 측면을 안내하고 촉진하는 CD와 오디오테이프, 비디오도 당신의 수련에 중요한 자원이자 지원군이 되어 줄 것이다. 내 책에 딸린 그리고 내 가르침에서 사용하는 자료의 목록 또한 책 끝에 실었다.

그러나 이 모든 것에도 불구하고 당신은 스스로 엉덩이를 바닥에 붙이고 수련해야 한다. 좋은 책을 읽고 위대한 스승을 만나는 것도 영감을 주지만, 그리고 다른 사람들과 함께 자리에 앉는 것도 수련에 도움이 되지만—이에 대해서는 조금 뒤에 다룰 것이다—무엇보다 중요한 것은 지금 당신의 몸과 마음의 상태에서 당신 스스로 수련해야 한다는 사실이다. 당신은 책을 너무 많이 읽는지 모른다. 아무리 참되고 영감을 주며 수련을 돕는 책이라 해도 어쩌면 그것 역시 정보와 사고에 대한 당신의 채워지지 않는 갈망을 일시적으로 채우는 것인지 모른다. 아무리 훌륭한 다르마 책이라 해도 단 한두 페이지, 한두 장이라도 읽고 또 읽으면서 자신이 읽은 것에 대해 묵상해 보고 그것을 직접 실천해 보려는 진지한 시도가 반드시 필요하다. 어쩌면 그것은 평생이 걸리는 일인지 모른다.

그러므로 양이 중요한 것이 아니며, 풍요로움 자체는 오히려 우리를 압도할 수 있다. 궁극적으로 자신의 길은 스스로 개척하고 발견해 나가야 한다. 그리고 책에서 읽거나 들은 내용은—그리고 만약 당신이 스승을 발견했거나 함께 수련할 공동체를 발견했다면—자신이 지금 밟고 있는 길이 자신의 상황과 열망에 비춰 볼 때 건강하고 적절한 것인지를 수시로—깨어 있으면서—체크하고 확인하는 하나의 참고 자료로 활용해야 한다. 만약 적절하지 않다고 판단된다면 당신은 지금과 다른, 산에 오르는 길을 찾아야 할 것이다.

숭산 선사님과 스트레스 완화 클리닉의 사례에서 짐작할 수 있듯이, 함께 수련하면서 자신의 수련에 대해 이야기를 나눌 수 있는 사람들이 있다는 것은 매우 소중하다. 단 한 사람의 다르마 친구(도반)라도 당신의 수련에 커다란 도움이 될 수 있다. 그리고 그것은 하나의 관계이기 때문에 그 이익은 서로가 서로에게 주는 상호적인 것이다. 다시 말해, 당신은 서로를 지지하면서 수련에 관해 대화를 나누는 것만으로도 수련의 다양한 측면에 대해 스스로 비추어 보게 된다. 도반과 대화를 나누는 것이 자신의 수련에 도움이 된다는 것을 깨닫지 못하는 수가 있지만, 사실 그것은 큰 도움이 된다.

25~30년 전만 하더라도 대도시에서 명상 모임을 찾는 일은 쉽지 않았다. 그러나 요즘은 어디를 가든 쉽게 찾을 수 있다. 미국과 전 세계에 위빠사나 네트워크가 있으며, 그 목록을 수록하고 있는 자료도 많다. 선 수련 모임과 티베트 수련 모임도 미국을 비롯한 전 세계에 퍼져 있다. 한 곳에 기거하며 며칠, 몇 주, 몇 개월 동안 자신에게 맞게 수련 기간을 조정할 수 있는 마음챙김 집중 수련회를 제공하는 명상 센터도 많이 있다. 그곳에서는 다르마에 평생을 바친 훌륭한 스승들의 뛰어난 가르침을 영

어로 들을 수 있다. 전 세계의 많은 사람이 이런 명상 센터를 찾고 있다. 또한 인터넷을 통해서도 명상과 관련된 많은 자료를 손쉽게 구할 수 있다.

더욱이 미국을 비롯한 세계 각지에 MBSR과 클리닉이 운영되고 있다. 이곳에서는 수업 중에 상가와 커뮤니티—공동체—의 느낌이 자연스럽게 형성되는데, 이런 느낌은 막 마음챙김 수련을 시작한 사람 혹은 단 8주 동안이지만 과연 무엇이 어떻게 변하는지 기꺼이 보고자 하는 사람에게 크나큰 지지가 되어 준다. 이미 마음챙김 수련을 하고 있으며 자신의 수련을 더 심화하기 위해 그곳을 찾은 사람들은 더 말할 것도 없다. 지속적이고 정기적인 수련에 도움이 되는 자료를 구할 수 있는 웹사이트 역시 책 끝에 수록하였다.

그리고 스승들이 있다. 많은 마음챙김 스승을 만나 보고 그들의 다르마를 주의 깊이 경청하는 것은 많은 깨달음을 주는 매우 소중한 경험이 될 수 있다. 정말로 참된 훌륭한 스승이라면 그들의 말에서뿐 아니라 그들이 솔직하게 우리에게 드러내는 행동거지 혹은 존재 자체로부터도 우리는 많은 것을 배울 수 있다. 물론 완벽한 사람은 없다. 그러므로 그들이 자신의 부주의함과 욕심, 혐오 같은 것들을 처리하는—혹은 처리하지 않는—방법을 관찰하는 것도 좋은 경험이 될 수 있다. 왜냐하면 수련이란 자신이 잘났다며 젠체하거나 일정한 경지에 올랐다고 뻐기는 것이 아니기 때문이다. 또 수련이란 아무런 비난이나 잘못도 없는 상태에 이르는 것, 일반적인 느낌의 상태를 뛰어넘는 것, 그리고 실수를 하지 않는 것에 관한 것이 결코 아니기 때문이다. 수련이란 실제 있는 그대로의 참된 자신이 되는 것, 어떤 것에도 집착하지 않는 것, 그리고 무엇보다 다른 존재에게 해를 입히지 않는 것, 성실과 정직, 따뜻한 가슴으로 행동하는 것에 관한 것이기 때문이다.

우리는 다양한 스승이 자신의 다르마를 드러내는 다양한 방식을 관찰함으로써 많은 것을 배울 수 있다. 그 드러내는 방식은 모두가 다르다. 그리고 그것을 하는 단 하나의 최상의 혹은 올바른 방법이 존재하는 것은 아니다. 다양한 스승을 관찰하면서 당신은 단지 그들을 흉내 내거나 존경함으로써는 당신 자신과 자신의 길에 진실할 수 없다는 것을 알게 될 것이다. 물론 수련 초기에는 그렇게 될 수 있고 그 자체로 나쁜 것은 아니지만 말이다. 그러나 궁극적으로 훌륭한 스승이라면 당신이 자신에게 의존하도록 가르치지 않을 것이다. 그는 당신이 당신 자신의 길을 찾도록, 그리고 지속적인 수련을 통해 당신 자신의 앎에 도달하도록 격려할 것이다. 비록 당신이 그 혹은 다른 스승과 함께 수련하고 있다 해도 삶 자체가 당신의 스승이 되도록 해 줄 것이다. 붓다가 돌아가시면서 상가에게 한 것으로 전해지는 말이 있다. "스스로 자신의 등불이 되어야 한다."

그리고 궁극적으로 당신은 삶 자체가 진정한 스승이라면 당신이 살면서 만나는 모든 사람이 당신의 스승이라는 것을 알게 될 것이다. 모든 순간과 사건이 수련의 기회이며, 사물의 표면적 외관 아래를 볼 수 있는 기회, 그래서 자동적으로 반응하고 위축되면서 마음의 문을 닫아 버리는—특히 '당신의 방식대로' 일이 전개되지 않을 때나 '당신의 방식대로' 일이 전개될 때도 마찬가지로 닫아 버리는—당신의 성향 이면을 볼 수 있는 기회임을 알게 될 것이다. 또 삶 자체가 진정한 스승이라면 당신은 때로 당신이 어떤 사람(somebody)이라고 생각하는 성향, 혹은 특정 순간에 자신이 대단한 사람이 되려고 하는 시도나 그런 척하는 것을 볼 수 있게 될 것이다. 자신이 '아무것도 아닌 사람(nobody)'임을 알게 되는 순간이나 자신이 '아무것도 아닌 사람'이 될지 모른다는 두려움이 일어나는 때에도, 그리고 당신의 야망이 영적인 지위 혹은 성취라는 그 자체의 목적을 갖게 될 때에도 그것을 볼 수 있게 될 것이다.

이렇게 수많은 방식으로, 당신의 가장 훌륭한 마음챙김 스승은 바로 당신의 배우자, 당신의 자녀, 당신의 부모, 당신의 가족, 당신의 친구, 당신의 동료, 당신이 전혀 모르는 사람, 주차 딱지를 끊는 주차 단속 요원, 톨게이트 직원, 당신이 실제로 싫어하는 사람 등 모든 사람이 될 것이다. 그리고 사람뿐 아니라 당신에게 일어나는 모든 '일'도 마찬가지다. 앞에서 우리는 적절한 수련의 동기를 가질 수만 있다면 수련에 방해가 되는 장애물이란 존재하지 않는다는 점을 이야기했다. 단지 장애물'처럼 보이는' 것이 있을 뿐이다. 만약 우리가 정말로 자신의 온정신을 회복함으로써 스스로 깨어 있도록 기꺼이 허용하고자 한다면 우리에게 일어나는 모든 일은 우리의 깨어 있음을 촉진할 수 있다. 정말로 모든 것이 말이다. 그러나 그것은 용기 있는 가슴을 필요로 한다. 무엇에든 집착하려고 하는 우리의 어리석음을 통찰할 수 있는 마음을 필요로 한다.

결국 축복과 재능의 형태로 우리에게 사랑과 지혜, 다양한 통찰을 전해 준 과거와 현재, 미래의 모든 사람으로부터 우리가 엄청난 배움을 얻는다 해도 우리에게 최고의 스승, 최고의 교육과정, 최고의 수련은 언제나 우리의 삶 자체다.

그것은 마침내 그렇게 자각과 해방에 대한 당신의 개인적 관심으로 온전한 매듭을 짓게 된다. 그것은 당신에게 일어나는 어떤 일이라도, 그것에 완전히 깨어 있고 그럼으로써 완전히 살아 있고자 하는 당신의 헌신을 심화하는 기회로 삼겠다는 당신의 동기와 열망, 의지로 마침내 온전한 매듭을 이루게 된다. 더 이상 단지 자신을 위해서가 아니라—물론 처음에는 그로부터 시작하는 것도 썩 괜찮지만—현명한 행동, 연민에 찬 행동을 통해 삶이 그 스스로를 표현하는, 더 큰 삶의 그물망의 한마디로 온전한 매듭을 짓게 된다.

이러한 방식으로 수련에 임할 때 앞에서 언급한 모든 자료가 당신의 수련에 귀중한 지원군이 되어 줄 것이다. 그뿐 아니라 그렇게 될 때, 다음 장에서 보듯, 온 우주가 당신의 견해와 의도성에 감응하며 '대전환(rotation)'을 이룰 것이다. 그러나 우선은 당신 스스로 먼저 그러한 동기와 의도를 일으켜야 한다.

다음은 괴테의 말이다.

> 온전히 전념하기 전에는 언제나 주저, 뒤로 물러날 가능성, 비효율성이 있다. 그것을 알지 못하면 무수한 아이디어와 멋진 계획을 죽여 버리게 되는, 모든 주도적 행위와 창조적 행위에 관한 한 가지 기본적인 진실이 있다. 그것은 바로 한 사람이 스스로를 바치기로 결심하는 순간 섭리도 함께 작용한다는 진실이다. 그렇게 되면 만약 결심하지 않았더라면 결코 일어나지 않았을 일들이 일어나 그를 돕는다. 그 결심 하나로부터 자기에게 올 것이라고 꿈도 꾸지 않았던 모든 예상치 못한 사건과 만남, 물질적 지원이 하나의 강물처럼 일어나 그를 돕는다. 당신이 무엇을 할 수 있든—혹은 할 수 있다고 꿈을 꾸든—지금 바로 그것을 시작하라. 대담함은 그 속에 천재성과 힘, 마법을 간직하고 있다.

제5부

치유 가능성

-몸과 마음의 영역-

사람들은 뇌로부터, 오직 뇌로부터 우리의 쾌락, 기쁨, 웃음 그리고 농담, 심지어 우리의 슬픔과 고통, 눈물이 생겨남을 알아야 한다. 뇌를 통해서만, 특히 우리는 생각하고 보고 듣고, 아름다운 것과 추한 것을 구분하며, 좋은 것과 나쁜 것, 유쾌한 것과 불쾌한 것을 구분한다. ……(중략)…… 우리를 미치거나 정신 나가게 만드는 것, 우리에게 낮과 밤으로 두려움을 불어넣고 불면증과 때를 놓친 실수, 목적 없는 불안, 그리고 습관과 반대되는 행동을 하게 하는 것은 모두 뇌다. 우리가 겪는 이 모든 고통은 뇌가 건강하지 않고 비정상적으로 뜨겁거나 차갑거나 축축하거나 건조하거나 뇌가 익숙하지 않은 다른 비자연적인 애착으로 고생하는 것에서 생긴다. 광기는 뇌가 축축할 때 오며, 뇌가 비정상적으로 축축할 때는 반드시 뇌가 움직이고, 뇌가 움직이면 시각이나 청각이 고요히 있지 못하며 이것과 저것을 번갈아 가며 보거나 듣게 된다. 또 혀는 어떤 경우에도 보고 들은 것에 따라서 말한다. 그러나 뇌가 고요할 때면 언제나 적절하게 생각할 수 있다.

– 기원전 5세기 히포크라테스를 기리며,

에릭 캔들과 제임스 슈워츠,

『신경과학 원리(*Principles of Neural Science.*)』 (제2판, 1985)

지각

지각(sentience): 1. 감각 인식을 갖는, 의식하는, 2. 감각이나 느낌을 경험하는 ['느끼다'는 의미의 라틴어 *sentire*의 현재분사. 어근 *sent*는 '~(정신적으로)를 향해 가다.'라는 의미]

–『아메리칸 헤리티지 영어사전(*American Heritage Dictionary of the English Language*)』

당신은 일반적인 의미에서 자신의 삶에 아무런 문제가 없다고 생각한 적이 있는가? 그러나 잠시 생각해 보자. 당신은 다른 사람들처럼 이 세상에 태어나 자라고 성장하며 자신의 삶을 살아왔을 것이다. 스스로 자기만의 선택을 내렸으며, 좋은 일이든 그렇지 않은 일이든 다양한 일을 겪으며 살아왔다. 만약 당신의 생명이 갑작스럽게 단축되지 않는다면—아니, 설령 그렇다 해도—어쨌든 당신은 당신이 할 수 있는 일을 하며 지금껏 자신의 삶을 살아왔다. 당신만의 일을 가지고 이러저러한 방식으로 세상에 기여하며 자기만의 유산도 남겼을지 모른다. 다른 사람이나 세상과 관계를 맺으며, 아마도 사랑도 체험하고 또 당신이 줄 수 있는 사랑을 다른 사람과 세상에 나누어 주기도 했을 것이다. 그렇게 당신은 어쩔 수 없이 늙어 가고, 만약 운이 좋다면 자신의 존재를 다양한 방식으로 타인이나 세상과 나누며 늙어갈 것이다. 그리고 만족스럽든 그렇지 않든 결국에는 죽음을 맞이하게 될 것이다.

이것은 이 지구상에 살았던 모든 사람에게 일어났던 일이다. 이 일은 당신에게도 일어날 것이며 나에게도 일어날 것이다. 이것이 바로 인간의 조건이다.

그러나 그것이 전부는 아니다.

희화화하려는 의도는 없었지만, 방금 이야기한 우리 인생의 대략적인 모습은 매우 불완전하다. 왜냐하면 그것은 매 순간 우리에게 전개되는 삶과 함께하면서도, 삶의 모든 순간에 깊숙하게 얽혀 있고 너무나 자명하여 오히려 우리가 거의 생각해 보지 않는, 눈에 보이지 않는 또 다른 삶의 요소를 포함하고 있지 않기 때문이다. 그것은 또한 우리를 인간답게 만들어 주는 것일 뿐 아니라 우리가 아주 문득문득 깨닫는, 그리고 그것을 소중히 여겨 그 완전한 표현을 계발하려고 생각조차 하지 못하는 거대한 능력을 우리에게 부여해 주는 핵심적인 것이라고 할 수 있다. 짐작하다시피, 내가 지금 말하고자 하는 것은 바로 자각—알아차림(awareness)—에 관한 것이다. 다시 말해 지각(sentience), 곧 우리의 아는 능력, 의식, 주관적 체험에 관한 것이다.

앞서 이야기했지만, 결국 우리는 인간이라는 우리 종(種)과 속(屬)을 '호모사피엔스사피엔스'—'맛보다, 지각하다, 알다, 현명하다'라는 의미의 sapere의 현재분사 sapiens를 두 번 사용한 점에 주목하라—로 명명하지 않았던가. 이 말이 뜻하는 바는 분명하다. 우리 인간을 다른 종과 차별화하는 것은 다름 아닌 현명한 지각 능력, 아는 능력, 그리고 우리의 앎을 다시 자각하는 능력이다. 그러나 이 능력에 대해서 일상생활에서 너무나 당연한 것으로 간주하기 때문에 실제로 제대로 보지도 알지도 못한 채 기껏해야 어렴풋이 알 따름이다. 우리는 우리의 지각 능력을 충분히 활용하지 못하고 있다. 실제로 그것이 깨어 있고 꿈꾸는 삶의 모든 순간을 규정하고 있음에도 말이다.

우리를 살아 있게 하는 것은 바로 이러한 지각이다. 그것은 우리를 단지 생각하고 느끼는 기계 이상의 것으로 만들어 주는 궁극의 신비다. 우리는 다른 모든 생명체와 마찬가지로 감각하고 아는 존재다. 그러나 단지 지각하는 것을 넘어 우리는 분별하고 구별하는 지혜의 능력을 갖고 있다. 그것은 이 작은 지구에서 오직 우리 인간에게만 부여된 독특한 재능이다. 우리의 지각은 우리의 가능성을 말한다. 그러나 그것은 결코 우리에게 가능한 것에 일정한 한계를 지우는 것이 아니다. 인간은 자신 속으로 성장해 가는 종이다. 우리는 영원히 배우며, 그 결과 우리 자신과 세상을 만들어 가는 존재다. 그리고 성장하는 종으로서 우리는 놀랍도록 짧은 시간에 이런 일을 해 왔다.

현재 신경과학자들은 인간의 뇌와 마음에 관해 많은 것을 알고 있지만 지각과 그것이 어떻게 생겨나는가에 관해서는 제대로 이해하지 못한다. 인간의 지각은 거대한 수수께끼, 가늠하기 어려운 미스터리다. 우리가 말하고 알고 있는 것처럼 물질을 매우 복잡한 방식으로 배열하면 확실히 세상을 '마음속에' 담을 수 있다. 마음은 나타난다. 의식이 일어난다. 그러나 우리는 어떻게 그렇게 되는지 알지 못한다. 인지신경과학에서 이것은 의식의 '난제'로 알려져 있다.

우리의 망막 뒤편에 거꾸로 선 2차원의 형상이 생기는 것과 실제로 보는 것은 전혀 다른 문제다. 실제로 보는 체험은 우리 자신의 몸을 넘어 '저기 바깥에' 3차원으로 존재하는 세상을 생생하게 체험하는 것이다. 그 세상은 아주 실재적으로 보여, 우리는 그것을 감각하고 그 속으로 들어갈 수 있으며 그것을 의식할 수 있다. 심지어 눈을 감고도 마음속으로 그것을 상세하게 그려 낼 수 있다. 그리고 이 마술과도 같은 그려 냄으로부터 '본다'는 행위를 하고 있는 사람은 자기라는 감각, 그리고 지각과 앎의 대상을 지각하고 아는 것이 자기라는 감각이 어느 정도 생겨난다. 그러나 이것은 마음이 만들어 낸 생각일 뿐이다. 이것은 감각 입력을 통해 세계를 합성한 것이다. 이 합성은 다양한 감각 정보를 뇌의 복잡한 신경망과 신경계 전체, 그리고 실제로 몸 전체로 처리하는 과정을 통해 이루어진다. 이것은 정말로 경이로운 성취다. 이것은 거대한 신비이자 우리 각자가 물려받은 비범한—비록 대개는 아주 당연한 것으로 간주되고 있지만—유산이라고 할 것이다.

DNA의 이중나선 구조를 공동으로 발견한 신경생물학자 프랜시스 크릭(Francis Crick) 경은 이렇게 말했다. "이 모든 연구—시각에 관한 심리학, 생리학, 분자생물학, 세포생물학 등에서의—에도 불구하고 우리는 우리가 사물을 어떻게 보는지 분명하게 알지 못한다." 앞에서 말했듯이, 파란색—혹은 다른 어떤 색깔도—은 파란색의 특정 파장의 빛을 구성하는 광자 속에도, 그리고 우리의 눈이나 뇌 속에도 존재하지 않는다. 그렇지만 우리는 구름 한 점 없는 맑은 하늘을 올려다보며 그것이 파랗다고 안다. 우리가 어떤 과정을 통해 사물을 보는가에 대해 분명하게 알지 못한다면 우리가 다른 사물에 대해서도 어떤 생리적 과정을 통해 아는가라는 문제는 더욱 알기 어렵다.

언어학자이자 진화 신경생리학자인 스티븐 핑커(Steven Pinker)는 자신의 책 『마음의 작동방식(*How the Mind Works*)』에서 독립된 하나의 현상으로서 지각에 대해 다음과 같이 이야기한다.

> 마음에 관한 연구에서 지각은 생리학과 신경과학의 인과적 연쇄보다 훨씬 높은 차원에서 부유한다. ……우리는 억지로 차단한다고 해서 지각하지 않는 것도 아니며, 지각을 단지 정보 처리 차원으로 축소해서도 안 된다. 왜냐하면 도덕적 추론의 바탕이 되는 것이 바로 지각이기 때문이다. 우리는 지각 개념 때문에 고문이 잘못된 것이라고 확신하게 된다. 로봇을 못 쓰게 만드는 것은 특정한 기능을 파괴하는 것일 뿐이지만 한 사람을 불구로 만드는 것은 살인과 마찬가지다. 우리는 사랑하는 사람의 죽음 때문에 상실감에 빠져 자기연민을 느끼기도 하지만, 우리가 그 사람의 생각과 기쁨이 이제 영원히 사라져 버렸다는 사실을 알게 된 데 따르는 상상할 수 없는 고통도 경험하게 된다.

그러나 크릭은 지각, 즉 우리가 '나'라는 인칭대명사를 통해 표현하고자 하는 행위자라는 감각은 그것이 무엇이든지 우리가 마음과 연관 짓는 다른 모든 성질이나 현상, 체험과 마찬가지로 궁극적으로 뉴런—신경세포—의 활동에 의한 것이라고 주장한다. 그는 지각을 뇌의 구조와 활동에 따른 창발적 현상이라고 하였지만, 그런 현상의 이면에는 실제로 어떠한 행위자도 없으며 단지 신경—전기적이고 신경—화학적인 자극만이 있을 뿐이라고 한다.

> 우리 대부분이 가지고 있는 정신적 그림은 우리가 현재 일어나고 있는 일을 따라가고 있는—혹은 적어도 따라가려고 애쓰는—작은 남자—혹은 여자—가 우리 뇌 속에 있다는 것이다. 나는 이것을 '호문큘러스(*homunculus*)—라틴어로 '작은 사람'을 뜻하는 말로 감각을 수용하거나 운동을 제어하는 신체 영역의 지도를 말한다: 역자 주—의 오류'라고 부르고자 한다. 많은 사람이 실제로 이런 방식으로 느끼고 있다. 그리고 이 사실은 그 자체로 설명이 필요하다. 그러나 우리의 놀라운 가설(Astonishing Hypothesis)은 이것이 사실과 다르다고 말한다. 간단하게 말하자면, 그것은 "모든 것은 뉴런이 하는 일이다."라고 말한다. 마치 자신이 호문큘러스의 정신적 그림에 상응하는 무엇인가처럼 신비로운 방식으로 행동하는, 뇌 속

의 구조나 작용이 있음에 틀림없다.

이에 대해 철학자 존 설(John Searle)은 이렇게 반문한다. "물리적이고 객관적이며 양적으로 설명 가능한 뉴런 신호가 어떻게 질적이고 개인적이며 주관적인 체험을 일으킬 수 있는가?" 이것은 새롭게 부상하고 있는 로봇공학이 직면한 커다란 도전이다. 로봇공학 연구자들은 잔디를 깎을 때가 되면 잔디를 깎고, 설거지가 끝나면 접시를 정돈하는 등 우리가 일상적으로 별생각 없이 할 수 있지만 로봇이 해결하기에는 너무 어려운 이런 일들을 처리하는 기계를 만들려고 시도하고 있다. 그리고 이미 앞에서 본 것처럼 그것을 넘어서 머지않은 미래에 우리가 만든 기계가 차세대 기계를 설계하고 만들 날이 올 것이라고 주장하는 연구자들도 있다. 그렇게 기계는 점점 자신들의 복잡성과 '학습'을 고도화하면서 마침내 인간과 유사한 생각과 느낌을 갖는 데까지 발전할지 모른다. 이 모든 것이 비록 뉴런이 아닌 집적회로(IC)에 의한 것이기는 하지만, 그럼에도 그것은 행위자, 지성, 감정과 같은 것을 어느 정도 흉내 낼 수 있다. 그리고 어쩌면 우리 자신은 실제로 훨씬 고차원적이며 어느 곳에나 편재하는 '마음'이라는 우주의 자질에, 우리의 뉴런 덕분에 주파수를 맞추고 있는 정교한 수신기인지도 모를 일이다. 현재로서 그러한 가능성을 완전히 배제할 수 없다고 생각하는 사람들도 있다.

그러나 여기서 우리의 도전은 지각에 관한 다양한 설명과 현재 그에 관해 진행 중인 과학적, 철학적 논쟁 속으로 깊이 들어가는 것이 아니다. 물론 이러한 질문들을 다루는 과학적이고 철학적인 분야들—인지신경과학, 현상학, 인공지능, 소위 신경현상학 등—이 매우 매력적이기는 하다. 그보다 우리가 할 일은 우리의 지각을 근원적인 것으로 깨닫는 일, 그리고 이러한 비범한 앎의 능력을 개인적·집단적으로 우리 자신에게 바람직한 방향으로 계발할 수 있을까 생각해 보는 일이다. 이러한 앎의 능력에는 우리가 모르고 있음을 알게 되는 일도 많다는 것이 포함되어 있다. 우리가 모르고 있다는 사실을 알게 되는 것은 우리가 알고 있다고 생각하는 어떤 것만큼이나—설령 그것보다 더 중요하지는 않을지라도—중요할 수 있다. 여기에 식별력(discernment)과 지혜의 영역이 놓여 있다.

마음챙김에 근거한 인지치료(MBCT) 수련 중인 심리학자들을 위한 집중 수행이 막바지에 접어들었을 무렵, 어느 치료자—물론 그도 하루 종일 사람들—환자—의 감정과 생각을 다루는 사람이다—는 이렇게 말했다. "하루 종일 사람들을 대하면서도 저는 사람들로부터 저를 차단하고 있었어요. 그건 내가 모르고 있다는 사실을 몰랐던 것이었지요."

너무나 흔히, 우리는 우리가 전혀 의식하지 못하면서도 매 순간과 선택, 우리의 경험과 그에 대한 우리의 감정적 반응을 형성하는 습관과 조건화의 굴레 속에서 살아간다. 그렇지 않다고 혹은 그렇게 해서는 안 된다고 생각하면서도 우리는 그런 식으로 삶을 살아가는 경우가 많다. 이것만으로도 우리의 생각이 가진 실제적인 한계가 드러난다.

그러나 놀랍게도 알아차림은 우리가 그러한 조건화를 상쇄하는 데, 그리고 사물에 대한 우리의 느낌을 넓히고 그것과 더 많이 접촉하는 데 언제든 지속적으로 사용될 수 있다. 그것은 또한 신경과학자 안토니오 다마지오(Antonio Damasio)가 말한 '현재 일어나는 것에 대한 느낌(the feeling of what happens)'을 실제로 이해하는 우리의 능력과 더 많이 접촉하는 것이기도 하다.

지각은 우리가 생각하는 것보다 더 우리 가까이에 있다. 알아차림은 우리의 본성이다. 그것은 원래 우리의 본성 안에 있었다. 그것은 우리의 몸속에, 인간이라는 우리 종 속에 있었다. 티베트 사람들이 말하듯, 비개념적인 앎의 능력은 우리가 마음이라고 부르는 것의 본질이라고 할 수 있다—티베트 불교에서는 비개념적인 앎의 능력이라는 마음의 본질 외에 이에 대한 보완적 측면으로 비어 있음(emptiness, 空)과 경계 없음(boundlessness)을 이야기한다.

알아차림의 능력은 원래부터 우리 안에 들어 있었던 듯하다. 우리는 알아차릴 수밖에 없다. 그것은 인간이라는 종이 가진 결정적인 특징이다. 알아차림은 비록 유한한 우리의 개별적 생명체 속에 자리 잡고 있지만 그러한 생물적 개체를 넘어서 있다. 그것은 우리의 실제적인 본성이다. 그럼에도 그것을 계발하고 정련하지 않으면, 혹은 어떤 의미에서 그것을 보호하지 않으면 우리의 지각 능력은 뒤엉킨 덩굴에 가려 미약하고 계발되지 않은 채, 어떤 의미에서 단지 하나의 가능성으로만 남게 될 것이다. 자기중심적 사고의 한계를 넘어서 아는—자기중심적 사고에 대한 앎과 그러한 앎이 제한적인 것이며 잠재적으로 현명하지 못한 생각일 수 있다는 사실을 그것이 일어나는 바로 그 순간 아는 앎까지도 포함될 것이다—우리의 능력을 동원하려 할 때, 우리는 그것을 쉽게 알아차리지 못할 수도 있다. 그러나 지각을 계발하고 강화하는 것은 우리의 삶과 이 세상에 불을 밝혀 주는 일이며, 또한 우리가 상상할 수 없었던 커다란 자유를 우리에게 부여하는 일이다—우리의 상상력 또한 그러한 자유로부터 나온다.

지각이 있을 때 우리는 자신도 알게 모르게 주변에 해를 입히는 우리의 성향을 제거해 주고 대신 그 상처를 보듬어 주고 도처에 존재하는 우리 동료들의 존재와 신성을 존중할 줄 아는 지혜를 얻게 된다.

'나'라고 생각하는 것이 정말 나인가

인간의 진정한 가치는 자기로부터 얼마나 해방되었는가 하는 감각에 의해 결정된다.

– 알베르트 아인슈타인

생물학도들에게 생명은 일정한 물리화학적 법칙을 따르며, 생물학적 현상들은 단지 그러한 자연 법칙의 연장일 뿐이라는 생각이 주입되어 왔다—'주입'이라는 표현은 고등교육에서 흔히 사용되는 수많은 비유 가운데 하나다. 다시 말해, 생명 현상이 복잡하긴 하지만, 그리고 생명체의 분자는 보다 단순한 무생물인 원자 및 분자 구조보다 훨씬 정교하고 서로 더욱 역동적인 관계를 형성하고 있지만 거기에 생명체의 전체 시스템이 살아 있도록 '만들어 주는' 어떤 특별한 '생명력'이 있다고 믿을 이유가 전혀 없다는 것이다. 이것은 곧 생명체계의 구성 성분과 구조가 조화롭게 작동하여 하나의 전체로서의 성질이 발현하도록—예컨대, 살아 있고 성장하고 분열하는 세포 같은—해 주는 매우 민감한 조건들의 결합 외에 아무것도 특별할 것이 없다는 생각이다. 이런 생각의 연장에서 이와 동일한 원리가 식물과 동물의 왕국으로 분화해서 점점 더 복잡해지는 생명체들의 생명의 나무—포유류 계통에서는 점점 더 복잡해지는 신경계의 출현과 함께 인류가 출현했다—에도 똑같이 적용된다고 본다.

달리 말하면, 이 견해는 단일 세포 차원 그리고 박테리아와 같은 매우 '단순한' 단세포 유기체 차원에서도 우리는 아직 우리가 '생명'이라고 부르는 것을 완전히 이해 못하고 있긴 하지만, 그리고 기존 성분—심지어 재결합하면 다시 세포가 되는 성분—으로부터 살아 있는 세포를 아직까지 '만들어 내지' 못했지만, 이 때문에 앞으로도 이 일을 할 수 없다고 믿을 이유는 없다는 주장이다. 아마도 대부분의 생물학자는 조만간 이런 일이 일어날 것이라고 보고 있을 것이다. 심지어 최근 연구자들은 단순 화학물질과 인터넷에서 얻은 소아마비 바이러스 유전자 서열에 관한 정보를 가지고 소아마비 바이러스를 인공적으로 합성하는 데 성공하였다—2002년 미국 스토니브룩 뉴욕 주립대학교 연구팀이 실험실 내에서 소아마비를 일으키는 폴리오 바이러스를 인공적으로 합성하는 데 성공했다. 이는 생명체를 인공적으로 합성해 낸 첫 사례로 평가된다: 역자 주—그러자 소아마비 바이러스가 감염성이 있으며 복제 가능하고 살아 있는 세포 속에서 더 많은 바이러스를 만들 수 있다는 것이 밝혀졌고, 이에 따라 이러한 과정과는 별도로 '특별한' 생명력은 필요치 않다는 것이 증명된 셈이었다.

이 관점은 생물학에서 생명체가 지각(sentience)을 포함한 고유의 특성을 가지기 위해서는 물리학, 화학, 생물학, 자연 선택, 그리고 엄청난 시간으로 설명할 수 없는 특별한 에너지가 필요하다고 주장하는 활력론(vitalism)에 맞서는 견해로서 주목받고 있다. 과거의 활력론은 신비적이고 불합리하며 반(反)과학적인 것으로 간주되었다. 그리고 역사적 기록을 통해서도 그것은 순전히 오류였음이 드러났다. 그러나 이것이 환원주의자들의 순수한 물질적 관점이 반드시 옳다는 의미는 아니다. 과학적 탐구를 통해 생명의 신비를 탐험하고 이해하는 방법에는 이보다 훨씬 다양한 방법이 있을 수 있다. 현상의 보다 높은 차원과 그것의 창발적 성질을 고려하고 존중하는 방법도 있을 수 있는 것이다.

생물학적 관점에서 보면 인간을 포함한 생명 시스템의 근저에는 오직 비개인적인 기제만이 존재한다. 그것은 개별 생명체의 출현 자체를 보다 큰 출현의 연장으로, 전체 우주와 그 속에서 전개되는 질서정연한 구조와 과정의 진화로 본다. 약 30억 년 전 어린 지구에 적절한 조건이 갖추어지자—지구는 당시 막 탄생한 태양을 둘러싼 성간 티끌 구름으로부터 만들어졌다. 그리고 그 티끌 자체는 초기 별들이 중력 붕괴—천체가 중력 작용으로 수축해 가는 현상: 역자 주—에 의해 대규모로 분해되었기 때문에 만들어진 물질이었다. 초기 별들에서는 우리의 몸과 지구상에 존재하는 모든 것을 구성하는, 수소를 제외한 원자와 원자 요소가 만들어졌다. 수백만 년에 걸쳐 따뜻한 웅덩이와 대양에서 자연적으로 일어난 무기적(inorganic) 과정에 의해 생체분자가 합성된 것이다. 그리고 그 과정은 햇빛, 진흙, 그리고 다양한 방식으로 그러한 과정을 촉진하는 비생명적 미세환경에 의해 촉매되었을 것이다. 충분한 시간을 두고 이러한 다양한 성분이 화학 법칙에 따라 상호작용하면서 초보적 형태의 뉴클레오티드—DNA와 RNA를 구성하는 물질—고분자 사슬과 특정한 성질을 갖는 아미노산이 만들어졌다.

폴리뉴클레오티드—뉴클레오티드가 수 개 이상 화합한 고분자 물질: 역자 주—는 4개의 구성 뉴클레오티드 염기 서열에 엄청난 양의 정보를 저장하고 동일한 정보를 매우 정확하게 자기 복제할 수 있으며, 다양한 환경에서 조금씩 변화를 일으킬 수도 있다—이것을 '돌연변이'라고 하는데, 돌연변이는 먹이 경쟁에서 선택적 우위를 별로 갖지 못한다. 폴리뉴클레오티드 사슬의 이 정보가 폴리아미노산을 구성하는 아미노산의 직선형 서열로 전환되고 다시 폴리아미노산 사슬이 겹쳐지면 수많은 화학적 반응을 수행하는—이 경우 이것을 '효소(enzyme)'라고 한다—세포의 일꾼인 단백질이 된다. 그리고 단백질은 세포의 수많은 핵심 구조물—이 경우 이것을 구조 단백질이라고 부른다—을 제공한다.

처음에 어떻게 조직적인 세포—심지어 아주 원시적인 세포라 할지라도—가 만들어지는지는 아직 분명하지 않다. 그러나 생물학의 관점에서 보자면 그것은 이해될 수 있고 조만간 그렇게 될 것이다. 그리고 그것을 이해하는 데 필요한 것은 오직 복잡한 분자 시스템—그것 자체로 적절한 조건하에서 다른 분자들과 함께 협력하여 예측 불가능한 새로운 현상(중요하게는 유전 정보의 안정과 저장, 인출을 포함한)을 일으키는 능력 외에는 어떠한 생명력도 갖고 있지 않은—을 더 깊이 들여다보는 것뿐이다. 이러한 의미에서 생명은 별과 행성이 화학적 생명 시스템에 필요한 조건을 만들어 준 이후, 우주 진화의 자연스러운 연장이라고 할 수 있다. 그리고 적절한 조건이 갖추어지고 충분한 시간과 그러한 수준의 복잡성이 발현하는 데 필요한 선택적 압력(selective pressure)이 있을 때, 동일한 물리화학 법칙을 따라 생명 시스템 안에서 생겨나는 의식 또한 어떠한 추동력(driving force)이나 목적도 갖지 않으며 하나도 신비할 것 없는 생물학적 진화 과정의 자연스러운—비록 매우 가능성이 낮긴 하지만—출현으로 간주할 수 있다.

만약 의식—적어도 화학적 의미에서의 의식—이 진화하는 우주에서 적절한 최초의 조건과 충분한 시간이 주어졌을 때 우리에게 잠재적으로 가능하고 심지어 불가피한 무엇으로 되어 있었다고 한다면, 우리는 앞서 말했듯이 살아 있는 유기체의 의식이란 우주가 자신을 알고 자신을 확인하며 자신을 이해하는 하나의 방법이라고 이야기할 수 있을지 모른다. 그리고 우리는 의식이라는 이 재능이 광대한 우주에서 다른 어떤 생물 종보다 호모사피엔스사피엔스라는 작은 점과도 같은 우리 인류에게 선물처럼 부여되었다고 할 수 있을지 모른다. 인류와 지구, 심지어 모든 별을 구성하는 물질의 양이 우주 전체의 물질 및 에너지에 비해 아주 적은 부분을 차지하고 있다는 사실을 고려하면 더욱 그러하다—실제로 우주론자들은 우주가 블랙홀에 있는 약 30퍼센트의 '암흑물질(dark matter)'과 65퍼센트 이상의 '암흑 에너지(dark energy)'로 구성되어 있다고 본다. 암흑 에너지는 우주의 확장에 관여하는 일종의 반(反)중력 에너지다. 이러한 관점에서 볼 때 인간은 어떤 특별한 도덕성 때문이 아니라 순전히 우연히 나무에 살던 영장류—그중 일부가 초원 지대로 이동하면서 직립하였고, 손과 팔의 사용이 자유로워졌으며, 더 큰 도전에 대처할 수 있도록 뇌가 커졌다. 그리고 이들이 우리의 직계 조상이다—에 대한 진화적 선택 압력의 변덕에 의해 의식이라는 선물을 갖게 되었다고 할 수 있다.

우리가 물려받은 이러한 지각을 어떻게 이해하고 개인적 · 집단적으로 그것을 어떻게 사용할 것인가는 확실히 우리 시대의 중요한 문제가 되었다. 생명 시스템에 대한 생물학적 관점이 지닌 비개인적 성격을 강조할 필요가 있는 것은 그것이 생명의 전개에 본질적으로 신비로운 차원도 없다고 분명하게 말하고 있기 때문이다. 그것은 비록 발현의 가능성이 언제나 잠재적인 것이긴 하였지만 의식이 과정을 주도하는 것이 아니라 과정으로부터 의식이 발현한다고 말한다. 그럼에도 의식이 출현하고 그것을 정련한다면 그것은 우리가 어떻게 살고 우리의 에너지를 어디에 투여하며 우리가 사는 세상에 우리가 미치는 영향을 어떻게 이해할 것인가를 비롯한 생명의 모든 측면에 심대한 영향을 미칠 수 있다. 지각은 반드시 일어난다고 보장되지 않는 적절한 원인과 조건이 주어졌을 때만 생겨날 수 있다. 물론 그러한 원인과 조건이 없었다면 애당초 의식의 결여라고 하는 것 자체도 논의할 여지가 없었을 것이다.

만약 우리 자신이 아무리 복잡하더라도 물리화학 법칙을 따르는 비개인적 원인과 조건의 산물이라고 한다면, 그리고 그 모든 이면에 어떠한 '생명력'도 없다면 우리는 왜 과학의 반(反)활력론, 특히 생물학이 지각하는 존재(sentient being)에 영혼이나 물리화학 법칙 이외의 법칙을 따르는 생명의 중심 같은 것이 없다고 선언하는지 이해할 수 있다. 17세기에 데카르트는 뇌 속의 송과선(pineal gland)이 영혼의 자리라고 선언했다. 현대 신경생물학자들은 송과선이 많은 역할을 하지만 그것이 영혼을 만들어 내지 않는다고 말한다. 왜냐하면 비물질적이며 유기체 속에 거주하면서 일정한 방식으로 그것과 교류하면서 생명이 살아 있는 동안 그것의 궤도를 인도하는 영속적 실체 혹은 에너지를 상정할 아무런 이유가 없기 때문이다. 그러나 그것이 생명과 지각이 우리에게 거대한 신비가 될 수 없다는 뜻은 아니다. 우주 자체가 거대한 신비이듯 그것이 신성하지 않다는 의미도 아니다. 또 그것이 우리가 영혼에 대해—우리 정신과 가슴의 깊은 곳에 무엇이 움직이고 있는가라는 의미에서—그리고 우리가 영혼이라고 부르는 상승과 변화의 원천에 대해 말할 수 없다는 의미도 아니다. 그것은 또한 우리의 개별적 느낌과 개인적 안녕이 중요하지 않다는 의미도 아니며, 우리의 도덕적 · 윤리적 행위의 토대가 존재하지 않는다는 의미도 아니고, 그와 관련하여 신성의 감각이 존재하지 않는다는 의미도 아니다. 사실 우리는 우리가 처한 상황을 경외감과 놀라움으로 바라보고, 우리의 지각을 다듬어 그것을 타인의 안녕을 위해, 그리고 이 살아 있는 세계 속 가장 아름답고 가장 신성한 것—너무나 신성하여 우리가 지금까지 그것을 무시했던 것보다 훨씬 더 효과적으로 우리 자신을 보호할 수 있는—을 위해 사용할 수 있다는 가능성에 대해 깊이 경탄하는 것이야말로 의식이 있는, 지각하는 존재로서 우리의 본성이자 사명이라고 할 수 있을지 모른다.

불교도들은 현상의 비개인적 성질에 대해 이와 유사한 견해를 가지고 있다. 우리가 『반야심경』에서 본 것처럼 자신의 개인적 탐구와 체험에 기초하여 우리가 경험하는 전체 세계—붓다는 이것을 물질[色], 느낌[受], 인식[想], 의도[行], 의식[識]의 오온(五蘊: 다섯 종류의 무더기)이라고 불렀다—는 어떠한 영속적인 자기 존재의 특징도 없다고 붓다는 가르쳤다. 다시 말해, 아무리 해도 생명, 비생명의 모든 현상의 이면에 영원하고 변하지 않는 자기임(self-ness)을 찾을 수 없다는 것이다. 왜냐하면 모든 것은 상호 연결되어 있으며 형태와 과정의 모든 드러남은 그 개별적 출현과 특별한 성질을 끊임없이 변화하는 원인과 조건의 그물망에 의존하고 있기 때문이다. 붓다는 우리 스스로 그것이 사실인지 아닌지, 자기라고 하는 것이 단지 하나의 허구적 개념이 아닌지—마치 우리의 감각이 결합하여 '저기 바깥'의 세상과 그것을 인식하는 '여기 안쪽'의 자기에 대한 감각을 구성하듯이—살펴볼 것을 권한다.

만약 그렇지 않다면 우리가 자기가 있다고 '느끼는' 것은 어찌된 일인가? 우리는 내가 자기이며, 나에게 일어나는 일은 '나에게' 일어난다고 믿고 있으며, 내가 하는 일은 '나에 의해' 시작되고, 내가 느끼는 것은 '내가' 느낀다고 믿는다. 아침에 일어나 거울을 바라보는 나는 거울에 비추는 대상을 '나'라고 생각한다. 이것은 어떻게 된 일인가? 현대 생물학—인지신경과학—과 불교는 모두 그것은 영속적인 개인적, 문화적 습관으로 굳어진 잘못된 인식의 결과라고 지적한다. 생물학과 불교는 만약—내가 존재한다고 믿게 되는—그 과정을 체계적으로 살펴본다면 영원하고 독립적이며 영속적인 자기를 발견할 수 없을 것이라고 말한다. 당신이 그것을 세포, 특수한 분비선, 신경계, 뇌 등 '자신의' 몸에서 찾건, 아니면 '자신의' 감정, '자신의' 신념, '자신의' 생각, '자신의' 인간관계 혹은 그 어디에서 찾건, 영속적 자기를 찾을 수 없을 것이라고 한다. 그리고 어디에서도 영원하고 독립적이며 스스로 존재하는 자기를 찾을 수 없는 이유는 '나'라고 하는 것이 하나의 신기루이며 환상이기 때문이다. 그것은 습관에 매인, 감정적으로 동요된, 생각하는 마음의 산물이라는 것이다. '나'라고 하는 자기는 계속해서 매 순간 만들어졌다가 해체된다. 그것은 변화할 수밖에 없으며, 그러므로 따로 규명하거나 분리할 수 없다는 의미에서 영원하지도, 영속적이지도, 실재적이지도 않다. 그것은 실재보다 허상에 가깝다. 마치 빈 공간의 양자 거품에서 잠시 나타났다가 다시 사라져 버리는 가상의 기본 입자와 비슷하다.

이에 관해 조금 더 생각해 보자. 우리가 '나의' 몸이라고 할 때 우리는 과연 무엇을 의미하는가? 이 말을 하는 사람은 누구인가? 정확히 누가 이 몸을 가졌고, 따라서 그 몸과 분리되어 있다고 주장하고 있는 것일까? 그것은 신비롭다. 그렇지 않은가? 우리의 언어는 그 자체로 자기 지시적이다. 그것은 우리가 '나의 몸'이라고 말하기를 요구한다—이쪽에서만 아니니 이 문장에만 얼마나 많은 인칭대명사를 사용해야 하는지 보라. 그리고 우리는 그것이 우리라고, 아니, 적어도 우리의 상당 부분이라고 생각하는 습관에 빠져든다. 그것은 우리의 관습적 실재의 의심할 것 없는 일부가 된다. 물론 표면적 차원에서 그것은 어느 정도는 사실이다.

대부분의 시간에 우리는 '그' 손, '그' 다리, '그' 머리라고 말하지 않고 '나의' 손, '나의' 다리, '나의' 머리라고 말한다. 우리의 이 몸은 그것을 말하는 사람—그것이 누구이든지—과 어느 정도 관계가 있기 때문이다. '그' 손이라고 지칭하는 것은 뭔가 어색하고 임상적이며 차가운 냄새가 난다. 그럼에도 나와 나의 몸 사이에는 대개는 우리가 전혀 검토하지 않는 신비로운 관계가 존재한다. 검토하지 않기 때문에 도대체 누가 그 소유권을 주장하는지조차 정확하게 알지 못한 채 그것을 '나의' 몸이라고 믿는다. 그것을 '나의' 몸이라고 말하는 것은 사실이라기보다 하나의 말하는 방식일 뿐이다. 그것은 상대적으로만 그렇지—결국 그것은 나 아닌 누군가 다른 사람의 몸은 아니니 말이다. 정말로 그렇게 생각한다면 심각한 병리 상태로 한동안 병원 신세를 질지도 모를 일이다—절대적인 의미에서는 그렇지 않다. 『반야심경』에서 말한 것이 정확하다면 겉으로 보이는 것은 실체 없이 비어 있는 것이다.

이와 동일한 것이 마음에도 적용된다. 이것은 누구의 마음인가? 마음의 결정을 내리는 데 어려움을 겪는 사람은 누구인가? 누가 알기를 원하는가?

잠시 동안이라도 생물학자와 불교인이 말하는 것이 사실이라고 가정해 보자—불교인에게 마음은 물질현상, 즉 뇌와 연관되나 물질로 환원되지 않는, 그 자체의 법칙성을 따르는 또 하나의 차원이다. 살아 있는 존재로서 우리는 화학, 물리학, 생물학의 산물이며, 또 우리 피부 바깥의 세상 그리고 우리의 몸과 마음이라는 환경과 교류하면서 우리의 체험을 일으키는 전적으로 비개인적인 과정의 산물이다. 이 모든 경험이 일어나는 장소로서의 자기라는 감각, 이 생각을 생각하고, 이 느낌을 느끼며, 이 결정을 내리고 이러저러한 방식으로 행동하는 '나'라는 감각은 복잡한 생물학적 과정의 부수적 현상일 뿐이다. 인간임(personhood)의 감각과 우리의 성격(personality) 모두 깊은 차원에서는 비개인적인 것이다. 비록 우리의 얼굴이 모두 다르고 실재적이긴 하지만 그것이 우리가 누구인가에 관한 전체 이야기를 대변하지는 못한다.

그렇다면 우리가 우리 자신에 대한 관점에서 보다 크고 넓으며 보다 근본적인 관점으로 옮겨 간다고 할 때 우리가 잃을 것은 무엇이며, 또 그로부터 얻는 것은 무엇일까?

잃을 것은 내적이고 외적인 모든 경험에 대해 그것을 다만 여러 가지 원인과 조건에 따라서 전개되는, 아니면 그냥 일어날 뿐인 현상으로 보지 않고 지나치게 '나' '나의 것'이라고 동일시하는 것을 내려놓는 것이리라. 만약 우리가 자기라는 감각이 사건과 외관 주위에 굳어지고 어떤 대가를 치르고라도 그것을 방어하고자 하는 방식에 의문을 품을 줄 알게 된다면, 자기라는 감각이 근본적으로 실재적인 것인지 혹은 마음이 만들어 낸 관념인지 질문을 던질 수 있다면, 그것이 영원한 것인지 혹은 계속해서 변화하는지 살펴볼 수 있다면, 그리고 그 견해가 어떤 순간에라도 보다 큰 전체와 맺는 관계에서 얼마나 중요한지 생각해 볼 수 있다면, 우리는 대부분의 시간 동안 우리의 생각이나 견해의 얻고 잃음이라는 우리의 개인적 이야기에 그렇게 스스로 사로잡히거나 소모적이 되지 않을 것이다. 또한 최대한 얻으려고 하고 최소한 잃으려고 하는 방향으로 그렇게 경도되지도 않을 것이다. 우리는 우리의 모든 경험을 알게 모르게 채색하는, 우리 스스로 만들어 낸 장막을 통과해 볼 수 있을 것이다. 또 우리 자신의 목소리를 더 정확하게 들을 수 있을 것이다. 우리 자신을 너무 심각하게 받아들이지 않을 것이며, 내가 행복하려면 혹은 '내 방식대로' 되려면 일이 어떻게 되어야 한다는 것에 관해 우리가 만들어 낸 이야기를 그렇게 심각하게 받아들이지 않게 될 것이다.

그렇게 할 수 있다면 우리가 우리의 몸 안에 자리 잡고 살고 이 세상 속에서 사는데 더 홀가분하게 느낄 것이고 우리가 존재한다는 사실 자체에, 그리고 앎의 대상으로부터 단절된 '아는 자'라는 고정된 생각에 갇히지—그렇게 앎의 주체(나)와 앎의 대상(바깥 사물)을 만들어 두고 그들 사이의 상호성 속에서의 친밀함이 아닌 거리감을 만들지—않고 안다는 사실에 더 큰 경외감을 가질 수 있을 것이다. 다시 말해, 우리는 알아차림 속에서 알아차림과 함께 일어나는 것을 더 많이 경험할 수 있을 것이다. 만약 우리가 이러한 방식으로 자기에 보다 덜 빠지지 않을 수 있다고 상상해 보라. 우리가 자기라는 감각이 어떤 본질적 존재도 없이 비어 있다는 것, 그것이 다만 존재하는 것처럼 보일 뿐이라는 것, 그것과의 과도한 동일시가 우리를 특히 타인과의 관계, 그리고 이 세계 속 우리가 가야 하는 길과의 관계에서 우리 존재와 생명의 왜곡되고 축소된 심각하게 불완전한 그림 속에 가두어 버릴 것을 직접 알기 때문에 우리 자신의 작은 과제를 무리하게 몰아붙이지 않는다고 생각해 보라.

우선 자기라는 감각 자체는 언제나 우리가 불완전함을 말하고 있음을 알아차렸을지도 모르겠다. 그것은 우리가 여기가 아닌 다른 곳에 가야 한다고, 얻을 것을 얻어야 하며, 완전하고 행복해야 하며, 두각을 나타내야 하고, 세상과 조화롭게 지내야 한다고 말한다. 이 모든 것은 부분적으로는 진실일 수 있으며 우리는 그러한 직관을 존중할 필요가 있을지 모른다. 그러나 그것은 보다 깊은 차원에서 외관과 시간을 초월하여 얻어야 할 필요가 있는 것은 이미 지금 여기에 있다는 것, 즉 자기를 개선하는 일은 애당초 불가능하다는 것을 우리에게 상기시키고 있음을 잊고 있다. 자기의 진정한 본성은 비어 있으며 동시에 충만하다는 것을 아는 것만이 심오하게 유용한 것이다.

가장 심오한 방식으로, 우리의 온 존재로 그것을 아는 우리는 이제 그 앎 자체에 머물면서 세상에서 보다 덜 자기중심적으로 행동할 수 있다. 그렇게 놀랍도록 창의적인 방식으로 다른 존재의 이익을 위해 해를 입히지 않고 강요하지 않는 태도를 가지고 행동할 수 있다. 우리가 이렇게 할 수 있는 것은 우리가 머리에 의해서가 아니라 보다 근본적인 차원에서 '그들'이 곧 '우리'임을 알기 때문이다. 이러한 상호 연결성은 근본적인 것이다. 그것은 공감과 연민이 생겨나는 곳이며, 타인에 대한 우리의 느낌이, 타인의 자리에 우리 자신을 대입해 보고 다른 사람과 함께 느낄 수 있는 생각과 경향이 태어나는 곳이다. 이것이야말로 마음과 생명에 관한 단순히 기계적이고 환원론적인 견해에서 생겨나는 허무주의와 근거 없는 상대주의를 넘어 윤리와 도덕, 온전히 인간이 되는 것의 초석이다.

이러한 관점에서 볼 때, 아주 실재적인 의미에서 당신은 당신이 생각하는 당신이라고 할 수 없다. 그리고 다른 모든 사람도 마찬가지다. 우리는 우리가 생각하는 우리보다 훨씬 큰 존재이며 더욱 신비로운 존재다. 이 사실을 알게 될 때 우리의 창의성은 비약적으로 확장된다. 왜냐하면 우리는 이제 우리가 어떻게 자신의 고집에 걸려드는지, 강박적인 자기몰두와 자기중심성, 그리고 우리가 중요하다고 생각하지만 실제로는 근본적이지 않은 것에 대한 몰두 때문에 우리가 어떻게 쪼그라드는지를 이해하고 있기 때문이다.

이것은 비판이 아니다. 단지 사실일 뿐이다.

어떤 것도 개인적인 것은 없다. 그러므로 그런 방식으로 받아들이지 말기를.

* * *

나는 내가 아니다.
나는 이것이다.
내 곁을 걸으면서 보지 못하고

때론 나를 방문하기도 하고
때론 잊어버리기도 하는…….

– 후안 라몬 히메네스(Juan Ramon Jimenez)

* * *

충분하다. 이 몇 마디 말로 충분하다.
이 말이 아니라면 이 호흡으로 충분하다.
이 호흡이 아니라면 여기에 앉아 있는 것만으로 충분하다.

우리가 지금까지
계속해서 거부해 왔던
삶에 대한 이 열림만으로 충분하다.
거듭거듭 지금까지 거부해 왔던……
지금까지.

– 데이비드 화이트(David Whyte)

분자도 접촉한다

박식한 인지신경과학자이자 신경현상학적 철학자, 진지한 구도자이며 과학자들과 달라이 라마와의 정기적인 대화를 주관하는 마인드 앤드 라이프 연구소(Mind and Life Institute)의 공동 창립자이기도 했던 프란시스코 바렐라(Francisco Varela)는 2001년, 젊은 나이에 세상을 떠났다. 바렐라는 외부 침입자에 대한 효과적인 방어 시스템으로서의 역할을 넘어선 면역계의 성질을 강조했다. 왜냐하면 면역계는 신체가 지속적으로 그것의 '자기임(self-ness)'을 확인하고, 분자 접촉(molecular touching)을 통해 신체의 모든 구성 구조의 독특한 분자적 정체성을 살피고 확인하게 해주는 메커니즘을 가진 일종의 자기감지(self-sensing) 시스템으로도 기능하기 때문이다. 동시에 바렐라는 우리가 '나의' 신체적 동일성이라고 부르는 자기성질(self-quality)이 실재로는 독립적 존재성을 갖는 것이 아니며, 그 구성 부분들 사이의 복잡한 상호작용으로부터 역동적으로 발현한다는 사실을 강조했다.

때로 면역계는 신체의 제2의 뇌로 불린다. 그것은 변화하는 조건에 대응하여 면역계가 학습과 변화, 기억을 할 수 있기 때문이다. 해부학적으로 면역계는 일부 흉선, 골수, 비장에 존재하며 한편으로는 면역계가 생산하는 림프구와 항체 분자가 독립적으로 혈액과 림프를 돌아다닐 수 있다는 점에서 특정 신체 부위에 귀속되지 않는다. 림프구는 항체를 포함하여 그 막에 분포된 특수한 수용기 분자를 가지고 있다. 이 수용기 분자는 림프구가 분자 수준에서의 자신의 형상과 구조, 순환하는 분자와 세포,

기관, 조직의 전체적인 형체를 '느끼게' 하며, 이로써 림프구는 스스로를 인식하고 또 지속적인 감시와 고도로 특화된 분자 인식 메커니즘을 통해 '외부 침입자'를 식별할 수 있다.

외부 침입자나 질병의 과정이 없는 경우에도 신체를 구성하는 세포 집단의 구성원들 사이에는 면역 신호와 인식이라는 언어로 진행되는 지속적인 대화가 있는 듯하다. 그 대화로 인해 세포 차원에서 신체의 모든 다양한 기능이 조정된다. 그것이 없다면 감염이 없는 경우에 신체는 퇴화하고 말 것이다. 바렐라는 다음과 같이 이야기한다.

> 눈과 귀처럼 뇌를 환경과 연관 짓는 감각기관들은 수많은 림프 기관 안에서 그에 상응하는 것을 가지고 있다. 이것들은 감각 장치로 기능하며 자극을 가지고 상호작용하는, 다른 것과 구별되는 부위다. 예를 들어, 우리가 먹는 음식에 끊임없이 반응하는 장의 일부가 그렇다.

무언가가 잘못되면, 만약 특정 세포가 돌연변이를 시작하여 통제 불가능하게 성장하거나 이상한 바이러스 입자나 기타 물질이 신체 내에 나타나면, 면역계의 접촉 식별 시스템이 그것들을 탐지하고 감각하며 '느낀다'. 그런 다음 다양한 세포 단위 혹은 항체 단위의 메커니즘이 작동해 클론 선택(clonal selection)—필요한 림프구만 선택하여 발달시키는 과정: 역자 주—에 기초한 놀라울 정도의 특이성으로 그것들을 감싸 중화한다. 곧, 비정상적 세포와 화학물질은 중화하고, 정상 세포는 공격이나 해를 입지 않도록 특정한 식별 분자를 가진 림프구를 확장하는 것이다.

면역계는 선택적 접촉과 식별이 집중적으로 이루어지는 곳이다. 신체 내부와 외부가 잠재적으로 위험한 물질에 노출되었을 때 신체가 역동적 생명의 장에서 조화를 유지할 수 있도록, 결코 잠자는 법 없이 움직이는 감독 시스템이라고 할 수 있다. 면역계는 분자와 세포 수준에서 놀라울 정도로 정확하게 작동하여 신체가 감염물질이나 지구상에서 인류가 진화하면서 한 번도 존재한 적 없었지만 잠재적으로 위협적인 것으로 인식되는 인공 화합물 등의 한 번도 본 적 없는 위협에 대응하여 그것을 따로 떼어 내어 중화시킬 수 있도록 한다. 이러한 반응을 학습하고 기억하는 곳이 면역계다.

면역계가 고장 나면—원인을 알 수 없지만 이런 경우가 종종 있다—우리는 신체의 방어 식별력을 잃게 된다. 이것이 소위 자가면역질환(auto-immune disease)이라고 하는 것으로 이제 면역계는 신체의 정상 조직까지 공격한다. 신체를 구성하는 세포와 조직 무리들이 이제는 더 이상 신체의 조화와 건강을 최적화하는 방식으로 서로 접촉하지 않는다. 이들 무리 사이의 대화는 이제 와해되고 독성을 띤다. 이것은 마치 사회 집단이나 국가가 더 이상 서로 공통분모를 찾지 못하고 갈등하는 상황과 유사하다.

신체적 정체성과 방어기제를 넘어선 면역계의 역할과 관련하여, 바렐라는 그것의 비자기 존재적(non-self-existing) 성격을 표현하기 위해 다음과 같은 사회적 비유를 사용했다. 그는 파리에 살았기 때문에 프랑스를 예로 들었다. 바렐라가 달라이 라마에게 말하는 장면이다.

> 국가 정체성의 본질은 무엇일까요? 예를 들어, 프랑스도 정체성을 갖고 있지만 그것은 프랑수아 미테랑 대통령의 집무실에 있지 않습니다—이 대화가 있었던 1990년 당시 프랑스 대통령은 미테랑이었다. 외국 세력이 너무 자주 프랑스의 국가 시스템을 침범하면 프랑스는 분명히 외부를 향한 방어 반응을 보일 것입니다. 군대는 군사적 대응을 시작할 것입니다. 그러나 군사적 대응이 프랑스의 국가 정체성의 전부라고 이야기하는 것은 매우 어리석은 일일 것입니다. 전쟁이 없을 때 프랑스의 국가 정체성은 무엇일까요? 국민이 서로 만나서 이야기하는 커뮤니케이션 과정이야말로 국가의 정체성, 사회적 삶이라는 조직을 만드는 것일 것입니다. 그것은 국가 생명의 맥박과도 같습니다. 당신은 도시로 걸어 들어가 카페에 앉아 있는 사람들, 책을 쓰는 사람들, 아이를 키우는 사람들을 볼 수 있을 것이지만, 무엇보다 서로 이야기 나누는 사람들을 볼 수 있을 것입니다. 우리가 우리의 신체적 정체성을 구성하는 과정에서도 이와 유사한 일이 면역계에 일어납니다. 신체의 세포와 조직은 몸으로서의 정체성을 갖고 있습니다. 왜냐하면 B세포와 T세포 네트워크가 결합과 분리를 거듭하며 끊임없이 신체의 모든 분자 프로파일까지 옮겨 다니기 때문입니다. 신체 세포와 조직은 또 그들 사이에도 끊임없이 결합과 분리를 반복합니다. B세포의 접촉면의 상당 부분은 다른 B세포입니다. 사회와 마찬가지로 세포도 상호작용의 조직, 기능적 네트워크를 가지고 있습니다. ……림프

구가 클론으로 줄어들거나 확장하는 것도—사람이 강등되거나 승진하는 것 혹은 가족이 확대되거나 축소되는 것처럼—바로 이러한 상호작용을 통해서입니다. 한 시스템의 정체성에 대한 이러한 확증은 방어 작용이 아니라 긍정적인 구성 행위로서 일종의 자기주장(self-assertion)이라고 할 것입니다. 이것이 분자와 세포 차원에서 구성된 우리의 '자기(self)'입니다. ……그리고 신체 내의 모든 분자 프로파일과 결합할 수 있는 T세포들이 있습니다. 이것은 마치 프랑스인들의 모든 생활의 면면—박물관과 도서관, 카페와 빵집 등—에 대해 그것을 운용하는 사람들이 있는 것과 마찬가지입니다. ……실제로 신체 내의 모든 분자 프로파일—세포막, 근육 단백질, 호르몬 등—각각에 대한 항체를 발견할 수 있습니다. ……신체에 고루 퍼진 이러한 상호 의존을 통해 전체적인 균형이 창조됩니다. 그래서 내 피부 분자가 간세포와 의사소통을 합니다. 이 둘은 면역계라는 순환 네트워크에 의해 서로 영향을 받고 있기 때문입니다. 네트워크 면역학의 관점에서 볼 때, 신체 내의 모든 세포 사이의 끊임없는 커뮤니케이션을 가능하게 해 주는 것이 바로 면역계입니다. …… 면역계의 세포는 대략 이틀마다 사멸하여 대체됩니다—물론 더 오래, 수주나 심지어 수개월 동안 사는 것도 있습니다. 이것은 마치 한 사회에서 오래 산 사람들이 죽고 끊임없이 아이들이 새로 태어나는 것과 같습니다. 사회는 복잡한 방식으로 이 아이들 집단이 서로 다른 역할을 담당하도록 훈련시킵니다. 이것이 사회라는 시스템이 그 자신의 구성 성분을 쇄신하는 방식입니다. 학습 혹은 기억이 발생하는 것은 새로운 세포들이 그 시스템 안으로 '교육되어' 들어오기 때문입니다. 새로운 세포들은 낡은 세포와 동일하지 않지만 전체 그림의 전반적인 목적에 대해서는 동일한 역할을 수행하게 됩니다…….

우리는 우리의 몸을 우리의 인지적 자아만큼이나 복잡한 실체로 생각하는 데 익숙하지 않지만 실제로 우리는 그러한 방식—우리의 몸이 복잡한 실체로서—으로 기능하고 있습니다. ……사회적 비유로 다시 돌아가 보자면, 나는 200년 동안이나 파리에서 빵집을 해 오던 빵장수 가족에게 매일 빵을 삽니다. 그는 이 사회의 일부입니다. 그 빵장수는 빵 굽는 법을 알고 있습니다. 만약 어느 날 갑자기 동일한 빵집에 처음 보는 낯선 빵장수가 있다고 한다면, 비록 그가 동일한 행동을 하고 똑같은 빵을 판다 해도—이전 빵장수의 경우와—결코 같지 않을 것입니다. 처음 빵장수는 오랜 시간 그 사회에서 상호작용을 하였고, 오랫동안 그곳 사람들을 알고

> 있으며, 공동의 언어를 갖고 있다는 점에서 그곳의 일부가 되었다고 할 수 있습니다. 당신도 이 프랑스 빵장수를 흉내 낼 수는 있겠지만 만약 그곳 사람들과 교류할 수 있는 적절한 역사와 언어, 능력을 갖지 못한다면 그들은 당신 역시 거부할 것입니다. 나의 세포가 제자리에 있도록 해 주고, 나의 간세포가 간세포로서 기능하도록 해 주며, 나의 흉선 세포가 흉선 세포로서 행동하도록 해 주는 것은 그들이 서로 조화롭게 작동할 수 있도록 면역계라는 이 공통의 언어를 공유하기 때문일 것입니다. 마찬가지로 빵장수는 그곳 은행가가 그곳 공동체에 속한다는 사실을 압니다. 비록 서로 하는 일은 다르지만 말이지요. 우리는 우리 신체의 작동에 너무 익숙해져서 신체의 작동을 유지하는 이러한 창발적 과정의 복잡성을 잘 인식하지 못합니다. 기억이나 자기에 대한 감각 등의 능력이 뉴런—신경세포—의 창발적 특성인 뇌에서와 마찬가지로 면역계에도 신체를 유지하고 그것에 대한 역사를 가지며 자기를 갖는 창발적 능력이 존재합니다. 면역계가 창발적 특성으로서 갖는 능력은 어느 특정한 장소에 존재하는 것이 아니라 생겨나는 것입니다. ……나의 신체의 정체성은 나의 유전자나 세포 같은 장소에 존재하는 것이 아니라 상호작용의 복잡성 속에 존재합니다.

이러한 활력적이고 역동적인 관점은 우리가 7부에서 이 세계를 하나의 몸으로서 탐구할 때 유념할 가치가 있다.

분열 없음

당신이 자신의 몸과 마음에 매 순간 좀 더 신중하게 주의를 기울이는 과정을 통해 경험했을 것이지만, 우리는 내적으로, 그리고 외적으로 다소 분열된 삶을 살아가는 경향이 있다. 우리의 본성 깊은 곳에서 우리가 실재로 누구인지 잠시 잊음으로써, 그리고 있는 그대로의 우리가 아닌 타인으로서, 심지어 우리가 만들어 낸 허상이 시키는 대로 존재함으로써 이러한 분열을 키우고 그에 참여한다. 그렇게 우리를 우리 자신으로부터 분리시킨다. 우리는 오랫동안, 심지어는 수십 년 동안 마치 키메라—그리스 신화에 나오는 사자 머리, 염소 몸, 용 꼬리의 괴물: 역자 주—처럼 우리 자신을 분열시키고 그 과정에서 우리의 진정한 본성, 우리의 주권(sovereignty), 실재하는 우리 자신의 아름다움, 분열되지 않고 분열될 수 없는 전체성과의 접촉을 상실하며, 심지어 그것을 배반하기도 한다. 이것이 개인으로서 그리고 한 사회로서 오늘날 만연한 괴로움과 편치 않음의 한 증상이다. 아마도 우리를 우리 자신으로부터 분리시킨 이러한 행위가 이러한 괴로움과 편치 않음의 근본 갈등이 아닐까. 아마도 그것이 모든 갈등의 핵심에 자리한 갈등인지 모른다.

치유는 하나의 과정이다. 거기에는 우리의 전체성에 대한 인식, 자기분열에 대한 지속적인 거부—심지어 우리가 두려움을 느끼거나 삶에 의해 갈갈이 찢겨 나갈 때에도—가 필요하다. 결국 치유란 과거 한때의 자신의 모습을 강요하거나 우리가 안전하게 느끼도록 혹은 우리가 바라는 방식대로 되어 가도록 강요하는 것이 아니라 있는 그대로의 우리의 본모습으로 돌아가는 것이다. 사키 산토렐리(Saki Santorelli)가 자신의 저서 『당신 자신을 치유하라: 의료에서 마음챙김에 관한 가르침(*Heal Thy Self: Lessons on Mindfulness in Medicine*)』에서 말했듯이, 치유란 우리가 깨질 수 있더라도 여전히 온전할 수 있다는 것을 아는 데 달려 있다.

에밀리 디킨슨(Emily Dickinson)은 우리 자신의 두려움과 상처 앞에서 스스로를 분열시키는 이러한 유행병 같은 충동을 시를 통해 신랄하게 표현했다.

나를 나 자신으로부터 막아 버리고
어떠한 가슴도 들어올 수 없는
난공불락의 나의 요새
그런 요새를 만드는 기술을
나는 가졌다네.

그러나 그것이 곧 나 자신이기에
나의 의식을 복종시키는 것 외에
내가 달리 어떻게 평화를 얻을 수 있으리.

우리는 서로에게 왕인 존재이기에
나를 방기하는 것 외에
달리 무엇을 할 수 있으리.

우리는 얼마나 자주 의도적으로 혹은 알지 못하게 우리를 우리 자신으로부터 추방시켜 버리는가? 얼마나 자주 우리의 전체성을 버리고 우리의 의식과 지각, 상식, 우리의 바로 그 주권과 진정한 치유의 가능성을 굴종시켜 버리는가? 우리 자신을 더 큰 상처로부터 보호하고 우리의 고통을 줄이기 위해 상처받지 않는 단단한 상태를 성취하려는 희망에서 말이다.

그러한 버림을 통해 우리가 치르는 대가는 무엇인가? 그것이 그럴 만한 가치가 있는 것일까?

만약 우리가 용감하게도 더 이상 우리의 의식을 굴종시키지 않을 것이라고 선택한다면 어떤 일이 일어날까? 단 한순간만이라도.

그렇게 한다면 우리는 어떻게 될까?
내적으로 어떤 느낌이 일어날까?
외적으로 어떻게 행동하게 될까?

분리되지 않음

자신의 시대에 다른 누구보다도 공간과 시간, 물질과 에너지, 빛과 중력의 본질을 깊이 있게 통찰했던 아인슈타인은 이와 같은 깊은 통찰력으로 욕망과 집착이 우리의 눈을 얼마나 멀게 하는지, 그리고 그가 분리의 환상이라고 불렀던 것을 해체하는 것이 얼마나 중요한지에 대해서도 꿰뚫어 보았다. 아무 죄 없는, 여섯 살짜리 예쁜 딸아이의 죽음을 아이의 언니에게 어떻게 설명해야 하는지 자문을 구했던 어느 랍비에게 아인슈타인은 다음과 같이 말했다.

> 인간은 우주라고 부르는 전체의 일부입니다. 그것도 시간과 공간 속에 제약된 일부입니다. 인간은 자신 그리고 자신의 생각과 느낌을 자기 이외의 다른 것들과 분리된 것으로 경험하지만, 실은 이것은 일종의 의식의 착시현상이라 할 수 있지요. 이러한 미망은 우리에게 일종의 감옥으로, 우리를 우리 자신의 개인적 욕망이나 우리와 가장 가까운 몇 사람에 대한 애정 안으로 한계 지우고 맙니다. 우리의 과제는 이 감옥으로부터 스스로를 해방시키는 것입니다. 연민의 원을 더 확장하여 모든 살아 있는 생명과 자연 전체를 그 아름다움에서 포용하는 것입니다. 누구도 이것을 완벽하게 성취할 수 없지만, 그러한 성취를 위한 노력 자체는 해방의 일부분이며 내적인 안전의 초석입니다.

위대한 물리학자인 아인슈타인은 해방과 내적 안전이 그 자체로 매우 강력하다고 말하고 있다. 그의 말은 우리 모두가 얼마나 분리—나 자신으로부터 분리된 나, 너로부터 분리된 나—의 미망에 시달리고 있는지, 그로부터 얼마나 많은 고통이 생기는지, 그리고 연민을 계발함으로써 그러한 분리로부터 자신을 보호해야 할 필요성을 그가 얼마나 뼈저리게 통감하고 있었는지 보여 준다.

아인슈타인은 전체의 관점에서, 전체성의 눈으로 사태를 보았다. 그리고 미망으로부터의 해방이라는 관점에서 사물을 보았다. 그의 대응 방식은 바로 연민이었다. 그렇다면 우리도 전체성의 눈으로 보도록 우리 자신에게 요청할 수 있을까? 원래 존재하지도 않지만 분리의 미망 때문에 우리 자신과 타인에게 우리 스스로 만들어 놓은 감옥을 그렇게 자각할 수 있을까? 아인슈타인의 표현대로, 우리는 우리의 연민의 원을 넓혀 '모든 살아 있는 생명체와 전체 자연을 그 아름다움 속에서 껴안을 수' 있을까? 그리고 그 연민의 원 안에 우리 자신도 포함할 수 있을까?

왜 그렇게 할 수 없을까?

그것은 결국 철학이 아니라 우리 스스로 실천해야 하는 수련이다. 그리고 이 수련은 미망과 분열, 버림, 우리 자신의 잘못된 인식이 만들어 놓은 허구로부터 깨어나는 것이다. 그것은 서로 '떨어져 있는 것(apartness)'처럼 보이는 것으로부터 우리 자신을 해방시키는 것이다. 사실 가장 깊은 차원에서 우리는 진정으로 전체에 속해 있었고 언제나 전체의 한 부분이었다. 그리고 우리는 바로 이 순간, 이 한 호흡으로 바로 여기, 집에 이미 도착해 있다.

* * *

아, 단절되지 않기를.
그 어떤 사소한 간격에 의해서도
별들의 법칙으로부터 단절되지 않기를.
내면, 그것은 무엇인가?
새들이 힘차게 솟구치고
귀향의 바람으로 침잠하는

저 높고 광대한 하늘.

– 릴케

시간과 공간 속으로 나아가기
– 나의 아버지에게 바치는 헌사 –

나는 누구인가? 나는 어디에 있는가? 지금은 몇 시인가? 나는 어디에 있었는가? 나는 무엇을 하고 있었는가? 나는 어디로 가고 있는가?

그럴듯하게 보이지만 사실 이 말들은 고갱의 그림 제목이 아니다. 이것들은 근본적인 질문들이다. 우리는 만약 우리가 난로를 사용하고 난 다음 그것을 꺼야 한다는 사실을 기억하고는 실제로 난로를 껐다면 이것을 다행이라고 생각한다. 그러나 우리는 우리가 지금 무엇을 하고 있고, 우리가 누구이며, 어디에 있고, 지금 몇 시인지 아는 데 대해서는 행운이라고 좀처럼 생각하지 않는다. 그러나 우리는 그렇게 해야만 한다. 우리는 너무나 많은 것, 무척 기적적이고 생명력을 주는 많은 것, 매 순간 펼쳐지는 우리 삶에 의미를 주는 것들을 너무나 당연하게 받아들인다.

아버지가 알츠하이머병 때문에 점차 의식을 잃어 가고 있는 과정을 겪으면서, 나는 내가 그전까지 얼마나 모든 것을 당연하게 받아들이고 있었는지 깨닫게 되었다. 나는 아버지의 일을 계기로 내가 어디에 있는지, 내가 어떻게 그곳에 이르게 되었는지, 무슨 일이 일어났고 또 앞으로 무슨 일이 일어날지 갑자기 깨닫게 되었다. 그 일들에 관해 생각해야 했던 것이 아니었다. 저절로 알 수밖에 없었다. 아버지의 모든 것이 무너지고 있었다. 마치 커다란 구멍이 아버지의 머릿속에 생기는 것 같았다. 아버지가 먼저 잃으셨던 것은 시간과 공간 개념, 인과관계였다.

나의 아버지 엘빈 카밧(Elvin Kabat)은 학자로서의 전 생애를 컬럼비아 대학교 메디컬 센터에서 보냈다. 메릴랜드 베세스다의 미국 국립보건원(NIH)에서 감독했던 프로젝트를 진행하며, 뉴욕의 연구실과 매주 오가며 보냈던—당시 아버지의 연세로는 대단한 일이었다—마지막 20년을 제외하고는 말이다. 국립보건원에서 감독하셨던 프로젝트는 당시 알려진 모든 항체 분자와 그 유전자들의 서열을 모아서 온라인에 올리고 지속적으로 업데이트하는 작업이었다.

어느 날 컬럼비아 대학교의 내 동료 한 사람이 내게 전화를 걸어 이런 이야기를 들려주었다. 의사 식당에서 함께 점심을 먹던 중 아버지가 이미 뉴욕에 계셨는데도 뉴욕으로 돌아가기 위해 공항으로 가셔야 한다는 말씀을 하셨다는 거였다. 그 전화가 걸려 올 때쯤 나와 우리 가족은 아버지에게 무슨 일이 일어나고 있는지 짐작하고 있었다.

아버지의 알츠하이머와 관련하여 지금 기억나는 첫 번째 사건은 아버지가 그해 세금 정산을 하시던 중—이미 다 해 놓으신 것을 또 하고 계셨다—뉴욕과 국립보건원을 왕래하신 교통비에 대해 국세청에서 환급을 받을 거라고 기쁘게 말씀하셨던 일이었다—나는 아버지의 교통비가 연구비에서 이미 지급된 것으로 알고 있었다. 놀랍게도 아버지는 공제와 환급을 혼동하고 계셨다. 나는 무서웠다. 그 일로 당시 내 마음 깊은 곳에서 쿵 하고 내려앉았던 절망감을 지금도 생생하게 기억하고 있다. 이것은 말하고 싶은 단어가 정확히 기억나지 않는다든가 열쇠를 어디에 두었는지 잊어버린 것과는 전혀 차원이 다른 문제였다.

어떻게 이런 일이 아버지에게 일어날 수 있었을까? 아버지의 스승은 위대한 면역학자 마이클 하이델버거(Michael Heidelberger, 1888~1991)로 103세에 돌아가시기까지 매일 연구실에 모습을 보이며 학생들과 대화를 나누고 102세가 되실 때까지 학술 논문을 직접 쓰던 분이셨다. 아버지 역시 나이가 들면서 더욱 간절히 바랐던 한 가지 소망이 당신이 아끼던 연구실에서 창의적이고 생산적인 연구를 지속하는 것이었다. 아버지는 평생토록 올곧은 정신과 강인한 의지력, 날카로운 지성으로 살아왔던 분이었다. 아버지는 면역학 석좌교수로 있으면서 다른 세 곳의 학부에서 교수였고, 또한 면역화학과 분자면역학에서 선구적인 공로를 인정받아 대통령 과학상(Presidential Medal of Science)을 수상하기도 하셨다. 아버지는 미국 국립과학아카데미(National Academy of Sciences: NAS)의 오랜 회원이셨으며 장소를 불문하고 강의와 지도를 하실 정도로 정력적인 분이었다. 그리고 매카시 시대—'매카시즘'으로 불리는 1950년대 미국의 극단적이고 초보수적인 반공주의를 말함: 역자 주—에는 공중위생국(Public Health Service: PHS)이 모든 연구비 지원자에게 강요했던 충성 맹세에 반대해 자신의 연구 생명이 위협받을 수 있음에도 홀로 분연히 일어났던 분이었다. 아버지는 공개적으로 국립보건원을 상대로 보이콧을 벌이며 공중위생국의 재정적 지원을 받은 과학자들을 당신의 연구실에 받아들이기를 거부하였다. 몇 년 후 마침내 정부에서 그 요구사항을 철회할 때까지 아버지의 보이콧 운동은 계속되었다. 내가 아직 어렸을 때 아버지가 집으로 돌아오셔서 승리를 자축하며 샴페인을 터뜨렸던 기억이 난다. 원칙에 따른 행동과 정직성이 곧 아버지가 믿는 신이었다. 과학자로서 아버지의 가장 중요한 윤리는 자료가 스스로 말하게 하는 것이었다.

아버지는 당신의 연구실에서 전 세계 과학자들과 함께 5백여 편에 이르는 논문을 발표했다. 당시 해당 분야의 '바이블'로 통했던 『실험 면역화학(*Experimental Immunochemistry*)』이라는 두꺼운 교과서의 제3판을 공저했고, 내가 단 한 단어도 이해하지 못했던 다른 전공 서적들을 저술했다. 또 분자생물학 분야에서 나를 끌어 주기도 하였다. 그랬던 아버지가 지금은 공제와 환급을 혼동하시며, 우리 집에 찾아오셨을 때 이 집이 누구 집이냐고 물었다. 또 전화요금을 납부하실 때 전화회사와 특별한 관계가 있기 때문에 개인수표가 아닌 입금표를 발행하면 된다고 득의에 차서 내게 말씀하기도 하였다. 아버지가 말씀하시는 투가 너무나 확신에 차고 너무나 친밀감이 있어서 나는 아버지의 말을 거의 믿을 뻔했다. 또 아프리카 피그미족과 한동안 함께 살았던 이야기도 해 주었는데, 아버지가 피그미족 마을에 도착하자 그들이 아버지를 뵙게 되어 너무나 기뻐하더라는 얘기, 그리고 그들이 이미 아버지의 학술 논문과 서적을 모두 읽었더라는 이야기도 들려주었다. 아버지를 존경스럽게 올려다보는 그 키 작은 사람들의 모습도 빼놓지 않고 들려주었다. 그 마을이 아프리카 어디에 있는 마을이냐고 내가 여쭙자, 아버지는 '남미'에 있다고 대답하였다. 일은 그렇게 터졌다. 아버지는 정신이 오락가락하였고 자제심을 잃었으며 자신의 연구 업적에 대해 이제 더는 이해하지 못하였다. 당신 친구들도 점점 알아보지 못하게 되었다.

아버지의 기억에는 커튼이 드리우고 있었고 자신이 어디에 있으며 자신에게 어떤 일이 일어나는지도 더 이상 알지 못했지만, 나는 아버지와 함께 보내는 시간을 소중히 간직하고 싶었다. 우리는 때로 몇 시간이고 함께 손을 잡은 채 앉아 있었다. 아버지는 한자리에 오래 앉아 있을 수 있었다. 마치 두 사람이 함께 명상을 하는 것 같았다. 아버지는 아버지의 방식대로 현존하셨고, 나는 또 내 방식대로 현존했다. 가장 중요한 것은 우리 두 사람이 함께 있다는 사실이었다. 아버지와 함께 보낸 시간은 소중하고 고통스럽고 또 울분이 터지는 시간이었다.

아버지가 좀 나아지는 때도 있었다. 어느 날 높다란 담벽을 마주하고 정원에 앉아 있었는데 전신주가 덤불과 하늘을 배경으로 솟아 있었고 긴 전선이 전신주로 들어오고 있었다. 그런데 거기서 밖으로 빠져나가는 전선은 보이지 않았다—아마 전신주 후면을 통해 땅으로 들어갔을 것이다. 그걸 보던 아버지가 별안간 말씀하셨다. "전선이 끝나는 곳이로군."

그것은 사실이었다. 나는 우리 두 사람이 함께 벤치에 앉아 있고 우리 앞으로 전신주와 한 줄의 전선이 하늘을 배경으로 가로지르는 장면을 문득 떠올려 보았다. 그것은 '전선의 끝'이라고 이름 붙일 만한 것이었다. 아버지에게는 그것이 실제로 그랬다. 또 어느 때는 요양원 창밖으로 앰뷸런스가 오고 가는 모습을 보시면서 "죽으면 그들이 너를 내쫓을 거야."라고 말씀하였다.

나는 아버지의 신체와 정신의 기력이 점점 쇠퇴하는 것을 느꼈다. 때로 아버지도 그걸 느끼셨는지 그에 격분하다가 가라앉곤 했다. 그러나 아버지는 결국 아내와 자식들을 알아보지 못했는데, 전화 목소리로는 우리를 알아보았다. 내가 전화를 걸어 "안녕하세요, 아버지." 하면 아버지는 즉각 그 목소리가 누구인지, 그것이 내 형제들 중 아무개가 아닌—형제들과 나는 목소리가 무척 비슷하다—바로 나라는 것을 곧바로 아셨다. 아버지가 사랑스러운 목소리로 "안녕, 사랑하는 자니야." 하고 말씀하셨을 때 나는 눈물이 핑 돌 만큼 슬펐고 또 고마웠다.

아버지가 돌아가시던 날, 나는 아버지를 몇 시간이고 품에 안고 아버지가 가장 좋아하던 길버트와 설리번의 노래를 불러 드렸다. 그 노래들은 내가 아기였을 때 아버지가 내게 들려주던 노래였다. 그러나 이제는 내가 노래가사를 바꾸어 우리가 아버지를 얼마나 사랑했는지, 아버지가 얼마나 가족의 사랑 속에서 살았는지, 이제는 그 모든 것을 내려놓고 가셔도 좋다는 내용으로 노래를 불러 드렸다. 이 가사들과 함께 나는 내가 수련했던 다양한 전통에서 배운 송가(頌歌)들을 암송했다. 거기에는 영어와 한국어로 된 『반야심경』도 있었다. 그런 다음 긴 침묵이 이어졌다. '색불이공(色不異空), 공불이색(空不異色)'을 암송하자 눈물이 뺨을 타고 주르르 흘러내렸다. 그 과정에서, 특히 그 긴 침묵 속에서 나는 나와 아버지의 불규칙한 호흡을 분명히 느낄 수 있었다. 그렇게 몇 시간이 지난 후 어느 순간 아버지의 날숨 다음에 더 이상 들숨이 일어나지 않았다. 나는 아버지를 품에 안고 오랫동안 흐느꼈다.

아버지가 정신을 잃었던 그 긴 8년 동안의 기간에 나는 내가 그동안 너무나 당연하게 받아들였던 것에 관해 많은 것을 새롭게 알게 되었다. 아버지는 점차 조금 전 일어난 일에 대해서도 기억을 하지 못했다. 아버지는 정신은 있었지만 온전한 정신이 아니었다. 아버지는 사물의 전후관계를 인식하지 못했다. 과거와 미래에 대한 감각이 있는 온전한 자각 속에 머물지 못했다. 머릿속으로 분명히 떠올리고는 있었지만 말로 표현할 수 없는 개념들을 전달하는 데 어려움이 있었다. 특정 사물에 대해 이야기할 때도 그 사물의 이름이 아니라 '물질(substance)'이나 '재료(material)' 같은, 당신의 과학적 탐구에서 자주 사용하셨던 어휘를 어쩔 수 없이 사용했다. 그리고 우리는 아버지가 무엇을 가리키는지 도통 알 수 없었다. 가족을 벗어난 아버지의 인간관계는 시간이 지남에 따라 점점 더 흐릿해져 갔다. 그러나 아버지의 감정은 여전히 그대로였다. 아버지가 처한 곤경과 그에 대해 아무것도 할 수 없는 자신의 처지에 극심한 좌절감을 경험하신 후, 아버지는 점차 부드러워졌고 눈에 띄게 사랑을 보여 주었다. 그러나 또한 점점 더 외로워 보였고 당신만의 세계 속에 고립된 것 같은 느낌도 들었다. 아버지는 사람들이 기울이는 관심에 행복해하였다. 사람들이 보내는 관심을 좋아했다. 세상이 아버지의 수많은 성취에 대해 얼마나 많이 인정을 하든지 그것은 언제나 아버지 성격의 두드러진 부분이었다. 그러나 생의 마지막 순간까지도 아버지가 원했던 관심은 존경에 찬 관심이었고 아버지의 관심사를 반영한 관심이었다. 아버지는 누군가가 하기 싫은 일을 억지로 하는 것인지, 비위를 맞추는 것인지, 혹은 거들먹거리는 것인지를 구분할 줄 알았다.

아버지의 병은 우리가 우리의 정신 능력을 갖고 있는 동안, 그리고 그것을 당연한 것으로 받아들이지 않을 수 있을 때 충분히 활용하는 것이 얼마나 중요한지 깨닫게 해 주었다. 나는 사물의 외관에 미혹당하지 않고 또 그것을 실재라고 잘못 받아들이지 않고 사물의 실재성을 분별하기 위해 그러한 정신 능력을 온전히 발달시키는 것이 얼마나 중요한지 배웠다. 사물의 외관에 미혹당하고 그것을 실재로 잘못 받아들이는 일은 과학자로서의 아버지에게는 결코 일어나지 않았지만, 우리 모두와 마찬가지로 아버지 역시—과학을 제외한—삶의 다른 면에서는 면역성이 없었다. 비록 아버지가 면역학자이긴 했지만 말이다.

결국 우리는 매 순간 시간과 공간 속 우리의 위치를 알 필요가 있다. 그리고 만약 우리가 알츠하이머병이나 다른 치매에 걸리지 않았다면 우리는 당연히 그것을 알고 있다—심지어 우리가 시공간에서 길을 잃었다 하더라도 우리는 그것조차 안다. 그리고 우리는 언제—지금—그리고 어디—여기—뿐만 아니라 우리 각자가 누구인가 하는 상대적인 감각에 대해서도 알고 그것과 접촉해야 할 필요가 있다. 그렇게 우리 자신을 이전(before)과 이후(after)의 흐름 속에 일정하게 위치시킬 필요가 있다.

우리의 신경계는 우리가 아직 이해하지 못하는 방식으로 우리를 위해 이러한 지향 기능(orienting function)을 해 주면서 평생에 걸쳐 놀라운 일들을 해낸다. 그러나 우리는 신경계가 그것 자체로 영원하지 않고—정상적인 기능을 언제까지고 발휘하리라는—보장도 되지 않으며 우리가 쉽게 당연하게 여기고 있다는 사실을 유념해야 한다. 마음챙김을 계발하는 것은 곧 우리가 아직 그 기회를 갖고 있는 동안 신경계를 가장 효율적으로 활용하는 것이다.

시간과 공간 속 자기의 위치를 아는 이러한 기본적인 지향 기능을 상실한 예가 앨런 라이트먼(Alan Lightman)의 소설 『진단(*The Diagnosis*)』의 첫 장면에 나온다. 거기서 어느 비즈니스맨이 직장으로 출근하던 중 교외의 에일와이프 역과 보스턴 시내의 자신의 목적지 사이 어딘가에서 느닷없이 자신이 누구이며 어디로 가고 있는지를 잊어버린다. 자신의 목적과 방향성을 상실한 이런 비현실적인 악몽—'내가 이렇게 차려입고 아침에 어딜 가는 거지? 아, 그렇지, 열차에 있는 다른 사람들처럼 직장으로 가는 거지. 그런데 내 직장은 어디지? 그리고 나는 무슨 일을 하고 있지?'—은 갑자기 모든 것이 어렴풋하게 익숙한 꿈같은 상태로 빠져든다. 머지않아 이 경험은 생생한 악몽으로 돌변한다.

우리는 늘 그러한 경계 위에 살고 있다. 그러나 다행히 우리의 지향 시스템은 너무나 튼튼하여 적어도 관습적인 차원에서는 좀처럼 악몽 같은 병리적 현상을 겪지 않는다. 그러나 '나는 누구인가?' '나는 어디로 가고 있는가?'는 매우 심오한 질문이다. 그것은 일종의 공안—공안은 선(禪)에서 가르침을 줄 때 사용하는 도구, 짤막한 질문이나 진술 혹은 대화의 형태로 주어지는 수수께끼와 같은 것이다. 명상을 하는 동안 자신의 마음속에 공안을 품고 마음에서 일어나는 산만한 생각에 반응하지 않고 이해하려고 애쓴다. 왜냐하면 마음에서 일어나는 어떠한 반응도 참된 것이 아니며 그 순간의 상황에 부적절한 것이기 때문이다. 공안의 예로 '나는 누구인가?' '개도 불성을 갖고 있는가?' '부처란 무엇인가?' 등이 있다. 어떠한 삶의 상황도 공안이 될 수 있다. 심지어 '이것은 무엇인가?' '지금이란 무엇인가?' 등도 공안이 될 수 있다. 매 순간 공안에 대한 반응은 다를지 모른다. 오직 요구되는 것은 그것이 참된 것이어야 하며 적절한 것이어야 한다는 것이다. 이원적 사고에서 나온 것이어서는 안 된다. 반응은 비언어적일 수 있다—으로, 우리는 간혹 스스로에게 이런 질문을 던짐으로써 깊은 통찰을 얻을 수도 있다. 우리는 우리가 누구이고 우리가 무슨 일을 하는지에 대해 그것을 그저 당연한 것으로 받아들이지 않고 마치 일종의 명상 수련처럼 그러한 질문을 스스로에게 던져 볼 수 있다. 특히 우리가 누구인지 우리가 알고 있다고 생각한다면, 혹은 그러한 질문을 던져 보려고 하지 않고 우리의 실제 삶의 중층적 차원과 결을 가리고 있을지 모르는 외관의 겉껍질을 벗겨 보려고 하지 않으면 더욱 그러한 질문들을 던져 볼 필요가 있다. 왜냐하면 우리 중 누구도 우리가 가진 이러한 정신 능력을 언제까지고 우리 마음대로 사용할 수 있다는 것을 확신할 수 없기 때문이다. 또는 우리 자신의 온전한 모습으로 살아가고 학습하고 성장해 나가는 데 얼마나 오랜 시간이 걸릴지 알 수 없기 때문이다.

아버지에게 기억력과 이해력이 거의 사라졌을 때 남은 것은 가족에 대한 사랑, 멋진 친구들과 동료들, 전 세계 학생들과의 유대감, 그리고 아버지가 세상에 행하신 일들과 주신 사랑이었다. 이것들이야말로 우리의 가장 인간적인 유대의 끈이라고 할 것이다. 그러나 그것들 역시 무상한 것이며 지나가고 만다. 이것이 우리가 그것들을 간직할 수 있을 때 최선을 다해 인지하고 계발하고 즐겨야 할 이유다.

많은 이에게 아마도 가장 큰 후회는 사람들 및 자연과의 관계에서 현재 순간을 제대로 포착하지 못하고 축복하지 못하는 것이 아닐까. 아마도 이것이야말로 시간과 공간 속에서, 그리고 동시에 시간과 공간을 벗어난 궁극의 지향점이 아닐까. 즉, 현재에 존재하는 것을 직접적이고 비개념적이고 체험적으로 아는 것, 그렇게 끊어지지 않고 연속되는 앎, 그리고 그것을 사랑하는 것이다.

입체적 실재
– 의식의 전환 –

통상적으로 우리 인간은 줄곧 관습적 실재, 즉 우리의 통상적인 오감—눈, 귀, 코, 혀, 몸—에 의해 규정되고 조절되는 '저기 바깥'의 세계에 대한 존경할 만한 탐험가이자 거주자였다. 우리는 그 세계 안에 편안히 자리를 잡고, 짧은 인류 역사의 과정에서 우리의 필요와 욕구에 맞게 그것을 만들어 가는 법을 터득했다. 우리는 물리세계—적어도 뉴턴의 물리세계—의 원인과 결과에 대해 이해하고 있다. 그리고 그 이해의 정도는 과학의 노력과 지속적인 발견 덕분에 날로 깊어지고 있다.

그러나 과학의 영역 안에서도 그 가장자리를 살펴보면 우리가 근본 실재를 정말로 이해하고 있는지 그다지 확실하지 않다. 그 근본 실재는 당혹스럽게도 통계적이고 예측 불가능하며 신비로운 것이다. 예를 들어, 방사성 원자의 핵에서 특정 방사성 붕괴가 일어나는 원인과 시기가 무엇인지, 우주는 유한한지 무한한지, 시간이란 것이 존재하는지, 블랙홀의 중심에서 무슨 일이 일어나는지, 왜 진공에는 그렇게 많은 에너지가 존재하는지, 혹은 공간이란 무(無)인지 그렇지 않은지 등의 질문에 우리는 확실히 대답하지 못하고 있다.

그럼에도 우리가 경험하며 살아가는 관습적인 일상적 실재 속에서 우리는 신체를 가지고 있으며, 태어나서 살다가 죽는다. 우리는 대부분의 시간을 사물의 겉모습을 받아들이면서 산다. 사물이 어떤 상태에 있으며 왜 그러한 상태인지에 대해 우리 스스로 반쯤 만족할 만한 설명을 만들어 내며 사는 것이다. 그리고 우리가 습관에 빠져 실재와 매 순간 접촉하지 못할 때 감각은 우리를 잠에 빠지도록 한다. 우리는 우리의 생각과 행위에 너무 몰두하여, 비록 그것이 어느 순간에나 우리에게 더할 나위 없이 가까이 있는 것임에도 불구하고 존재의 영역과 지각에서 떨어져 나온 채 지내게 된다.

> 어느 젊은이가 거리를 지나갈 때, 나는 아내 마일라에게 말한다. "인상이 아주 좋은 젊은이군." 이에 아내는 대답한다. "그렇군요. 당신이 그의 얼굴에서 어떤 감정도 없음을 보지 않는다면 말이죠."

이는 모두 우리가 의도적으로 사물의 특정한 면을 부각하여 보면서, 또 어떤 면은 반사적으로 무시하는 데서 나온 결과다. 이것은 우리가 얼마나 반사적으로 우리의 순간적 인식이라는 '배'를 습관적 무의식이라는 '부두'에 정박시키는가의 문제다. 우리는 이 배가 튼튼한 '로프'에 묶여 부두에 정박되어 있다고 생각한다. 그런데 그 로프의 이름은 '실제로 보지 않으면서 보고 있는 척하는' 것이다.

이 관습적 실재의 세계에서 우리는 최선을 다한다. 우리는 돈을 벌고, 식탁 위에 음식을 올리며, 우리 아이들을 사랑하고, 부모를 돌본다. 우리는 일을 하면서 일생에 걸쳐 앞을 향한 추진력을 유지하기 위해 할 필요가 있는 일들을 한다. 또한 스트레스, 고통, 질병, 늙음, 죽음, 그리고 그리스인 조르바의 '온갖 재난(full catastrophe)'과 같은 인간의 통렬한 실존적 현실에 맞닥뜨리고서도 여전히 춤추는 법을 배운다. 그러는 과정에서 우리는 그 기원과 내용이 종종 우리에게 불분명하며 강박적이고 반복적이며 부정확하고 도대체 그치지 않고 중독성을 띠는 생각의 흐름에 휩쓸려 버린다. 이러한 모든 것이 현재를 그것의 색깔로 물들이고 우리를 현재로부터 차단시켜 버린다. 게다가 우리는 우리가 통제할 수 없는, 그래서 우리 자신과 주변 사람들에게 해를 입힐 수 있는 감정에 자주 휩쓸린다. 그 감정은 과거의 상처 때문일 수도 있다. 이것이 또한 우리가 정확하게 현실을 보는 것을 방해한다. 우리가 두 눈을 버젓이 뜨고 있더라도 말이다.

불쾌한 순간들은 우리를 당황하게 만든다. 그래서 우리는 쉽게 그것들을 우리가 바라는 행복과 그 주변에 우리가 지어내는 이야기를 방해하는 것으로 치부해 버린다. 우리는 그러한 불쾌한 순간들을 지속적인 부주의로 덮어 버리고는 곧장 잊어버린다. 아니면 우리는 우리가 왜 우리의 한계와 업을 넘어서지 못하는지 설명하기 위해 우리의 실패와 부적절함 그리고 실수 둘레에, 행복의 경우와 마찬가지로 완고하고 불쾌한 이야기를 지어낸다. 그리고 그 이야기들이 모두 사실이라고 믿으며 그것이 실은 우리가 자신에게 들려주는 또 하나의 '이야기'에 불과하다는 사실을 잊어버린다. 우리는 그렇게 마치 우리의 정체성과 생존, 모든 희망이 의심의 여지없이 그 이야기—우리 스스로 만들어 낸 허구의 이야기—에 달려 있다는 듯이 그것에 집착한다.

그런데 여기서 우리가 잊고 있는 것은 우리가 인간의 조건이라고 부르는 관습적인 실재가 그 자체로 파블로프 식의 강력한 '조건화'에 걸려 있다는 사실이다. 이러한 평생에 걸친 조건화의 결과로 우리는 우리가 생각하는 것만큼 실제로 '자유롭지' 못하다. 우리는 우리가 원하는 것은 무엇이든 할 수 있다고 생각하지만, 실은 이것은 우리가 우리 마음의 습관적인 집착과 거부의 지배를 받고 있다는 의미인지 모른다. 우리는 아인슈타인이나 붓다가 말한 의미에서의 자유에 대한 잠재력을 인식조차 하지 못하고 있다. 왜 그런가? 왜냐하면 우리는 우리에게 일어나는 사건에 대한 반응에 꼼짝 못하고 빠져 있어야 할 필요가 없음을 알지 못하거나 잊고 있기 때문이다. 우리는 우리가 이것 혹은 저것을 하려는, 이런 혹은 저런 방식으로 관계 맺으려는, 이런 혹은 저런 방식으로 사물을 보려는, 이것 혹은 저것을 피하려는, 이것 혹은 저것을 잊으려는 우리의 무의식적인 결정에 빠져 있어야 할 필요가 없음을 알지 못하거나 잊고 있다. 그리고 이러한 모든 조건화가 삶의 겉모습을 구성하지만 종종 그것이 피상적이고 불만족스러운 것으로 남는다는 것을 알게 된다. 우리는 거기에 무언가 더 깊은 의미가 틀림없이 있을 것이라는, 상황이 일시적으로 '좋든' '나쁘든' 혹은 '유쾌하든' '불유쾌하든' 조건에 관계없이 우리가 우리 자신의 존재 속에서 편안함을 느낄 수 있는 가능성이 분명히 존재할 것이라는 느낌을 떨치기 어렵다.

우리는 때로 심한 불편감과 실망, 불만족을 느끼는데, 그것들은 실은 어디에나 스며 있다. 우리 모두에게 불만족은 고요한 배경과도 같은 것인데도 불구하고 그에 대해 말하려고 하지 않는다. 대개 그것은 어렴풋하고 강박적이다. 흠, 이렇게 말하고 보니 우리 삶에는 고통(dukkha), 고통, 더 많은 고통만이 존재하는 것처럼 보인다.

그러나 우리가 이러한 불편한 정서(dis-affection)와 배경에 있는 불만족이 실제로 무엇인지 들여다본다면, 그리고 지금 이 순간 '고통을 겪고 있는 자는 누구인가?'를 의문시하고 들여다본다면, 우리는 지금까지와는 전혀 다른 또 다른 차원의 실재를 탐구하게 된다. 그것은 관습적인 생각의 세계라는 제한된 감옥에서 벗어나, 아직껏 우리가 인식하지 못하고 있으나 언제나 활용 가능한 자유—비록 우리가 관습적인 생각의 세계를 무시하지 않고 이제는 좀 더 제한된 그리고 잠재적으로 덜 제한적인 그것의 존재를 계속적으로 인식하면서도—를 우리에게 제공하는 또 다른 차원이다. 괴로움으로부터의 자유, 그리고 불필요하게 자신도 알지 못하게 다른 존재에게 괴로움을 일으키지 않으려는 우리의 이러한 관심이야말로 관계성과 상호 연결성에 기초한 존재의 새로운 차원을 실현하는 관문이다.

이 과정은 우리가 서로 합의한 환각(trance)과 꿈의 세계에서 깨어나는 것처럼 느껴져 갑자기 다층적인 자유를 획득하게 된다. 그러면 우리는 우리가 처한 상황에 대해, 그리고 전에는 깊이 각인되고 조건화된 습관으로부터 반응했던 것에 대해 전심으로 또 마음챙김을 가지고 보고 맞이할 수 있는 더 많은 선택권을 누리게 된다. 이것은 마치 2차원의 '평지'에서 3차원의 '입체 공간'으로 이동하는 것과 유사하다. '과거의' 2차원은 과거와 그대로이지만 과거와 다르게 덜 제한적이 되며 모든 것이 갑자기 확 열리게 된다. 예를 들어, '누가 괴로운가?' '지금 일어나고 있는 일이 일어나지 않기를 바라는 것은 누구인가?' '누가 두려움을 느끼는가?' '누가 생각하고 있는가?' '누가 불안과 거부감, 방황을 느끼는가?' '나는 무엇인가?' 같은 질문을 던짐으로써 우리는 또 다른 의식 차원으로 전환하고 있는 것이다. 이것은 관습적 실재에 새로운 차원을 하나 더 추가하는 것으로, 이제 우리는 보다 관습적인 실재와 동시에 존재할 수 있게 된다. 바꿔야 할 것은 아무것도 없다. 다만, 우리의 세계가 갑자기 훨씬 더 넓어지고 보다 실재적이 되는 것이다. 과거의 모든 것이 이제 새로운 빛으로 보게 되므로 달라 보인다. 새로운 빛이란 곧 이제 더는 관습적인 차원성과 사고방식에 의해 제한되지 않는 알아차림이다.

변화는 언제나 일어나고 있다. 그런데 종종 우리는 상황이 특정한 방식대로 되기를 고집하면서 자연스러운 변화와 성장을 방해하고 있다. 이것은 우리 내부와 외부의 풍경에서 지금과 다른 자유를 제공하는 또 다른 차원과 선택권을 잠재워 버리면서 실재를 더 쪼그라들게 만들고 우리를 조건화된 마음과 견해 속에 계속해서 가두고 만다.

만약 당신의 세계가 갑자기 넓어지고 보다 실재적이 되는 의식의 전환을 경험했다면 당신은 불교에서 말하는 절대적이고 궁극적인 실재, 모든 조건화를 넘어 조건화가 일어날 때 그것을 자각할 수 있는 차원을 얼핏 경험한 것이다. 그것은 곧 알아차림 자체, 마음 자체의 아는 성질, 아는 자와 알려진 대상 사이의 구분을 넘은 앎일 뿐이다.

알아차림 속에 머물 때 우리는 관습적 실재보다 근본적이지만 그것만큼 생생한 이른바 '입체적 실재(orthogonal reality)'에 머무는 것이다. 관습적 실재와 입체적 실재 둘 다 매 순간 존재하며, 둘 다 우리가 그 속에 머물고 우리 인간됨의 전 영역과 지각하는 존재로서 우리의 참된 본성을 체현하기 위해서는 그에 합당한 주의를 기울여야만 한다.

우리는 이러한 입체적 차원에 머물 때 관습적 실재의 문제를 지금까지와 다른 새로운 관점에서 보게 된다. 그것은 좁은 마음으로 자기 이익에 몰두하는 것보다 훨씬 넓은 관점이다. 이런 방식으로 이제 우리가 맞닥뜨린 상황은 관습적인 사고방식으로는 상상조차 할 수 없었던 자유와 해결, 수용과 창의성, 연민과 지혜의 가능성을 갖게 된다.

이렇게 확장된 자유의 세계야말로 우리의 개인적 삶과 세상 모두에서 마음챙김이 우리에게 주는 약속이다. 세상에서 마음챙김이 주는 약속은 비교적 짧은 시간에 많은 사람에게서 의식의 전환을 일으킬 수 있다는 것이다. 그러한 전환은 우리가 처한 곤란한 상황의 본질을 그 모든 복잡성과 단순성 속에서 새로운 빛으로 비춰 줄 수 있다. 거기에는 이제 새로운 차원의 자유와 가능성, 새로운 통찰과 현명한 행동 그리고 치유의 차원이 덧보태진다. 이것이 바로 마음챙김을 통한 입체적 관점으로의 전환이 우리에게 안겨 주는 선물이다. 그것은 곧 가장 근본적이고 가장 중요하나 가장 쉽게 잊어버리고 잃어버리는 것에 대한 통찰이다. 관습적 실재가 '잘못되었다'는 것이 아니다. 다만, 그것은 불완전할 뿐이다. 그리고 거기에는 우리 괴로움의 원천과 그로부터 해방의 원천이 모두 놓여 있다.

의식의 입체적 전환은 우리에게 낯설지 않는데, 아론 라자르(Aaron Lazare)가 자신의 책 『사과에 대하여(*On Apology*)』에서 다양한 사례를 들어 솜씨 좋게 보여 주고 있듯이 진정성 있는 사과는 양측 사이의 오랜 원한과 증오, 치욕, 죄책감, 수치심을 녹여 줄 수 있으며 거의 곧바로 개인과 개인 사이에, 심지어 국가와 국가 사이에 치유와 용서, 사랑의 표현, 배려를 가능하게 한다. 조금 전까지만 해도 완전히 불가능은 아닐지라도 아주 어려워 보였던 일이 일어날 수 있고 또 실제로 일어난다. '금지된 전환'으로 생각되었던 것이 금지할 이유가 없을 뿐 아니라 심오하게 가능하다는 것이 드러난다. 조금 전까지만 해도 상상조차 할 수 없었던 것이 말이다. 사과 뒤에 따르는 행복이라는 상황은 사과 전의 고통이라는 상황에 대해 입체적이라고 말할 수 있다. 그것은 가능한 잠재태로서 항상 존재하고 있었지만 그것이 실재로 표현되기 위해서는 마음풍경 속에서의 의식의 전환이 필요했다. 그러한 전환을 겪는 과정에서 오랜 상처가 치유되고 낡은 상처가 용서받는다. 그리고 새로운 이해와 화해, 가슴과 마음의 탁 트인 공간이 마법처럼 생겨난다.

입체적 조직

만약 개인이 의식의 전환을 이룰 수 있다면 조직, 심지어 국가조차도 그렇게 할 수 있다. 결국 우리는 오늘날 2백 년 전 미국에서 보편적으로 받아들였던 노예제에 대한 생각과 엄청나게 다른 생각을 가지고 있지 않은가. 성(性) 평등과 여성의 인권에 대해서도, 성추행에 대해서도 우리는 과거와 무척 다른 견해를 갖게 되었다. 또 병원에서는 환자가 걱정하지 않도록 암 진단 결과를 무작정 환자에게 숨기는 일을 이제 하지 않는다. 이런 사례들 모두 우리가 사물과 우리가 가장 중요하다고 알고 있는 것을 어떻게 보는가, 그리고 그러한 이해를 세상 속에서 어떻게 구현하는가, 즉 어떻게 행동하는가에 있어서 깊은 의식의 전환이 수반되었던 경우다. 그러한 사회 질서의 변화는 대개 어느 쪽인가—종종 사회 내부 혹은 외부에서 변화를 요구하며 도덕적 분노를 표출하고, 듣기 불편한 진실을 말하고, 심지어 그러한 대의를 위해 죽음도 불사하는 수많은 사람—의 강력한 실천주의(activism)를 반영한다. 현재의 상황과 조직을 유지하려는 타성이나 기득권 세력은 의식의 거대한 전환 이면에서 그것을 추동하는 힘을 일으키거나 지속하기 어렵다. 그러나 사람들의 정신이 변하고 시각이 바뀌고 사람들이 과거의 잘못을 치유하거나 근본적으로 문제 상황을 바로잡을 수 있으며 동등한 기회와 인간으로서의 기본적인 권리를 확보하는 새로운 가능성을 맛보게 되면, 대개는 과거에 불가능하다고 생각했거나 전혀 생각해 보지 못했던 흥미로운 일이 일어나게 된다. 대개는 이러한 의식의 전환 덕분에 우리 사회와 사회의

제도는 그만큼 더 좋아지게 된다. 그것은 이러한 의식의 전환이 인간적 가치, 즉 모든 사람이 자신의 무한한 미지의 잠재력을 추구하는 자유를 갖는 것, 안과 밖의 위험으로부터 자유로운 상태에서 평화롭게 살고 안녕을 체험하는 것 등을 보다 세련되게 구체화하고 실현하는 방향으로 우리를 인도하기 때문이다.

내 생각에 입체적 조직이란 일정 정도 의식의 전환을 이루어, 앞 장에서 이야기했듯이 조직의 관습적 요소들과 같은 장소와 시간에 존재하면서도 더 큰 차원성(dimensionality)을 갖는 조직이다. 혹은 더 큰 관습적 실재 속에서 그 자신으로서 존재할 수 있는 조직이다. 이러한 의미에서 우리의 직장과 가정에 지속적으로 열린 가슴의 알아차림을 가져가는 것은 우리의 일과 가정을 관습적인 마음 자세에 대해 기능적으로 입체적으로 만들고 모든 것이 그 속에서 작동하는 시스템을 조화롭게 조정할 수 있다. 그것은 우리의 안과 밖의 풍경을 서로 분리되지 않은 하나의 온전한 전체로 만들어 준다. 그 온전한 전체 속에서 우리의 지성은 자연스럽게 현존할 수 있고, 그렇게 우리의 행위—그것이 무엇이든지—는 우리의 모든 내면과 외면의 갈등에도 불구하고 혹은 상극의 견해를 가진 집단들 사이에서도 우리의 존재로부터, 우리 내면의 지혜와 현명하고 사랑에 찬 행동에 대한 가능성에서 나오게 된다.

스트레스 완화 클리닉은 마음챙김과 건강 및 치유에 대한 마음챙김에 근거한 심신 접근법을 주류 의료계에 소개하려는 목적을 가지고, 그 조직과 의도에 있어서 언제나 입체적인 조직으로 기능해 왔다. 1979년 당시에 명상과 의료를 한데 묶는 작업은—요가는 말할 것도 없고—무언가 억지스러운 것으로 보였다. 서로 아무런 관련이 없는 두 개의 관점을 서로 뒤섞는 것처럼 여겨졌던 것이다. 당시의 의학적 관점에서 볼 때 명상이란 비과학적이며 신뢰할 수 없는 것, 그리고 아무런 실제적인 가치도 없으며 심지어 잠재적으로 부정적인 영향을 갖는 무엇으로 간주되었다. 그러나 MBSR과 마음챙김에 내재한 입체적 관점은 초창기에 그것이 의학과 공존할 수 있게 해 주었다. 명상과 의료가 얼마나 많은 공통점을 갖고 있는지, 다양한 참여자가 실질적이고 의미 있는 방식으로 자신의 건강과 건강관리, 안녕(well-being)에 참여할 수 있다는 측면에서 서로에게 얼마나 도움이 되는지가 서서히 드러나게 되었다.

외부에서 볼 때 스트레스 완화 클리닉은 병원 내의 여느 클리닉과 다름이 없어 보였다. 클리닉 이름이 있고 장소가 있으며 환자에게 안내해 주는 간판도 있으니 말이다. 그것은 의학부의 일부였다—지금도 마찬가지다. 환자를 위한 안내장도 준비하고 있고 돈도 받는다. 우리 스트레스 클리닉은 그 규모가 커지면서 대표와 부대표, 행정직원 그리고 접수원과 지도자까지 생기게 되었다. 처음 시작했을 때는 다른 사람들이 사용하지 않는 장소를 빌려서 사용해야 했다. 오랫동안 우리는 교수 회의실, 그리고 이후에는 의학도서관 내에 있는 희귀본 도서실을 우리 클리닉의 수업 공간으로 사용했다. 그러나 일정한 장소가 없었어도 클리닉을 운영하는 데 큰 문제가 되지 않았다. 시간이 지나면서 우리는 멋진 사무실 공간과 안내 데스크, 훌륭한 교실을 갖추게 되었다. 또 우리 클리닉에 소개되어 온 환자들과 개인적인 면담을 가질 수 있는 작은 방도 많이 갖추게 되었다. 이 모든 변화의 와중에서 클리닉은 다른 클리닉과 다를 것 없는 방식으로 운영되었다. 다른 클리닉처럼 비용을 청구했으며 직원들에게 월급도 주었다. 메디컬 센터의 모든 사람이 그곳을 '클리닉'이라고 불렀으며, 의사들은 자신들의 환자들을 다른 클리닉과 마찬가지로 우리 클리닉에도 소개했다.

그러나 당신이 시간 약속을 잡고 우리 클리닉을 찾았든, 개인 사전 면담을 위해 면담실을 찾았든, 아니면 스트레스 완화 수업을 듣기 위해 우리 교실을 찾았든 상관없이 당신은 매우 실질적인 의미에서 또 하나의 실재 속—여전히 관습적인 실재 속에 있으면서도—으로 발을 들여놓은 것이라고 할 수 있다. 아마 처음에는 잘 몰랐겠지만 우리 클리닉 안으로 발을 들여놓으면서 당신의 세계는 의식의 전환을 이루도록, 즉 의식을 확장하여 예상치 못한 가능성의 차원까지 그 안에 포함하도록 초대를 받았다고 할 수 있다. 왜냐하면 우리 스트레스 완화 클리닉은 병원 내의 여러 클리닉 가운데 하나일 뿐 아니라, 과거에도 그랬고 지금도 마찬가지이지만, 입체적 우주의 또 다른 행성(planet)이라고까지 할 수 있기 때문이다. 그 입체적 우주란 바로 마음챙김의 우주다.

클리닉에 대해서 초창기부터 사람들은 뭔가 다르다고 느꼈다. 그러나 우리 직원들에게는 그것이 무언가 특별한 것은 아니었다. 그것은 다만 최대한의 노력으로 마음챙김하는 것, 환자에게 기민하게 주의를 기울이고 그의 말을 경청하며 그에게 친절을 베푸는 것, 그리고 클리닉이 환자에게 무엇을 해 줄 수 있고 해 줄 수 없는가를 분명히 밝히는 것이었다. 다시 말해, 그것은 모든 병원에서 직원들이 해 주기를 바라는 열린 가슴의 현존이었다. 다만, 그것은 이론적인 것이 아니라 매일 매 순간의 실재 속에서 이루어져야 하는 것이었다. 그것은 특별한 것이 아니었지만 이런 의미에서 보자면 과거에도 그랬고 지금도 매우 특별한 것이라고 할 수 있다.

처음부터 클리닉의 주된 의도는 최대한 히포크라테스 원칙에 충실하자는 것이었다. 즉, 우리 클리닉에 소개된 모든 사람을 우선 환자가 아니라 자기 스스로 무한히 성장하고 학습할 수 있는 한 사람의 인간으로 보자는 것이었다. 우리는 우리가 하는 일에 마음챙김을 적용하기 위해 우리가 하는 일의 모든 측면에 열린 가슴과 공감의 마음으로 지속적인 주의를 기울여야 한다고 생각했다. 어떤 순간에도 최선을 다하여 환자와 현존해야 한다고 생각했으며, 환자와의 만남을 증진하는 것을 방해할 수 있는, 검토되지 않은 문제들이 없도록 최선을 다했다. 그리고 환자가 다양한 명상 수련에 의미 있는 방식으로 참여할 수 있도록, 그리하여 명상이 지닌 잠재적인 효과가 그의 삶에 영향을 미칠 수 있도록 최대한 배려했다.

그리고 우리는 누구에게도 무언가를 '팔려고' 하지 않았다. 프로그램 참가 여부에 대한 결정은 온전히 환자 자신의 몫으로 남겨 두었다. 환자가 우리에게 면담을 요청하면 우리는 마음을 열고 그를 만났으며, 그가 어떤 이유로 이곳에 오게 되었는지에 관한 환자 자신의 이야기를 깊이 경청했다. 그런 다음에는 그럴 필요가 있다고 느껴지면 그가 이 프로그램에 참가하게 될 경우 무엇을 기대할 수 있는지, 왜 어느 정도 집중적인 명상 수련이 그의 현재 상황에 적절한지에 대해—물론 우리는 이것에 대해 확신하고 있었지만—설명해 주었다.

클리닉 초창기부터 우리는 환자에게 MBSR을 하나의 커다란 도전으로 제시했는데, MBSR 프로그램에 참가하는 것 자체가 커다란 생활양식의 변화를 일으킬 것이라는 사실을 분명히 했다. 왜냐하면 우리 프로그램에 참가하게 되면 환자는 매주 1회씩 8주 동안 수업에 참가해야 하며, 6주차 주말에는 종일 침묵 명상에도 참여해야 하기 때문이다. 게다가 명상 테이프를 듣고 매주 6일 동안 하루에 적어도 45분씩의 명상 수련을 해야 하기 때문이다. 나는 종종 환자에게 이렇게 이야기한다. "여러분이 스케줄에 따라 명상 수련 숙제를 하는 것을 반드시 좋아해야 하는 것은 아닙니다. 중요한 것은 좋아하든 그렇지 않든 그것을 하는 것입니다. 자신에게 맞다 혹은 맞지 않는다 하는 판단은 최대한 나중으로 미루십시오. 그러면 8주가 지난 뒤에 여러분은 그것이 여러분에게 도움을 주었는지 그렇지 않은지 저절로 알게 될 것입니다. 그러나 8주가 끝나기 전에는 저희가 지시한 대로 명상 수련을 하시고 수업에도 빠지지 않고 참가하시기 바랍니다."

또 나는 환자에게 이렇게 말하곤 한다. "소방관이 큰 불을 끄기 위해 작은 불을 새로 놓아야 하는 것처럼 여러분이 스트레스 완화 프로그램에 참가하는 것 자체를 또 하나의 스트레스라고 느낄지도 모르겠습니다. 그러나 명상 수련이 여러분에게 어떤 효과를 줄 것인가에 관해 우리가 아무리 이야기한들 여러분이 실제로 수련에 임하기 전까지는 그것이 어떤 것인지 결코 알 수 없습니다." 또한 환자에게 이렇게도 말해 준다. "명상의 관점에서 볼 때 여러분에게는 '잘못된' 것보다 '올바른' 것이 더 많습니다. 여러분이 지금까지 어떤 진단을 받았고 현재 얼마나 큰 곤경에 처해 있는지와 관계없이 말입니다. 우리가 여러분을 프로그램에 초대하는 것은 '잘못된' 것은 의료진이 돌보도록 내버려 두고 우리가 함께 작업하는 과정을 통해 '올바른' 것에 에너지를 쏟아 보자는 것입니다. 그런 다음 어떤 일이 벌어지는지 보는 것입니다." 면담이 끝날 때쯤 환자는 자신이 이 프로그램에 참가하고 싶은지 그렇지 않은지를 결정한다.

아무도 강제로 프로그램에 참가하지 않는다. 반드시 스스로 원하는 경우에만 참가하도록 한다. 사람들은 프로그램에 참가하면서 계속해서 의사를 표현한다. 대부분의 환자가 이전에 건강관리 시스템 속에서 이런 대우를 받아 본 적이 없었다. 다시 말해, 그들은 이런 정도의 열린 마음의 현존과 자기 내면의 몸과 마음의 깊은 자원에 접속할 수 있는 잠재력에 대해—그들이 어떤 문제로 우리 클리닉에 오게 되었든 상관없이—변치 않는 관심을 받아 본 적이 없는 것이다.

당시 대부분의 환자가 그렇게 느꼈고 그것은 지금도 마찬가지다. 그들은 처음에 그것이 무엇 때문이었는지 몰랐겠지만, 우리 대부분은 우리의 존재를 인정해 주고 거짓된 가식이나 꾸며 낸 친밀감이 아닌 참된 현존과 관심으로 우리를 대해 줄 때 스스로 가치 있다고 느낀다. 힘이 있는 존재로 우리를 대해 줄 때, 마치 세상에서 가장 어려운 일이라도 우리가 감당할 능력이 있는 존재인 것처럼 대해 줄 때 우리는 기분 좋게 느낀다. 또 우리에게 많은 것을 요구할 때—그러나 우리 본연의 능력과 지성을 키워 주는 방식으로 요구할 때—스스로 가치 있다고 느낀다.

우리끼리 가끔 하는 농담이 있다. 우리에게 요구되는 일의 속도와 강도, 요구사항을 생각해 보면 우리 클리닉 이름을 '방심에 근거한 스트레스 생성 클리닉(Mindless-ness-Based Stress Production Clinic)'이라고 이름 붙여야 하지 않겠나 하는 농담이다. 우리 직원들은 질병으로 고통받는 환자를 끊임없이 돌봐 주어야 하는 고된 직업

환경에 놓여 있다. 또 여느 직장과 마찬가지로 처리해야 할 일도 끝없이 존재한다. 그러나 우리 클리닉의 교사와 직원들은 일 자체를 하나의 수련(practice)으로 보고자 한다. 그렇게 마음챙김을 프로그램 수업뿐 아니라 일의 모든 측면에 적용하려 한다. 그들의 그런 노력과 결심은 우리에게 우리가 얼마나 정신없이 이것저것에 집착하며 살아갈 수도 있는지 깨닫게 하는 기회를 제공하고 있다. 일 자체를 하나의 수련으로 봄으로써 우리는 계속해서 우리 의식의 전환에 노력할 수 있고, 또 마음챙김과 집착하지 않음을 체현하는 데 헌신할 수 있다. 일을 수련으로 봄으로써 현재 존재하는 것—어떤 날 혹은 어떤 순간에 그것이 어떤 모습으로 보이든 상관없이—에 현존할 수 있으며, 그 순간 우리에게 처리하도록 요구되는 것에 약간의 유머 감각을 섞어 대응할 수 있다.

그러한 태도를 우리는 '일의 도(道, the Tao of Work)'라고 부를 수 있다. 이보다 더 도전적이면서 동시에 더 만족스러운 것은 없다. 그리고 궁극적으로 그것은 무위에 기초하고 있기 때문에 우리가 그것이 잘되게 하기 위해 해야만 하는 것은 아무것도 없다. 우리는 아무것도 하지 않는다. 그러나 우리는 도의 길(the Way of Tao)에서처럼 아무것도 하지 않으면서도 모든 것을 남김없이 하게 된다. 이것이야말로 무엇보다 중요한 태도이자 관점이다. 물론 동시에 거기에는 엄청난 양의 작업과 유위(doing)와 무위(non-doing) 사이에서 균형을 잡는 지속적인 시도가 필요하다. 왜냐하면 역설적이게도 MBSR에 참가한 사람들 모두가 알게 되었듯이, 무위를 심화하는 적절한 환경을 만들기 위해서는, 그리고 바쁜 의료환경에서 스트레스 완화 클리닉을 운영하는 데 따르는 다양한 요구와 그에 대한 도전에 대응하는 데는 많은 유위(doing)가 필요하기 때문이다.

또 역설적인 것은 많은 병원이 겉으로 표방하는 바가 자각과 지향성, 친절 같은 것이지만 그러한 것들이 실제 병원에서는 형편없이 무시되고 있다는 사실이다. '병원(hospital)'이라는 말 자체가 환대(hospitality), 존중하는 만남, 참된 받아들임이라는 의미가 아닌가. 그럼에도 병원과 의료관리 현장에서 그러한 것을 망각하고 환자를 한 사람의 인간으로서 대우해 주지 못하는 경우—물론 아무도 그럴 의도가 있는 것은 아니지만—가 너무나 많다. 병원에서 일하는 사람들 자체는 모두 훌륭할 수 있을지라도, 병원 시스템 때문에 많은 환자가 실망할 수 있다.

오늘날 세계는 기존의 조직과 공존할 수 있는 혹은 독립적으로 존재할 수 있는 입체적인 조직을 갈구하고 있다. 그러나 사람이 더 큰 선(善)을 배려하는 원칙을 실천하는 곳, 더 큰 선이란 무엇인지에 대해 깊이 질문하는 곳, 그리고 그를 위해 필요한 일을 실천하는 곳이라면 어디든 그러한 조직이 될 것이다.

치유와 마음에 관한 연구

이런 그림을 생각해 보라. 건선—피부병의 일종—환자가 2.5미터 길이의 수직 자외선 전구가 원으로 둘러쳐진 실린더 모양의 불빛 상자 속에 거의 알몸으로 서 있다. 자외선으로부터 눈의 각막을 보호하기 위해 검은색 고글을 썼고 얼굴을 보호하기 위해 머리 위에 덮개를 쓰고 있다—남성의 성기를 가린 것처럼 여성의 유두도 가렸다. 환기 장치가 돌아가고 메디컬 센터의 가장 깊은 곳인 지하실의 퀴퀴한 공기를 순환시킨다. 전구에 불이 들어오자 불빛 상자와 그 속의 환자는 물론이고 상자의 위쪽이 열려 있기 때문에 방 전체가 무시무시한 보랏빛으로 가득 찬다. 불빛의 세기가 강렬하다. 강력한 자외선 파장은 환자의 신체 구석구석을 쬐인다.

이 치료법은 광선요법(phototherapy)으로 알려져 있다. 환자는 피부가 화상을 입지 않도록 여러 주에 걸쳐 일주일에 세 번씩 치료를 받으러 와야 한다. 그리고 치료를 받으러 올 때마다 자외선에 노출하는 시간이 조금씩 길어진다. 처음에는 30초에서 몇 주가 지난 뒤에는 한 번 하는 데에 10~15분까지 길어진다. 노출 시간은 환자의 피부 유형에 따라 달라지는데, 피부가 하얄수록 화상을 입기 쉽다. 시간이 지나면서 볼록 올라와 붉게 염증이 생긴 환자의 피부 부위—심한 경우에는 환자의 전신을 거의 덮고 있는—가 평평해지면서 색깔이 점점 정상 피부색으로 돌아오기 시작한다. 치료가 완료되면 피부는 완전히 정상으로 돌아와 깨끗해진다. 더 이상 비늘처럼 떨어져 나오는 피부가 없게 된다.

그러나 이 처치는 완전한 치료법이 아니다. 피부의 보기 흉한 부위는 언제든 다시 생길 수 있다. 종종 심리적 스트레스 때문에 그렇게 되기도 한다. 이 질병의 유전적 소인이나 주된 원인, 분자생물학에 대해서는 알려진 것이 별로 없다. 이것은 피부 표피의 비정상적인 세포 확장인데 암은 아니다. 빠르게 성장하는 이 세포는 피부 이외의 다른 조직을 침범하지는 않는다. 그리고 이로 인해 건강이 악화되거나 사망에 이르는 경우는 없다. 그러나 어떤 경우에는 매우 보기 흉하며 환자는 심리적으로 큰 괴로움을 겪는다. 보기 흉한 피부를 완전히 감출 수 없기 때문에 환자는 사회적으로도 크게 위축된다. 마치 전염병을 앓는 것처럼 느껴질 수도 있다. 위대한 소설가 존 업다이크(John Updike, 1932~2009)는 건선을 직접 앓아 본 사람만이 쓸 수 있는 문체로 이 질병의 괴로움을 다음과 같이 묘사했다.

> 10월 31일. 나는 오랫동안 도예가였고 독신남이었으며 나병 환자였다. 정확히 말해 내 병명이 나병은 아니지만, 아마도 성경에서 '나병'이라고 부른 것이 바로 이것을 가리키는 것이 아닐까 한다. 이것은 그 이름을 글로 쓰기도 힘든 희랍어 이름을 갖고 있다. 이 질병의 형태는 다음과 같다. 신진대사에 사소하지만 지속적으로 문제가 생겨 반점—치아에 끼는—과 플라크 같은 피부 껍질이 벗겨지는데, 이것이 마치 묘비의 이끼처럼 전신으로 번져 나간다. 내 몸 전체에서 은빛 비늘이 떨어져 나가는 것 같다. 내 몸이 어디에 있든지 비늘이 한 움큼씩 쌓여 있다. 매일 아침 침대를 진공청소기로 청소해야 한다. 나의 고문은 피부에 한정된다. 통증도 없고, 심지어 가려움도 없다. 우리 '문둥이들'은 살기도 오래 산다. 그리고 피부를 제외하면 건강하기까지 하다. 우리는 건장하며—사람들이 우리를 사랑하긴 어렵겠지만—시력도 좋다—그 좋은 시력으로 우리 자신을 바라보는 것은 무척 괴로운 일이다. 영적으로 말하면, 이 질병의 이름은 '굴욕'이다.
>
> 11월 1일. 옷을 벗자 의사가 말한다. "아주 심하군요." 진료실 바닥이 내 피부에서 떨어진 박편으로 가득하다. 다른 문둥이 또 한 사람이 있다. 마침내 나는 혼자가 아니다. ……옷을 끌자 은빛 박편이 한 가득 바닥으로 떨어진다. 의사는 그것을 보고 '박편'이라는 전문용어로 부른다. 나는 속으로 '때'라고 이름 붙인다.

– 존 업다이크, 『뉴요커』(1976), 「문둥이의 일기에서(From the Jornal of Leper)」

내가 건선과 광선요법에 관해 알게 된 것은 1980년대 초 어느 의학부 수련에서였다. 젊고 활기찬 어느 의사와 점심을 함께 먹게 되었는데, 나중에 알고 보니 그가 바로 피부과 과장인 제프 번하드(Jeff Bernhard) 박사였다. 이야기를 나누던 중 내가 의학부에서 스트레스 완화 클리닉을 운영하고 있으며 우리가 불교 명상 수련—나는 종종 '불교가 없는'이라는 표현을 쓴다—을 환자들에게 지도하고 있다는 사실을 번하드 박사가 알게 되자, 그는 나에게 스즈키 순류((鈴木俊隆, 1904~1971)가 쓴 『선심초심(禪心初心, *Zen Mind, Beginner's Mind*)』이라는 책을 읽어 보았느냐고 물었다. 나는 그가 그 책을 읽었다는 사실에 놀랐고, 그 책을 좋아했다는 사실에 더 놀랐다. 그렇게 우리는 명상과 선(禪)에 관해 이야기를 나누었다. 그리고 우리 의학부에서 어떤 방식으로 명상과 선의 기초, 그리고 스즈키가 말하고자 했던 대로의 그러한 훈련과 수련의 정수—물론 동양과 다른 서양 문화 속의 세속적인 병원 장면에 적합하도록 수정한 것—를 환자에게 제공하고 있는지에 관해서도 이야기를 나누었다. 그가 나에게 광선요법으로 치료를 받고 있는 건선 환자가 불빛 상자 안에서 편안하게 이완할 수 있도록 훈련시켜 줄 수 있지 않겠냐고 물었을 때, 나는 그의 머릿속에서 불빛이 반짝하는 것을 보았다.

그런 다음 그는 내가 앞에서 진술한 것과 비슷한 방식으로 건선과 건선 치료법에 대해 자세히 설명해 주었다. 또 광선요법을 받는 것은 여러 가지 이유로 환자에게 매우 큰 스트레스가 된다고 설명해 주었다. 우선 환자는 짧은 시간 동안의 치료를 위해 일주일에 세 번 병원을 찾아야 한다. 치료 시간보다 차를 주차하는 데 시간이 더 걸릴 정도다. 다음으로, 환자는 옷을 벗고 전신에 기름을 발라야 한다—이것만으로도 성가시다. 거기에 검은색 보호 고글을 쓰고 머리와 얼굴에 덮개도 써야 한다. 또 덥고 퀴퀴한 공기 속에서 불빛 상자의 좁은 공간 안에서 벌거벗은 채로 서 있어야 한다. 그리고 피부를 지지는 듯한 강렬한 불빛을 견뎌야 하며 모터 소리가 공간을 가득 채운다. 치료가 끝나고 나서는 기름을 제거하기 위해 샤워를 한 다음—샤워하지 않고 그냥 옷을 입는 사람도 많다—옷을 입고 차를 타야 한다. 치료는 낮 동안에만 가능하며, 일주일에 세 번, 석 달 동안 이렇게 치료를 받는 것은 특히 직장을 가진 환자에게는 무척 성가신 일이었다. 게다가 치료를 받는 동안 환자는 잡지를 읽거나 딴짓을 할 수도 없이 꼼짝없이 치료만 받아야 했다. 환자에게 무척 불편하고 성가신 치료법이라고밖에 할 수 없었다.

번하드 박사는 우리 스트레스 완화 클리닉에서 환자에게 제공하는 것을 가지고 자신의 광선요법 환자가 치료 과정에서 보다 편안하게 스트레스를 다룰 수 있도록 도움을 줄 수 없겠느냐고 물었다. 박사의 많은 환자는 피부가 깨끗해지기도 전에 치료를 중단하거나, 치료 과정이 힘들어서 치료를 그만두는 경우도 있다고 하였다. 박사는 건선이란 질병이 생명을 위협하는 것은 아니기 때문에 힘든 치료 과정을 거칠 동기부여가 그리 크지 않다는 사실을 알고 있었다. 환자가 치료를 받는 것은 주로 미용 때문이었다. 게다가 치료 효과는 단지 일시적일 뿐 지속적인 치료법이 되지 못했다.

번하드 박사는 명상이 광선요법 환자 치료를 좀 더 편안하게 만들어 주고, 환자가 치료 과정을 충실히 거치도록 동기를 부여해 줄 수 없을까 궁금해했다. 박사가 이렇게 말하는 와중에 그리고 박사가 설명하는 장면을 마음속에 그려 보던 중 내 머릿속에 번쩍하고 아이디어가 떠올랐다. 나는 "그렇게 할 수 있다."고 대답했다. 우리는 확실히 박사의 환자에게 불빛 상자 안에 있는 동안 효과적으로 이완하도록 가르칠 수 있었다. 그리고 치료의 거북한 측면에 대해서도 대처하게 해 줄 수 있었다. 그것은 내게 환자가 서서 하는 명상 수련을 지도할 수 있는 완벽한 기회로 보였다. 어쨌든 환자는 치료를 받는 동안 불빛 상자 안에 서 있어야 했으니까 말이다. 그리고 그에는 호흡 명상, 듣기 명상, 피부에 불빛을 느끼는 명상, 마음이 스트레스를 받는 것을 지켜보는 명상 등, 한마디로 말해 불빛 상자 속에서 환자의 매 순간 경험에 특별히 맞추어진 마음챙김 수련의 모든 영역이 포함될 수 있었다. 그리고 나는 적어도 박사의 환자가 마음챙김 수련의 결과로 좀 더 편안하게 이완되고 치료 과정을 더 즐길 수 있을 것이란 사실에 조금의 의심도 갖고 있지 않다고 말했다. 왜냐하면 환자는 자기 자신의 주의력을 활용하여 치료의 거북한 면들—높은 포기율의 주범인—을 중화할 수 있을 것이기 때문이었다.

나는 이어 우리가 그보다 훨씬 더 모험적인 것을 해 볼 수 있을 것이라고 말했다. 나는 광선요법을 마음이 몸의 치유—이 경우에는 우리가 직접 시간 경과에 따라 환자의 상태를 사진을 찍고 추적할 수 있을 것이었다—에 어떤 영향을 미치는가라는 중요한 질문에 대해 연구해 볼 수 있는 완벽한 기회로 생각했던 것이다. 마음이 피부 정화에 미치는 영향을 알아보는 통제 연구의 일부로서 박사의 건선 환자에게 마음챙김에 근거한 방법을 교육하는 것은 어떨까? 우리는 환자들을 무작위로 두 집단으로 나눌 것이다. 한 집단에서는 환자가 치료를 받기 위해 불빛 상자 속에 서 있는 동안 환자 자신의 특수한 상황에 맞게 만들어진 음성 테이프를 들으며 명상을 하게 될 것이다. 나머지 한 집단에서는 환자가 어떠한 명상 지침도 없이 다만 통상대로 광선 치료를 받게 될 것이다. 그리고 무언가를 발견할 가능성을 극대화하기 위해 나는 빛에 반응하여 피부가 치유되는 장면을 환자가 시각화할 수 있도록 시각화 명상을 포함할 것을 제안했다. 치료가 길어져 시각화 명상 지시문을 환자가 들을 시간이 있을 때 환자는 시각화 명상을 하게 될 것이었다.

우리는 지체 없이 실험을 진행하였고, 무슨 일이 일어나는지 보기 위해 선행 연구를 실시했다. 우리는 명상을 한 환자 집단이 명상을 하지 않는 환자 집단보다 평균적으로 피부 정화의 속도가 훨씬 빠르다는 것을 관찰했다. 이 고무적인 결과를 가지고 우리는 그것이 우연이 아니라는 것을 스스로 확신하기 위해 반복 연구에 착수했다. 우리는 더 엄격한 연구 계획을 가지고 더 많은 환자의 피부 상태를 장기간에 걸쳐 측정하는 여러 가지 방법을 사용하였다. 거기에는 환자의 가장 심각한 병소를 주기적으로 사진을 찍거나 두 명의 피부과 의사—두 사람 모두 어느 사진이 어느 집단 환자의 사진인지 알지 못한다—가 개별적으로 그 사진들을 판독하게 하는 과정도 포함되었다.

이번에도 우리는 명상을 하는 환자 집단이 명상을 하지 않는 환자 집단보다 더 빨리 피부가 치료된다는 사실을 발견했다. 그리고 이번에는 얼마나 더 빨리 치료되는가 하는 속도에 대해서도 말할 수 있었다. 명상을 하는 환자들이 그렇지 않은 환자들에 비해 거의 네 배 빠른 속도로 피부가 깨끗해진다는 사실이 통계적으로 확인되었다.*

이 연구가 진행되는 동안 빌 모이어스(Bill Moyers)—미국의 저널리스트: 역자 주—가 우리 스트레스 완화 클리닉을 소재로 〈치유와 마음(*Healing and the Mind*)〉이라는 PBS 방송 프로그램을 기획하고 있었다. 그러나 그것은 사실 약간 당황스러웠다. 왜냐하면 연구가 한창 진행 중이라 아직 그에 대해 명확하게 밝힐 입장이 되지 못했기 때문이었다. 연구에 필요한 환자 수를 충분히 확보하여 연구를 종료하기 전까지 우리는 그에 관해 공식적인 발표를 하는 것을 원치 않았다. 만약 그렇게 된다면

---

* Kabat-Zinn, J., Wheeler, E., Light, T., Skillings, A., Scharf, M., Cropley, T. G, Hosmer, D., & Bernhard, J. (1998) Influence of a mindfulness-based stress reduction intervention on rates of skin clearing in patients with moderate to severe psoriasis undergoing phototherapy(UVB) and photochemotherapy(PUVA). *Psychosomatic Medicine, 60*, 625-632.

그것이 연구 결과에 영향을 미칠 수 있고, 그러면 우리의 연구 결과를 최종적으로 발표하는 것이 더 어려워질 수도 있는 상황이었다. 게다가 당시 우리는 연구를 계속해서 진행하는 데 필요한 충분한 연구 참가자 수를 확보하기 전에 자료를 살피고 결과 분석을 기다리던 중이라 도대체 어떤 결과가 나올지 전혀 알 수 없는 입장이었다. 결과 분석을 시작할 충분한 환자 수를 확보한 때는 이미 방송 프로그램이 만들어지고 난 한참 후였다.

지금은 연구가 발표되었으니 우리는 그에 관해 이야기할 수 있겠다. 연구 결과는 마음이 치유 과정, 적어도 하나의 치유 과정—건선 환자의 피부 치료—에 미치는 효과를 암시하고 있었다.

명상 집단에서 통제 집단보다 훨씬 더 빠른 속도로 피부가 깨끗해졌기 때문에 전문가들은 종종 이렇게 물었다. "그 테이프 속에 뭐가 들었습니까?" 마치 그 속에 그러한 놀라운 결과를 가져오는 마법의 주문이라도 있는 양 말이다. 그러나 사실 테이프에는 아주 평범한 마음챙김 지침과 시각화 명상 그리고 사이사이의 짧은 침묵의 시간이 있을 뿐이었다. 나는 때로 농담 비슷하게 테이프에는 다만 침묵과 그 속에서 그것을 활용하는 법 외에는 '아무것도 없다.'고 말한다. 이것은 명상의 본래 정신에서 볼 때 그리 틀린 말은 아니다. 물론 실제적—수업도 아니고 지도자도 없고 숙제도 없는 이런 환경에서—으로는 15분도 채 안 되는 시간이지만 그 시간 동안에 명상 수련의 다양한 측면을 다루기 위해서는 꽤 많은 말을 해야 하는 것이 사실이다.

테이프에 실린 지시사항은 사실 온전히, 지시문 행간에 존재하는 내면의 깊은 침묵과 열림을 계발하는 것에 관한 것이었다. 환자가 온전한 주의력과 몸과 마음의 현존을 가지고 불빛 상자 안에서의 매 순간에, 그리고 불빛 자체에 자신을 내줄 수 있게—불빛이 피부를 깨끗하게 하는 작업을 할 것이라는 의도를 가지고—하는 것이었다.

건선이라는 이 질병과 그 치료법 모두 피부에 관한 것이었으므로, 그에 따라 명상 지침도 우리를 감싸고 있는 이 봉투 같은 것—즉, '피부'—에 기민한 알아차림을 지속적으로 확립하는 데 중점을 두는 것이 자연스러운 일이었다. 환자는 피부가 '숨을 쉬는' 것을 느끼거나 피부가 불빛에 노출되는 것과 관련된 모든 신체 감각, 예를 들면 강렬한 열감이나 팬에 의해 불어오는 공기—피부와 몸 주위에서 움직이는—등을 느끼도록 했다.

예비 연구이긴 하지만, 이 연구는 환자 자신의 의도적인 치유가 중요할 수 있다는 가능성을 제시한다. 우리는 다른 피부과 의사들이 우리의 연구를 반복 실험하여 우리가 제시할 수 있었던 것 이상으로 확장해 주기를 바란다.

나는 이 연구 결과를 우리 모두에게 내재한 잠재력을 반영하는 것으로 보고 싶다. 그 잠재력은 다름 아닌 우리 스트레스 완화 클리닉에서 환자에게 자신의 의료적 처치와 건강관리에 있어서 적극적인 참여자가 되도록 초대할 때 다양한 방식으로 거듭 표현되었던 잠재력이다.

불빛 상자 속에서 홀로 명상을 하든 혹은 스트레스 완화 클리닉 프로그램에서 다른 환자들과 함께하든, 나는 환자가 자신의 건강관리에 능동적으로 참여하는 것이야말로 소위 '참여의학(participatory medicine)'의 좋은 실례라고 생각한다. 참여의학은 의사가 자신의 일정한 역할을 갖듯 환자도 자신의 역할과 책임을 갖는 의학이다. 때로 환자의 노력과 의도가 결합하면 그렇지 않았을 경우에는 일어날 수 없었을 흥미로운 결과를 낳기도 한다. 이 두 사례 모두에서 나온 고무적인 결과는 바로 현존(presencing) 혹은 알아차림(awareness)에서 나온 것이었다.

이 건선 연구는 통합의학(integrative medicine)의 실례라고 할 수 있다. 왜냐하면 명상과 같은 심신 개입을 기존의 의료적 처치에 통합하였기 때문이다. 이 경우에는 심신 처치법—명상과 시각화—과 대증요법—자외선—이 시간과 공간상에서 공존했다. 이 둘은 서로에게 동일한 시간에 동일한 공간을 점유하는 입체적(orthogonal) 관계라고 할 수 있다.

이 연구의 피실험자들은 유도 명상 테이프를 집으로 가져가지 않았다. 그리고 스스로 어떠한 공식 명상도 수련하지 않았다. 이 점은 마음챙김 명상 수련 테이프나 CD를 이용하여 집에서 매일 수련해야 하는 것이 필수사항인 우리 스트레스 완화 클리닉과 다른 점이었다. 이 사실은 짧은 시간의 명상 수련만으로도 적절한 조건하에서라면 몸과 마음에 중요한 영향을 미칠 수 있다는 것을 의미한다.

또 스트레스 완화 클리닉 자체도 또 하나의 통합의학의 실례라고 할 수 있다. 첫째, 그것은 의학부의 통합된 부분이다. 내과와 1차 진료를 비롯한 다양한 부서와 과(科)에서 의사들이 전체 치료 계획에서 통합된 부분이라고 판단할 때 그들의 환자를 우리 클리닉으로 보낸다. 둘째, 우리 클리닉은 환자가 이미 받고 있는 다른 의학적 처치에 대해 통합적인 보완으로써 제공된다. 이런 의미에서 통합의학은 미래의 좋은 의학(good medicine)을 이끄는 선구자라고 할 수 있을지 모른다. 많은 메디컬 센터와 그 환자에게는 그 미래가 어느 정도 이미 도착해 있다.

치유와 마음에 관한 우리의 연구에는 많은 함의가 있었다. 그중 가장 분명한 것은 마음이 적어도 몇몇 조건에서는 몸의 치유에 긍정적인 영향을 미칠 수 있다는 것이다. 명상 집단의 건선 환자들이 행하고 생각하고 바라고 수련했던 것이 아마도 그들의 피부가 명상을 안 한 집단의 환자들보다 더 빨리 깨끗해졌던 이유일 것이다. 그것은 명상 수련 자체, 시각화, 기대나 신념 혹은 의도였을 수도 있고, 그 모든 것이 혼합된 결과였을 수도 있다. 향후 연구가 더 실시될 때까지 우리는 그것이 정확히 무엇인지 알지 못한다. 그러나 우리가 관찰한 빠른 피부 치료 속도의 근저에 무엇이 존재하든 간에, 우리는 그것이 마음의 활동과 이러저러한 방식으로 관련되어 있다고 확실히 말할 수 있다.

이 연구가 갖는 또 하나의 함의는 참여의학이 특정 경우에 의료 비용을 크게 절감할 수 있다는 사실이다. 우리의 연구는 처음부터 의료 비용을 절감하는 연구였다. 왜냐하면 치유가 빨리 일어나면 피부가 깨끗해지기까지 받아야 하는 치료 횟수가 줄어들 것이며 그에 따라 명상 환자의 의료 비용을 절감해 줄 것이기 때문이다. 의료와 건강관리 분야는 현재 치솟는 의료 비용으로 골머리를 앓고 있다. 미국 민간 의료보험 조직인 건강관리기구(HMO)의 도입에도 사정은 호전될 기미가 보이지 않는다. 이에 현재의 건강관리(health care)—실제로는 '질병관리(disease care)'—시스템이 환자에게 제공하고 있는 서비스에 대한 보완책으로 환자 자신이 자신의 더 높은 수준의 건강과 안녕에 더 수월하게 참여하도록 만들어 주는 것은 건강관리 비용의 지속적이고 의미 있는 절감으로 이어질 수 있다. 또 건강관리 체계에 대한 환자의 만족도가 커지고 우리 사회의 전반적인 정신 및 신체 건강과 안녕이 크게 향상되는 것은 물론이다.

더욱이 자외선 자체가 피부암의 위험이 있기 때문에 치료 횟수가 줄어든다는 것은 자외선에 노출하는 정도가 줄어든다는 것이며, 이는 광선요법의 부작용인 피부암의 위험도 낮춰 준다는 이점이 있다.

그리고 건선을 피부암과 비슷하게 통제되지 않은 세포 확산의 일종으로 본다면—

실제로 건선에서 심해지는 특정 유전자가 기저세포암(basal cell carcinoma)에서도 일정한 역할을 하는 것으로 보인다—마음이 건선 치료에 긍정적인 영향을 준다는 사실은 건선보다 훨씬 위험하고 통제 불가능한 세포 확산—피부암—이 명상 수련과 그 동기에 어느 정도 유익한 반응을 보일 가능성을 높여 준다고 하겠다.

마지막으로, 명상을 했던 환자들이 치료를 받기 위해 불빛 상자 안에 있는 동안 혼자였으며 명상 지침 테이프만 들으며 그 테이프를 만든 사람 등 다른 누구와도 만나지 않았다는 점에서 이 연구 결과는 사회적 지지—더 큰 단체(가족, 교회, 동족, 심지어 스트레스 완화 프로그램을 받기 위해 함께 모인 환자 집단 등)에 대한 소속감이 건강과 안녕에 긍정적인 영향을 미치는 것으로 잘 알려져 있는—에 의한 것일 가능성은 거의 없다고 할 것이다. 환자들이 서로 그리고 불빛 상자 안에 있는 동안은 심지어 의사나 간호사와도 단절되어 있는 광선요법의 환경을 감안한다면, 이 연구 결과는 환자 개인의 내면의 정신적 노력과 태도에 의한 것일 가능성이 높다.

불빛이 번쩍거리는 실린더 모양의 불빛 상자 속에서 검은 고글을 쓰고 머리에는 덮개를 쓴 채 홀로 옷을 벗고 서 있는 동안 도대체 얼마만큼의 사회적 지지가 있을 수 있겠는가.

행복에 관한 연구
– 명상, 뇌 그리고 면역계 –

우리는 메디슨 소재 위스콘신 대학교의 리처드 데이빗슨(Richard Davidson) 박사와 공동 연구를 진행한 바 있다. 마음챙김이 안녕과 건강에 미치는 효과를 알아보기 위한 연구였다. 이번 연구는 건선 연구에서처럼 환자가 불빛 상자 안에 고립된 채 테이프의 지침을 듣는 상황이 아니라 참여자들이 꽤 큰 규모의 수업에서 지도자를 따라 명상을 배우고 직접 수련해 보는 MBSR 자체를 실험 대상으로 하였다.

이런 그림을 생각해 보라. 메디슨에 있는 최첨단 생명공학 회사의 직원들을 대상으로, 뇌와 면역계가 스트레스에 반응하는 방식에 대한, 명상의 효과를 조사하는 연구를 실시한다. 무엇보다 연구에 자원한 모든 참가자는 4시간에 걸쳐 실험실에서 진행하는 기본 실험을 우선 거친다. 거기에서 참가자들은 여러 가지 유쾌하고 불쾌한 과제를 수행하게 되는데, 그 과정에서 다양한 정서적 자극에 따른 뇌의 여러 가지 기능을 평가받게 된다. 이 초기 실험을 거친 뒤 참가자들을 무작위로 두 집단으로 나눈다. 한 집단은 그해 가을 초에 8주간의 MBSR 프로그램을 받고, 다른 한 집단은 이듬해 봄까지 기다렸다가 프로그램을 이수한다. 그러나 가을이 끝나면 MBSR 프로그램을 이수했건 그렇지 않았건 두 집단의 모든 참가자를 대상으로 처음에 실시했던 것과 동일한 실험을 실시한다. 두 번째 실험이 끝나고 4개월 후에는 다시 모든 참가자를 대상으로 세 번째 실험을 실시한다.

그런 다음에야 두 번째 집단—이듬해 봄에 프로그램을 이수하기로 되어 있던 집단—이 MBSR 훈련을 받았다. 이 연구에서 두 번째 집단은 MBSR 프로그램을 받은 집단의 결과를 아직 받지 않은 집단과 비교하는 대기자 통제 집단이었다. 이론상으로는 두 번째 집단에 대해서도 MBSR의 효과를 측정하는 것이 좋았을 것이지만 우리는 그렇게 하지 않았다. 왜냐하면 이것은 비슷한 종류의 연구로 그렇게 한다면, 즉 두 번째 집단까지 그 효과를 측정한다면 시간과 비용 면에서 너무 부담되었을 것이기 때문이었다.

그 회사는 생각이 열려 있는 회사였고 이 연구에 큰 도움을 준 회사의 회장은 낮 근무시간에 회사에서 프로그램을 실시할 수 있도록 배려해 주었다. 그럼에도 직원들에게 매주 2시간 반의 시간을 내게 하는 것은 만만한 일이 아니었다. 이 때문에 그해 가을에 MBSR 프로그램을 받게 되어 있었던 집단은 이듬해 봄에 받게 되어 있던 대기자 집단보다 더 큰 스트레스를 받았다. 빡빡한 스케줄 속에서 그들이 하겠다고 동의했던 새로운 과제에 여분의 시간을 할당해야 했기 때문이었다.

거기다 데이빗슨 박사의 정서 신경과학 연구실(Laboratory of Affective Neuroscience)에 세 번씩—그것도 한 번 갈 때마다 4시간씩—이나 들어가는 것 자체가 참가자에게는 스트레스였다. 이 실험실에서는 참가자에게 암실에 들어가 뇌전도(EEG) 전극을 머리에 부착한 채 아무것도 먹지도 마시지도, 심지어 화장실에도 가지 못하게 한다. 이렇게 앉아 있는 동안 연구자들은 참가자의 뇌가 다양한 자극에 어떻게 반응하는지를 보는 실험을 하는데, 이것이 꽤 스트레스를 주고 정서적으로 성가시다. 거기에는 실험자가 참가자의 뇌 활동을 지켜보는 동안 시간 제한이 있는 상황에서 숫자 100에서 3씩을 빼 가며 말해야 하는 것도 있다.

배경 설명을 하자면, 뇌의 가장 큰 부분을 차지하고 있고 인류 진화상 가장 최근에 진화하였으며 고도의 인지 능력과 정서 처리를 담당하는 대뇌피질은 좌반구와 우반구에 있다. 왼쪽 대뇌 반구는 신체 우측의 운동과 감각 기능을 통제하며, 오른쪽 대뇌 반구는 신체 좌측의 기능을 통제한다.

데이빗슨 박사와 동료들 그리고 다른 연구자들에 의한 수십 년 간의 연구를 통해 이와 유사한 좌뇌 반구와 우뇌 반구의 불평형 현상이 정서 표현과 관련해서도 나타난다는 사실이 드러났다. 좌측 전두엽과 전전두엽—이마 뒤쪽 부위—활성화는 행복감, 기쁨, 에너지, 깨어 있음과 같은 긍정적 정서의 표현과 관련이 있는 반면, 우측 전두엽과 전전두엽은 두려움이나 슬픔 같은 고통스러운 감정이 있을 때 활성화된다.

우리는 누구나 자신의 기질에 관하여 일정한 고정점(set point)을 가지고 있다. 이 고정점은 우리 각자의 정서 성향과 기질에 특수한, 좌뇌와 우뇌의 기본적인 비율에 의해 정해진다. 이 연구가 수행되기 전까지는 우리의 정서 성향과 기질은 평생 동안 고정된 것으로 간주되었다.

흥미로운 사실은 대뇌피질 앞쪽 부위의 오른쪽—우측 전두엽 및 전전두엽—이 활성화되는 것은 대개 회피와 관련되어 있다는 것이다. 이것은 인간뿐 아니라 영장류 일반과 설치류 같은 다른 포유류에도 적용되는 사실이다. 반대로 좌측 전두엽과 전전두엽의 활성화는 접근, 즉 즐거움, 지향적 반응과 관련되어 있다. 접근과 회피는 모든 살아 있는 생명체, 심지어 신경계를 갖고 있지 않은 식물에게도 가장 기본적인 행동이라고 할 것이다. 접근과 회피의 두 가지 특징은 모든 생명체에 가장 기본적인 것이며, 경험과 사회적 규범을 통해 매우 강력하게 조건화되어 있다는 점에서 생명체의 가장 특징적인 성격이라고 할 수 있다. 그렇기에 우리는 삶에서 일어나는 다양한 사건에 대한 우리의 습관적이고 무의식적인 정서적 반응에 걸려들어—우리가 그것을 어떻게 해석하느냐에 따라—옴짝달싹 못하게 되기 쉽다. 자신에게 일어난 사건이나 상황이 위협적이거나 해로운 것이거나 싫은 것일 경우, 우리는 본능적인 생존 동기에 의해 그것을 회피하려고 한다. 그리고 우리가 조건화되어 있기 때문에 그러한 본능은 더 강화된다. 한편 자기에게 일어난 사건이나 상황이 즐거운 것이라고 인식되면 우리는 그것—맛있는 음식, 유쾌한 사람과의 만남, 약간의 마음의 평화를 약속하는 상황 등—에 점점 더 끌린다. 왜냐하면 유쾌한 체험은 더 많은 유쾌한 체험을 갈구하도록, 또 무엇이 우리에게 어느 정도 즐거움을 줄 것인지 인식하도록 만들기 때문이다. 우리가 깊이 각인되고 고도로 조건화된 정서 반응에 이렇게 어느 정도 현명한 통제력을 발휘할 수 있다는 것은 마음챙김이 우리가 하는 거의 모든 행위에 영향을 주는 집착이나 회피와 관련된 매우 기본적인 몇몇 정서적 조건화에 효과적으로 대처하는 데 도움을 줄 수 있다는 것을 의미한다.

이러한 이유로 우리는 8주간의 MBSR 훈련이 끝난 뒤, 특히 스트레스 업무 환경에 있던 사람의 뇌 속의 기질적 고정점과 전두엽 및 전전두엽의 좌우측 활성화 비율에 어떤 일이 일어나는지 살펴보는 데 관심을 가졌다. 사람이 스트레스를 더 잘 처리하는 법을 배우게 될까? 그러한 변화가 뇌에도 그대로 나타날까? 그러한 변화를 바이러스 노출에 대한 면역계의 반응도와 같은 중요한 생물학적 건강 지표와 상관시킬 수 있을까? 이런 것들이 우리가 이 연구에서 해답을 찾고자 했던 질문들이었다. 여기서 잠시 이러한 종류의 연구를 수행하는 데 따르는 어려움에 대해 생각해 보려고 한다.

우리가 연구를 시작할 때부터 걱정했던 것이 있다. 그것은 신체가 대체로 건강하며 훌륭한 직장 환경에서 근무하는 직장인을 상대로 품이 많이 가고 비용도 많이 드는 이런 연구를 수행하는 것에 관한 것이었다. 만성 질환이나 스트레스, 다양한 종류의 통증 증상으로 고생하는 환자를 상대로 병원 현장에서 실시하는 MBSR의 임상적 효과는 이미 증명된 바 있다. 이러한 환자들은 이와 같은 의학적 증상으로 의사의 소개로 오기 때문에 단지 연구에 자원한 직장인 집단보다 명상 수련과 마음챙김 계발에 전념하려는 동기부여가 잘되어 있다. 직장인이 연구에 참여한 것은 뇌와 정서에 대한 우리의 과학적 이해의 폭을 확장하는 데 기여하는 한편 개인적으로는 새로운 스트레스 대처법을 배워 약간의 도움을 받겠다는 의도였다. 그러나 내가 걱정한 것은 그들의 동기가 우리 스트레스 완화 클리닉을 찾는 환자—당장 눈앞에 닥친 자신의 질병(disease)과 편치 않음(dis-ease)에서 오는 신체적, 정신적 고통으로 고생하는 환자—의 동기와 같을 수는 없을 것이란 점이었다. 직장인도 단지 시늉만 하는 것이 아니라 정말로 수련하겠다는 동기부여가 충분히 생성될 수 있을까?

실제로 처음 회사를 방문해 둘러보았을 때, 우리는 이토록 스트레스에서 자유로워 보이는 환경에서 근무하는 직원과 기술자, 연구자, 관리자가 우리가 수행하려는 연구의 피실험자로 참여할까라는 의문을 심각하게 품었다. 우리는 그들을 상대로 비용이 많이 드는 연구를 수행하려 하고 있었다. 더욱이 참가자들이 MBSR에 긍정적인 반응을 보일 것이라는—끝까지 연구에 참여하여 진지하게 명상 수련에 임하겠다는 자원자들의 동기는 물론, 스트레스가 적어 보이는 직장 환경에서 그들이 MBSR 프로그램을 통해 어느 정도의 이익을 경험하게 될지에 있어서도—어떠한 선행 연구도 없는 상태였다. 그들의 근무 환경—MBSR 프로그램을 받기에는—은 너무 문제가 없어 보였다. 그리고 그것이 이런 종류의 연구를 수행하는 데 불리하게 작용할지도 몰랐다.

그러나 동시에 우리는 인간은 인간이며, 일은 역시 일이며, 또 인간의 마음은 역시 인간의 마음일 수밖에 없음도 잘 알고 있었다. 우리는 이곳 직장인들이 눈에 보이는 것보다 더 많은 스트레스를 겪고 있을 것이라고 짐작했다. 그리고 결과적으로 그것이 사실인 것으로 드러났다.

다시 연구 자체로 돌아가 보자면, 연구에서는 흥미로운 결과가 드러났다.* 명상 수련 전에는 뇌의 활성화 패턴에서 집단 간 차이가 없었다. 그러나 8주간의 마음챙김 수련 후에 명상 집단은 뇌의 특정 부위에서 우측에 비해 좌측의 활성화가 현저하게 드러났다. 반면, 통제 집단은 오히려 정반대로 우측 활성화가 더 커졌다—정확하게 알 수는 없지만, 우리는 통제 집단에서 이런 반대 방향의 변화가 나타난 것은 아마도 다른 사람이 자신의 뇌를 들여다보는 연구실에 두 번, 세 번 가야 하는 상황이 그들에게 스트레스로 작용한 것이 아닌가 해석하고 있다. 그러한 스트레스가 좌측보다 우측 활성화가 더 크게 나타난 것으로 판단한다. 기본적인 휴식 상태와 다양한 스트레스 과업에 대한 반응에서, 대뇌피질의 좌측 전두엽 활성화는 통제 집단에 비해 명상 집단에서 더 크게 나타났다. 이러한 뇌의 변화는 더 긍정적인 정서, 그리고 스트레스를 받는 동안 힘든 감정을 더 효과적으로 처리하는 방향으로 이동한 명상 집단의 결과와 일치하는 것이었다.

우리는 또 8주간의 MBSR 훈련이 끝난 뒤 명상 집단에서 관찰되었던 좌우측 활성화 비율의 변화가 프로그램이 끝난 뒤 4개월 동안 지속된다는 사실도 발견했다. 통제 집단에서는 그러한 변화가 관찰되지 않았다. 이것은 정서 조절을 담당하는 뇌 속의 기질적 고정점이 정해져 있다는 종래의 생각이 틀렸다는 것, 마음챙김의 계발을 통해 그것이 변화될 수 있다는 것을 보여 주는 것이었다.

프로그램이 끝난 시점과 4개월 후의 추수검사에서 발견된 뇌의 이러한 변화는 두 번의 검사 시기 모두에서 그들의 특질불안(trait anxiety)—지속적인 불안 성향—이 예전보다 낮아졌고 정신적, 신체적 스트레스 증상이 나타나는 횟수도 줄었다는 그들의 직접 보고와도 일치하는 것이었다.

---

* Davidson, R. J., Kabat-Zinn, J., Schumacher, J., Roserkranz, M. S., Muller, D., Santorelli, S. F., Urbanowski, F., Harrington, A., Bonus, K., & Sheridan, J. F. (2003). Alterations in brain and immune function produced by mindfulness meditation. *Psychosomatic Medicine, 65*, 564-570.

우리는 또한 그들의 면역계가 어떻게 반응하는지 보기 위해 프로그램이 종료될 시점에 두 집단의 모든 참가자에게 독감 백신을 투여했다. 명상 집단이 백신 속의 인플루엔자 바이러스에 대항하는 항체 형성에 있어서 통제 집단보다 더 강한 면역 반응을 보여 줄 것인가? 확인 결과 실제로 그랬다. 그뿐 아니라 명상 집단의 뇌의 변화 정도—우측 활성화보다 좌측 활성화가 더 많이 나타나는 정도—와 면역계의 항체 반응이 서로 정비례했다. 뇌의 변화 정도가 클수록 면역 반응도 더 컸다. 통제 집단에서는 그러한 비례관계가 관찰되지 않았다.

이 모든 것이 의미하는 것은 무엇일까? 그것은 MBSR 프로그램과 마음챙김 훈련 그리고 그것의 일상생활에의 적용이 정신건강과 신체건강 모두에 중요하고도 측정 가능한 결과를 가져온다는 것을 의미한다. 그것은 또한 사람들이 직장에서 일하는 동안에도, 그리고 꽤 스트레스를 받는 상황에서도 그러한 프로그램에 참가하여 이익을 얻을 수 있음을—적어도 단기간이라 할지라도—보여 준다.

다른 연구에서 데이빗슨 박사와 동료들은 명상 '전문가'로 명성이 있는 티베트 승려들—동양인과 서양인—의 뇌 패턴을 조사했다. 그들은 집중 수행 환경에서 한 번에 수년씩 홀로 명상에 전념한 이들이었다. 그들은 우리 연구에 참여했던 이들, 즉 처음으로 명상을 해 보았고 직장 환경에서 '스트레스 완화'라는 딱지를 달고 명상에 참여했던 이들과는 무척 다른 집단이었다.

조사 결과, 티베트 승려들의 뇌는 기본적으로 좌측 활성화가 우측보다 무척 컸다. 그리고 더 놀라웠던 것은 다양한 종류의 명상을 하는 동안에 좌측 활성화가 눈에 띄게 증가했다는 점이었다.

흥미로운 점은, 티베트 승려들에게서 관찰된 전반적인 뇌의 패턴이 우리 연구에서 관찰했던 것과 동일한 방향으로, 그리고 전두엽의 동일한 부위에서 나타났다는 점이다. 물론 티베트 승려들의 경우는 그 변화의 폭이 훨씬 컸다. 이러한 비교를 통해 오랜 수련을 거친 노련한 명상 전문가만이 아니라 명상을 처음 시작하는 일반인도 꽤 짧은 시간 동안 그에 버금가는 신체와 뇌의 변화—주의를 기울이는 능력을 심화하고 더 큰 공감적 알아차림 속에 머무는 능력을 키움에 따라 그와 함께 일어나는 변화—를 보일 수 있다는 것을 알 수 있었다.

그것은 또한 명상 수련이 정서 조절을 담당하는 뇌의 회로를 조절할 수 있다는 것을 의미하며, 따라서 생생한 체험과 훈련에 반응하는 뇌의 심오한 신경가소성(neuroplasticity)을 보여 주는 사례라고 할 것이다.

• • •

우리의 연구를 통해서 마음챙김 수련으로 파괴적인 감정에 덜 사로잡힐 수 있으며, 마음챙김 수련으로 더 큰 정서 지능과 정서적 균형을, 그리고 궁극적으로 더 큰 행복을 이룰 수 있다는 증거가 확보되었다. 이 행복은 매우 심오한 우리 본성의 일부로서 언제나 빛나고 있는 태양과 같다. 그러나 행복에 대한 우리의 강력한 타고난 능력도 우리 마음의 구름과 폭풍, 변화무쌍한 날씨 패턴에 의해 가려지고 고도로 조건화될 수 있다. 그렇지만 태양이 지구의 날씨에 영향을 받지 않듯이, 우리의 타고난 행복도 우리가 그렇게 생각하지 않는다 하더라도 우리 삶에서 일어나는 온갖 원인과 조건에 영향을 받지 않는다. 삶의 온갖 고난에 직면하여 우리의 타고난 행복이 눈에 띄게 드러나지 않을지라도 그것은 언제나 접근 가능하며 만지고 접속할 수 있으며 우리의 일상으로 가져올 수 있다.

우리 자신에 관해 생각하는 방법치고는 나쁘지 않은 방법이다.

그것을 깨달을 수 있다면 더욱 좋을 것이다.

호문큘러스

우리는 이전에 우리 뇌 속에 우리의 의식을 담당하고 설명해 주는 그러한 실체는 존재하지 않는다는 프랜시스 크릭의 주장에서 낯선 단어—'작은 남자' 또는 '작은 사람'을 뜻하는 라틴어—하나와 우연히 마주쳤다. 그러나 만약 우리가 '나' '나의 것' 같은 생각에 꼼짝없이 사로잡혀 있어서 지금 누가 말을 하고 있고 누가 그런 생각을 하고 있는지—만약 생각을 한다면—에 충분한 주의를 기울이지 않는다면 그렇게—뇌 속에 의식을 담당하는 실체가 있다고—생각하기 쉽다.

물론 우리의 뇌 속에 우리의 인식을 지각하고, 느낌을 느끼며, 삶의 방향을 결정하는 그런 '작은 사람'이 존재하지 않는 것은 틀림없는 사실이다. 오직 알아차림과 지각이라는 분명한 사실만이 존재할 뿐이다. 그러나 우리가 이미 본 것처럼 알아차림과 지각은 하나의 거대한 미스터리이자 근본적으로 비개인적인 것이라고 할 수 있다. 만약 우리가 독립된 개별적 존재로서의 우리 자신이라는 기존의 관념에 집착하지 않는다면 말이다. 그리고 가만히 살펴보면 그러한 독립된 개별적 존재로서의 우리라는 것이 실은 실재보다 허구에 더 가까운 것임이 드러난다. 그럼에도 '호문큘러스(Homunculus)'—라틴어로 '작은 사람'을 뜻하는 용어로서 감각을 수용하거나 운동을 제어하는 신체 영역의 지도(map)로 뇌반구 인체모형이라고 한다: 역자 주—라는 단어는 신경과학에서 중요한 역할을 하고 있다. 다음 그림에서 보듯이, 호문큘러스는 뇌 속의 다양한 신체 지도를 의미하는 용어로 사용되고 있다.

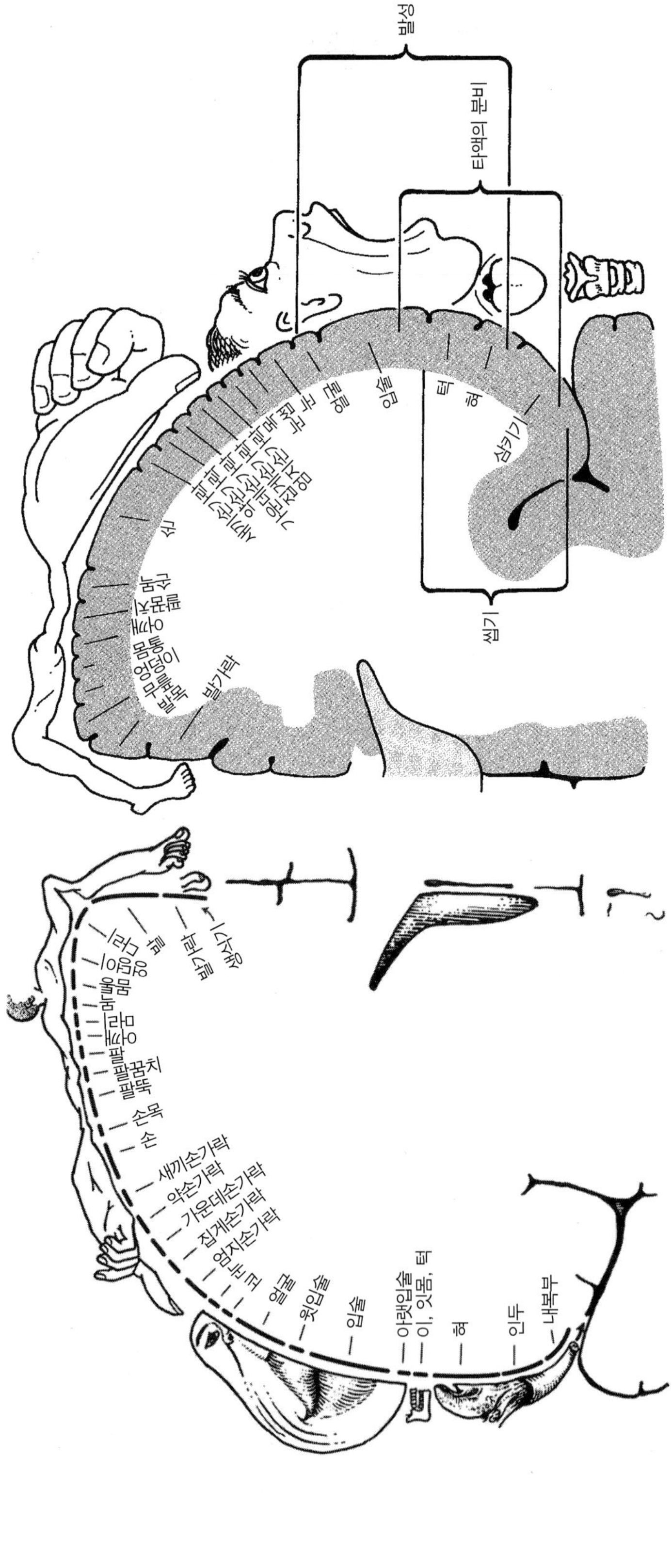

호문쿨리스(homunculus, 뇌반구 인체모형)

우리는 앞서 바디스캔에 대해 이야기할 때 이 주제에 대해 잠깐 언급한 적이 있다. 우리 뇌 속에는 우리 몸 전체와 상관을 맺는 일종의 위상(位相) 지도가 있다. 신체 표면과 근육계 거의 대부분이 그와 밀접한 상호 관련을 맺는 해당 부위를 뇌 속에 갖고 있다는 점에서 이것을 지도라고 부를 수 있을 것이다. 이 사실은 생각만 해도 무척 흥미로우며, 우리가 그것을 실제 경험으로 체험할 수 있다면 더욱 흥미로울 것이다. 그것은 마치 우리가 사는 마을을 표시하는 지도가 그 지도상에 표시되어 있는 모든 지점과 실제 마을의 세세한 풍경 하나하나와 직접적인 관련을 맺는 것과 같다. 그런 점에서 이 지도는 매우 특이하다. 더욱이 우리가 이 지도를 갖고 있지 않으면 우리는 실제 마을도 가지지 못할 것이다.

이러한 대뇌피질 내의 위상 지도 가운데 하나는 촉각과 관련된다—앞의 그림에서 왼쪽 그림. 나머지 하나는 자율 운동과 관련된 모든 신체 영역을 표시한다—오른쪽 그림. 촉각은 대뇌피질의 좌측과 우측을 가로지르는 띠 모양의 체성감각피질(somatosensory cortex)이라는 뇌 부위에 위치해 있다. 자율 운동은 전두엽의 뒤쪽, 체성감각피질의 바로 앞쪽의, 움푹 파인 곳에 의해 그것과 분리되어 있는 운동피질(motor cortex)에 위치해 있다. 시각, 청각, 후각, 미각 등 다른 감각들은 각각의 감각에 해당하는 뇌의 특정 부위를 가지고 있다. 예를 들어, 뇌 뒤쪽—후두엽—의 시각피질은 시각을 담당하며, 뇌 측면—측두엽—의 청각피질은 청각을 담당한다. 하지만 신체 모든 부위와 관련되는 촉각과 운동을 담당하는 뇌 속 지도는 호문쿨러스라고 부른다. 촉각과 운동을 담당하는 신체 표면과 자율 근육계와 그에 상응하는 뇌 부위의 지도를 비례적으로 그려 보면 이 그림에서 보는 것과 같은 일그러진 사람 모양이 나타나기 때문이다.

실제로 감각 호문쿨러스와 운동 호문쿨러스 모두 두 가지 지도가 있게 되는데, 하나는 좌측 뇌반구의 것이고 다른 하나는 우측 뇌반구의 것이다. 우리는 앞 장에서 마음챙김 훈련이 뇌와 면역계, 그리고 스트레스 상황에서의 정서 처리에 미치는 효과에 관한 연구를 언급하면서 대뇌피질에 대해 이야기했다. 거기서 우리는 대뇌피질에 좌측 반구와 우측 반구의 두 가지 주요 부분이 있으며 각각 서로 다른 기능을 담당하고 있다는 것을 설명했다.

촉각과 운동에 대한 위상 지도에서 좌측 뇌반구 지도는 신체 오른쪽과 관련되며—혹은 그것을 통제하며—반대로 우측 뇌반구 지도는 신체 왼쪽과 관련되거나 그것을 통제한다고 할 수 있다.

체성감각피질과 운동피질은 1940년대와 1950년대에 캐나다 몬트리올의 신경과 의사인 와일더 펜필드(Wilder Penfield, 1891~1976)에 의해 처음으로 그 위상 지도가 그려졌다. 신체 각 부위를 담당하는 뇌의 각 부위의 크기에 따라 신체의 비례 지도를 그릴 수 있다는 것을 처음 생각해 낸 것이 펜필드였다. 이렇게 하면 작은 사람 모양의 그림을 얻게 되는데, 이처럼 매우 기이한 형상이 나타나는 것은 신체 여러 부위의 신경이 통하도록 하는 운동 및 감각 뉴런들의 밀도가 서로 다르기 때문이다.

놀랍게도, 펜필드가 이런 뇌 속의 신체 지도를 발견한 것은 약물로 통제되지 않는 발작을 일으키는 1,200명 이상의 난치성 간질 환자들에 대한 뇌수술을 통해서였다. 펜필드는 환자들의 허락을 얻어 뇌수술로 노출된 피질의 다양한 부위에 전기 자극을 가했다—뇌 피질에는 감각 신경말단이 존재하지 않기 때문에 환자는 통증을 느끼지 못한다. 이것은 펜필드 자신이 실행하는 수술 때문에 환자의 언어 능력을 다치지 않게 하려는 것이기도 했다. 이런 방식으로 펜필드는 뇌의 특정 부위를 자극하면 신체의 특정 부위에 따끔거리는 것 같은 감각이 일어난다는 사실을 발견했다. 그는 피질의 여러 부위로 전기 자극을 조심스럽게 옮겨 가면서 깨어 있는 환자들이 말하는 것을 참고하여 신체 모든 부위에 상응하는 체성감각피질 표면의 지도를 그릴 수 있었다. 이렇게 해서 만들어진 것이 감각 호문쿨러스 그림이다.

그리고 펜필드는 이런 감각이 일어났던 바로 앞쪽 부위에 뇌의 전기 자극이 신체 여러 부위에서 근육이 씰룩거리는 것 같은 운동으로 나타나는 것도 관찰하였다. 이렇게 해서 신체 각 부위에 상응하는 운동피질 표면의 지도를 그린 것이 운동 호문쿨러스다.

앞의 호문쿨러스 그림에서 우리는 뇌 속 신체 지도의 각 부위가 실제 신체 해부와 다르게 서로 인접해 있지 않은 것을 볼 수 있다. 예를 들어, 지도에서 손은 얼굴과 머리 사이에 위치하고 있다. 또 생식기는 발가락 아래에 그려져 있다. 그리고 실제 인간의 신체처럼 각 부위의 크기가 자연스럽지 않아 마치 캐리커처처럼 보인다. 입과 혀, 손가락의 크기는 과장된 한편 몸통과 팔다리는 조그맣다. 이것은 신체의 각 부위와 연결되는 감각 및 운동 뉴런의 수에 따라 뇌 속 지도를 그렸기 때문이다. 예를 들어, 우리는 서로 다른 감각을 구별하는 능력을 팔다리보다 손과 손가락 그리고 혀와 입술에 훨씬 더 많이 가지고 있다—아기는 무엇이든 입 속에 집어넣는다. 그리고 운동의 관점에서 보면 손가락과 손, 입술과 혀가 신체의 다른 부위, 예컨대 등이나 다리 뒷면보다 움직임의 정도와 정교함에서 훨씬 폭이 크다. 혀와 입은 심지어 케이프 코드(Cape Cod)라는 단어를 발음할 때 앞의 C와 뒤의 C의 아주 미묘한 발음상 차이까지도 가려낼 줄 안다. 혀는 이것을 아무런 생각도 하지 않고 자연스럽게 해낸다. 말과 발화에는 상당히 많은 운동 신경분포가 필요하다.

체성감각 지도상의 여러 신체 부위의 크기는 또한 해당 신체 부위를 통해 받아들이는 입력의 상대적인 중요성이나 그 부위를 사용하는 빈도와도 관련이 있다. 생존의 관점에서 볼 때 검지를 통해 받아들이는 정보가, 예컨대 팔꿈치를 통해 받아들이는 정보보다 훨씬 유용한 것이다. 마찬가지로 입과 입술, 혀를 통한 촉각은 조금 전 본 것처럼 이해 가능한 발화를 생산하는 데 매우 중요하기 때문에 지도상에서, 예컨대 머리 뒤통수보다 더 큰 영역을 차지하고 있다. 물론 이는 또한 키스의 즐거움과 연결감을 고양시켜 주기도 한다.

뇌 속 체성감각 지도와 대뇌피질의 또 하나 특수한 부위인 뇌섬엽(insula) 지도는 우리가 가렵거나 바늘로 콕콕 찌르는 것 같거나 혹은 따끔거리는 것 같은 감각을 느낄 때마다 그런 감각을 느끼는 신체 부위에 해당하는 체성감각피질과 뇌섬엽피질 부위에 그와 상응하는 활동이 일어남을 의미한다. 우리는 눈으로 보지 않아도 신체 어느 부위에서 그런 감각이 일어나는지 '느낄' 수 있고 '알' 수 있다. 신체 각 부위가 대뇌피질의 이러한 지도와 밀접한 연결을 맺고 있지 않다면, 그리고 감각 경험을 해석하고 완성하여 그것에 일정한 정서적 색조를 부여해 주는 뇌의 다른 부위가 없다면, 신체 특정 부위를 통해 들어오는 감각 입력만으로는 우리가 경험하는 느낌과 감각, 앎으로 이어질 수 없을 것이다. 그것은 신체와 뇌의 이러한 시스템이 함께 작용하여 우리가 매 순간 무엇을 느끼고, 어떻게 느끼며, 신체의 어디에서 그것을 느끼는지 아는 경로를 만들어 낸다고 할 것이다.

팔다리 같은 신체 일부가 절단되어도 우리는 마치 팔다리가 거기 있는 것처럼 느낄 수 있다. 뇌 속 지도에는 팔다리에 해당하는 부분이 여전히 남아 있기 때문이다. 만약 팔다리의 잘려 나간 부분의 신경말단에서 일어난 자율 활동이 그 신경말단과 관련된 뇌 지도상의 해당 부위를 자극한다면 마치 팔다리가 아직 거기에 있는 것처럼 느낄 수 있다. 이것이 환각지(幻覺肢, phantom limb)—절단된 팔다리가 아직 그 자리에 있는 것처럼 느끼는 증상: 역자 주—현상이다.

최근의 연구를 통해 뇌 속의 신체 지도가 매우 큰 변동성이 있다는 사실이 드러났다. 뇌 속 신체 지도는 체험적 훈련과 학습 그리고 부상 회복 과정에서 스스로를 재조직할 수 있다. 이것을 신경계의 가소성, 즉 신경가소성(neuroplasticity)이라고 부른다. 절단된 팔다리나 손가락의 경우, 그 부위와 연관된 뇌 부위를 활용하여 신체의 절단된 부분에 인접한 부분과 다시 연결을 맺을 수 있다. 실제로 체성감각피질은 신체의 변화된 조건에 대응하여 스스로를 다시 배열한다. 시간이 지나면 절단된 팔의 절단면이나 주변 부위를 자극하는 것만으로 과거 팔과 연관되어 있었던 뇌 부위를 자극하게 되는데, 이런 새로운 경로를 통해 '환각지'를 체험하게 된다.

최근의 어느 신경과학 교과서에서는 신체 특정 부위에 대한 체성감각피질이 너무 많으면 팔다리가 절단된 사람에게는 문제가 될 수 있지만, 한편으로 음악가에게는 잠재적으로 유리할 수 있다는 점을 지적하고 있다. 현악기를 연주할 때 핑거링[fingering, 운지법(運指法)]—악기를 연주할 때 손가락을 쓰는 방법: 역자 주—을 담당하는 연주자의 왼쪽 손가락에 상응하는 체성감각피질 영역이 보잉[bowing, 운궁법(運弓法)]—연주할 때 활을 켜는 방법: 역자 주—을 담당하는 오른손에 상응하는 뇌 부위보다 훨씬 더 활성화된다는 사실이 뇌의 기능적 영상 연구를 통해 관찰되었다. 연주할 때 오른손도 무척 중요하지만 오른손은 왼손만큼의 감각 자극을 경험하지 않는다는 것이다.

이와 같은 매우 흥미로운 수많은 실험을 통해 얻을 수 있는 일반적 결론은 인간과 동물의 피질 지도는 매우 역동적이어서, 특히 반복적인 사용과 학습을 한다면 장기간에 걸쳐 경험의 변화에 적응하는 능력을 가지고 있다는 것이다. 이것은 체성감각피질에만 해당되는 이야기가 아니라 운동피질과 시각 및 청각 피질 지도에도 모두 해당된다.

실제로 뇌 속 신체 지도가 평생에 걸쳐 계속적으로 변화할 수 있는 매우 유동적인 것임을 보여 주는 증거들이 속속 나타나고 있다. 특히 며칠, 몇 주, 몇 달 혹은 몇 년에 걸쳐 특정 활동을 반복하는 경우에는 더욱 그렇다—경험에 의한 신경가소성을 보여 주는 실례가 있다. 바로 경험이 풍부한 런던 택시기사의 뇌와 기사 면허시험을 준비하는 사람들의 뇌를 비교한 연구가 그것이다. 경험 많은 택시기사의 뒤쪽 해마 부위가 면허시험을 준비하는 운전자보다 훨씬 컸던 반면, 앞쪽 해마 부위는 그들보다 훨씬 작았던 것이다. 시험을 준비하는 운전자들은 런던의 중세풍 미로에 대해 아직 충분히 숙지하지 못하고 있었다. 이로 볼 때 뒤쪽 해마가 공간상의 방향 감각에서 중요한 역할을 담당한다는 것을 알 수 있다. 그것은 마치 뒤쪽 해마가 런던의 도로 지도를, 로터리와 일방통행로, 복잡한 교통 패턴과 같은 지식을 그 속에 '담고' 있어서 말 그대로 물리적으로 커진 듯하다. 이와 비슷하게, 재미 삼아 반복적인 바디스캔을 통해 당신의 체성감각피질과 그에 관련된 뇌 부위가 커지고 새로운 모양을 띠게 된다고 상상해 보라. 그리고 그러한 매일의 수련을 통해 뇌가 스스로를 다시 조직할 수 있다고 상상해 보라. 우리 몸은 런던 택시기사들이 '지식'이라고 부르는 런던의 도로 배치보다 훨씬 복잡하다는 사실을 잊지 말자.

그뿐만이 아니다. 뇌 속 각각의 지도는 뇌의 다른 시스템과 고도로 조화를 이루고 통합되어 있어서, 우리는 매 순간 서로 다른 감각 입력과 신체 감각 입력의 전 영역을 필요로 하는 정교하고 복잡한 운동—물건을 잡기 위해 손을 뻗는다거나, 시속 150킬로미터가 넘는 속도로 날아오는 야구공을 눈앞에서 치는 것 같은—과 섬세 운동(fine-motor)—몸 전체를 움직여 큰 운동을 하는 대근육 운동과 달리 몸의 상지, 특히 손과 손가락을 사용하는 작은 운동을 말한다: 역자 주—그리고 민감성을 요구하는 동작—클립을 집는다거나 자신의 감정을 표현하고 전달하는 춤과 같은 동작들—을 수행할 수 있다.

수천 시간의 집중명상 경험을 쌓은 불교 승려들과 명상가들을 상대로 한 최근의 기능적 뇌영상 연구—리처드 데이빗슨 박사가 수행하고 있는 연구도 그중 하나다—는 특정 명상 수련과 관련된 뇌 활성화의 정도, 서로 다른 뇌 부위 사이의 일관성, 그리고 활성화 패턴의 정형성을 드러내 보여 주고 있다. 이는 몇 년 전까지만 해도 과학계에 알려져 있지 않던 사실이다.

또 우리는 8주간의 MBSR 프로그램을 이수하여 직장에서 명상하는 법을 배운 직장인들에게서 스트레스 상황하의 부정적이고 파괴적인 감정을 조절하는 뇌 부위에 긍정적인 변화가 나타났으며 그 효과가 프로그램이 종료되고 4개월 후에도 지속되었다는 사실을 이미 살펴본 바 있다. 이것은 명상 수련과 뇌 가소성 사이에 있을지 모르는 하나의 관련성을 보여 주는 증거라고 할 것이다. 그것은 또한 체계적이고 엄격한 마음 훈련을 통해 사람에게 이로운 방향으로 뇌의 변화를 이끌 수 있음을 보여 주는 것이기도 하다.

다시 순수 감각 경험으로 돌아와 보면, 우리가 알아야 할 것은 신체의 특정 부위

(예: 어깨)의 감각 자극에 의한 신경말단 활성화가 어떤 과정을 거쳐서 우리가 그것을 해당 특정 부위(어깨)에서 일어나는 '접촉'으로 느끼게 되는지 아직 밝혀지지 않았다는 사실이다. 인지과학은 아직 몸 전체에 대한 감각이 어떻게 생겨나는지, 그리고 그 감각 속에서 신체 각 부위의 개별적인 감각이 어떻게 일어나는지에 대해 완전한 설명을 내놓지 못하고 있다. 우리가 지각 대상을 어떻게 아는지, 몸에 대한 우리의 내적 체험과 우리가 사는 세상에 대한 외적 체험을 어떻게 만들어 내는지는 아직 지각의 신비로 남아 있다.

바디스캔을 수련할 때 우리는 신체 각 부위의 다양한 감각에 주의를 기울이면서 체계적이고 의도적으로 우리의 주의를 몸 전체를 통해 옮겨 가는 작업을 하는 것이다. 우리가 이러한 신체 감각에 주의를 줄 수 있다는 것은 사실 무척 놀라운 일이다. 그리고 우리가 그것을 우리의 의도대로—마음대로 혹은 보다 규칙적이고 체계적인 방식으로—할 수 있다는 것은 더욱 놀라운 일이다. 근육을 하나도 움직이지 않고도 우리는 우리가 원하는 신체 부위 어느 곳에도 우리의 마음을 두어 그 순간 그곳에 존재하는 어떠한 감각이라도 알아차릴 수 있다.

체험적으로, 우리는 바디스캔을 하는 동안 신체 감각에 주파수를 맞추고 그 감각에 열려 있다고 말할 수 있을 것이다. 이미 벌어지고 있는 것—그 대부분에 대해 우리는 보통 주파수를 맞추지 않고 있는데, 그것들은 너무나 분명하고 평범하며 익숙하여 우리가 그것이 거기에—그러니까 여기—있다는 사실도 잘 알지 못하기 때문이다—에 대해 스스로 그것을 자각하도록 하면서 말이다. 마찬가지로 우리는 대부분의 시간을 자신의 몸을 느끼면서 거기—그러니까 여기—에 존재하고 있다는 사실도 잘 알아차리지 못하며 살아간다고 말할 수 있다. 언어로는 우리가 경험하는 것의 핵심을 그대로 표현하기 어렵다. 우리가 그에 대해 언어로 표현하면 그것은 우리를 몸을 '가진' 분리된 나로서밖에는 말할 수 없게 된다. 그러면 실재와 언어가 따로 노는 이원성을 띨 수밖에 없다.

물론 한편으로 이 몸을 '가진' 분리된 나는 분명 존재한다. 그리고 적어도 그것이 사실인 것처럼 보인다. 그러나 이것은 관습적 실재의 차원, 겉으로 보이는 상대적인 모습의 차원에서만 그렇다. 상대적 실재라는 영역에서는 몸과 몸이 느끼는 감각이 존재하며—대상, 객체—그 감각을 인지하는 자—주체—도 존재한다. 이것들은 서로 별개의 것, 다른 것으로 보인다.

그런데 명상 수련이나 그 밖의 우리 삶의 매우 특수한 순간에서 일어나는 순수한 '지각'의 순간이 있다. 사실 우리는 그러한 순간을 언제든 체험할 수 있는데, 잠재적으로 그것은 그 순수한 지각이야말로 알아차림이 지닌 속성이기 때문이다. 지각은 겉으로 분리된 것처럼 보이는 주체와 객체를 그 사람의 경험 속에서 한데 통합한다. 주체와 객체가 알아차림 속에서 하나로 녹아든다고 할까. 알아차림은 감각보다 더 크다. 알아차림은 그 자체의 생명을 갖고 있는데, 그 생명은 우리 신체의 생명과 별개의 것이면서도 긴밀히 관련되어 있다.

만약 신체상의 질병이나 부상, 특히 신경계에 입은 부상으로 인해 온전한 신체를 갖지 못하게 되면 알아차림은 어려워진다. 신경계가 온전해야 우리가 세계를 느끼고 감각하는 멋진 문들이 우리에게 열린다. 그러나 다른 대부분의 것과 마찬가지로 우리는 이러한 능력을 너무나 당연한 것으로 여겨, 우리가 내면적 · 외면적으로 관계 맺는 삶의 모든 멋진 순간이 알아차림의 능력에 의존하고 있음을 잘 알아보지 못한다. 그것을 알아볼 때 우리는 우리의 감각으로 더 많이 돌아올 수 있을 것이다. 그뿐 아니라 만약 마음, 다시 말해 알아차림 자체를 하나의 감각으로 생각한다면 우리가 오직 감각을 통해서만 무언가를 알 수 있다는 사실을 깨닫게 될 것이다. 어쩌면 우리는 마음을 가장 궁극적인 의미에서의 감각이라고 할 수 있을지 모른다.

바디스캔을 할 때 우리는 사실상 체성감각피질과 뇌섬엽에 그려진 우리의 신체 지도를 동시에 그리고 친밀하게 훑는 것이라고 할 수 있다. 이들 지도와 우리의 '신체'는 서로 별개의 것이 아니다. 이 둘은 서로 다른 '사물'이 아니라 우리가 실제로 몸과 접촉할 때 그것을 몸이라고 경험—여기서도 언어의 한계에 부딪히고 만다—하는 나뉠 수 없는 전체의 일부다. 만약 그런 신체 지도가 손상되거나 그들 사이의 연결이 단절되는 경우, 우리는 어떠한 감각도 경험하지 못하거나 이전과는 매우 다른 감각을 경험하게 될 것이다.

알아차림을 하면 감각이 더 풍부하고 생생해진다. 또 뇌와 몸이 통합되며 우리의 경험에 대한 더 확장된 시야를 갖게 된다. 적어도 그렇게 느끼게 된다. 어쩌면 체성감각피질이 이러한 규칙적인 명상 수련에 반응하여 실제로 스스로 다시 조직되는지도 모를 일이다. 우리—명상을 통해—가 몸풍경의 다양한 차원에 조율한다면 몸에 대한 우리의 알아차림은 정서적으로 더 정교해지고 섬세해지며 또 더 풍부한 질감을 띠게 될 것이다. 그리고 그러한 느낌은 마음챙김을 수련하는 많은 환자가 실제로 몇 주에 걸쳐 매일 실천한 바디스캔을 통해 자신의 만성 통증과 암, 심장병, 공포감, 그리고 자신의 몸에 대한 생각과 맺는 '관계'에서 심오한 변화가 일어났다고 증언하는 것에서도 단적으로 확인할 수 있다.

바디스캔을 하는 동안 신체 감각을 더 분명하게 느끼거나 심지어 통증이 더 커지는 것처럼 느끼고 신체 특정 부위의 감각이 더 강하게 느끼는 것은 흔히 있는 일이다. 사실 마음챙김 수련에서 우리는 자신의 신체 감각—그것이 어떤 것이며 얼마나 강한가에 상관없이—과 더 생생하고 정확하게 '만나게' 된다. 그것은 신체 감각에 대한 자신의 해석과 판단, 반응—회피나 도망, 탈출 등을 포함하여—등 켜켜이 덧씌워진 것들이 마음챙김 수련으로 점점 줄어들기 때문에 나타나는 현상이다.

바디스캔에서 우리는 순수 감각(bare sensation)과 더 큰 친밀감을 계발하면서 신체 감각 자체와 그에 대한 우리의 알아차림 사이의 상호성에 내재한 주고받음에 열리게 된다. 그 결과로 우리가 불편한 신체 감각에 대해 그것을 덜 성가시다고 느끼게 되거나 성가시다고 느끼더라도 지금까지와 다른 방식으로, 그러니까 더 현명한 방식으로 느끼게 되는 일이 일어날 수 있다. 알아차림은 신체 감각에 대한 지나친 정서적 반응과 과장된 생각을 촉발하지 않고 있는 그대로 그것이 존재하게 한다. 우리는 알아차림과 식별(discernment)이 지금까지 혼재되어 있던 통증 경험의 감각 차원과 정서 및 인지 차원을 구별하여 서로 자연스럽게 '분리되도록' 만든다고 이야기한다. 그 과정에서 통증 감각의 강도가 줄어드는 일도 흔히 있다. 어떤 경우든 이제 통증 감각은 훨씬 더 견딜 만한 것이 된다.

판단하거나 반응하지 않고 신체 감각을 수용하는 알아차림은 몸에 대한 우리의 관점을 변화시켜 더 이상 그것이 우리의 삶의 질을 심각하게 훼손—통증과 질병에 직면해서도—하지 않는 방식으로 현재 있는 그대로의 상태와 화해하게 만든다. 통증에 대한 알아차림은 통증에 꼼짝없이 사로잡혀 그것과 맞서 싸우는 상태와는 정말로 다른 영역이다. 이 영역에 발을 들여놓으면 우리는 위안과 휴식을 얻는다. 이것은 그 자체—적어도 거기 머무는 순간만큼은—로 기존의 협소한 통증 처리 방식—있는 그대로 통증 감각을 바라보지 못할 때 생기는—에서 벗어나는 해방의 경험, 심오한 자유의 체험이라고 할 것이다. 그것은 치료는 아니지만 학습과 열림, 수용의 과정, 그리고 이전에는 도저히 다룰 수 없을 것처럼 여겨졌던 것의 기복을 헤쳐 나가는 항해의 과정이다.

그들이 어떤 상황에 처해 있건, 그들이 얼마만큼의 통증과 고통을 경험하고 있건, 또 그들이 얼마나 절망에 빠져 있건 간에, 스트레스 완화 클리닉을 찾는 사람에게 우리는 다음과 같이 말한다. "명상 수련에 온 마음으로 참여한다면 그들 자신이 처한 상황을 다루기가 어느 정도 수월해질 것이다." 그리고 그 '어느 정도'는 어떤 경우 매우 큰 깨달음을 주기도 한다.

우리가 현명한 주의를 기울일 때 삶은 놀랄 만한 방식으로 대응한다. 아마도 그것은 신경계의 커다란 가소성 때문일지 모른다. 그러나 현명한 주의는 우리가 삶의 커다란 도전—특히 엄청난 고통과 슬픔을 동반하는 도전—에 직면했을 때 우리가 우리의 모든 고통과 혼란, 절망감에도 불구하고 우리 자신에 대하여 우리 스스로 어떤 특정한 작업을 할 것을 요구한다. 그 작업은 지구상의 어느 누구—그들이 아무리 우리를 도와주고 싶어 하더라도, 그들이 우리를 아무리 사랑하더라도, 그들이 우리의 사정을 아무리 딱하게 여기더라도, 그리고 그들이 할 수 있는 방식으로 그들이 우리를 많이 도와주고 있더라도—도 우리를 대신하여 해 줄 수 없는 작업이다. 오직 우리 자신만이 할 수 있는 작업이다.

우리 내부와 외부에서 일어나는 일들에 대해 할 수 있는 것은 무척 많다. 그러나 우리 스스로 나서서 그 작업을 한다면, 아니 오직 그럴 경우에만 우리는 그에 대해 더욱 많은 것을 할 수 있다. 그리고 그것은 세상에서 가장 어려운 작업일지 모른다. 나는 마음챙김을 계발하고 조건화된 마음에서 벗어난 자유를 맛보는 것이야말로 실제로 세상에서 가장 어려운 작업이라고 생각한다.

그러나 결국 우리가 그 밖에 달리 무엇을 할 수 있단 말인가? 지금 여기서 중요한 것은 다름 아닌 우리 자신의 삶이 아닌가? 그리고 그 이유 하나만으로도 그 작업은 매우 도전적이면서 동시에 우리에게 심오한 만족감을 주는 것이 될 것이다. 우리는 완전히 현존하고 비반응적 · 비판단적으로 주의를 기울이는 것이 본질적으로 큰 만족감을 주는 것임을 알게 된다. 특히 우리가 주의를 기울이는 대상이 두려움이나 외로움, 혼란, 그리고 그러한 마음 상태에 따라오는 정신적 고통일 때는 더욱 그렇다. 우리는 그러한 마음과 몸의 상태에 대해 우리가 무언가를 할 수 있다는 것, 다시 말해 심오한 차원에서 그것을 치유할 수 있다는 것을 알게 된다.

바디스캔을 할 때 나는 몸에서 통증을 느끼든 그렇지 않든 이렇게 나의 몸, 그리고 앞에서 보았듯이, 우리가 몸 '안에' 있다는 느낌을 갖게 하는 체성감각피질과 그와 연관된 지도를 스캔하는 과정이 어쩌면 뇌에게 먹이를 주는 것(feeding) 같다는 느낌을 가질 때가 있다. 그것은 마치 우리 집 개가 후각피질을 활용하여 세상에 대한 냄새를 맡는 연습을 하는 것과 비슷하다. 그래서 나는 나 자신의 삶에서 바디스캔과 호흡에 대한 알아차림을 통해 나 자신을 나의 모든 감각—아무리 심하거나 혹은 아무리 사소한 것이라도—에 내주는 작업을 지속하고 있다. 우리 집 개가 코로 냄새를 맡으며 돌아다니는 곳이 마당과 길인 것처럼 내가 바디스캔 등의 명상 수련을 통해 찾아다니는 곳은 나의 고유수용감각(proprioception)과 내부감각(interoception)이다. 나는 바디스캔을 통해 지금 여기 누워 있는 나의 발과 발목, 무릎, 다리, 골반 그리고 몸 전체에 알아차림을 두는 것을 좋아한다. 그것은 나에게 먹을 것을 주고, 신경생물학자들이 말하듯이 틀림없이 체성감각피질에 조율하며, 그것에 자극을 주어 활성화한다. 이렇게 바디스캔을 통한 규칙적인 방문으로 어쩌면 체성감각피질과 그와 연관된 뇌의 특정 부위의 크기가 커지는지 모른다.

향후 연구를 통해 이것이 사실로 밝혀지든 그렇지 않든 간에, 나는 그러한 연결성을 계발하는 것, 작은 호문큘러스와 친해지는 것, 감각피질과 운동피질을 마사지하고 그것에 먹이를 주는 것은 좋은 일이라고 말하고 싶다. 마음이 몸에 머무르도록 마음을 훈련하는 것, 우리의 살아 있음의 경험이 몸과 함께, 몸속에서, 고정된 상태로서가 아니라 매 순간 펼쳐지는 살아 있는 하나의 흐름으로서 같은 시공간에 존재하도록 하는 것은 좋은 일이다.

이러한 방식으로 체현의 경험은 더 튼실하고 의지할 만한 느낌으로 자라날 수 있다. 그러한 느낌은 이제 더 이상 우리에게 가장 가깝고 친숙한 것을 습관적으로 무시하고 폄하하는 데서 비롯된 우리의 무딘 감각—그것은 결국 우리를 우리 자신의 삶과 가능성으로부터 단절시켜 자연과 우리 자신의 내면으로부터 심각하게 소외되는 결과를 불러올 수 있다—에 의해 밀려나지 않을 것이다.

제임스 조이스의 단편 『더블린 사람들(*Dubliners*)』에는 "더피 씨는 자기 몸에서 약간 떨어진 곳에 살았다."라는 표현이 나온다. 이것은 어쩌면 많은 사람에게 해당되는 이야기인지 모른다. 체현(embodiment)의 기적을 당연한 것으로 여기는 것은 엄청난 손실이다. 그것과 다시 접촉하는 것은 우리 삶의 심오한 치유가 될 것이다.

그러기 위해 필요한 것은 온정신을 회복하는 데 있다.

그것은 또한 모험의 정신이다.

고유수용감각
– 몸에 대한 감각 느낌 –

우리는 심한 외상을 입으면 신체에 대한 자기 감각의 일부를 상실한다는 사실을 알고 있다. 척수에 손상을 입으면 몸과 뇌 사이의 커뮤니케이션을 담당하는 신경이 완전히 차단될 수도 있다. 그러한 상태에서는 대개 손상을 입은 부위 아래의 척수 신경에 의해 통제되는 신체 부위에 대한 감각이 없어지거나 마비되기도 한다. 신체와 뇌를 연결하는 감각 경로와 운동 경로 모두가 영향을 받는다. 영화배우 크리스토퍼 리브(1952~2004)가 말에서 떨어져 입은 목 부상도 그런 종류였다. 다음 장에서 그의 놀라운 이야기를 자세히 다룰 것이다.

오래 전 신경과학자 올리버 색스(Oliver Sachs, 1933~2015)는 척수와 두개골 신경의 감각 뿌리에 생기는 매우 드문 염증인 다발성 신경염 때문에 신체 경험의 감각 차원을 잃어버린 한 여성을 만난 일에 대해 쓴 적이 있다. 불행히도 이 염증은 그녀의 신경계 전체에 퍼져 있었다. 그녀의 염증은 끔찍하게도 담석수술 이전에 예방적 차원에서 병원에서 통상적으로 행하는 항생제 처치에 의한 것이었다.

이름이 크리스티나인 이 여성이 느낄 수 있는 것이라고는 아주 가벼운 접촉뿐이었다. 그녀는 오픈카를 탔을 때 자신의 피부에 닿는 산들바람을 느낄 수 있었다. 그리고 온도와 통증도 느낄 수 있었다. 그러나 느끼는 정도가 무척 약했다. 그녀는 자신이 몸을 가지고 있고, 몸속에 있는 것—전문용어로 말하면 고유수용감각이며, 색스는 이에 대해 "그것이 없으면 신체가 비현실적으로 느껴지고 주인이 없다고 느껴지는, 매우 중요한 여섯 번째 감각"이라고 했다—을 전혀 느끼지 못했다. 크리스티나는 근육, 힘줄, 관절에 대한 감각이 전혀 없었으며 그러한 상태를 표현하는 단어도 없었다. 마치 시력과 청력을 잃은 사람들과 마찬가지로 그녀는 다른 감각에서 빌려온 비유를 통해 자신의 경험을 표현할 수밖에 없었다—『아내를 모자로 착각한 남자(*The Man Mistook His Wife for a Hat*)』 중 색스가 자신의 신경과 수련에서 가려 뽑은 임상 사례들을 모은 '육체가 사라진 여인(Disembodied Lady)'를 참조하라.

"내 몸은 스스로를 보지도 듣지도 못해요. ……스스로를 인식하지 못합니다." 색스의 말에 의하면, "그녀는 가능할 때는 외출을 한다. 그녀는 몸과 얼굴에 바람을 느낄 수 있는 오픈카를 좋아한다—그녀의 피상적인 감각, 가벼운 접촉은 아주 조금만 손상되었다." 크리스티나의 말이다. "그건 아주 멋져요. 팔과 얼굴에 바람을 느껴요. 그리고 어렴풋이나마 내게 팔과 얼굴이 있다는 것을 알죠. 생생하게 실재인 것처럼 느껴지진 않지만 잠시 동안이라도 끔찍한 죽음의 장막을 걷어 주죠."

신체 감각의 상실과 함께, 크리스티나는 체화된 존재의 감각, 육체적 정체성의 감각—색스가 '근본적인 정체성의 확립'이라고 부른—도 잃었다. "크리스티나는 전반적으로 자기라는 한 개인으로서의 느낌을 갖고 있지 않았으며 이것은 시간이 갈수록 더 심해졌다." 그러나 놀랍게도 그녀는 자신의 시각과 청각의 도움으로 자신의 몸의 위치에 대한 외부적 통제와 그것을 말로 표현하는 능력을 어느 정도 회복할 수 있었다. 그렇지만 모든 동작은 극도의 신중함과 의식적인 주의를 기울이며 해야만 했다. 동시에 "이 특수하고 유기체적 토대를 가진, 육체 없음(disembodiedness)의 느낌은 그녀가 처음 그것을 느꼈던 때와 마찬가지로 심각하고 불쾌한 것이었다." 척수 신경 절단으로 마비되어 신체 감각을 잃은 사람과 달리, "크리스티나는 '몸 없이' 일어나 돌아다녔다."

여기서 주의할 것이 있다. 알츠하이머 환자가 자기가 누구인지 모른다고 해서 그것이 자기를 버린 이타적인 사람이 되는 것을 결코 의미하지 않는 것과 마찬가지로 신체 감각을 상실하는 것도 결코 자기를 해방시키는 것이 아니라는 점이다. 그것은 깨달음도 아니고, 자아를 사라지게 만드는 것도 아니며, 육체에 대한 지나친 집착을 내려놓는 것도 결코 아니다. 그것은 색스가 철학자 비트겐슈타인의 말을 인용하여 '모든 지식과 확실성의 출발점이자 토대'라고 표현한 것을 그 사람에게서 빼앗는 병리적이고 순전히 파괴적인 과정이다. 우리가 몸에 대한 감각을 잃었을 때 그러한 상실에 직면하여 갖게 되는 느낌을 표현할 수 있는 말은 없다. 왜냐하면 우리는 그러한 신체 감각의 상실—특히 몸이 계속해서 움직일 수 있을 때에는 더욱—을 상상조차 할 수 없기 때문이다.

> 우리에게 가장 중요한 사물의 측면은 그 단순성과 일상성으로 인해 숨겨져 있다—우리는 그것을 알아차릴 수 없다. 왜냐하면 그것은 언제나 우리 눈앞에 있기 때문이다. 탐구의 진정한 토대는 탐구하는 자에게 결코 인식되지 못한다[『철학적 탐구(*Philosophical Investigation*)』 §129].

이것은 비트겐슈타인의 말이다. 색스는 '여섯 번째 감각'—우리가 가지고 있다는 사실조차 모르나 너무나 분명하게 드러나는 것, 다시 말해 공간에서 차지하는 신체에 대한 감각—에 관한 자신의 이야기를 비트겐슈타인의 이 말로 시작한다. 공간 내 신체에 대한 감각 느낌은 우리의 육체성과 육체적 '현존', 우리 자신의 것으로서의 몸에 대한 감각과 떼려야 뗄 수 없는 관련을 맺고 있어, 우리는 오히려 그것을 알아보지 못한다. 그것이 세상과 우리 자신의 정체성—이라고 우리가 생각하는 것—을 구성하는 데 있어서 핵심이 되는 것임을 이해하지 못한다.

바디스캔을 할 때 우리의 알아차림에는 색스가 말하는—그리고 크리스티나가 비극적으로 잃어버린—바로 그 고유수용감각도 포함된다. 그것은 곧 우리가 몸을 갖고 있다는 직접적인 느낌, 하나의 통일적 전체로서의 몸이라는 우주 속에 있는 느낌, 그리고 신체 여러 부위—우리는 신체 각각의 부위를 우리 마음속에서 서로 분리하여 그중 한곳에 집중하면서 그곳에 '머물' 수 있다—에 대한 직접적인 감각 느낌이다. 바디스캔을 할 때 우리는 몸을 너무나 친숙한 것, 우리에게 이미 주어진 당연한 것으로 여기는 데서 생기는 무자각의 구름으로부터 몸의 공명성을 되찾는 작업을 하는 것이다. 그 무엇도 변화하려 하지 않고 우리는 그것에 우리의 주의력을, 그리하여 우리의 이해와 사랑을 불어넣는다. 이때 우리는 끊임없이 변화하는 이 신비로운 몸-우주—심오한 의미에서 우리 자신이며 동시에 또 다른 심오한 의미에서는 우리 자신이라고 할 수 없는—를 탐험하는 탐험가가 된다.

그리고 우리가 치유를 바라고 그것이 아직 가능성으로 남아 있을 때—그 가능성이 아무리 멀게 보인다 하더라도—우리가 자기도 모르게 당연한 것으로 여기거나 자기애적인 자기몰두에 빠져 있는 데서 생기는 무자각으로부터 우리 몸을 되찾으려는 의도를 내는 것은 무엇보다 중요하다. 꾸준히 매일 그러한 작업에 전념함으로써 우리는 우리 인간됨의 원천, 우리의 핵심과 다시 연결을 맺게 된다.

알아차림이 감각을 껴안을 때 감각은 생생하게 살아난다. 우리 모두는 때로 그러한 비상한 생생함의 순간을 경험한 적이 있다. 고유수용감각의 경우, 우리가 수련과 사랑의 방식으로 우리 몸의 소리에 전심으로 귀 기울인다면, 그리고 며칠, 몇 주, 몇 달, 몇 년 동안 그러한 작업을 지속한다면, 우리가 처음에는 그 소리를 분명히 듣지 못한다 하더라도 나중에는 어떤 일이 일어날지 단언할 수 없다. 그러나 한 가지는 확실하다. 우리가 그렇게 우리 몸에 주의를 기울일 때 우리 몸 역시 최선을 다하여 우리가 보내는 주의를 들을 것이며, 그 자신의 방식대로 우리에게 응답해 올 것이다.

신경가소성 그리고 알려지지 않은 가능성의 한계

힘든 일은 오늘 한다. 불가능한 일은 시간이 조금 더 걸린다.

– 미국 공병대의 구호

나에게는 미국 공병대의 이 구호가 자만심으로 가득 찬 오만하고 마초적인—남자다움을 과시하는—태도가 아니라, 진정으로 열린 마음과 할 수 있다는 태도에 내재된 잠재력, 그리고 상황—마음의 조건화된 오랜 습관 때문에 처음부터 불가능하다고 단정 짓고 말았을 상황—을 타개해 나가려는 의지력으로 비친다. 많은 경우, 우리 자신의 개인적 체험에서도, 우리의 마음은 무언가—나중에는 가능하다고 판명된 무언가—를 처음부터 불가능하다고 단정 지었던 경우가 있다.

바다를 건너는 것도 처음에는 불가능하다고 생각했고, 하늘을 나는 것도 한때 불가능한 것으로 간주되었다. 끔찍한 인종 전쟁 없이 남아프리카의 인종차별을 종식하고 민주주의를 도입하는 일도 한때 불가능한 것으로 생각되었다.

우리는 중대한 부상과 질병 그리고 그에 따르는 커다란 손상과 조절이상의 상태에 직면하여서도 우리의 마음풍경과 몸풍경에서 어떤 일이 일어날지 알 수 없다. 특히 우리에게 닥친 극복 불가능한 것처럼 보이는 도전에 대하여 우리가 그것을 온전한 주의와 의도성으로 껴안을 때는 더욱 그러하다—거기에 어떤 가능성이 내재해 있을지 알 수 없다.

영화 〈슈퍼맨〉으로 유명한 영화배우이자 감독인 크리스토퍼 리브의 사례가 그렇다. 그에게 닥친 사고에도 불구하고 그가 보여 준 불굴의 의지와 결의, 정신의 관대함은 그가 결코 벗어날 수 없는 호칭—슈퍼맨—에 놀랄 만큼 딱 들어맞는 것 같다. 1995년, 말에서 낙상 사고를 당해 목 아래 전신이 마비된 리브는 의사로부터 다시는 목 아래 전신을 움직일 수 없을 것이라는 말을 계속해서 들었다. 그의 상황은 말 그대로 '최악의 시나리오'였다. 그러나 뇌 가소성 연구의 선구자이자 학습과 반복적 사용에 의한 체성감각피질과 청각피질의 뇌 지도에서 일어날 수 있는 변화에 대한 전문가인 캘리포니아 대학교 샌프란시스코 캠퍼스(UCSF)의 마이클 머제니치(Michael Merzenich) 박사의 말에 따르면, 크리스토퍼 리브는 "치명적 외상을 입은 다음의 인간 뇌와 척수의 회복력에 관한 모든 가정에 의문을 가졌다."

아주 최근까지도 신경학의 주된 가정은 심각한 신경학적 척수 손상에서 회복하는 것은 불가능하다는 것이었다. 왜냐하면 파괴되거나 절단된 신경세포가 다시 자라나 신체와 뇌 사이 신경 자극 전달 경로를 다시 만드는 것은 불가능하다고 보기 때문이다. 운동피질과 뇌의 다른 운동 중추가 신체의 근육을 통제하고, 신체가 현재 움직이고 있는 자신의 신체에 관한 피드백을 주기 위해서, 그리고 물리적 세계를 이해하는 역할을 담당하는 체성감각피질과 뇌의 다른 중추들에 촉각 관련 감각을 전달하기 위해서는 이 경로에 손상이 없어야 한다는 것이다. 그러나 척수 손상을 입은 크리스토퍼 리브를 비롯한 몇몇 환자는 새로운 치료법의 결과로 그들이 경험하고 있는 변화를 통해 이 도그마를 넘어서고 있으며 재활의학에 조용한 혁명을 일으키고 있다. 그들은 또한 신체와 신체의 감각 및 운동 기능에 대해 뇌 가소성이 갖는 임상적 의미와 적절성을 확장시키고 있다.

리브의 경우, 목에까지 이르는 척수에 있는 신경섬유의 3/4이 부상으로 절단되었으며 그나마 남아 있는 부분도 제대로 기능하지 않았다. 목 아래로는 완전히 마비되었으며 무엇도 느끼거나 몸을 움직일 수 없었다. 심지어 산소호흡기 없이는 숨도 쉴 수 없었다. 횡격막을 조절하는 신경이 부상으로 영향을 받았기 때문이었다. 사고 후 첫 5년 동안 근육의 양을 유지하고 혈액 순환을 증가시키기 위해 수동적인 전기자극요법을 활용했다. 또한 골밀도를 증가시키고 혈액 순환을 더욱 촉진하기 위해 수직으로 몸을 일으켜 세울 수 있도록 설계된 침상에 누워 있기도 했고, 움직이는 러닝머신에 몸을 올려 보기도 했다. 그러나 자신의 몸을 다시 깨우려는 이 모든 노력은 임상적으로 아무 효과를 보지 못했다. 나아지는 것이 아무것도 없었다. 그러나 그는 포기하지 않았다.

5년 동안 신체 상태에 아무런 변화가 없었고, 리브는 생명을 위협하는 의학적 상태를 경험한 뒤 의사와 요양보호사의 도움을 받아 초인간—슈퍼맨—적이라고밖에 할 수 없는 운동 프로그램인 '활동기반 회복(activity-based recovery: ABR)' 프로그램을 시작했다. 이 프로그램에서 그의 신체는 그의 다리의 주요 근육 집단에 컴퓨터로 전기 자극을 주는 정지 상태에서 비스듬히 누워서 타는 자전거 위에서 수동적으로 움직이게 했다. 그는 매번 일정한 운동량—시간당 3천 번 회전—을 정해 두고 하루 한 시간, 일주일에 사흘씩 이 훈련을 했다. 그리고 팔과 몸통의 주요 근육에 돌아가며 매일 전기 자극을 주었다. 어떤 때에는 일주일에 한 번 수중치료(aqua therapy)를 통해 물속에서 물리치료사의 도움을 받으며 중력에 맞서지 않고 몸을 움직이는 연습을 했다. 그는 또한 호흡 훈련도 시작했다. 리브는 자신이 이런 매우 수동적인 운동 프로그램을 계속한 것은 그것이 자신의 근육을 더 강하게 유지해 주고 기분을 좋아지게 만들었기 때문이라고 말한다.

몸에 아무런 감각도 느끼지 못하고 자발적인 움직임 통제도 하지 못한 채 거의 6년을 지낸 뒤, 그리고 집중적인 ABR 프로그램을 시작한 지 1년이 지난 뒤의 어느 날 아침, 그는 자신의 왼쪽 검지에 경련성 씰룩거림을 자발적으로 통제할 수 있다는 사실을 알게 되었다.

움직임의 가능성에 대한 이 작은 계기가 이후 3년에 걸쳐 서서히 그의 감각 및 운동 통제력이 되살아나는 시발점이 되었다. 그날을 회상하며 리브는 다음과 같이 말한다. "내 첫 반응—그 사건에 대한—은 자신의 열정을 억제하는 것이었습니다. 그러나 내면에서의 희망과 신념은 만약 내 손가락이 내 명령에 따라 움직일 수 있다면 내 몸의 다른 부분에 대해서도 무엇이 가능한지 알아보아야겠다는 것이었지요. …… 그런 생각이 들자 나는 운동을 더 열심히 했습니다."

사실 이렇게 말하는 리브였지만 앞 장에서 이야기한 크리스티나의 경우보다 훨씬 더 자신의 신체에 대한 감각이 결여되어 있었다. 그래서 그가 '나의 몸'이라고 말할 때 그것은 현재 순간 자신의 몸과 맺는 관계라기보다 생각이나 기억에 더 가까웠다……. 즉, 손가락이 움직일 때까지는 그랬다.

움직이는 과정에서 새로운 차원의 연결성이 생겼다. 그것은 다시 '그의' 손가락이 되었다. 눈으로 볼 수는 있지만 느낄 수는 없는, 그리하여 자신의 의지에 전혀 반응하지 않는 감각이 결여된 불구의 신체기관이 아니라 바로 자신의 손가락이 되었던 것이다. 그날 자신의 통제에 따라 손가락을 움직이는 과정에서 그의 손가락은 다시 생명을 얻었다. 그리고 이후 몇 년간에 걸쳐 그의 몸은 점점 더 많이 생명을 얻었다.

자신이 느낄 수도 없는 몸을 운동시키는 데 필요한 신념과 결의, 규율과 마음의 집중력이 과연 어떠했을까 생각해 보라. 그것도 며칠, 몇 달을 아무런 '향상' 없이—비유적으로 표현하자면 향상이 없을 것이 틀림없다고 말하는 지배적인 임상적 견해의 물결을 거슬러 올라가며—그렇게 하기는 결코 쉽지 않았을 것이다.

그러나 임상보고서가 증명하듯이 리브의 향상은 놀라운 것이었다. ABR 프로그램을 시작하고 3년 동안 척수 부상 등급에서 두 등급이나 향상했다. 이것은 리브처럼 심한 부상을 당한 환자에게서는 결코 볼 수 없었던 정도의 발전이었다. 초기의 반응은 비록 신체 기능이 향상되지는 않았지만 그의 신체에 커다란 이익을 주었다. 근육의 양과 골밀도가 증가했고 심폐 지구력도 향상되었다. 한편 근육 경련은 감소했다. 이러한 신체상의 변화는 리브의 건강과 삶의 질을 크게 향상했다. 항생제를 처방해야 하는 감염 사례도 크게 줄었다. 신체의 가장 커다란 뼈 두 곳—대퇴골과 상완골—에 심한 골절을 일으킨 심각한 골다공증도 사고 전 수준으로까지 완전히 회복되었다.

조금 지난 후에 그는 의사들이 기능적 향상이라고 말하는 것—그가 손가락을 움직였던 날부터 시작된, 감각과 운동 통제력의 회복—을 자신에게서 목격하기 시작했다. 이러한 변화는 계속해서 증가했다. 운동 프로그램을 시작하고 22개월 만에 가벼운 촉각은 정상인의 52퍼센트까지, 그리고 그 이후 6개월 만에 정상인의 66퍼센트까지 향상되었다. 가벼운 촉각과 통각—통증 감각—이 회복된 것 외에도 진동을 인지하는 능력과 차가운 것과 뜨거운 것을 구별하는 능력도 회복되었다. 더 놀라운 것은 그의 고유수용감각이 회복되어, 혈류 차단으로 생길 수 있는 피부 염증과 괴사를 피하려면, 언제 몸의 자세를 바꿔야 하는지도 알게 되었다는 사실이다. 2002년 리브의 담당 의사들이 그의 임상보고서*를 발표할 당시에는 리브의 신체 가운데 70퍼센트가 뇌와 활발하게 연결되고 있었다. 이것은 말초신경으로부터—피부와 근육과 뼈와 관절로부터—그의 대뇌피질로 다시 감각 정보가 흘러들어 오기 시작했다는 의미다. 그리고 그의 운동피질로부터 팔과 다리 그리고 신체의 다른 부위로 다시 운동 메시지가 흐르기 시작했다는 의미다.

운동 점수에서도 20점이 향상되었다—0부터 100까지의 척도에서 그는 0점에서 20점으로 향상되었다. 이것은 팔꿈치와 손목, 손가락, 고관절, 무릎을 포함한 거의 대부분의 관절을 움직일 수 있다는 의미였다. 대부분의 다리 근육은 아직 중력을 버티지 못했지만 물속에서 서 있거나 심지어 걷는 것도 가능해졌다. 그리고 적당한 수준의 저항에 맞서 팔과 다리, 몸통의 근육을 스스로 움직이는 운동도 할 수 있게 되었다. 그리고 이제 산소호흡기 없이도—아직 완전히 떼어 버리지는 못했지만—한 번에 한 시간 이상 숨을 쉴 수 있었다.

"오랜 시간 동안 운동을 하면서 내게 일어난 일은 잠들어 있던 경로들이 다시 깨어났다는 것입니다." 리브의 말이다. 그의 의사들은 그의 말에 동의하면서 집중운동 프로그램에 반응하여 그가 보여 준 향상을 설명하기 위한 이론을 구상하고 있다. 이는 마치 아동기에 복잡한 신경 회로가 움직임에 반응하여 발달하는 것과 비슷했다. 이와 같은 신경계의 타고난 가소성은 성인이 되면 눈에 띄게 느려진다. 그러나 완전히 멈추지는 않는다고 한다. 그의 신경과 담당의였던 미주리 주 세인트루이스 소재 워싱턴 대학교 의과대학의 존 맥도널드(John W. McDonald) 박사에 따르면, 척수 손상이 상향—몸에서 뇌로 올라가는—신경 경로와 하향—뇌에서 몸으로 내려오는—신경 경로 가운데 몇몇을 마비시킨다. 그러나 그것은 여전히 살아 있다고 한다. 활동이 없으면 이 신경섬유들은 쇠약해져, 환자는 결국 휠체어 신세가 되고 만다는 것이다. 그러나 근육에 전기와 운동으로 적절한 자극을 가하면 신경 경로가 일부 되살아난다고 한다.

성인의 뇌와 신체에서 이러한 가소성을 촉진하는 한 가지 방법은 배워야 하는 과정을 여러 단계로 잘게 나누는 것이다. 익히고자 하는 동작은 환자 개인에게 의미가 있는 것이어야 한다고 머제니치 박사는 말한다. 만약 동작이 지루하고 의미 없는 것이

---

* McDonald, J. W., Becker, D., et al. (2002). Late Recovery Following Spinal Cord Injury. *Journal of Neurosurgery: Spine, 97*, 252-265.

라면 뇌의 가소성 메커니즘에 불이 들어오지 않는다. 『뉴욕타임스』의 보고—2002년 9월 22일자—에 따르면, 집중하여 주의를 기울일 때는 뇌의 분자가 가소성을 촉진하는 보상 회로에 불을 켜게 된다.

이때까지 리브의 회복 수준은 우리가 짐작하듯이 그의 삶을 바꾸는 변화를 불러왔다. 그의 담당의가 내놓은 보고서에 따르면, 사고 후 8년 만에, 그리고 운동 위주 회복 프로그램을 시작한 지 3년 만에 그는 병원 밖에서 3년 반 이상을 지낼 수 있었다. "예전에는 혈전, 폐렴, 무기폐—폐의 일부가 팽창된 상태를 유지하지 못하고 부피가 줄어 쭈그러든 상태: 역자 주—그리고 매우 심각한 욕창도 있었습니다. 발목 염증으로 다리를 절단해야 할지도 모르는 상황이었죠. 또 무슨 문제가 생길지 몰랐던 나는 내 생명이 계속 유지될 것인지도 자신할 수 없었습니다. 지난 몇 년 동안 다시 내 건강에 매우 자신이 생겼습니다. 항생제도 사용하지 않습니다. 체중도 늘었고요. 의자에 15~16시간 동안 문제없이 앉아 있을 수도 있지요. 내가 산소호흡기에 의지하는 C2—척수 손상 등급—환자라는 점을 감안할 때, 지금 내 상태는 최상이라고 말할 수 있어요. 나는 일을 할 수도 있고, 이곳저곳을 다니기도 해요. 다음 목표는 산소 호흡기를 떼는 것입니다."

리브는 한동안 인공호흡기 없이 호흡할 수 있도록, 그리고 횡격막 근육을 강화하기 위해 횡격막 자극기—전기 자극으로 심박을 뛰게 한다—를 체내에 삽입하는 수술을 한 뒤 실제로 산소호흡기를 끊었다. 그리고 그 결과 8년 만에 처음으로 코와 입으로 숨을 쉴 수 있었고 인공호흡기 없이 정상적으로 말을 할 수 있었다. 그는 또한 사고 후 완전히 잃었던 후각도 회복해 그의 의료팀이 실시한 실험에서 커피, 박하, 오렌지의 향기를 쉽게 구별할 수 있었다.

"좀 더 유용한 기능적 회복이 가능했으면 좋겠어요. 팔, 손가락, 다리를 움직일 수 있지만 아직도 휠체어에 앉아 있어야 해요. 이런 식으로 점차 회복되어 다른 휠체어에 탈 수 있었으면 좋겠어요. 그리고 좀 더 자유롭게 되고 지금보다 다른 사람들에게 덜 의존할 수 있었으면 좋겠어요."

그는 계속해서 말한다. "이제 내 삶의 목표가 더 실현 가능하게 되었어요. 영화 제작자에게 로케 현지에 직접 갈 수 있다고 말할 수 있으니까요. 그게 내 직업이죠. 강연하는 것도 내 직업의 일부입니다. 사람들에게 신뢰를 줄 수 있는 존재가 되었어요. 과거에는 감염이나 기타 질병 때문에 내 의무를 실행할 수 없었죠. 건강이 회복된 덕분에 다시 일에 전념할 수 있다니 얼마나 다행인지 모르겠어요."

"건강 회복이 내 일상에 미친 영향은 몸을 더 많이 움직일 수 있게 되었고 호흡도 좋아졌다는 것입니다. 1995년과 1996년, 1997년에 산소호흡기 고장은 정말 끔찍한 경험이었어요. 숨을 쉴 수 없었거든요. 이제는 숨을 꽤 잘 쉴 수 있게 되었어요. 이제는 숨을 쉴 때 올바른 방법을 사용합니다. 이제 스스로 횡격막을 움직일 수 있어요. 연습과 훈련 덕분에 익히게 된 능력이죠. 이것이 회복에서 가장 안심이 되는 면입니다. 안전율 같은 것이라고 할까요."

"목 아래 감각이 전혀 느끼지 못하던 상태에서 정상인의 65퍼센트까지 향상되었어요. 감각에 관해 무엇보다 중요한 것은 이제 다른 사람들과 접촉할 수 있게 되었다는 것입니다. 누군가가 당신의 손을 잡을 때 당신이 그것을 느낄 수 있다는 것은 대단한 일입니다. 더 의미 있는 관계를 맺을 수도 있으니까요."

"이제 회복 준비 단계로서 근육의 양을 늘리려고 합니다. 그것이 장기 목표예요. 근육의 양은 당신이 움직이고자 하는 어떤 동작에도 매우 중요합니다. 심장이 제대로 작동하게 해 주고 적절한 골밀도를 유지하는 것과도 관련이 있죠. 만약 당신의 다리 근육이 매우 약하다면 경사대 위에 서 있는 것은 당신의 뼈에 매우 위험할 것입니다. 당신 다리의 뼈가 충분히 지탱해 주지 못할 테니까요. 나는 그런 일을 겪은 적이 있습니다. 나는 내게 골다공증이 있다는 사실을 몰랐어요. 운동과 칼슘 처방으로 골다공증을 이겨 낼 수 있었습니다. 서른 살 때의 뼈 상태로 돌아갔어요—인터뷰 당시 리브는 50세가 다 되었다. 척수 손상 환자들이 골다공증을 극복할 수 있다는 것을 의료계에서 인식하는 것이 중요합니다. 그러나 자기 이미지와 관련하여 내 다리를 보되 불구자가 보이지 않았다는 것 또한 매우 중요합니다. 실제로 내 다리와 이두박근 크기는 부상당하기 전과 다름없습니다. 부상당하고 7년이란 시간이 흘렀으니 좋은 자기 이미지를 갖기가 쉽지 않은 것도 당연하겠죠."

"가족과 외출도 나가고 아이들과 친구들이 노는 것도 지켜봅니다. 직접 참여하지는 않더라도 그들과 최대한 가까이 있을 수 있어요. 가족과 친구들이 여가 활동을 즐기는 것을 지켜보는 데서 어떻게 만족감을 얻을 수 있는지 깨달았어요. 그래서 예전처럼 몸을 움직여 그들과 함께 즐길 수는 없지만 여전히 그들과 함께 있을 수 있어요."

"나는 지금까지 내가 이루어 온 향상이 앞으로 올 발전을 상징적으로 보여 주는 것이라고 생각합니다. ……가능한 한 정상인과 똑같이 회복될 수 있었으면 좋겠어요.

그런 꿈을 갖고 있습니다. 그 꿈을 놓고 싶지 않습니다. 부상을 당하고 7년 동안 한 번도 내가 불구라고 생각해 본 적이 없어요. 나는 내 삶을 되찾을 겁니다."

2004년 4월, 심각한 문제가 수차례 다시 발생했다. 일련의 감염과 폐렴을 겪은 뒤, 리브의 몸은 횡격막 심박조정 보조 기구를 거부했다. 그 결과, 그는 다시 인공호흡기를 차야 했다. 더 이상 물속에서 운동할 수도 없었고 회복 프로그램을 계속할 수도 없었다. 러닝머신을 다시 탈 수도 없었다. 골다공증으로 대퇴골이 반으로 부러졌기 때문이다. 이제 다리에는 금속판과 나사 15개를 조이고 있다. 그러나 그는 희망을 포기하지 않았다. 그리고 그와 유사한 치료를 받게 될 이후의 환자들에게 그것을 먼저 체험한 사람으로서 자신의 경험이 도움이 될 수 있었다는 사실에 보람을 느끼고 있다. 그는 자신이 횡격막 보조 기구—심박조정기—시술을 세계에서 두 번째로 받은 사람이라는 점, 그리고 성공적이지는 못했지만 자신의 사례를 통해 알게 된 지식으로 인해 이후 7명의 환자가 모두 인공호흡기를 차지 않아도 되었다는 사실을 지적했다. 그의 체험은 또한 척수 손상 환자들에게 러닝머신에서 운동하도록 하기 전에 골다공증을 반드시 검사하게 하는 관행을 정착시키는 데 기여했다. 그는 자신과 유사한 상황에 처한 사람들의 삶의 질에 자신이 영향을 미칠 수 있었다는 사실에 기쁨과 위안을 느끼고 있다.

확실히 리브는 단지 자신을 위해 회복 프로그램을 한 것은 아니었다. 부상을 당한 이후 리브는 척수 손상을 입은 환자들을 대상으로 그들을 격려하는 강연을 했다. 그가 전하고자 했던 메시지는 "신체적 부상과 함께 삶이 끝나는 것은 아니며 그런 부상을 당하더라도 온전하고 흥미진진한 삶을 살 수 있다."는 것이었다. 그는 더 심도 깊은 연구를 하기 위한 재단을 설립했으며, 마비 환자의 치료에 더 많은 연구 지원을 미 의회에 호소하기도 했다. 척수 손상을 당한 환자들과 가족들을 만나기 위해 이곳저곳을 활발히 다니고 있으며 대중강연을 하기도 한다.

우리 모두와 마찬가지로 크리스토퍼 리브도 지금도 가능한 것의 한계가 어디까지인지 알지 못한다. 그는 자신의 오랜 목표를 가슴에 새기면서 또 오늘 그리고 이 순간의 도전에 집중하면서 매 순간, 매일 굳은 의지력으로 자신의 몸과 마음의 가능성의 한계를 탐험하고 있다. 그가 당한 비극의 정도를 생각하면, 그리고 그가 경험한 장애와 부상을 생각하면 그는 쉽게 좌절과 낙담, 자기 슬픔과 고립감에 빠져 버릴 수도 있었다. 자신이 처한 도전에 직면하여 그가 희망을 잃지 않고 사랑의 관계 속에서 자신이 할 수 있는 일에 충실했다는 사실은 적절한 의료적 돌봄과 지원, 그리고 자기조절과 치료에 대한 신체의 타고난 능력을 동원하고 신뢰하며 극대화하려는 창의적인 시도와 함께할 때 우리 몸과 마음이 지닌 치유력을 증언한다.

리브 혼자만이 아니다. 척수 손상과 뇌졸중, 기타 신경학적 손상을 입은 사람들이 새로운 재활방법을 사용하여 전 세계의 치료 센터에서 놀랄 만한 호전을 보여 주고 있다. 예를 들어, 기능적 팔을 움직이지 못하도록 해 부상당한 팔을 일상적인 일에 사용하게 하는 방법, 환자의 발이 러닝머신 위에서 걷는 동안 몸을 지탱해 주는 방법 등이 있다. 재활의학은 마비 환자의 걷기 연습을 위해 심지어 로봇까지도 활용하고 있다. 이러한 기술을 사용하여 지금까지 약 5백여 명의 하반신 불구 환자들—하반신의 감각이 제한되어 있고 운동 기능이 전혀 없는 환자들—이 짧은 거리라도 주위의 도움을 받지 않고 혹은 보행기를 사용하여 걸을 수 있게 되었다. 이것은 재활(rehabilitation)의 심오한 의미, 즉 '다시(re) 안에 사는(inhabit) 법을 배우는' 과정에서의 주목할 만한 이정표라고 할 것이다.

여기서 상대적으로 온전한 몸을 가진 우리가 취할 수 있는 메시지가 있을까? 나는 있다고 생각한다. 신체를 튼튼하고 조정된 상태로 만들어 주는 유산소 운동과 근골격 운동은 확실히 근육에 대해서만큼이나 신경계에 대해서도 그것을 탄력 있게 만들어 주고 미세조정을 해 준다. 이것은 나이에 상관없이 그러하며, 우리가 나이가 들수록 이를 기억하는 것은 더 중요해진다. 그러나 운동을 넘어 주의와 결심, 생명에 대한 사랑을 우리의 신체적, 정서적 능력의 바로 그 한계에서 함께 작동하게 하는 것이야말로 우리의 상황을 우리가 다루어 볼 수 있는 것—그것이 무엇이든 간에—으로 보는 데 있어서, 그리고 우리 자신의 것으로서의 삶을 살게 해 주는 일과 사랑을 투입하는 데 있어서—결코 우리 자신을 포기하지 않고, 또 우리가 그 과정을 지속했을 때와 가장 중요한 것과의 접촉을 유지했을 때 생길 수 있는 가능성을 포기하지 않고—비밀의 요소라 할 것이다. 궁극적으로는 의도적으로 계발했든, 리브의 경우처럼 어쩔 수 없이 거기에 도달하게 되었든, 순전한 결의와 의지력만으로 모든 순간에 가능한 것의 한계에서 작업하겠다는 의지, 그리고 인내와 결의, 겸손, 주의력으로 모든 순간에 현존하겠다는 의지야말로 마음챙김 수련과 그것을 지속하는 동기의 핵심이 된다 할 것이다.

리브는 자신의 가족과 친구들, 자신의 직업적 소명과의 관계성과 상호성에 대한 믿음을 갖고 있었다. 타인과의 신체적 접촉을 느낄 수 없고, 자신의 몸이 자신에게로 화답해 오지도 않는 상황에서 말이다. 그러나 이제 점점 더 그는 타인과의 신체적 접촉을 느끼고 있고 그의 몸이 자신에게로 대답해 오고 있다. 지금부터 어떤 일이 벌어질지는 아무도 모른다. 그것은 언제나 그렇다. 우리 모두는 그것을 알고 있다. 그러나 사고가 난 후 자신의 처지에 대해 순전한 인내력과 결의 그리고 주변의 커다란 도움으로—그러한 상황에 처했을 때 느끼게 되는 정신적 고통은 가족 구성원의 삶까지도 바꾸게 되며 가족 내의 모든 관계도 다시 만들게 된다. 그것을 부정하지 않으면서 리브의 아내인 다나는 이렇게 말했다. "저는 남편에게 매달리는 지나치게 성스러운 아내로만 인식되고 싶지 않아요. 물론 그것이 제 일부이긴 하지만 그렇게만, 오직 그렇게만 인식되는 것을 원하지 않아요. 저는 제 남편을 사랑하고 그에게 충실해요. 그리고 일종의 의무감도 갖고 있어요. 그건 결혼식 날부터 그랬다는 걸 저도 알아요. 하지만 그를 육체적으로 돌봐 주는 건 간호사들의 몫이에요. 저는 그로부터 약간 거리를 뒀어요. 왜냐하면 우리 두 사람은 환자 대 간호사의 관계가 아닌 남편 대 아내의 관계이니까요."(『더 데일리 메일』과의 인터뷰, 2003년 5월 3일, 인터넷에서)—그것을 책임 있게 받아들이고 대처해 나가는 과정에서 한때 현재였지만 지금은 과거가 된 것이 지금의 현재를 낳았고, 지금의 현재는 또 앞으로 어떤 일이 일어날지 모르는 신비의 가능성을 훨씬 더 많이 잉태하고 있다. 나는 리브가 2004년 4월 대중연설에서 이렇게 말하는 것을 들었다.

> "일이 잘 되어 가지 않을 때라도 나는 원칙을 고수합니다. 무슨 일이 있어도 말이지요. 우리 마음에는 몸에 영향을 미칠 수 있는 엄청난 능력이 존재하고 있습니다."—크리스토퍼 리브는 대량 감염에 이은 심장발작으로 2004년 10월 10일, 52세의 나이로 사망했다: 역자 주.

• • •

모든 신비롭고 성스러운 것에 대한 사랑의 이해를 담아 에밀리 디킨슨은 진심으로 이렇게 확언한다. "나는 가능성 속에 산다." 바로 다음 문장은 "산문보다 아름다운 집—곧 시를 가리킴: 역자 주—"이다. 나는 이 문장에서 말하는 '산문(prose)'이란 이성적이고 합리적이고 직선적이며, 그렇게 흔히 제한적인 생각과 견해의 집을 말하는 것이라고 해석한다.

우리도 이렇게 말할 수 있을까? 우리도 진정으로 우리가 '가능성 속에 산다.'고 말할 수 있을까? 알지 못함 속에, 그러면서도 그 위험을 감수하면서 산다고 할 수 있을까? 그리고 바로 이 순간에?

그것은 어떤 느낌일까?

제6부

본래의 자기로 돌아오기

당신 자신의 문에 도착한 자신을
기쁨으로 반기는 때가 올 것이다.

– 데릭 월콧, 「사랑 이후의 사랑(Love after Love)」

"시끄러워 생각을 할 수가 없어!"

이 말을 불쑥 내뱉는 자신을 본 적이 있는가? 이 말은 방에 시끄러운 소리가 가득하여 집중하려고 해도 도저히 할 수 없을 때 절망적으로 내뱉는 말이다. 이것은 "제대로 생각할 수가 없어요. 집중할 수가 없다고요. 제발 좀 조용히 해 주겠어요?"라는 의미다.

그러나 우리가 고요 속으로 깊이 들어가 보면 놀라운 경험이 일어난다. 거기 존재하는 것은 오직 생각하고 있는 당신 자신이다. 그리고 생각하는 당신은 외부의 소음보다 훨씬 더 시끄럽고 성가시며 정신을 산만하게 만든다. 우리의 생각이 만들어 내는 소음은 우리의 귀를 멀게 하며 끝없이 계속된다. 생각의 소음은 안정된 집중을 방해한다. 그것은 또한 마음속의 이러한 떠들썩한 소동 바로 아래에 존재하고 있는 평화와 침묵—마음이 고요히 존재하는 법을 터득했다면 발견할 수 있는—을 완전히 가려 버린다.

만약 우리가 생각의 흐름을 단지 생각으로 들을 수 있다면, 생각을 자각의 장(場)에서 일어나는 사건으로 볼 수 있다면, 또 외면적으로 일정한 정적과 고요를 계발할 수 있다면 우리는 자신의 생각을 훨씬 더 명확하게 볼 수 있을 것이다. 일단 우리가 그것을 그렇게 직접적으로 친밀히 알게 되면 우리는 생각과 관계 맺는 새로운 방식을 만들어 갈 수 있다.

그 과정에서 우리는 아마도 우리가 발견하게 되는 것에 깜짝 놀랄 수도 있다. 즉,

우리의 생각이 얼마나 혼돈에 휩싸여 있는지, 우리의 생각이 얼마나 폭이 좁고 반복적인지, 또 우리 생각의 얼마나 많은 부분이 우리 개인의 역사와 습관에 의해 형성되는지를 알고는 놀랄 것이다. 그러나 아예 모르는 것보다 직접 체험을 통해 그것을 알게 되는 것은 다행이라고 해야 할 것이다. 주의를 기울이지 않으면 우리의 삶은 우리가 그 사실을 깨닫지도 못한 채 온통 생각에 이끌려 버린다. 마음 챙기는 알아차림으로 주의를 기울일 때, 우리는 우리 자신과 우리 마음에 있는 것을 더 잘 알게 될 뿐만 아니라 우리의 생각을 지금까지와는 다르게 품을 수 있게—그리하여 더 이상 생각이 우리의 삶을 지배하지 않게—된다. 이러한 방식으로 우리는 내부와 외부의 고요함의 조건 혹은 우리가 스스로에게 들려주는 제한된 이야기—어느 정도 진실일 수 있지만 우리가 존재와 마음의 보다 큰 차원에 닿았을 때 드러나는 것에 비하면 제한된 진실일 수밖에 없는 이야기—에 완전히 의존하지 않는 참된 자유의 순간을 맛볼 수 있다.

숨 돌릴 틈도 없었어

스트레스를 받는가? 미래에 도착하느라 너무 바빠서 현재는 단지 미래에 이르기 위한 수단으로 전락되고 마는가? 스트레스는 실제로 '여기'에 있으면서 '거기'에 있기를 원하는 데서 생긴다. 아니면 현재에 있으면서 미래에 있기를 원하는 데서 생긴다. 이것이 바로 당신의 내면을 분리시키는 단절이다. 그러한 내면의 단절을 일으킨 채 그것을 안고 사는 것은 정신 나간 행위다. 모든 사람이 그렇게 산다는 사실로 인해 그것이 덜 정신 나간 행위가 되는 것은 결코 아니다.

– 에크하르트 톨레, 『지금 이 순간을 살아라(*The Power of Now*)』

내가 본 것처럼, 톨레(Tolle)의 평가는 심리적 스트레스에 대한 매우 정확한 진술이다. 심리적 스트레스란 그야말로 있는 그대로의 것을, 우리가 살아 있는 유일한 순간—바로 지금—에 수용하지 못하는 데서 생기는 불행한 고질적 산물이다.

그러나 유의해야 할 것이 있다. 여기서 '수용한다'는 말은 결코 수동적인 체념을 의미하는 것이 아니란 점이다. 오히려 그 정반대다. 존재하는 그대로의 것을 수용하는 것—특히 그것이 마음에 들지 않을 때—에는, 그리고 당신이 처한 환경에서 사용 가능한 자원—내면과 외면의—을 가지고 최선을 다하여 현명하고 효과적으로 그것을 처리하는 것—그것을 완화시키고, 치유하며 방향을 전환하여 바꿀 수 있는 것을 바꾸는 것—에는 대단한 용기와 동기가 필요하다.

이러한 수용을 '전폭적 수용(radical acceptance)'이라고 부른다. 왜냐하면 그것은 존재의 뿌리에 가 닿기 때문이다. 철저한 수용은 겉으로 보이는 외관 아래에서, 그리고 우리가 마땅히 '이래야 해.'라고 생각하며 갖게 되는 모든 선호와 회피의 아래에서 있는 그대로의 것을 받아들이고 그에 대응하는 것이다. 마땅히 그래야 한다며—혹은 그렇지 않을 경우에는 누구를 혹은 무엇을 비난해야 하는가를 판단하며—우리 스스로에게 들려주는 이야기를 자각하고 그것을 놓아 버리기란 엄청나게 어려운 일이다. 그러나 그러한 태도를 취함으로써 우리는 더 깊은 진실—우리가 어떻게 하면 보다 현명하고 연민에 찬 방식으로 생각하고 행동할 수 있을지를 드러내 주는 진실—을 인식할 수 있는 가능성을 우리 스스로에게 부여하게 된다. 존재하는 그대로의 것을 보고 알고 수용하는 보다 현명하고 정확한 방식을 갖게 되면 존재하는 것의 역동이 이미 이전과 달라지고, 그러한 의식의 대전환에 따라 흥미로운 변화가 일어난다. 그 변화는 오직 우리가 과거에는 자신에게 속삭이는 이야기—대개는 온전히 진실이 아니며, 혹은 진실이라 해도 우리의 감각을 너무나 강력하게 차단하고 있기 때문에 그 밖의 다른 것을 전혀 받아들이지 못하게 만드는 이야기—때문에 볼 수 없었던 더 깊은 진실을 볼 수 있게 되었기에 가능해진 것이다.

그러나 대부분의 경우 우리가 원칙적으로는 '더 잘 안다고' 하더라도 우리는 여전히 멈춤이 없고 때로 광적이며 검토되지 않은 산만한 생각에 굴복하고 만다. 그 산만한 생각은 우리가 멈추어 쉬기 '전에' 우선 어딘가에 도달해야 한다고 생각한다. 또 우리가 어떤 행위를 통하여 무언가를 성취했다고 느낄 수 있어야만 행복하다고 여기게 만든다. 비록 우리는 우리가 바쁘고 불행한 것이 빡빡한 스케줄과 마감 시한, 고용주의 지나친 요구, 끝도 없이 쌓여 있는 업무, 심지어 꽉 막힌 도로 등 우리가 원하는 때에 원하는 곳에 도달하려고 하는 욕망을 방해하는 것들 때문이라고 생각하면서도 말이다.

당신은 아마도 다음 일로 넘어가기 위해 혹은 공항에 도착하거나 잠자리에 들기 이전에 무언가를 급하게 해치웠던 경험이 있을 것이다. 그리고 그때 아마도 스스로 이렇게 말한 적이 있을 것이다. "숨 돌릴 틈도 없었어!"

우리는 이 말을 너무 쉽게 내뱉는다. "숨 돌릴 틈도 없었어!"

그러나 잠깐 멈추어 보자. 그것이 정말 사실인가?

아니면 그것은 실제로는 우리가 한순간 우리 주의의 방향을 새롭게 설정하여 스스로를 자신의 신체에 머물게 하면서 호흡을 느껴 보고, 또 몸과 마음의 어떠한 긴장이나 압박이라도 느껴 볼 수 있다는 사실을 미처 생각하지 못했기 때문은 아닌가? 우리가 특정한 순간에 정말로 무엇을 하며 어떻게 느끼고 있는지 자각할 수 있다면, 우리는 일이 전개되는 바로 그 순간—혹은 연속된 순간—에 일어나고 있는 일과 맺는 관계를 변화시킬 수도 있다. 그럴 때 우리는 일이 전개되는 속도와 동일한 페이스로 움직이거나 혹은 그로부터 약간 물러서서 그것에 현존하면서 결과적으로는 그것과 더 효율적인 관계를 맺을 수 있다. 또한 우리는 모든 일을 이뤄 내고자 하는 우리의 욕망이 우리로 하여금 끊임없이 쫓기고 압도당하는 느낌을 갖게 만드는 방식의 어리석음을 알아차릴 수도 있다. 그리고 그처럼 쫓기고 압도당하는 느낌은 우리가 하려고 하는 모든 일을 심각하게 망치는 정도까지는 아니더라도 그것을 매우 힘들게 만든다.

그러나 우리가 그렇게 생각하더라도 우리는 바로 그 순간 우리가 멈출 수 있다고 느끼지 못한다. 그 순간 우리는 그 일이 너무나 중요한 것이라고 생각한다. 그러나 우리가 그렇게 정신없이 돌진하더라도 우리는 언제나 조금 더 깨어 있는 마음으로 돌진할 수는 있다. 그렇게 우리가 꼼짝없이 사로잡혀 있는 광기의 순간과 상황의 '심각성'을 조금 무디게 만들 수 있다. 그렇게 그 스트레스를 바로 그 순간에 조금이라도 덜어 낼 수 있다. 만약 우리가 그 순간 멈추어 서기에는 그 일이 너무나 중요하게 여겨진다면—우리가 그토록 자주 우리 자신에게 말하는 것처럼—방심하고 자동적인 삶을 살 경우 우리가 치러야 할 대가 역시 그만큼 크다는 것을 알아야 한다.

우리 자신에 머묾으로써 우리는 우리가 사로잡혀 있는 중독성 물질의 광기를 느껴 보고 또 그 안에 머물 수 있다. 그러한 마음챙김과 자애의 제스처는 우리가 보다 장기적인 선택을 내릴 수 있게 함으로써 우리가 압박을 덜 느끼는 방식으로 일을 설계하도록 해 준다. 현재 순간이 우리가 가진 유일한 순간이라는 것을 기억하기 때문에, 그리고 알아차림이야말로 우리가 사용할 수 있는 가장 소중한 자원이라는 사실을 알기 때문에 우리의 제일 우선순위가 주변 환경에 관계없이 현재 순간에 머무는 것이라면, 우리는 종종 미친 것처럼 보이는 세상—톨레가 말한 것처럼 광기가 정상으로 간주되고 정상이 광기로 간주되는 세상—속에서 온전한 정신으로 우리 자신을 재정비할 기회를 갖게 된다.

그러한 재정비는 한순간에 일어날 수 있다. 사실 그것은 오직 한순간에만 일어날 수 있다. 우리에게 필요한 것은 그러한 기회를 알아보고, 세상이 반드시 우리가 생각하는 대로의 세계가 아님을 잊지 않는 것이다. 그렇게 우리는 현재 순간 우리 스스로를 속여 미래의 특정한 결과를 강제할 필요가 없음을 알게 된다. 우리는 지금 있는 그대로의 것—그것이 어떠한 것일지라도—에 대하여 가능한 한 마음챙김을 다하여 그것을 다룰 수 있다.

이러한 방식으로 우리는 어떻게 우리의 숨 쉴 틈—그리하여 우리가 가진 순간들, 그리고 그 매 순간의 풍성한 가능성—을 찾을 수 있는지 알게 된다. 이제 미칠 위험을 감수하면서 정상인 것처럼 보여야 한다고 생각하는가?

바쁨이라는 '불륜'

아주 많은 프로젝트에 자신을 몰아넣는 것, 모든 일에서 모든 사람에게 도움을 주고자 하는 것은 현대의 폭력에 굴복하는 것이다.

– 토마스 머튼

"되도록 바쁘게 살려고 해요." 은퇴한 많은 사람이 이런 말을 한다. 그것은 아마도 자신과 주변 사람에게 자신이 더 이상 일정한 급여 생활을 하지 않는다고 해서 할 일이 없는 사람인 것처럼 보이기 싫어서이거나 아니면 자신이 사람들의 망각 속에 사라지는 존재가 아니라는 것을 증명해 보이고 싶어서일 것이다.

어느 날 나는 내 마음 깊은 곳 어딘가에서 이런 말이 올라오는 것을 나 스스로 느꼈다. 그리고 그 말이 멈추기도 전에 나는 전화기를 향하고 있었다.

"잠깐만!" 나는 소리치고 싶었다. "내가 지금 무슨 말을 하고 있는 거지? 또 도대체 누가 이 말을 하고 있는 거지?" 나는 스스로 바쁘게 살려고 하지 않는다. 오히려 되도록 바쁘지 않게 살려고 노력하고 있다. 그러나 그 역시 결코 만만치 않은 일임을 알게 된다. 나는 병적인 바쁨과 행위의 차원에서 멀리 떨어져 있지만, 결국 매우 매력적이고 그토록 필요해 보이고 중요하고 합리적이고 당연한 내적 · 외적인 일에 대해 이의를 제기하는 것이 그리 쉬운 일이 아님을 발견하고 있다. 그리하여 언제나 필요한 것보다 더 많은 에너지를 스스로 빨아들여 한 장소에서 몇 달 동안 존재의 아름다움을 만끽하며 머무는 것을 어렵게—완전히 불가능은 아닐지라도—만들고 있다. 그리하여 올바른 내적 척도와 올바른 외적 척도 사이에서 지속 가능한 균형을 유지하며 사는 것이 어렵게 되었다.

우리가 정직하게, 그리고 존재의 편안함으로 현존할 수 있는 것을 넘어 그 이상의 것에 '예'라고 말하는 것은 우리가 이미 '예'라고 말한 모든 일과 사람, 장소에 대해 '아니요'라고 말하는 것과 마찬가지다.

왜 그런가? 우리는 압도당하면 너무나 안달하고 마음이 산란해지며 너무나 자기 몰두에 빠져서 어떤 상황에서 누구를 만나더라도 우리 존재의 편안함과 온전함으로 그것을 대할 수 없을 것이기 때문이다. 그리고 거기에는 가장 중요하게 우리 자신 그리고 우리가 가장 소중하게 생각하는 사람들과의 만남도 포함된다. 우리를 그러한 불행한 상황으로 몰고 가는 충동에 대해 우리는 충분히 살펴볼 가치가 있다.

그러나 우리가 스스로에게 우리가 마음챙김을 수련하고 그것을 매 순간 최선을 다하여 체현하고 있다고 말한다 하더라도 우리가 우리 삶에서 펼쳐지는 일들에 있어서 진정한 균형의 가능성을 무시한다면 그것은 커다란 한계로 작용할 것이며 그에 따라 우리가 치러야 할 대가 또한 결코 작지 않을 것이다. 우리가 우리 삶에서 어떠한 참된 균형이라도 그것을 실제로 불가능한 것으로 만들어 버린다면, 우리는 우리가 가장 소중하게 여기는 것—'우선순위'가 의미하는 바가 바로 이것이다—에 대한 불성실을 보여 주어, 시인이자 기업 컨설턴트인 데이비드 화이트(David Whyte)가 매우 특징적이고 정확하게 표현한 것처럼 일종의 간통 혹은 불륜을 행하는 것이나 다름없다. 우리는 우리 자신을 속이는 것이며 주변 사람, 심지어 장소와 맺는 우리의 관계도 배반하고 있는 것인지 모른다. 그리고 우리도 모르게 시간의 가능성 및 불가능성과 우리가 맺는 관계에서도 접촉을 잃어버리게 된다.

중요한 순간에 우선순위에 대한 그토록 철저한 견해를 가지고 있으면 '아니요'라고 말하기가 훨씬 쉬워진다. 화이트는 이러한 딜레마를 다음과 같이 우아하게 표현하고 있다.

> 뉴에이지 구루—정신적 스승—들이 무엇이라고 말하든, 우리는 우리 자신의 현실을 만들지 못하고 있다. 우리는 시간의 흐름과 회오리가 흘러가는 방식에 우

> 리가 얼마나 생생하게 살아 있는지에 따라 그 속의 작은 일부일 뿐이다. 현실은 우리 자신과 시간의 끊임없는 생성물 사이의 대화다. 우리는 시간의 생성물의 근원, 즉 영원에 더 가까이 다가갈수록 특정한 날에 우리가 항해해야 하는 특정한 흐름을 더 쉽게 이해할 수 있게 된다. 시간의 강은 갑자기 바뀔 수 있다. 행복하고 원만한 흐름에서 커다란 혼란으로 바뀔 수 있는 것이다. 예를 들어, 상사가 우리에게 특정한 프로젝트를 맡을 것을 요구했을 때 우리는 우리가 지금 당장 떠맡고 있는 일의 양을 감안하면 그것을 온전한 정신으로 감당할 수 있을지 알지 못하면서도 마지못해 '예'라고 말한다. 내면의 여유로운 공간(spaciousness)을 상실한 채, 우리는 마지못해 '예'라고 대답한다. 그렇게 행위를 통해 우리의 정체성을 확립하려고 한다. 이 권위적 인물 앞에서 '아니요'라고 말했을 때 드러날 침묵을 두려워하는 것이다. 그러나 시간에 쫓기고 다른 사람에게 쫓기는 우리는 널따란 공간과 침묵에 우리 마음을 열 때, 즐거우며 단호한 거절에 뒤따르는 그 침묵에 실제로 매료되어 즐거울 수도 있다. 다른 사람이 볼 때 우리의 거절은 용기처럼 보이겠지만, 우리 내면에서 그것은 우리가 시간과 맺는 건강한 관계를 표현한 것에 다름 아니다. 시간과의 결혼과 관련하여 '예'라고 대답하는 것은 아무렇게나 하겠다는 불성실 혹은 배반과 다름없다. 스트레스란 우리가 시간과 맺은 결혼을 외면하고 간통을 저지른 것을 의미한다. 우리가 우리 현실의 특정 부분을 이해하고자 한다면 우리는 우리가 매 시간과 일상적으로 관계 맺는 방식을 이해해야 한다. 시간 속에 그날 하루의 비밀이 있으며, 매일 속에서 우리가 시간 그리고 그날 하루의 여행과 맺는 결혼의 방식이 우리가 열망하는 행복에 가장 중요하다(『미지의 바다를 건너며(*Crossing the Unknown Sea*)』 중에서).

마음 챙기며 사는 것의 한 가지 도전은 전개되는 우리 자신의 삶의 자연스러운 리듬과의 접촉을—때로 우리가 그로부터 멀리 떨어져 있다고 느끼거나 그것과의 접촉을 완전히 상실했다고 느낄 때에도, 그리고 커다란 조심성과 존경으로 그 내면의 운율과 부름에 새롭게 귀 기울여야 한다는 것을 알게 될 때에도—을 유지하는 것이다.

지금이 아닌 다른 어떤 순간에 일어나거나 일어나지 않을지 모르는 것에 관한 우리의 상상은 때로 우리의 욕망이나 두려움 때문에 터무니없이 커질 수 있다. 사실 그런 일은 반드시 일어날 수밖에 없다. 그러나 이러한 독극물과 그에 동반하는 고뇌를 중화하고 더 큰 관점으로 안을 수 있는 방법이 있다. 그것은 우리 내면에서 서서히 자라나는 지혜에 의해서다. 그것은 곧 충실한 마음챙김 수련으로부터, 그리고 우리가 크고 작은 매 순간과 만나는 방식 속에서 마음챙김의 체현에 대한 우리의 충실로부터 생겨나는 지혜다. 모든 사실이 우리에게 계속해서 대가가 이익보다 크다고 말할 때 우리가 그 모든 것의 균형을 유지할 수 있는 방법은 무엇이 가장 중요한지를 유념하고 행위에 대한—그러니까 불성실 혹은 허구에 대한—우리의 중독을 인식하는 것이다. 그것은 또 우리가 실제로 누구인지 기억하는 것, 그리고 우리가 무슨 일을 하든 혹은 무엇을 놓치고 있다고 생각하든—이 모든 것은 우리의 부주의한 인식에 의해 물들며 왜곡된다. 그것들 모두 단지 마음의 조작물일 뿐이다—그러한 몰두조차도 지금 존재하고 있는 바로 이 순간과 비교하면 그 빛을 바래고 만다는 사실을 유념하는 것에 달려 있다.

* * *

어느 날 당신은 마침내 알았습니다.
당신이 무엇을 해야 하는지, 그리고 그것을 시작했습니다.
비록 당신 주변의 목소리들이
계속해서 형편없는 충고를 던졌고
당신의 온 존재가 그 때문에 흔들리고
오랜 관성이 당신의 발목을 잡아끌면서
모든 목소리가 하나같이
"네 인생을 바꿔!"라고 소리쳤지만
당신은 멈추지 않았습니다.
거센 바람이 주춧돌을 흔들고
그들의 슬픔은 너무나 깊었지만
당신은 무엇을 해야 할지 알았습니다.
때늦은 스산한 밤
부러진 가지와 돌멩이가
길 위에 가득했습니다.

그러나 아우성치는 목소리가 조금씩 멀어지고
구름을 뚫고 별이 빛날 무렵
새로운 목소리가 들려왔습니다.
할 수 있는 오직 한 가지를 결행하고
구할 수 있는 단 하나의 생명을 구하기로 결심하고
세상 속으로 점점 더 깊이 걸어가면서
당신은 서서히 알게 되었습니다.
늘 곁에 있던 그 목소리가
바로 자신의 것이었음을.

– 메리 올리버, 「여행(The Journey)」

자신의 말을 가로막기

상사에게 '아니요'라고 말할 준비를 갖추기 위해서든, 아니면 다양한 기대와 상충하는 이해관계가 얽힌 복잡한 사회적 상황에서 자신에게 진실하기 위해서든, 우리 대부분은 행동변화 전문가들이 소위 '의사소통 기술'이라고 부르는 것—우리가 특정 상황을 어떻게 보고, 더 중요하게 우리가 그것에 관해 어떻게 느끼는가를 공손하고 친절하면서 동시에 단호하고 분명하게 전달하는 법을 배우는 수단으로서—을 익혀 이익을 볼 수 있을 것이다. 물론 우리가 실제로 무언가를 느끼고 보는 방식을 상대방에게 전달하기 전에 우리는 우선 우리 안에서 우리 내면의 지형을 알아차려야 한다. 그러나 너무나 자주 우리는 그렇지 못한다. 혹은 아주 어렴풋이만 자기 내면의 지형을 알아차리고 있다. 특히 우리가 상대방과 충돌하거나 갈등을 겪을 때는 더욱 그렇다—자기 내면을 알아차리기가 더욱 어렵다. 그럴 때 우리가 생각해 낼 수 있는 대안이란 모두가 문제투성이처럼 보이거나 혹 그 대가가 너무 커 보인다. 우리는 갈등의 느낌에 사로잡히며, 그렇게 실제로 갈등에 걸려들고 만다.

때로 우리가 머리로 생각하는 대화의 '내용'—그러한 대화는 오로지 '내용'에 관한 것인 경우가 드물고(주로 쌍방의 감정에 관한 것이라는 말: 역자 주), 따라서 나는 완전히 옳고 상대방은 완전히 그르다는 위험한 생각에 이르기 쉽다—에 사로잡혀 그에 반응하는 것이 아니라 상대방으로부터 나오는 '느낌'을 인정하고 그에 말을 건다면, 우리는 상대방과의 잠재적으로 힘든 의사소통 속에서도 간혹 명료함과 상호 만족에 이르는 길을 발견할 수 있다.

우리의 대화와 의사소통이 전개되는 방식에 조금 더 마음챙김을 한다면, 또 우리 내면과 외면에서, 그리고 나와 상대방에게서 지금 실제로 일어나고 있는 일에 대해 더 큰 알아차림을 가지고 대화와 의사소통을 하려면 어떤 기술이 필요한지 조금만 더 마음챙김을 한다면, 그것은 우리에게 큰 깨달음과 겸손함을 줄 수 있다. 흔한 예를 하나 들어 보자. 우리가 무언가를 말하는 도중 상대방이 우리의 말을 끊는 경우가 종종 있는데, 그때 우리가 사항을 마음챙김 한다면 그럴 경우의 효과적인 대응 방법이 무엇인지 알아낼 수 있을 것이다. 혹은 그것이 유쾌한 느낌이 아닐 경우—특히 그것이 반복적인 패턴이 될 경우—에는 우리는 우리가 말하고자 하는 것이 상대방 혹은 집단 속에서 전혀 중요하지 않다고 느낄 수도 있다. 또 우리는 존중받지 못한다고 느끼거나, 우리의 말이 가치 없다고 느끼거나, 직장과 가정에서 특정 사람을 두려워하거나, 우리 자신과 우리의 관점과 느낌을 명확하게 확신을 갖고 솔직하게 드러내지 못할 수도 있다. 그렇게 그 사람이나 가족 또는 작업 집단은 우리의 기여, 우리의 창의력, 우리의 독특하고 잠재적으로 가치 있는 장점을 잠정적으로 빼앗기게 된다. 한편 우리는 기분이 우울하고 무력하게 느낀다. 무시당했다고 느끼며 때로 우리 자신에게 화를 내기도 한다.

그러나 역설적이게도 우리의 말을 가로막는 당사자는 자신들이 우리가 하려는 말을 끝맺지 못하게 하고 있으며, 진정으로 우리의 말을 듣고 있지 않다는 사실을 대개는 전혀 의식하지 못한다. 당신이 그들이 대화를 지배하려고 하며 제대로 듣지 않는다고 암시하면 그들은 놀라거나 심지어 모욕을 당했다고 느낄 것이다.

심지어 당신이 그것을 지적한 후에도 그들이 당신의 주장에 놀랐든 그렇지 않든 그들은 얼마 안 가 그 사실을 잊어버릴 텐데, 이는 상대방의 말을 가로막는 습관이 매우 무의식적으로 우리에게 각인되어 있고 고도로 조건화되어 있기 때문이다. 어느 정도는 우리 모두가 대화를 나누는 동안 상대방의 말을 가로막도록 사회화되었다고 할 수 있다. 자기주장이 강한 남자들이 모인 방에서라면 그것은 대화 주제와 상관없이 마치 남자다움과 힘의 의식(儀式)처럼 보일 수 있다.

자신이 대화를 나누는 동안 상대방의 말을 얼마나 자주 가로막는지 인식하지 못하는 사람—우리 대부분이 포함된다—은 자신의 그런 자동적인 대화 패턴에 대한 지적을 받아들이는 데에 대단한 용기와 마음의 현존 그리고 열린 가슴의 태도가 필요하다. 우리가 알든 모르든 상대방의 말을 가로막는 것은 기본적으로 자기중심적이고 자기 몰입적인 태도의 표현이기 때문이다. 그것은 내가 지금 말하려고 하는 것이 적어도 이 순간만큼은 상대방—그들이 누구건, 내가 그들을 얼마나 사랑하건 상관없이—이 말하려고 하는 생각이나 느낌보다 더 중요하며, 따라서 더 이상 지체할 수 없다는 의미를 전달하고 있기 때문이다. 그러나 조금만 생각해 보아도 그러한 행위는 실제로 일종의 폭력이라는 것을 알 수 있다. 그것은 그러한 행위가 당신이 말을 가로막고 그리하여 무시하는 상대방과 당신이 참여하고 있는 집단적 과정의 전체성에도 해를 입히기 때문이다. 그러한 패턴을 의식하고 스스로를 그로부터 자유롭게 만드는 것은 훌륭한 인격의 표시다. 불교에서 말하는 '바른 말[正語]'의 영역에서 자신의 행동을 정확하게 관찰하는 데는 상당한 마음챙김이 필요하다.

그러나 우리가 다른 사람에 의해 자신의 말을 방해받을 때 분개하고 또 우리 자신도 타인에게 그러한 일을 얼마나 많이 하는지 알게 된다면, 우리는 우리가 평소 훨씬 더 알아차리지 못하는 방해의 완전히 다른 차원을 자각할 수도 있을지 모른다. 그것은 바로 우리가 자기 스스로의 말을 얼마나 많이 가로막는가 하는 것이다.

우리는 우리의 명상 수련에서 이러한 일을 더 쉽게 찾아볼 수 있다. 명상 수련에서 그것을 확인하게 되면 우리가 일상생활에서 그러한 일을 더 쉽게 찾아볼 수 있다.

공식 명상 수련에서 몸에서 일어나는 감각과 마음에서 일어나는 생각의 전개를 관찰하기 시작할 때, 우리는 즉각적으로 새로운 사건이 일어나 우리가 바로 이전 순간에 생각하거나 느끼고 있었던 것으로부터 우리의 주의를 분산시킨다는 것을 알게 된다. 그렇게 그 순간의 우리의 경험은 방해받고 잊힌다. 그것은 지금 일어나고 있는 것이 아닌 새로운 것에 대한 우리의 갈망과 민첩한 감정적 반응을 유혹하는 '다음 것'으로 우리가 급하게 넘어가려 하기 때문이다. 이런 방식으로 우리는 쉽게 그리고 자기도 모르게 지금 우리가 가지고 있는 하나의 경험을 '더 좋은' 경험을 위하여—처음 경험을 알아차리지도 못하고 그것을 마무리 짓지도 못한 채—배반할 수 있다. 바로 이곳이 우리의 지속적인 주의의 능력이 필요한 지점이다.

마음챙김 수련은 이처럼 우리 자신의 말을 가로막고 우리가 지금 이 순간에 주의를 기울이고 있는 대상으로부터, 이른바 우리의 주된 주의 대상으로부터 우리의 주의를 산만하게 하며 흩뜨리는 강력한 성향을 우리가 더 쉽게 알아차리도록 해 준다.

그뿐 아니라 마음챙김 수련은 우리가 앞에서 보았듯이, 우리의 주의력이 더 안정되고 흔들림 없도록 해 주며, 또 생각의 흐름과 일시적인 감정 상태가 지닌, 우리의 주의를 방해하고 흩뜨리는 에너지에 덜 빠져들도록 해 준다. 이러한 방식으로 우리는 시간이 흐르면 마치 현미경처럼 훨씬 더 선명하고 정확하게 외관의 표면 아래에서 일어나고 있는 일에 집중하고 그것을 분별할 수 있도록, 주의라는 우리의 도구를 안정되게 만들어 갈 수 있다. 이러한 의식의 안정성 없이는 우리는 계속해서 우리 자신의 말을 가로막고 그러면서 그것을 알지도 못하는 습관에 굴복하고 말 것이다.

그리고 자신의 말을 가로막는 것은 우리 스스로를 뒤집는 것과 마찬가지다. 그것은 그 속에 상당히 산만하게 만드는 에너지를 갖고 있어서, 우리가 조심하지 않으면 우리가 가진 힘과 창의력, 감각의 전체 자원을 활용하지 못하게 한다. 우리는 우리 바로 앞에 그리고 우리 안에 있는 것을 알아보지 못하고 놓쳐 버리면서 수십 년 동안 계속해서 그런 패턴 속에 갇혀 살 수도 있다. 그것은 우리가 바라보는 렌즈를 우리 스스로 계속해서 흐리게 만들기 때문에 일어나는 일이다. 그 결과 우리 자신의 진정성, 우리 자신의 참된 삶의 방향을 잃어버린다. 결국 우리는 왜 그렇게 되었는지도 전혀 눈치채지 못한 채 삶에서 길을 잃고 자신의 에너지가 고갈되었다고 느끼게 될 수도 있다. 그러므로 우리 스스로 만든 방해—이 방해에 대해서 우리는 우리 자신 외에 그 누구도 탓할 수 없다—에 의해 우리 자신의 보다 커다란 목적으로부터 이탈되는 바로 그러한 경우를 우리 의식의 중앙 무대로 가져와 그 자체를 바로 그 순간 우리의 명상 수련의 대상으로 삼는 것은 매우 유용하다.

스스로를 가로막는 내적인 과정은 겉으로 드러나는 행동 패턴에서도 때로 확인될 수 있다. 그리고 그 역시 매우 유효한 명상 대상이 될 수 있다. 아마도 당신은 가족과의 대화 도중 마음에 떠오르는 다음 생각과 말을 꺼내기 전에 처음 생각과 말을 마무리 짓지 않았던—그것이 매우 불합리한 추론이며 스스로 생각을 마무리 짓지 않는 또 하나의 사례라 할지라도—경우가 있었을 것이다.

가족 외의 사람들과 대화를 나누는 중에도 그런 일은 자주 일어난다. 우리의 마음은 계속해서 이곳저곳을 내달리며 우리는 더 이상 거기에 주의를 기울이지 않는다. 우리의 마음은 그 자체의 관성이 무척 커서 다른 사람이 말하는 것은 말할 것도 없고 자기 스스로 말하는 것에 실제로 귀 기울여 듣는 것도 만만치 않은 일이다. 이렇게 우리는 우리 자신뿐 아니라 다른 사람이 하는 말도 가로막기 시작한다.

이런 점에서 약간의 알아차림이라도 우리에게 큰 도움이 된다. 그러나 이러한 무의식적 패턴은 우리 머릿속에 습관처럼 깊이 박혀 있어서, 그렇게 하는 우리 자신을 포착하여 멈추고 거부하는 데는 커다란 의도성이 요구된다. 우리가 계속해서 우리 스스로를 방해한다면—그 사실을 알지도 못한 채—어떻게 우리 자신을 알고 우리 자신의 목소리에 귀 기울이며 우리 자신을 이해할 수 있을까?

그리고 우리가 다른 사람의 말을 듣는 것을 거부하고 계속해서 그들의 말을 잘라 버린다면—우리는 엄청난 자만심으로 우리가 그들이 말하려고 하는 것보다 더 잘 알고 있다고 은연중에 가정한다—혹은 그 순간 우리 마음을 지배하는 것이라면 무엇이든—설령 그것이 조금 전 말한 것과 아무런 직접적인 관련을 갖고 있지 않는다 하더라도—불쑥불쑥 내뱉어 버린다면 우리가 어떻게 그들에게 조금이라도 현존할 수 있겠는가?

만약 우리가 이 영역—타인 및 자신과의 의사소통—에 조금이라도 알아차림을 가져오지 않는다면 우리가 타인과 맺는 관계의 질—우리가 스스로와 맺는 관계의 질은 말할 것도 없고—은 커다란 곤경에 처하게 될 것이다.

모든 순간을 빈틈없이 채우기

덧없이 지나가는 일시적인 감각 인상으로부터 생겨나는 마음의 고질적인 동요—다른 사람의 말을 끊으려는 우리의 경향성에 더하여 그토록 많은 시간 우리 자신을 방해하는 것으로 이어지는—에 대응하여, 우리는 또한 우리가 아무 할 일이 없거나 지루함이나 혹은 고요함을 대면해야 할 필요가 없도록 우리의 모든 순간을 무언가로 가득 채우려고 한다.

우리는 하루 종일, 특히 일을 하지 않을 때 이 일에서 저 일로 끊임없이 옮겨 다닌다. 그것은 신문을 읽는 일, 잡지를 펼쳐 드는 일, 텔레비전 채널을 돌리는 일, 영화를 보는 일, 지인에게 전화를 거는 일, 볼일을 보는 일, 집을 강박적으로 청소하는 일, 침대에서 책을 읽는 일, 그 순간 적절하지 않지만 끊임없이 우리를 괴롭히는 생각을 반영하는 아무 생각 없는 말을 내뱉는 것 등이다. 그러나 이 모든 것을 포함하여 우리가 시간을 보내는 전적으로 정상적인 방식—일부는 우리의 삶을 유지시키고, 돌볼 것을 돌보는 데 반드시 필요하다—은 또한 우리 자신이 온전하게 깨어 있음을 방해할 수도 있다.

우리가 이런 충동들이 일어날 때 그것에 주의를 기울인다면 우리는 우리가 실제로 우리의 주의를 산만하게 흩뜨리는 데 중독되어 있다는 사실을 발견하게 된다. 너무나 습관적으로 우리는 우리에게 주어진 순간들에 안착하지 못한 채 그저 그곳을 둥둥 떠다니면서 온갖 활동과 일로 그 순간들을 채우고 만다.

그렇게 우리는 우리가 가진 시간을 다 채우고 나서는 그 시간이 도대체 어디로 흘러가 버렸는지 의아해한다. 이처럼 우리는 마치 강물이 다른 곳으로 흘러가 버리듯이 우리 자신을 엉뚱한 곳으로 보내 버리고는, 모든 것이 잠시 동안 보다 큰 초점 속으로 들어왔을 때 우리가 우리 삶의 어디에 와 있으며 왜 우리가 이토록 중심에서 벗어나 있는 것처럼 느끼는지 어리둥절해한다. 또 왜 우리가 우리의 깊은 열망 그리고 만족감과 평화로부터 그토록 멀어져 있는지, 우리 자신 속에 편안하게 머물면서 타인과 깊은 관계를 맺는 것에서 멀리 떨어져 있는지 이해하지 못한다. 그 순간 우리는 삶이 우리를 어디로 데려가고 있는지, 왜 상황이 지금보다 더 낫거나 만족스럽지 않은지 의문을 품고, 하루 이틀 밤을 꼬박 새운 다음 다시 우리의 습관적인 성향으로 돌아가고 만다. 단기적으로는 그것이 더 낫게 여겨지기 때문이다. 또 그렇게 하면 그렇게 하지 않았을 경우에 끝도 없이 계속될 것처럼 여겨지고 공허하고 두렵게 느껴질 시간을 흘려보낼 수 있기 때문이다.

솔직히 말해서, 아마도 우리는 시간이 없다고 늘 불평을 하면서도 우리에게 시간 여유가 생기는 것을 두려워하고 있는지 모른다. 아마도 우리는 우리에게 생긴 시간을 무언가로 채우지 않았을 때, 그리고 더 이상 우리 자신을 방해하지 않고 단지 지금에 머물 때—단 몇 순간 동안이라도—일어날 수 있는 일을 두려워하고 있는 것인지 모른다. 아마도 우리는 꼭 그만큼의 시간만 가질 수 있는 것인지 모른다. 이렇게 우리는 어떻게 하면 시간과 현명한 관계를 맺을 수 있는지를 잊어버렸다.

당신 자신의 몸 안에, 단지 살아 있는 그 느낌에 단 몇 순간—예컨대, 하루의 마지막 5분 동안, 침대에 눕거나 저녁시간에 자리에 앉아 혹은 침대에서 나오기 전 하루의 시작 시점에—만이라도 그 안에 머무는 것은 어떤 느낌일까? 단지 자신 안에 머묾으로써, 그리고 현재 순간을 그 무엇으로도 채우지 않음으로써 우리는 미래에 대한 걱정과 우리가 완수해야만 한다고 생각하는 모든 것, 혹은 이미 일어났으나 우리 뜻대로 되지 않은 일들에 대한 회한을 발견할 수 있을 것이다. 우리는 또 그러한 감정이 일어나 당신 안에서, 특히 두려움, 걱정, 분노, 슬픔 같은 것을 휘저어 일으킬 때 그것을 알아차리려고 해 볼 수도 있다. 또 그러한 느낌과 함께 머물면서 당신이 그것을 참을 수 있다고 생각되는 것보다 조금 더 오랫동안 그것과 함께 호흡할 수 있다면 그것이 어떤 느낌일지 실험해 볼 수도 있다. 그러한 순간에 당신은 언제나 그러한 불편감이나 동요에 대한 당신의 알아차림 자체가 불편하고 동요되는지 스스로에게 물어볼 수 있다. 그리고 마음이 혼란스럽지 않을 때라도 당신은 언제나, 예컨대 샤워를 할 때 자신이 정말 샤워를 하고 있는지, 자신의 마음이 샤워가 아닌 딴 곳에 가 있어 지금 여기—피부에 떨어지는 물—에 존재하는 것을 잊고 있지 않은지 떠올려 볼 수 있다.

휴가지에서도 우리는 '멋진 시간'을 보내려고 우리의 시간을 무언가로 가득 채우곤 한다. 그러고는 휴가가 끝난 뒤 그 시간들이 도대체 어디로 흘러가 버렸는지 어리둥절해하며, 집에 돌아와서는 왠지 모를 불만을 느낀다. 우리가 휴가지에 갔다는 앨범 사진은 있지만 우리가 정말로 거기 있었던가? '오지에서 보내는 엽서'에 다음과 같은 문구가 있다.

> "멋진 시간을 보냈네요. 내가 여기에 있었으면 좋았을 것을."

누군가가 7일 동안의 MBSR 전문가 집중 수련이 끝날 무렵 자신의 체험을 이렇게 묘사했다. 그러자 크게 웃음이 터졌는데, 우리 모두는 마음이란 것이 얼마나 자신을 무언가로 채우기를 잘하는지 알아차리고 있었기 때문이다. 그런 일이 얼마나 자주 일어나는지—심지어 명상을 할 때에도—관찰하면 머리가 숙어진다. 특히 명상을 할 때는 우리가 마음을 매우 자세하게 관찰하기 때문에 그것이 더 명확하게 드러나 보인다. 바쇼의 말을 기억하자.

> 내가 교토에 있어도
> 뻐꾸기 울음소리를 들으면
> 교토가 그리워지네.

홀로 있어도, 심지어 원시의 자연 속에서도 우리는 그 시간을 몽상으로 채우기 쉽다. 혹은 자질구레한 일이나 잡다한 몰두, 혹은 '관광'을 하려는 욕망으로 채우기 쉽다. 마음과 몸의 이 모든 동요는 우리를 자연으로부터, 지금 이곳의 문제로부터 분리시켜 우리로 하여금 다음에 일어날 일을 기대하게 만들거나 혹은 기억이나 욕망에 사로잡히게 만든다. 관광을 하겠다는 마음은 흥미롭고 중요한 것, 당신이 볼 권리를 가진 경관들을 실제로 보지 못하게 만들 수도 있다. 당신은 언제나 더 좋은 순간, 더 훌륭한 경관, 더 뛰어난 경험을 구하고 있다. 새끼 곰을 보더라도 그 곰과 충분히 가까이 있지 않다는 사실에 조바심이 일어난다. 혹은 고래 꼬리를 보았다면 숨을 쉬기 위해 물 밖으로 나온 고래의 전체 모습을 보지 못한 것을 안타까워한다.

그런 생각으로 가득 찬 순간에는 숨을 내뿜는 고래의 '소리' 혹은 여우 짖는 '소리'를 완전히 놓쳐 버린다. 그리고 우리는 고요를, 심지어 원시 자연의 고요마저도 놓치고 있는 것인지 모른다. 왜냐하면 마음이 언제나 자신의 소음으로 가득 차 있기 때문이다. 이러한 방식으로 우리는 생각을 넘어선 현재 순간을 놓쳐 버리기 쉽다. 우리는 행동해야 한다는, 여기가 아닌 다른 어딘가에 있어야 한다는, 그리고 무언가 새롭고 흥미로운 것을 추구해야 한다는 모든 강박적 필요를 넘어선 현재 순간을 쉽게 놓쳐 버린다. 마음의 그러한 획득적 측면이 아무리 강하다 할지라도, 또 우리가 우리의 순간적인 행·불행의 관점에서 우리의 욕망을 얼마나 잘 합리화하더라도 말이다. 우리는 심지어 그 순간에 이렇게 물을 수도 있다. "새롭고 흥미로운 무언가를 필요로 하는 사람은 누구인가?" "'흥미'란 대체 정확히 무엇인가?"

우리는 바닥에 누워서 구름을 바라보며 새의 노랫소리와 사막의 산들바람 속에 푹 잠길 수도 있고, 몸에 닿는 공기, 협곡의 벽에서 뿜어 오는 열기, 바위 위에 떨어지는 빛의 유희를 느낄 수도 있으며, 혹은 이미 약속에 늦었는데 눈보라 속에서 시내의 주차장을 찾기 위해 고개를 돌릴 때 자신의 목 뒤 근육이 조이는 것을 느낄 수도 있다. 당신이 어디에 있든, 자연 속이든 지하철이든 교외든 당신은 왜 당신 앞에 드러나는 그 무엇이라도 그것을 거부하면서 삶이 펼쳐지고 있는 지금 이곳이 아닌 다른 어딘가에서 흥분과 즐거움을 구하려 하는가? 왜 엉뚱한 곳으로 흘러가는 강물처럼 우리를 우리의 삶에서 벗어나게 만들어 우리의 완벽한 순간과 아름다운 마음을 우리에게 그다지 필요하지 않은 것들로 채우며 자기산만(self-distraction)을 초래하는가?

당신은 당신이 어디에 있든 그곳에 있을 수 있는가? 무엇이 일어나든 그것과 함께 있을 수 있는가? 바로 지금? 그렇다면 당신은 이미 멋진 시간—당신이 생각하는 것보다 더 멋진 시간—을 보내고 있음을 알게 될 것이다. 아마 무엇보다 당신은 당신이 어디에 있든 주변 환경에 상관없이 자기 자신 속에 편하게 자리를 잡았을 것이다.

명상 수련을 희화화하는, 인터넷에 떠도는 농담 하나가 있다.

당신이 어디를 가든 거기에 당신이 있다.* 그러나 당신의 짐은 또 다른 이야기다.

• • •

엄마가 아이에게 시계 보는 법을 가르치고 있었다. "시계의 두 손이 이렇게 겹치면 12시란다. 점심 먹을 시간이지. 이렇게 일직선을 이루면 6시란다. 저녁 먹을 시간이야. 이렇게 하면 오전 9시가 되는데 친구들과 함께 놀 시간이란다. 그리고 이렇게 하면 오후 3시가 돼. 이때는 목욕할 시간이란다."

그러자 아이가 이렇게 대답했다. "그런데 엄마, 그 많은 시간은 어디에 있어요?"

---

* 역자 주: *Wherever you go, there you are.*는 카밧진이 1994년에 저술한 마음챙김 명상에 관한 대중적인 책 이름이다.

장소 얻기

어느 겨울, 캘리포니아에 있는 명상 홀 베란다에서 걷기 명상을 하고 있던 중이었다. 명상 홀 건물은 두 개의 커다란 언덕 사이로 흐르는 협곡을 굽어 보며 왼쪽으로는 남동쪽의 작은 정글을 마주 보고 있었다. 언덕 사이에 있는 그 정글은 아주 울창했으며, 내 앞에서, 왼쪽에서 오른쪽으로 45도 각도로 경사진 벌거벗은 마린 언덕의 사면과 접하고 있었다. 그 너머로는 계곡을 가로질러 멀리 보이는 언덕까지 광활한 경관이 펼쳐졌다. 그때 나는 내 모든 감각의 문을 통해 내가 캘리포니아에 있다는 사실을 직감했다.

물론 나는 내가 캘리포니아에 있다는 것을 그전에도 알았다. 나는 며칠 전 샌프란시스코 공항에 도착했던 것이다. 그러나 베란다에 서 있는 그 순간, 나는 캘리포니아를 '얻었다'. 캘리포니아가 실현되고 확증되고 드러났다. 그것은 즉각 어릴 적의 기억과 풍경, 냄새와 느낌—예닐곱 살 때 장소를 느꼈던 방식으로, 그리고 자신의 고향이 아니며 자신이 전에 알고 있던 것과도 무척 다른 방식으로—을 살아나게 했다. 그 순간 캘리포니아가, 혹은 적어도 그 장소, 즉 마린 카운티에 있는 스피릿 록 명상 센터(Spirit Rock Meditation Center)의 세세한 환경이 그 지역의 대지와 공기, 물과 생명 등 모든 지역적 독특성과 함께, 그리고 그 지역의 독특한 식물과 개울에서 들려오는 개구리들의 짝짓기 소리와 함께 보이고 냄새나고 들리고 맛이 나고 느껴지고 알려졌다.

이른 아침 산에서 나오는 희미하고 축축한 공기가
내 얼굴을 머플러처럼 감싸네.
그리고 홀리듯 내 몸의 구멍들로 들어오네.
식당에서 걸어 나오며
나는 눈을 들어
언덕을 바라보네,
부드러운 아침의 황금빛에 감싸여.

그 순간 베란다에 있기 며칠 전까지도 나는 단지 캘리포니아라는 곳에 대한 내 생각 속에 머물러 있었던 것 같다. 캘리포니아라는 장소에 온전히 도착하기까지는 시간이 걸렸다. 장소를 얻는 일은 우리가 예의 그 필터 없이 현존할 수 있다면 언제 어디에든 일어날 수 있다. 그렇지 않다면 우리는 오직 그 장소에 대한 우리의 생각 속에 머물 뿐인 것이다. 그것이 캘리포니아건, 파리건, 카리브해의 휴양지건, 혹은 당신의 사무실이건 간에 결코 그 장소를 얻지 못할 것이다. "내가 여기 있었으면 좋았을 것을."이라는 엽서에 적힌 그 문구가 여기에 적용될 수도 있다. 그러나 당신은 이미 여기에 존재하고 있다! 이미 존재하고 있는 것이다!

또 하나의 흔히 들리는 이야기도 이와 비슷한 맥락이다. 아프리카 원주민들이 많은 방송 장비를 짊어진 미국의 텔레비전 방송국 직원들을 정글을 지나 도시에까지 안내하기 위해 고용되었다. 시간 압박 때문에 방송국 직원들이 좀 빨리 갈 수 없겠느냐고 했다. 마침내 하루만 더 걸어가면 목적지에 도착하는 거리에서 짐꾼들은 모든 애원과 권고, 약속에도 아랑곳없이 더 이상 길을 가려고 하지 않았다. 방송국 직원들은 거의 다 왔다고, 조금만 더 가면 여정이 끝난다며 애원했다. 그러나 원주민들은 꿈쩍도 하지 않았다. 이유는 바로 그때까지 그들은 너무나 부자연스러운—빠른—속도로 걸어와서 자신들의 뒤처진 영혼이 몸을 따라올 수 있도록 한동안 멈추어야 한다는 것이었다.

우리는 우리가 생각을 벗어나 오직 우리의 감각 속에서 한 장소에 오직 온전히 도달하고 완전히 현존할 수 있을 때에만 그 장소를 얻을 수 있다. 아마도 이것이야말로 우리 삶의 계속되는 도전이자 수수께끼일 것이다. 우리는 결국 '우리 탐구의 끝에서 우리가 처음에 시작했던 장소에 도착할 수 있는가? 그리고 그 장소를 마치 처음 보는 것처럼 알아볼 수 있는가?' T. S. 엘리엇은 확언한다. 그렇게 할 수 있다고! 우리가 그렇게 하게 될 것이라고!

우리는 탐험을 그치지 않을 것이네.
그리고 우리의 탐험의 끝에서
결국 도달하게 되는 것은 우리가 시작했던 바로 그 장소
그러고는 처음으로 그 장소를 알아볼 것이네.
미지의, 기억된 문을 통해서
우리가 발견하는 마지막 흙이
바로 시작이 될 때
가장 긴 강의 원천에는
숨겨진 폭포의 소리와
사과나무 안의 아이들.
그러나 우리는 알지 못하네.
왜냐하면 우리가 그것을 구하지 않았기에.
그러나 바다의 두 개의 파도 사이에서
그 정적 속에서 들리는, 어렴풋이 들리는.

—T. S. 엘리엇, 『네 개의 사중주(*Four Quartets*)』, 「리틀 기딩(Little Gidding)」

그러나 우리가 시작했던 장소에 도착하여 처음으로 그 장소를 알게 된다는 것은 무슨 의미일까? 그리고 그렇게 하기 위해서는 무엇이 필요할까? 언제 우리는 그것을 깨닫게 될까? 그에 필요한 것을 우리가 이미 가지고 있고, 우리가 이미 그것 자체라는 것을 우리는 알고 있는가? 우리는 우리가 이미 그곳, 그러니까 여기에 도착해 있다는 것을 알고 있는가?

엘리엇의 『네 개의 사중주』 중 마지막 연은 박자와 운율의 중단 없이 다음과 같이 계속된다.

바로 지금, 여기, 지금, 언제나

완전한 단순함의 조건
(모든 것을 요구하는 것)
모든 것이 잘 있기를 그리고
모든 방식이 잘되기를.
불꽃의 혀가
왕관 매듭 모양의 불꽃 속으로
접힐 때
그리고 불과 장미가 하나가 될 때.

"완전한 단순함의 조건" 우리는 어디서 그것을 발견할 수 있다고 생각하는가?

"모든 것을 요구하는 것" 이것이야말로 필생의 모험일 것이다. 괄호 속 표현이라고 해서 결코 그 의미가 줄어들지 않는다!

"그리고 모든 것이 잘 있기를" 아마도 모든 것이 이미 잘 존재하고 있는 것인지 모른다. 완벽하게 있는 그대로 존재하고 있는 것인지 모른다. 지금 여기에서.

여기를 얻는다. 지금을 얻는다. 지금 여기를 마치 처음인 것처럼 순간순간, 매 순간에 알게 된다.

이곳에서 그곳으로 곧장 갈 수 없다

우리가 처음 시작했던 지점에 도달하는 것, 그리고 단지 눈에 보이는 것 이상으로 그 장소를 처음으로 알게 되는 것은 결코 쉬운 일이 아니다. 우선 우리는 그러한 일이 결코 일어나지 않을 위험성을 안고 있다. 그것을 방해하는 요인은 너무나 많다. 특히 우리의 사고방식과 우리가 검토해 보지도 않고 집착하는 견해들이 그렇다. 장소 혹은 견해를 얻는 것, 어떠한 장소, 어떠한 참된 견해라도 얻는 데는 개방성이 요구된다. 궁극적으로 그것은 우리가 볼 수 있는 것을 보기 위해서, 그리고 알 수 있는 것을 알기 위해서 완전한 단순함이라는 조건을 요구한다. 이 두 가지 모두 만약 우리가 우리 자신의 생각과 견해라는 렌즈를 통해서만—그것이 아무리 멋지고 해박해 보인다 하더라도—보기를 고집한다면—특히 그 사실을 알지도 못한 채—일어날 수 없는 일이다.

우리가 아직 경험하지 못한 것에 대한 완전한 개방성은 우리에게 거의 모든 것을 요구한다. 때로 우리는 그 대가를 치르는 것을 원하지 않는다. 우리 자신의 방식대로 하는 데 너무나 집착하고 있기 때문이며, 혹은 우리의 방식이 무엇인지 알고 있다고 생각하는 데 너무나 조건화되어 있기 때문이다. 실은 물론 우리가 언제나 초심자이며 우리 모두는 끊임없이 익숙한 것을 넘어 알지 못하는 것의 지평선으로 접근해 가고 있음에도 말이다. 그리고 어떤 순간에든 우리가 그것을 알고 있지 못한지를 강조한다. 이 영역에서는 자신의 깊은 직관에 대한 신뢰—심지어 그것이 주류의 관습적 사고에 반한다 하더라도—가 창의성과 발견 모두에 무엇보다 중요하다.

우리가 정말로 계속해서 배우고 있다면—때로 그것이 아무리 고통스럽고 어려운 것이라 하더라도, 그리고 아무리 단속적으로 일어난다 하더라도—궁극적으로 우리는 우리의 경험에 의해 우리 자신의 무언의 가정(假定)—우리가 어렸을 때부터 길들여진 조건화에 더하여 종종 전문적 훈련의 결과일 수 있는 가정—의 가장자리, 우리가 친숙하고 편안하며 어떤 상황에서는 그것이 너무나 잘 작동하기 때문에 너무 쉽게 빠져 버리는 인식과 사고의 양태를 바라보고 그것을 뛰어넘어야만 할 것이다. 그러한 습관적인 마음의 양태와 숨은 가정은 우리가 지적으로 새로운 관점으로 우리의 정신을 포장하면서, 때로 입체적 관점을 불가능하게 만드는 생각과 이해의 방식에 우리가 걸려들도록 만들 수도 있다. 이것은 종종 우리가 얼마나 능숙하고 통찰력이 있으며 많이 배웠는가와 무관하게 우리 모두에게 진실이다. 나에게는 그것이 겸손과 집착 없음의 끊임없는 교훈이다. 동시에 그것은 내가 계속해서 반복적으로 실패하고 있는 어려운 교훈이다. 궁극적으로 그것은 우리가 좋아하는 것과 우리 방식대로 되어 가는 상황만이 아니라 삶의 모든 것이 수련임을 가르쳐 주는 교훈이다. 그것은 자신의 직관과 경험을 신뢰하라는 계속되는 초대이며, 알지 못함—특히 우리 자신의 맹목성과 결점 앞에서—에 열려 있으라는 초대다.

그러한 때에는 완전히 다른 것, 완전히 용감하고 대범한 무언가가 요구된다. 왜냐하면 거기에는 우리가 볼 수 있는 지평을 넘어서 있지만 무언가 중요한 것이 있을 것으로 짐작만 할 뿐인 영역을 넘어 익숙하지 않은 것, 우리에게 아직 알려지지 않은 것을 위하여 우리에게 편안하고 익숙한 것을 포기하는 일이 수반되기 때문이다. 이것은 매우 두려운 일이며, 결코 쉽게 해낼 수 있는 일이 아니다. 사실 그보다 더 어려운 일도 없다고 해야 할 것이다. 지금부터 하는 이야기는 인지치료 내에서 어떻게 새로운 한 분야가 개발되었는가에 관한 것이다. 그것은 '심리학적 치료'에 관하여 생각하는 방식에서 거대한 전환을 요구하는 것이었다. 내가 이 이야기를 하는 이유는 마음챙김이 기존의 심리학계에서 점점 더 커다란 관심사로 떠오르고 있기 때문이다. 마음챙김이 관심을 받게 된 것은 부분적으로는 MBSR에 의한 것이기도 하고 또 부분적으로는 다음에서 이야기하는 작업, 즉 마음챙김에 근거한 인지치료(MBCT)라는 작업에 의한 것이기도 하다. 이처럼 마음챙김에 대해 커지는 관심은 지금 세계가 여러 방면에서 드러내고 있는, 우리 자신 안의 참됨과 명료성, 평화에 대한 갈증을 보여 주는 한 사례에 지나지 않는다고 생각한다. 마음챙김에 대해 커지는 관심과 열정은 매우 긍정적인 현상으로, 오늘날 우리가 사는 세상에 커다란 치유력을 안겨 줄 것이다. 그러나 마음챙김은 점점 인기를 더해 가면서—처음에는 단지 개념으로서 인기를 얻을 수밖에 없을 것이다—처음의 수련적 기초, 그리고 그것의 변화 잠재성으로부터 멀어지기 쉬워졌다. 자신의 삶에 더 현존하고 덜 판단적이 된다는 것은 표면적으로 무척 훌륭하고 멋진 '아이디어'이기 때문에 몇몇 전문가는 마음챙김을 지적으로 파악하여 그것을 다른 사람에게 하나의 개념으로 가르칠 수 있고, 직접적인 개인적 수련의 탄탄한 바탕 없이도 행할 수 있다고 쉽게 짐작해 버리기 때문이다. 그러나 수련 없이는 아무리 그가 제공하는 것이 똑똑하고 정교하며 감각적이고 치료적인 것이라 해도 그것은 마음챙김 혹은 다르마라고 할 수 없다. 왜냐하면 우리가 쉽게 걸려들고 마는 관습적 견해를 넘어 입체적 공간으로 들어가기 위해 필요한 것은 수련이기 때문이다. 이미 여러 번 보았듯이 우리가 온정신을 회복하는 데, 그리고 우리에게 가능한 것의 전 스펙트럼에 잠깨는 데 필요한 도구는 바로 수련 자체다.

1993년 『우울증 치료를 위한 마음챙김에 근거한 인지치료(*Mindfulness-Based Cognitive Therapy for Depression*)』라는 책에 나와 있듯이, 임상심리학과 인지과학 분야에서 저명한 연구자인 진델 시걸(Zindel Segal), 마크 윌리엄스(Mark Williams)와 존 티즈데일(John Teasdale)은 각각 토론토와 노스웨일스—현 옥스퍼드—그리고 케임브리지에서 우리 스트레스 완화 클리닉을 처음으로 방문했다. 그들은 경계선 성격장애 치료를 위한 변증법적 행동치료(Dialectical Behavior Therapy: DBT)라고 알려진 성공적인 접근법을 계발한 행동치료자인 마샤 리네한(Marsha Linehan)으로부터 우리의 작업에 대해 처음 들었다고 한다. 마샤는 그녀 자신이 오랜 선(禪) 수행자였고, DBT는 마음챙김의 정신과 원리를 이 힘든 질환으로 고통받고 있는 사람이 할 수 있는 정도의 공식 수련과 통합한 치료법이다.

당시 진델과 마크, 존은 주요우울장애—전 세계에 매우 흔한 증상으로 일, 수면, 식사 그리고 한때 좋아했던 활동을 즐기는 것을 심각하게 방해하는 증상—의 재발을 방지하는 새로운 인지치료법을 개발하기 위해 18개월 동안 팀을 이루어 작업하고 있던 중이었다. 타당한 이론적 이유뿐만 아니라 중요하고 매우 실제적인 임상적 이유로, 그들은 그 시점에 자신들의 작업에서 논리적이고 잠재적으로 필수적인 다음 단계는 이 질환으로 고통받는 사람에게 마음챙김 명상과 그것의 일상생활에의 적용—MBSR의 맥락에서—을 포함한 집단기반 훈련 프로그램을 소개하는 것이라고 판단했다.

특히 그들은 잠정적으로 새로운 방식으로 주요우울증과 관련된 매우 심각한 문제—즉, 항우울제로 성공적인 치료가 되어 더 이상 임상적으로 우울하지 않은 사람이 여전히 높은 재발률을 겪는 현상, 다시 말해 치료가 끝난 후 다시 우울증으로 돌아가고 마는 현상—를 다루기 위하여 보다 전통적인 인지치료의 측면과 함께 병행할 수 있는 주의 조절(attention-regulation) 전략으로서의 마음챙김의 효과를 알아보려고 했다.

다양한 이유로 그들은 적절한 인지치료 과정—주로 집단이 아닌 개인 치료에서 사용되는—과 병행하는 집단 마음챙김 훈련이 주요우울증으로 고생하는 사람의 부정적 반추 사고 흐름에 빠져 버리는—급성 우울 삽화에 대해 성공적인 치료를 받아 더 이상 우울하지 않은 다음에도—경향을 더 효과적으로 다룰 수 있을 것이라고 생각했다. 이러한 종류의 반추(rumination)는 스스로를 촉발시켜 우울적 사고를 더 확장하고, 점점 더 하향 나선에 빠지도록 만들어 결국 완전한 재발로 이어지게 만든다.

이러한 부정적 반추 성향을 다루는 데 마음챙김을 사용할 수 있을 것이라는 그들의 짐작은 매우 통찰력 있는 것이었다. 그들은 마음챙김이 환자에게 그들의 전문용어로 '탈중심화 기술(decentering skill)'—자신의 생각을 그것이 일어날 때 보다 덜 자기 동일시하는 방식으로 한발 물러서서 관찰하는 능력, 자신의 생각을 그 내용이 무엇이든 실재 혹은 자신에 대한 정확한 반영이 아니라 알아차림이라는 장에서 일어나는 사건으로 보는 것을 말한다—이라는 것을 가르치는 데에, 그들의 기분이 다운되기 시작하는 때를 알아차리는—그들이 탈중심화의 내적 태도를 시작할 수 있도록—데에, 그리고 다시 그들의 전문적이고 이론적인 보고서에 등장하는 용어로 말하면 '반추적 사고/감정의 순환을 지속시켰을 정보 처리 채널에서 제한된 자원을 차지하는 기술'을 활용하는 데에 효과적인 틀을 제공해 줄 수 있다고 생각했다.

그날 오후 대화의 처음부터 나와 동료들은 그들이 제안한 프로젝트의 개인적이고 집단적인 동기가 우울증이라는 매우 흔한 전 세계적 질병으로 고통받고 있는 사람들에 대한 연민과 높은 재발률이라는 곤란한 딜레마에 대한 자신들의 과학적 이해와 임상적 접근의 범위를 확장하려는 열의에 차 있었다는 것을 직감할 수 있었다.

그들 중 한 사람—존 티즈데일—만이 명상 경험이 있었다. 그는 오랜 명상 수련 경험이 있었으며 개별 환자를 대상으로 성공적으로 명상을 활용한 경험도 있었다. 그리고 마음챙김을 통해 재발하는 우울증으로 힘들어하는 사람에게서 비판단적이고 수용적인 마음 상태를 계발하는 것이 지닌 잠재적 치료 가치에 깊은 확신을 갖고 있었다. 마크와 진델은, 그들의 말에 따르면, 마음챙김을 통해 어떤 결과가 생길지 확실히 알지 못했다. 그들은 공식 명상 수련 경험이 전혀 없었으며 거기에 특별한 관심을 갖고 있지도 않았다. 그들로 하여금 MBSR을 눈여겨보도록 만든 것은 주의 조절, 그리고 임상 외래 집단 장면에서 환자의 탈중심화를 도울 효과적인 수단으로서 주의 조절이 지닌 잠재적 유용성 때문이었다. 그들 세 사람은 합의된 치료법을 수립하고 각각 자기네 국가에서 환자들을 대상으로 프로그램을 실시한 다음 그 결과를 취합했다. 그리고 그것을 이 방법의 효과성을 검증하는 연구의 일부로 사용했다.

물론 마음챙김의 계발에 가장 중요한 것은 안정적이고 순수한 주의를 가지고, 생각 자체의 내용에 대해 판단하거나 그것에 사로잡히지 않고, 생각을 알아차림의 장에서 매 순간 일어나는 사건으로 인식하고 관찰하는 연습을 체계적으로 하는 것이다. 인지치료도 생각을 알아보고 관찰하는 것에 초점을 맞추지만, 그것은 생각 내용의 정확성을 평가하는 문제 해결적 틀을 가진 것으로서 부정확하고 잠재적으로 자기파괴적인 생각의 내용을 보다 정확하고 건강을 증진하는 사고로 대체하는 것을 목표로 삼는다. 다양한 증거와 추론을 통해, 우리의 방문객들은 인지치료가 환자의 개인치료에서 우울증 재발에 대해 증명된 치료 효과를 보일 수 있었던 핵심 경로는 매 순간 마음에서 일어나는 생각을 그 내용에 함몰되기보다 단지 '생각으로' 알아보는 것에 있는 것이 아닌가라고 추측하기에 이르렀다. 그렇다면 그들은 인지치료보다 훨씬 더 강력하고 지속적으로 주의력 계발에 초점을 두며 생각을 단지 생각으로 주의를 기울이는 연습을 더욱 체계적으로 하는 마음챙김 접근법이라면, 우울증을 재발하게 하는 반추를 다루는 데 더 효과적일 것이라고 추론했다. 처음에 그들의 의도는 마음챙김을 인지치료에 결합시킬 수 있을까 알아보는 것이었다. 그들은 마음챙김 수련이 앞에서 말한 세 가지—'탈중심화', 부정적 감정 변화의 초기 경고 신호에 대한 민감성, 그리고 의도적인 주의 계발(그렇지 않았다면 우울적 반추에 취약했을 수도 있는, 마음속의 특정 정보 처리 경로에서 일정한 '공간을 차지하는' 방식의 주의 계발)—를 보다 직접적이고 효율적인 방식으로 다룰 수 있을 것이라고 생각했다.

기존의 문제 해결적 인지치료법에 주의집중과 탈중심화 전략으로서의 마음챙김을 결합하는 것은 이론적으로는 가능해 보이지만, 처음부터 그들은 마음챙김이 저항 혹은 힘든 감정이나 위기—수련 자체로부터 생겨나거나 환자의 삶의 과정에서 생겨나는—를 다루는 데 있어 효과적일 것인가에 대해 상당한 의구심을 가지고 있었다. 우리의 첫 만남에서 그들의 생각은 그런 문제가 일어날 경우 그들이 가진 치료적 전문지식을 통해 그것을 해결하겠다는 것이었다.

치료 과정에서 개입 요소를 추가하거나 결합하는 것은 임상심리학에서 매우 흔한 관행이다. 그것은 당신이 하려고 하는 것이 주의 조절을 위한 혹은 이완을 증진하기 위한 방법이나 기법, 그리고 성공적 치료를 위해 사용되고 있는 모든 방법에 대한 통찰을 계발하는 방법이나 기법을 하나 더 도입하는 것이라면 충분히 타당하다. 그 추가된 방법이나 기법은 그 사람에게 '맞을 수도' 있고 그렇지 않을 수도 있다. 그리고 이런 차원에서 전문가들이 마음챙김을 특정하고 잘 정의된 기능을 수행하도록 치료의 구조에 편리하게 '접속'할 수 있는, 잠재적으로 중요한 하나의 기법으로 간주하는 것—그리고 치료의 나머지 부분은 마음챙김이 아닌 다른 치료 요인들이 수행하도록 하면서—은 이상할 것이 없다. 우리의 방문객들은 마음챙김이 인지치료의 표준적 관점으로부터 철저한 전환을 요구한다는 것을 이미 직감하고 있었다. 그리고 마음챙김과 인지치료를 그것 자체가 각각 가치를 온전히 인정하면서 결합하는 것은 무척 도전적인 일이 될 것이라는 것—만약 그것이 가능하다면—도 직감하고 있었다. 그리고 우리 입장에서는 그들 모두가 마음챙김 명상의 훈련과 경험 없이는 결국 고도로 훈련된 치료자로서 자신들의 관점과 기술로 돌아가 버려 명상 수련 자체의 온전한 폭과 깊이를 헤아리지 못하게 되지는 않을까 염려되었다. 우리는 또 이렇게 되면 명상 수련이 기껏해야 사실상 하나의 '모듈적'—여러 단위로 되어 있어 그중 몇 개씩 자유롭게 선택할 수 있는—기능으로 축소되어, 그들의 최선의 의도에도 불구하고 다른 모든 접근법과 결합하여 사용되는 하나의 기법으로 전락하는 것이 아닌가 염려스러웠다.

우리가 함께 앉아 이야기를 나누고 그들의 계획을 듣기 시작할 때부터 우리가 강조했던 것처럼 마음챙김은 하나의 입체적 우주(orthogonal universe)다. 마음챙김은 적어도 그것을 사람들이 이용하여 익숙하게 될 수 있는 것, 특정한 용도에는 '잘 들어맞지만' 다른 곳에는 들어맞지 않는 하나의 '기법'으로 바라보는, 한정된 모듈적 적용에 적합하지 않다. 결국 마음챙김 명상은 그것이 주의력의 안정성과 통찰력 모두를 크게 향상해 주기는 하지만 단지 주의를 조절하는 임상적 방법에 그치는 것이 아니다. 그것은 또 깊은 이완 상태 및 평화와 안녕을 가져오기는 하지만 단지 하나의 이완 기법에 불과한 것도 아니다. 그것은 당신의 사고 패턴이나 특정 감정 혹은 기분 상태와 당신이 맺는 관계를 새롭게 설계함으로써 문제를 해결하고자 하는 인지치료 기법도 아니다—물론 마음챙김은 그 사람이 자신의 습관적 사고 패턴 및 정서적 반응, 몰입적 기분과 맺는 관계에 변화를 일으키는 효과가 있기는 하지만. 또 마음챙김 명상은 정서와 정서적 소용돌이, 정서적 반응과 무관하게 순전히 사고 과정에만 초점을 맞추는 것도 아니다. 그것은 우리의 몸에서, 그리고 몸보다 더 큰 세상에서 일어나는 일과도 무관하지 않다. 마음챙김 수련에서는 한 개인의 다양한 마음 상태의 체험 안에서 일어나는 모든 것이 하나의 통일적 전체로서, 그 사람의 개성과 생생하게 살아 있는 체험의 서로 다른 측면으로서 포용된다.

우리는 또한 마음챙김이 실제로 치료(therapy)가 아니라는 점도 강조했다. 마음챙김의 주된 목적은 한 사람을 고치거나 그 사람의 특정 문제를 교정하는 것이 아니다. 명상에 친숙하지 않은 사람에게는 이상하게 들리겠지만, 특히 명상을 '좋은 결과'를 얻기 위해 한 가지 방향으로 모아지는 임상적 개입으로 가져다 쓰는 전문가가 볼 때에는—이런 입장은 그리고 그것은 충분히 이해할 만하더라도—더욱 이상하게 들릴 것이지만, 우리는 우리의 관점에서 볼 때 마음챙김은 무언가를 행위하는 것보다 행위하지 않는 것—무위—이라는 점, 마음챙김은 소위 '존재의 영역(domain of being)'에 대한 탐험이자 그것의 계발이라는 점을 강조했다. 마음챙김을 통해 일어날 수 있는 어떠한 변화도 그것은 행위 양식에서 존재 양식으로 옮겨 가는 데서 종종 생겨나는 의식의 전환(rotation in consciousness)의 결과이지, 문제를 해결하거나 특정 결과를 일으키게 하려는 개입—인지치료에서 하는 것처럼—때문은 아니라는 것이다. 그럼에도 우리는 공황장애와 불안장애로 고생하는 사람뿐 아니라 다양한 의학적 질병을 가진 사람을 상대로 한 스트레스 완화 클리닉의 경험으로 볼 때 마음챙김은 분명히 그것을 하나의 존재 방식으로서 전심을 다해 수련하면 다양한 사람과 문제에 대해 건강상의 심오한 좋은 결과—증상 완화, 스트레스 상황에서의 정서 반응에 대한 더 효과적인 대처, 존재의 더 깊은 차원에 대한 통찰, 낡고 한정된 사고 및 감정 습관에 대한 통찰—로 이어질 수 있을 것이라고 말했다.

만약 마음챙김이란 것이 단지 하나의 기법이 아니라 정말로 하나의 존재의 방식, 보고 감각하고 느끼는 방식이라고 한다면, 그들이 마음챙김을 우울증 재발 방지 치료법으로 활용하고자 하고 그들의 환자에게 공식 명상 수련에 전심을 다하여 그리고 일정한 규율과 항상성을 가지고 참여하게 하고자 한다고 했을 때, 우리는 마음챙김을 애쓰지 않는 방식으로, 말하자면 그 자체를 위하여 계발되도록 해 주는 방법을 강구해야 할 것이라는 점을 강조했다. 그것은 또한 지속적인 수련과 탐구, 대화, 그리고 그 자체의 언어—방 안의 모든 사람이 잘 알아듣는 언어, 그리고 인지치료의 언어와는 무척 다른 언어—라는 맥락 속에서 가르쳐야 할 것이었다. 명상 수련은 전폭적인 무위로서 그 자체의 원칙에 따라 제시되어야 했다. 문제를 고치거나 해결하려는 것이 아니라 수용과 열림이라는 반직관적인(counterintuitive) 내면의 자세로, 그리고 향후 참가자가 수련을 자신의 몸 안에 머물면서 자신의 생각과 감정에 대해 판단하거나 하나의 생각 패턴을 다른 것으로 대체하려고 하지 않고 수용하면서 그것들을 껴안는, 새롭고 더 친근하며 더 자기 연민의 방식으로 경험할 수 있도록 제시되어야 할 것이었다.

다시 말해, 이 모든 사항을 고려하지 않는다면 마음챙김의 본질을 탈색하지 않고 그것을 인지치료에 결합하는 것이 불가능했다. 우리의 관점에서 볼 때 그들이 마음챙김이 어떤 가치를 갖기를 바랐다면 그들은 자신들의 시도 전체에서 마음챙김 훈련과 수련을 그 핵심 구성 원리로, 그리하여 힘든 감정과 도전적 환경에 직면했을 때 사용할 수 있는 것의 핵심으로 마음챙김을 도입해야 할 것이었다. 그렇지 않고서는 그들의 노력이 진정한 마음챙김에 대한 하나의 희화화(caricature)로 전락하여, 마음챙김의 본질이 변색되고, 그럼으로써 그것이 지닌 본질적 힘과 다층적 질감과 뉘앙스라는 풍부한 차원을 잃어버리게 될 것이었다—당신은 앞에서 제시한 우리의 건선 연구 사례를 통해 단지 명상 안내 테이프를 틀기만 하면 어떠한 집단 참여나 테이프 이외의 지시사항 혹은 피드백 없이도 좋은 결과를 얻을 수 있다고 생각할지 모른다. 그러나 그 치료 계획안은 독특한 상황에서 매우 특수하고 제한된 목적에 맞게 만들어진 것으로, 지도자가 우울증 재발 위험이 높은 사람들을 상대로 실시하는 집단기반 프로그램에는 특히 적합하지 않다.

이것이 바로 우리가 그들과의 첫 만남에서 전하고자 했고 또 그들이 받아들여야 하는 메시지였다. 우리에게는 그들이 그들 스스로 개인으로서, 그리고 하나의 팀으로서 그들 자신과 그들의 환자를 위하여 그러한 방향을 채택하는 것의 온전한 함의를 깨닫고 있었는지 전혀 명확하게 다가오지 않았다. 그러나 그들은 무척 개방적이었고 우리와 마음이 잘 통했기 때문에 우리는 우리가 생각하는 바를 허심탄회하게 털어놓았다.

그러나 고려해야 할 문제는 또 있었다. 그들은 처음에 그들의 환자에게 단지 명상 지침 테이프를 규칙적—수업 회기를 포함하여—으로 듣게 하면 그들이 명상하는 법을 배워 수련하게 될 것이라고 생각했다. 비록 그들 중 한 사람—존 티즈데일—이 명상에 대한 오랜 관심과 개인적인 명상 수련 경험이 있었지만, 그조차도 집단을 상대로 명상을 가르쳐 본 직접적 경험은 아직 없었다. 집단을 상대로 명상을 가르친다는 것은 오랫동안 명상을 가르쳐 온 사람에게도 결코 만만치 않은 작업이다.

그들이 하나의 팀으로서 그들이 하고자 했던 바를 실행에 옮기기 위해서는 그들 모두가 직접 명상 수련을 해야 할 뿐만 아니라 자신의 직접적인 1인칭 수련 체험에 기초하여 환자에게 다양한 명상 수련을 이끌어 주고 가르쳐야 한다는—그들이 환자에게 수업 사이사이에 매일 집에서 해야 하는 숙제로 어떤 테이프를 내어 주기로 했든 간에—사실을 진지하게 고려해 보지 않은 것이 곧 분명해졌다. 우리가 우리의 관점에서 볼 때 자기 스스로 지속적으로 명상 수련을 하지 않으면서 남에게 명상을 하라고 권하는 것은 그리 효과적이지 않을 것이라는 사실을 꺼냈을 때 그것은 그 팀의 적어도 두 사람의 성원에게는 예상치 못한 사건으로 다가왔다.

자신이 실제로 하지 않는 것을—그리고 적어도 명상의 경우 그에 대한 아무런 내적인 체험도 없으면서—남에게 하도록 요구하는 것—이것은 스스로 자신의 환자와 함께 수련에 참여하는 데 요구되는 그러한 방향성과 대조를 이룬다—은 심리학의 기존의 치료적 접근법—바람직한 특정 치료 목표 달성을 위해 방법들을 차용하는—과 명상 훈련—보다 바람직한 상태나 모습을 달성하기 위한 도구적 기법으로서가 아니라 오직 그 자체를 목적으로, 하나의 존재 방식으로서 명상을 수련하는—사이에서 종종 생겨나는 근본적인 사고방식의 차이를 드러낸다.

더욱이 치료자들 사이에는 자신의 개인적 필요나 관심, 참여—그것이 무엇이든 간에—와 자신의 환자의 필요 사이에 엄격한 분리를 유지해야 한다는 강력한 직업 윤리가 존재하고 있다. 그러나 여기서 우리는 마음챙김 수련과 그것이 자신의 환자에게 미치는 효과를 진정으로 이해하기 위해서는 치료자 자신이 마음챙김 수련에 전심을 다하여 참여해야 한다는 점을 내비쳤다. 마음챙김 수련에 전심을 다하여 참여하는 것, 이것은 하나의 예측 불가능한 모험—그리하여 좁은 의미에서는 엄격하게 전문적이라고 할 수 없는 모험—을 떠나는 것에 동의한다는 의미였다. 그것이 예측 불가능한 이유는 그 과정에서 그가 한 사람의 개인으로서 성장하게 될 것이기 때문이다. 그렇다고 해서 그것이 전문가로서의 행동과 적절한 경계선에 대한 인식의 엄격한 기준을 지키거나 존중하지 말아야 한다는 뜻은 아니다. 그것은 단지 치료자로서의 자신에 대한 견해가 명상지도자로서 온전한 체현을 통해 자신의 역할에 부응하도록 확장되어야 한다는 뜻일 뿐이다. 그것은 결코 만만치 않은 요구다.

그러나 가장 기초적이고 실제적인 차원에서 말하더라도 치료자 자신이 마음챙김을 계발하지 않으면서 어떻게 마음챙김 수련을 자신의 환자와 공유하고 그들과 함께 탐험을 떠날 수 있겠는가? 수련을 하면서 생겨나는, 지금풍경에 대한 순간순간의 친밀함, 자신의 마음—저항, 주의 분산 등 모든 활동을 포함하여—과 몸, 그리고 자신의 생각과 기분에 반응하여 경험하는 모든 것에 대한 체계적으로 계발되는 직접적 친밀성은 그 두 사람의 지도자—명상 경험이 아직 없는 지도자—에게는 매일 겪게 되는 일은 아닐 것이다. 비록 그들이 그러한 친밀성과 노력을 자신의 환자에게 요구하거나 또는 그들이 명상이 가진 치유와 변형의 잠재력을 충분히 활용하기를 바란다고 하더라도 직접 겪지는 않을지도 모른다. 그 두 전문가가 직접 명상을 경험하지 않는다면, 그들은 자신들의 환자의 명상 체험과 관련하여 발 딛고 설 든든한 바탕이 없게 될 것이다. 그렇게 되면 수련에 대한 환자의 매우 실질적인 질문에 대답할 수 있는 참된 경험의 저장고, 그리고 명상 수련에 대한 환자의 느낌에, 또한 그것을 일상생활에 가져오는 데 따르는 그들의 어려움과 통찰에 능숙하게 대응할 수 있는 참된 경험의 저장고도 없게 될 것이다.

나와 동료들은 그들과 대화를 나누는 것이 기뻤다. 다른 분야의 전문가들이 우리의 작업에 흥미를 갖고 그것을 자신들의 분야와 그들 자신의 임상적 관심사에 맞게 적용할 방법을 찾고 있다는 사실이 즐거웠다. 이것이야말로 우리가 바랐던 일이었다. 바로 마음챙김이 의료와 건강관리 영역 그리고 그 이상의 영역에서 점점 더 성장하는 긍정적인 힘이 되기를 바라는 것이야말로 우리가 바랐던 일이었다. 그러나 그날 오후 그들의 이야기를 듣고 있노라니 마치 마음챙김에 관해 이야기하는 우리의 어휘와 방식에 뭔가 연결점이 하나 빠져 있는 것처럼 우리의 준거 틀 사이에 커다란 간극이 존재한다는 것이 느껴졌다. 동시에 그들의 개방성과 참됨, 배려의 정신도 손에 만져질 듯이 느껴졌다. 나는 그들이 우리에게 던지고 있는 도전을 바라보는, 우리의 서로 극명하게 다른 방식을 서로 도움이 되는 방식으로 소통할 수 있는 방식에 관해 곰곰이 생각해 보았다. 우리는 우리가 편협한 견해에 무지하게 집착하고 있는 것—그것이 편안하게 여겨지기 때문에, 혹은 그들의 제안과 관점에 위협을 받는다고 느꼈기 때문에—처럼 보이는 것을 원치 않았다. 나는 그들의 직관과 동기가 확실히 올바른 목표를 조준하고 있다는 분명한 사실을 존중하면서도 그들의 제안이 가진 핵심적 문제라고 생각되는 것을 분명히 밝힐 필요를 느꼈다.

우리의 대화는 소강 상태에 접어들어 한동안 침묵에 빠졌다. 내가 추측하건대, 그 침묵은 우리가 함께 다루고자 하는 작업의 거대함, 우리 사이에 놓인 그 거대한 간극에 압도된 느낌 때문에 생긴 것이었다. 마침내 내가 침묵을 깨뜨렸다. "아시다시피, 메인 주—미국 북동부의 주: 역자 주—의 울퉁불퉁한 해안에 사는 사람들이 종종 사용하는 구어체 표현이 있죠. 여름철 그곳으로 모여드는 관광객들이 길을 물으면 그들은 이렇게 대답하는 것으로 유명합니다. '오, 당신은 이곳에서 그곳으로 곧장 갈 수 없습니다.' 여러분의 제안에 대해 제가 지금 느끼는 것도 그러합니다."

그것은 그들의 생각과 동기—내가 확실히 정당하게 평가하지 못하고 있으나 그들이 연이어 우리를 찾아온 것에서 분명히 확인할 수 있는—를 평가절하하려는 것은 아니었다. 그것은 단지 그들이 나의 말에 어떻게 대응할 것인지 지켜보려는 것이었다. 다시 말해, 우리가 함께 합의할 수 있는, 마음챙김과 인지치료의 '결합' 방법을 찾겠다는 그들의 결의가 마음챙김의 폭과 깊이에 상응하는지 시험해 보려는 것이었다. 내가 말하고 싶었던 것은 그들 모두가 환자에게 개입을 전달하려 한다면 마음챙김—그리고 마음챙김을 어떻게 자신들의 임상 작업에 통합할 것인가 하는 복잡한 사항에 대해서는 말할 것도 없이—을 이해하기 위해 그들 중 한 사람만 수련을 해서는 안 된다는 것이었다. 내가 말하고자 했던 것은 그들 모두 수련을 해야 하며 그것은 조금이라도 수련의 맛을 보거나 외관상 그렇게 보이기 위해서, 혹은 그들이 자신들의 환자에게 요구하는 것을 직접 체험해 보기 위해서 그렇게 해서는 안 되며, 우리가 MBSR에서 따르고 있는 기본 원칙—우리가 우리 자신에게 매일 요구하지 않는 것이라면 어떤 것이라도 우리 환자에게 요구해서는 안 된다는 원칙—을 그들 스스로 전심을 다해 충실히 지켜야 한다는 것이었다.

그러나 내가 의아했던 것은 자신들의 인지치료 모델과 언어에 깊이 뿌리박은 이들 세 사람의 저명한 과학자/임상가—그들 중 오직 한 사람만이 명상 수련에 대한 직접적인 체험을 해 본—가 어떻게 그들의 공동 작업에서 일련의 행동 과정에 합의할 수 있을까였다. 또 내가 의아했던 것은 그들이 한 팀의 구성원으로서 어떻게 그들 각자가 명상 '수련'뿐 아니라 명상 '지도'에 대해서 그들이 갖고 있을 수 있는 전문가로서의 거리낌을 유보할 수 있느냐였다. 이전에 명상에 대한 관심과 경험이 전혀 없는 두 사람이 어떻게 오랜 시간의 훈련과 전문가 의식에서 생겨난 일정한 틀에서 충분히 벗어날 수 있을까? 그래서 자발적—처음에는 호기심에서 그러고 나중에는 우리가 그 이외의 다른 방법으로는 그것을 이해할 수 없다고 말해서가 아니라 자신들의 보다 깊은 내적 동기에서—으로 명상 수련에 임할 수 있을까? 개인으로서 그리고 팀으로서 이 작업을 수행하면서 그들의 가장 깊은 직관을 따르겠다는 그들의 동기가 그들의 최초의 기대와 개념화, 거리낌으로부터 그들을 충분히 멀리 데려갈 수 있을까—동기가 그만큼 오래 지속될 수 있을까—특히 그것이 환자를 가르칠 때 그들의 전문 분야인 인지치료의 언어를 포기하고, 마음의 작동 방식에 대한 그들의 임상적 견해와 생각, 개념적 모델을 한동안 의도적으로 유보한 채 치료자 모드에서 마음챙김 지도자 모드로 옮겨 가는 것을 의미하는 경우에도 말이다. 대신 우리는 그들 각자가 체계적이고 엄격한 방식으로 수련에 임하면서 그들 자신의 몸과 마음에서 일어나는 활동들을 관찰해 볼 것을 제안했다. 자신의 몸과 마음에서 일어나는 현상에 대해 그것을 주의조절 이론이나 자신의 환자의 마음과 우울증 재발의 문제에 섣불리 관련시키거나 하지 않고 한동안 있는 그대로 그것을 받아들일 것을 제안했다. 물론 그런 일은 사고 흐름의 불가피한 내용이므로 어쩔 수 없는 일일 수도 있다. 그리고 물론 장기적으로는 모종의 통합이 필요할 것이며, 그것은 필연적이고 매우 바람직한 일이기도 하다. 우리는 그것을 부정하는 것이 아니었다. 우리가 중요하게 생각했던 것은 그들이 자신들의 참조 틀, 자신들의 인지적 좌표계를 한동안 의도적으로 유보한 채 다만 자신들의 몸과 마음을 관찰할 수 있겠느냐는 것이었다.

나는 그들이 개인적으로, 그리고 집단적으로 그러한 모험에 착수할 마음을 내리라고는 예상하지 못했다. 그러나 우리가 보기에 그것은 그들이 하고자 했던 일을 실행하고 그것이 진짜가 되기 위해 요구되는 최소한의 요구사항이었다. 그것이 없이는 그들이 '이곳'에서 '그곳'으로 갈 수 있는 방법은 없었다. 역설적이게도, 그들이 자신들이 사용하고 있던 특정한 렌즈를 내려놓는 방법을 찾으려고 하자 그들은 자신들이 가고자 했던 '그곳'이 이미 '여기' 있다는 사실을 발견했다. 필요한 것은 한 세트의 렌즈를 한동안 벗어 두고 새로운 렌즈를, 혹은 이른바 본래 마음(original mind)라는 '무(無)렌즈(non-lenses)'를 쓰는 것이다. 그리하여 순간순간 펼쳐지는 현상을 순수한 그대로, 비판단적이고 비반응적이며 비개념적인 주의를 통해 자신의 체험 속에 담는 것이다. 그들 중 아무도 집단을 대상으로 명상을 가르쳐 본 경험이 없었기 때문에 그들의 개인적 명상 수련에 더하여 명상 지도 자체가 하나의 수련이 될 수 있었기에, 그들에게는 시간과 많은 심화 과정이 필요했다. 결국 그들이 그것을 하게 된다면 엄청난 노력을 기울여야 할 것이었다. 그리고 그것이 성공한다는 보장도 없었다. 그들은 개인적으로 혹은 팀으로서 함께, 그리고 물론 그들 자신의 이유로 그러한 결정에 이르렀다. 그러나 우리가 보기에 그들의 결정은 미지의 것을 향한 거대한 도약이었다.

놀랍게도 그들은 그 일에 착수했다. 그리고 그것은 우리가 그렇게 하라고 말했기 때문이 아니라 우리의 말에 그들이 흥미를 가졌으며 우리의 말이 그들이 애초에 우리를 방문하게 만들었던 직관이나 동기, 그리고 집으로 돌아간 뒤 환자에 대한 그들의 경험과 더욱 일치했기 때문이었다. 그들의 책에서 이야기한 것처럼 그들은 자신들의 아이디어를 임상 개입에 대한 첫 번째 시도로 진척시켰다. 그러나 강력한 감정과 그 밖의 다른 문제들이 일어날 때면 그 자체를 명상 수련의 일부로 다루기보다 자신들의 인지치료 기술로 다시 돌아가고 마는 자신들을 발견하고는 했다. 마음챙김 지도에 대한 초보 경험을 거친 뒤, 그들은 MBSR에서 어떤 일이 진행되는지 더 잘 알기 위해서, 그리고 다양한 MBSR 지도자들을 관찰하고 그 지도자들이 과정의 각 단계에서 실제로 무엇을 어떻게 하고 있는지 공부하기 위해서 스트레스 완화 클리닉을 다시 찾았다. 그 두 번째 방문에서 마크와 진델은 존을 따라 그들 스스로 마음챙김 명상 수련을 매일 하기로 결심했다.

나중에 그들과 나눈 대화로 알게 된 사실이지만, 당시 그들은 마음챙김 명상 수련에 전심을 다하여—전문가로서가 아닌 한 사람으로서—자신을 던졌으며 전문가로서 가질 수 있는 여러 불편감과 거리낌에 직면하여 그에 대처해야 했다. 그들의 말에 따르면, 그것은 고통스러웠고 힘들었으며 때로 많은 의심과 분투를 일으켰다. 그러나 그들 각자는 자신들의 방식대로 규칙적인 수련을 심화하고 껴안으면서 지속했다. 그리고 우울증으로 고생하는 사람을 돕겠다는 열망 외에 호기심과 자기연민에 기초한 동기로 수련에 임하고자 했다. 우리가 그들을 점점 더 좋아하고 존경하게 되면서 그들은 마음챙김 센터(Center For Mindfulness: CFM)의 모든 사람으로부터 대단한 격려와 윤리적 지지를 얻었다. 그리고 우리는 그들이 인지치료에 일으키고 있었던 변혁의 폭과 깊이에 대해, 그리고 학자와 임상가로서 그들의 기술에 대해 더 잘 이해하게 되었다. 그들과 함께한 시간은 더할 나위 없는 기쁨이었다. 그 이후로 우리와 그들 사이의 우정은 갈수록 깊어 가고 있다.

그들의 개인적 탐구와 과학적 조사의 결과로 그들은 우울증 재발 치료에 커다란 기여를 했다. 내가 생각하기에 그 기여는 그들이 하나의 팀으로서 자신들의 전문가적 틀을 한동안 유보할 용기를 갖지 못했더라면, 그리고 그들 각자의 방식대로 다만 고요 속에 침잠하여 매 순간 전개되는 자신의 직접적 체험을 관찰할 용기를 갖지 못했더라면—그들의 환자는 물론 자신의 마음을 다양한 방식으로 이해하기 위한 실험실로서 자기 자신을 사용하면서—결코 일어나지 못했을 기여다.

그들이 함께 이 일에 착수했다는 것은 놀라운 일이다. 그리고 그들이 며칠, 몇 주, 몇 달 그리고 몇 년에 걸쳐 힘든 고난을 헤쳐 가며 그것을 지속했다는 것은 더욱 놀라운 일이다. 나에게는 그들이 보여 준 태도와 끈기가 그들의 삶에서 지위와 자기집착이 근본적 동기가 아니었음을 말해 주는 산 증거로 보인다. 그들은 자신들이 가고자 했던 길에 대해 개인적으로, 그리고 전문가로서 방어적이지 않았다. 비록 그들이 실제로 명상을 수련하고 가르친다는 사실이 알려지면 자신들의 동료들이 그들을 어떻게 생각할까에 대해 종종 미소와 함께 우려를 표하기는 했지만 말이다. 그들은 확실히 마음, 그리고 인지치료 전통에서 그다지 강조하지 않는 몸에 접근하는 자신들의 틀을 학습하고 확장하는 데 열려 있었다. 그리고 그들은 책을 통해 엄청나게 용기 있고 창의적인 일을 해내고 있었다. 즉, 자신들의 개인적 체험과 학습곡선의 관점으로부터 마음챙김에 근거한 인지치료를 개발한 이야기를 담아 내었다. 이것은 전문 교과서에서 결코 하지 않는 일이다. 그것은 그 책을 읽는 독자에게 마음을 이해하고 고통으로부터의 치유를 촉진하는 두 가지로 서로 매우 다르나 강력한 접근법—명상과 인지치료—을 결합한 길을 참되게 추구하는 것이 실제로 어떤 것인지에 관한 깊은 느낌을 준다. 그 결과로, 그리고 물론 그들의 작업 효과에 대한 그들의 과학적 연구가 매우 훌륭하게 수행되었고 그 결과도 충분히 인상적이었기 때문에, 그들의 많은 동료는 그들의 책과 책에서 설명하고 있는 그들의 작업이 과학적으로 타당할 뿐만 아니라 자신들에게 커다란 영감을 준다고 여기게 되었다. 그들의 작업을 이야기하는 일련의 과학 논문과 더불어 그 책의 출판을 계기로 마음챙김과 마음챙김의 임상심리학 분야에의 응용에 대한 관심이 폭증했다.

내가 만약 그들에게 물어보면 그들 자신이 직접 명상 수련에 참여하고 명상을 가르쳐 보았기 때문에, 그리고 그들이 그들의 프로그램을 경험한 사람들 사이에서 관찰한 다양한 효과 때문에, 마음과 몸, 그리고 그들의 환자에게 일어날 수 있는 가능성에 대한 그들의 견해가 더욱 풍부한 질감과 민감성, 통찰을 갖게 되었음을 인정하리라고 생각한다. 이것은 그들이 우리로부터 무언가를 얻어 간 것이 아니라 그들 자신의 수련 경험이 깊어지면서 생겨난 일이라고 보아야 한다. 함께 오랫동안 협력하는 과정에서 그들이 우리로부터 배운 것만큼이나 우리도 그들로부터 많은 것을 배웠으며, 그 과정에서 우리 모두는 우리가 함께하는 작업의 신비와 그것이 탄생시킨 관계 및 모험에 대한 우리의 사랑을 계속해서 즐기고 있다.

그들의 작업은 최근까지도 거의 서로 말을 걸지 않았던 두 개의 서로 다른 세계, 즉 임상심리학의 세계와 명상 수련의 세계—그리고 그 바탕의 다르마(法)라는 세계—사이의 다리를 놓는 데 주요한 방식으로 기여했다. 이 다리에서 이루어지는 쌍방향 소통으로 두 세계에서의 통찰과 이해의 깊이가 더해 가고 있다. 그리고 감정의 본질, 감정이 어떻게 고통을 줄이고 사람이 우울의 어두운 그림자로부터 해방될 수 있도록 주의를 통해 그것을 조절할 수 있는가에 관한 그들의 연구와 과학적 통찰은 마음챙김에 근거한 치유 접근법의 계발과 확산에 크게 기여하고 있다. 그 접근법은 단지 마음챙김이라는 개념이 아니라 그것이 수련 자체에 튼튼히 뿌리박고 있어야 한다는 점을 명확하게 이해하는 바탕 위에 세워진 접근법이다.

속도에 압도당한 현대인

어느 날 나는 대학 학부생들의 명상 교과목 개발에 관해 교수진과 회의를 갖기 위해 어느 대학 캠퍼스를 방문하기에 앞서 그곳 종교학 교수와 전화로 대화를 나눈 적이 있다. 대화 도중 그는 자신이 온갖 위원회 일이며, 수업과 연구, 출장, 가정에서 아이를 키우는 일 등으로 말할 수 없이 바쁘다는 말을 했다.

어떤 이유에서인지 그의 말에 대한 내 첫 반응은 약간의 웃음과 함께 가볍게 그를 놀려 주는 것이었다. 그러나 다음 순간 나는 그것이 그렇게 재미있는 일만은 아니라는 것—그에게는 확실히 그랬다—을 알게 되었다. 그것은 우리 시대에 관한 숨길 수 없는 솔직한 진단이었다. 그리고 나는 약간의 실망감과 함께 슬퍼졌다. 내 마음속 깊은 곳에는 아직도 동양적 학자풍의 오랜 명상 수련가이자 목가적 캠퍼스에서 조용하고 평화로운 삶을 영위하는 아이비리그의 전형적인 교수 이미지가 자리 잡고 있었던 것이다. 나는 그가 만약 의과대학이나 법과대학, 경영대학원이나 심지어 생물학부라 하더라도 그런 곳에 근무하는 교수였다면 그다지 놀라지 않았을 것이라고 말했다. 그런데 그는 종교학부 교수였다! 인문학 교수인 것이다!

그 말을 하면서 나는 내 생각이 얼마나 현실과 동떨어져 있었는지 실감했다. 내 마음속에는 과거 시대의 낭만적 기억이 아직도 잔영처럼 남아 있었던 것이다. 내가 대학을 다니던 1960년대 초에는 모든 것이 지금보다 더 천천히 돌아갔고 훨씬 여유가 있었다. 당시의 삶은 우리가 속도감에 완전히 압도되는 느낌이 들지 않을 정도로 지금보다 더 인간적인 척도에 따라 흘러가고 있었다. 물론 미국 남부의 인종차별 폭력이나 쿠바 미사일 위기 같은 사건을 논외로 한다면 말이다. 그러나 미사일 위기조차도 당시에는 지금보다 더 느린 속도로 전개되는 듯 보였다. 우리는 '세계의 종말'로 비화할 수도 있었던 사건을 단지 무력하게 지켜보는 구경꾼의 위치에 머물러 있을 뿐이었다.

그러나 지금은 일어나는 사건에 대한 우리 내면의 1인칭 체험의 속도가 매우 빨라져서, 우리는 개인적으로나 집단적으로 우리에게, 그리고 우리 주변에서 무슨 일이 일어나고 있는지도 제대로 알지 못하게 되었다. 서서히 물을 끓이면 거기 빠진 개구리는 자기가 죽어 간다는 사실도 알지 못한 채 죽고 마는 것처럼 우리도 우리 주변의 일들이 얼마나 급박하고 뜨거우며, 정신없게 되었는지를 우리가 이미 화상을 입었다는 사실을 경험으로 알기 전에는 종종 제대로 깨닫지 못한다. 만약 개구리를 처음부터 끓는 물에 집어넣었다면, 그곳을 빠져나오려는 시도조차 하지 못하고 죽었을 것이다. 속도는 조금씩 우리를 덮쳤다. 속도에 중독된 우리에게 이제 그것은 삶의 양식이 되었으며, 우리는 그 사실을 알지도 못한 채 거기에 안주하고 있다. 더 많은 일을 더 빨리 해내고 끝도 없는 정보—바람직한 정보와 단지 폭탄 세례에 불과한 정보 모두—를 계속해서 처리해야 하며, 즉각 만족해야 한다는 기대가 점점 커지면서, 우리는 영원한 가속도—우리가 아침에 컴퓨터를 켜는 속도로, 그리고 우리가 컴퓨터를 끄는 경우에는 다시 즉각적으로 인터넷에 다시 올라탈 수 있는 속도로—의 늪에 빠져 버렸다. 우리가 이미 살펴본 것처럼, 그리고 우리 가슴 깊은 곳에서 알고 있는 것처럼 우리는 일을 처리하고 우리가 원하는 것을 얻고 원하지 않는 것은 피하기 위해 우리의 일정을 따라잡느라 너무 빨리 달리고 있어서 많은 경우 숨 돌릴 시간조차 없이, 아무런 의제 없이 고요히 존재할 시간조차 없이, 잠시 멈추어 우리가 이미 성취했고 얻은 것에 기뻐할 시간조차 없이, 혹은 우리의 고통과 슬픔을 느낄 시간조차 없이 그것이 공허하고 무력하게 느껴지는 때가 있다.

이러한 시대에서 우리가 온전한 정신을 유지하기 위해서는 우리 각자가 고요와 친밀해질 수 있어야 한다. 정적과 고요는 설령 그렇게 보인다 하더라도 이제 더 이상 사치가 아니다. 그리고 그것은 더 이상 세속적 삶을 버린 수도승들, 야생의 모험가들, 국립공원에서 휴가를 보내는 사람들에게만 적합한 경험도 아니다. 나는 여유롭게 시간을 보내는 방법에 대해서 말하고 있는 게 아니다. 내가 여기서 말하고 있는 것은 무위다. 나는 지금 시간의 흐름을 벗어나 널따랗고 열린 마음으로 순수한 깨어있음 속에 고요히 정주하며 깊은 시간을 보내는 것에 관해서 이야기하고 있는 것이다. 만약 그것이 우리가 생명을 위협하는 만성 질환에 직면했을 때 우리에게 치유적이라면, 어떻게 그것이 우리의 삶이 인간의 신경계와 정신이 제대로 처리할 수 있는 것보다 더 빨리 전개되는 것에 대하여 전적으로 그리고 만성적으로 압도당하는 상실감을 느끼는 편치 않음에 직면하여 치유적이지 않을 수 있을까?

나는 한때 시카고의 비즈니스 컨퍼런스에서 마음챙김 워크숍을 진행한 적이 있다. 그 워크숍에는 양복을 입은 50여 명의 사람이 참여했다. 나는 우리가 단 몇 분만이라도 아무런 지시사항이나 의제 없이 그냥 앉아 있어 보자고 제안하며 우리가 함께 하는 시간을 시작했다. 나는 우리가 그 워크숍에 관하여 방으로 가져오고 있었던 어떠한 기대와 이야기라도, 그리고 우리가 왜 그곳에 있는지—결국 그 방에 있었던 누구도 우연히 그곳에 온 것이 아니었고 모두 나름의 이유가 있었다—그 이유에 대해서도 내려놓아 보자고 제안했다. 우리의 커피 잔과 신문을 내려놓고 그 순간 그 상황이 우리에게 어떻게 느껴지는지 다만 몇 분만이라도 느껴 보자고 제안했다. 그러자 몇 명의 사람이 울기 시작했다.

나중에 그들과 대화를 나누면서 나는 그들에게 눈물을 흘린 이유를 물었다. 어느 중역이 이렇게 말했다. "나는 결코 의제가 없는 일은 하지 않아요"—해야 할 마땅한 이유가 있는 일만 한다는 뜻: 역자 주—다른 사람들도 이에 동의한다는 듯 고개를 끄덕였다. "의제 없이 앉아 봅시다."라는 몇 마디 말로, 그들이 가지고 있는지도 몰랐던 애도의 느낌을 풀어 놓으면서 그들에게 해방감을 안기는 효과가 있었던 것이다.

우리 모두는 우리 각자의 방식에 따라 의제 없는 시간, 무위와 정적의 시간을 매우 필요로 하고 있는 것인지 모른다. 심지어 명상이라는 개념, 내가 무언가를 한다 혹은 아무것도 하지 않는다는 개념—'나는 지금 명상을 하고 있다.'는 생각—조차도 넘어서 말이다. 나는 지금 신문이나 간식, 타인이나 우리 자신과 나누는 대화, 몽상 등으로 시간을 보내는 것에 관해 말하고 있는 것이 아니다. 나는 지금 알아차림에 관하여, 즉 존재 그리고 생각을 넘어선 인지 자체에 머물며 앎과 알지 못함에 존재하는 것에 관하여 이야기하고 있는 것이다. 숭산 선사의 독특한 표현인 '모르는 마음(don't know mind)'에 관해 이야기하고 있는 것이다.

대화와 토론

다른 사람의 관점을 귀 기울여 듣고 그 가치를 제대로 평가하는 법을 배우는 것—특히 당신이 그들의 견해와 입장, 방법을 혐오할 때—은 우리가 그런 일이 세상에서 너무 많이 일어나는 것을 보았던 것처럼 자칫 제대로 돌보지 않으면 곪아서 독성을 띨 수 있으므로 치유해야 할 중요한 부분이다.

비즈니스의 세계와 다르마의 세계의 어느 영역에서—확실히 MBSR 내에서도—우리는 '대화'를 순간순간의 비판단적 알아차림의 내면적 계발, 즉 마음챙김의 외적 대응물이라고 말한다. 마음챙김 수련에서 우리가 우리의 마음풍경과 지금풍경에서 일어나는 어떠한 '목소리'라도 듣고 느끼고 만지고 맛보며, 각각의 목소리가 일어나 머물다 사라지는 전 영역과 그것이 뒤에 남기는 흔적과 영향을 어떠한 판단이나 반응도 없이—만약 판단과 반응이 일어난다면 그것을 알아차리며—알면서 그에 주의를 기울이듯이, 대화에서 우리는 상대방과 나누는 이야기에 우리 자신을 온전히 내준다. 우리가 우리 자신의 명상 수련에서 열려 있고 안전하다는 느낌을 받아야 하는 것과 마찬가지로, 우리는 타인과의 만남에서도 그들이 상대방의 평가를 염려하지 않고 자신의 마음과 가슴에서 우러나오는 목소리를 낼 수 있도록 가슴의 개방성과 안전성 그리고 공간을 창조할 필요가 있다. 대화에서는 어느 누구도 대화를 지배해서는 안 되며, 만약 한 사람이나 한 집단이 대화를 통제하게 된다면 그 순간 그것은 더 이상 대화가 아니게 된다. 대화에서 우리는 상대방의 생각과 의견, 느낌의 목소리가 일어나는 것을 관찰하고 깊은 탐구와 의도성의 정신에서 그것에 귀를 기울인다. 마치 공식 명상 수련에서 우리가 알아차림에 머무는 것과 마찬가지로 대화에서 우리는 모든 것을 어떠한 편집이나 검열, 심사, 거절도 없이, 보고 듣고 아는 똑같이 유효한 대상으로 대하도록 허용한다. 대화에서는 어느 한 개인이 아니라 집단에 속하는 보다 큰 지성이 종종 출현한다. 그리고 놀랍게도 그러한 큰 지성과 더불어 널찍한 공간과 열린 가슴의 직접적 결과로 보다 깊은 집단적 이해도 도출된다.

그러나 종종 슬프게도 이런 일은 우리가 직장 동료들과 미팅을 가질 때, 또 정치의 영역이나 심지어 우리 자신의 가정—여기서는 서로 경쟁하는 사안과 입장들이 대화를 지배하고자 한다—에서도 해당되는 경우가 아니다. 그곳에서의 규칙은 대화(dialogue)가 아닌 토론(discussion)을 하는 것이다. 우리는 회의에서 끊임없이 사안들에 대해 토론한다. 우리는 특정한 의제를 갖고 특정한 일이 일어나도록 계획하며 우리가 밟아야 할 길에 대해 결정을 내린 다음 우리의 전략과 행동 계획을 실행에 옮긴다. 그러나 그러한 토론에서는 종종 서로가 말하지 않은 채로—심지어 토론 참가자들 자신도 알지 못하는—숨은 의제와 중요한 힘의 차이가 존재한다. 그 숨은 의제와 힘의 차이 때문에 입체적 차원이 토론에 존재하지 않거나 토론 참가자들이 그것을 존중하지 않을 때 토론 과정 안에서 일종의 폭력이 일어나게 될 수도 있다.

그러므로 우리가 다른 사람들과의 만남에서 어떻게 행동하는지 그 전 차원에 마음챙김을 가져가는 것은 무척 가치 있는 일이다. 특히 그것이 중요한 일일 때, 무언가를 함께 이루어 내야 할 때, 그리고 집단이 함께 일관되게 움직여야 할 때—때로 토론 참가자들이 강하게 고수하는 다양한 견해와 의견, 입장 안에서도—더욱 그러하다. 제너럴모터스가 향후 전략 계획을 짜는 것이든, 외교적 숙고를 하는 것이든, 아니면 평화 회담에서든, 이른바 비폭력 의사소통과 더불어 마음챙김을 대화 테이블에 가져가는 것은 학습과 성장, 치유, 상호 이해, 그리고 잠재력의 변화와 가능성을 현실에 한 발짝 더 다가가게 해 줄 새로운 차원의 이해와 조화에 도달할 희망이 있다면 매우 중요하다.

타인과의 대화에서 그들의 말에 귀 기울여 경청하고 그에 참여하는 것은 그러한 치유와 진정한 의사소통, 성장의 핵심이다. 그것은 관계성과 상호 관심의 구체화된 형태다. 그럴 때 어떤 권력 변수가 존재하든 집단 내 누구의 관점이나 견해, 느낌도 무가치하지 않다. 만약 구성원들의 관점과 견해, 느낌을 무시하고 그에 전혀 주의를 기울이지 않는다면 대화의 '과정'에서 생겨나는 '진전'의 잠재력은 변색되고 말 것이다. 구성원들의 말을 다만 듣고 만나고 인정해 주는 것만으로도 치유적이다. 그리고 마치 정적과 고요 속에서 열린 마음으로 자기 자신과 만나는 것을 통해서 진정한 입체적 가능성이 나타날 수 있듯이, 그러한 만남으로부터 진정한 입체적 가능성이 출현할 수 있다.

이러한 이유로 나는 '대화'와 '토론'을 구별할 필요가 있다고 생각한다. 그리고 특정 모임에 대해 내가 맺는 관계와 의도에 기초하여 이 단어들을 사용하는 데 신중해야 할 필요가 있다고 생각한다. 나는 우리의 논의에서 '토론'이란 단어를 배제해야 한다고 말하는 것이 아니다. 다만, 토론이 어떤 목적에 기여하는지, 특히 전체 집단에 의한 보다 큰 알아차림의 포용과 의도성이 부재한 상황일 때 그 토론이 실제로 어떻게 전개되는지에 대해 유념하자고 말하고 싶은 것뿐이다. 토론(discussion)이라는 단어는 ① 타인과 이야기를 나눔, 무언가에 대해 이야기함, ② 말이나 글에서—특정 주제에 대해—검토하거나 고려함의 의미를 가지고 있다. 이 단어는 중세 영어에서 '검토하다'는 뜻의 *discussen*, 앵글로노르만어의 *discusser*, 라틴어의 *discussus*—잘게 부수다[break up: dis=apart(따로), cussus=shake(흔들다, 치다)]란 의미인 *discutere*의 과거분사형—에서 유래했다. 그 깊은 의미는 '흔들어 갈라놓다(shake apart)'는 것이다. '흔들다' 혹은 '치다'는 의미의 인도유럽어 어근 *kwet*는 concussion(뇌진탕), percussion(타악기), succussion(흔듦법, 진탕법) 같은 단어의 어근이기도 하다. 어떤 의미인지 짐작이 갈 것이다.

한편 대화(dialogue)라는 단어는 '담화'를 뜻하는 그리스어 *dialogos* 혹은 '말하다'는 의미의 *dialektos*에서 나왔다. *dia*는 '사이'를 의미하며, *lektos*의 인도유럽어 어근인 *leg*는 '말하다'를 의미한다. 그러므로 대화는 소크라테스식 대화법처럼 담화에서 담화 당사자의 사이에서 이야기한다는 의미다. 그것은 대화 당사자들이 열린 탐구를 통해 함께 깊이 살펴본다는 의미가 있다. 그러한 정신이 창발하고 열리는 데는 대화 당사자들 사이의 관계적 공간이 갖는 질이 핵심이다.

비록 아무도 알아채는 사람이 없어도, 아침 9시 회의에 들어가는 방법치고는 나쁘지 않은 방법이다. 시간이 지나면 집단은 그들의 공동 작업에 대한 이러한 종류의 접근법을 의도적으로 채택하게 되고, 그럴 때 그들의 작업은 지금보다 더욱 서로 공유되고 훨씬 더 창의적이고 생산적인 시도—어쩌면 모험—로 변모하지 않을까?

의자에 앉기

직무기술서에 주로 등장하는 동사가 '앉다'인 직업은 많지 않은데, 그중 하나가 판사다. 판사는 말 그대로 판사석에 '앉아서', 그 높은 곳에 앉아서—대부분 법정에서 판사석은 높다—인간이 상대방과 자신에게 저지를 수 있는 최악의 일들을 목격한다. 그리고 그들은 피고에 대한 특정 기소를 변론하거나 방어하기 위한 모든 증거와 이야기가 전개되는 것을 감독하고 조정하고 통제하면서 객관적이고 현명하게 목격할 것을 요구받고 있다. 배심원 재판의 경우, 판사는 배심원들이 적절한 사실과 주장을 신중하고 분별 있게 받아들일 수 있는 틀 혹은 공간을 창조하고 유지해야 한다. 그럴 때라야 배심원들이 피고와 동등한 인격으로서—형사재판의 경우—그리고 원고와 동등한 인격으로서—민사재판의 경우—신중한 고려를 통해 결정에 이를 수 있다. 다시 말해, 배심원들은 원고나 피고와 동등한 일반 시민으로서 배심 의무를 위해 무작위로 법정에 나왔지만, 그들 안에는 이 비상한 상황—그들에게는—에 임하여 우리 가슴에 그리고 우리의 법 제도에 내재한 지혜와 공정의 정신이 자리 잡고 있다. 그들은 우리의 법 제도가 모든 시민에게 부여한 권리, 즉 불편부당한 동료 배심원들 앞에서 재판을 받을 수 있는 권리에의 참여자로서 그곳에 나온 것이다.

나는 한때 매사추세츠 지방법원 판사들을 상대로 8주간의 MBSR 프로그램을 진행해 달라는 요청을 받은 적이 있다. 나는 판사에게 스트레스가 커다란 직업 위험 요인이라는 것을 알게 되었다. 매일, 매주 판사는 끔찍함을, 그리고 궁극적으로는 인간의 탐욕과 증오, 무지와 부주의의 불행한 결과를 끊임없이 계속해서 주재하고 목격할 수밖에 없는 입장이다. 게다가 판사의 말은 하나도 빼놓지 않고 기록되어 공공 기록으로 남게 된다. 판사가 내뱉는 어떤 말이라도 언론에 의해 그 맥락을 무시당한 채 오용될 수 있다. 잠시라도 실수를 하면 그들은 언론과 대중으로부터 엄청난 비난을 받을 것을 각오해야 한다. 그래서 판사는 되도록 말을 적게 하려는 경향이 있다. 그리고 때로 판사는 조는 것을 목격당하는 위험도 있다—비슷한 사건을 끊임없이 접하다 보면 단조롭고 지루해질 수 있다.

이러한 사정으로 판사는 어쩔 수 없이 어느 정도 조심하는 성향을 갖게 된다. 그것은 사법 소극주의—미국에서 연방 대법원을 비롯한 법원 판사는 헌법에 의해 허용되는 법률을 수정하려 들지 말아야 한다는 사상: 역자 주—라는 직업적 기준 때문이기도 하고 어리석게 보이지 않기 위해서이기도 하다. 그리고 판사는 배심재판이 아닌 경우 자신의 견해를 내고 판결을 내려야 하는데, 이것이 또한 스트레스로 작용할 수 있다. 그러한 견해와 판결은 필연적으로 쌍방 중의 일방만 만족시키거나 혹은 쌍방 어느 쪽도 만족시키지 못할 수 있기 때문이다. 또한 때로 그들의 결정은 커다란 정치적 후폭풍을 불러일으킬 수 있어 그것이 판사—선출직이든 종신직이든—의 스트레스를 더 크게 만든다. 더욱이 판사는 매일 밤 가족과 그날 자신이 어떻게 하루를 보냈는지에 대해 이야기하고 싶어 하지 않는다. 그러나 그들이 그날 하루 있었던 일에 스트레스를 받지 않고 대처하는 매우 효과적인 방법을 가지고 있지 않고 진정한 평정과 지혜 속에 머물지 못한다면, 그들은 아마도 그날 직장에 출근해서 증거와 주장을 들은 것만으로도 하루 분의 독약을 먹은 것이나 다름없다고 할 것이다.

게다가 대체로 판사는 비록 '앉는다'는 것이 그들의 직무기술서에 자주 등장하는 동사이긴 하지만 자리에 앉는 법을 배운 적이 없다. 그래서 마음챙김에 근거한 스트레스 완화의 맥락 속에서 앉는 법을 배우는 것은 이들 지방법원 판사에게 더할 나위 없이 완벽한 궁합으로 보였다. 우리는 8주간의 프로그램 동안 함께 수련하며 좋은 시간을 보냈다. 그들 대부분이 처음으로 자신의 느낌을 안전한 환경에서 동료들과 허심탄회하게 이야기할 수 있는 기회를 가졌다. 그것은 이 프로그램이 법률적 요소가 제거된 병원에서 진행되었고, 스트레스를 더 창의적으로 다루는 다양한 방식을 계발하는 것과 함께 그들의 스트레스를 마음챙김 수련이라는 보다 큰 맥락 속에서 다루었기 때문이었다.

판사들과 프로그램을 진행한 몇 달 후에 나는 서부 매사추세츠의 친구 집에서 열린 파티에 초대를 받아 간 적이 있었다. 그곳에서 나는 톰 레서(Tom Lesser)라는 젊은 변호사를 만났는데, 알고 보니 그도 불교 명상 수행을 하고 있었다. 그는 내게 다음과 같은 이야기를 들려주었다.

그는 1987년 애머스트에서 있었던 유명한 재판에서 피고측 변호사 가운데 한 사람이었다. 그 재판은 에이미 카터(Amy Carter), 애비 호프먼(Abbie Hoffman) 재판이란 이름으로 알려졌다. 에이미 카터는 전 대통령 지미 카터의 딸이었다. 그리고 그녀의 공동 피고인은 1960년대의 유명한 정치 활동가이자 히피 지도자였던 애비 호프먼이었다. 그는 '시카고 세븐'—정부 전복 음모 혐의자 7명에 대한 재판: 역자 주—의 일원으로 미국 역사상 가장 유명하고 커다란 논쟁이 일었던 재판에서 피고가 되었다. 호프먼은 이후 마약 혐의로 법망을 피해 잠적한 다음 얼굴을 위장하기 위해 성형수술까지 했다. 한동안 그는 뉴욕 주 북부의 어느 교외 마을에서 호프먼이 아닌 다른 이름으로 꽤 존경받는 공인으로서의 생활을 영위했다. 실제로 배리 프리드(Barry Freed)란 온건한 시민운동가로 위장한 그는 카터 대통령에 의해 연방 환경위원으로 임명되어 미국 상원위원회 앞에서 증언도 했으며, 뉴욕 주지사 휴 캐리(Hugh Carey)로부터 환경 운동과 세인트루이스 강변에 공동체를 조직한 공로로 표창장을 받기도 했다.

어쨌든 더 이상 신원을 숨기지 않았던 에이미 카터와 애비 호프먼은 1986년 11월 여러 사람과 함께 CIA—미 중앙정보국—가 애머스트에 있는 매사추세츠 대학교 교정에서 군인 모병을 하는 것에 반대 운동을 벌였다. 그 가운데 백여 명이 평화를 위협한 죄로 체포되었고 15명은 결국 재판에 회부되었다. 처음부터 시민불복종운동의 일환으로 반대 운동을 전개한 그들은 재판 회부를 바라고 있었다. 그 재판은 당시 언론에서 '법정에 선 CIA'라는 제목으로 알려졌다. 피고측에서는 전 미국 법무장관에서 전 CIA 요원에 이르는 전문가 증인—법정 심리 때 전문가의 입장에서 감정 · 증언을 하는 사람: 역자 주—들을 증언대에 세워 불가피성 면책사유(necessity defense) 혹은 경쟁해악 원칙(competing harms doctrine)이라는 전략을 사용하여 6명의 배심원을 설득했다. 그것은 피고들이 위반한 시민법은 CIA가 이란-콘트라 사건—미 국가안전보장회의(NSC)가 레바논에 억류되어 있는 미국인 인질을 석방시킬 목적으로 비밀리에 이란에 무기를 판매하고 그 대금의 일부를 니카라과의 콘트라 반군에 지원한 사건: 역자 주—을 통해 니카라과의 불법 전쟁에 자금을 대기 위해 저지른 범죄 행위에 비하면 경미하다는 내용이었다. 저명한 증인들은 CIA의 행동이 국내법과 국제법을 위반한 것이며, 의회의 명백한 요구사항을 위반한 CIA의 계속되는 범죄 행위를 중단시키기 위해 피고인들이 그렇게 행동할 수밖에 없었다는 것을 증언했다. 결국 카터와 호프먼, 그리고 그들의 공동 피고인들은 석방되었다. 이 사건은 전 미국인에게 큰 관심을 얻었다.

당시 피고측 변호사였던 톰은 마침내 배심원단이 선임되고 난 다음 판사가 배심원단에게 설명하기 전(pre-charge)에 법정에 있었다. 그것은 그 자체로 매우 이례적인 일이었다. 일반적으로 배심원들은 모든 증거가 제시되고 사건이 종결될 때까지는 특정 사건을 어떻게 봐야 하느냐에 대해 아무런 말도 듣지 않는다. 그런데 당시 사건에서 판사가 배심원들을 향해 이렇게 말했을 때 톰의 놀라움이 어떠했을지 생각해 보라—당시의 법원 공식 기록을 그대로 옮긴다. 톰이 내게 들려준 이야기는 그가 재구성한 것이었다. "여러분이 사건의 요소들을 제대로 이해하는 것이 중요합니다. 여러분은 내가 얼마 전에 알게 된 마음챙김 명상(mindful meditation: mindfulness meditation이 맞는 표현임)으로 주의를 기울일 필요가 있습니다. 마음챙김 명상은 매 순간 여러분이 주의를 기울이는 과정입니다. 여러분이 열린 마음을 지속하고, 여러분이 숙고하는 데 필요한 모든 증거가 제시되기 전까지 어떠한 결정도 내리지 않는 것이 중요합니다."

그 자신이 오랜 마음챙김 수련자였던 톰은 판사의 그 말을 듣자마자 의자에서 떨어질 뻔했다고 한다. 판사가 배심원들에게 마음챙김의 지침에 대하여 말하고 있었던 것이다!

재판이 끝나고 얼마 후 톰은 판사가 어디서 마음챙김과 명상에 대해 알게 되었는지 묻기 위해 판사실을 찾아갔다. 톰의 기억에 따르면, 리처드 코넌(Richard Connon)이라는 이름의 당시 판사는 다음과 같은 취지의 말을 했다. "음, 저는 매사추세츠 의과대학에서 판사들을 위한 스트레스 완화 프로그램에 참여했죠. 거기서 존 카밧진은 모든 것을 순간순간 바라보는 것이 무척 중요하다는 말을 했습니다. 그건 제게 뭔가 커다란 깨달음을 주는 말이었어요. 나도 모든 것을 순간순간 바라보는 것에 대해 생각한 적이 있었지만 순간순간 전개되는 사건을 관찰한다는 것에는 제가 생각하지 못한 무언가 완전히 다른 것이 있었습니다. 주의가 그토록 지속적일 수 있다는 것은 제게 놀라운 것으로 다가왔습니다. 이것이 바로 우리가 배심원들에게 바라는 것입니다. 그래서 배심원들이 비판단적으로 증언을 들을 수 있도록 하기 위해 그렇게 주의를 기울이는 방법을 그들에게 알려 줘야겠다고 생각했습니다."

판사는 사건의 최종변론을 하기 전에 마음챙김 지침을 다시 들고 나왔다. 다시 한 번 재판 기록을 그대로 옮겨 본다. "여러분이 최종변론에 특별히 주의를 기울여 주실 것을 요청드립니다. 그리고 저의 말에도 주의를 기울여 주셨으면 합니다. 제가 얼마 전에 사용했고 오늘 다시 사용하려고 하는 마음챙김 명상이라는 용어를 기억하실 것입니다. 물론 그 자리에 앉으면 그런 일은 불가능하겠지만 저는 여러분이 졸지 않기를 바랍니다. 저는 여러분이 순간순간 주의를 기울여 주셨으면 합니다. 그것은 매우 중요합니다. 여러분은 오늘 높은 정의의 기준을 갖춘 미국 연방헌법과 매사추세츠 주 헌법으로 보호받고 있는 권리를 행사하게 될 것이기 때문입니다. 오늘 여러분이 이 나라의 모든 시민을 대변하는 것인 만큼 이것은 무척 중요한 일입니다."

아마도 배심원들은 모든 판결에 앞서 언제나 마음챙김 지침을 들어야 할지 모른다. '명상'이라는 용어를 쓰지 않고 배심원들에게 간단하고 알기 쉽게 이러한 취지를 이해시킬 수 있도록 판사는 "이 법정에서 제시되는 것들에 대해 여러분이 완전한 주의력으로 귀 기울여 주실 것을 바랍니다. 위엄과 현존을 상징하는 자세로 앉으셔서, 모든 증거가 제시되고 최종변론을 하기 전에 숨이 여러분의 몸으로 들어가고 몸에서 나오는 느낌과 접촉하는 것도 도움이 되리라 생각합니다. 모든 증거가 제시되고 최종변론을 하기 전에 여러분의 마음이 결론으로 치달으려는 성향을 주의 깊게 관찰하십시오. 최선을 다하여 여러분의 판단을 계속적으로 유보한 채, 매 순간 이 법정에서 제시되는 사항들에 대해 여러분의 온전한 존재감으로 그것을 다만 관찰하십시오. 마음이 많이 방황한다면 언제든 여러분의 호흡이나 지금 여러분이 듣고 있는 것으로 계속해서 돌아올 수 있습니다. 증거 제시가 완료되면 이제 여러분이 배심원단으로서 함께 숙고하여 판결을 내려야 할 때입니다. 그러나 증거가 모두 제시되기 전까지는 그렇게 해서는 안 됩니다."라고 말할 수 있다.

자네 미쳤군!

어느 날 저녁 나는 케임브리지 선(禪) 센터에서 대중을 상대로 수요 저녁 법문을 하고 있었다. 내 옆에 앉아 계셨던 숭산 선사님께서는 대중의 질문에 답변을 주셨다. 그것은 선사님께서 당신의 제자들에게 지도자 훈련을 하는 방식이었다.

첫 번째 질문은 방 오른쪽, 좌중의 뒤편 중간 정도에서 한 젊은 청년이 던진 질문이었다. 그런데 그 청년의 질문—그 내용은 생각나지 않는다—이 좌중의 걱정과 궁금증을 자아내며 혼란을 일으켰다. 사람들은 그 질문을 한 사람을 보기 위해 조심스럽게 고개를 돌렸다.

선사님은 한동안 안경테 너머로 이 젊은이를 뚫어져라 쳐다보셨다. 방에는 완전한 정적이 흘렀다. 선사님은 자신의 깎은 머리를 쓰다듬고 자리에 앉으신 채로 몸을 그 청년 쪽을 향하여 약간 기울이시고는 계속해서 안경테 너머로 청년을 쳐다보셨다. 그러는 가운데 선사님은 갑자기 청천벽력 같은 소리로 "자네 미쳤군!" 하고 고함을 치셨다.

바로 옆에 앉았던 나는 숨이 콱 막혔다. 방 안의 다른 사람들도 마찬가지였다. 방 안의 긴장감은 즉시 몇 갑절 치솟았다. 나는 선사님의 귀에 대고 이렇게 속삭이고 싶었다. "선사님, 누군가가 정말로 미쳤을 때 공개적인 자리에서 그렇게 말씀하시는 것은 그다지 좋은 생각이 아닙니다. 저 불쌍한 청년에게 좀 살살 대해 주십시오." 나는 무척 당황했다.

이 모든 일이 나와 그 방에 있던 모든 사람의 마음속에서 단 한순간에 일어났다. 선사님이 하신 말씀의 잔영이 아직도 공기 중에 떠돌고 있었다.

그러나 선사님의 말씀은 아직 끝나지 않았다.

영원처럼 느껴졌으나 실제로는 단 몇 초에 불과했던 침묵을 깨고 선사님께서는 이 말씀으로 끝을 맺으셨다. "……그렇지만—또 한 번의 긴 침묵 다음에—……아주 미치지는 않았군."

방 안의 모든 사람이 안도의 한숨을 쉬었다. 안도의 분위기가 방 안에 퍼져 나갔다.

만약 이 젊은이가 그 순간 그러한 방식으로 그 메시지를 선사님의 후배나 다른 위엄 있는 인물로부터 받았더라면 유익했을지 모른다. 그러나 동시에 그것은 그 상황을 고려했을 때 실제로 연민에 차 있고 능숙한 것으로 느껴졌다. 나는 그것이 그에게 유용했는지 그렇지 않았는지 모른다. 그랬기를 바란다. 나는 선사님이 이후 그 청년과 이야기를 나눴는지 알지 못한다. 그러나 선사님에 관해 한 가지 분명한 사실은 그분은 어느 누구도 포기하지 않으셨다는 것이다.

나는 선사님이 우리에게 말씀하고자 하셨던 바가 우리가 온정신을 회복할 용기를 내야 하며, 우리의 광기를 당당히 받아들이고 그것을 연민으로 품어 안을 수 있어야 한다는 것이라고 생각한다. 다시 말해, 우리의 광기에 직면하여 그것에 이름을 붙이고 그렇게 함으로써 광기보다 더 큰 존재가 되는 것, 그래서 더 이상 그에 사로잡히지 않고 온정신—일상적 의미의 온정신보다 더 온정신—으로 우리의 전체성과 친밀하게 접촉하는 것이라고 생각한다. 특히 광기 자체가 정상적인 것으로 통하는 오늘날 세계에서는 더욱 그러하다. 오늘날 언론은 진실을 조각조각 팔아먹거나 가치가 없는 뉴스라면 은폐해서 사람들의 소비를 위해 진실을 포장하고 있다. 더욱이 언론은 인쇄나 방송에 적합한(fit), 뉴스의 세부 사항에만 집착하고 있다. 그곳에서 옷의 맞음새(fit)는 그 옷을 입게 될 사람—미디어 소비자—보다 그 옷을 만드는 재단사—미디어—가 더 잘 알고 있다.

상 변화

Phase Change

우리의 참된 본성이 정말로 전체성이라면 왜 우리가 그토록 자주 분열된 것처럼 느끼는가? 이것을 어떻게 이해해야 할까?

여기 적합한 비유를 하나 소개한다. 우리는 물이 온도와 압력에 따라 다양한 형태를 띤다는 사실을 알고 있다. 해수면에서 상온이라면 물은 액체 상태다. 섭씨 100도로 가열하면 기체가 되어 증발하며, 섭씨 0도 아래로 내려가면 얼어서 고체가 된다. 그렇지만 어떤 형태를 띠든 그것은 여전히 물이다.

물이 이처럼 고체, 액체, 기체로 변환하는 것을 물리학과 화학에서는 상 변화(相變化, phase change)라고 한다. 왜냐하면 물이 하나의 형태 혹은 상에서 다른 형태 혹은 상으로 바뀌었기 때문이다. 상이 다르면 물 분자, 즉 H_2O 분자는 서로 매우 다른 관계를 갖는다. 그것이 얼음은 딱딱하고, 수도꼭지에서 나오는 물은 흘러서 그 물이 담긴 용기 모양의 형태를 띠게 되는 이유다. 그리고 증기나 수증기가 그것이 위치한 전체 체적을 채우는 이유다. 그렇지만 고체, 액체, 기체 등 어떤 형태를 띠더라도 그것은 주변의 온도와 기압 환경에 따라 서로 다른 형태를 띨 뿐 어디까지나 H_2O다—에베레스트산에서는 기압이 매우 낮아서 물이 섭씨 100도보다 훨씬 아래에서 끓는다. 이 때문에 높은 고도에서는 밥을 짓기가 어렵다. 물이 끓더라도 끓는 물의 온도가 해수면에서만큼 뜨겁지 않다.

우리는 H_2O가 물의 근본적이고 참된 본질—그것의 본래 정수—이라고 말할 수 있다. 변화하는 환경에 따라 그것은 고체, 액체 혹은 기체 상태로 나타날 수 있다. 이들 각각의 형태에서 그것은 서로 매우 다른 특성과 결과를 가지고 나타날 것이다. 다시 말해, 그것의 외관은 서로 매우 다르게 보이고 다르게 '느껴질' 것이다. 그리고 그것이 행동하는 방식도 서로 무척 다를 것이다.

몸과 마음도 이와 마찬가지다. 몸과 마음 역시 주변 상황이 변함에 따라 앞에서 말한 상 변화와 유사한 과정을 거친다. 변화하는 상황은 특정한 압력을 일으킬 수도 있고 경감할 수도 있다. 변화하는 상황은 정서적으로, 인지적으로, 신체적으로, 영적으로 덥힐 수도 있고 식힐 수도 있다. 우리가 이러저러한 방식으로 적응해야 하는 이처럼 다양하게 변화하는 상황을 '스트레스워(stressor)'이라고 부른다. 그리고 그러한 변화에 대한 우리의 경험—특히 우리가 그에 적응적으로 응답하지 못할 때—은 '스트레스'라고 부른다.

외부 풍경에서나 내부 풍경에서 스트레스 상황에 반응할 때 우리의 몸과 마음은 스트레스의 영향을 느끼자마자 급격하게 변화한다. 예를 들어, 우리는 공포감으로 마비되거나 '얼어 버릴' 수 있다. 우리 모두는 그러한 경험을 한두 번은 가지고 있다. 마음도 특정한 생각과 견해에 사로잡혀 혹은 분노나 상처로 인해 얼어 버릴 수 있다. 그럴 때 마음은 즉시 단단해지고 완고해지며 차가워진다. 이러한 언 상태는 뿌리 깊은 사고와 감정, 행동의 패턴으로 나타난다. 혹은 마음은 동요와 혼란, 불안과 당황으로 인해 증기처럼 뜨거워질 수도 있다. 우리는 '울분을 토해 낸다(blow off steam)'는 표현을 사용한다. 우리 모두는 이런 양극단의 체험을 한 적이 있다. 아니면 마음은 이 양극단의 중간, 그러니까 얼음도 아니고 물도 아닌, 마치 슬러시처럼 혼탁하고 불명확한 상태에 있기도 한다.

혹은 상황이 이와 다르게 우리가 압력으로부터 자유롭고 압력이 우리를 끓는 지경까지 덥히지 않고, 또 그렇다고 위축되거나 경직될 정도까지 얼려 버리지 않는 상황이 되면 마음은 공기처럼 매우 넓어지고 무한히 확장되어 그 안에 있는 무엇이라도 품어 안을 수 있으며, 혹은 물처럼 자유롭게 흘러 우리의 길을 방해하는 커다란 장애물에 아랑곳하지 않고 흘러갈 수 있다.

때로 이런 상 변화는 우리 삶의 외부 풍경—직장, 가정, 사회 혹은 정치경제적 사건 등—의 원인과 조건, 환경이 변화함에 따라 저절로 일어날 수가 있다. 그러나 대부분의 경우 그것은 우리 내부 풍경 안에서 우리 스스로 만든 동요와 반응으로 생겨난다. 그것은 우리의 검토되지 않은 마음의 습관에서 생겨난다. 그러한 검토되지 않은 마음의 습관 때문에 우리는 불행히도 우리를 경직되고 얼어 버리게 만드는 오랜 사고와 느낌, 관점에 갇혀 버리고 만다. 외적 조건이든 내적 사건이든 그러한 경우에 우리는 종종 우리의 진정한 본성—얼어 버린 상태에 한정되지 않고, 서로 다른 몸과 마음의 다양한 상태를 띠게 하는 H_2O와 같은, 그리고 우리가 여러 가지 외적 도전 및 몸과 마음의 내적 동요(우리가 어떤 경우에라도 직면할 수 있고 실제로 모든 순간에 어느 정도 직면하고 있는)에 직면하여 더 큰 지혜와 효과성으로 대응하도록 해 주는 근본적 본성—을 기억하고 알아보지 못하게 된다.

이렇게 우리로 하여금 얼어 버린 상태로부터 보다 자유롭고 넓은 상태로 녹도록, 그리고 넓은 공간조차도 우리의 진정한 본성이 아니라 다만 우리 본성의 또 하나의 표현이라는 것을 깨닫도록 도움을 주는 것이 바로 마음챙김이다.

우리의 진정한 본성은 모든 상태와 상 변화를 품어 안고 그것이 모든 종류의 형태나 상을 초월—그것이 얼음이든, 액체든, 증기든, 아니면 선(禪) 지도자 조코 벡(Joko Beck)이 말하는 소용돌이든—하는 우리의 근원적 전체성이 겉으로 드러난 현상일 뿐임을 아는, 우리의 아는 능력, 타고난 자각의 능력이다. 비록 우리가 우리의 편치 않음, 절망 혹은 역기능적 행동에 대해 외적인 조건이나 우리 내면의 마음 상태에 그 원인을 돌리기 쉽긴 하지만, 궁극적으로 일이 이렇게 혹은 저렇게 되는 것은 스트레스원 때문이 아니다. 그보다 우선 일어나는 사건의 진정한 본질—우리가 이미 보았듯이 그것은 비어 있다—을 인식하지 못하게 함으로써, 그리고 우리가 좋아하지 않는 현실에 저항하고 분투하며 그로부터 위축되고 그것을 비난하고 증오하며, 그것을 더 만족스럽고 즐거운 혹은 우리에게 보다 안전하다고 생각되는 방향으로 변하도록 강요함으로써 우리를 가둬 버리는 것—먼저 일어나는 일의 심층의 구조와 우리가 그것과 현명한 관계를 맺을 수 있다는 가능성을 인식하지 못한 채—은 그것들—우리의 편치 않음, 절망 혹은 역기능적 행동—에 대한 우리의 집착, 그것들을 놓지 않고 그것들에 매달리려고 하는 우리의 충동 때문이다.

알아차림 자체가 우리의 진정한 본성이라면 자각 속에 머무는 것은 우리가 갇혀 있는 몸과 마음, 생각과 감정의 모든 상태—그것이 아무리 끔찍해 보인다 하더라도—로부터 우리를 해방시킬 수 있다. 그러나 우리는, 예컨대 얼음에 갇혀 있는 경우에 물의 가능성—그것이 물이 될 수 있다는 것—을 믿지 못하며, 심지어 우리의 진정한 본성은 그것이 띨 수 있는 모든 형태를 벗어난 것이라는 사실도 기억하지 못한다. 단 한순간만이라도 그 사실을 기억한다면 그것은 우리를 평생의 습관적인 위축으로부터 해방시킬 수 있다. 왜냐하면 우리는 더 이상 특정한 하나의 상태를 곧 우리의 정체성 혹은 가장 근본적인 것으로 간주하지 않을 테니까.

12세기 한국의 선승 지눌은 다음과 같이 말했다.

> 우리는 꽁꽁 언 연못 역시 물이라는 것을 알지만 그것이 녹기 위해서는 태양의 열이 필요하다. 우리가 중생이 곧 부처라는 사실을 깨닫는다 하더라도 그것이 우리의 정신적 계발에 스며들기 위해서는 법(다르마)의 힘이 필요하다. 꽁꽁 언 연못이 녹으면 물은 자유롭게 흘러 관개와 청소에 사용될 수 있다[識冰池而全水 借陽氣以鎔消 悟凡夫而卽佛 資法力以熏修 冰消則水流潤 方呈漑滌之功, 『수심결(修心訣)』].

상호 교차적 우주에서 그처럼 녹이는 알아차림, 그토록 자유롭게 흐르는 확장적 알아차림은 무엇보다 사랑의 느낌이다. 마치 우리의 마음과 가슴을 녹이는 태양처럼.

스스로 만들고, 스스로 갖는다

지눌의 8백 년 후배인 숭산 선사님은 이런 말씀을 하는 것을 좋아하셨다. "네가 문제를 만들고, 네가 문제를 갖는다." 스님이 말씀하고자 하셨던 바는 단순하고 놀랍도록 적절하다. 바로 문제라는 것이 실제로는 존재하지 않는다는 뜻이다. '문제'라는 관념은 단지 하나의 관념, 상황에 대해 우리가 덧입힌 해석일 뿐이다. 우리의 생각이 상황을 문제로 만든다.

문제라는 것은 수학이나 물리학 과제에 적당한 단어다. 그러나 삶에는 문제라는 것이 실재하지 않는다. 다만 각각의 문제—문제라는 것이 있다면—가 드리우는 상황과 도전에 적절한 반응을 요구하는 상황만이 있을 뿐이다. 그리고 대개 적절한 반응을 하기 위해서는 개연성—확률—에 대한 정확한 평가와 직관적이고 신중한 계산이 필요하다. 상황이라는 것은 그 스스로 드러난, 있는 그대로의 사정을 말한다. 그러나 너무나 자주, 우리가 상황을 문제로 만들어 버릴 때에 우리의 심리적 방향성은 온통 우리가 문제를 갖고 있는 쪽으로 경도되어 버린다. 그리고 이러한 경도는 우리가 열려 있고 창의적이며 '문제'를 그것도 '큰 문제'를 가지고 있다는 무거움에 사로잡히지 않아야 할 때에 우리의 시야를 좁게 만들 수 있다. 그러한 무거움은 문제를 가지고 있는 '나' 혹은 '우리'를 보다 실체화하고 만다.

딸아이가 맛있는 아몬드 향 바나나빵을 구우려고 하는데 오븐에서 훅 하고 연기가 뿜어져 나온다고 한다. 그 뒤 오븐은 전원이 나가 버렸고 이후 다시 켜지지 않았다. 내가 스토브 위의 버너를 확인해 보니 손잡이를 돌려도 불이 들어오지 않는다. 점화기도 딸깍 하는 소리가 나지 않는다. 오븐도 마찬가지다. 얼마 전에도 스토브가 고장이 나서 사람을 불렀던 터라, 나는 이번에도 수리공을 불러야겠다고 말했다. 바나나빵을 먹기 위해 기다려야 한다는 건 무척 아쉬운 일이었지만 말이다.

그러자 아내 마일라가 말했다. "누전차단기를 확인해 보는 게 어때요?" 아내가 그렇게 말한 순간 나는 문제의 원인을 직감했다. 그에 관해 생각했어야 할 사람은 바로 나였는데도 나는 왜 그 생각을 하지 못했을까? 나는 아래층으로 내려갔다. 아니나 다를까, 스토브 누전차단기가 꺼져 있었다. 나는 그것을 다시 연결했다. 그러자 오븐이 다시 작동했다.

한순간에 내 마음은 즉각적으로, 일어나고 있는 일을 스토브 자체의 문제로 바꿔 버렸다. 그래서 아내의 머리에 떠올랐던 가능성에 대해 생각할 여유를 허락하지 않았다. 그 상황에 열려 있지 않았던 내 마음은 그것을 우리가 지금 겪고 있는 상황으로 보기보다 우리가 전에 겪었던 문제로 바꿔 버렸다. 그 서투른 오진은 더 이상 명확한 사고—적어도 그 순간만큼은—를 하지 못하게 했다.

그러므로 매 순간 그리고 모든 순간의 도전은 바로 우리가 각각의 상황—그것이 유쾌하든, 불쾌하든, 유쾌하지도 불쾌하지도 않든—에서 매 순간 적절하게 행동하는 방식으로 접근할 수 있느냐는 것이다. 우리의 생각하는 마음이 매 순간을 자동적으로 문제로 바꿔 버려 그것을 잘못 인식하고, 동시에 작은 '나'가 등장하여 그것을 딜레마나 복잡한 멜로드라마로 만들고 마는 상황이다. 그것은 나와 나의 문제에 관한 이야기, 그리고 그것이 어떻게 진행되고 진행되지 않는지에 관한 이야기다.

얼마 지난 후 "네가 문제를 만들고, 네가 문제를 갖는다."는 말은 "네가 만들고, 네가 갖는다."로 줄었다. 그리고 그 목적어 자리에는 문제뿐만 아니라 우리 마음의 크고 작은 어떠한 '건축 프로젝트'라도 들어갈 수 있게 되었다. 그것은 선사님이 우리의 생각 자체가 하나의 허구적 구성물(fabrication)—라틴어 *fabricari*는 '무언가를 만든다(to make something)'는 뜻이다—이라는 것을 가르치는 여러 방법 가운데 하나였다. 생각은 우리와 직접적 체험 사이에 장막을 드리운다—우리가 직접적 체험을 하지 못하도록 차단한다는 뜻: 역자 주. 선사님은 생각이 일어날 때마다 스스로도 모른 채 우리가 그것에 휩쓸려 버리거나 직접적 인식과 직접적 앎과의 접촉을 상실하지 않도록 그것을 알아차려야 한다고 말씀하셨다. 명확한 사고는 매우 유용하고 강력할 수 있다. 그러나 종종 우리의 사고는 그다지 명확하지 않으며, 생각에 의해 매개되지 않는 또 다른 앎의 방식인 직접적 체험의 영역을 완전히 가려 버릴 수도 있다.

몇 십 년이 지난 후 나는 비슷한 맥락에서 티베트인들이 본래의 순수한 마음 혹은 위대한 자연적 완성의 근본적 성질로 '비작위(non-fabrication)'를 말하는 것을 듣고 반가웠다. 우리는 모든 명상 전통에서 훈련되지 않은 마음(untrained mind)이라고 부르는 것이 언제나 생각과 의견, 견해와 문제를 만들어 내고 있다는 것—선사님이 말씀하셨던 것과 마찬가지로—을 단지 우리의 마음을 스스로 관찰함으로써 확인할 수 있다. 마음의 이런 '겉도는 것(idling)'은 명상계에서 때로 '확산(proliferation, 망상)'이라고 불리기도 한다. 왜냐하면 생각과 환상, 백일몽이 그 모든 정서적 잔물결과 함께 끊임없이 확산하기 때문이다. 이 작위적 혹은 허구적 구성물은 그 자체를 비판단적으로 관찰하는 데 익숙하지 않은 마음에는 실제로 보이지 않는다. 우리는 그것이 일어나고 있다는 사실도 모를 것이다. 이것이 바로 윌리엄 제임스(William James)가 교육, 그리고 방황하는 마음을 되가져 오는 것에 관해 말했을 때 애도한 바다.

마음챙김 훈련을 경험한 마음도 여전히 확산과 허구적 구성—작위—을 경험하는데, 이는 그것들이 마음의 본성의 한 측면이기 때문이다. 그러나 마음의 안정성에 대한 훈련 및 계발, 그리고 어느 정도의 평정심과 통찰의 계발과 함께 그러한 활동은 지금까지와 다르게 인식되고 품어 안을 수 있다. 마음의 확산과 작위를 점점 더 미세한 방식—점점 더 미세한 형태의 집착과 더불어—으로 관찰하게 되는 일이 드물지 않게 일어난다. 확산과 작위의 보다 거친 표현들이 사라지지는 않겠지만, 만약 그것들을 계속해서 키우고 그에 반응하지 않는다면 그것들의 진동은 눈에 띄게 줄어들 것이다. 그리고 때로 그것들이 완전히 약해지거나 아예 사라져 버리기도 한다.

어떻게 이런 일이 일어날 수 있는가? 마음챙김을 계발할 때 우리가 마음의 작위를 그것이 일어나는 그 순간에 작위라고 알아보는 것은 바로 더 안정적이고 정교해진 마음챙김 자체다. 우리의 자각—알아차림—은 작위에 달라붙는 우리의 습관에 반사적이고 부주의하게 걸려들어 그에 관한 확산하는 이야기를 지어내지 않음으로써 그것에 더 이상 힘을 실어 주지 않는다. 이런 방식으로 접근할 때, 생각이나 느낌,

아이디어나 견해의 형태를 갖는 마음의 작위를 더 용이하게 있는 그대로—즉, 그것을 비실체적이고 점차 사라지는 형성물로, 그리고 단지 알아차림이라는 장에서 일어나는 사건(일어나면 반드시 사라지는)으로—인식할 수 있게 된다. 마치 하늘의 구름이나 물에 쓴 글씨처럼 이 두 이미지는 마음의 끊임없는 춤과 그 내용의 무상함을 매우 정확하고 인상적으로 그려 내고 있다.

만약 우리가 이러한 비작위적 태도를 명상 방석에 앉아서나 그것을 떠나서나, 요가 매트에 누워서나 그것을 떠나서나 우리의 수련에 가져갈 수 있다면, 마음의 널찍하고 아는 그리고 연민에 찬 본질은 우리에게 더욱 쉽게 다가올 것이다. 우리가 어떻게 그것을 할 수 있을까? 무엇보다 가장 먼저 그 어떤 것도 작위적으로 만들어 내지 않으려는 의도를 통해서 그렇게 할 수 있다. 당신이 명상을 하고 있다는 생각조차, 그리고 명상을 하면 그러한 마음의 작위를 더 잘 알아차리게 될 것이라는 생각—비록 보다 능숙한 작위라고 할지라도—조차 하나의 작위다.

그래서 우리는 느긋하게 우리 자신을 혹사하지 않고, 주의를 흩뜨리지 않고 완전히 주의를 기울이며, 어떤 것도 작위적으로 만들어 내지 않겠다는 부드럽지만 확고한 의도와 함께 존재하는 지금풍경 속으로 들어간다. 두 번째로, 이와 마찬가지로 중요하게, 우리는 마음의 만들어 내는 경향을 관찰한다. 그리고 그 관찰하는 능력, 아는 능력이 실제로 어떤 것인지 탐구한다. 이 아는 능력이 작위에 친숙해지는 것은 생각을 통해서가 아니라 느낌을 통해서다. 우리는 마음의 확산과 끊임없는 건설 프로젝트를 인식한다. 그리고 우리가 얼마나 쉽게 그런 것들에 함몰되는지, 얼마나 쉽게 그런 것들에 감정적으로 빠져 버리는지 인식한다. 우리는 우리가 얼마나 쉽게 그런 것들에 집착하며 그런 것들에 관한 의견—긍정적인 혹은 부정적인, 유쾌한 혹은 불쾌한—을 얼마나 쉽게 갖는지 인식한다. 그리고 우리는 이 모든 것이 단지 마음이 만들어 낸 작위라는 것을 본다. 그렇게 우리는 마음이 지어내는 현상이 일어나고 사라지는 것을 계속해서 관찰한다. 우리는 생각—심지어 관찰하고 아는 것에 관한 생각조차도—을 넘어 알아차림 자체에 머문다. 우리는 이 알아차림 속에 순간적으로 머문다. 그리고 이 '순간적으로'라는 말 자체가 시간을 초월한다는 의미다.

시간이 지나면 그러한 무시간적 순간들이 확산과 작위의 배경에서 드러날 것이며, 우리는 그것을 알아보게 될 것이다. 그것들은 이제 우리에게 더 친숙한 것이 되어 눈에 더 잘 띄고 더 쉽게 접근할 수 있게 되었기 때문이다. 우리는 자연스럽게 이러한 방해받지 않는 평화로움과 명료함 속—어떤 일이 일어나고 있든—에 머물고자 하게 될 것이다. 우리는 순간적으로, 적어도 우리 자신의 방식에서 벗어나게 된다. 그리고 그 지점에서는 우리의 방식이 분명해지고 밝아지고 방해받지 않게 된다. 비록 우리의 방식이 아주 곤란한 상황에 처한다 하더라도, 아니 곤란한 상황에 처했을 때는 더욱더 그러하다.

그리고 만약 우리가 특정 순간에 우리 스스로 만든 작위에 걸려든다 할지라도 우리는 '누전차단기'—지하실에 있는 것, 그리고 특히 우리 마음 안에 있는 것도—를 확인해 볼 생각이 문득 떠오를지 모른다.

수련에 대한 어떤 이상화도 또 다른 작위다

물론 앞 장에서 말한 것 역시 하나의 견해일 뿐이며, 어떤 면에서는 하나의 이상화다. 수련에 관한 혹은 우리 자신의 수련에 관한 견해를 이상화하거나 마음의 성취 혹은 마음의 특별한 상태에 관한 견해에 빠져서, 그 역시 또 하나의 작위—그것도 커다란—라는 것을 알지 못한 채 오랫동안 수련에 관한 우리의 생각과 이상에 갇혀 있기가 무척 쉽다.

그러나 그러한 생각과 이상에 반복적으로 갇히는 것조차 우리가 지속적인 놓아 버림과 우리 자신에 대한 지속적인 친절을 통해 그것을 확인하고 그에 대해 작업하고자 한다면 이 또한 하나의 수련이다. 한 가지는 매우 확실하다. 우리는 단기적으로, 우리가 어떤 행동과 생각을 하든 계속해서 수련에 대한 우리의 생각과 이상에 갇히게 될 것이다. 왜냐하면 그것이 검토되지 않고 계발되지 않은 마음의 본성이기 때문이다.

우리는 마음과 마음이 계속해서 지어내는 나에 관한 이야기에 의해 반복적으로 생길 수 있는 온갖 문제를 만들어 내게 될 것이다. 그리고 우리는 명상을 시작하면 명상에 대해서도, 우리 삶의 다른 모든 것에 대해서만큼 많이는 아니라 할지라도 온갖 문제를 만들어 낼 것이다. 그러나 그것은 무척 자연스러운 일로서 반드시 문제라고 생각할 필요가 없다! 마음의 모든 작위와 확산과 마찬가지로 그것 역시 수련 풍경의 일부일 뿐이다. 우리가 감당해야 할, 커다랗고 만만치 않은 도전은 우리가 거기에 걸려들었을지라도 마음챙김을 유지하는 것, 혹은 우리가 정신을 잃어 우리의 불안정하고 두려움에 찬 뿌리 깊은 마음의 습관에 굴복한 뒤라도 최대한 빨리 마음챙김을 회복하는 것이다.

이것은 이상(理想)이 아니다. 그러나 그것은 어려운 일이다. 여기에는 어떤 일이 일어나더라도, 또 당신이 얼마나 갈등과 혼란에 휩싸여 있다고 느낄지라도, 우리에게는 오직 지금 이 순간밖에 존재하지 않는다고 하는 태도가 요구된다. 우리가 깨어 있기에 지금보다 더 좋은 기회, 지금보다 더 훌륭한 순간은 없는 것이다. 정말로 노래 가사처럼 '지금 아니면 결단코 없다(now or never).'다. 지금 바로 선택을 내림으로써 우리는 지금 순간에 열리고 알아차림 안에 머물게 된다. 이제 우리는 자연스럽게 지금풍경 안에서, 존재와 앎의 바로 그 차원으로부터 행동할 수 있게 된다. 가장 단순하고 순수한 방식으로 전체성과 지혜를 체현—생각이나 작위를 통해서가 아니라 전체성과 지혜가 바로 우리 자신의 원래적 본성, 우리의 H_2O이기 때문에—하면서 행동할 수 있게 된다. 그러나 슬프게도 우리는 우리 자신의 잠재력을 계속 잊고 지낸다.

* * *

위대한 도는 어렵지 않다[至道無難(지도무난)]
오직 선호하고 집착함을 꺼릴 뿐[唯嫌揀擇(유혐간택)]
사랑과 미움이 모두 사라질 때[但莫憎愛(단막증애)]
모든 것은 명확해지고 그 실체가 드러난다[洞然明白(통연명백)]

⋮

일승(一乘)으로 나아가고자 한다면[欲趣一乘(욕취일승)]
감각과 생각의 세계(여섯 감각의 대상)조차도 싫어해서는 안 된다[勿惡六塵(물오육진)]
그것들을 완전히 수용하는 것이야말로[六塵不惡(육진불오)]
깨달음이라 할 것이다[還同正覺(환동정각)].

– 선종 제3대 조사 승찬(서기 600년경), 『신심명(信心銘, Verses on the Faith-Mind)』

한번 해 보자는 거야

내가 뉴욕 시에서 자라던 어린 시절, 싸움을 할 때 아이들 사이에서 자주 사용하던 말이 있었다. 이 말은 아주 유행했다. 누군가 상대방에게 모욕을 주면 모욕을 받은 사람이 다음과 같이 말한다. "한번 해 보자는 거야?(You want to make something of it?)" 그리고 모욕을 준 사람이 "그래, 한번 해 보자."라고 대답하면 서로 멱살을 잡고, 심한 경우 더 큰 싸움으로 번지기도 했다.

당신은 '한번 해 보고' 싶은가? 1950년대 거리의 거친 악동들이 했던 흥미로운 도전에 참여해 보고 싶은가?

우리가 마음과 마음의 작위적으로 지어내는 경향에 관해 이야기하고 있는 지금 맥락에 비추어 우리가 청소년 때 그런 말을 한 연유에 대해 돌이켜 보는 것은 흥미로울 것 같다. 당시 거리 은어에서 '한번 해 보다'는 말은 '그것을 더 파고들다' '그것을 다음 단계로 가져가다' '자신의 말을 증명하다' 등의 의미로 쓰였다. '한번 해 보겠다'는 것은 내가 그것을 진지하게 받아들이며, 그 모욕을 사실로 생각하며, 그것을 계속해서 파헤쳐 보는 것—심심해서건 혹은 청소년의 습관에서건—이 내게 중요하다는 뜻이었다. 일반적으로 그 말은 그 아이의 가족 중 누군가—주로 어머니—를 향한 성적 모욕의 뜻이 담긴 것이었다. 그리고 그 말을 들은 사람이 상대방—먼저 그 말을 한 사람—에게 그 말을 되돌려 주는 경우도 잦았다. 시간이 좀 지난 뒤에는 그 말을 통해 처음에 무엇에 대해 모욕을 주려고 했는지, 그리고 누가 먼저 그 말을 시작했는지는 중요하지 않게 되었다. 그것은 다만 "한번 해 보자는 거야?" 하면 상대방은 "좋아, 네가 한번 해 보자고 하면 나도 한번 해 보지."와 같은 의미를 갖게 되었다.

그러나 그것을 놓아 버리는, 사회적으로 인정되는 방법도 있었다. 그 방법을 따르면 모욕을 준 사람이든 당한 사람이든 체면을 구기지 않아도 되었다. 만약 당신이 당한 모욕에 쿨하고 편안하고 무관심하고 유머 있게, 다시 말해 평안하고 무심하게 대할 수 있다면 당신은 그것을 그냥 놓아 버리고—당신이 받은 그 모욕은 순전히 어리석고 엉터리며 말도 되지 않는 것이기 때문에—괘념치 않을 수 있었다.

그러나 만약 한쪽이 그 말의 의미를 진지하게 받아들여 스스로 모욕을 당했다고 느낀다면—비록 그것이 농담이라는 것을 안다고 하더라도(특히 그 말을 들은 사람일 경우)—화를 내면서 자신의 어머니나 누나에 대해 그런 말을 한 데 대해 상대방에게 해를 입히고자 할 것이다. 그런데 바로 그것이야말로 상대방이 바랐던 것인지 모른다. 상대방은 당신이 평정심을 잃고 흥분하도록 미끼를 던진 것이다. 터무니없이 유치한 일이었지만, 1950년대 후반 길거리에서 빈둥대던 아이들이 스틱볼—막대기와 고무공으로 하는 야구 비슷한 놀이: 역자 주—이나 당시 도시에서 하던 길거리 운동 외에 달리 무슨 놀이가 있었을까—사람들의 말을 들어 보면 이런 별난 행동이 지금도 행해지고 있다고 한다. 비록 이제는 그런 신랄한 에너지가 우리 때보다 훨씬 더 창의적이고 시적이며 사회적으로 깨어 있는 랩을 통해서도 표현되고 있긴 하지만 말이다.

그러나 잠깐만! 우리가 '한번 해 보는' 것 말고 '한번 해 보지 않는' 것은 무엇일까? 우리는 거의 모든 것에 대해 '한번 해 보려' 한다. 그리고 그 과정에서 거기에 갇혀 버린다. 우리의 청소년 시절의 거리 의식은 정말로 집착과 비집착의 시험이었다. 만약 당신을 '낚기' 위해 던진 달콤한 미끼인 상대방의 말과 생각에 걸려들면 당신은 당신의 '체면'을 살리기 위해 싸워야만 했다—체면을 구기게 되고 나중에 그것을 살리기 위해 힘을 써야만 했다. 그러나 당신이 그것을 대수롭게 여기지 않거나 그 미끼를 덥석 물지 않고, 다만 지나가도록 내버려 둔다면 아무 문제가 생기지 않았다. 당신의 체면은 처음부터 위험에 처하지 않은 것이다.

그러므로 우리가 끊임없이 서로를 상대로 치렀던 이 의식(儀式)은 그 본질에서 숭산 선사가 강조하셨던 "스스로 만들고, 스스로 갖는다."는 가르침에 대한 직관적인 이해를 드러내는 것이라고 하겠다.

어느 누구도 우리에게 그것을 탐구 혹은 자기이해라는 양식으로 가르쳐 준 적이 없다는 것을 생각하면 이것은 무척 흥미로운 일이다. 그것은 워싱턴 하이츠라는 거리에서 우리 스스로 터득한 것이었다. 그것을 통해 우리가 무슨 대단한 것을 성취한 것은 아니었지만, 그것은 우리의 의식적인 이해를 훨씬 넘어선 혹은 현명한 이해라고 부를 만한 무엇이었다.

당신은 스스로 문제를 만들고 스스로 그것을 갖는다. 스스로 모욕을 주고 그 모욕을 갖는다. 스스로 해석을 내리고 그 해석을 갖게 된다. 이처럼 우리가 스스로 만든 작위에 걸려들어 어떤 사건을 무언가—실제보다 훨씬 더 큰 무언가—로 만들어 버리는 경우는 무수히 많다. 이것이야말로 엄청난 비탄과 광기의 근원이라고 할 것이다. 우리는 사건의 본질적인 비어 있음/차 있음을 보고 수용과 평정심으로 우리 가슴에 머물며, 또 넓고 열린 가슴의 선택 없는 알아차림 안에 머물기보다 우리가 우리의 인식을 무언가 커다란 이야기—예컨대, '그들은 나를 좋아하지 않아.' '그들은 나를 존경하지 않아.' '일이 이렇게 되면 안 되는데.' '내 몸이 망가졌어.' '내 인생은 실패작이야.' 혹은 마치 현대의 육군 소장이나 영화 스타처럼 '내가 세상의 왕이야.' 같은—로 만들어 버릴 때 우리가 옳을 수도 그를 수도 있고 보답을 받을 수도 결코 그렇지 못할 수도 있지만, 우리는 결코 평화를 알지 못하게 될 것이다. 또 크건 작건 우리가 스스로에게 들려주는, 그러고는 우리 스스로 그 모든 것을 만들었다는 사실조차 잊어버리는 이야기를 넘어 큰 그림을 결코 보지 못하게 될 것이다.

우리의 그 '나'라고 하는 것이 우리의 눈, 우리의 귀, 우리의 코, 우리의 혀, 우리의 피부, 우리의 가슴과 마음 그리고 우리의 순간을 방해하게 될 것이다.

우리 자신의 작위들을 보는 데 있어서 아마도 우리는 대부분의 시간 동안 그것들에 사로잡히지 않고 그것들을 놓아 버릴 수 있을 것이다. 그리고 어쩌면 우리가 변함없이 그것들에 사로잡혀 있을 때 그것을 더 빨리 볼 수 있을지 모른다. 그것은 해 볼 만한 도전, 가치 있는 수련이다.

이제 나는 당신에게 묻는다. "한번 해 보겠습니까?"

조심하세요!

어느 팀이 슈퍼볼 우승했어요

어느 해에 나는 2주간 침묵 속의 명상 집중 수련에 참석하고 있었는데 마침 그 주 주말에 2002년 슈퍼볼 결승전이 예정되어 있었다. 뉴잉글랜드 패트리어트 팀이 역사상 세 번째로 결승전에 진출—한 번도 우승은 못했다—한 해였다. 그 사건은 프로야구 월드시리즈에서 1919년 베이브 루스(Babe Ruth)를 뉴욕 양키즈와 트레이드한 뒤 1918년 이래로 한 번도 우승하지 못한 보스턴 레드삭스의 우울한 성적 때문에 뉴잉글랜드의 팬들에게 더욱 흥미진진한 사건으로 다가왔다.

그 사건을 더욱 극적인 드라마로 만든 것은 뉴잉글랜드의 쿼터백이자 스타 플레이어였던 드류 블레드소(Drew Bledsoe)가 그 시즌 두 번째 경기에서 심한 부상을 당해 그때까지 무명이었던 2년차 예비선수 톰 브래디(Tom Brady)로 대체되었던 사정 때문이었다. 결국 팀을 플레이오프까지 이끌고 간 브래디는 슈퍼볼 진출을 결정짓는 리그 결정전에서 그만 부상을 당하고 말았다. 이때 몇 달 전 부상으로 인해 경기를 뛸 수 없었던 블레드소가 브래디를 대신하여 투입되어 우세를 점쳤던 피츠버그 스틸러스에 멋진 승리를 거두었다.

팬들은 이 두 선수에게 열광했다. 지역 언론들은 끊임없이 그들에 대한 기사를 실으며 그들이 얼마나 자신들에게 닥친 역경과 중첩된 극적 결과에 친절하고 이타적으로, 그리고 우아하게 대처했는지 극찬했다. 우리는 뉴잉글랜드가 슈퍼볼에 진출할 것을 알고 있었다. 문제는 누가 쿼터백을 맡을 것인가, 그리고 누가 맡건 간에 당시 우세를 점쳤던 세인트루이스 램스와 맞서 뉴잉글랜드가 과연 이길 수 있을 것인가였다.

이것이 금요일 저녁부터 시작되었던 집중 수련에 참석하기 위해 내가 언론의 흥분을 떠날 당시의 상황이었다. 집중 수련에서 우리는 자신이 신청한 수련 기간에 따라 적게는 2주에서 최대 2개월까지 침묵을 지켜야 했다. 일요일 저녁 명상 지도자 한 분이 우리가 집중 수련에 참여함으로써 버리게 되는 것들의 예로 슈퍼볼을 들었다. 그분은 다른 의도가 없이 우리의 흥미를 돋우기 위해 그렇게 하셨다. 그러고는 슈퍼볼 결승전 결과가 궁금하면 개별 인터뷰 시간에 알려 주겠다는 말씀을 하셨다. 그 말을 듣고 나는 인터뷰 시간에 물어봐야겠다고 속으로 생각했다.

그러나 막상 다음 날 아침 지도자와의 첫 인터뷰 시간이 되자 나의 주의는 집중 수련 중 대부분의 시간을 할애하는 앉기 수련과 걷기 수련에서 내가 체험한 경험의 풍부함에 온통 쏠려 있어서 슈퍼볼에 대해 물어봐야겠다는 생각이 떠오르지 않았다. 물론 내가 이곳에 있지 않고 보스턴에 있었더라면 패트리어트 팬이든 그렇지 않든 틀림없이 이번 소동에 휩쓸렸을 것이지만 말이다. 나중에 이 일을 생각해 보니 내가 과거에 그토록 열광했던 것—미식축구—이 내 마음속에서 그토록 아무 일 아닌 듯 지나가 버린 것이 놀라웠다. 다음 날 아침 지도자를 만나게 되면 슈퍼볼 결과에 대해 물어봐야겠다고 생각했으면서도 다시 한 번 그에 대해 생각한 나는 그러지 않기로 했다. 그 연유는 이렇다.

결과를 물어본다 한들 그것이 지금의 나에게 무슨 소용이 있을까? 어느 팀이 경기에서 이겼든 이긴 것은 이미 이긴 것이고, 어느 팀이 이겼는지 나는 금방 알게 될 것이었다. 시합은 끝났다. 지금 시점에서 왜 내가 누가 이겼는지 반드시 알아야 하는가? 뉴잉글랜드가 이겼다면 내 마음은 그에 관한 생각으로 가득 찰 것이다. 뉴잉글랜드가 졌더라도 내 마음은 그에 관한 또 다른 생각으로 온통 가득할 것이다. 어느 경우든, 이겼을 경우 나의 기쁨과 졌을 경우 나의 괴로움은 순전히 대리적인 것, 짧은 시간에 사라져 버리는 중요하지 않은 일이었다. 솔직히 말해서, 슈퍼볼 결승전 결과를 아는 것은 비록 내가 뉴잉글랜드에 산다 해도, 블레드소가 팀을 우승으로 이끌었던 경기를 내가 지켜보았다 하더라도, 우리 아이들이 그 경기를 지켜보면서 그에 흠뻑 빠져 버렸다 하더라도, 그리고 패트리어트가 우승했다면 너무나 기뻐했을 것이더라도 나 혹은 나의 삶과 아무런 관련이 없었다. 나는 경기의 결과를 알고자 하는 마음 자체—실재가 아닌—가 허구에 대한 일종의 집착이라는 것을 알게 되었다. 그것은 나의 마음을 내가 그에 빠져들 수 있는 또 하나의 이야기로 채우는 방법이었다. 또 정말로 기껏해야 내 삶에 하나의 부수적인 것일 수밖에 없는, 그리고 당시 집중 수련의 취지와 전혀 관계없는 어느 사건의 특정한 결과와 자신을 동일시하는 방법이기도 했다. 집중 수련은 내가 그곳에 있기로 선택한 이유, 다시 말해 내가 그곳에 있도록 내 삶을 재조정한—비록 그것이 많은 것(슈퍼볼도 당연히 포함된다)을 잃는 것을 의미한다 할지라도—이유는 의도적으로 극도로 단순화된 환경—웬만해서는 마련하기가 매우 어려우나, 자신의 삶과 직접적인 적절성을 갖지 않고 또 우리의 끊임없는 무의식적인 공모로 자연스럽게 펼쳐지는 우리의 경험의 흐름 속으로 무례하게 침범하고 마는 외부 정보라는 사치를 누리지 않는 방식으로 구조화된 환경—에서 현재 순간의 경험에 가능한 한 깨어 있겠다는 것이었다.

덧붙여 말하자면, 지금 내가 이야기하는 방식이 당시 내 마음이 슈퍼볼에 완전히 점령당하고 있었던 것—누가 우승했는지 내가 알게 되었든 그렇지 못했든 상관없이—처럼 들릴지 모르겠다. 그러나 사실 내가 지금 이야기하고 있는 내용은 생각으로서, 그리고 순수한 봄(pure seeing)으로서 단 몇 순간 안에 일어난 일이었다. 그것을 지금 이렇게 되돌아보며 이야기하려고 하니 단어와 생각이 많이 필요해지는 것이다.

그 후 나는 훨씬 더 큰 틀로 슈퍼볼을 보게 되었다. 관람 스포츠의 짜릿함과 그것이 보여 주는 멋진 운동 기술과 기교, 우리 팀이 우승했을 때의 그 짜릿한 도시의 분위기 등에도 불구하고 나는 그러한 만들어진 이벤트 뒤에 숨겨진 거대한 본질을 보게 되었다. 그것은 바로 리그와 팀들이 쓰는 수백만 달러, 광고에 들이는 수백만 달러, '슈퍼볼'이라는 과장된 이름 아래 벌어지는 사치의 향연, 미디어의 과대 선전, 경기가 끝난 뒤 주요 선수들에 대한 연봉 잔치, 그리고 다음 해에 똑같이 되풀이될 그 모든 것에 대한 기다림이다. 어떤 팬들은 자신의 팀이 이겨서 기뻐할 것이고, 또 어떤 팬은 자신의 팀이 패해서 실망할 것이다. 그러나 거대 미디어 기업들의 잔치는 매년 커다란 승리를 거둔다. 그것은 결코 패하는 법이 없다. 게임은 마치 카지노의 하우스룰(house rule)—카지노 내부 규칙: 역자 주—처럼 실패하지 않도록 설계되어 있는 것이다.

올해는 내가 프로 미식축구에 열렬한 관심을 가졌던 수십 년 만에 유일한 해다. 왜냐하면 나는 어렸을 때 리틀레드 등대 근처의 풀밭에서, 그리고 어스름한 조지워싱턴 다리 아래에서 풋볼을 하고는 했지만, 그리고 경기를 좋아했고 초기의 슈퍼볼을 관람하는 것도 좋아했지만 올해는 내가 경기를 관람하지 않고 이렇게 집중 수련회에 와 있기 때문이다. 나는 그 모든 것에서 비켜서서, 우리가 수련회에 참여하건 그렇지 않건 간에 이 한 번의 호흡처럼 우리 가까이에 있는, 우리의 코앞에 언제나 존재하고 있는 그 풍부함 속으로 들어가고 있기 때문이다.

여담이지만, 나는 1년 반 전인 2000년 대통령 선거 기간의 일주일 동안 진행되었던 집중 수련회에 참가했었다. 선거일 다음 날 아침, 집중 수련회 참가자들에게 한 가지 선택권이 주어졌다. 바로 누가 대통령으로 당선되었는지 정말로 궁금한 사람은 게시판에 붙여 놓은 빈 종이를 들춰 보면 결과를 알 수 있도록 한 것이었다. 그다지 궁금하지 않은 사람은 수련회가 끝난 다음 알면 될 것이었다. 그 수련회는 12월 중순까지 계획되어 있었다. 그러나 그 종이 밑에 적힌 말은 어처구니없게도 선거가 끝나고 며칠이 지나도록 계속해서 '우리도 아직 모릅니다.'였다. 선거 결과를 알고 싶어 했던 수련회 참가자들이 그 이유에 대한 어떤 설명도 없이 아무도 그 결과를 모른다는 사실에 얼마나 당황했을지 생각해 보라. 진실이 허구를 이긴 완벽한 사례였다.

물론 나중에 나는 어느 팀이 슈퍼볼에서 우승을 했는지 알게 되었다. 뉴잉글랜드 팀이 기적적으로 우승했다. 브래디가 시합 마지막 81초 동안 팀을 이끌었고, 스코어는 17 대 17로 타이를 이룬 상황—한때 패트리어트가 17 대 3으로 앞섰다—이었다. 패트리어트의 키커인 애덤 비네티에리(Adam Vinatieri)가 마지막 몇 초 만에 골을 성공시켜 20 대 17로 극적인 승리를 거두었다. 이 시합 후 곧 블레드소는 버팔로로 이적되어 더 이상 패트리어트 소속이 아니었다. 다시 한 번 무상함의 법칙이 작동하는 경우였다. 우리는 블레드소가 뉴잉글랜드 팀에 대한 미련이 없었으면 했다. 그러나 그는 확실히 미련을 가지고 있었다. 그는 아마도 그 스스로 그러한 미련을 다루어야만 했을 것이다. 그리고 그의 보스턴 팬들도 블레드소에 대한 미련을 다루어야만 했다. 그 밖에 달리 어떻게 할 수 있었을까?

그러나 집중 수련 기간 나는 시합을 볼 수 없었기 때문에, 그리고 내가 그에 관해 사후에 알고 싶어 하는지를 살피는 동안—확실히 내 안의 어떤 부분은 그것을 알고 싶어 했다—내 노력은 그와는 다른 방향으로 전개되었다. 즉, 거기에는 어느 팀이 슈퍼볼에서 우승했건 우리가 지금 이 집중 수련회에서 하고 있는 경기, 다시 말해 삶 자체에 현존하고자 하는 경기야말로 어떤 슈퍼볼 시합보다 위대하다는 것을 나로 하여금 깨닫게 해 주는 도전과 통찰이 있었던 것이다.

한 달 후 우리 아이들이 나를 위해 가져다 놓은 신문을 읽으면서 나는 뉴잉글랜드 팀의 행운의 이야기에 즐거워했다. 또한 동시에 그 모든 것이 얼마나 실체가 없이 비어 있고 꾸며 낸 것인지 느끼게 되었다. 그것은 그 사건이 진행되는 동안에는 어떤 사람들에게 대단히 흥미진진한 사건이었다. 그러나 그 순간이 지나자 그것은 단지 기록에 남을 또 하나의 스포츠 이야기, 우승 티셔츠에 새겨질 또 하나의 이야기, 그리고 몇몇 골수 팬에게는 잊히지 않을 추억으로만 남게 될 것이었다. 그것은 왔다가 갔다. 일어났다가 사라졌다. 그것은 정말로 지속하는 실재가 없이 비어 있었다. 그것은 또한 하나의 놀이에 지나지 않았다. 더도 덜도 아닌 그냥 하나의 놀이였다.

후기: 그로부터 2년 뒤 톰 브래디의 패트리어트는 다시 슈퍼볼 우승을 차지했다. 이번에는 캐롤라이나 팬서스를 상대로 승리를 거두었다. 그리고 이번에도 마지막 몇 초 동안 비네티에리의 필드 골로 승리를 끌어냈다. 이번에 나는 그날 저녁에 시작된 듀크 의과대학 임상학부 교수들을 상대로 한 마음챙김 집중 수련회를 지도하고 있었다. 그곳이 노스캐롤라이나였기 때문에 우리는 그 경기를 직접 경기장에 가지 못하고 멀리서 지켜볼 수밖에 없었다. 그래서 나는 텔레비전으로 경기를 지켜보는 것 자체를 하나의 수련으로 삼자고 제안했다. 마음챙김으로 경기를 시청하면서 그 시합이 우리에게 어떤 영향을 주고 우리가 그에 어떻게 반응하는지—특히 시합 결과에 대한 우리의 집착이라는 면에서—를 알아차려 보자고 제안했던 것이다. 그러나 아쉽게도 나는 우리가 시합 장면을 눈으로 더 잘 받아들이고 우리 내면의 수다를 더 잘 들을 수 있도록 텔레비전 소리를 끈 상태에서 경기를 시청하자는 제안을 잊고 말았다.

어떤 의미에서 마음챙김은 시내에서 우리가 할 수 있는 유일한 게임(the only game in town)—'가장 괜찮은 것(유일하게 이용할 수 있는 것)'이란 의미도 있다. 중의적 표현임: 역자 주—이며, 우리가 슈퍼볼을 관람하든 하지 않든, 우리가 스포츠광이든 아니든, 그리고 우리가 운동선수든 아니든 우리 일반인이 그것을 하고자 한다면 참여할 수 있는 유일한 경기다. 마음챙김이 있으면 시합을 하는 것만으로도 이기는 것이 된다. 왜냐하면 마음챙김을 통해 우리는 바로 지금 생생하게 살아 있게 되며, 또 그 사실을 알기 때문이다.

오만과 자격

우리가 사물이나 상황을 한두 순간 동안 통제할 수 있다는 이유로, 우리는 사물이나 상황이 실제로 그래야 한다—우리가 통제할 수 있어야 한다—고 스스로 생각하기 쉽다. 비행기는 정시에 출발하고 도착해야 하며, 특히 내 비행기는 절대로 연착하면 안 된다. 나는 이러저러한 이유로 내가 특정 시간까지 특정 장소에 도착하도록 되어 있는 곳에 도착해야—이 표현에 담긴 다급함과 자기중심성이 느껴지는가—만 하기 때문이다. 사람들은 특히 자신과의 관계에 있어서는 믿을 만해야 하고, 자기들이 하겠다고 말한 일은 반드시 해야 한다. 투자는 가치가 상승해야 하고, 아이들은 안전해야 하며, 우리의 몸은 우리가 제대로 먹고 규칙적으로 운동한다면 계속해서 건강해야 한다.

더 많은 일이 한동안 '우리 방식대로' 되어 갈수록 우리는 더 크게 그것이 그래야 한다고 생각한다. 그리고 일이 '우리 방식대로' 되어 가지 않는 경우—머지않아 그렇게 된다—에 우리는 그것이 원래 그래야 하는 것이 전혀 아님을 까맣게 잊어버리고 화내고 실망하며 낙담하고 좌절한다. 우리의 삶이 전개되는 방식은 결코 우리가 그렇게 될 것이라고 생각하는 방식, 우리가 계획하는 방식 혹은 욕망하는 방식과 똑같지 않다. 그것은 결코 우리의 통제 아래 있지 않다. 그럼에도 우리는 일이 특정한 방식대로 되어야 하며, 나는 이 굴욕 혹은 상실로 인해 고통을 받아서는 안 되며, 이런 방식이 아닌 저런 방식으로 대접을 받아야 한다는 생각을 놓지 않는다. 그리고 우리가 사는 세상도 특정한 방식대로 전개되어야 하며, 전쟁이나 지진은 일어나서는 안 된다고 생각한다. 우리가 조직이나 사회에서—혹은 심지어 우리 머릿속의 사회 안에서도—우리의 지위와 관련하여 더 강하다고 느낄수록 우리는 우리가 완전무결하다는 착각에, 그리고 모든 것이 불확실한 방식으로 변화하며 그 어떤 것도 오랫동안 고정적인 것은 없으며, 우리 모두가 무상의 법칙의 지배를 받는다는 사실을 잊어버리는 오만에 빠지기 쉽다. 이 얼마나 단순하고도 명쾌한 깨달음인가. 우리가 이러한 깨달음을 마음속에 잘 간직한다면 그것은 오만과 자기 중요성에 치우치는 우리의 타고난 경향성을 제어하여, 더욱더 다르마, 도(道) 그리고 모든 것의 법칙성에 따라 살 수 있도록—특히 역경과 고통, 고뇌에 직면하여—도와줄 것이다.

어떠한 특정 사안에 대해서도—우리가 받아들이기 가장 어려운 것이 그러한 특정 사안들이다. 왜냐하면 대체로 우리는 그러한 일들이 우리의 환상이나 두려움과 희박한 연관성을 가지면서—별 관련 없이—일어난다는 것을 알기 때문이다—우리가 그것을 보다 깊이 살펴보면, 언제나 그것이 우리가 스스로에게 어쩌면 무의식적으로 들려주는 이야기일 뿐이었음이 드러난다. 그리고 그 이야기, 그러한 검토되지 않은 이미지와 일련의 느낌은 결국 우리를 보편적인 무자각으로 끌고 간다. 그것도 우리가 우리 자신에 관한 온전한 정신을 가장 필요로 하는 때에 말이다. 우리는 사물의 외관에, 윤회의 주문에, 마야—명확하게 인식되고 이해되지 못한 감각세계의 환상적 놀음을 가리키는 산스크리트어—에 유혹당하고 만다. 그리고 그 때문에 우리는 너무나 쉽게 망상과 허상—나의 '작은' 자아에 관한 불멸 혹은 전능의 느낌을 포함한—의 무아지경에 빠지고 만다.

거기에는 의심의 여지가 없다. 행운과 노력은 함께 갈 수 있다—행운이 있어야 노력이 있게 되고, 노력이 있어야 행운이 있게 된다는 말: 역자 주. 그리고 실제로 종종 함께 간다. 특히 다양한 기회가 존재하고 개인의 삶과 자유를 존중하는 너그러운 법칙이 지배하는 안정된 사회에서는 더욱 그러하다. 그러한 사회에서는 균형과 안정, 우리의 개인적 삶과 직업적 삶—우리가 정말로 운이 좋다면 둘 모두에서—에서 '발전'의 감각을 손으로 만지듯이 느낄 수 있다. 그러나 보다 명백하게 혼란스러운 많은 소위 개발도상국에서는 사정이 그렇지 못하다. 그렇지만 소위 개발된 국가—선진국—에서도 한동안 일이 '우리의 계획에 따라' 진행되는 듯 보일 때가 있다—특히 '평화 시'라고 모두가 생각하는 시기에는. 그러나 일이 계속해서 우리가 생각하는 대로 '제대로' 되어 가는 데 대한 미묘한 만족감은 그것이 점차 '자기'만족, 심지어 우리가 당연히 그것을 누릴 자격이 있다는 느낌으로 변해 간다면—왜냐하면 지금까지 일이 우리가 생각하는 대로 되어 왔기 때문에—어느 순간 우리를 기만할 수도 있다. 그러다 어느 순간 우리는 상황이 우리의 시나리오대로, 이 세상에 대한 우리의 지도에 맞게 전개되지 않을 때 잔혹한 깨달음에 직면하게 된다.

갑자기 상황이 우리가 생각하고 희망하고 기대하고 요구하고 의지했던 대로 되어 가지 않는다는 것—개인적 차원에서든, 직업적 차원에서든, 사회적 차원에서든—을 발견하게 될 때 그것은 정말로 큰 경종—종종 매우 거칠고 고통스러운 깨어남—이 된다. 우리는 일이 항상 우리가 생각한 대로는 아니었다는 것 혹은 전혀 그렇지 않았다는 것을 발견하게 된다. 어쩌면 한 번도 그렇지 않았는지 모른다. 다만, 한동안 그런 것처럼 '보였을' 뿐이다. 그것은 어쩌면 우리 모두가 즐겁게 참여했던 가장 무도회 같은 것이었는지 모른다. 우리는 개인으로서 그리고 한 사회로서 우리 스스로를 기만하고 있었는지 모른다. 왜냐하면 이런 일은 가정에서도, 국가 차원에서도 일어날 수 있기 때문이다.

우리가 좋아하든 그렇지 않든, 그리고 우리가 그에 대해 납득하든 그렇지 못하든 만약 지구상에서 우리 삶의 궤적이 단축되지 않는다면—갑자기 우리가 죽음을 맞이하는 경우가 아니라면—우리는 종종 우리에게 일어날 것이라고 생각하지 않았던, 우리 시나리오에 없던 방식대로 늙어 가게 될 것이다. 우리는 천천히, 그러나 돌이킬 수 없이 알츠하이머병에 우리의 정신을 내줄 수도 있고, 극악한 질병에 우리의 신체를 넘겨 줄 수도 있다. 우리는 우리가 사랑하는 사람들을 한 번도 생각해 보지 않았던 방식으로 잃을 수도 있다. 또 우리는 우리의 생각과 일치하지 않는 죽음을 맞이할 수도 있다. 주식시장은 몇 년 동안 오르다 그다지 건전하지 못한 이유—기업의 부정 등—로 폭락할 수도 있다. 도대체 이처럼 많은 돈을 또 어디서 번단 말인가? 기업의 탐욕과 분식회계, 비윤리적 행동은 그들 자신의 완전무결함과 성공에 대한 이미지를 창출하기 위해 매년 수십억 달러를 쏟아붓는 기업들의 고유한 고질병인 것으로 드러났다. 그리고 우리는 그 사실에 충격을 받고는 그다음 날 혹은 그다음 해가 되면 그 모든 것을 모두 잊어버린다.

이러한 경종은 우리가 자면서 돌아다니는 만성적인 몽유병에 걸려 있다는 사실을 드러낸다. 우리는 우리가 머릿속으로 창조한 현실을 믿고 꼼짝없이 그 안에서만 살며 정서적으로도 그것에 얽매여 있다. 또 우리는 꿈에 대한—특히 그것이 좋은 꿈처럼 보일 때—우리 자신의 개인적 집착 때문에 그것을 넘어서 보려고 하지 않고 그럴 능력도 없다. 어떤 미세한 또는 그다지 미세하지 않은 자만심이 우리가 원하는 대로, 작업한 대로, 생각한 대로, 그리고 꿈꾼 대로 모든 것이 되어 가야 한다는 삶의 내면적 요구를 통해 우리의 가슴 안으로 슬금슬금 들어온 것이다. 엷은 안개처럼 우리가 당연히 그것을 누릴 자격이 있다는 오만한 생각이 모든 것이 나와 나의 것을 위하여 계획하고 희망한 대로 언제나 되어 주어야 한다는 믿음에서 모든 것을 뒤덮고 있다. 그러나 이제 드러남의 순간에 사건들은 변화하며, 우리는 스즈키 순류의 표현을 빌리면, 그것이 "항상 그러하지 않다."는 것을 알게 된다. 우리는 우리가 얼마나 확실성에 대한 우리의 집착에, 그리고 모든 것이 오랫동안 '우리 방식대로' 되어 가도록 만들고자 하는 안락함에 눈멀어 있었는지 혹은 우리의 방식대로 되어 가고 있다는 환상 속—실제로 그렇지 않음에도—에서 살아왔는지 보게 된다. 혹은 아마도 우리는 '우리의 방식'이란 것이 반드시 우리가 생각하는 것과 같지 않다는 사실을 잊어버린 것인지도 모른다.

일단 그렇게 잔인하게 깨어난 다음—어떠한 경로를 통해서든—에 우리가 맞게 되는 진정한 도전은 다시 잠에 떨어지거나 끝없는 후회와 비난 그리고 그것들이 만들어 내는 악몽 속으로 빨려들어 가지 않는 것이다. 삼사라(samsara)—끝없는 윤회를 뜻하는 산스크리트어: 역자 주—의 유혹인 그러한 수면 습관은 고질적인 습관으로, 우리가 그것에서 벗어나는 데는 깨어 있음에 대한 커다란 전념이 필요하다.

여기에 비난이 들어설 여지는 없다. 우리가 우리 자신의 꿈에 걸려드는 것은 어쩔 수 없다. 특히 사회 전체가 우리에게 일의 오직 한 측면만을 보여 주고 나머지 측면은 부정하는 상황에서는 더욱 그러하다. 그러나 우리는 또한 이 꿈에서 깨어나 보다 크고 참된, 그리하여 궁극적으로 보다 치유적—또한 매우 고통스러울 수 있는—인 무언가에 깨어날 수 있다. 깨어나기 위하여 우리는 우리가 가지고 있는지도 잘 의식하지 못했던 집착을 내려놓고, 보다 큰 경관, 보다 진실되고 보다 온전한 정신의, 그러나 보다 실제적이어서 더 해방적인 경관을 맞이할 필요가 있다. 우리가 매우 적절한 방식으로, 그러니까 이제는 망상 없이—미묘한 망상에라도 걸려들지 않는 것은 우리에게 거의 불가능한 일이지만—혹은 망상이 일어날 때면 즉시 그것을 알아차리면서 거기 머물고 세상과 만나는 장소가 필요하다.

그러한 보다 큰 무언가, 보다 큰 경관은 그 무엇이라도 우리가 타인의 안녕을 배려하지 않고 자기만족을 위해 집착하게 될 때 인간의 고뇌가 커진다는 사실에 대한 근본적인 인식을 필요로 한다.

그러한 보다 큰 무언가에는 우리가 모든 일이 우리가 바라는 대로 되도록 강요할수록 우리가 변하지 않았으면 하고 바라는 것, 우리가 집착하는 것이 결국엔 변화하게 되며, 우리가 변화했으면 하고 그토록 바라는 것은 변화하지 않고 변화를 거부한다는 점에 대한 인식도 포함된다. 그리고 거기에는 이러한 사건들을 추동하는 '법칙'이 근본적으로 비개인적인 것이라는 사실, 그리고 종종 우리 자신의 개인적이고 집단적인 탐욕과 증오, 무지, 우리의 자기만족적 망상과 공모에 영향을 받는 원인이나 조건과는 전혀 무관하다는 데 대한 인식도 포함된다. 더불어 거기에는 끊임없이 변화하는 이러한 원인과 조건이 우리의 반응적인 상 변화를 추동하는 한편 그것이 우리가 종종 빠져들곤 하는 어떠한 잠의 상태보다 더 크고 더 근본적인 우리의 본질적 본성을 가려 버린다는 사실에 대한 인식도 포함된다.

우리가 깨어 있기 위해 다시 잠에 빠져들 필요는 없다. 그러나 일정한 마음챙김 수련 없이는 적절한 상황이 되면 우리는 또 다른 꿈에 다시 유혹당하고 말 것이다. 그리고 그 사실도 잊어버리고 말 것이다. 깨어 있는 연습을 함으로써 우리는 우리의 근시안적 시각을 인식하고 그것을 바로잡을 수 있는 기회를 갖게 된다. 우리는 장미의 향기를 맡을 수 있을 뿐만 아니라 우리 자신의 오만과 당연하다는 듯 가지려는 태도가 다시 슬금슬금 올라올 때 그것을 알아차릴 수 있게 된다. 그렇게 할 때 우리는 비교적 빠르게 온정신을 회복하여 사물의 실제에 머물 수 있다. 우리는 우리의 마음과 가슴이 더 이상 그 무엇도 스스로에게 말할 필요가 없을 때, 그 대신 그것들이 언제든 사용 가능하고 알아차림 속에 열려 있으며 어떠한 기대도 없이 지금 바로 사물의 있는 그대로의 상태에 직면한 알아차림으로부터 두려움 없이 그리고 사랑으로 행동할 때, 우리는 우리 자신의 마음과 가슴의 현존을 신뢰할 수 있다.

* * *

…… 싹은 씨앗 속에 숨겨져 있다네.

우리 모두는 고생하고 있다네, 누구도 그리 멀리 가지 못했지.

당신의 자만심을 놓아 버리고 자기 안을 들여다보게.

파란 하늘은 멀리 또 멀리까지 열려 있다네.
실패자라는 일상적인 생각은 사라지고 없네.
내가 스스로에게 입힌 해악도 사라졌네.
백만 개의 태양이 빛과 함께 솟아오르네.
내가 이 세상에 굳건히 딛고 서 있을 때.

– 카비르

죽음

우리의 탐구에서 무상(無常)이 매우 근본적인 주제였으므로 다시 한 번 생명의 순간성에 대해 잠시 생각해 보자. 생명 원형질의 응집체이자 우주에서 우리가 아는 한 가장 복잡하고 다차원적인 물질과 에너지의 집합체인 우리의 몸은 생겨났다가 사라진다. 그리고 몸의 생멸과 더불어 각 개인의 삶의 세부와 그 개인적 표현까지도 사라진다. 남는 것은 사진과 홈비디오, 추억, 사소한 승리와 몸짓, 그리고 아직 살아 있는 우리가 그 사람에 관하여 놓쳐 버린 순간들—일어날 수 있었지만 일어나지 않은 일들—에 대하여 떠올리는 이야기들이다.

그러나 모든 유기체가 그에 속하는, 살아 있고 박동하는 상호 연결의 그물망인 생명 자체는 사라지지 않고 계속 진행된다. 아주 실제적인 의미에서 우리의 몸은 유전자가 변화하는 환경에서 자신들의 생존을 보장해 주는 다양한 방식으로 스스로를 이어 가는 하나의 방법에 불과한 것인지 모른다. 우리는 우리가 생명 활동을 책임지고 있다고 '생각하지만', 사실은 유전자가 그 자체의 생명을 갖고 있다. 그리고 우리의 생명은 상대적으로 짧고, 유전자의 생명은 측정할 수 없이 길다. 어쩌면 우리 유기체들은 세상을 떠돌아다니는 유전자들의 부산물에 지나지 않는 것인지 모른다. 이러한 관점을 리처드 도킨스(Richard Dawkins)는 '이기적 유전자'라는 말로 신랄하게 표현했다. 바로 생명의 비어 있음(空)에 대한 이야기다.

오 어둡고 어둡고 어둡다. 그 모든 것이 어둠 속으로 들어간다.
비어 있는 성간의 공간들, 비어 있는 것이 비어 있는 것 속으로 들어간다.
우두머리들과 상인들, 은행가와 저명한 지식인들,
자비로운 예술 후견인, 정치인과 지도자들,
유명한 공무원들, 수많은 위원회의 의장들,
산업가들과 소규모 하청업자들, 모두가 어둠 속으로 들어간다…….

그리고 우리 모두도 그들과 함께 간다…….

– T.S. 엘리엇, 『네 개의 사중주』, 「이스트 코커(East Coker)」

이제 침묵을 제외한 나의 모든 스승은 죽었다.

– W. S. 머윈

내가 대학원생이었을 때 분자생물학의 형성에 기여했던 전대의 모든 저명한 과학자는, 비록 그들이 1970~1980년대까지 연구를 했지만, 지금은 곧 퇴임하거나 오래전에 퇴임했거나 아니면 돌아가셨다. 그들의 이름은 점점 잊히고 있지만 그들의 유산은 지금도 남아 있다. 그들이 평생에 걸쳐 힘들게 얻은 지식은 다음 세대의 과학자들과 과학 자체의 자양분이 되어 오늘날 연구실에서 진행되고 있는 활동들의 토대가 되어 주었다. 나의 스승님들은 아마도 오늘날 새로운 이해가 탄생하고 있는 속도와 전 세계 연구실에서 매일같이 진행되고 있는 유전자 및 유기체 조작의 자동화 수준을 아시면 무척 놀라실 것이다. 그리고 인간의 정신—어떤 면에서는 믿을 수 없을 만큼 존경스럽게 성숙했으나 윤리적 · 정서적으로 미발달된, 심지어는 유치한 인간의 정신—으로 과거에는 결코 가능하지 않았던 방식으로 생명체를 만들어 내는 것에 따르는 윤리적 딜레마에도 당황하셨을 것이다.

나는 과학자들이 소위 노화 유전자—종의 수명에 영향을 미치는 게놈 속 DNA 조합—를 분리시켜 조작함으로써 실제적인 불멸은 아니라 하더라도 생명 연장의 가능성에 침을 흘리는 것을 보았다. 노화를 잠재적으로 치료 가능한 질병으로 보는 과학자들도 있다.

우리 모두는 영원히 살기를 바라는 때가 있다. 그러나 어떤 형식으로? 몇 살까지? 그리고 우리 자신과 타인, 지구에 어떤 대가를 치르면서 영원히 살기를 바라는가? 우리는 지금까지 한 번도 그러한 가능성에 직면해 본 적이 없었다. 과거에 우리는 그렇게 하기에 충분한 지식과 장비를 갖추지 못했다. 그러나 지금 우리는 또한 우리의 정신이 가진 지혜의 능력을 가늠해 보아야 하는 도전에 직면하고 있기도 하다. 왜냐하면 인류를 위한 발명의 명분 아래 우리가 가진 집단적 지혜의 능력은 심각하게 위축될 수 있기 때문이다.

최근 몇몇 생물학자가 세포 자멸사라는 예정된 세포 죽음의 메커니즘을 밝힌 공로로 노벨상을 받았다. 우리가 잘 모르는 사실이지만 실제로 죽음은 생명에 유전적으로 프로그래밍되어 있다. 우리의 전체 유기체가 성장하고 최적으로 환경에 적응하기 위해서는 우리의 건강한 세포들 중 많은 부분이 실제로 죽어야만 한다. 이러한 선택적 세포 사망은 태아가 어머니의 자궁 내에서 팔다리와 신체기관이 발달하는 과정에서도 이미 일어나며, 그 후에도 평생 동안 지속된다. 실제로 우리의 세포가 죽는 것, 그리고 언제 죽어야 하는지 아는 것은 우리의 생명에 절대적으로 필요하다.

세포는 죽지 않으면 곧 암이 된다. 암세포는 이러한 성장과 분리가 더 큰 전체, 그러므로 유연한 통제 아래 조정되고 조절되는 전체를 위한 것이라는 메시지를 받지 못한다. 실제로 우리 몸의 모든 세포는 서로 다른 속도로 한동안 살았다가 죽고 다른 새로운 세포로 대체된다. 이것은 우리의 피부와 위장 내벽, 근육과 신경세포, 혈액세포 그리고 골세포에 대해서도 마찬가지다.

모든 것은 생겨나며, 생겨난 것은 사라진다. 사라짐이 없이는 어떠한 생김도 있을 수 없다. 어쩌면 우리의 세포는 우리에게 죽음이란 것이 그다지 나쁜 것이 아니며, 전혀 두려워할 대상이 아니라는 말을 하고 있는 것인지 모른다. 어쩌면 우리가 죽음을 알고 있다는 것, 다시 말해 죽음의 불가피성을 예견하고 있지만 그 정확한 시기는 알지 못한다는 것은 우리가 우리의 삶에 깨어 있으면서 우리가 할 수 있는 동안 충만하고 열정적으로, 현명하게, 사랑으로, 기쁘게 삶을 살아야 한다는 자극인지도 모른다.

우리는 매일 조금씩 태어나고 있는 것과 마찬가지로 매일 조금씩 죽어 가고 있다. 우리는 날숨을 쉴 때마다 죽는다. 하지만 그다음 번 들숨과 함께 다시 생명으로 돌아온다. 어쩌면 우리는 처음부터 계속해서 죽어 오고 있었는지 모른다. 그러한 죽음은 우리의 집을 청소하여 무언가 새로운 것이 들어올 방을 마련해 준다. 그리고 우리가 깨어 있다면, 이러한 관점에 우리 스스로를 정렬시킬 수 있다면, 우리는 현재의 우리 자신 위에서, 우리가 이미 서 있는 곳에서 출발하여, 그리고 이것이 바로 그것이라는 것을 알면서 계속해서 우리 자신 속으로, 의미와 충만함 속으로 성장해 갈 수 있다. 그리고 전체성의 보다 큰 관점에서 볼 때는 모든 것이 언제나 지금이기 때문에 그것이 지금보다 결코 더 나아지지 않을 거라는 것을 알면서 말이다. 카비르의 시를 기억하자.

친구여, 당신이 살아 있는 동안 손님을 맞을 기대를 하라.
당신이 살아 있는 동안 그 경험 속으로 뛰어들라!
살아 있는 동안 생각하고…… 또 생각하라.
우리가 '구원'이라고 부르는 것은 죽음 이전의 시간에 속하는 것이니.

당신이 살아 있는 동안 당신의 밧줄을 끊지 않는다면
나중에 귀신들이 그렇게 해 줄 것이라고 생각하는가?

단지 몸이 썩었기 때문에
영혼이 황홀경과 합쳐질 것이라는 생각은
모두 환상이다.

지금 발견되는 것이 그때도 발견될 것이다.
지금 아무것도 발견하지 못하면
결국 죽음의 도시에서 집 한 채 얻는 것으로 끝맺게 되리.
만약 지금 신성과 사랑을 나누면
다음 생에서 욕망이 채워진 얼굴을 하게 되리.

– 카비르

* * *

이 기괴한 세상을 떠난 그는 우리보다 조금 먼저 앞서 갔다. 그러나 그것은 중요하지 않다. 우리 신념의 물리학자들에게 과거, 현재 그리고 미래의 분리는 환영—비록 쉽게 떨칠 수 없는 환영이긴 하지만—의 의미밖에 갖지 못한다.

– 알베르트 아인슈타인, 친한 친구였던 미켈란젤로 베소의 죽음 소식을 듣고

죽기 전에 죽기

박사학위 논문을 준비하고 있을 때, 나는 그것이 가져다준 존재론적 고뇌와 명상과 요가가 내게 있어 얼마나 해방적이고 삶을 구원하는 것이었는가에 대한 나의 발견을 인정하기 위해 논문 제목 페이지 바로 다음 쪽에 알듯 모를 듯한 다음 문구를 적어 넣었다.

"죽기 전에 죽는 자는 죽을 때 죽지 않는다."

내가 이 문구를 어디서 가져왔는지도 기억나지 않는다.

나의 논문 심사위원회는 모두 40대 후반에서 50대 후반까지의 남자 교수님 여섯 분과 여자 교수님 한 분으로 구성되어 있었다. 그들 모두 놀라운 창의력의 소유자들로 당시 분자생물학이라는 첨단 학문의 권위자들이었다. 그리고 나의 논문 지도교수님이었던 살바도르 루리아(Salvador Luria) 교수님을 포함한 대부분이 저명한 국립과학원의 회원이셨다. 루리아 교수님은 그때로부터 수십 년 전 물리학자 맥스 델브럭(Max Delbruck)과 공동으로 수행한 대단히 창의적인 통계적 설명으로 1969년 노벨 생리의학상을 수상하셨다. 연구 내용은 박테리아 돌연변이가 저절로 그리고 무작위로 생길 수 있다는 것이었다.

나를 놀라게 한 것은 논문 심사의 첫 부분이 논문의 내용과 실험에 관한 것이 아니라 논문 시작 부분에 적은 아포리즘에 관한 것이라는 점이었다. 몇몇 교수님이 엄격한 논문 심사에 앞서 내 마음을 편안하게 해 주려고 그 아포리즘에 관한 질문을 시작하셨다. 그러나 질문은 꼬리에 꼬리를 물고 이어졌다. 교수님들은 진지한 관심을 보여 주셨다. 교수님들은 그것이 무슨 의미인지, 왜 내가 논문에 그 말을 집어넣었는지 알고 싶어 하셨다. 교수님들이 물어보자, 나는 내게 있어 '죽기 전에 죽는다.'는 말은 자기 자신의 자아를 중심으로 한 삶의 협소한 관점에의 집착이 죽는 것을 의미한다고 말씀드렸다. 그 협소한 관점은 자기 함몰적이고 자기 스스로 구축한 일종의 이야기 렌즈인데, 그것은 기껏해야 그다지 정확하지 못한 것으로 우리는 그것을 통해 우리를 중심으로 하는 습관이라는 과장된 맥락 속에서 모든 사물을 본다. 비록 우리가 그 사실을 인정하지 않는다 하더라도 말이다. 우리는 의심의 여지없이 우리 자신을 우주의 중심이라고 생각하는 것이다.

죽기 전에 죽는다는 것은 자기 자신의 자아와 자기 함몰을 통해서 보는 협소한 경관을 넘어 보다 큰 실재에 깨어나는 것을 말한다. 그 실재는 우리의 한정된 생각과 의견, 고도로 조건화된 선호와 회피—특히 검토되지 않은 채 남아 있는—를 통해서는 결코 알 수 없는 실재다. 또 그 말은 머리로 안다는 의미에서가 아니라 생명의 무상성과 우리의 모든 관계 그리고 그것의 궁극적으로 비개인적인 성질을 우리가 '직접 느끼고 기억해 둔다.'는 의미에서 의식하게 되는 것을 의미한다. 그러한 체계 속에서 우리는 우리가 할 수 있는 한에서 협소한 야망과 두려움으로 우리를 유혹하는 예의 그 자동성을 벗어나 살기를 의도적으로 선택할 수 있다. 그 자동성은 모든 표면적 외관과 우리 스스로에게 들려주는 이야기의 이면에서 우리를 생명의 아름다움과 신비에 무감각하게 하며—심지어 생물학자라도—우리를 사물—우리 자신을 포함하여—의 깊은 본성을 창조적으로 들여다볼 수 없게 한다—심지어 과학자라도.

당시 내가 어떻게 말했는지 정확하게 기억나지는 않지만 대강의 요점은 이러했다.

계속해서 나는 내게 있어 '죽을 때 죽지 않는 것'이란 우리가 살아 있는 동안 깨어 있는 삶을 살면, 그리고 우리가 계속해서 스스로 지어내는 자아의 에너지에 빠져 버리지 않고 그것을 관찰한다면, 이 엄청나게 지배적인 자기참조(self-referential)란 것이 부정확하고 근본적으로는 비어 있는 구성물이라는 것, 엄격하게 말해 우리가 죽는다고 할 때 그 죽는 우리라는 것이 도무지 존재하지 않는다는 것을 의미한다고 말씀드렸다. 우리가 죽기 전에 죽는다면 그 죽는 주체는 특수하고 구체적이고 분리된

'나'라는 관념이다. 일단 그것을 깨닫게 되면, 우리 마음속에서 생각의 형태로서가 아니라면 어떤 경우에도 죽음이라는 것은 존재하지 않고, 또 죽는 사람도 존재하지 않는다. 이것이 바로 붓다가 해탈을 '불사(不死)'라고 말한 이유다.

나는 당시 스물일곱의 나이에 교수님들의 질문에 대단한 진정성으로 대답했다고 생각한다. 그러나 지금 되돌아보니 너무 진지하고 확신에 차 있던 터라 혹시나 자만에 빠질 위험을 간신히 피한 면도 있지 않나 싶다. 나는 확실히 그 당시 커다란 확신을 가지고 말했던 내 생각에 대한 집착에 빠질 위험이 상당히 컸다. 나는 우리가 합의한 것과는 다른 종류의 실험을 통해 무엇인가를 건드렸고 발견했다. 그것은 교수님들과 나 사이에 합의된 실재의 경계를 크게 넘어선 것—적어도 나는 그렇게 생각했다—이었다. 그리고 물론 그날 우리가 그 자리에 모인 취지의 범위도 넘어서는 것이었다. 나는 어쨌든 논문 훈련 기간에 명상과 요가를 우연히 만났고, 이를 통해 이를 수 있는 경지에 대해 커다란 열정을 품게 되었던 것이다. 그리고 나에게는 실재를 조사하는 이러한 렌즈들—곧, 명상과 요가—이 과학의 경계를 완전히 벗어난 영역을 다룬다고 생각되지 않았다. 오히려 정반대라고 생각했다. 그렇다고 해도 명상과 요가가 분자생물학과 이미 다져진 내 논문 연구 주제에서 벗어나 있는 것만은 분명했다.

그래도 일단 논문 서두의 그 인용구의 주제가 화제로 떠오르자, 비록 익숙한 장소는 아니었지만 나는 마음 깊은 곳에서 교수님들이 이해하실 수 있는 방식으로 그에 대해 설명해 드릴 수 있겠다고 생각했다. 아마도 그것이 내가 논문 맨 처음에 그 문구를 집어넣은 무의식적인 요인인지도 모른다. 비록 그 문구가 박사과정이라는 삶의 한 과정을 완수하는 것이 그 자체로 하나의 죽음이자 재탄생이라는 매우 의식적인 느낌과 관련된 것이긴 했지만. 그 아포리즘은 박사학위 논문 준비라는 당시의 작업과 관련된 고난과 시련을 스스로에게 상기하기 위한 것이었다. 그것은 또한 나의 논문이 어떻게 되든 그에 집착할 필요가 없다는 것을 상기하기 위한 것이기도 했다.

MIT 생물학부의 논문 심사 장면에서 이러한 종류의 철학적 대화를 갖는 것은 매우 이례적인 일이었다. 특히 그 교수님들이 그런 문제에 관심을 갖고 계시며 그에 관해 많은 말씀을 하시고 싶어 한다는 사실이 놀라웠다. 무엇보다 교수님들은 출중한 합리론자였던 것이다. 나는 그것이 아마도 교수님들이 이미 자신들의 과학적 업적을 통해 세상에 기여할 수 있는 중요한 부분을 다하셨고, 이제는 당신들의 노쇠와 죽음을 보다 더 의식하게 되는 나이가 되셨기 때문이라고 생각했다. 어쨌든 '죽기 전에 죽는 것'에 관한 이 신비로운 문구와 그것이 교수님들이 매우 잘 알고 있는 한 학생의 연구물 맨 앞에 제시되었다는 사실이 교수님들의 관심, 어쩌면 교수님들의 자아를 자극했을 것이다. 내 생각에 당시 교수님들은 내가 논문에 대해 자세하고 논리적으로 이야기하기만 하면 내 논문을 통과시킬 것이라고 벌써부터 결정하고 계셨던 듯했다. 그래서 논문 심사 장소에서 그것과 전혀 무관한 주제에 관하여 이야기를 나누는 데 조금 더 편안해하실 수 있었던 것 같다.

당시 교수님들과 나누었던 대화의 전체 내용은 기억나지 않는다. 교수님들은 내 대답에 점잖게 눈썹을 치켜 올리시며 기꺼이 관용을 베푸셨다. 그렇지만 교수님들과의 대화를 지속시킨 것은 교수님들의 계속되는 질문이었다. 그래서 나는 교수님들이 '죽기 전에 죽는 것'에 관하여 실제로 이야기를 나누고 싶어 하신다는 것이 분명해 보였다. 한동안 그런 이야기를 나눈 후에야 실질적인 논문 심사가 시작되었다.

그때가 1971년이었다. 그 후로 30년이 지난 뒤 루리아 교수님은 돌아가셨고, 지금의 나는 당시 교수님들보다 나이가 더 들었다. 루리아 교수님과 나 사이에는 깊은 애정이 있었다. 그러나 우리의 관계는 엄격한 아버지와 반항적인 아들의 그것이었다. 교수님은 내가 가는 길—명상—에 대해 못마땅해하셨다. 사실은 내가 교수님을 대부분 화나게 했다. 그리고 그것은 교수님과 나라는 사람을 알면 충분히 이해할 만한 이유였다. 그러나 그로부터 오랜 시간이 흐른 뒤 교수님은 너그럽게도 『마음챙김 명상과 자기치유(*Full Catastrophe Living*)』의 초고를 읽어 주셨다—나는 교수님께 다가가려는 목적으로 초고를 읽어 주시고 개선 방안에 대한 평을 해 주실 것을 부탁드렸다. 그리고 교수님께서 암이 발병하고 나신 뒤에는 내게 집으로 와서 명상을 가르쳐 줄 수 없겠느냐고 물어보셨다. 교수님이 돌아가시기 전해, 교수님 댁에서 우리는 함께 몇 차례 명상을 했다—당시에 나와 교수님은 겨우 몇 블록 떨어진 거리에 살고 있었다. 그러나 내가 알기로 교수님은 명상에 큰 관심을 보이지는 않으셨고 명상을 직관적으로 이해하고 계신 것도 아니었다. 나는 한동안 직장에서 집으로 돌아오는 길에 교수님 댁에 들러 이야기도 나누고 교수님 병환이 어떠신지 살피기도 했다. 당시 교수님과 나 사이에는 오직 다정함만 있었다.

비록 논문 심사 당시 내가 말했던 내용들은 나의 수련과 초보 경험 그리고 이해에 바탕을 둔 것이긴 했지만, 그때 당시의 개념들을 대부분 지지하고 있었다는 것을 내게서 보게 되기까지는 30년이 걸렸다. 그것들은 훌륭한 개념, 좋은 개념, 도움이 되는 개념, 나의 수련을 도와주고 당시 나에게 일어났던 실존적 고민을 견딜 수 있게 해 준 개념들이었다. 그러나 그것들은 또한 모두 개념이었다. 죽기 전에 죽는다는 것은 내가 생각했던 것보다 훨씬 만만치 않았다. 그리고 내가 맛보았던 것보다 훨씬 더 깊은 맛이었다.

물론 그것은 지금도 그러하다. 다시 말해, 지평선으로 다가가면 갈수록 그것은 더 멀어진다—결코 닿을 수 없다. 그것은 확정적으로 도달할 수 있는 장소가 아닌 것이다. 나, 나의 것이라는 협소한 이야기에 끈질기게 집착하는 자아의 일부가 언제나 존재하는 것처럼 보인다. 명상 수련이나 소위 '영적' 관점은 결코 집착 혹은 망상으로부터의 면제를 보장하지 않는다. 우리는 아주 쉽게 하나의 집착하는 습관으로부터 다른 종류의 관념과 환상으로 옮겨 가고 있는 것뿐인지 모른다. 영적 공동체는 특히 이런 종류의 위험에 취약하다. 자신의 수련방법이 최상의 수련법이며, 영적 행로에 관한 자신의 견해가 가장 현명한 것이며, 자신의 전통과 교사가 최고의 전통과 교사라는 식이다. 개인에게서도 그것은 빠지기 쉽고 또 벗어나기 어려운 함정이다.

내가 지금 목도하는 도전은 아무리 미세한 것이라도, 그리고 어떠한 내용—성(聖)이든 속(俗)이든—이라도 그러한 이야기가 일어날 때마다 그것을 우리의 수련의 일부로, 있는 그대로, 또 하나의 마음의 작위적 구성물로 보는 것이다. 우리가 그러한 이야기에 빠져 버리는 것을 피하든지, 아니면 빠질 때마다 그것을 재빨리 그리고 우아하게 알아차리고 그에 대해 크게 한번 웃어 버릴 수 있을 것이다. 알아차림 속에 머물 때 죽음은 이 순간 이미 일어난 것이며, 그렇게 완전하게 만난 순간에 대한 앎은 개념과 단어—아무리 의미 있고 아무리 유용한 것이라 하더라도—를 넘어선다. 이것을 알 때 단어와 개념은 강력해진다. 왜냐하면 당신은 그것을 어떻게 사용하는지, 어디서 그것을 떠나야 하는지 알기 때문이다.

* * *

당신이 이것을 경험하기 전까지
죽어서, 그럼으로써 성장하는 것을 체험하기 전까지
당신은 이 어두운 지구상에서
어쩔 줄 모르는 손님에 불과하다.

– 괴테, 「신성한 바람(The Holy Longing)」

죽기 전에 죽기
–두 번째 이야기–

논문 심사를 받을 당시 나는 약 5년간 선 전통의 명상 수련을 하고 있었다. 역설적이게도, 내가 처음으로 실제로 선을 접한 것은 1966년 MIT에서였다. 어느 날 당시 미국이 베트남에서 저지르고 있던 냉소적이고 타락한 전쟁 때문에 기분이 언짢은 상태로 단조로운 투톤—2색조—의 녹색 복도를 걸어가고 있던 내 눈에 커다란 복도 게시판에 붙은 포스터가 들어왔다. 제목은 '선의 세 기둥(The Three Pillars of Zen)'이었다.

그 포스터는 뉘른베르크 전범재판소의 기자이자 선 수련을 위해 오랫동안 일본에 머물렀던 필립 카플로(Philip Kapleau)의 강연 소식을 알리는 것이었다. 그는 당시 MIT의 철학, 종교학 교수였던 휴스턴 스미스(Huston Smith)의 초청을 받아 MIT에 온 것이었다. 나는 당시 선이 무엇인지, 카플로가 누구인지, 또 휴스턴 스미스가 누구인지 알지 못했다. 그러나 어떤 이유에선지 나는 늦은 오후 세미나 시간에 열린 그 강연회에 참석했다.

나를 놀라게 한 것은 수천 명이나 되는 학문 공동체에서 겨우 대여섯 명의 학생만이 그곳에 나타났다는 사실이었다. 당시 카플로가 무슨 말을 했는지는 정확하게 기억나지 않는다. 다만, 그가 일본에서 수행을 시작했을 때 사원에는 중앙 난방 장치가 없어 무척 추웠다는 말을 한 것이 어렴풋이 기억난다. 그곳은 원시적인 스파르타식 훈련을 하는 곳이었다고 한다. 그러나 그의 만성 위궤양이 사라졌다고 했다. 카플로가 무슨 말을 했건, 이것은 내가 누군가가 명상과 다르마에 관해 열정적으로 그리고 직접 체험을 통해 이야기하는 것을 들은 최초의 경험이었다. 그날 강연회를 나오면서 나는 당시 내 삶과 깨어 있는 정신에 그보다 더 큰 적절성을 가질 수 없는 매우 중요한 무언가와 만났다고 느꼈던 것으로 기억한다. 그래서 나는 스스로 명상을 시작했다. 카플로는 얼마 후에 MIT를 다시 찾아 내 명상 수련과 그에 대한 열정을 깊이 있게 만들어 준, 일주일이 넘는 집중 수련회를 지도해 주었다. 나중에 그의 책 『선의 세 기둥』이 출간되었을 때 나는 그 책을 처음부터 끝까지 정독했으며, 당시 아직 경험이 부족했던 나의 좌선 수련에 지도를 받기 위해 계속해서 책을 참조하곤 했다.

내가 대학원생으로서 보낸 시간은 어떤 죽음처럼 느껴진 동시에 새로운 삶의 발견이기도 했다. 그 시간을 통해 처음에 나를 과학과 생물학으로 이끌었던 본래의 열망에 새로운 차원이 점차 드러났다. 그것은 곧 삶의 본질, 실재의 본성—단지 추상적으로가 아니라 나 자신의 삶, 나 자신의 마음, 그리고 나 자신의 삶의 선택 속에서 구체적으로 표현되는 것으로서—을 조사하고 이해하고 싶은 충동이었다. 비록 실험과학이 가능하게 해 준 발견에 대해서 어느 때보다 흥분하고 있기는 했지만, 실험과학의 길을 걷고 싶은 욕구는 점차 사그라들었다. 그 대신 생명과 존재의 다층적 차원에 주의를 기울이는 것을 통해 나 스스로를 이해하고자 하는 욕구가 점점 강해졌다. 나는 삶 자체를 가장 흥미로운 실험실로 보기 시작하고 있었다.

당시 나는 현대의 위대한 현인 중 한 사람인 라마나 마하리시(Ramana Maharshi)의 이야기에 깊은 인상을 받았다. 그는 어떠한 영적 훈련이나 관심도 없는 상태에서 17세 되던 고등학생 시절, 죽음에 대한 극도의 불안감에 휩싸였다고 한다. 그는 그 불안을 회피하기보다 그에 정면으로 맞서기로 했다. 그는 "죽음이란 무엇인가?"라고 물었다. 심지어 숨을 멈추고 사후경직처럼 몸을 움직이지 않으면서 자리에 누워 죽은 척하며 그 질문을 탐구했다.

그의 이야기에 따르면, 그러자 놀랍게도 그의 인격이 바로 그 자리에서 영원히 사라졌다. 그 자리에 남은 것은 자각—알아차림—자체였다. 그는 그것을 참 자기(Self)라고 불렀다. 아트만 혹은 보편적 자아, 영(Spirit)과 동일한 표현이었다. 그 순간부터 그는 자기탐구의 길, "나는 누구인가?"라는 질문에 대한 명상의 길을 가르치기 시작했다. 전 세계에서 그를 친견하기 위해 사람들이 인도 남부의 티루반나말라이에 있는 그의 허름한 움막으로 찾아왔다. 그의 현존은 순수한 사랑, 순수한 자각, 레이저처럼 날카롭고 거울처럼 명확한 마음—자아가 없이 비어 있는—을 언제나 내뿜고 있는 것으로 묘사되었다. 그는 아무리 유치한 질문이라도, 또 아무리 심오한 질문이라도 그러한 순수한 사랑과 자각, 명료한 마음으로 그에 대답하였다. 내 책상 위에 놓인 그의 사진 속에서 그는 평온한 미소로 나를 바라보고 있다.

나는 라마나의 이야기를 언제나 요가의 송장 자세와 연관한다. 등을 바닥에 대고 누워 발은 서로 약간 벌어지게 두며, 팔은 몸통 옆에 붙이지 않고 자연스럽게 놓으며, 손바닥은 하늘을 향해 연 채로 의도적으로 송장 자세를 취하는 것은 우리가 '죽기 전에 죽을' 수 있는 지속적인 기회를 제공한다. 몸을 움직이지 않고—스스로 일어나고 사라지는 호흡을 제외하고—이런 자세로 누워 있는 동안 우리는 온 세상이 있는 그대로 존재하도록, 전개되는 대로 전개되도록, 우리가 죽었기 때문에 우리 없이도 그냥 그대로 흘러가도록 내버려 두는 것이다. 이런 자세에서는 모든 집착이 떨어져 나가 더 이상 우리가 집착할 것이 없는 상태에서 우리는 집착 자체가 무용하며 우리의 두려움이란 것도 궁극적으로는 부적절하다는 것을 보고 느끼고 알게 된다. 우리가 아는 것은 오직 지금이며, 그것만으로 더할 나위 없이 충분하다. 스스로 이렇게 물어볼 수도 있다. "누가 죽었는가?" "누가 요가를 하고 있는가" "누가 명상을 하고 있는가?"

과거에 죽고, 미래에 죽으며, '나' '나의 것'에 죽음으로써 우리는 여기 이렇게 송장처럼 누워서, 마음의 본질—본질적으로 어떠한 자아 관념과 개념, 어떠한 생각도 없이 텅 비어 있는—을 직감하게 된다. 모든 생각과 감정이 일어나는 잠재력만을 느끼게 된다. 그러한 감각, 그러한 앎은 여기 그리고 지금이라는 바로 이 영원의 순간에 영원히 생생하게 살아 있다. 그러므로 오늘, 우리가 살아 있는 매 순간이 어쩌면 실제로 우리가 이런 방식으로 죽음을 맞이하기에 가장 적합한 시간인지 모른다.

당신은 준비가 되었는가?

"왜 세계가 시작되기를 계속 기다리는가?"

모르는 마음

숭산 선사님은 간혹 "나는 누구인가?"라는 공안의 변형인 "나는 무엇인가?"라는 공안을 수련하는 방법을 우리를 위해 보여 주시곤 하셨다. 선사님께서는 똑바로 자리를 잡고 앉으셔서는 얼굴에 약간 어리둥절하고 우스꽝스러운 표정을 지으시고는 눈을 감은 채 한동안 고요히 앉아 계셨다. 그런 다음 갑자기 매우 강하게 "What am I?(나는 무엇인가?)"라고 말씀하셨다. 모든 음절을 한꺼번에 발음하려고 하셨기 때문에 나에게는 'Whatamiiiiiii?'처럼 들렸다. 한동안 침묵이 흐른 뒤, 여전히 눈을 감으신 채 다시 매우 강하게 "Don't know!(모를 뿐!)"라고 말씀하셨다. 마치 'Donnnnno!'처럼 들렸다.

Whatamiiiiiii?

Donnnnno!

그런 다음 계속 그 자리에 앉으신 채로 이른바 '모르는 마음'에서 침묵 속에 머무셨다.

선사님은 그런 행동을 통해 우리가 내면적으로 때로 침묵 속에서 처음에는 단어를 가지고, 나중에는 단어를 넘어서 수련하는 것이 그다지 나쁜 생각은 아니라는 것을 보여 주고 싶으셨던 듯하다. 중요한 것은 질문 자체, 자아에 대한 탐구 자체, 그리고 그 질문의 근원인 열정 자체였다. 그 느낌은 결국 모든 조사하기와 '이것이 아니다, 이것이 아니다'를 넘어선 것, 생각과 모든 이름 · 형태의 이면에서 단지 알지 못함, 그리고 그 알지 못함 속에 온전한 수용과 공간을 확보하고 머무는 것이다.

선사님은 우리가 하는 모든 일에 있어 "모르는 마음을 유지하라."고 하셨다. 그리고 "오직 모를 뿐!"이라고 큰 소리로 말씀하곤 하셨다. 그래서 선사님의 많은 제자도 그들에게 무슨 질문을 하건 항상 "오직 모를 뿐."이라고 대답하며 돌아다녔다. 참기 어렵고 거의 히스테리에 가까울 정도였다. 그러나 그것은 위대한 훈련이었다.

어느 날 선사님께서 뉴욕 시 라디오 방송국과 인터뷰를 하셨다. 프로그램 마지막에 그날 인터뷰 사회자를 맡았던 유명한 불교철학자이자 저자인 렉스 힉슨(Lex Hixon)이 선사님께 말했다. "선사님, 오늘 이렇게 나와 주셔서 감사합니다. 선사님의 가르침이 무척 마음에 들고 오늘 함께한 시간도 즐거웠습니다. 그러나 오늘 저희가 이야기를 나누면서 한 가지 제가 잘 이해가 되지 않는 부분이 있습니다. 선사님께서 말씀하시는 '도넛 마음'—숭산 선사님이 말한 'don't know mind'를 사회자가 'donut mind'로 듣고 던진 질문이라고 생각한다: 역자 주—이란 무엇인지요?"

선사님은 크게 웃음을 터뜨리셨다. "네, 바로 그것이죠. '도넛 마음!' 가운데가 텅 비어 아무것도 없는 공기와 같은 마음입니다."

당신의 집 문에 도착하기

기쁨과 함께 당신 자신이
당신의 문에 도착하는 때가 올 것이다.
당신 자신의 거울 속에서
이 둘은 서로를 반기며 미소 짓게 될 것이다.

그리고 여기 앉으라고 말할 것이다. 먹으라.
한때 당신 자신이었던 이 이방인을
당신은 좋아하게 될 것이다.
와인도 주고 빵도 주라.
당신의 가슴도 그 자신에게 주라,
당신을 좋아했던 그 이방인에게.

당신이 다른 것을 위하여 무시했던
당신의 모든 삶
당신을 가슴으로 알던 당신의 모든 삶
서가에서 러브레터를 꺼내라.

사진과 절절한 노트들
거울에서 당신 자신의 이미지를 벗겨 내라.
그리고 앉으라. 당신 자신의 삶에 축배를 들라.

– 데릭 월콧, 「사랑 이후의 사랑」

매 순간 우리는 우리 자신의 문에 도착하고 있다. 매 순간 우리는 그 문을 열 수 있다. 매 순간 우리는 한때 우리 자신이었던—이 시에서처럼 우리를 '가슴으로' 아는—그 이방인을 다시 사랑할 수 있다. 어떤 의미에서 우리는 자신을 가슴으로 알고 있지만 그것을 잊어버렸는지 모른다. 우리 자신의 문에 도착한다는 것은 기억하는 것(remembering), 그리고 이미 우리 자신인 것, 그러나 우리가 집에서 점점 더 멀리 떨어져서 너무나 오랫동안 무시해 왔던 것, 그렇지만 이 호흡, 이 순간만큼 멀지는 않은 것을 다시 구성원으로 하는 것(re-membering)이다. 우리는 거기에 깨일 수 있는가? 우리는 온정신을 회복할 수 있는가? 우리는 그 앎이 될 수 있는가? 동시에 '모르는 마음'을 유지하면서 그 알지 못함을 축복할 수 있는가? 깨어 있다는 것과 알지 못한다는 것이 처음부터 서로 다른 것일까?

시인은 그러한 때가 반드시 올 것이라고 확언하고 있다. 그렇다. 그런 때는 반드시 올 것이다. 그러나 우리는 그것이 우리의 본래 존재에 깨어나는 순간이 우리의 임종 때이기—임종 때 가서야 그것에 깨어나는 것은 아닌가—를 바라고 있지 않은가? 헨리 데이비드 소로는 그렇게 되기가 무척 쉽다고 보았다. 아니면 그 시간이 바로 지금, 있는 그대로의 우리로서 존재하는 바로 지금 순간일 수 있는가?

그런 때는 반드시 올 것이다. 그러나 우리가 우리 자신을 깨어 있음에 내줄 때, 온정신을 회복할 때, 그리고 우리 자신의 계발되지 않은 마음을 넘어설 때에야 올 것이다. 그러한 때는 우리가 우리의 기계적인 조건화—특히 우리의 정서적 조건화—의 사슬과 우리 스스로 생각하는 자신에 대한 견해를 인식할 때—이것은 곧 거울에서 우리 자신의 이미지를 벗겨 내는 것이다—에야 올 것이다. 또 그러한 때는 지금 보이는 것을 보고, 들리는 것을 들을 때, 그리고 그 봄과 들음 속에서 앞의 사슬이 녹아 없어지는 것을 볼 때 올 것이다. 그리고 우리가 우리의 보다 큰 원래의 아름다움 속으로 들어갈 때, 우리 자신과 우리 자신의 문에서 인사를 나눌 때, 한때 우리 자신이었던 그 이방인을 다시 사랑할 수 있을 때 올 것이다. 우리는 그렇게 할 수 있고 또 그렇게 할 것이다. 그것 말고 도대체 우리가 해야 할 일이 무엇이란 말인가?

그것 말고 어떻게 우리가 자유로워질 수 있단 말인가?

그것 말고 우리가 어떻게 본래의 우리 자신이 될 수 있단 말인가?

그리고 이러한 일이 일어나는 때는 언제가 될 것인가? 시인은 "때가 올 것이다." 라고 말하고 있다. 어쩌면 때는 이미 왔는지 모른다.

단지, 모를 뿐!

제7부

정치 공동체의 치유

자유가 집단과 맺는 관계는 곧
건강이 개인의 신체와 맺는 관계와 같다.
건강이 없으면 사람은 어떠한 기쁨도 맛볼 수 없다.
이와 마찬가지로 자유가 없으면 사회는 어떠한 행복도 느낄 수 없다.

– 토머스 제퍼슨

수련 없는 가슴의 변화, 가치의 변화는 다만
수동적인 소비적 삶이라는
또 하나의 의미 없는 사치일 뿐이다.

– 웬델 베리

정치 공동체의 치유

지금까지 우리가 개인적 차원에서의 마음챙김의 탐구에서 다루어 온 모든 것은 국가 혹은 인류라는 종으로서, 이 세계에서 우리가 실행하는 행위에도 똑같이 적용된다. 오늘날 벌어지고 있는 사건들을 보라. 우리는 무슨 일이 일어나고 있는지 정말로 알고 있는가? 혹시 우리는 사물의 표면적 외관에 사로잡힌 채 혹은 표면 아래에서 일어나고 있는 일을 상상하면서—제대로 알지도 못하면서—우리의 좋고 싫음, 특정한 무언가에 대한 바람과 두려움에 기초한 의견만을 만들어 가고 있는 것은 아닌가? 우리는 마음 챙기는 알아차림(mindful awareness)이라는 비이원적 렌즈를 지금 세계에서 일어나고 있는 일에, 그리고 우리의 국가 · 사회라는 정치 공동체의 필수 단위로서 우리가 그것과 맺는 관계의 접점에 적용할 수 있는가? 우리는 '뉴스'의 형태로 우리의 감각에 제시되는 것들에 마음챙김을 가져갈 수 있는가? 우리는 우리의 사적이고 개인적인 삶에 다양한 영향을 미치—그러나 한때 우리의 직접 경험과 우리의 일상적 삶에서 실제로 일어나는 일들로부터 너무 멀리 떨어져 있었던—는 크고 작은 사건들을 자각할 수 있는가? 다시 말해, 우리는 그런 사건들을 자각하기 전에는 우리가 제대로 이해하지 못한 힘—경제적, 사회적, 정치적, 군사적, 환경적, 의학적 혹은 이 모든 것이 복잡하게 결합된 힘, 그리고 우리 자신보다 훨씬 크며 '훨씬 더 큰 이슈'가 걸린 문제이므로 우리의 개인적 관심과 필요는 그에 비하면 일차적 중요성을 갖지 못하는 힘—에 휩쓸려 버리거나 그로부터 심대한 영향을 받게

될 것이다. 우리는 입체적(orthogonal)—이 용어의 구체적인 의미는 382쪽의 '입체적 조직' 참조: 역자 주—이 될 수 있는가? 우리는 모든 것을 통섭할 수 있는가? 우리는 연민을 품을 수 있는가? 우리는 현명해질 수 있는가? 이것은 우리 자신의 마음과 가슴이라는 내적 세계에서뿐 아니라 외적 세계에서도 우리에게 도전으로 다가온다. 안과 밖의 세계가 서로 조영(照映)하는 것은 이 두 세계를 만들어 가고 또 이들에 의해 형성되는 무한한 기회를 제공한다. 아마도 여기서도 이와 마찬가지로 한 사회로서, 우리가 우리 집 문에 도착하는 우리 자신을 반기고 바로 우리 자신인 그 이방인을 맞이하는 모든 가능성이 존재할 것이다.

우리가 사물의 특정 면만 보고 다른 면은 보지 않기가 쉽다는 사실, 그리고 실재보다 환상에 가까운 무언가를 사실로 굳게 믿기 쉽다는 사실을 알기 위해서는 우리가 앞에서 본 젊은 여인/노파의 그림—62쪽에 있음—혹은 카니자 삼각형—59쪽에 있음—을 떠올리는 것만으로도 충분하다. 앞서 든 예들은 어쩌면 오늘날 우리가 우리의 삶에서 매일 접하는 끊임없이 변화하는 이슈와 상황의 복잡성에 비하면, 그리고 우선순위를 결정하고 우리의 자원을 적절한 방향으로 유도하기 위하여 오늘날 우리의 지도자들이 사건을 해석하고 결정을 내려야 하는 사안의 복잡성에 비하면 아무것도 아닌 것인지 모른다. 우리 모두는 특히 우리가 '어떻게' 사물을 보고 '어떻게' 아는가에 적절한 주의를 기울이지 않으면 결국 복잡한 사태를 잘못 인식하여 불완전하고 부분적인 견해에 집착하게 될지도 모른다. 그렇게 우리는 그로 인하여 스스로에게 고통을 만들어 내며, 또한 우리가 오직 부분적으로만 진실인 사건의 해석이나 가능성에 과도하게 집착할 때에는 다른 사람들에게도 엄청난 고통을 일으키고 만다. 그러나 만약 우리가 내적·외적으로 우리 자신의 자각—알아차림—의 범위를 확장하는 데 조금이라도 노력한다면, 그리하여 우리 자신의 것과 무척 다를 수도 있는 앎과 봄, 존재의 방법들도 유효할 수 있다는 가능성을 즐길 수 있다면 우리의 제도와 정치가 조금 더 건강해지고 현명해질 수 있지 않을까?

당신이 어떤 의견을 갖고 있든 그렇지 않든—그것이 정치적, 종교적, 경제적, 역사적, 사회적 의견이든 혹은 자녀 양육이나 가사 문제 등 가족의 일상에서 생기는 다양한 문제이든—잠시 동안이라도 당신과 정반대되는 의견을 가진 모든 사람에 대해 생각해 보라. 그들이 모두 미혹된 것인가? 그들 모두가 나쁜 사람인가? 혹시 당신 안에 그들을 비인간화하고 정형화하며 심지어 악마로 만들고자 하는 경향이 있는 것은 아닌가? '그들'을 한통속으로 묶어 일반화하고 그들과 그들의 성격, 지성, 심지어 인간성에 관해 일괄적인 진술을 해 버리는 성향이 당신 안에 있지 않은가? 만약 우리가 이런 방식으로 주의를 기울여 본다면 우리는 이것이 우리가 함께 살고 우리가 가장 사랑하는 사람들에 대해서도 일어날 수 있는 일임을 알게 된다. 이런 이유로 가족은 우리가 보다 큰 자각과 연민, 지혜를 축복하고 그것을 우리의 일상생활에서 실제로 체현하기 위한 멋진 실험실이 되어 줄 수 있다. 우리가 우리는 옳고 타인은 그르다는 확신에 강하게 집착할 때 혹은 적어도 우리가 옳다고 생각하며 그러한 우리의 견해에 집착할 때 우리의 인식 렌즈는 왜곡되며 망상에 빠져 실재하는 것 그리고 우리가 속해 있는 사물과 관계의 진실—우리가 취하는 하나의 입장 혹은 또 하나의 입장이 지닌 '객관적' 유효성의 훨씬 너머에 존재한다—에 대하여 일정한 폭력을 행사할 위험에 처하고 만다. 나 자신의 마음을 살펴보더라도 나는 내가 매일 그러한 경향에 노출되어 있다고, 그것에 미혹되지 않도록 조심해야겠다고 말할 수밖에 없다. 이런 점에서 나 자신도 다른 누구와 결코 다르지 않다고 생각한다.

만약 당신에게 이런 일이 조금이라도 일어나고 있다면—이런 일은 당신과 반대되는 의견을 가진 사람들이 당신과 '당신의 방식대로' 보는 사람들에 대하여 생각할 때에도 마찬가지로 일어난다—이러한 상황에서 실제로 일어나고 있는 일을 제대로 파악할 수 있을까? 그리고 거기에 적어도 어떤 공통의 토대나 공유된 관심사 그리고 더 큰 진실에 대한 인식의 가능성이 존재할 수 있을까? 혹은 우리가 보고 생각하는 방식이 그 상황이나 화제, 이슈를 너무나 극단적으로 몰고 가 버렸거나 혹은 우리를 너무나 맹목적으로 만들어 버려 더 이상 우리가 있는 그대로를 보고 아는 것이, 심지어 우리가 모르고 있다는 사실조차도 아는 것이 불가능하게 되어 버리지 않을까? 그리고 그 알지 못함 속에 어떤 힘이 있다는 사실, 우리가 서로 벽을 쌓고 손가락질하며 싸움을 거는 것을 넘어선 곳에 단지 무지가 아닌 어떤 힘이 있다는 사실을 깨닫는 것이 불가능하게 되어 버리지 않을까?

우리가 알지 못한다는 것 혹은 일정 정도만 알고 있음을 아는 것은 우리 마음속에 커다란 개방성과 입체적 창발—그렇지 않았더라면 가능하지 않았을—을 제공한다. 하나의 입장에 집착하는 사람들에게 숭산 선사님이라면 어떻게 하셨을지 기억하라. 선사님은 이렇게 말씀하셨다. "당신이 이것을 막대기, 시계 혹은 테이블, 좋은 상황, 나쁜 상황 혹은 진실이라고 말한다면 나는 당신을 서른 번 때리겠습니다. 그리고 당신이 이것을 막대기, 시계 혹은 테이블, 좋은 상황, 나쁜 상황 혹은 진실이 아니라고 말한다 해도 나는 당신을 서른 번 때리겠습니다. 어떻게 하겠습니까?"

선사님께서는 이것 아니면 저것, 검은 것 아니면 흰 것, 좋은 것 아니면 나쁜 것으로 구분하는 사고방식에서 우리가 깨어나기를 주문하고 계신 것이다. 우리를 이러한 곤란한 상황으로 몰아넣는 것 혹은 우리가 실제로 언제나 그렇게 하고 있음—하나의 견해에 집착하고 있음—을 선사님께서 깨우쳐 주시는 것은 자비의 행위라고 할 것이다.

그렇다면 우리는 무엇을 할 수 있는가? 우리는 삽을 삽—사실대로—이라고 말해서는 안 되는 것인가? 집단 살상과 살인, 착취와 기업 범죄, 정치 부패, 사기 등을 사실대로 말해서는 안 된다는 말인가? 물론 우리는 그렇게 말할 수 있고 또 윤리적으로 그렇게 해야만 하는 경우도 있다. 그러나 만약 당신이 그것을 안다면, 그리고 정말로 그것을 보고 '삽'에 관한 당신의 생각에 집착하지 않는다면, 당신은 그것을 삽이라고 부르는 일이 가장 중요한 일이 아니라는 것—특히 당신이 할 수 있는 일이 그것뿐일 때—을 알게 될 것이다. 그 상황에서는 하나의 관념이나 이름을 제시하는 것보다 더 적절한 무언가가 있을 수 있다. 나서서 현재 일어나고 있는 일에 대해 정확하게 그 이름을 붙이는 일이 아무리 중요한 것이라 해도 말이다. 당신이 현재 벌어지고 있는 사태와 관계 맺는 방식을 찾기 위해, 단지 현재의 사태에 이름을 붙이거나 이름을 붙이는 사람들에게 동의하는 것을 넘어 당신이 실제로 '행할' 수 있는 무언가를 찾기 위해 행동해야 할 필요성, 그것도 현명하게 행동해야 할 필요성이 있을 수 있다.

그것이 실제로 삽이라고 한다면 삽을 들고 땅을 파는 것이 적절한 행동일 것이다. 어떠한 순간에든 우리의 이해를 체현하기 위해 행동하는 것이야말로 우리가 모든 순간에 할 수 있는 최선의 것이며, 우리가 우리 행동의 결과로부터 기꺼이 배우고자 한다면 그것은 점차 지혜에 가까워질 것이다. 행동 이외의 모든 것은 쉽게 공허한 담론으로 귀결되고 만다. 공직에 출마하는 정치인이 그것을 삽이라고 부르더라도, 거기에는 어떤 행위가 뒤따라야 한다. 그런데 그가 일단 공직에 입성하면 실재에 대한 그의 견해와 그 중요성이 왜 그토록 급격하고 재빠르게 변화하는 것인가? 비유적으로 말해, 그것은 아직도 삽인가, 아니면 그 순간—삽이 아닌—다른 무언가를 위한 편리한 디딤돌일 뿐이었는가?

버트런드 러셀(Bertrand Russell)의 말을 빌리면, 인간은 하늘을 날고 바다 밑으로 내려가는 법은 알아냈으나 아직 육지에서 사는 법은 터득하지 못했다. 인간에게 있어 최후의 전선(last frontier)—지식·활동 영역의 한계를 의미: 역자 주—은 대양이나 우주가 아니다—비록 그것들 역시 매우 흥미롭고 유혹적이긴 하지만. 인간에게 최후의 가장 중요하고 긴박한 전선은 인간의 마음이다. 그것은 곧 우리 자신을 아는 것—가장 중요하게, 우리 내면으로부터!—이다. 인간 최후의 전선은 인간의 의식 자체다. 그것은 우리가 아는 모든 것, 지구상 모든 종족의 지혜 전통의 총체다. 거기에는 과학을 통한, 예술을 통한, 원주민 전통을 통한, 영적 탐구를 통한 서로 다른 모든 앎의 방식이 포함된다. 이것이야말로 오늘날의 시대와 인류라는 우리의 종이 맞닥뜨린 도전이다. 우리는 지금 바그다드, 쿠알라룸푸르, 멕시코시티, 워싱턴, 카불, 베이징 등 세계의 어느 곳에서 일어나는 사건이라도 바로 다음 날 혹은 바로 다음 달에 전 세계 모든 지역의 사람들에게 심대한 영향을 미칠 수 있는, 세계적으로 고도로 네트워크화된 사회에 살고 있는 것이다. 그렇다고 해서 우리가 그런 일들을 외면한 채 우리 자신의 관심사에만 빠져서 우리 자신의 안전과 행복, 이익의 극대화를 위해 살아야 한다는 것은 아니다. 그보다 우리의 마음챙김 탐구와 우리 삶과 세계에 대한 치유 가능성은 우리가 개인적 나무와 가지—세세한 개인적 관심사—에 지나치게 몰두하지 않고—그러한 차원의 이해도 중요한 것이긴 하지만—세계 속에 존재하는 방식을 우리에게 보여 주고 있다고 봐야 할 것이다. 그것은 우리가 협소하고 검토되지 않은 생각과 의견이라는 왜곡된 렌즈—대개는 욕심과 혐오, 미망에 의해 추동되는—없이 때로 숲을 바라보도록, 그리하여 그것을 그 전체성 속에서 알도록 상기시킨다.

그렇다고 하여 우리가 의견이나 강력한 견해를 가질 수 없다는 말이 아니다. 다만, 그러한 견해들이 사물의 상호 교호(交互)성(inter-embeddedness)에 가까이 다가갈수록 우리가 세상과 주고받는 능력, 우리가 우리의 작업과 우리의 갈망·소명과 관계 맺는 능력은 커다란 갈등과 비참, 불안정이 아닌 보다 큰 지혜와 조화에 기여하는 방식으로 향상될 것이다.

지금 우리는 거의 모든 전선—영역—에서 개인적, 집단적으로 우리의 파괴적 감정에 사로잡히거나 그에 눈멀지 않고 우리의 감각으로 돌아올 수 있는—즉, 온전한 정신을 회복할 수 있는—소중한 기회와 도구를 과거 어느 때보다 더 많이 갖게 되었다. 그렇게 함으로써 아마도 우리는 지난 천 년 이상의 인류 역사를 통해 점점 더 세계와 인간의 만성 질환으로 되어 가고 있는 편치 않음을 자각하고 그것을 인식하게 될 것이다. 그리하여 우리가 개인적으로 우리의 삶의 방식에 있어서, 그리고 국가 간 외교에 있어서 균형과 조화의 새로운 가능성을 마음속에 키워 가는 실제적인 조치를 취할 수 있게—편치 않음과 소외를 키울 뿐인 우리의 파괴적 성향을 최소화하는 동시에, 우리가 어떻게 살고 우리의 창조적 에너지를 정치 공동체의 치유에 어떻게 활용할 것인가에 관해 우리가 내리는 결정에서 지혜와 연민을 동원하고 체현하는 우리의 능력을 최대화하는 방식으로—될 것이다.

• • •

이 책 전체를 통해 우리는 인간으로서 우리가 느끼는 불안의 본질, 그리고 왜 그토록 많은 시간 우리가 모든 것이 엉망인 것처럼 느끼고, 우리가 완전하다고 느끼는 데 빠져 있는 무언가를 그토록 필요로 하는지—비록 물질적으로 그리고 교육의 측면에서 오늘날 선진국이 과거 어떤 인류 세대보다 더 풍요하다고 할지라도—를 정의하고 이해하려는 시도에서 질병(disease)과 편치 않음(dis-ease)이라는 메타포를 다양한 각도에서 탐구해 왔다. 비교적 높은 생활 수준, 물질적 부와 풍요, 그리고 역사상 과거 어느 때보다 더 향상된 건강과 건강관리에도 우리가 충분히 행복하고 만족스럽지 않고 내면적으로 평화를 느끼지 못한다면, 우리에게는 지금 무엇이 결여된 것일까? 우리가 본래의 우리를 온전히 인식하는 데는 무엇이 더 필요할까? 그리고 이러한 우리의 불만족은 국가로서 그리고 인류라는 종으로서 우리 자신에 관해 무엇—그것을 안다면 우리가 도움을 받을 수 있는—을 말해 주고 있는가? 어떻게 하면 우리는 더 이상 우리 자신에게 이방인이 아닐 수 있으며, 어떻게 하면 그 온전한 모습으로 본래의 우리로 돌아갈 수 있는가? 우리의 진정한 본성과 참된 가능성을 알고 체현하는 방법은 무엇인가?

안으로 내면을 들여다보며 우리는 자신에게 "실제로는 우리가 거듭 본 것처럼 우리는 지금 바로 이 순간 더할 나위 없이 온전하고 완전한데도 우리가 정치 공동체 내의 개인으로서 지금 바로 온전하고 행복하게 느끼기 위해서 실제로 무엇이 필요한가?"라고 물을 수도 있다. 그중 우리에게 필요한 한 가지는 우리가 대부분의 시간에 우리 머릿속에서 우리의 생각과 욕망, 그리고 대응적 감정의 격류 속에 살면서 끊임없이 외부적 원인과 조건—우리는 이것이 마침내는 우리가 행복하고 평화롭게 될 수 있다고 생각되는 더 바람직한 상황을 가져올 것이라고 믿는다—을 변화하려고 시도하는 것을 넘어 더 넓은 곳으로 확장하는 것이다. 심지어 우리는 그 아래에서 단단하고 지속적이며 변하지 않는 개인적 자아라는 지속적이면서도 놀라울 정도로 파악하기 어려운 우리의 습관적이고 유혹적인, 그러나 궁극적으로는 부정확한 집착을 깨닫게 될 수도 있다. 그러한 손에 잡히지 않는 단단한 자아가 존재한다는 느낌은 환상이지만, 그것은 계속해서 우리를 유혹하며 그것의 끝없는 필요와 요구를 충족하기 위해 우리를 이곳저곳으로 몰고 다닌다. 우리가 짧은 순간이라도 우리 존재의 신비에 깨어날 때 그러한 구성—만들어진—된 자아는 우리 존재의 전체성보다 훨씬 작은 것임을 알게 될 것이다. 이것은 개인으로서 우리에게뿐 아니라 국가와 세계로서의 우리에게도 해당되는 말이다. 결국 이러한 통찰은 모두 우리 자신의 마음과 신체에 대한 보다 큰 매 순간의 친밀함과 친숙함을 계발하는 데서 생긴다. 또한 모든 것이 분리되고 단절되어 있다고 생각하는 우리의 인식을 넘어, 그리고 그것이 우리의 치밀한 통제와 우리 자신의 협소한 이익을 위한 것이라는 우리의 망상적 집착을 넘어 사물의 상호 연관성을 깨닫는 데서 생긴다.

우리의 전체성과 상호 의존성은 바로 지금 여기에서 실증될 수 있다. 그것은 우리가 가장 깊은 방식으로 우리와 우리가 살고 있는 이 세계가 사실 둘이 아니라는 사실에 깨어나고 깨닫는다면 어느 순간에든 실증될 수 있다. 우리가 이미 본 것처럼 마음챙김의 체계적 수련을 통해 이러한 깨어 있음을 계발하는 방법은 매우 다양하다. 모든 방법이 어떠한 의미에서의 정치 공동체라도 그 건강에 대해 우리가 보다 보편적인 자각을 갖고 책임을 떠맡는 데 똑같이 적용된다.

우리 자신을 깊이 들여다보는 훈련을 통해 우리는 우리의 불안과 고통의 궁극적인 근본 원인일 수 있는 것—즉, 마음 상태로서의 탐욕과 증오, 무자각의 역동—에 대하여, 그리고 그것들이 얼마나 다양한 방식으로 세계 속에서 드러날 수 있는가에 대해 더 큰 친숙함과 친밀함을 계발할 수 있다. 어쩌면 우리—우리 자신을 깊이 들여다보는 훈련을 통해—는 우리 각자가 고통을 경감하고 완화하며 초월하는 데—우리 자신뿐 아니라 타인의 고통까지도—그리고 내면적이고 외면적인 인간의 고통의 '원인'을 그 뿌리에서부터 제거하는 데 기여하는 자기만의 방식을 알 수 있는지도 모른다.

어쩌면 우리가 그 자체로 병들어 있고 평화롭지 못한 세계—상호 연결성에 대한 우리의 이해 부족의 결과로, 우리가 '더 똑똑해졌어도' 우리의 배려 부족의 결과로 너무나 많은 고통이 인간 서로에게, 그리고 지구에게 직간접적으로 가해지고 있는 세계—에 살고 있으면서, 우리 자신의 개인적 삶 속에서 온전히 건강하고 평화로울 수는 결코 없다는 사실을 깨닫게 될지도 모른다. 물론 이를 인간의 고질적 행위라고 할 수도 있으나, 그것은 우리가 개인으로서 그리고 사회 구성원으로서 일정한 내면적 작업을 기꺼이 수행하고자 할 때 변화를 일으킬 수도 있다. 인간의 고질적인 협소한 마음은 우리가 지금까지와 다르게—그러니까 자아와 타자의 상호 의존성과 상호 교호성 그리고 자아와 타자의 진정한 필요와 본성의 상호 의존성과 상호 교호성에 대해 더 큰 자각을 가지고—살아가는 법을 배우는 데 존재하는 잠재적 가치를 볼 수 있다면 충분히 변화될 수 있다. 다시 말해, 우리가 우리 자신의 탐욕과 두려움, 증오와 무자각이라는 왜곡된 렌즈를 그것이 일어날 때에 인식하고 그것이 우리 본연의 보다 심오하고 건강한 요소들을 가리도록 하지 않는다면 인간의 고질적인 협소한 마음은 변화될 수 있다. 이러한 변화는 모두 우리가 자각과 연민, 어느 정도의 비반응적 태도(non-reactivity)를 가지고 국가로서 그리고 한 종으로서 우리 자신이 겪는 고통을 기꺼이 탐구하고 그것을 품어 안는 데서, 그러한 고통이 그 스스로 말하게 하여 고통의 근원에 대한 우리의 이해를 높이는 새로운 차원의 상호 연결성을 드러내도록 하는 데서, 그리하여 우리와 가장 가까운 사람들에 대한 우리의 공감을 더 크게 확장시키는 데서 생겨난다. 그것은 모든 곳의 사람들이 궁극적으로 자신들의 기본적 필요가 충족되어야 하며, 타인에 의한 착취나 불의, 수모로부터 자유로워야 한다는 의미다. 다시 말해, 모든 곳의 모든 사람의 기본적인 인권이 보호되어야 한다는 의미다. 그러나 우리가 알듯이 슬프게도 오늘날 지구에 사는 대부분의 사람에게 상황은 이렇지 못하다.

나는 이 책의 앞부분에서 우리 인류가 지구에 그리고 심지어 인류라는 종으로서 우리 자신의 건강과 안녕에 미치는 영향을 표현하기 위해 자가면역질환이라는 비유를 사용한 바 있다. 그것을 표현하는 또 하나의 방법은 우리가 자기도 모르게 자신의 길에 던져 넣는 장애물에 계속해서 걸려 넘어지고 있다—우리의 모든 똑똑함에도 불구하고—는 것이다. 그리고 나는 우리가 지난 30년에 걸쳐 알게 된 몸-마음의 관계성과 마음챙김의 잠재적 치유력이 우리의 국가, 더 크게는 이 세계가 겪고 있는 가공할 만한 편치 않음을 이해하고 대처하는 방식에 심오한 적용 가능성을 가지고 있다는 사실을 이야기해 왔다.

마음챙김이라는 탐구의 다른 모든 측면과 마찬가지로 마음챙김과 연관 지어 정치 공동체라는 영역을 살피는 목적은 우리 자신과 타인의 의견을 바꾸는 것도 아니고 그것을 확언하는 것도 아니다. 우리의 삶에서 더 큰 마음챙김을 계발한다는 것은 우리가 특정한 이데올로기적 견해나 의견에 빠진다는 것을 의미하지 않는다. 그것은 우리 스스로 더 새롭게, 전체성의 눈을 가지고 매 순간 보게 된다는 것을 의미한다. 마음챙김이 우리에게 해 줄 수 있는 것—이것은 매우 중요한 기능인데—은 우리의 의견을, 모든 의견을 단지 '의견으로서' 드러내 준다는 것이다. 그렇게 함으로써 우리는 의견들에 대해 그것이 의견이라는 사실을 알게 되어 그것에 옴짝달싹 못하도록 걸려들거나 그로 인해 맹목적이 되지 않을 수 있다—비록 우리가 특정 의견을 매우 의식적으로 채택하고, 강하게 확신을 가지고 그 의견을 주장하며 그에 따라 행동한다고 할지라도. 여기서 목적은 치유와 탐구의 가능성을, 우리가 특정한 당파적 의견 일치나 불일치에 함몰되기보다 사물을 보는 우리의 방식을 확장하는 가능성을 탐구하는 것이다. 그래서 이것은 우리가 쓰고 있는 렌즈를 바꾸라는 초대다. 또 의식의 대전환—세계 자체만큼이나 거대하면서 동시에 당신과 나, 우리 모두가 지금풍경에 가져오는 이 몸과 이 마음 · 가슴 안에서 이 순간과 이 호흡만큼이나 가까운—을 실험해 보라는 초대이기도 하다.

또한 마음챙김과 연관 지어 정치 공동체라는 영역을 살피는 목적은 자각이라는 것에 어떠한 수동적인 성격도 없다는 것을 일깨우기 위한 것이다. 우리의 마음 상태와 그로부터 흘러나오는 모든 것은 세계에 영향을 미친다. 우리의 행위가 우리의 존재, 자각에서 나올 때, 그것은 더 현명하고 자유롭고 창의적이며 배려적인 행위, 세계 속의 더 큰 지혜와 연민, 치유를 증진하는 행위가 될 것이다. 사회의 다양한 층위에서 그리고 정치 공동체 내에서 아주 미세한 방식이라도 의도적으로 마음챙김을 한다면, 그것은 인간의 창의성과 잠재력의 참된 개화이자 진정한 르네상스로, 그리고 우리 모두가 세계라는 신체의 세포이므로 종으로서의 우리, 세계로서의 우리의 심오한 건강에 대한 표현으로 이어질 것이다.

우리 모두가 세계의 안녕에 더 큰 책임을 떠맡은 데서, 그리고 정치 공동체에 더 큰 마음챙김을 가져가는 데서 우리가 이익을 얻을 수 있다는 제안은 특정 문제를 고치기 위한 특정한 치료법을 처방하려는 의도가 아니다. 그것은 또 우리가 직면하고 있는 문제를 자세하게 설명하거나 그 원인을 특정 집단이나 개인, 관습 혹은 사고방식에 돌리려는 것도 아니다. 오히려 그것은 커다란 그림을 보여 주기 위한 것이다. 마치 인상파 화가의 그림은 조금 떨어져서 전체 그림을 받아들일 때, 우리가 붓의 개별적 터치에 너무 빠져 있지 않을 때 그 온전함과 깊이가 드러나듯이 말이다. 더욱이 그것은 사랑을 환기하는 초대, 다시 말해 우리 모두가 우리의 가장 소중하게 여기는 가정(假定)과 집착, 그리고 아마도 검토되지 않은 관점과 렌즈를 새롭게 보고 그에 도전할 것을 권하는, 그러니까 우리 모두가 새로운 방식으로 주의를 기울일 것을 권하는 요청이다. 그것은 또한 우리가 사물을 인식하고 아는 혹은 인식하고 안다고 생각하는 바로 그 방식을 좀 더 주의 깊게 살펴볼 것을 요청하는 것이다. 그것은 우리가 의견을 형성한 뒤 우리가 생각하는 우리의 정체성과 그러한 견해 사이에 강력한 연결을 지어 버리는 바로 그 과정을 깨어 있는 마음으로 조사해 볼 것에 대한 초대다.

그것은 또한 우리 자신과 세계 속 우리의 위치를 이해하는 데 있어서 지금까지와 다른 새로운 비유를 생각해 볼 것을 권하는 초대다. 그것은 오늘날 우리가 국가로서, 종으로서 직면하고 있는 많은 문제가 인간의 마음 때문에 생겼다는—심지어 인간의 마음에 의해 만들어지고 확대되었다고까지 말할 수 있는—사실, 그리고 다른 모든 것과 마찬가지로 그 문제들도 우리의 마음이 그렇게 만들어 버린 것만큼 그렇게 영원하고 지속적이며 실제적인 것이 아니라는 사실을 놓치지 않으면서 '실재세계'의 매우 현실적인 복잡성을 인정하는 데 있어서 새로운 비유를 생각해 볼 것을 권하는 초대다. 이러한 통찰만으로 우리는 다루기 어려운 곤란한 상황과 적대감으로만 보이는 것을 다룰 수 있는 새롭고 창의적인 방법을 얻을 수 있을지 모른다. 여기서 우리는 앞서 인용한 아인슈타인의 두 가지 언급을 상기할 필요가 있다. 하나는 "비록 매우 지속적인 환상이긴 하지만 현실은 하나의 환상이다."이며, 다른 하나는 "오늘날 세계에 존재하는 문제는 그 문제를 일으킨 사고의 수준으로는 해결할 수 없다."는 것이다. 우리가 인간이 처한 조건과 정면으로 맞닥뜨리면서 마음챙김을 계발하는 과정에서는 이 두 가지 관찰을 유념할 필요가 있다.

어쩌면 우리는 우리가 영원한 자아라는 실체화된 의견을 구성한 것과 마찬가지로, '실재세계'에 관해 그리고 무엇이 가능한가에 관해 생각하는 데 있어서 우리 스스로 만든 제약과 더불어 인간의 마음이 '실재세계'라는 견해 자체를 만들어 낸 것이라고까지—실제로 존재하지 않는 '실재세계'를 인간의 마음으로 허구적으로 구성해 낸 것일 수 있다는 의미: 역자 주—말할 수 있을지 모른다. 우리가 만약 우리의 마음이 우리 자신과 우리가 세계라고 부르는 것을 인식하고 이해하며 인지하는 방식을 검토해 보고 그에 대해 자각하게 된다면, 그러한 우리 스스로 구성한 환영의 제약 중 많은 부분은 우리가 이러한 의식의 대전환과 함께 새로운 행동 방식을 발견함에 따라 녹아 사라질지 모른다.

세부 사항은 우리의 일상생활에서의 지속적인 수련으로부터 나오게 될 것이다. 어떤 특별한 '해법'이나 우리가 강력하게 믿는 개혁을 실행함으로써 문제를 고치고 모든 것을 해결할 수 있기를 원하는 사고방식은 그러한 노력이 아무리 중요하다고 해도 그 자체로 크게 도움이 되지 않을 것이다. 우리가 사물을 보고 존재하는 방식의 보다 전체적인 치유가 또한 요구된다. 이것은 많은 사람, 우리 모두의 광범위한 의식의 대전환을 요구한다. 그리고 사물을 있는 그대로 인식하고 그에 대해 우리가 내적·외적으로 사용할 수 있는 다양한 자원과 전문 지식을 활용하여 창의적이고 입체적인 방식으로 다루겠다는 의지도 요구된다. '우리를 위해 그것을 대신해 줄' 혹은 '우리에게 길을 보여 줄' 카리스마 넘치는 리더라는 특별한 '구세주'가 나타나기를 바라기보다, 아마도 이제 우리는 인간의 진화 과정에서 영웅적이고 우리를 소생시키는 인물에 의해 지배되는 시대—그들이 좋은 면으로나 나쁜 면으로나 아무리 영웅적이라고 하더라도—를 넘어 책임과 리더십이 보다 확산적이고 협조적이 되는 방법을 찾아야 하는 시점에 이르렀는지 모른다. 마치 심장과 간, 뇌가 자기가 속한 유기체를 지배하기 위해 자기들끼리 다투지 않고 유기체 전체의 안녕을 위해 협조하듯이, 그리고 수조 개의 개별 세포가 모여 건강한 신체를 구성하듯이 말이다.

우리가 '삶의 스트레스'라고 부를 수 있는 '둑카(dukkha)'—팔리어로 '고통'의 뜻: 역자 주—라는 근본적이고 근원적인 진단에 직면하여, 그리고 고통의 근본 원인에 대한 이해가 요구되는 시점에서 만약 인류의 현 상황을 치료해 줄 처방이 존재한다면 그것은 포괄적인 무엇이 될 것이다. 이상하게 들릴지 모르겠지만, 그것은 우리가 인류라는 종으로서 그리고 사회로서 직면하고 있는 딜레마를 접한 누구라도 하나의 존재 방식으로서 보다 큰 마음챙김을 수련하는 데 참여하는 것, 마음챙김을 우리 삶과 일의 모든 측면에 우아하고 부드럽게 가져가는 것—그것이 어떤 결과로 나타날지 모른다 해도, 우리가 누구든, 우리의 일과 우리의 소명이 무엇이든—그리고 마치 우리의 삶과 우리의 세계가 그에 달려 있듯이 우리가 개인적 · 집단적으로 최선을 다하여 마음챙김을 수련하고 그것을 체현하는 것이다.

우리가 매 순간 어떻게 살고 행동할 것인가를 선택하는 것은 특히 우리가 선택을 내리는 동기가 건전한, 다시 말해 건강하고 그 행동 자체가 현명하고 연민에 찬 것이라면 비록 소소한 방식으로 세상에 영향을 미칠 것이지만 그 이익은 의외로 클 수 있다. 정치 공동체의 치유는 독립적이면서도 상호 의존적인 행위와 서로 다른 많은 사람과 기관의 노력으로, 서로 다른 풍부한 관점과 목적, 관심사로, 그러면서도 공통되고 잠재적으로 통일적인 관심사—즉, 세계의 보다 큰 안녕이라는—를 가지고서 엄격한 통제나 방향성 없이도 진화해 나갈 수 있다. 이것은 어쩌면 정치가 진작하고 보호해야 하는 것인지 모른다.

물론 모든 사람이 단기적, 장기적 관점에서 마음챙김 수련을 하게 되지는 않을 것이다. 그러나 지금까지 그래 왔던 것처럼 조금씩 조금씩, 예상치 못했던 다양한 상황에서 더 큰 온전한 정신과 지혜의 길을 선택하는 사람들이 그 수에서나 잠재적 영향력에서 커지고 있다. 다음 몇 세대에, 다음 몇 백 년 동안—그리고 우리에게는 바로 지금 이 순간에—에 우리는 개별 인간으로서, 국가로서, 그리고 인류라는 종으로서 놀라운 기회를 갖게 될 것이다. 그 기회란 우리의 창조성과 명확하게 보는 능력의 온전한 잠재력을 깨달아 그것을 전체성과 치유를 위해, 그리고 우리가 가장 소중하게 여기고 안전감과 행복감의 가장 큰 기회를 우리에게 부여해 주리라고 생각하는 것을 위해 사용할 수 있게 되는 것이다. 그것은 다름 아닌 정의, 연민, 공정성, 억압으로부터의 자유, 온전하고 잘 살 동등한 기회, 평화, 선의, 사랑 등이다. 그리고 그것들은 단지 우리 자신과 우리가 관심을 갖는 사람만을 위한 것이 아니라 우리에게 생명을 부여하는 방식으로 한데 엮여 있는 인류 전체와 모든 살아 있는 생명체를 위한 것이기도 하다.

우리는 역사의 주요한 티핑포인트(tipping point)—극적으로 변화되는 순간: 역자 주—유일무이한 순간에 와 있다. 지금 우리가 살고 있는 이 시간은 우리가 매 호흡과 함께 포착하고 사용할 수 있는 유일한 기회를 제공하고 있다. 우리가 그렇게 할 수 있는 방법은 오직 한 가지다. 그것은 지금 여기서 전개되는 우리의 삶에서 무엇이 가장 중요한가에 관한 우리의 가장 깊은 가치와 이해를 체현하는 것, 그리하여 그것을 다른 사람과 함께 공유하는 것이다. 비록 아주 작은 규모라 하더라도 그러한 체화된 행동이 이 세계를 시간이 흐르면 보다 큰 지혜와 건강, 온전한 정신으로 이끌어갈 것이라는 사실을 믿으면서 말이다.

이것은 결코 쉬운 수련이 아니다. 그러나 우리 각자에게는 이것 외에 달리 우리의 특별하고 소중한 단 한 번 밖에 없는 삶을 위해 할 가치가 있는 것이 무엇이 있을까?

"오늘 그 뉴스 읽었어, 오, 저런."

나는 텔레비전 뉴스를 켠다. 혹은 신문을 집어 들고 읽기 시작한다. 그러면 얼마나 당황스러운 서로 뒤엉킨 다양한 힘이 세상에 작동하고 있는지 보게 된다. 우리의 마음과 가슴은 곧바로 다중의 고통으로 폭격을 당한다. 국제관계나 정치, 경제, 사회정책, 범죄 정의의 전문가가 아닌 우리가 어떻게 실제로 일어나고 있는 일들의 거대함과 세세함을 제대로 파악할 수 있을 것인가? 그것은 마치 계속해서 쏟아져 내려오는 폭류와 같다. 오늘 무슨 일이 일어났고, 누가 무슨 말을 했으며, 누가 무엇을 했는지, 누가 언제 무엇을 알았고, 또 누구는 그것을 알지 못했고, 누가 어디에 갔고, 누가 무엇에 대해 어떻게 대응했고 그러면 또 다른 사람은 그에 어떻게 대응했는지 등에 대한 이야기가 쏟아지는 것이다. 그리고 어제도 이런 이야기들이 있었다. 내일도 있을 것이다. 그러나 우리가 주의할 것은 이런 이야기들 중 어느 것도 실제로 일어난 일과 정확히 일치하지는 않는다는 점이다. 그것들은 단지 일어난 일에 대한 '이야기'일 뿐이다. 이 이야기들은 모종의 기준—그중 몇몇은 우리가 알고 어떤 것은 전혀 알지 못한다—에 의해 재단된 것들이다. 그중 많은 부분이 모종의 효과를 노리거나 이를 방지하고자 하는 전문가나 정치가에 의해 조작된 것이다.

그럼에도 우리가 그런 이야기들을 신중하게 받아들인다면 그것으로부터 얻을 수 있는 것이 있다. 어떤 경우에도 우리는 우리가 그것을 알든 모르든 우리가 쉽게 중독—비록 우리가 누구이고 무엇을 중요하게 생각하는가 혹은 무엇을 기꺼이 들으려 하고 무엇을 인정하지 않을 수 없는가에 따라 우리가 특정 사건에 대해 화를 내는 경우도 있지만—되는, 끝없이 편향된 정보의 흐름 속에서 세계와 세계에서 일어나고 있는 일에 대한 우리 자신의 이미지와 의견을 계속해서 만들어 가고 있다. 신문 지면을 훑는 우리의 눈은 서로 연관성 없는 세부 사항만큼이나 일관된 이야기와 분석—그로부터 우리 자신의 생각, 느낌, 의견이 생겨나고 그것들은 끊임없이 확산될 뿐이다—으로 우리의 마음을 채운다. 텔레비전에서 뉴스를 시청하거나 라디오로 뉴스를 듣는 것도 마찬가지다. 그렇게 시간이 지나면 우리가 뉴스를 어떻게 받아들이건 간에 그것은 우리의 주식(主食)—그러나 형편없는 주식—이 된다. 왜냐하면 뉴스는 세상의 고통을 다양한 형태로 다시 이야기하는 것이기 때문이다. 거기에 인간의 영혼을 고양하는 것은 별로 없다. 그러나 실제로는 거기에 우리의 정신을 고양하는 것이 많이 있다. 그것을 찾기 위해 우리는 주의 깊게 살피고 들어야 한다.

뉴스는 매일 다르다. 그러나 며칠, 몇 주, 몇 달, 심지어 몇 년에 걸쳐 뉴스에는 그것이 모두 뉴스라는 점에서 동일한 점도 있다. 우리는 뉴스를 전체로서 어떻게 수용하고 어떻게 그에 반응해야 하는지 알기 어렵다. 뉴스는 너무 생생하고 동시에 너무 추상적이며 너무 비개인적이다—적어도 그것이 개인적이 되기 전까지는. 무엇을 생각해야 할지, 무슨 일이 실제로 일어나고 있는지, 누구의 이야기를 믿어야 할지 알기 어렵다. 적어도 나는 그렇다. 앙상히 드러난 사실—그조차도 대부분 이론의 여지가 있다—을 넘어서 무엇을 생각해야 하는지를, 무슨 일이 일어나고 있는지를, 누구의 이야기를 믿어야 하는지를 아는 것은 아마도 불가능한 것 같다. 게다가 미묘한 여러 다양한 차원에서, 끊임없는 뉴스의 흐름은 우리의 생각—그것도 많은 생각—을 자극하여 의견—때로 굉장히 강력한 의견—을 형성하며, 때로 우리를 근본에서부터 흔들어 놓을 수 있는 양심과 도덕의 위기를 일으키기도 한다. 또 그것은 커다란 불안과 불안정, 엄청난 불안과 분노를 자극하면서 그 주식—즉, 뉴스—으로는 쉽게 해소되지 않는 점점 증가하는 긴장으로 우리의 몸을 죄어 온다. 그리고 끊임없는 뉴스의 흐름은 구제 불능의 무관심과 냉소주의, 압도당하는 느낌, 무력감, 우울증을 만들어 내기도 한다. 당신은 이를 관찰한 적이 있는가?

오늘의 헤드라인 뉴스는 내일이 되면 낡은 뉴스가 되어 오직 역사가들만 관심을 가질 것이다. 그러나 우리는 매일—우리가 어떤 날을 선택한다 해도—펼쳐지는 역사의 참여자다. 다만 그것이 역사라는 이름으로 불리지 않을 뿐이다. 그것은 '생생하게 살아 있는 것'이라고 불린다.

뉴스가 우리에게 먼 이야기, 비개인적이고 거대한 영역의 것처럼 보이긴 하지만, 우리는 우리가 그것을 어떻게 받아들이고 우리 자신을 어떻게 추스르며 어떻게 행동하느냐에 따라—비록 미세한 방식으로라도—그것을 바꿔 갈 수 있다. 한 사람의 마음이 바뀌면 우주의 전체 격자 구조도 작은 방식으로 변화한다는 사실을 기억하자. 작다고? 그럴 수 있다. 사소하다고? 결코 그렇지 않다. 겉으로 작아 보인다고 반드시 작은 것은 아니다. 그것은 큰 것일 수도 있다. 그리고 우리가 예측하기 어려울 정도로 큰 잠재력을 가진 것일 수도 있다. 혼돈과 복잡성의 과학에서는, 예컨대 폭포나 날씨 같은 복잡하고 역동적이며 비선형적인 체계에서 혹은 사고 과정 자체에서 조금의 움직임도 거대한 변화—때로 원래의 사건으로부터 엄청나게 멀리 떨어진 곳에서 일어나는 변화—를 일으킬 수 있다는 사실이 잘 알려져 있다. 날씨에 있어서 이러한 원리는 '나비효과'라고 알려져 있다. 중국의 나비 한 마리가 날갯짓을 하면 그것이 몇 주 후 미국 뉴잉글랜드에 폭풍 전선을 일으킬 수 있다고 한다. 이와 마찬가지로, 몸과 마음의 작지만 심오한 변화는 우리가 이미 본 것처럼 시간이 흐르면 심오한 치유로 이어질 수 있다.

그러나 어떻게 우리가 깨어 있는 마음으로 뉴스를 접하고 뉴스가 가진 거대함 앞에서도 책임 있게 행동할 수 있을까? 우리는 정보, 즉 잘못된 정보, 편향된 정보, 서로 충돌하는 정보, 그리고 온갖 문제에 관한 끝없는 의견과 의견 개진에 끊임없이 폭격을 당하고 있다. 그러나 이와 조금 다른 렌즈를 통해 바라보면 우리는 결국 매우 좁은 견해와 관점을 접하고 있다고도 말할 수 있다. 만약 이것이 의심스럽다면 비주류 언론 혹은 외국 언론의 기사를 보는 것만으로 충분하다. 외국 언론은 특히 다른 나라가 우리나라를 어떻게 보는지, 그리고 우리가 휘말려 있는 사건과 관점을 어떻게 보고 있는지를 보여 준다.

이 얼마나 복잡한 시스템인가! 우리는 가깝고 먼 외부세계에서 벌어지고 있는 사건의 흐름과 어떻게 관계를 맺고 그것을 이해할 수 있을까? 그리고 우리가 알든 모르든, 좋아하든 그렇지 않든 그것이 일정 정도 우리에게 영향을 미친다는 사실에는 어떻게 대응해야 할까? 그 한 가지 방법은 거품과 물보라 같은 개별 세부 사항들에 현혹되지 않고—그것이 아무리 흥미롭고 끔찍하며 무서운 것이라 하더라도—반복되는 보다 큰 패턴을 인식하는 것이다.

그리고 우리는 이 뉴스의 무엇이 우리나라의 활기찬 건강을 보여 주고 증명하는 것인지 물을 수 있다. 언론 자유가 제대로 지켜지지 않고 보호받지 못하는 나라와 비교할 때 우리는 여기에 그것이 존재한다는 사실 자체가 대단한 일이라는 것을 알고 있다. 그리고 우리에게 전해지는 뉴스의 어떤 부분이 우리나라와 세계의 편치 않음을 증명—혹은 실제로 그것을 가리고—하고 있는지 물어볼 수도 있다.

그러나 그것은 끝없는 의견이 있을 수 있는 문제로, 누구도 확정적으로 답할 수 있는 문제는 아니다. 확실히 어디서나 옳은 견해, 모든 것을 다 아는 한 가지 견해, 그 모든 것을 다 보고 알며 이해하는 한 가지 방법이란 존재하지 않는다. 우리 삶의 내부 풍경—감각풍경, 마음풍경, 몸풍경 등—을 바라보고 그것과 관계 맺는 단 한 가지 방법만이 존재하는 것도 아니다. 왜냐하면 그것은 모두 인간적 시도의 복잡성과 역동성, 그리고 궁극적으로는 활동하고 있는 인간의 마음과 가슴의 산물을 반영하는 것이기 때문이다.

다양한 일이 전개되는 중에 그들 자신의 개인적이고 집단적인 이익을 위하여 뻔뻔하고 눈꼴사납게 규칙을 변경하고 위반하며 그것을 다시 쓰려고 시도하는 사람들—주로 소수다—은 언제나 존재한다. 어느 곳에서나 정치에 이런 일이 없었던 적은 없었다. 그리고 남아프리카공화국과 그 밖의 수많은 지역에서처럼 권리와 힘을 박탈당하고 그들이 거기에서 아무런 발언권과 통제권도 갖지 못한 채, 힘에 무력하게 희생당하는 것처럼 보였지만 결국엔 조금 전까지도 불가능한 것처럼 보였던 일을 폭력에 호소하지 않고 해냄으로써 세계를 깜짝 놀라게 한 사람들도 존재한다. 그리고 그들은 이 나라의 다수를 점하고 있는 우리다. 작은 방식—그러나 매우 중요한 방식—으로 힘을 얻었다고 느끼며 그것을 꾸준하고 우아하게 자신의 일상과 삶에서 실천하려고 노력하는 사람들, 우리의 일을 하고 가족을 돌보며, 무슨 일이 일어나고 있고 또 무엇을 알아야 하는지 알려고 하며, 일정 정도 세계의 건강을 진심으로 염려하며 그 고통을 함께 느끼려는 사람들이 존재한다. 동시에 우리 모두는 우리의 삶이 세계에서 일어나고 있는 일로부터 정치적, 경제적, 심리적, 환경적, 영적으로 깊은 영향을 받고 있다는 사실을 느끼고 감각하며 알고 있다. 왜냐하면 우리가 세계 속에 있기 때문에, 우리가 곧 세계이기 때문에, 그리고 우리와 세계는 다르지 않기 때문이다. 라틴어 *sufferre*에서 유래한 suffer(고통을 겪다)가 '짊어지다(carry)'의 의미를 갖는 것처럼 우리도 분명히 어느 정도 세계를 우리의 어깨 위에 짊어지고 간다. 그래서 우리는 고통을 겪는다.

우리는 어떻게 외부세계에 대한 우리의 경험—우리의 감각을 통해 직접적으로 매개될 뿐만 아니라 뉴스와 거대한 정치적 · 사회적 · 경제적 힘, 그리고 우리의 삶에 영향을 미치는 계속적인 변화를 통해 간접적으로도 많은 부분 매개되는 우리의 경험—을 외부 풍경과 매우 밀접하게 교호하여 그것과 분리될 수 없는 내부세계에 대한 우리의 경험과 조화시킬 수 있을까? 우리는 외부 풍경에 대해 우리가 그에 주의를 기울이든 그렇지 않든 그것이 우리 삶에 영향을 미치는데도 그것에 대한 우리의 노출을 최소화해야만 할까? 더 많이 주의를 기울여야 할까? 아니면 지금까지와 다른 방식으로 주의를 기울여야 할까? 이것이 오늘날 세계 속에 살면서도 세계를 완전히 외면하지 않는 도전이 될 것이다.

나는 한동안 뉴스를 완전히 접하지 않는 것이 우리의 원기를 크게 북돋아 준다는 것을 알게 되었다. 애리조나 의과대학의 통합의학 프로그램 설립자인 앤드류 웨일(Andrew Weil) 박사는 이것을 '뉴스 단식(news fast)'이라고 불렀는데, 그는 자신의 환자들에게 이 뉴스 단식을 자주 권했다고 한다. 내가 이것을 경험해 보니, 10일간의 집중명상 수련회와 야외 캠핑에서 돌아온 뒤에도 나는 그 기간에 비록 커다란 사건들이 일어났다 해도 실제로는 아무것도 변하지 않았다는 것을 발견했다. 내가 엿새 동안의 집중명상 수련회에 참가하고 있는 동안 일어났던 아프가니스탄 침공 같은 사건을 나는 완전히 놓쳤다. 그렇지만 어떤 의미에서 나는 아무것도 놓치지 않았다고 할 수 있다. 수백 년 단위로 생각해 보면 내 말이 어떤 의미인지 더 쉽게 이해할 것이다.

세계가 점점 작아지고 분쟁은 더 많이 일어나는 가운데, 18세기 일본의 은둔 시인 료칸(良寬大愚, 1758~1831)의 시 한 구절이 자꾸 내 마음에 떠오른다. 그것은 "세상 소식 들을 수 없네."라는 구절이다. 한동안 세상 소식을 전혀 듣지 않는다는 것은 얼마나 멋진 일인가. 이것은 얼마나 우리를 자유롭게 하는 말인가. 당시 료칸이 살았던 시대의 나라 사정이 어떠했는지, 당시 어떤 뉴스가 돌고 있었는지 지금은 아무도 모른다. 그리고 당시 시대를 전공하는 소수의 역사가를 제외하면 그것에 신경 쓰는 사람은 거의 없다. 료칸은 은둔자로 살면서 마을에서 음식을 구걸하고 마을 아이들과 놀았다. 그리고 어른들의 조롱을 샀다. 그는 역사에 기억될 만한 어떠한 일도 하지 않았다. 그런 그가 그의 시와 지혜로 전 세계인이 기억하고 존경하는 존재가 되었다.

> 내 움막은 울창한 숲 한가운데
> 매년 초록색 담쟁이덩굴이 조금씩 길게 자라나네.
> 세상 소식 들을 수 없네,
> 나무꾼의 노랫소리만 가끔 들릴 뿐.
> 햇볕이 내리쬐면 나는 옷을 수선하네.
> 달이 뜨면 불교 시를 읽네.
> 친구에게 알릴 아무 일도 없다네.
> 의미를 발견하기 원한다면 너무 많은 일을 쫓아다니는 것을 그만두게.

'너무 많은 일을 쫓아다니는 것을 그만두라.' 이것은 우리가 일정한 방식—우리가 누구인가에 따라, 우리가 우리 자신을 국민으로서 그리고 국가로서 얼마나 잘 알고 있는가에 따라 우리 각자가 스스로 발견하게 될 방식—으로 가슴에 새겨야 할 충고인지 모른다.

9백 년 전 루미(Rumi)의 시를 떠올리자.

> 우리가 듣는 소식은 미래에 대한 슬픔으로 가득 차 있네.
> 그러나 여기 이곳에서의 진정한 소식은
> 새로운 소식이 전혀 없다는 것.

윌리엄 카를로스 윌리엄(William Carlos William)의 신랄한 경고도 새겨들을 만하다.

> 시에서 새로운 소식을 얻는 것은
> 무척 어렵다네.

그러나 사람들은
시에서 발견될 수 있는 것이
부족함으로 인해 매일 비참하게
죽어 가고 있다네.

프랑스에는 "더 많이 변화할수록 그것은 더 많이 그대로 남는다."는 속담이 있다. 이 속담에는 우리가 새겨들을 만한 무언가가 있다. 그러나 우리가 언제라도 현재 순간에 알아차림을 가져갈 때 우리의 그러한 몸짓만으로 그것은 분명히 이제까지와 다른 순간이 된다. 다만 그것을 지켜보는 것만으로도 모든 것이 변화한다. 그것은 그것이 무엇인지 이름을 붙여 주는 데서, 그것에 목소리를 실어 주는 데서, 알아차림 속에 서 있는 데서, 자신을 자신의 원칙에 정렬하고 자신의 진실을 어떤 것도 다르게 되기를 요구하지 않으면서, 체현하는 데서, 그러면서도 그 목격에 움츠러들지 않는—끔찍한 물리적 힘이나 사회적 강제 그리고 자기 자신의 두려움에 직면하여서도—데서 나오는 힘이다.

단지 목격하는 것만으로 모든 것이 변화된다. 간디는 그 사실을 알았다. 마틴 루터 킹도 알았고 잔다르크도 알았다. 이 세 사람 모두 자신들의 확신으로 산을 움직였다. 자신들의 삶으로 그 대가를 치렀다. 그리고 그 대가는 산을 더 멀리 움직이는 데 기여했다. 그들은 '너무 많은 일을 쫓아다니지 않았다.' 그들은 그들이 100퍼센트 알고 있었던 것을 지키며 그 뒤에 서 있었다. 그리고 그들은 그것을 머리로부터만큼이나 가슴으로부터도 잘 알고 있었다.

우리가 불의나 고통을 목격하기 위해 반드시 우리의 삶을 내던져야 하는 것은 아니다. 열린 가슴의 알아차림 속에 머물면서 목격하는 일은 그것이 더 많이 우리 모두의 삶의 방식이 될수록 세상을 더 많이 움직일 것이다. 왜냐하면 세상이란 곧 우리 이외의 다른 것이 아니기 때문이다. 그러나 그것은 때로 느리고 오랜 과정, 수세대에 걸쳐 이루어지는 작업이다. 그럼에도 때로는 조금 전까지만 해도 예측할 수 없었던 티핑포인트에 이르는 경우도 있다. 그리고 그때가 되면 모든 것은 이동하고 전환하며 입체적—그것도 매우 빠르게—이 된다.

그러나 우리는 단기간에 그러한 일이 일어나리라고 기대할 수 없다. 세계의 고통으로부터 고개를 돌리지 않는 데는, 그러면서도 그 고통의 어마어마함에 압도당하지 않고 그에 의해 파괴되지 않는 데는 커다란 인내와 관용이 요구된다. 우리가 단지 문제로 간주하는 것에 돈을 투여함으로써 혹은 영향력과 충성을 구매하거나 우리 자신의 가치를 다른 사람에게 강요하려고 시도함으로써 모든 것을 마술처럼 말끔하게 해결할 수 없다는 것을 아는 데는 대단한 인내와 관용이 요구된다. 명료함과 평화는 개인으로서 우리에게 쉽게 찾아오지 않는다. 사회적 측면에서는 더 말할 것도 없다. 일면으로 우리는 명료함과 평화, 이타심과 친절을 키워 주는 마음과 주의의 그러한 자질을 계속해서 계발하는 작업을 해야 한다. 비록 어떤 면에서는, 그러한 자질들이 이미 우리의 일부이며 바로 지금—실제로는 오직 지금에만—도 우리가 그 온전한 모습에 접근할 수 있기는 하지만 말이다. 그리고 동시에 우리는 자기 정당성, 오만, 공격성, 잔인함, 지배 욕구, 무관심 등을 향한 우리 내부의 충동에 대해서도 그에 사로잡혀 맹목적이 되지 않도록 그것들을 인식해야 한다.

내면세계에 대해 진실인 것은 외부세계에 대해서도 진실이다. 평화, 혹은 가슴 · 견해 · 가치의 변화는 농부 시인 웬델 베리(Wendell Berry)의 표현에 따르면, 하나의 '수련(practice)'이다. 그러나 그것은 우리 스스로 계발해야 하는 수련이다. 왜냐하면 명상을 하는 단 하나의 옳은 방법이 존재하지 않는 것과 마찬가지로 어떻게 그것을 하는지에 관한 모델도, 그것을 하는 단 하나의 옳은 방법도 존재하지 않기 때문이다. 그러나 우리가 우리 자신의 지성과 행간을 읽는 우리 자신의 능력, 우리가 너무나 쉽게 빠져들고 마는 근본적인 마음 상태—즉, 우리의 이익과 쾌락을 극대화하고자 하는 생각(이것을 '탐욕'이라고 한다), 우리가 좋아하지 않고 원하지 않는 것으로부터 피하고자 하는 생각(이것을 '증오'라고 한다), 우리가 우리 자신의 가장 깊은 본성에서 누구이며 무엇인가, 그리고 타인 혹은 우리는 누구이고 무엇인가에 관해 잊어버리는 것(이것을 '미혹' '무지' 혹은 '무자각'이라고 한다)—의 유혹에 빨려 가지 않을 수 있는 우리 자신의 능력을 신뢰한다면 그것은 우리가 중요한 변화, 필수적인 변화를 만들 수 있게 해 줄—우리 자신의 작은 삶과 에너지장이 세계에 영향을 미치고 있는 보다 큰 힘에 비하면 아무리 사소해 보인다 할지라도—것이다. 그리고 우리는 그렇게 열림으로써 서로에게 거울이 되어 주고 서로 영감을 줄 수 있으며, 그렇게 우리 자신의 현존은 확장되고 또 우리의 잠재적인 변화와 치유의 에너지와 영향력도 그에 따라 커질 것이다.

모든 것은 변한다. 그리고 그것은 언제나 같은 이야기인 것은 아니다. 특히 우리가 깨어 있음으로써 가장 중요한 것을 유념하고 자신의 아름다움을 타인과 공유함으로써, 그리고 그들의 아름다움을 알아보고 공유—당신이 어떻게 그것을 추구하든 간에—함으로써 그 이야기를 변화하고자 의도할 때는 더욱 그러하다. 진실과 선함의 행위는 다른 사람에게도 그러한 행동에 대한 영감을 준다. 근본적으로 자애로운 행위, 그리고 인간적이고 중요한 프로젝트들이 세계 곳곳에서 크고 작은 방식으로 무수히 일어나고 있다. 이들 각각의 행위와 프로젝트는 아무리 사소하다 할지라도 친절과 지혜의 빛을 사방으로 발산하는 거울이자 횃불이 되어 준다.

인류 역사를 살펴보면 우리는 선한 가슴이야말로 세계가 위대한 업적이라고 간주하는 것—예: 시민 인권, 사회사업, 정치 해방, 종교 등—을 성취하는 데 열쇠였다는 것을 알게 된다. 진실된 관점과 동기는 비단 종교의 영역에만 속하는 것은 아니다. 그것은 타인과 공동체, 가난한 사람과 불쌍한 사람에 대한 참된 염려를 갖는 누구라도 일으킬 수 있는 것이다. 간단히 말해, 그러한 진실된 관점과 동기는 보다 큰 공동체의 복지, 즉 다른 사람의 복지에 깊은 관심과 염려를 갖는 데서 생긴다. 이러한 태도와 동기에서 나오는 행동이야말로 역사적으로 선하고 이로운 것, 인류에 대한 봉사로 남을 것이다. 오늘날 우리가 역사에서 그러한 행동들을 확인할 때—비록 그 사건들이 이미 과거의 것이 되었고 우리의 기억 속에만 남아 있을 뿐이라 하더라도—우리는 그로 인해 행복해지고 위안을 얻는다. 우리는 깊은 존경의 마음으로 이 사람 혹은 저 사람이 위대하고 고귀한 작업을 수행했다는 것을 기억한다. 또한 우리 세대에도 그러한 위대함의 사례를 확인할 수 있다.

한편 우리의 역사는 또한 가장 극악하고 해로운 행위를 저지른 개인들의 역사로도 넘쳐 난다. 다른 사람을 죽이고 고문하며, 수많은 사람에게 비참과 말할 수 없는 고통을 가져온 행위 말이다. 이러한 사건들은 인류 공동의 유산이 지닌 어두운 면을 드러내는 것으로 볼 수 있다. 그 사건들은 오직 증오, 분노, 질투, 제어되지 않은 탐욕이 존재할 때에만 일어난다. 세계 역사란 한마디로 인간의 부정적이고 긍정적인 생각의 영향을 집단적으로 기록한 것이라고 할 수 있다. 나는 이 점이 매우 분명하다고 생각한다. 역사를 되돌아봄으로써 우리는 우리가 만약 더 낫고 행복한 미래를 원한다면 이제 우리의 사고방식을 검토하고 이러한 사고방식이 미래에 가져올 생활양식에 대해 생각해 보아야 한다는 것을 알게 된다. 이러한 부정적인 태도가 갖는 힘은 아무리 강조해도 지나치지 않다.

– 텐진 갸초(14대 달라이 라마), 『연민에 찬 삶(*The Compassionate Life*)』

독선이 도움이 되지 않음을 스스로 상기하기

부정적인 태도에 대해 말하자면, 심지어 마음의 평정과 광활함을 계발하려는 의도를 품더라도 나는 우리가 세상에서 좋아하지 않는 일에 관하여 생각하자마자 얼마나 독선(self-righteousness)과 분개에 쉽게 빠져드는지 관찰하게 된다. 특히 그 일이 인간의 행동(activity)이나 행동하지 않음(inactivity)에서 나오는 것처럼 보일 때는 더욱 그렇다. 나는 비록 특정 개인이 어느 때에 일어나고 있는 일에서 다양한, 때로 극악한 역할을 하고 있다 하더라도 그러한 개별 악한들보다 실제로 더 큰 무언가를 '개인화'하는 나 자신을 발견한다. 그럴 때 내 마음에 떠오르는 것은 종종 실제로 무슨 일이 일어나고 있는지 분간이 어렵도록 잘못된 사용(私用)과 언어의 와전으로 위장—왜냐하면 언어 자체가 일종의 초현실적인 기만의 도구가 되었기 때문에—된 매우 실제적인 불의, 사회적 불평등, 수많은 사람과 자원에 대한 착취, 그리고 사악한 수단으로 미심쩍은 목적 달성을 위해 싸움을 벌이는 데서 생기는 끝도 모를 해악이다. 또 내 마음에 떠오르는 것은 권력과 책임의 다양한 지위에 있는 사람들이 종종 뻔뻔한 거짓말로 사실을 조작하고, 강제하고 부정하고 위장하며, 충성을 매수하고, 그들이 하는 일이면 무엇이든 합리화하고, 그러한 미심쩍은 목적 달성에 필요하다고 생각되는 것이면 무엇이든 거리낌 없이 저지른다는 느낌이다. 더불어 종종 자신의 권력과 성장, 이익이 다른 모든 이의 것보다 우위에, 심지어 법보다 우위에 있는 듯이 행동하는 소수의 사람과 다국적 거대기업에 대한 권력과 영향력, 부의 점증하는 집중도 내 머릿속에 떠오르는 것 중 하나다. 이러한 것들은 내가 단 몇 가지 예를 든 것뿐이다.

그런 다음 나는 앞에 나열한 것들이 모두 '어느 정도' 진실이라 하더라도—그것은 대개 짐작만 할 뿐 정말로 알 수 없는 것이기 때문에 여기서 '어느 정도'라는 표현을 강조해야겠다—이러한 '나만 옳다.'는 독선적 태도에 적어도 두 가지 문제가 있다는 것을 떠올린다. 하나는 '나(자아)' 부분이며, 다른 하나는 '옳다'의 부분이다.

나는 토네이도나 허리케인에 대해서는 한 번도 '내가 옳다.'는 느낌을 가져 본 적이 없다. 대개 그 뒤에 따르게 마련인 엄청난 생명의 희생과 비참함에도 불구하고, 홍수나 자연적으로 일어난 산불, 지진 등에 의한 희생자, 파괴, 손실에 대해서는 결코 독선적 느낌을 갖지 않는다. 나는 물론 이러한 사태에 반응하여 커다란 슬픔과 공감, 연민, 도와주고 싶은 강한 욕망이 생긴다. 그러나 내가 옳다는 독선의 느낌은 생기지 않는다. 왜 그런가? 그것은 그 사태들 뒤에 비난받을 누군가, 원인을 제공한 누군가가 없기 때문이다. 지진은 '그냥' 일어나는 것이다.

그러나 "그들은 ~했어야 하는데." "그들은 ~하지 말았어야 하는데." 혹은 "어떻게 그들이 ~할 수가 있어?" "왜 그들은 ~하지 않는 거야?"에서처럼 그 사태들 뒤의 '그들'이 존재하자마자, 그리고 혹시 존재할 수 있는 부정 행위와 무지, 탐욕, 무책임, 이중성 뒤의 어떤 행위자가 포착되자마자, 내 안에서는 화를 내고 우리가 옳다고 여기며 '그들'에게 책임을 전가하고 그들을 문제로 만들어 버리고, 심지어 인간 취급도 하지 않으려는 충동이 불쑥불쑥 일어난다. 그리고 그러한 충동은 특히 '내가' 옳다고 여길 때면, 나의 관점과 의견이 진실에 기초하고 있다고 생각할 때면, 또 '나는' 무슨 일이 일어나는지 알고 있고 내 입장을 지지하기 위해 탄탄한 증거를 수도 없이 댈 수 있다고 생각할 때면 더욱 강하게 일어난다. 또 '그들이' 법을 위반하는 것은 아니더라도 교묘히 법망을 피해 가고 있으며, 환경보호 장치를 허물고 있고, 헌법을 짓밟으며 다른 국가를 위협하거나 매수하며, 비합법적인 권력과 영향력, 부를 의도적으로 집중하며, 공복(公僕)으로서 자신들의 지위를 오만하게 남용한다는 것을 내가 '알고' 있을 때도 마찬가지다. 나의 독선은 또한 모두에게 동등한 취업 기회를 부여하는 고용주와 같아서, 심지어 그들의 문화나 관습에 대해 처음 접하는 경우라도 모든 문화권의, 모든 문제 측면에 관해 사람들을 비난한다.

나의 독선에는 또 다른 문제도 있다. 내가 지금 반대하고 있는 모든 것이 실은 몇 백 년 동안 진행되어 왔던 일이라는 점이다. 나는 이 장의 끝에 실은 시의 저자인 장자(莊子)의 책에서 고대 중국사에 관한 구절을 정독하던 중, 기원전 2205년경 '하(夏) 왕조의 덕스러운 창시자'로 묘사되는 우(禹)왕과 그로부터 4백 년 뒤 '왕조의 타락한 폭군'으로 묘사되는 걸(桀)왕을 발견했다. 이렇듯 역사에는 언제나 상대적으로 평안한 시대와 엄청난 격변의 시대, 상대적으로 안정적인 시대와 걷잡을 수 없는 불안정의 시대가 주기적으로 순환을 반복해 왔다. 그리고 공적 사안에 있어 상대적으로 정직한 시대와 뻔뻔한 거짓의 시대, 또 상대적인 선의의 시대와 명백하게 악한 행위의 시대가 순환을 반복해 왔다. 우리는 그것을 개인의 문제로 만들어 특정 개인에 대해 비난할 수도 있고 우리 스스로 그것을 개인적으로 받아들일 수도 있지만 거기에는 훨씬 깊은 맥락이 존재하고 있다. 어쩌면 우리 모두는 꿈이라는 영화 속에 등장하는 연기자들인지 모른다. 그런데 그 영화는 그 꿈을 지속하고 있는 것이 바로 우리 자신이라는 것을, 그리고 가장 중요한 것은 우리가 깨어나는 것임을 깨달을 때 끝난다. 그리고 그렇게 될 때 그 꿈에 등장하는 악몽과도 같은 모든 등장인물이 그 꿈을 지속하지 않고, 그 꿈을 특정한 방향으로 몰고 가지 않고, 저절로 사라져 버리게 될 것이다.

우리는 예의 '찬성 대 반대' 투쟁에서 한쪽 편을 듦으로써 이 끝없는 꿈이 계속해서 반복되기를 원하는가? 그리고 우리가 꿈속에 있다 하더라도 어떻게든 얻을 수 있는 최상의 일시적 결과를 위해 투쟁하기를, 그리하여 머지않아 히틀러나 스탈린, 폴 포트나 사담 후세인, 피노체트 같은 '타락한 폭군'과 다시 한 번 만나기를 원하는가? 취약하고 불만을 품은 사람들에게 두려움과 증오, 탐욕을 자극하고 선동하여 그러한 악의 바이러스를 퍼뜨리는 끔찍한 화신과 정체 모를 무지의 발작과 다시 한 번 대면하기를 바라는가? 아니면 우리는 꿈 자체에 대하여, 그리고 편치 않음의 근본 원인에 대하여 지금까지와 완전히 다른 입체적인 이해를 우리의 의식으로 초대함으로써, 그리고 개인 및 기관으로서 우리의 여러 행동을 추동하고 얼마 지나지 않아 다시 우리를 잠과 최면 상태로 유혹하고 마는 충동에 대해 일정한 작업을 가하고 그것을 제어할 방법—그리하여 보다 건강한 역동적 균형 상태를 촉진시킬 방법—을 찾음으로써 꿈에서 깨어나 이러한 악순환을 무력하게 만들고 그것을 절멸시켜 버리기를 바라는가? 아니면 그것은 '이것 아니면 저것'의 문제가 아니라 '둘 다 함께'의 문제인 것인가? 어쩌면 이 둘은 실제로 세계의 서로 다른, 구별되는 특징이 아니라 역설적으로 상호 교호하는(inter-embedded) 하나의 전일한 전체인지 모른다.

우리는 여기서 어떤 딜레마를 보게 된다. 독선은 아무리 그것이 이해 가능하다 하더라도, 그리고 어떤 측면과 문제에 관한 것이더라도 도움이 되지 않는다. 그것은 일이 지금과 다르게 '전개되어야 한다.'고 생각하기 때문에 도움이 되지 않는다. 그러나 진실은 그것이 지금 일어나고 있는 대로 일어나고 있다는 것이다. 지금은 오직 이럴 뿐이다. 그리고 오직 지금밖에는 없다. '~해야 한다.' 혹은 '~해서는 안 된다.'는 사고방식은 여기서 부적절하다. 그것은 우리가 스스로에게 들려주는 이야기의 일부일 뿐이다. 그것은 우리가 검토되지 않고 잘못 이해된 그리고 종종 말도 안 되는 대본을 검토하지 않은 채 등장인물만 바꾸는 것—그것은 갑판 의자를 배열한 타이타닉호가 가라앉은 뒤에 또 한 척의 타이타닉호를 만들어 다시 갑판 의자를 배열하는 것과 마찬가지다—과 대조적으로, 그 상황을 보고 그것과 상호작용하는 진정한 변화를 일으키고 종 모양의 정상분포 곡선을 조금 이동—변화를 일으킨다는 의미: 역자 주—시키며 입체적 전환을 촉진하여 광기에 즉각적인 종식은 고하지 않더라도 이름을 붙여 주는, 보다 창의적이고 진실된 방법을 보지 못하게 만든다.

우리는 우리의 직접 경험을 신뢰하는 법을, 그리고 이념의 토대나 부패한 정치적 정당성이 아니라 현명한 분별과 분명한 이해라는 토대 위에서 우리의 확신 속에서는 용기를 배워야 한다. 어쩌면 우리는 외관과 거짓 정보의 장막 뒤에, 그리고 우리 자신의 맹목성과 갈망 사고, 모든 것을 흑백과 선악으로 구분하여 실재의 정도성(degreeness)과 접촉을 상실하게 되는 성향 너머에 무엇이 있는지 인식하면서 용감한 개방성 속에 머무는 법을 우리 자신에게 가르치며, 또 세계가 그것을 우리에게 가르치도록 해야 하는 것인지 모른다.

그러나 이 모든 것 속에서도 우리가 온갖 문제를 가진 우리의 협소한 마음의, 두려움에 기초한 자아나 혹은 우리가 죄책감이나 죄의 오점 없이 다른 사람보다 도덕적으로 더 강직하고 순수하며 더 깨달은 사람, 더 잘 아는 사람이라는 암시를 주는 정당성에 빠지지 않고 이 세상에 변화를 일으키기 위해서, 우리는 여전히 우리 자신을 우리가 보고 느끼는 것에, 그리고 우리가 무엇을 어떻게 하는가를 더듬어 찾아 나가는 과정에 근거를 두어야 한다. 우리가 더 많이 말하고 생각할수록 우리는 더 쉽게 그것을 믿게 되고, 그러면 그것은 또 하나의 실체화된 의견, 자유와 정직, 진정한 도덕성—우리가 다른 사람을 위하여 보호하며 우리가 그에 의해 살고 그것을 즐기는—에 대한 장애물이 된다. 우리는 특히 우리가 자각하지 못할 때 그러한 사고방식이 얼마나 위험한지 알 수 있다. 왜냐하면 어떤 문제의 어떤 측면에 관해서건 모두가 그렇게 느끼기 때문이다. 우리는 '나는 옳고, 그들은 틀렸다.' '나는 무엇이 옳은지 알고, 그들은 모른다.' '그들에게 잘못된 것은?'이라고 생각하며 그들에게로 화살을 돌린다.

당신은 옳다고 스스로 생각할 때 정말 옳은가? 그들이 틀렸다고 당신이 말할 때 정말 그들은 틀렸는가? 숭산 선사님은 이렇게 말씀하는 것을 좋아하셨다. "당신이 입을 열면 당신은 틀렸다." 그러나 당신도, 우리 모두도 입을 열지 않을 수 없다. 그리고 때로 복잡함과 불확실성에 맞서 행동해야 하는 때도 있다. 그것이 현실의 본성이기 때문이다. '우리는 무엇을 할 수 있는가?' 이 공안은 가치 있는 명상 수련이며, 가치 있는 정치 수련이기도 하다. 우리는 그 알지 못함과 함께 머물면서 반응적이고 검토되지 않은, 그리고 고도로 조건화된 사고 과정의 한계와 괴로운 감정—특히 두려움—의 장악력을 넘어 새롭고 대담하며 창의적이고 치유적인 무엇인가에 깨일 수 있는가? 우리는 특히 위기와 도전의 순간에 선의와 참된 내적 · 외적 힘을 체현하면서 동시에 자기를 부식시키고 부패하게 만드는 정당성을 놓아 버리는 방법을 찾을 수 있는가?

무언가에 관해 일정한 방식으로 생각하는 것만으로 독선적 분개가 일어난다. 동일한 사안에 대해 그와 다른 방식으로 생각하면 상상과 창의, 열린 가슴, 깨어 있고 가슴 따뜻한 행동으로 들어가는 문이 열린다.

그러나 자아는 그 자신의 구성물이다. 어떤 사실이 아주 확실하다 해도, 특정 상황에 대해 우리가 하는 행위—우리 안에 '내가 옳다.'는 생각을 일으키는—는 그것만큼 분명하지 않을 수 있다. 그들이 누구든, 또 우리가 누구든 간에 '우리'는 극악한 음모를 꾸미는 '그들'만큼 우리의 분개 속에서 무지할 수 있다. 아마도 더 좋고 더 현명한 무언가가 요구되는지 모른다. 더 관계적이며 보다 덜 이원적인 관점, 재빨리 '우리' 대 '그들' 혹은 그 사촌인 '선' 대 '악'의 대결 구도를 실체화하지 않는 관점, 혹은 만약 우리 안의 그러한 충동이 너무 강해 우리가 더 잘 안다 하더라도 다양한 감정과 함께 저절로 일어나는 경우에는 그것을 보게 되더라도 알아차림 안에 부드럽게 안을 수 있는 관점이 필요한 것인지 모른다. 그러면 우리는 아마도 우리 자신의 사고와 감정 속 갈등으로 인해 분열되지 않고, 사태를 치유의 방향으로, 편치 않음과 불균형으로부터 더 큰 평안과 균형, 조화의 방향으로 이동하기 위해 현명하고 단호하게 행동하는 방법을 찾을 수 있을 것이다. 이것이야말로 마음챙김과 자애를 통해 계발되는, 지혜와 연민의 정치라고 할 것이다. 그것은 정치 공동체에 대한 진정한 배려와 보호, 축복을, 그리고 정치 공동체에 최소가 아닌 최대의 것을 요구하는 데 대한 전념을 의미한다. 아울러 그러한 분명한 봄을 신뢰하는 것은 진정한 안정으로, 장기적 조화와 균형으로 향하는 길이다.

* * *

한 남자가 쪽배로 강을 건너고 있었다.
빈 배 하나가 그 남자의 배와 부딪혔다.
만약 그가 성미가 고약한 사람이었다 해도
그것에 대해 화를 내지 않을 것이다.
그러나 그 배에 사람이 타고 있는 것을 보게 되면
그는 그 사람에게 고함을 치며 똑바로 배를 저으라고 할 것이다.
그 고함소리가 그 사람에게 들리지 않으면 그는 다시 고함칠 것이다.
그리고 또다시…… 그러고는 욕을 해 댈 것이다.
그 모두가 그 배에 사람이 타고 있기 때문이다.
그러나 만약 그 배가 비어 있었다면
그는 고함치지 않을 것이고, 화내지도 않을 것이다.

당신 자신의 배를 비울 수 있다면
세상이라는 강을 건너는 과정에서
누구도 당신에게 반대하지 않을 것이며
누구도 당신에게 해를 입히려고 하지 않을 것이다.

– 장자(기원전 3세기), 「빈배(虛舟)」, 외편(外編) 산목편(山木篇)

21세기의 새로운 정치

사람을 다스리는 데 있어서 도(道)에 의지하는 사람은
어떤 사안을 강요하거나
무력으로 적을 제압하려 하지 않는다.
왜냐하면 모든 무력에는 그에 대한 반작용이 있기 때문이다.
폭력은 아무리 그 의도가 좋다 하더라도
언제나 스스로에게 되돌아온다.

군주는 자기 본분을 다한 뒤에는 / 멈출 뿐이다.
그는 우주가 언제까지나 통제 불가능하다는 것을
알고 있으며, 사건을 지배하려고 하는 것은
도의 흐름을 거스르는 일이라는 것도 알고 있다.
그는 다른 사람을 설득하려고 하지 않는다.
왜냐하면 자기 자신에게 만족하기 때문이다.
그는 다른 사람의 인정을 필요로 하지도 않는다.
왜냐하면 그는 스스로 자기를 수용하며,
세상도 그를 수용하기 때문이다.

– 노자(기원전 5세기), 『도덕경』

마음챙김에 기반을 둔 정치를 생각해 보라. "우주가 언제까지나 통제 불가능하다는 것, 그리고 사건을 지배하려고 하는 것은 도의 흐름을 거스르는 일"임을—이 구절이 어느 정부의 건물 벽에 새겨져 있기 때문이 아니라 우리 사회의 수많은 사람에 의해 마음챙김의 계발을 통해 직접적으로 체험되었기 때문에—알고 있는 통치 철학과 민주적 과정을 생각해 보라. 만약 우리가 이 구절을 이해와 현명한 겸손함으로 받아들인다면 우리의 의사결정, 심지어 자기이익에 관한 우리의 견해조차도 크게 변화하게 될 것이다. 그러면 합의와 행동이 지금보다 더욱더 지혜와 연민에서, 외관과 실재의 간격에 대한 이해에서 나오게 될 것이다. 우리의 행동은 외관보다 실재에 더 초점이 맞춰질 것이다. 그러한 행동은 모든 공동체가 진정한 통치에서 바라는 것, 그리고 현명한 민주주의, 다시 말해 공동체 구성원의 내적 · 외적 요구, 또 삶, 자유, 행복추구가 그 안에서 펼쳐지는 보다 큰 사회의 내적 · 외적 요구에 대한 진지한 탐구에 바라는 것을 만들어 갈 수 있을 것이다.

물론 한 사회의 진정한 요구는 언제나 중층적이며, 때로 한정된 자원을 두고 서로 어느 정도 충돌을 일으키게 마련이다. 보다 마음챙김에 근거한 정치 과정이라도 틀림없이 여전히 매우 혼란스럽고 다툼이 있으며 맹렬한 것이 될 것이다. 그러나 그것은 우리가 더 큰 확신을 가지고 신뢰할 수 있는 정치 과정이 될 것이다. 왜냐하면 그곳에서 우리는 궁극적으로 서로를 통해, 그리고 모든 당사자가 더 잘 인식하고 인정하는 타당한 이유로 우리 자신을 신뢰하게 될 것이기 때문이다.

우리가 '통상적 정치(politics as usual)'라는 표현을 사용할 때, 그것은 주로 우리가 정치에 대해 매우 냉소적이라는 의미를 담고 있다. 그리고 종종 그것은 매우 이해할 만하다. 아마도 우리가 이 시대에 필요로 하는 정치는 기존의 것과 다른 북소리에 맞춰 행진하는(marching) 정치, 혹은 행진이 결코 아니라 흐르는(flowing) 정치, 의도적으로 입체적 사고방식으로 접근하는 '통상적이지 않은 정치(politics not as usual)'인지 모른다. 그 정치는 '현실'을 염두에 두면서도 상호 연결성의 중요성과 우리 모두가 세계라는 하나의 신체에 참여하는 참가자임을 유념하는 정치다. 만약 우리가 우리의 상호 연결성을 실제 수련을 통해 보다 친밀하게 체험한다면, 우리는 우리의 자기중심적 동기와 욕구가 보다 큰 그림을 인식하는 우리의 능력, 우리가 어떻게 소용될 수 있는가를 인식하는 우리의 능력을 제약하고 있다는 사실을 더 쉽게 깨달을 수 있다. 우리는 협소한 마음의 동기와 견해가 우리 자신과 다른 사람 모두에게 커다란 고통의 원인이 된다는 것을 보게 될 것이다. 그리고 그러한 관점으로부터 더 큰 지혜와 연민, 더 효과적이고 자애로운 행동이 자연스럽게 솟아날 것이다. 정치는 그 자체가 변화적이고 치유적인 의식의 훈련이 될 것이다. 이로부터 이익을 보는 첫 번째 사람은 정치가들 자신일 것이지만, 결국 전 세계가 그 수혜자가 될 것이다.

우리 종과 우리 시대에 독특한 도전이란 인간으로서 우리의 참된 본성의 가능성에 응답하는 것이다. 왜냐하면 우리가 그 참된 본성의 가능성을 알 수 있기 때문에, 그리고 우리가 그에 응답하지 않는 것, 그리고 단지 관성으로 우리의 합의된 최면 상태에 계속 머무는 것, 깨어나지 못하고 온정신을 회복하지 못하는 것에 따르는 잠재적 결과를 그 어느 때보다 더 잘 보고 있기 때문이다. 우리 인간이라는 종의 운명은 먼 미래가 아니라 우리가 생각하는 것보다 훨씬 더 빠르게, 단 몇 세대만 지나면 어떻게 될지 모르는 백척간두의 기로에 서 있다.

만약 우리가 우리의 삶에서 면밀하고 부드러운 주의를 기울일 때 우리 자신의 직접 경험을 통해 선의와 아름다움을 알 수 있는 것과 마찬가지로, 우리는 또한 그것의 이면, 즉 우리 모두가 우리 자신의 마음에 의해 맹목적이 될 수 있는—특히 우리가 실재를 잘못 인식하고 파괴적 감정에 휩쓸려 버릴 때—측면도 가지고 있기 때문이다. 그러한 때에 우리는 실제로 그리고 비유적으로 쪼그라들며, 따라서 위축된다. 그러한 위축된 마음 상태에서 우리가 내리는 결정은, 우리의 말과 행동은 결국 우리 자신과 타인에게 커다란 해악을 입히고 만다. 이러한 내부 풍경에 대한 친밀함, 그리고 그것이 어떻게 우리의 선택과 행동을 매 순간 만들어 가는가에 대한 친밀함이 없으면—익숙하게 알지 못하면—그 해악은 더 심각해지며 더 큰 부조화와 불안, 편치 않음을 일으키게 될 것이다.

이것은 우리가 집단적으로 처해 있다고 생각하는 위험이 매우 실제적인 것이더라도—어쩌면 그럴 때 특히 더—그러하다. 그리고 이것은 우리 스스로 인식하고 추구하고자 희망하는 기회가 매우 실제적인 것일 때에도 마찬가지로 그러하다. 그 위험과 기회에 대한 해석, 심지어 그것의 존재와 본질까지도 우리의 감각 인식과 우리 자신의 마음 활동의 결과물이기 때문에 우리가 그에 가져가는 마음의 질에 따른 다양한 봄과 앎의 방식이 있을 수 있다. 우리는 인지된 위협에 직면하여 반사적으로 신체적, 정서적, 인지적, 영적으로 위축될 위험성을 갖고 있다. 그리고 그 위험성은 우리의 조건화와 우리 문화의 지배적이지만 무언의 가정에 의해 언제나 더욱더 확대된다. 특히 우리가 하나의 문화로서 만성적인 외상 후 스트레스를 겪고 있을 때—국가로서 우리는 확실히 외상 후 스트레스를 겪고 있다—더욱 그러하다.

여기가 바로 마음챙김이 필요한 지점이다. 우리가 이미 보았듯이 마음챙김은 우리가 사태의 실재성을 그 겉모습의 아래에서, 그리고 우리가 명료함과 냉정을 가장 필요로 하는 때에 오히려 근시안적 마음 상태로 위축되려고 하는 우리 자신의 충동 아래에서 보고 아는 우리의 능력을 모든 차원에서 정련하는 데 사용될 수 있기 때문이다. 우리의 일상에서 마음챙김이 진심 어린 수련이자 우선순위가 더 될수록 우리가 어려운 상황에 대하여 예의 습관적으로 위축된 방식이 아니라 적확하고 창의적인 방식으로, 그리하여 진정으로 강력한 방식으로 응답할 가능성은 더 커진다. 그럴 때 우리는 그 자체로 개인과 조직, 국가의 변혁적 변화를 촉진할 수 있는 새롭고 창의적이며 보다 효과적이고 연민에 찬 에너지—현재는 통상의 정치가 주로 담당하고 있는—를 끌어내는 데 더 주도적이 될 수 있다.

내가 오래전에 접했지만 아직도 잊히지 않는 합기도라는 무예에 관한 설명이 기억난다. 합기도의 원리는 상대방이 당신을 공격하면 그는 이미 어떤 의미에서 제정신이 아닌 상태에 있으며 그 공격적 행동의 동요로 인해 자신의 독립점과 균형점을 이미 잃어버렸다는 것이다. 만약 당신이 두려움으로 자신의 평정과 명료함을 잃지 않고 자신의 균형과 중심을 유지하면서 상대의 공격 에너지 속으로 들어가 그와 함께 섞일 수(blend with) 있다면, 당신은 피해는 가장 적게 입고 이익은 가장 크게 보면서 공격자의 본질적으로 불균형한 에너지와 운동량을 수월하게 이용할 수 있다. 당신은 공격자와 함께 섞여 그를 당신 자신의 중심 주변으로 안내하면서 그의 공격을 중화시킨다. 당신은 이것을 심지어 상대방의 손끝 하나 건드리지 않고도 할 수 있다. 상대방은 그렇게 무장 해제되지만 어떻게 그런 일이 일어났는지 전혀 눈치채지 못한다.

공격자 혹은 잠재적 공격자는 그들의 행동이나 의도의 공격적이고, 그러므로 비합리적이고 미혹된 성질에 의해 그들 자신의 커다란 취약함과 불균형을 이미 드러냈다는 사실에 대한 인식에 기초하여, 우리가 사는 세계의 모든 차원에서 생기는 온갖 공격적 행동과 도전에 대하여 우리가 이러한 의식적인 방식으로 우리의 힘을 활용할 수 있다고 생각해 보라. 즉, 정신을 잃은 상대에 대해 우리 스스로는 정신을 잃지 않을 수 있다고 생각해 보라. 정신을 잃은 상대에 대해 우리 스스로 정신을 잃는 일은 무척 흔한 일이며, 그것이 바로 분노가 분노를, 폭력이 더 큰 무자비한 폭력을 낳는 방식이다.

인간의 다양한 시도에서 최상의 수단과 가장 의미 있는 목적—그 과정 자체가 참된 대화로서 진실성을 갖고, 그가 특정한 결과를 강제하지 않으면서 그것에 신뢰를 가질 때 생길 수 있는 예상치 못한 결과로 놀라움을 받을 본래적 가능성은 물론이고—을 보다 인간적이고 자애롭게 정의하고 실현하는 방식에 헌신해 온 개인과 집단이 언제나 있었다. 현재 '사회적 기업가 정신(social entrepreneurship)'으로 통칭하는 이러한 시도에는 방글라데시와 같은 저개발국가에서 진보적인 은행들이 가난한 사람들의 창업과 생활 수준 향상을 위해 수백만 건의 성공적인 소액 대출을 지원하는 마이크로크레딧(microcredit) 같은 것이 있다. 이는 지금까지 인식하지 못한 딜레마의 받침점에 서서 좋은 취지로 새로 도입된 요소를 중심으로 일이 전개되도록 하기 위해 극빈과 기회 박탈 이면의 힘과 주도적으로 마주하는 데 있어서, 그리고 그 속으로 '들어가' '한데 섞이는' 방법을 찾는 데 있어서 세계라는 무대에서 합기도와 같은 창의적 방식의 주목할 만한 사례 중 하나라고 할 것이다. 현재 변화하고 있는 것은 마음과 세계라는 우리 내면과 외면의 마음풍경이 상호 침투하고 있다는 것에 대한 인식이 증가—이미 확산되어—하고 있다는 것이다. 그리고 정원사가 정원을 가꾸듯 개인의 삶에서뿐만 아니라 조직의 차원에서도 우리가 자신의 동기와 사고, 느낌, 그리고 그에 영향을 미치는 경제적 · 사회적 요인에 대해 알고 그것을 돌볼 줄 알게 되었다는 것이다.

• • •

특정 문제에 대해 우리 중 누군가가 아무리 잘 알고—혹은 모르고—있다 하더라도 어떤 순간에도 우리의 지도자들이 대개 현재 일어나고 있는 일에 대한 완전한 이야기를 접하지 못하고 있다는 것은 확실하다. 우리의 지도자들은 무슨 일이 일어나고 있는지 알지 못한 채, 혹은 자신들이 취하는 특정 행동의 결과에 대해 완전히 알지 못한 채—특히 그들이 전체성의 눈이 아니라 좁게 정의된 특정 이익(경제적, 지정학적)을 방어하는 데 혹은 오직 자신의 평판을 방어하는 데 더 관심을 갖고 있다면 더 그러하다—현재 전개되고 있는 사건들에 대응하고 그것을 다루어야 한다.

의료에서와 마찬가지로, 정치 영역에서도 매 순간 그리고 매일 불완전한 정보와 커다란 불확실성 속에서 결정을 내려야만 한다. 전개되는 사건들 속에서 일정한 패턴을 읽어 내고 그것을 과거의 경험, 직관, 일어날 가능성과 연결 지으며 이익 대 위험 비율의 균형을 맞추어야 한다. 이것은 모두 지속적인 자각과 분별, 진실성을 요구하는 판단이다. 그러나 불행히도 자기와 타자 사이의 상호 관계성을 염두에 두고 보다 크고 보다 '이타적인' 동기를 일으키면서 자신의 진정한 '자기이익(self-interest)'이 무엇인지 자각하고 이해하지 못한다면, 그러한 의사결정은 또한 필연적으로 이념이나 정치적 충성, 특수한 이익집단의 필요와 자신이 은혜를 입고 있다고 여기는 협소한 사람들의 필요에 따라 이리저리 흔들리고 말 것이다. 분별력 있는 탐구, 치유에 대한 갈망, 한때 공공의 복지라고 불렸던 것에 대한 헌신, 우리 사회와 세계, 그리고 그 안에 사는 모든 개인의 안녕과 건강에 대한 헌신과 더불어 보다 냉정하고 폭넓은 자각을 가지고 문제에 접근하겠다는 욕구는 완전히 잃어버리는 것은 아니라 하더라도 쉽게 가려지고 말 것이다.

이해할 만하지만, 심지어 최고의 정치인과 정치가라 하더라도 정치라는 일상 비즈니스에 안락하게 자리 잡은 사람들은 자신들의 편견에 개방적이고 정직하며 우리—국민—가 스스로 결정을 내리도록 초대하기보다, 종종 우리가 생각해야 한다고 그들이 믿는 것만을 융통성 없이 내밀고 만다. '우주는 언제까지나 통제 불가능하며 사건을 지배하려고 노력하는 것은 도의 흐름을 거스르는 일'임을 망각하기가 무척 쉬운 것이다.

불행히도 상황에 대한 그들의 분석은 특정한 결정을 내리는 것과 연관된 엄청난 복잡성과 불확실성, 높은 위험에 대응해야 하는 부담에 더하여, 특정 이념이나 협소한 자기이익에 오염될 위험에 항상 처해 있다. 최악의 경우 그들은 심지어 은폐나 노골적인 거짓말에 해당할 정도로 사태의 실제 상황을 편향되게 제시하거나 지워 버리고 싶은 유혹에 걸려들기도 한다.

의학에는 그러한 태도와 그로부터 나오는 행동과 결정을 표현하는 특별한 단어가 있다. 그것은 '병의 원인이 의사에게 있는'의 의미인 *iatrogenic*이라는 단어다. 그것은 한 증상이나 문제가 의사 혹은 더 넓게는 건강관리 시스템이 알게 모르게 저지르는 부정 행위나 행동—혹은 무행동—으로 인해 생긴다는 의미다.

오늘날 정치인들 사이에 통용되는 태도나 관습은 만약 그것이 의료에서 일어난다면, 심지어 범죄 행위로 간주될 만한 것이다. 불행히도 정치에서 환자의 가족들, 즉 우리 모두는 대개 아무것도 모르는 암흑의 상태에 가둬진 채, 권력을 가진 자가 종종 우리의 가장 깊은 두려움을 이용하면서 '구원'의 원천은 자신들—정치인들—의 생각과 정책, 정당에 있다고 할 경우 우리가 생각했으면 하는 것만 듣게 된다. 평범한 시민인 우리는 특정 순간에 일어나고 있는 일에 대해 제대로 알 수 없다. 그러나 한편으로 요기 베라(Yogi Berra)의 유명한 말처럼 "당신은 단지 바라봄으로써 많은 것을 관찰할 수 있다." 그리고 밥 딜런의 유명한 노래처럼 "바람이 어느 방향으로 부는지 알기 위해 반드시 기상캐스터가 필요한 것은 아니다." 이와 동일한 맥락에서 링컨은 이렇게 말했다. "모든 시대의 특정한 사람을 속일 수 있고, 특정한 시대의 모든 사람을 속일 수는 있어도, 모든 시대의 모든 사람을 속일 수는 없다." 얼마나 다행인 일인가. 그렇지만 일부 사람이 그것을 시도하는 것—특히 그들의 동기가 탐욕이나 두려움 혹은 증오에 의해 추동될 때—을 막지는 못한다.

만약 정치인들이 마음 깊은 곳에서 그리고 직접 체험을 통해서 권력을 담지하는 영원하고 스스로 존재하는 '그들'이란 것이 존재하지 않는다는 것을 알게 된다면, 그들은 자신들이 아무리 유명하거나 큰 권력을 갖게 된다 하더라도, 심지어 대통령, 그것도 2선 대통령이 된다 하더라도 그들이 그 자리에 있는 것은 잠시일 뿐이며, 그들의 권력과 명성도 머지않아 사라지며, 또 그들이 할 수 있는 선행은 제한되어 있는 반면 저지를 수 있는 해악은 어마어마하다는 사실을 기억하고 깨닫게 될 것이다.

그러한 역설에 대한 건강한 자각은 우리의 대표들이 올바른 이유로 올바른 일을 더 많이 하도록 동기를 부여하고, 또 그들의 유권자들이 자기이익이라고 간주하는 것의 범위를 확장하도록 자극을 주는 것에 관하여 이야기하는 방법을 찾아내도록 할 것이다. 아마도 정치인은 자기중심적인 사고방식의 고질적인 유혹, 그리고 자기 존재의 핵심과 접촉을 상실하는 것에 따르는 위험성을 더 잘 자각하게 됨에 따라 자신의 입장을 매우 잘 표현할 수 있게 될 것이다. 그리하여 우리는 그들이 사태를 어떻게 보고 있는지 실제로 이해하게 될 것이며 그 안에 내재한 지혜를 보게 될 것이다. 혹은 적어도 그것에 기회를 주어 존경과 사랑으로 그들을 진심으로 지지하게 될 것이다. 우리의 과거에도 크고 작은 방식으로 이러한 사례가 있었다. 거대한 군사 영웅인 아이젠하워 대통령은 증가하는 군산복합체의 위험성을 국민에게 경고했다. 그것은 스스로 의제를 설정할 수 있고 국외 및 국내 정책을 지배할 수 있다는 우려였다. 그리고 그 예언은 놀랍도록 선견지명이 있는 것이었으며 오늘날까지도 미국의 국가적 견해와 우선순위, 의사결정에 큰 영향을 미치고 있다.

나는 지금 순진한 유토피아적 이상향의 관점을 옹호하는 것이 아니며 정직과 진심의 힘에 대해 말하고 있다. 그리고 리더의 자리에 있는 사람이 정직과 진심을 실천했을 때 나올 수 있는 우리 모두의 선의에 대한 신뢰에 대해 말하고 있다. 지도자의 자리는 국민에 의해 임시적으로 개인에게 부여된 특별한 자리다. 그 자리에는 언제나 통치를 받는 사람들에 대한 신성한 의무가 함께 따라다닌다. 지도자의 자리는 그렇게 받아들여야 한다. 그것은 입에 발린 말이 아니라 꾸준한 노력이 요구되는 일이다. 그것은 또한 과거에 실제로 너무나 흔히 그러지 못했다는 사실을 직면하기를 요구한다. 먼저 귀 기울여 경청하는 데 관심을 가진 사람은 별로 없다. 그만큼 우리 모두는 자신의 자기중심적인 몰두에 사로잡혀 있다.

확실히 우리는 리더의 자리에 있는 사람에게서 뿜어 나오는 더 큰 지혜로부터 이익을 볼 수 있을 것이다. 그러나 그들은 사회의 시대정신과 마음풍경의 의미심장한 반영이라는 점에서 많은 부분 '그들—지도자들—이 곧 우리'이기 때문에, 깨어남과 온정신을 회복하는 작업을 향한 어떠한 변화라도 사회 전체에 걸쳐 일어날 필요가 있을 것이다. 이미 이런 일이 일어나고 있으며, 점점 더 많은 사람이 온전한 정신과 안녕의 이 단순한 길을 선택하고 그것을 내면적 · 외면적으로 적용함에 따라—그들은 내면과 외면의 삶의 차이가 단지 표면에 지나지 않음을 알고 있다—이러한 일이 지속적으로 일어날 가능성은 더 커지고 있다.

의료에서 배우는 교훈

생물학과 질병에 관해 우리가 알게 된 모든 지식에도 불구하고 의료에서 특별한 치료법이 그다지 많이 존재하지 않는 것과 마찬가지로, 정치 공동체의 영역에서도 특별한 치료법이나 즉효약은 더욱 찾아보기 어렵다. 우리는 사건에 대한 우리의 이해, 결과를 만들 수 있는 우리의 능력이 언제나 제한되어 있다는 사실—어떤 경우에는 우리가 초라하게 여겨질 정도로 제한되어 있음—을 깨달으면서, 우리가 발견하고 그 속에 사는 대로의 세상에 대해 작업을 수행하고 있다. 그러나 만약 우리가 그 상황을, 특히 인간의 마음과 가슴의 영역에서 조금 더 이타적이고 입체적으로 작업하는 데 필요한 우리의 내적, 외적 자원의 전 영역을 포용하는 방식으로 맞이한다면 우리가 의료에서 알게 된 것처럼 그것이 심오한 치유가 일어날 수 없다는 의미는 아니다. 이것은 정치 공동체에서도 가능하다. 그것은 단지 고치고 치료하는 것이 아니라, 치유와 변화의 관점—특히 그 치료법(혹은 힘)이 환자 그리고 치유의 잠재력을 잠재적으로 손상하는 것일 경우에는—에서 접근할 수 있다.

이러한 시도의 한계는 아직 알려져 있지 않지만, 세계는 그러한 방법으로 우리가 이끌어 나갈 것을 소리쳐 요구하고 있다. 그리고 그러한 접근법은 그것이 아주 소량일지라도—왜냐하면 그것은 매우 강력하며, 잠재적으로 변화의 가능성을 갖고 있기 때문에—수천 년 동안 인류를 따라다니며 괴롭혔던 적의와 말다툼, 껄끄러운 문제들의 효과적인 해결을 가로막았던 많은 장애물을 없애고 완화하는 데 크게 도움이 될 수 있다. 그러한 치유는 상호 연결성이 높아지고 인구가 집중되며 자원이 고갈되고 환경이 위협받으며 갈등과 테러, 대량학살과 끊임없는 전쟁으로 너무 많은 피를 흘리고 있어, 세계의 안녕과 건강이 이러한 만성 질환으로 위협받고 있는 오늘날에 더욱 절실히 요청된다.

지난 30년 동안 미국인은 이전 세대에는 상상할 수 없었을 정도로, 자신의 건강과 안녕을 이해하고 다듬고 유지하는 데 참여하는 법을 터득하게 되었다. 이전 세대에 환자는 의사의 말을 그저 받아들이면서 의사의 판단에 결코 의심을 품지 않았다. 과거에 환자는 '의사의 명령'을 단지 따르기만 하면 되는, 수동적으로 돌봄을 받기만 하는 존재였다. 당시에는 암 진단을 환자 가족에게만 알리며 당사자에게는 숨기는 일도 드물지 않았다. 환자에게 알리면 그에게 불필요한 고통을 추가하는 것이라고 생각했던 것이다. 오늘날 우리는 이제 '환자의 권리장전'을 갖게 되었다. 그것은 이러한 선의의 비밀로부터 환자의 존엄성을 지켜 주고, 의사-환자 관계라는 성역과 비밀을 보호해 주기 위한 것이다. 그러나 그럼에도 이러한 존엄성과 성역, 비밀이 침해당하는 일은 아직도 비일비재하다. 특히 엄청난 시간 압박에 쫓기고 의료소송의 가능성이 상존하며, 의료가 제약회사와 기타 특수한 이익집단의 영향력에서 자유롭지 못한 오늘날의 의료환경에서는 더욱 그러하다. 다양한 '시장 압력'이 의사로 하여금 더 짧은 시간에 더 많은 환자를 진료하도록 내몰고 있다. 의료 자체가 고통을 당하고 있으며, 근본적 치유를 절실히 필요로 하고 있다.

그러나 한편으로 이러한 거대한 힘에 아직 알려지지 않은, 그러나 그 속에서 여전히 진행되고 있는 중요한 움직임이 있다. 그것은 의료 문화를 보다 환자 중심의, 관계 중심의 그리고 참여적인 관점으로 이동하고자 하는 움직임이다. 이러한 문화적 변동의 선봉에 서 있는 것이 '통합의학(integrative medicine)'이라는 상위 패러다임과 관행의 아래에 속하며, 넓게는 심신의학(mind-body medicine), 좁게는 마음챙김에 근거한 전략(mindfulness-based strategy)이라고 하는 것이다.

의료에서의 이러한 근본적인 방향 전환은 양질의 의료적 돌봄을 제공하는 데 방해가 되지 않을까? 물론 그렇지 않다. 아마도 '의사가 가장 잘 알았던' 옛날에는 그러한 방향 전환이 의사의 지위와 권위를 침해하는 것으로 여겨졌겠지만, 오늘날에는 오히려 의료 문화와 그 관행에서의 이러한 변화가 환자와 환자 가족의 선택권과 그들에 대한 돌봄의 질을 크게 향상하고 있다. 그것은 의사에게도 더 만족스럽다. 왜냐하면

의사도 이제는 건강관리 팀의 다른 유능한 구성원들—예컨대, 간호사, 사회복지사, 물리치료사, 심리학자, 작업치료사, 영양사 등—과 협력하면서, 권위적이고 따라서 고립적인 관계에 있기보다, 환자와 파트너십 관계를 구축해 가고 있기 때문이다.

실제로 오늘날에도 의료와 건강관리에 많은 문제점이 상존하고 있지만, 보다 환자 중심적이고 참여적인 의료를 향한 커다란 움직임이 일어나고 있다. 그러한 의료에서는 환자와 의사, 건강관리 팀이 모두 각자의 고유한 과제와 역할을 하고 있으며, 각 당사자들 사이에 원활하고 솔직한 의사소통이 이루어져 시간이 흐름에 따라 더 창의적인 방향으로 변화가 일어날 수 있다. 이러한 모델에서 특히 환자를 포함한 모든 당사자는 환자의 건강과 안녕의 수준을 향상하기 위해 협력한다. 이전과 다르게, 대안적 치료 견해와 방법이라도 이제는 점점 더 신뢰할 만한 연구 결과를 근거로 이러한 과정의 일부로서 기꺼이 받아들이고 있다. 그리고 이제 점점 많은 정보를 손에 쥔 대중이 기존의 표준적 의료로 제대로 다루지 못했던 건강상의 위기에 직면했을 때 지금까지와 다른 입체적인 관점과 방법으로 눈을 돌리게 되면서, 전통 치료법과 보완적 치료법 사이의 시너지—협력 효과—에 대한 인식이 높아지고 또 그것을 최대한 활용하려는 시도가 활발하게 이루어지고 있다. 점점 더 많아지는 전국 각지의 창의적이고 배려심 있는 임상 수련가의 열정과 관심의 결과로, 이러한 접근법은 이제 서서히 전국 각 대학의 정규과목이나 선택과목이 되어 가고 있다.

만약 그러한 심대한 변화의 흐름이 한 세대도 되지 않는 시간 동안 의료의 얼굴을 바꿔 놓을 수 있다면—심지어 '소비자 요구'에 의해 많은 부분 추동되는, 건강관리 시스템의 위기의 시대에조차—그러한 일은 적어도 어느 정도는 정치에서도 일어날 수 있다. 정치인은 의사나 다른 전문 직업인과 마찬가지로 다양한 분야에서 고도의 전문가들일 수 있다. 그리고 그들은 우리가 접근할 수 없는 정보에 대한 접근권을 가지고 있다. 그러나 그들이 전지전능한 것은 아니다. 특정 문제에 있어 그들의 판단은 우리의 그것보다 더 좋거나 현명하지 않을 수도 있는 것이다. 그럼에도 그들은 나라의 안녕을 보호하고 증진하며, 경제, 법치, 교육, 복지, 시민의 안전, 타국과의 외교관계, 자연 자원과 환경의 보호 등 국가의 여러 가지 항상성 과정(homeostatic process)을 조정하고 보호하는 중요한 의사결정에 다양한 방식으로 참여하는 권한과 책임을 부여받았다. 그러나 정치인이 떠맡은 소명의 바로 그 성격에 의해 그들은 의사보다 훨씬 더 상충하는 이해관계에 처할 위험이 크다. 예를 들면, 정치인은 좋은 일을 하려는 바람과 재선되어 자신의 직책을 유지하면서 더 큰 선에 봉사할 기회를 연장하려는 욕망 사이에서 잘 가늠해야 하며, 또 무슨 일이라도 되도록 하려면 필요해지는 오래된 '주고받기식'—하나를 양보하면 다른 하나를 얻는 식: 역자 주—거래와 같은 제약을 염두에 두어야 한다.

우리가 잠시 관점을 바꾸어 보면, 그러한 이해관계의 충돌은 환자와 관련하여 적절한 판단을 내리는 의사의 능력을 심각하게 위협한다는 사실을 어렵지 않게 알 수 있다. 이것이 바로 의사는 다른 어떤 영향력이나 고려, 이해관계—특히 의사 개인의—보다 환자의 필요를 우위에 두어야 한다는 점을 명시하는 히포크라테스 선서가 존재하는 이유다. 고통을 당하는 사람과의 이타적인 관계를 체현하고 보호하는 것이야말로 모든 의사가 지키겠다고 선언하는, 의료의 핵심적이고 신성한 책무다.

우리가 정치 공동체, 나아가 이 세계의 건강과 관련하여서도 이러한 태도를 취하지 못할 이유는 무엇인가? 선출직 및 임명직 관리도 취임 선서를 한다. 아마도 이제 그러한 취임 선서에 새로운 관심과 존중을 주어야 할 때가 되었는지 모른다. 더불어 우리 사회와 지구가 겪고 있는 만연한 편치 않음에 비추어, 그리고 우리가 편치 않음과 질병에 관해서나 문제를 더 악화하거나 문제의 본질적 원인을 치유하는 우리 자신의 능력에 관해서 앞으로 우리가 알게 될 것에 비추어 선서문을 일부 다시 써야 하는 때가 되었는지도 모른다. 아마도 그러한 개정된 선서문은 의료에서와 마찬가지로 이런 구절로 시작할 것이다.

"무엇보다 해를 끼치지 않는다."

사람을 치료하기 위해서는 질병뿐 아니라 건강에도 초점을 맞추고 이해해야 한다는 것을 의료가 알게 된 것과 마찬가지로, 우리도 갑작스러운 분출이나 위협, 편치 않음에 계속 대응하기보다 사회의 건강한 측면에서부터 행동을 시작할 필요가 있다. 또 우리는 끊임없이 일어나는 뜻밖의 사건들을 우리가 사회의 진정한 요구에 주의를 기울이지 못하고 우리의 자원을 딴 곳으로 돌려 버리는 데 대한 구실로 삼을 수도 없다. 동시에 우리가 우리 자신의 삶에서 마음챙김을 수련하는 것처럼 정치 공동체에 참여하는 데 있어서도 우리가 우리 자신과 다른 사람 안의 다양한 에너지—우리가 탐욕, 증오, 두려움에서 혹은 단지 상황의 중요한 측면을 무시하여 고려하지 못하는 데서 가족, 공동체, 국가, 혹은 지구상의 모든 민족과 국가 공동체의 조화로운 사회에 지속적인 위험을 드리우는 에너지—를 인식하는 것이 똑같이 중요하다. 우리는 이러한 부정적인 에너지, 편치 않음의 매개체에 오염되지 않기 위해 균형의 가능성을 스스로에게 상기하면서, 우리 자신과 타인의 어두운 측면도 온전히 자각하면서, 그리고 이미 건강하고 좋은 것을 신뢰하고 활용하도록 스스로에게 상기하면서 우리 자신을 지속적으로 평안, 건강에 자리 잡게 해야 한다.

그러나 우리는 어떻게 그 일을 할 수 있는가? 어떻게 그곳에 이를 수 있는가? 간단하다. 우리가 이르러야 할 '그곳'이란 존재하지 않는다. 평안은 이미 이곳에, 편치 않음의 아래에 자리 잡고 있다. 여기 불균형 안에 균형이 존재하고 있다. 빛은 그림자 안에 이미 존재하고 있다. 우리는 그것을 실제로 현실화한다(making it real)는 의미에서 지속적인 마음챙김의 계발을 통해, 다시 말해 수련을 통해 이를 기억하고 실현할 필요가 있다. 편치 않음은 그 자체로 단지 겉모습(환영)—비록 아인슈타인의 표현을 빌리면 끈질기고 심각하며 매우 실제적인 결과를 낳는 환영이긴 하지만—일 뿐이다. 우리 모두는 어떤 순간에 그것을 느끼고 있다. 그러나 그것이 다는 아니다. 우리가 균형을 회복하기 위해 우리의 선함을 발견해야 하는 것은 아니다. 우리는 단지 그것을 기억하고 우리의 행동 속에서 체현하기만 하면 된다.

간단한가? 그렇다. 쉬운가? 그렇지 않다.

궁극적으로 그리고 심오한 차원에서 평안은 개인으로서, 문화로서 그리고 세계로서 우리의 본래 기질이자 우리 존재의 토대가 된다. 우리가 항상 이 사실을 아는 것은 아니지만 그것을 회복하고 발견할 수 있는데, 그 평안은 이미 이곳에 존재하기 때문이다. 그것은 우리 본성의 뿌리에, 편치 않음과 평안 사이의 춤, 질병과 건강 사이의 춤—우리가 말하는 것이 우리 자신의 몸이든, 미국이라는 몸이든, 아니면 하나의 몸으로서의 세계든, 전일적 전체 혹은 하나의 유기체든—에 놓여 있다. 그리고 종으로서 우리가 그것을 발견하는 것이야말로 무엇보다 긴급하고 중요한 일이다. 모든 것이 우리가 발견하는 평안에 달려 있다. 다행히도 이 평안은, 존재의 이 전체성은 우리가 보아 왔듯이 바로 우리 코앞에 있다. 그것은 언제나 그랬다.

만약 편치 않음이라는 것이 우리 존재의 타고난 평안을 가리고 있는 것이 사실이라면, 우리는 그 질병이 표면적으로 아무리 복잡해 보이고 그와 관련하여 아무리 많은 서로 다른 의견이 존재한다 해도 질병의 합의된 진단에 이르러야 한다. 그런 다음 적절한 '치료법'을 탐색해야 한다. 우리가 진단을 놓치면, 근본적인 질병과 그로부터 생기는 고통을 치료하고 경감하려는 우리의 모든 노력은 허사로 돌아가고 말 것이다. 그럴 때 우리는 두려움과 불안감, 불만족으로 인해 주로 이기적인 의제를 가진 집단과 관점에 선동당하고 착취당하면서 민중 선동에 훨씬 더 취약하게 될 것이다.

이는 현재 세계에서 일어나고 있는 일 중 많은 부분이 개혁—어떤 경우 급격한 개혁—을 통해 이익을 볼 수 없다는 것을 의미하는 것이 아니다. 세계는 지난 수세기 동안 용감한 개혁가들에 의해 커다란 이익을 보았다. 다만, 지금 시점에서 우리는 보다 크고 보다 근본적인 무언가를 또한 필요로 한다는 것이다. 왜냐하면 문제 해결을 위주로 하는 방식은 그 자체로 우리의 근본적인 질병과 편치 않음을 치유하는 데 필요한 의식의 대전환을 경시할 수 있기 때문이다. 우리는 그러한 의식의 전환 없이는 우리의 문제, 우리의 괴로움, 우리의 둑카—고통—의 근본 원인을 깊이 살펴보고 명확히 이해하지 못한 채, 그리하여 그러한 원인 요소들에 대해 우리 자신의 마음풍경 속에서 찬찬히 작업을 하지 못한 채, 우리 자신을 반사적으로 구조하는 양식(rescuing mode) 속에 던져 넣게 될 것이다.

게다가 누구에게는 잘못된 것으로 보이는 것이 다른 사람에게는 전혀 관심의 대상이 되지 않는 것을 보면, 우리가 사물을 보고 아는 바로 그 사고방식 자체도 공공의 담론을 지배하는 소음과 장광설보다는 검토와 계발 그리고 무엇보다 지속적인 이야기와 참된 대화를 필요로 한다. 마음챙김 대화(mindful dialogue)는 참된 경청을 요구한다. 그리고 참된 경청은 우리의 앎과 이해의 방식을 확장해 준다. 궁극적으로 그것은 담론의 질을 높여 주고 우리가 우리 자신의 입장을 강화하거나 우리와 의견을 달리하는 사람들을 정형화하기보다 우리와 다른 관점을 이해하는 것에서 점차 배우고 성장할 수 있는 가능성을 높여 준다. 우리가 우리 자신의 마음, 우리와 다르게 보는 사람의 마음에 더 주의를 기울임으로써 진정한 우리 자신으로 성장해 갈 때 개인으로서 우리의 정체성은 확장되며, 우리에게서 가장 주의와 치유를 필요로 하는 것도 변화하게 된다. 우리 자신이 누구인가에 관한 우리의 견해가 확장되면서 우리는 덜 위협적으로 느끼게 되고, 우리의 이익과 안녕이 다른 존재의 이익과 안녕과 얼마나 밀접하게 연결되어 있는지도 알게 된다.

앞에서 말한 것처럼 사람들이 우리 스트레스 완화 클리닉에 등록할 때 우리는 이렇게 말해 준다. 우리가 볼 때 "여러분이 숨을 쉬고 있는 한, 여러분에게는 잘못된 것보다 옳은 것이 더 많습니다. 그 '잘못된' 것이 무엇이라 하더라도 말이죠." 우리는 이러한 메시지를 오랜 만성 통증 질환, 심장병, 각종 암, 척수 손상, 뇌졸중, 에이즈 환자에게도 전한다. 또 그보다는 덜 끔찍하지만 여전히 자신의 삶에서 엄청난 스트레스와 고통으로 괴로워하는 사람에게도 이 메시지를 전한다. 우리의 이 말은 진심이다. 비록 사람들이 이 말을 진심으로 받아들이지 못한다 해도, 그리고 자신들이 무엇을 하는 것인지 처음에 알지 못한다 해도, 그들은 공식적 · 비공식적으로 마음챙김을 계발하는 과정에서 그것이 정말로 그렇다는 것을 알게 된다. 그들이 무엇으로 고통을 당하건 간에 '정말로' 그들에게 잘못된 것보다 옳은 것이 더 많다. 그들이 이것을 인식하고 자신들이 현재 받고 있는 의료적 처치의 보완으로서 프로그램에 참여하는 데 헌신하면 그들이 얼마 전까지만 해도 가능하다고 믿기 어려웠던 방식으로 많은 것이 성장하고 변화하고 치유된다. 그 메시지 자체가 입체적인 것으로의 초대, 있는 그대로의 것을 보고 그것과 함께 존재하는 새로운 방식에의 초대가 된다. 그리고 그 초대가 다만 가리키고 있는 것을 실제로 실현하는 데 필요한 도구를 제공하는 것이 바로 수련이다.

이것은 세계에 대해서도 마찬가지다. 세계에 무엇이 잘못되었든, 세계가 숨을 쉬고 있는 한 그것은 잘못된 것보다 옳은 것이 더 많다. 세계에는, 그리고 그것을 건강하게 유지해 주는 다양한 '신진대사' 기능에는 훨씬 더 많은 옳은 것이 있다. 그 일부를 우리는 때로는 깨닫고 심지어 감사하고 축복하기도 한다. 그러나 세계와 거기 사는 사람의 건강의 많은 부분은 완전히 무시하고, 당연한 것으로 간주하며, 평가 절하하고, 심지어 남용하고 있다.

그렇다면 정치 공동체에서 '호흡'에 해당하는 것은 무엇인가? 언제 세계가 거의 숨을 쉬지 못하고 그리하여 이미 우리가 행동할 시간이 지나 버린 것인지를 우리는 어떻게 아는가? 우리가 더 이상 도시에서 야외에 나가 마음껏 숨을 쉬지 못할 때인가? 우리의 몸, 우리 아이와 손자손녀의 몸이 우리가 숨 쉬는 공기, 우리가 먹는 물과 음식을 희생하면서 만들어진 독성 화학물질의 엄청난 부담—우리 몸이 그러한 내적 공격에 대해 전혀 방비책을 갖고 있지 않은—을 몸에 지니고 다닐 때인가? 아니면 만년설과 빙하가 다 녹고 전 세계 해변이 물에 잠길 정도로 지구의 기온이 상승할 때인가? 지구상의 주기적인 대량학살이 더 대규모로 빈번해져 아주 심해질 때인가? 전염병이 사스나 에이즈보다 빠른 속도로 전 세계로 번져 나가 더 이상 견딜 수 없을 때인가? 아니면 미국과 같은 나라에 테러가 일상적인 일이 되는 때인가? 아니면 미국의 어느 도시에 대한 핵공격과 같은, 영화에서나 일어날 법한 일이 실제로 일어나는 때인가? 우리가 깨어나서 지금까지와 다른, 보다 창의적이고 현명한 길을 가는 데 필요한 것은 무엇인가?

우리가 종으로서 겪고 있는—그리고 우리가 그 원인이기도 한—자가면역질환과 맞서는 데 있어서 우리는 머지않아 마음 챙기는 알아차림의 계발에 대한 독특한 필요성을 깨닫게 될 것이다. 마음 챙기는 알아차림은 무엇이 가장 중요한지 분명하게 드러내 주고, 무자각의 두꺼운 장막을 우리의 감각과 사고 과정에서 걷어 낸다. 또 우리에게 가능하지만 아직 우리가 알지 못하는 것의 균형을 확립해 주며, 바로 이 순간—시간의 경과에 따라서는 말할 것도 없고—에 치유의 능력도 가지고 있다. 만약 우리가 조만간 그것에 다가간다면 조금 빨리 가는 건 어떨까? 혹은 바로 지금은 왜 안 되는가? 무엇이 우리로 하여금 바로 지금 의식의 전환을 이루지 못하도록, 적어도 우리가 지금 당장 취할 수 있는 첫 단계를 취하지 못하도록 방해하는가? 우리는 우리 자신과 세계의 옳은 것에 주의를 기울이고 축복하면서 그에 에너지를 쏟아 모든 차원과 전선에서 앞으로 용감하고 현명하게, 조금씩, 우리가 사회 그리고 세계로서 가지고 있는 복잡한 자기조절 능력이 역동적 균형—우리 자신의 마음이 무자각으로 인해 깨뜨린 균형—으로 정착되도록 해 주는 조건을 창조하는 방향으로 나아갈 수 있다.

비록 우리가 국가로서 또 지구라는 행성으로서 엄청난 스트레스를 겪고 있으며 편치 않음과 질병으로부터 크게 고생하고 있지만, 이러한 상황은 다루어지고 관리되고 궁극적으로 해결될 수 있다. 그것은 개인에게 있어서 그러한 상황에 대해 그가 알아차림으로 보고 알고 만날 때 그것이 사라지거나 크게 호전되는 것과 마찬가지다. 우리는 그 봄과 그 앎에 에너지를 투여하여 어떻게 하면 평안에 살고 평안으로부터 행동하며, 진정한 전체성(wholeness)—이것이 건강(health), 치유(healing), 신성(holy)의 원래 의미다—에 살 수 있는지 배울 수 있다. 혹은 우리는 현명하게 우리의 편치 않음에 주의를 기울이지 않을 수도 있다. 만약 우리가 주의하지 않으면, 특히 정치 공동체와 관련하여 우리는 우리가 편치 않음의 근본 원인을 키우고 있으면서도 그것을 제거하고 있다고 잘못 생각할 수도 있다.

그러므로 실제 증거에 기초하여 우리에게 무엇이 잘못되었고 무엇이 옳은지를 명확히 진단하는 것이 무엇보다 중요하다. 그리고 그것은 몇몇 전문가가 아니라 궁극적으로 우리 모두의 책임이다. 잘못된 진단은 곧 잘못된 인식을 의미한다. 그리고 잘못된 인식은 예상치 못한 심각한 결과, 심지어 치명적인 결과를 낳을 수 있다.

여기에 우리가 개인적 · 집단적으로 무엇이 일어나고 있는지 그 전체 상을 인식하고 그 고통의 원인이 실제로 어디에 있는지 살펴야 하는 예가 있다. 의학적 진단에서처럼 많은 다양한 방법을 동원하여 그 질병의 근본 성질과 원인을 이해해야 한다. 그런 다음 의학적 치료에서처럼 그 진단과 그 특정 병리의 전개 과정에 대한 이해를 바탕으로 서로 다른 접근법을 적절하게 활용해야 한다. 어떤 치료법들은 동시에 사용하고, 또 어떤 치료법들은 순차적으로 적용해야 한다. 그러나 어떤 경우에도 환자가 어떻게 반응하느냐에 따라 그것들 모두를 잘 점검하고 조절해야 한다.

세계의 경우, 우리는 인류의 지혜와 창의성 전체를 활용하여 올바른 진단을 내린 다음 우리가 병의 정체와 원인에 대해 제대로 이해하지도 못하면서, 치유가 근본적으로 치료나 고침(fixing)과 다르며 종종 더 적절하고 더 가능하다는 것을 잊은 채, 그리고 치유는 지시나 강제가 가능한 기계적 과정이 아니라는 것을 잊은 채, 근본 질병의 특정 측면을 고치려는 피상적이고 기계적이며 잘못된 시도에 매달린 채 그 속에서 자신을 잃어버리지 않고, 건강과 균형의 회복을 가져올 적절하고 유연한 치료 계획을 세워야 한다. 만약 우리가 편치 않음의 겉으로 드러난 증상만을 치료하고자 한다면, 그래서 환자, 세계라는 몸, 하나의 몸으로 보이고 알게 되는 세계—우리는 이것을 머지않아 깨닫게 될 것이다—에 대한 존중이 아닌 두려움에서 반응한다면, 우리는 올바른 길에서 크게 벗어나는 것이다. 그리고 개인의 몸은 틀림없이 죽지만, 생명 자체는 죽지 않고 지속된다. 지구와 관련하여서도 우리가 여기서 관심을 갖는 것은 생명 그 자체, 그리고 지구를 유지하는 자연 과정과 메커니즘의 건강이다.

이 시대에 새롭게 나타나고 있는 새로운 의료에서 우리는 많은 것을 배울 수 있다. 이 새로운 의료는 환자를 특정한 병리적 과정—그것이 감염이든, 치료가 쉽지 않은 만성 질환이든—보다 더 큰 전체적 인격으로 존중한다. 그것은 우리 각자가 나이, 과거 병력, 발병 시점 등에 관계없이 학습과 성장, 치유, 그리고 평생에 걸친 변화의, 광대하고 어떻게 전개될지 모르며 아직 사용되지 않은 내적 자원을 가지고 있다고 간주한다. 우리가 우리 스스로 특정한 작업—내면 작업, 심오한 봄(profound seeing)의 작업, 우리가 가지고 있는지조차 기억하지 못하거나 갖고 있다고 믿지 않는, 저류에 흐르는 자원에 대한 친밀함을 깊이 계발하는 작업—을 수행한다면 말이다. 우리는 우리가 이 우물물을 깊이 마시면 자신의 마음과 몸, 가슴과 영혼의 치유에, 그리고 자신의 삶에서 쉽게 고쳐지거나 치료되지 않는 것들과 매우 실제적이고, 심지어 평온한 화해를 하는 데 크게 기여할 수 있음을 보았다.

그렇다고 하여 마음챙김이 그 자체로 마법의 명약이나 치료법이라는 뜻은 아니다. 또 마음챙김이 생명의 모든 문제에 대한 해답이라는 의미도 아니다. 그러나 사물이 실제 존재하는 방식 그대로에 대한 친밀함을 계발하는 것은 치유—개인의 치유든, 국가의 치유든 혹은 모든 국가와 모든 존재의 치유든—를 향한 첫 단계다. 이러한 종류의 현명한 주의는 우리가 우리의 인간성을 회복하고 우리 본연의, 그러나 그것과의 접촉을 상실해 버린 존재가 되는, 한마디로 온전한 인간이 되는 실질적인 방법을 제공한다. 결국 우리는 인간 행위(human doing)가 아니라 인간 존재(human being)라는 이름으로 불리고 있지 않은가. 아마 그 단어 자체만으로 우리에게 무언가를 말해 주고 있는지 모른다. 아마도 우리는 존재라는 말이 실제로 무엇을 의미하는지 탐구해야 할 것이다. 그러한 탐구는 우리가 온전한 인간이 되는 데 요구되는 것, 그리고 우리가 아직 맛보거나 만져 보거나 계발하지 못했지만 그것이 우리에게 줄 수 있는 무엇인가로 우리를 이끌어 줄 것이다.

우리가 우리의 집단적 고통의 근원을 설명하는 데 있어 자가면역 모형을 채택하든, 암 모형을 채택하든, 아니면 전염병 모형을 채택—자가면역질환과 그 치료법은 종종 신체가 암과 기회 감염(질병 등으로 사람의 면역체계가 약해져 있을 때 해가 되는-역자 주)에 취약하게 만든다는 점에서 이들은 서로 연관되어 있다—하든 사소하거나 무시해도 좋은 증상은 아니라 해도 가난, 명예훼손, 불의, 폭정, 근본주의와 같이, 처음에는 견딜 만하게 보였던 것도 우리가 적절한 방식으로 주의를 기울이지 않으면 결국 큰 문제가 될 수 있다. 여기서 적절한 방식이란 증상들을 위장하거나 일시적으로 완화하는 것뿐만 아니라 그것을 일으키고 또 더 크게 만드는 근본적인 편치 않음 과정을 살펴보는 것을 말한다. 물론 거기에는 의료와 건강관리에서와 마찬가지로 통치와 외교에서도 예방이 최선의 방책임을 기억하는 것도 포함된다.

작은 것을 길들이는 힘

우리는 무지가 극명하게 드러난 사례에 대해 그것을 악이라고 곧잘 헐뜯는다. 이것은 대조적으로 우리가 곧 선이라는 범주적 주장을 허용하도록 한다. 그러나 그것은 비록 그 속에 일말의 진실이 존재한다 하더라도 천박하고 궁극적으로는 도움이 되지 않는 허영이다. 남은 악이고 자기는 선이라는 주장은 무지하다는 것이 더 적절한 설명인지 모른다. 왜냐하면 이 두 주장 모두 우리가 삶의 소중함에 대한 무자각에 빠져 버릴 때, 그리하여 자신의 쾌락과 권력을 추구하는 와중에 다른 존재에게 극악한 해를 끼칠 때 드러나는 근본적인 질병을 무시하고 있기 때문이다. 성경 「시편」에서는 악(evil)을 종종 '사악함(wickedness)'으로 지칭하지만 아마도 더 좋은 해석은 '부주의함(heedlessness)'—즉, 우리 경험의 내적, 외적 풍경의 전 영역에 대한 부주의—인지 모른다.* 이러한 부주의는 자기를 다른 사람과 '나'를 '너'와 인위적으로 분리시켜 세계를 탈신성화하고 분열과 인위적 분리, 경계의 토대 위에 세계를 만들어 가도록 한다. 우리는 더 큰 가능성, 우리의 내면적 삶에서 그리고 광대한 다양성—이것이 곧 세계다—속에서 우리의 처신과 행동에 있어서 전에 없던 자유와 더 큰 범위의 출현을 가능하게 해 주는 보다 깊은 근본적 통일성을 잊고 있거나 제대로 인식하

---

* 노먼 피셔(Norman Fischer)의 『당신 자신에게 열리기: 선에 영감을 받은 성경 시편 번역(*Opening to You: Zen-Inspired Translations of the Psalms*)』을 참조하라.

지 못하고 있다.

비록 그로부터 생기는 결과가 극악하며 그러한 무자각이 일어날 때마다 그것을 지각하고 막아야 하겠지만, 상호 연결성에 대한 이러한 무자각은 악이 아니다. 이것은 무지이자 심각한 부조화이며 살아 있음(being alive)과 인간임(being human)에 내재한 관계성(relationality)이라는 기본 요소와의 근본적인 접촉 상실이다. 그러나 이러한 무지 혹은 무자각은 우리가 그것을 무엇이라고 부르건 악의 모습을 띨 수 있고, 또 타인에게 악을 투사하도록 만들—타인을 악이라고 부를—수 있다. 실제로는 그들 역시 가장 근본적인 것에 대한 무시와 폄하, 타락, 짓밟힘이라는 우리와 동일한 질병을 겪고 있으며, 그들 역시 어쩌면 자신들의 삶 속에서 자애와 연결성을 한 번도 맛보지 못했거나 협소한 자아와 그 욕망 때문에 자애와 연결성을 경험할 기회를 갖지 못했는지도 모르는데 말이다. 우리는 그러한 무지와 무자각을 감지할 때마다 그 초기 단계에서 그것을 알아보고 단호하게 격리하고 해체해야 한다. 그것은 마치 바이러스가 그에 취약한 사람들에게 쉽게 감염될 수 있는 것과 마찬가지다.

그러나 우리의 역사에도 우리가 나중에는 악이라고 규정했던 이들을 도와주고 부추겼던 사례가 무수히 많았다—여기에서 '우리'라는 표현은 주로 미국을 가리킴: 역자 주. 일개 국가로서 우리는 얼마나 자주—타국—독재자가 우리—미국—의 정치적, 경제적 이익에 도움이 되는 경우에, 혹은 우리가 지정학적 이해관계를 갖지 않은 나라의 무고한 사람들에 대한 대량학살이 자행된 경우에 그것을 못 본 체하며 고개를 딴 곳으로 돌려 버렸는가? 또 우리는 우리의 지도자들이 그들과 전략적 동맹을 형성하는 것이 국익을 위한 일이라고 판단했을 때 얼마나 많은 잔인한 살인마 독재자를 지원하거나 묵인했는가? 그 목록은 매우 길다. 그리고 돌이켜 보면 그것은 우리에게 큰 깨달음을 준다. 그 모든 것이 과거에는 똑똑한 현실 정치였을지 모른다. 또 우리가 통제할 수 없었던 세계 정세 속에서 우리가 할 수 있었던 최선의 선택이었는지 모른다. 그러나 세계가 한데 뒤섞이고 상호 연결된 오늘날의 세계 공동체에서는 그러한 무지 혹은 악—만약 당신이 그것을 그렇게 부르고 싶다면—과의 편의적 타협은 더 이상 손쉽게 합리화될 수 없으며, 과거처럼 쉽게 용납되거나 망각되지 않을 것이다.

한 국가로서 우리는, 만약 우리가 세계의 고통을 치유하고 또 그것을 덜 복잡하게 만드는 데 기여하고자 희망한다면 작은 조치—어쩌면 아주 미미할 수도 있으나 용감한 조치—라도 취하면서 더 큰 전체성과 더 큰 마음챙김의 체현이라는 방향으로 나아갈 필요가 있다. 우리는 우리 안과 다른 사람들 안의 사랑과 지혜 그리고 친절과 상호 연결성을 저버린 무분별한 권력 장악에 언제나 따라다니게 마련인 잠재적 폐해를 막기 위해 초기에 그것을 알아보고 보다 단호하게 행동할 필요가 있다. 국가적 차원에서 보다 큰 자각과 보다 큰 이타심으로 향하는, 의식의 조그마한 변화라도 그것이 갖는 힘을 평가절하하지 않는 것이 중요하다. 우리가 이미 살펴보았듯이 작은 것이 언제나 그렇게 작은 것만은 아니다. 고대 중국인은 이것을 '작은 것을 길들이는 힘(taming power of the small)'이라고 불렀다. 간디는 작은 원자 속에 엄청난 에너지가 담겨 있듯이 아무리 사소한 움직임이나 몸짓이라도 신중하게 생각했으며, 도덕적으로 근거를 갖춘 것이라면 엄청난 잠재력을 갖고 있음을 알고 있었다. 마틴 루터 킹은 이러한 앎을 현실로 구현했다. 그는 아무런 권력이 없는 데서 엄청난 힘을 만들어 냈다. 그는 도덕적 설득으로, 오래도록 짓밟힌 민중의 자신에 대한 자부심으로, 그리고 자신의 아름다운 언어로 엄청난 힘을 만들어 냈다. 그리고 물론 하루 8시간 노동, 아동노동법, 양성평등, 인종차별 폐지 같은 일들도 모두 대중의 풀뿌리 운동으로 쟁취되었다. 이 운동들은 처음에는 보잘것없이 시작되었지만 끈질기게 체제의 변화를 요구했으며, 그 과정에서 때로 이름 없는 개인의 커다란 희생이 따랐다.

세계는 언제나 변하고 있다. 무엇도 그대로인 것은 없다. 우리가 우리 자신과 우리의 본래 마음 그리고 타고난 선함을 변화의 자연스러운 전개 및 무한한 가능성을 내포한 매 순간의 잉태성에 정렬시킨다면, 세계는 조금씩 그에 응답할 것이다. 유연하고 역동적이며 항상 변화하는 격자 구조, 혹은 더 낫게는 상호 연결성의 유동하는 연결망은 당신의 재정렬, 당신의 내면의 변화 그리고 그로부터 나오는 외면의 표현으로 조금씩 변화할 것이다. 우리가 정치인이든 일반 시민이든, 우리에게 수련이란 우리가 스스로에게 현존과 선함의 맛을 조금이라도 보도록 하는 것, 그런 순간을 계속적으로 경험해 보는 것, 그래서 내면적 명료함과 평화의 맛을 알게 되는 것을 의미하는지 모른다. 우리는 현재 순간과의 접촉을 유지함으로써, 우리가 직면하고 있는 도전과 기회에 맞서 우리의 정신을 잃지 않음으로써 우리의 경험을 키워 갈 수 있다.

정치 공동체(body politic)의 생명은 신체(body)의 생명만큼이나 복잡하지만, 정치 공동체는 진화를 통한 수백만 년의 형성과 정련의 과정, 그리고 효과가 없는 해결책을 포기하는 이로움을 갖지 못했다. 인류가 아직 유아기에 있다고 한다면, 인류의 통치와 민주주의는 더욱더 유아기에 있다고 할 것이다. 서구 문명에 대해 어떻게 생각하느냐고 묻자, 간디는 "내 생각에 그것은 좋은 아이디어인 것 같아요."라고 대답했다. 인간이라는 종으로서 우리는 우주적 실험이며, 그 실험은 지금도 진행 중이다. 그 실험이 어떻게 되어 가는지 우주는 크게 신경 쓰지 않을 수도 있다. 그러나 우리가 우리 자신의 협소한 이익과 무상한 안락보다 더 큰 무엇인가를 원한다면 우리는 그렇게 해야 한다. 그리고 실제로 우리는 그것을 원하고 있다. 그것이 인류라는 우리 종의 아름다움이다. 우리는 폄하되어서는 안 된다. 그러나 우리를 폄하할 수 있는 지구상의 유일한 지성적 존재도 우리 자신이다.

마음챙김과 민주주의

조금 생뚱맞게 들릴 수도 있겠지만, 요즈음 점점 더 많은 사람이 명상을 하고 있거나 명상을 하려고 생각한다는 사실은 민주주의 사회로서 우리의 지속적인 집단적 진화와 이제 막 시작되는 발전을 가리키는 것이라고 할 수 있다.

우리(미국)는 일찍이 압제와 독재로부터 정치적, 경제적, 종교적 독립을 선언—그것이 아무리 불완전한 것이라 해도—한 나라다. 모든 사람에 대한 개인의 자율과 기본적 인권의 원칙을 천명한 나라, 일찍부터 생명과 자유, 행복 추구를 옹호한 나라다. 그래서 우리는 개인적, 집단적 의식에서 필연적이고 지속적—간혹 중단되기는 했어도—인 진화를 위한 무대를 마련했다고까지 할 수 있다.

왜냐하면 세계 속에서 우리 자신의 길을 찾아가는 가능성, 권리, 심지어 책임, 다시 말해 우리의 본성과 경험을 신뢰하고, 앞으로 나아가면서 학습하고, 학습하면서 성장하는 것—심지어 가장 고통스러운 것에서, 그리고 우리 자신의 잘못 받아들임(mis-take)과 실수(mistake)로부터도—이 아니라면 자유란 도대체 무엇이란 말인가?

그리고 성장이란 보다 큰 세계와 그 속에서의 자기 위치와 관련하여 자신에 대한 자각이 확장되는 것, 사물의 상호 연결성과 그것의 본질적 조화에 대한 이해—심지어 혼란의 와중에서도—가 깊어지는 것, 그리고 실제적이고 근본적이며 가장 중요한 것에 대한 우리의 이해를 방해하는 내적 · 외적 힘으로부터 자유로운 삶을 사는 능력을 키우는 것이 아니면 무엇이란 말인가? 또 성장이란 타인과 세계에 대한 공감이 확장되는 것, 그리고 이미 고통을 친밀하게 알거나 혹은 알 수 있는 사람이 고통을 향하여 손을 내미는 것이 아니면 무엇이란 말인가? 바로 여기에 겸손에 대한 필요가 존재한다. 힘들게 얻은 혹은 자연스럽게 타고난 겸손 없이는 지속적인 지혜나 계속되는 연민이 들어설 자리가 별로 없다. 내적으로나 외적으로 보다 큰 전체와의 조화를 이루지 못하는 성장은 곧 암이다. 그것은 전체성과 균형에 대한 부정이다. 그러한 성장은 우리를 지속적으로 살리지도 못하며 또 지속될 수도 없다.

만약 우리가 평화와 행복에 대한 깊고 이제 막 시작된 열망, 그리고 단절과 괴로움, 편치 않음이라는 질병으로부터 더 자유롭고 싶은 열망에 응답하여 스스로에게 개인으로서 진화하는 의식의 길을 따라 걷게 한다면, 머지않아 그것은 서로에 대한 우리의 관계에, 그리고 우리가 사는 사회와 세계에 심대한 영향을 미칠 것이다. 그렇게 되는 수밖에 없다.

평화와 행복은 획득되거나 부여될 수 있는 상품이 아니라 삶을 통해 체현되는 자질이다. 그것은 단지 원칙의 선언—그것이 아무리 고상한 것이라도—이 아닌 수련을 통해서만 체현되고 살아질 수 있다. 우리는 '모든 사람에 대한' 자유와 자치라는 양도 불가능한 권리의 선언에 참여하고 그 혜택을 보는 것에서 법과 사회규범에 의해 처음부터 배제당한 많은 사람이 간헐적으로, 그리고 끈질기고 용기 있는 투쟁을 통하여 우리의 의식과 우리의 법률—노예제도, 인종, 원주민, 여성, 아동, 성, 결혼에 관한—을, 그리고 착취적 제도와 법률, 사회 관행—그들을 둘러싸고 있었던, 그리고 그것(제도, 법률, 사회 관행)이 변화하여 그 새로운 형식 속에서 활동적이고 열정적으로 실행될 때까지 계속해서 그들을 둘러싸고 있을—으로 인해 실제의 사람, 실제의 가족이 당하는 무수한 인간적 고통을 변화시키는 것을—그것이 아무리 느리고 고통스러운 과정이라도—보아 왔다.

진화 중인 민주주의에서는 어느 순간에라도 사회적 불의와 불만이 많을 수밖에 없다. 그러나 거기에는 또한 성장도 진행된다. 그것이 아무리 지독히 느리고, 그 혜택에서 배제되고 현 상태의 불평등으로 크게 억압당하는 사람들, 그리고 수세대 동안 그렇게 수사(修辭)의 역설에 따라(off the ironies of rhetoric) 살 것으로 예상되는 사람들에게 커다란 대가를 치르게 하는 것일지라도 말이다. 그것은 배제를 당하는 사람뿐 아니라 배제를 하는 사람에게도—비록 그들이 당시에는 그것을 인식하지 못할지라도—그리고 인간 삶의 그러한 흐름들—즉, 그런 사람—의 풍요로움을 결여한 데서 고통을 당하는 사회에도 커다란 대가를 치르게 한다.

그리고 우리가 우리의 원칙에 충실하다면, 비록 우리가 자유로 성장해 가는 데 지금까지는 아무리 느렸다 하더라도 왜 자유를 향한 그러한 성장이 바로 지금 시작하여 지속되고 심지어 그 속도를 더해서는 안 된단 말인가? 우리 시대에는 그 밖의 모든 것—자유를 향한 성장 이외의—이 속도를 더해 가고 있다. 특히 우리가 무력에 호소하는 속도는 더 그렇다. 왜 평화에 호소하는 속도도 그만큼 가속도를 더하면 안 되는가? 우리는 얼마만큼 평화를 염원하며, 또 실제로 모든 사람에게 평화와 자유, 정의를 구현하려고 하는가? 왜 우리는 우리가 세계 속에서 신뢰하고 옹호하고 있다고 주장하는 그러한 변화를 일으킬 우리의 집단적 자원과 집단적 의지를 동원하지 못하는가?

민주적 원칙과 자유 애호에 바탕을 둔 사회라면 개인적, 집단적 독립과 탐구의 분위기가 진작되고 개화하면서 머지않아 명상적 수련이, 때로 '의식 훈련(consciousness discipline)'이라고 부르는 것이 반드시 크게 부각될 것이다. 민주주의는 다원주의와 다양한 견해 표명을 진작한다. 민주주의는 행복 추구를 위하여 내적 · 외적으로 우리의 자유를 활용할 것을 북돋는다. 개인으로서, 사회로서 그리고 인류라는 종으로서 우리는 우리 자신을 더 깊이 있는 방식으로 이해하도록 자연스럽게 이끈다. 그것은 지구라는 행성에서의 지속적인 진화의 일부다. 그 진화가 아무리 환경을 변화시키고 우리를 특수한 위험으로부터 보호해 주는 인류의 과학적이고 기술적인 능력에 의해 조정되고 만들어진 것이라 하더라도 말이다. 많은 미국인이 명상 수련을 통하여 자신의 마음을, 그리하여 자신의 삶을 돌보고 있다는 사실, 또 우리의 부 그리고 우리의 고통에 직면하여 우리의 전체성을 실현하고자 하는 깊고 큰 갈망이 존재하고 있다는 사실은 놀라운 일일 뿐만 아니라 가슴 따뜻해지는 일이며 충분히 그럴 만한 일이다.

물론 민주주의가 특정 문화에서 뿌리를 내리고 성장하기 위해서는 일정한 조건이 성숙되어야 한다. 민주주의는 밖으로부터 강제될 수 없다. 그것은 억지로 사람들에게 명상—비록 그것이 본질적으로 이롭다 해도—을 하게 만들 수 없는 것과 마찬가지다. 하나의 문화로서 우리는 보편적 자유를 위한 조건을, 그리고 압제와 착취, 무지로부터의 해방을 위한 조건을 만들어 가는 데 온 힘을 다하여 헌신한다. 그 이유와 동기는 무척 다양하다. 그러나 우리는 때로 자유와 해방과 정반대되는 것을 옹호하게 되는 정책을 만들 수도 있다. 우리가 외적으로 민주주의가 출현하기를 바라는 만큼, 우리는 눈에 보이지 않는 탈바꿈과 내적 변화가 일어나기를 기다리며 인내할 필요가 있다. 우리는 우리가 할 수 있는 한에서 최선을 다하여 눈에 안 보이는 탈바꿈과 내적 변화를 키워 가야 하며, 그러면서도 나비가 나타나기를 바란다면 아직 때가 되지 않은 번데기가 깨어지기를 강제해서는 안 된다.

지혜의 잠재력, 그리고 친절, 연민, 공감, 헌신, 기쁨, 사랑과 같은 감정 상태의 잠재력은 우리 존재의 가장 깊고 진실한 본성 속에 이미 자리 잡고 있는 것이기 때문에, 우리가 그것들을 의식적으로 계발하고 펼칠 때 그것은 평화와 전쟁의 차이, 진정한 안정과 영원한 불안정의 차이, 창궐하는 편치 않음과 인간 사회의 자기파괴적인 성향으로부터의 진정한 자유의 차이를 만들어 내는 일이 될 것이다. 우리가 이러한 방향으로 의도하여 나아간다면, 우리는 우리가 이미 온전하고 완벽하다는 사실, 그리고 우리의 진정한 안정은 건강한 정치 공동체—우리 모두가 그 안에서 중요한 역할을 담당하는—에 달렸다는 사실을 잊은 채 우리를 우리 자신으로부터 격리하며 영원한 두려움 속에 살게 하는 우리의 오랜 부주의와 주의 산만 외에 잃을 것이 무엇이란 말인가?

베트남전쟁과 명상에 관한 일화

내가 명상을 시작한 것은 1960년대 중반이다. 뉴욕 시에서 자란 사람에게 명상은 아주 기이한 것으로 생각되었다. 내가 아는 사람 중에 명상을 하는 사람은 거의 없었다. 당시에는 영어로 된 명상에 관한 좋은 책도 무척 드물었다—있더라도 '반체제 서점' 같은 곳에서나 구할 수 있었다. 그리고 언론에서도 명상에 관해 거의 다루지 않았다. 나는 한 번도 명상을 카운터컬처(counterculture)—주류에 대항하는 반(反)문화: 역자 주—라고 생각해 본 적이 없었다. 당시는 카운터컬처라는 단어 자체도 아직 제대로 쓰이지 않았기 때문이다. 나는 명상에 대해 그것을 동양적인 무엇, '신비로운 동양'에서 수세기에 걸쳐 발견되고 다듬어져 온 무엇, 우리가 충만하고 의미 있는 삶을 사는 데 도움을 줄 수 있고 그래서 한번 해 볼 만한 무엇으로 낭만적으로 생각하고 있었다.

우리 문화(미국)에서 불교 명상과 요가 명상은 초기에 1950년대의 비트족—1950년대 미국의 경제적 풍요 속에서 획일화, 동질화의 양상으로 개개인이 거대한 사회조직의 부속품으로 전락하는 것에 대항하여, 민속음악을 즐기며 산업화 이전 시대의 전원생활, 인간 정신에 대한 신뢰, 낙천주의적인 사고를 중요시하였던 사람들: 역자 주—시인들 가운데 게리 스나이더(Gary Snyder) 같은 사람이 수련을 위해 일본으로 건너가거나, 그 이전 20세기 초에 시카고에서 처음 열렸던 세계종교회의 참석을 위해 몇몇 권위자가 미국을 찾기도 했던 정황이 있었다. 그러한 정황은 1960년대 미국에서 꽃피웠던 다르마의 씨앗을 뿌린 계기가 되었다. 앨런 와츠(Alan Watts)의 책『동양과 서양의 심리치료(*Psychotherapy East and West*)』는 당시 우리 사회에서 막 태동하고 있던 실험에 중요한 촉매가 되었다.

나는 1960년대 중반에 성인이 된 세대다. 그 세대는 학생이었든 아니었든, 정치에 참여하는 사람이었든 아니었든, 1950년대를 지배하고 있던 사회적 획일성을 혁파하는 여러 가지 방법을 무수히 실험하고 있었다. 우리는 때로는 혼란스러워하고 때로는 용감무쌍하게 당시 새롭게 형성되던 사회의 가장자리에 선 탐험가였다. 우리는 당시 미국 기업과 정치의 주류적 꿈에 대한 관습적인 추구에서는 발견할 수 없었던 명료성, 선의, 약속을 찾고자 했던 사회의 아이들이었다. 특히 미국이 초강대국 지위를 차지했던 냉전이라는 기이한 시대 배경에서, 공군도 해군도 없는 작은 농업 국가—베트남—를 상대로 몇 년이고 하릴없는 전쟁을 벌이면서 결국에는 제2차 세계대전 당시 유럽 전역에 떨어뜨렸던 포탄보다 더 많은 포탄을 베트남에 퍼부었던 것이다. 당시 우리 세대 중 일부가 사태의 전모를 보다 거시적으로 지각할 수 있는 진정성을 갖춘 위치에 서기를 바랐다. 왜냐하면 우리가 알고 있었던 혹은 금세 알게 되었던 모든 역설과 모순이 이 세계 속에서 사는 데 반드시 따르게 마련인 것이기 때문이다. 우리는 또 당시 진행되고 있던 일에 대해 크게 분노하며 환멸을 느끼고 있었다.

1968년, 당시 MIT가 전쟁과 전쟁 연구에 깊이 관여하는 문제를 공론의 장으로 끌어내기 위해 일부 대학원생이 과학행동조정위원회(Science Action Coordinating Committee: SACC)라는 소모임을 조직했다. 그 모임에서 우리는 누군가의 거실 마루에서 함께 요가를 했고, 본격적인 토론에 들어가기에 앞서 좌선도 했다. 그것은 하나의 시도였다. 그러나 가슴의 진정이 담긴 시도였다. 그것은 우리가 우리 자신과 세계 속에서 일으키려고 했던 변화가 단지 우선순위의 변동이나 우리의 이름으로 특정 사건이 일어나지 않도록 막으려는 것이 아니라 우리의 자각에서의 변화, 의식의 대전환—비록 당시 우리가 직면하고 있던 이슈와 사회 세력에 비하면 그것은 초라하고 가망성 없게 보이긴 했어도—이라는 우리의 커 가는 인식에 대한 응답이었다.

MIT에는 제2차 세계대전 당시까지 거슬러 올라가는, 전쟁 관련 연구 수행을 위한 유명한 연구소가 두 곳 있었다. 그 연구소들은 미국이 제2차 세계대전에서 승리하는 데 중요한 기여를 했다. 거기에는 레이더의 발전, 그리고 비행기와 함선이 장비에 의해 항해하도록 해 주고 포탄이나 로켓을 일정한 방향으로 유도하는 관성유도장치(IGS)도 포함되었다. 학생들의 의제 가운데 일부는 MIT라는 공동체가 당시 한 번도 공론의 장에서 토론되지 않았던 이슈에 대해 제대로 이야기를 해 보자는 것이었다. 그리고 그 일환으로 우리는 1일 휴업을 제안하며, 대학 내 모든 당사자에게 그날 하루만은 수업과 연구, 사무 일을 중단하고 공동체 안에서의 대화와 탐구에 몰입하자고 요구했다. 연구와 그 중요성에 대해 잘 알고 있는 MIT 학생들이었기에, 우리는 MIT에서 실제로 무슨 일이 일어나고 있는지—공동체 내의 일부 소수만이 알고 있었던 정보—에 대해 우리 스스로 광범위한 연구를 수행했다. 1일 휴업은 과학과 기술 그리고 사회 속에서의 그것의 사용과 있을 수 있는 남용 사이의 관계에 관한 다양한 의견 표명을 경청하기 위한 자리였다. 거기에는 대학이 대량살상 무기의 연구와 개발을 지원해도 되는가와 같은 의제도 포함되었다. 이것은 매우 큰 논란을 불러일으켰다. 그것은 한편으로 당시 미국이 냉전과 베트남을 둘러싸고 국론이 양극화되어 있었으며, 또 한편으로는 우리가 우리의 휴업을 '파업'이라고 칭함으로써 사태를 더욱 양극화했기 때문이기도 했다. 휴업을 하기 몇 달 전부터 이곳저곳에서 의분에 찬 웅성거리는 분위기가 있었다. 결국 우리는 1일 휴업을 이끌어 냈다. 1969년 3월 4일, MIT는 전쟁 관련 연구라는 이슈에 대한 대화를 위해 하루 동안 휴업을 했다.

여담이지만, 당시 SACC를 만들었던 우리 가운데 몇 사람이 MIT의 저명한 교수님들 몇 분에게 그날의 대화와 탐구를 지원해 줄 모임을 만들어 달라고 부탁드렸다. 처음에 대부분 이론물리학과 생물학 교수님으로 구성되었던 모임은 우리의 왕성한 젊은 혈기로 생각할 때 초기 단계에서 많은 지원과 독려가 필요하다고 판단되었다. 우리는 심지어 그 새 조직의 이름도 제안을 드렸다. 그것은 '시국을 걱정하는 과학자 연합(The Union of Concerned Scientist: UCS)'이었다. UCS는 지금까지도 활발히 활동하고 있다. 이 단체는 지금 매우 존경받는 국제적 조직이 되었다. 구성원들에는 세계에서 가장 유명한 과학자들도 있는데, 그들은 과학기술 그리고 식량, 에너지, 환경, 안보, 공공정책과 관련된 문제 사이의 접점에 서서 세계의 긴급한 현안을 다루고 있다. 우리 학생들에게 이 조직은 일이 향후에 어떻게 전개될지는 알지 못해도 그것이 우리가 믿는 입장을 그 자체를 위하여 취하는 데 방해가 되지 않는다는 것을 보여 주는 사례가 되었다. 1969년 3월 4일은 그러한 분기점 가운데 하나였다.

UCS가 세상을 바꾸었는가? 누가 알겠는가? 이 조직의 존재로 인하여 세상이 조금 더 나아졌는가? 이 조직의 노력이 없었다면 그나마 그만큼의 주목도 받지 못했을 중요하고도 민감한 사안들에 대해 이 조직이 다루었기 때문에 세상이 더 나아졌는가? 나는 그렇다고 생각한다. 당시에는 우리가 그것이 어떤 방식으로 전개될지 확실히 알지 못했기 때문에 아무리 작은 시도라도 중요했다.

당시 SACC의 대표 몇 사람이 색각—색채를 식별하는 감각—의 화학적 메커니즘을 규명한 공로로 노벨상을 수상했으며, 명쾌하고 멋진 학부 강의로 유명하셨던 마음씨 좋은 하버드 대학교의 생물학자 조지 월드(George Wald, 1906~1997) 교수님께 3월 4일의 기조연설을 부탁드리러 찾아갔다. 교수님은 흔쾌히 우리의 부탁을 승낙하셨다. 그러고는 곧장 '미래를 탐색하는 세대'라는 제목의 강연 초고를 준비하셨다. 그날이 되자 교수님은 왜 자신의 인기 있는 '자연과학 5' 강의 수강생들이 점점 더 불만을 품은 학생들이 되어 가고 있는지에 대해 감동적으로 연설하셨다. 교수님은 베트남전쟁, 냉전, 징병제, 미국과 미국의 적들에 의해 자행된 전쟁범죄 같은 당시 가장 민감한 문제들에 대해 이야기하셨다. 교수님은 당시 상황—상대편의 침공으로, 그리고 핵전쟁과 그 결과에 대해 공평하고 합리적으로 이야기하는 듯이 보이는 표백된 언어에 의해 언제나 정당화되고 말았던 군비 경쟁과 끝없는 살상—을 있는 그대로 받아들이는 종래의 '실제적인' 입장을 논의의 초점으로 삼아 그것이 무언가 윤리적으로 결함이 있는 것이며 불합리한 것임을 보여 주셨다. 사실과 숫자, 도덕적 힘으로 뒷받침되었던 교수님의 멋진 즉석 연설을 통해 교수님은 그 시대에 완전히 입체적인—새로운—견해를 만들어 내셨다. 그것은 진실이 권력을 향해 당당하게 이야기하는 것처럼 느껴졌다—우리는 월드 교수님과 MIT에서 '파업'을 한다고 하면 백악관과 미 의회, 특히 미 국방부에서 귀 기울일 것을 알고 있었다. 그것은 청중을 깊이 감동시켰다. 왜냐하면 청중 각자가 어떤 견해를 가지고 있건 간에 모두가 교수님이 감정적으로 풍부하고 강력한 방식으로 보여 주셨던 더 큰 진실을 듣고 있는 것이라고 생각했기 때문이다. 월드 교수님은 연설 내내 눈을 감고 고개를 뒤로 젖히신 채 마치 자신에게 들려주듯이 당시 MIT 캠퍼스 심장부의 크리스거 강당(Kresge Auditorium)을 가득 메운 1,200명의 교수와 학생, 직원에게 열변을 토하셨다—그로부터 34년이 지난 2003년 9월 바로 이곳 크리스거 강당에 나는 다시 섰다. 마음과 생명 연구소(Mind and Life Institute)가 MIT의 맥거번 뇌연구소(McGovern Brain

Institute)와 공동으로 서양의 신경과학자와 심리학자, 그리고 달라이 라마와 불교 승려 및 학자들 사이의 공개 대화의 자리를 처음으로 마련한 것이다. 대화의 주제는 내면적, 1인칭, 명상적 관점에서 보는 마음의 탐구와 외면적, 3인칭, 기존 과학의 입장에서 보는 마음에 대한 탐구였다. 이를 통해 우리는 마음의 본성에 대한 과학적 연구와 이해의 장을 더욱 확장시킬 수 있을 것이라 보았다. 내가 기억 속에서 이 두 사건을 겹쳐 보니 감개가 무량하다. 월드 교수님이 살아 계셨더라면 아마도 이 자리를 무척 좋아하셨을 것이다.

월드 교수님의 그날 강연은 그곳에 모인 청중에게 깊은 인상을 남겼다. 교수님은 원래 대단한 웅변가이셨으나 그날 연설은 교수님의 생애를 통틀어 가장 눈에 띄는 정치 연설이었다. 그리고 그 연설로 교수님은 평화를 위한 정치적 행동에 한층 더 높은 수준에서 헌신하셨다. 교수님의 연설은 며칠 후—1969년 3월 8일—그 전문이 『보스턴 글로브(*Boston Globe*)』의 메인 섹션 한가운데에 실렸다. 그날 『보스턴 글로브』는 MIT에서 있었던 사건을 특집 기사로 다루었고, 그 일부로 교수님의 연설 전문을 실은 것이었다. 인쇄판에 대한 수요가 너무 많자, 『보스턴 글로브』는 이후 50만 부의 무료 호외지를 발행했다. 그런 일은 내가 알기로 그 전에도, 그 후로도 없었다.

내가 이 이야기를 하는 이유는 상상했던 것보다 큰 의식의 전환이 소수의 사람에 의해 일어날 수 있다는 것을 보여 주기 위해서다. 모든 세대는 세계에서 실제로 일어나고 있는 일에 대한 그 자신의 견해를 가질 필요가 있다. 그리고 과거의 유산을 어떻게 활용하여, 과거에는 인식하지 못했던 더 큰 목적에 부응하기 위하여 보존하고 재창조해야 할 필요가 있는 것에 에너지와 상상력을 쏟을 수 있는지 생각해야 할 필요가 있다. 모든 세대는 자신의 선배들로부터 무엇을 물려받았는지, 대개 그 유산이 언제나 아름다운 것은 아니지만, 스스로 평가할 필요가 있다. 그것을 정확하게 이야기해야 하며, 그렇지 않을 경우 우리는 미망과 몽유 속으로 더 깊이 빠져들어 더 큰 해악—우리 자신에게도 포함하여—을 일으킬 수 있다. 그것을 정확하게 이야기하려는 우리의 의도에 의해, 우리는 유기체, 시스템, 정치 공동체를 특정한 방식—아마도 현명한 방식으로, 그리고 최선의 애국심과 자유사회의 정신에 입각하여 새로운 견해와 오래된 문제를 다루는, 지금까지 생각지 못했던 새로운 선택을 만들어 낼 수 있는 방식—으로 애정을 담아 자극을 주는 첫 단계를 밟을 수 있을 것이다. 무엇보다 중요한 것은 수단이나 방법이 아니라 그 이면에 우리가 품는 마음과 가슴의 자질일 것이다. 세계와의 상호작용을 만들어 가는 데 있어 아무리 작은 지혜와 온전한 정신이라도 그것이 갖는 힘은 무시할 수 없다. 그러나 그 힘 또한 계발되어야만 한다. 지속적으로, 이타적으로 그리고 즐거움으로.

조지 월드 교수님은 그날 수많은 청중의 마음과 가슴에서, 우리가 이름을 붙여야 할—제대로 인식해야 할—것에 대해 이름을 붙이신 것인지 모른다. 그러나 우리는 그러한 일을 우리 스스로 매일같이 해야 한다. 그렇지 않으면 우리는 이 지구에서 우리가 실제로 하고 있는 행동과의 접촉을 잃어버리는 위험에 처할 수도 있다. 우리는 정치 공동체가 얼마나 우리 모두의 행동에 의존하고 있는지, 우리의 행동이 얼마나 우리가 누구이며 우리가 세상을 대하는 방식—또 세상이 우리를 대하는 방식—과 우리가 세상에 제공하고 있는 것—또 세상이 우리에게 제공하고 있는 것—에 관한 내적 계발과 이해에 기초하고 있는지 기억하는 것에서 쉽게 멀어져 버릴 수도 있다.

그 과정은 시간을 벗어난 것, 자각—알아차림—자체의 무시간성에 관한 것이다. 그러나 그것은 또한 우리 종과 우리 행성, 우리 시대의 끊임없는 편치 않음과 위기를 생각할 때 시간 속에서 지속적으로 일어나야 한다. 시간이 흐르면 우리는 우리 자신의 방식대로, 그리고 우리 자신의 가슴에 따라 우리 자신으로서 성장해 가는 잠재력을 갖게 될 것이다. 또 우리는 우리의 행동과 무행동 중 얼마나 많은 부분이 탐욕과 증오, 망상 혹은 단순히 관성에 의해 추동되는지 분별할 수 있는 잠재력, 또 우리의 현명하지 못한 사고 및 행동 방식, 우리의 고통을 깊게 만드는 사고 및 행동 방식에서 탈피하는 법을 익히기 위해 내적 · 외적으로 적절하다고 생각되는 방식으로 의식적인 작업을 하는 잠재력도 갖게 될 것이다. 우리는 우리가 이 세계 속에서 자기도 모르게 혹은 의도적으로 서로에게 끼치는 고통을 인식하는 방법, 그리고 자기 속에서 상대방을 봄으로써 평화의 초석이 되는 더 큰 침묵과 안정감에 머무는 방법을 의식적으로 선택할 수도 있다. 우리의 진정한 위기는 의식에 있다. 우리의 진정한 해방도 의식에 있다.

많은 사람은 우리—미국—가 공산주의를 견제하기 위해 베트남에서 전쟁을 하는 수밖에 없었다고 생각한다. 만약 우리가 전쟁을 하지 않았더라면 당시의 소위 '도미노'가 모든 곳을 휩쓸어 우리도 공산주의자가 되고 말았을 것이라고 말이다. 그러나 그것은 당시 상황에 대한 적절한 평가가 아닌 것으로 판명되었다. 질병—적어도 우리가 염려할 필요가 있었던 질병—은 베트남에 있었던 것이 아니다. 그것은 우리의 사고방식 속에 있었다. 그것은 우리 자신 속에, 우리의 두려움 속에 있었다. 그것은 지금도 마찬가지다.

그러한 잘못된 시도로 인해 윤리적 · 금전적으로, 그리고 사회적 · 영적으로 치러야 하는 대가는 엄청나다. 그러면서도 우리는 왜 세계의 그토록 많은 사람이 '나쁜 녀석들'이 아니라 우리—미국—를 문명에 대한 위협으로 인식하는지 어리둥절해한다. 우리는 우리 자신에 대하여 우리가 좋은 의도로 많은 이타적 행위—심지어 전쟁에서도—를 하기 위해 열심히 노력한다고 생각하는데도 말이다. 어떤 면에서 우리는 전쟁에서 이기는 것이 평화를 구축하는 것보다 더 쉽다는 사실을 아직도 배우고 있는 유아기에 있는 것인지 모른다.

미 공군의 모토는 "끊임없는 경계—각성 상태—는 자유를 위해 치러야 하는 대가다."라는 것이다. 얼마나 옳은 말인가. 이 모토를 만들어 낸 홍보대행사가 생각한 것 이상으로 이 말에는 어떤 진실이 담겨 있다. 각성 상태는 마음챙김을 통해 모든 차원—단지 레이더 화면이나 공항 보안에서만이 아니라—에서 계발될 필요가 있다. 그리고 그 자유는 이해될 필요가 있다. 만약 우리가 해방자가 되고자 한다면 우리는 먼저 친절하고 부드러우나 치열하고 단호한 내면의 각성을 통해 우리 자신을 스스로의 무자각으로부터 해방시켜야 할 것이다.

꼬리가 개를 흔들다

〈왝 더 독(Wag the Dog)〉—영화의 내용은 다음과 같다. 대통령 선거 D-12에 백악관을 초긴장 상태로 몰아넣는 사건이 발생한다. 대통령이 백악관에 견학 온 걸스카웃 학생을 성추행한 것이다. 현직 대통령의 재선이 어렵게 되자, 백악관 참모진은 정치 해결사 브린(로버트 드 니로)을 백악관 밀실로 불러들인다. 브린은 대처 방안으로 미국 참모진이 미국 국민에게 생소한 알바니아를 적대국으로 포장하고 반(反)알바니아 감정을 고취하는 비상책을 강구한다: 역자 주—이라는 놀랍게도 선견지명이 있는 영화에서는 가상의 미국 행정부가 언론을 조작하여 발칸반도의 어느 나라—알바니아—를 적대국으로 규정하는 사건을 꾸민다. 이 사건은 미국의 국내 텔레비전에 연일 톱뉴스로 보도되고, 그것은 국민을 자극하여 전쟁의 정당성을 주장하는 나아간다. 그러나 사실 그 사건은 실제로 일어나지 않았다.

우리는 미국의 정치인들이 오직 일부만 진실인 것을 가지고 국민을 설득하기 위해 어떠한 행위도 마다하지 않는 사례를 거듭 목격하고 있다. 그들은 단지 사소한 에피소드나 사건 혹은 전혀 일어나지 않았던 사건을 토대로 그렇게 행동하고 있다. 통킹만 사건(Gulf of Tonkin Incident)—1964년 베트남 동쪽 통킹만에서 일어난 북베트남 경비정과 미군 구축함의 해상 전투 사건. 미국 측에 따르면, 1964년 8월 2일 북베트남 어뢰정 3척이 통킹만에서 작전을 수행하고 있는 미 구축함을 향해 어뢰와 기관총으로 선제 공격을 가하였다. 미 구축함은 즉각 대응하여 1척을 격침하고 2척에는 타격을 가하였다. 미국은 이 해상 전투를 빌미로 베트남전쟁에 본격적으로 개입하였다. 그러나 1971년 미 국방부 펜타곤 보고서에 의하면, 이 전투는 베트남전 개입을 위한 미국 측의 조작일 가능성이 제기되었으며, 베트남전 당시 미국 국방장관이었던 로버트 맥나마라(Robert S. McNamara)도 1995년 회고록에서 이 전투가 미국의 자작극이었음을 고백하였다: 역자 주—도 그러한 사례 가운데 하나다. 이 사건에서 당시 미국은 북베트남이 미국의 전함 한 척을 먼저 공격했다고 주장하였고, 이것은 이후 베트남에 대한 10여 년의 대량학살과 파괴로 이어졌다. 이 사건이 마키아벨리적 음해의 산물인지, 이기적인 권력욕 때문인지, 아니면 당시 정부 안의 의사소통에 문제가 있었으나 순수한 의도에서 생긴 것인지는 아직 명확히 밝혀지지 않았다. 그러나 그 밑바닥의 동기가 무엇이었든 상관없이 그것은 우리가 똑같이 불행한 결과에 이르게 했다.

오늘날에도 권력의 자리에 있는 사람들이 해야 할 일은 명백히 빨강임에도 오직 파랗다고 말하는 것뿐인 것처럼 보인다. 그러면 언론은 그것을 파랗다고 적을 것이고, 그러면 많은 사람이 그것을 신문에서 읽었거나 뉴스에서 보았다는 이유만으로 사실로 믿을 것이다. 그러면 또 그것은 마치 진실인 것처럼 하나의 쟁점이 되어 많은 사람이 그것을 우리나라에 대한 노골적인 공격 행위로 간주할 것이다. 그리하여 우리의 분노는 정당성을 획득하고 우리나라가 그렇게 쉽게 위협받을 존재가 아니라는 것을 보여 주기 위해 터무니없는 대응에 나서게 된다. 이제 우리는 더 이상 우리의 주장에 책임을 지지 않는다. 아무리 그럴듯하지 않아도, 증거에 의해 뒷받침되지 않아도 아무것도 불가능한 것은 없는 것처럼 보인다.

어쩌면 그 빨강은 실제로 파랑인지 모른다. 어쩌면 이라크와 9·11 테러 사이에 연관성이 있는지 모른다. 그러나 그렇게 말하는 순간, 설령 그 주장을 위해 동원된 증거가 아무리 불충분하고 그럴듯하지 않더라도 혹은 완전히 날조된 것이더라도, 그것은 많은 사람에게 진실인 것처럼 보이게 된다. 특히 우리의 납득할 만한 불안감을 조장하는 분위기 속에서 그에 대해 반복적으로 이야기하는 경우에는 더욱 그렇다. "지금 우리가 이라크의 테러리스트를 제지하지 않으면 우리는 우리 집에서 무고한 사람들에 대한 공격에, 생각할 수도 없는 공격—심지어 불량국가들에서 구입한 대량살상 무기를 사용한 공격—에 노출될 것입니다. 충분히 그럴 가능성이 있습니다. 그들이 우리를 공격하기 전에 우리가 먼저 공격해야 합니다. 우리는 선한 사람들이며, 피해를 받은 쪽은 우리이니까요. 멈추어서 상황을 완전하게 분석할 여유가 없습니다. 우리의 동맹국과 친구들이 무슨 말을 하는지 귀 기울여 들을 여유도 없습니다. 과거와는 상황이 다릅니다. 동맹국과 친구들도 우리의 아군 아니면 적일 뿐입니다. 지금은 파랑이 빨강이 되었습니다. 그렇지 않다고, 파랑은 여전히 파랑이라고 말하는 사람들을 믿으면 안 됩니다. 그들은 분명히 비애국자들입니다. 그들은 위험에 처해 있는 자유와 민주주의에 무관심한 사람들입니다."

그래서 우리는 선제 공격을 감행했고 승리했다. 친구들 외에는 아무도 그의 축출을 슬퍼하지 않는 괴물 살인마 같은 독재자를 축출했으며, 그 나라를 '해방시켰다.' 그러나 우리는 당시와 다른 또 하나의 궁지에 놓이고 말았다. 우리는 전 세계의 테러 조직을 우리의 오만과 권력 남용이라는 토대 위에서, 그리고 우리만이 선(善)의 세력이라는 시각에 근거하여 새로운 신병들로 가득 채웠다. 그 와중에 우리는 엄청난 비용을 치렀으며, 때로 완전히 잘못된 이유로 그렇게 한 경우도 있었다.

진실을 왜곡하는 것이 우리를 더 안전하게 만들어 줄까? 조지 오웰의 『1984』는 우리가 삽을 삽이라고 부르기를 거부할 때—그렇게 하는 것이 가장 필요한 때조차도—흰색을 검은색으로, 그리고 검은색을 흰색으로 생각하도록 우리가 속임을 당하고 또 우리 스스로를 속일 때—조지 오웰은 이것을 "전쟁은 평화, 자유는 노예"라고 표현했다—일어날 수 있는 일에 대한 경고다.

제2차 세계대전 이후 뉘른베르크 국제 군사재판에서 나치의 헤르만 괴링 장군이 말한 것으로 추정되는 다음과 같은 발언도 미국의 이라크 선제 공격 이후 인터넷을 통해 많은 사람에게 읽혀 '꼬리가 개를 흔드는' 현상을 더욱 끔찍한 방식으로 몰아갔다.

> 일반 국민은 원래 전쟁을 좋아하지 않는다. 결국 정책을 결정하는 것은 한 나라의 지도자들이다. 민주주의든, 파시즘 독재국가든, 의회든, 공산독재국가든 국민을 이리저리 끌고 다니는 것은 매우 쉬운 문제다. 목소리를 내든 그렇지 않든 국민은 지도자가 제시하는 선택에 언제든 응하게 되어 있다. 이것은 아주 쉬운 일이다. 지도자가 할 일은 국민에게 그들이 공격을 당하고 있다고 말하면서 반전주의자들을 애국심이 없고 국가를 위험에 노출시킨다는 이유로 비난하는 것뿐이다. 이것은 모든 나라에서 다 그렇다.

이러한 왜곡된 인식으로부터 저절로 생겨나는 '이것 아니면 저것' '우리 대 그들' 같은 흑백논리에 빠지는 것은 매우 불행한 일이다. 우리가 복잡하고 종종 모호한 대부분의 상황에서 참된 안전을 낳고 세계 속에서 현명한 행동을 진작하기 위해서는 분별과 통찰이, 그리고 선택과 결과에 대해 지혜를 배경으로 하는 신중한 고려가 필요하다는 것을 알고 있어도, 만약 우리가 계속해서 검은색이 하얀색이며 빨강이 파랑이라고 받아들이도록 요구받는다면 그것은 우리가 비판과 검토 없이 아무것이라도 더 쉽게 믿도록 만들 것이다. 그리고 적절한 상황에서 적절한 사람들에 의해 만들어지는 적절한 원인과 조건에서 주어진 증거는 매우 분명하다. 이 증거는 적절한 언어를 사용하여, 그리고 우리의 두려움을 조장하고, 분명하게 보고 분별하는 우리의 능력을 무시하도록 만들어 우리가 우리의 안녕과 한 국가로서, 인간이라는 한 종으로서 우리의 온전함을 위협하는 광기의 착란에 사로잡힌 채 한 사회로서 집단적으로 계속해서 부주의함에 빠져들게 한다.

이제는 깨어날 때가 되지 않았는가? 이제는 꼬리가 개를 흔드는 것처럼 보이는 때에도 우리가 수동성과 몽유에 빠져 부주의함과 두려움, 조작이라는 제단에 우리의 자유와 상식을 내주는 것을 거부할 때가 되지 않았는가? 이제는 원인 질병의 신호와 증상을 무시하지 않으면서 사건의 겉모습 아래에서 내면적 · 외면적으로 실제로 일어나고 있는 일에 주의를 기울여야 할 때가 되지 않았는가? 자신들의 편향된 의제를 따로 갖고 있는, 그래서 복잡한 상황을 보는 우리의 명료함과 정확성을 키우는 데 결코 도움이 되지 않는 의심쩍은 군사 정보기관이 아니라 우리의 온전하고 건전한 지성에 기초하여 행동할 때가 이제는 되지 않았는가? 이제는 국가로서, 개인으로서 '최선의 우리가 되어야 하는'—군대에서 쓰는 표현으로—책임을 기꺼이 져야 할 때가 되지 않았는가?

"명상 수련을 하지 않았다면 내가 어떻게 됐을까요?"

나는 이곳저곳을 다니는 중에 사람들이 자신들의 삶에서 일어난 힘든 고난에 대해 들려주는 이야기를 들으면 감동을 받는다. 그들의 이야기는 구체적인 내용은 서로 다르지만 결국 "만약 내가 명상 수련을 하지 않았다면 어떻게 되었을까요?" 하는 내용이다. 그들은 자신들의 명상 수련에 대해서, 그리고 그들이 자신의 경험—어떤 경험이라도—을 품어 안았던 다양한 방법에 대해서 이야기한다. 그 방법들로 인해 그들은 자신과 자신의 경험을 생생하게 살아나게 할 수 있었다.

우리가 현재 순간에 마음 챙기는 알아차림 속에 자리를 잡으면, 그것이 어떤 것이라 해도 언제나 있는 그대로의 것들과 친밀한 관계를 맺고 있는 자신을 느끼게 된다. 물론 우리는 우리가 알든 모르든 그것들과 어떤 식으로든 친밀한 관계를 맺고 있다. 그러나 그 앎, 그러한 알아차림—자각—없이는 우리는 우리가 처한 상황—특히 그것이 우리가 좋아하지 않는 것일 때—의 실재성을 인식하고 이해하고 인정하고 수용하는 우리의 능력에 있어 심각한 결여 상태에 놓이게 된다. 그 결과, 우리는 현명하고 친절하며, 또한 유용한 방식으로 행동하는 우리의 능력에도 심각한 손상을 입게 된다. 현명하지 못한 행동은 종종 점점 커지는 장애의 원인이 어디에 있는지 알지 못한 채 어려운 상황을 더 복잡하게 만들 뿐이다. 실제로 우리는 우리의 앞길에 스스로 장애물을 던지고 있는 것인지 모른다.

명상은 자기 내면세계와 외면세계의 접점에서 일정한 균형과 명료성을 회복하는 방법이다. 명상은 우리에게 바로 지금, 바로 여기서 우리가 어떻게 지혜와 연민을 체현할 수 있는지 보여 준다. 우리가 고통과 감정적 혼란의 와중에서도 그로부터의 자유를 어떻게 체현할 수 있는지 보여 준다. 명상은 우리의 가슴을 안정시키고, 인생의 어떤 계절에도, 심지어 가장 혹독하고 광포한 폭풍우 속에서도 그에 따르는 고뇌와 끔찍한 고통, 거대하고 고통스러운 불확실성에 직면하여 앞으로 나아가야 하는 필요성을 조금도 무시하지 않고, 마음을 집중하게 하고 명료하게 만들어 주는 능력을 갖고 있다.

그러한 지혜와 연민은 어디서 나오는가? 그것은 당신 안에서 나온다. 그것은 원래 당신의 본성 일부다. 그것은 당신이 그렇게 하고자 한다면 단지 수련을 지속함으로써 크게 체현할 수 있다.

다시 말하지만, 명상은 당신이 생각하는 그런 것이 아니다. 그것은 생각을 닫아 버리거나 감정을 억압하고 작위적인 고요함으로 현상을 덮어 버리려는 내면의 조종이 아니다. 많은 사람이 명상에 대해 이렇게 생각하고 있다. 특히 그들이 명상을 수련하지 않을 때, 심지어 명상을 수련하고 있더라도 이렇게 생각한다. 명상은 무언가를 고치려고 하거나 치료하려고 하거나 어딘가에 도착하거나 무언가를 얻고자 하는 것이 아니다. 명상은 특정한 마음 상태—그것이 아무리 멋진 것이라도—에 관한 것이 아니다. 명상은 모든 마음 상태, 모든 의견과 심지어 진단을 넘어서는 것이다. 그것은 일어나는 것은 무엇이든, 일어나는 중에 그 어떤 것도 밀쳐 내지 않고—그것이 불쾌하고 고통스러우며 우리가 그것이 여기에 없었으면 하고 바라더라도—어떠한 경험이라도 그것을 추구하거나 그에 집착하지 않고—그것이 아무리 즐겁고, 우리가 그것이 사라지지 않았으면 하고 바라더라도—품어 안을 수 있는 자각—알아차림—속에 머무는 것이다.

명상은 정말로 자유에 관한 것이다. 명상은 무엇보다 해방의 수련이다. 명상은 우리의 외면적 자유를 잃는 것만큼이나 고통스러운 방식으로 우리를 구속하겠다고 위협하는 무자각이라는 위기, 부주의와 몽유라는 습관으로부터 우리의 삶, 우리의 행복을 되찾아 바로 지금 여기에서 우리에게 되돌려 주는 존재의 방식이다. 그리고 마음챙김이 우리를 자유롭게 하는 방법 중의 하나는 우리가 어리석은 결정을 반복적으로 내리는 데 따르는 결과를 제대로 보려고만 한다면 그것이 분명하게 드러나고 그것을 이해할 수 있다는 것이다.

이러한 모든 이유로 마음챙김은 민주주의의 폭과 깊이를 확장하는 천연 촉매제가 될 수 있다. 이때의 민주주의는 자유가 단지 말이나 법률 그리고 제도를 통해 체현되는—물론 그 실행 방식도 매우 중요하기는 하지만—것뿐만 아니라 개별 시민으로서 우리가 획득한 지혜 속에서 체현되어 실행되는 민주주의다. 그리고 이 지혜는 우리의 참된 본성을 깊이 들여다보고 그로부터 느끼는 데서 나오는 지혜다. 또 우리의 가슴속에서, 마음과 가슴이라는 내부 풍경에 대한 사랑 속에서 체현되는 지혜다. 우리는 그러한 내부 풍경에 친숙할수록 사회에, 그리고 우리 모두의 아름다움과 유일한 잠재력을 이해하는 데 더 효과적으로 참여할 수 있게 될 것이다. 더 많은 사람이 이러한 지형을 알게 될수록 우리는 확산적 지혜와 상호 배려라는 선의를 공유하는 데서 더 큰 이익을 볼 수 있을 것이다. 그리고 이 확산적 지혜와 상호 배려라는 선의는 곧 더 건강한 공동체, 더 건강한 사회, 무엇이 더 중요한지를 알고 그것을 참되고 변함없는 존중으로 세계 속에서 실현하는 국가로 이어질 것이다.

이러한 종류의 자유는 나와 남의 경계를 긋지 않는다. 다른 사람이 자유롭지 못하면, 우리도 매우 실질적인 방식으로 완전히 자유롭거나 평화로울 수 없다. 이것은 건강하지 못한 세상에 사는 개인이 온전히 건강할 수 없는 것과 같다. 그러나 이것이 우리가 자유에 관한 우리의 정의(定義)와 견해를 다른 문화에 전파하는 신성한 의무를 부여받았다는 의미는 아니다. 그보다 우리 스스로에 단단히 터를 잡고 치유와 전체성에 대한 올바른 평가와 그것의 회복에, 그리고 공통의 인간적 토대를 발견하는 데 우리의 에너지를 쏟는 것이 더욱 바람직하다. 이것이야말로 평화와 정치의 진정한 실천 방식, 세계 속에서 지혜를 구현하는 방법이다. 이것은 곧 진정한 행복의 원천인 우리의 상상력과 힘을 가장 깊은 방식으로, 그리고 가장 만족스럽게 표현하는 것이다. 한 국가로서, 인류라는 한 종으로서 우리는 지금 우리의 외적 힘에 상응하거나 그것을 능가하는 내면의 힘을 필요로 하고 있다. 우리는 우리의 전체성 속으로 성장해 가야 한다. 그렇지 못할 때 그것을 생각하는 것만으로도 정말 끔찍한 일이다. 우리는 그렇게 되어야만 한다.

아마도 미래의 미국 대통령이 힘들고 긴 하루를 마치고 자신의 남편에게 이렇게 말하는 날이 오지 않을까. "명상 수련을 하지 않았다면 내가 어떻게 됐을까요?"

주의 분산의 정지

9 · 11 테러 사건이 일어난 다음 주에 『빌리지 보이스(*Village Voice*)』의 어느 편집인이 미국 공영 라디오 방송(NPR)에서 그 재난이 뉴욕 시민의 정신에 미칠 영향에 대한 질문을 받았다. 그는 그것을 '주의 분산의 정지(suspension of distraction)'라는 말로 표현했다. 그는 사람들이 전에 없이 서로 눈을 마주치는 것을 목격했다. 그리고 상대방의 얼굴을 살피며 지나가는 눈길로 조용조용히 이야기하는 것을 목격했다. 사람들은 일상의 생업과 마음 상태에 있지 않은 듯 보였다. 뉴욕의 상징적인 두 개의 건물이 연기처럼 사라지는 상상할 수도 없는 사건과 그 끔찍함이, 엄청난 생명 손실이 일어난 사건의 어마어마함이 뉴욕 시민을 말없는 현존에 빠뜨린 것이다.

주의 분산의 정지. 이 얼마나 호소력 있는 표현인가. 이것은 커다란 상처와 슬픔의 와중에도 인간이 가지고 있는 회복력과 지혜에 대한 희망의 증거를 적확하게 표현한 말이다.

주의 분산의 정지. 끊임없는 주의 분산의 삶에 빠져 있는 우리의 도시와 사회에 이 얼마나 정신이 번쩍 들게 만드는 표현인가. 우리는 모든 것이 우리의 주의를 끌기 위해 경쟁하고, 우리의 감각과 정신을 습격하는 사회에 살고 있다. 또 우리는 우리 스스로 만든 주의 분산을 가지고 그러한 공격으로부터 스스로를 방어하며, 그 과정에서 우리에게 무엇이 가장 중요하고, 심지어 우리가 누구이며 무엇을 하고 있는지조차 잊어버리는 사회에 살고 있다.

뉴요커에게 매우 익숙한 주의 분산의 문화가 얼마나 오랫동안 정지 상태에 있었는지 나는 알지 못한다. 왜냐하면 규칙과 정상적인 것으로 돌아가는 것은 치유 과정의 일부이기 때문이다. 그러나 9·11 테러가 일어난 그날은 우리에게 많은 것을 깨우쳐 주었다. 그것은 폭발성 편치 않음—일련의 매우 엄중한 경고 신호에도 불구하고 인식되지 못하고 무시되었으며 다루어지지 않은 편치 않음, 그리고 상호 연결성에 대한 우리의 이해 부족으로 더욱 심각해진 편치 않음—이 우리 정치 공동체의 심장 속으로 들어와 말로 하기 힘든 고통과 손실을 입힐 수 있음을 확실히 보여 준 사례였다.

또한 우리는 그 사건으로 인해 가장 구체적인 방식으로 모든 것이 영원하지 않음을 상기하게 되었다. 정말 '모든 것'이 말이다. 물론 우리는 그 사실을 우리 마음 깊숙한 곳에서 이미 알고는 있었다. 그러나 일상에서 우리는 우리가 영원히 살 것처럼 우리의 창조물이 영원히 지속될 것처럼 행동한다. 그리고 삶은 일정한 규칙성과 확실성 속에서 전개될 것이며, 나쁜 일은 다른 곳, 다른 사람, 우리보다 운이 없는 사람에게만 일어날 것이라고 생각한다. 평화롭고 건강한 사회에서 사회 질서가 갖는 목적 가운데 하나는 효과적인 법 집행과 공평한 사법 제도, 국방, 양질의 건강관리 체계에 의해 뒷받침되는 법치를 통해, 그리고 교육과 경제의 기회, 창의적 기회를 통한 신분 상승의 기회를 통해 높은 정도의 상대적 안정성과 안전감을 사회 구성원에게 확보해 주는 것이다. 이것이 적어도 그것의 본래 취지다. 그러나 실제에 있어서 그것은 지속적인 보완과 심화를 요구하는 무엇이다. 그렇지만 특정 순간에 우리의 제도가 아무리 훌륭하고 효과적이거나 혹은 그렇지 않다 하더라도 무상의 법칙은 그에 관계없이 언제나 작동한다. 모든 것은 변화한다. 오랫동안 그대로인 것은 아무것도 없다. 모든 것은 근본적으로 불안정하다. 사회적 투쟁과 불안정의 시기에 이 법칙의 효력은 극대화되며 예측은 더 어려워진다. 이것은 그 자체로 끔찍할 수 있다.

9·11 테러는 우리의 가장 큰 건물도 영원하지 않고 인간의 무지와 악의로 인해 순식간에 사라질 수 있다는 것을 보여 주었다. 그것은 우리에게 우리의 생명도 어쩔 수 없이 무상의 법칙의 지배를 받는다—건강하고 젊은 사람도, 평화 시에도, 심지어 미국이라는 위대한 국가의 대도시 한가운데에서도—는 사실을 상기시켜 주었다. 아침 8시에 멀쩡하게 서 있던 거대한 건물—1960년대에 처음 지어진 이래 맨해튼 남부 지역에 그림자를 드리우며 하늘의 대부분을 덮고 있던 건물—이 오전 10시 30분

에 온데간데없이 사라졌다. 무상이 평화 시에 그렇게 거대한 규모로, 그토록 끔찍한 인명 살상을 동반하고 무수한 부모와 가장의 희망과 꿈을 앗아 가면서 눈 깜짝할 사이에 스스로를 드러내리라고는 생각하지 못했다.

그리고 그 자리에 남은 것은 거대한 텅 빈 공간이었던 것과 마찬가지로—그 공간은 엄청난 인명 손실로 인해, 그리고 구조 현장에서 목숨을 잃은 사람들, 복구 작업에 자신의 몸과 마음을 바쳤던 사람들의 헌신적인 노력에 의해 즉각적으로 신성한 장소로 탈바꿈했다. 우리가 가장 확실한 것으로 단단하게 쥐고 있는 것의 비실체성 또한 적나라하게 드러났다.

시인 예이츠는 "모든 것은 사라지며 또다시 만들어진다."고 말했다. 그러나 우리는—9·11 테러만큼—우리의 집에서 그렇게 많은 것이 그렇게 순식간에 사라지는 경험을 집단적으로 한 적이 없었다. 그것은 말로는 표현하기 어려운 이미지와 장면들로 우리의 망막과 뇌리에 그토록 강렬하게 박혔으며 우리의 가슴을 찢어 놓았다. 그날 우리는 순진함을 잃었다. 순진함을 잃는 일은 우리가 깨어나는 데서 생길 수도 있지만—이것은 나쁘지 않은 일이다—이 경우에는 '색즉시공(色卽是空, form is emptiness)'이라는 사실을 너무나 잔인하게 드러내는 방식이었다.

비록 파괴가 훨씬 더 빨리, 거의 즉각적으로, 그리고 훨씬 더 큰 규모로 일어나긴 했어도, 물론 히로시마와 나가사키도 우리 눈에 박혔다—쉽게 뇌리에서 떠나지 않았다. 그러나 우리의 마음은 또한 그것을 재빨리 잊어버렸다. 그것은 다른 시대, 텔레비전이 널리 보급되기 이전 시대의 사건이었다. 게다가 우리는 전쟁 중이었고 '그들'은 적이었다. '그들'이 우리를 예고 없이 공격한 것이다.

그러나 '그들'—히로시마와 나가사키의 시민—도 자신의 생활을 영위하던, 그곳 도시에서 거주하던 무고한 사람들일 뿐이었다. 그들 역시 제국주의적 위엄과 정당성—그것이 당신의 종족일 때 언제나 검토되지 않은 '사실'이 되고 마는—을 추구하고 있던 자신들의 지도자들에 의해 고통당하고 있었다. 실제로 그들은 공격하기로 선택한 종족의 일부였다. 그러나 캔터 피츠제럴드(Cantor Fitzgerald)사의 주식 중개인들이 이슬람에 대한 적개심과 아무 관련이 없었던 것과 마찬가지로—이 회사는 9·11 테러로 뉴욕 사무소 직원 960명 중 658명을 잃었다: 역자 주—히로시마와 나가사키의 여성과 아이, 노인과 노동자 역시 진주만 공습이나 난징 대학살과 아무런 관련이 없었다.

아마도 이제 우리는 오직 하나의 종족이 존재한다는 것, 우리가 거주하는 오직 하나의 행성(지구)만이 존재한다는 것, 그리고 돌보고 구조하고 치유해야 하는 절박함에 놓여 있는 염증과 감염으로 고통받고 있는 단 하나의 살아 있는 신체가 존재한다는 것을 깨달아야 할 때다. 그에 대한 우리의 대응이, 우리나라 혹은 우리 동맹국의 면역체계만 튼튼하게 살찌우는 것이어서는 안 된다. 그처럼 자국의 면역체계만 증강하는 것이 진정한 지성 혹은 정보기관—intelligence가 두 가지 뜻을 모두 갖는 데서 착안한 언어 유희: 역자 주—이라는 큰 맥락에서 아무리 중요하다 하더라도 말이다. 그러나 여기서 우리는 우리 자신의 적이기도 하다. 만약 우리가 계속해서 우리의 행동이 증오와 경멸을 조장하는 방식으로 주의를 분산시킨다면, 우리의 말과 행동이 일치하지 않는다면, 민주적 이상을 말하면서도 그와 다른 이슈를 강요하려 한다면—우리가 그럴 힘이 있다고 해서—그리고 우리가 우리의 가장 깊은 원칙을 우리의 정책과 행동에서 실현하지 않고 다만 세계에 우리의 명분을 번지르르하게 포장하려고만 한다면, 우리는 개인적 · 집단적으로 고통을 당하고 있는 전 세계적인 편치 않음의 근원을 알아보지도 그에 맞서지도 또 그것을 치유하지도 못할 것이다. 아마도 이제는 우리가 한 국민으로서, 하나의 국가로서 집단적으로 주의 분산의 정지 속에 머물면서 우리가 서로를 어떻게 대하고 이해하고 있는지, 우리가 우리의 고통을 어떻게 껴안고 있는지—그것이 우리 자신과 타인에 대한 더 큰 무지와 고통이 아니라 지혜로 이어질 수 있도록—다시 살펴보아야 할 때가 되었는지 모른다.

이제는 주의 분산의 정지를 새로운 삶의 방식으로 삼아야 할 때인지 모른다. 그렇게 한다면 그것이 우리 개인에게, 크게는 세계에 얼마나 이로울 것인지 생각해 보라. 그럴 때 우리는 진정으로 평화를 알게 될 것이다. 왜냐하면 우리 스스로가 평화롭기 때문이다. 이것은 순진하고 나약하며 무력한 이상이 아니라 진실로 강력하고 평화를 체현하고 이해하는 우리 자신의 진정한 힘과 진정한 지혜에 대한 신뢰다.

도대체 왜 지구에서(on Earth) 이것을 하지 않는가?—on earth는 '도대체'란 표현인데, 대문자 Earth를 씀으로써 '지구'라는 의미도 함께 표현하였다: 역자 주.

침묵의 순간

2002년 9월 11일, 그로부터 정확히 1년 전 세계무역센터의 북측 건물에 첫 비행기가 부딪혔던 뉴욕 시의 그 장소—그라운드제로라고 알려지게 된—에 사망자의 가족들과 살아남은 생존자들이 여러 고위관리들과 구경 온 사람들, 신성한 순례객들과 함께 묵념의 시간을 가졌다.

나는 당시 매사추세츠의 고속도로를 운전하던 중 라디오를 통해 미국과 전 세계의 수백만 명과 함께 묵념에 동참했다. 그 묵념의 시간에 어떻게 해야 할지 모르는 사람은 없었다. 우리는 어떻게 하라고 지시를 받은 것도 없었다. 아무도 무엇을 어떻게 느끼라고 혹은 일어나는 자신의 생각과 감정을 어떻게 처리하라고 말하는 사람도 없었다. 그것은 그 장소에서 불합리하고 불경스러우며 부적절한 것이었다. 이러한 순간을 어떻게 느껴야 하는지에 관한 지침을 준다는 것은 침묵의 시간을 준비한 주최 측에서 한 번도 생각해 본 적 없는 일이었다. 그것은 그러한 상황에서는 전혀 필요하지 않았다.

모두가 이미 그러한 침묵의 순간이 어떤 것인지 알고 있다. 그 침묵 속에서 우리는 하나였다. 비록 9·11 테러에 대한 각자의 관계가 어떤 것이든 자신만의 생각과 감정, 자신만의 목적과 상실감을 가지고 있기는 했지만 말이다. 그것들은 우리 각자에게 완전히 다른 것이었다. 그것이 너무 분명했기에 우리는 알고 있었다.

하나의 사건이 커다란 슬픔과 비탄을 우리 안에 일으킬 때, 울부짖고 눈물을 흘리며 머리카락을 쥐어뜯은 다음에는 우리가 침묵에 빠져드는 때가 온다. 그것은 기도조차 넘어선 것이다. 그러한 순간에 행하는 기도는 침묵을 대신하지 못한다. 침묵은 궁극의 기도다.

우리는 침묵의 순간을 '관찰(observance)'이라고 부른다. 이 얼마나 적절한 표현인가. 그것은 말로 표현할 수 있고 표현할 수 없는 우리의 온갖 느낌, 화해의 마음과 복수의 마음, 희망과 절망 등을 있는 그대로 거기에 둔 채 자각과 열린 가슴으로 현재 순간 속으로 빠져드는 것이다. 그것은 순수한 존재의 시간이다. 그것은 우리가 불편하거나 혹은 순전히 익숙하지 않아서 아주 잠시만 건드리고는 돌아서 버리는, 우리 안의 깊은 무언가를 알아보는 일이다. 그것은 목격하는 것이다. 그 목격 속에서 우리는 우리가 진 짐을 더 잘 알아볼 뿐 아니라 우리가 그것보다 더 크다는 것, 우리가 그것을 안아서 축복하고 이해할 수 있으며, 그리하여 그것을 잊지 않고 그것을 넘어 성장할 수 있다는 것을 보여 주는 것이기도 하다.

그날 내 경험을 나중에 회상해 보니, 나는 우리가 한순간의 침묵이 아니라 5분, 10분, 아니 1시간 동안 침묵했다면 어땠을까 상상해 보고는 한다. 그랬더라면 우리는 그 모든 일의 끔찍함과 만행, 무분별함 앞에서 우리가 어떻게 존재해야 하는지 알 수 있었을까? 우리는 그런 일을 데스몬드 투투 주교나 달라이 라마, 테레사 수녀, 마틴 루터 킹 같은 사람에게 기대한다. 그렇다면 우리 같은 평범한 사람은? 우리도 가슴이 찢어지는 것에 대한 자각을 유지할 수 있을까? 우리는 고요히 존재할 수 있을까? 그것이 얼마나 오래 지속될 것인지 우리가 알지 못한다면 어떨까? 그래도 우리는 여전히 우리 안의 그 장소—관찰과 목격이 일어나는 그 장소—안에 머물 수 있을까? 지나간 모든 일—그것이 미래에 우리에게 어떤 의미를 갖게 될 것인가에 대한 불가지성을 포함하여—을 말없이 목격하는 우리 안의 그 장소에 계속 머물 수 있을까? 지금 이 순간 다만 존재하는 그 장소, 과거, 현재, 미래 사이의 어떠한 경계도 더 이상 없고, 모든 것이 우리가 이미 알고 있고 여전히 미지의 것으로 남아 있는 것 속에서 우리를 위해 살아 있는 그 장소에 우리가 여전히 머물 수 있을 것인가? 그렇게 할 수 있다면 그것은 우리에게 어떤 영향을 주고 확장하며, 우리에게 도전을 던지고 성장하게 하며 변화시키어, 그리하여 치유되지 않을까? 나는 그렇다고 생각한다.

추모 의식은 단지 과거의 기억에 관한 것만은 아니다. 그것은 기억과 지금이 합류하는 지점이다. 그것은 죽은 자와 상처 입은 자, 그리고 현재 순간—언제나 지금일 수밖에 없는—의 영웅적인 것을 기억하는 것이다. 왜냐하면 지금이 지속하는 유일한 실재이기 때문이다.

짧은 순간의 침묵의 시간이라도 그것은 현재에 이르는 방법이자 앞으로 나아가는 방법이다. 그것은 분기(分岐)하는 순간에 어떤 틀, 표지를 제공한다. 우리는 어떤 면에서 그러한 표지가 우리에게 다가올 것임을 알지만, 또 어떤 면에서는 그것이 결코 저절로 오지 않을 것임도 안다. 나는 우리가 지나간 일에 대한 기억 속에서—추모 의식을 통해—침묵의 순간을 가질 수 있을 뿐만 아니라 지금 일어나고 있는 일에 대해서도 침묵의 시간을 가질 수 있지 않을까 생각해 보았다. 우리는 그것이 일어나는 동안에 침묵으로 분노—우리 자신의 분노를 포함하여—와 만날 수 있는가? 그리고 그와 동일한 방식으로 분노를 목격할 수 있는가? 우리는 불신과 슬픔, 두려움, 절망, 증오, 복수하고 싶은 충동 등을 침묵의 순간으로 맞이할 수 있는가?

내가 보기에 우리는 이미 이런 능력을 우리 안에 가지고 있다. 그렇지 않다면 우리는 공개적인 의식(儀式)에서 침묵의 시간을 갖고, 그 속에 본능적이고 직관적으로 그리고 현명하게 존재하는 법을 알지 못했을 것이다. 그 방법은 곧 있는 그대로의 것을 알아차림으로 관찰하고 껴안는 것이다. 그것은 어떠한 행위도 넘어선 무위의 행위다. 바로 지금.

마음챙김하는 사람이 많아지면

『뉴욕타임스』 전 종군기자였던 크리스 헤지스(Chris Hedges)는 애국심을 '은밀하게 가장한 집단적 자기숭배의 형식'이라고 했다. 그는 20세기에만 6,200만 명 이상의 민간인이 전쟁에서 목숨을 잃었다는 사실을 지적했다. 전사한 군인이 4,300만 명인 것을 감안하면 그보다 2,000만 명이나 많은 수다.

그런데 무엇을 위하여 이토록 큰 희생을 치렀던가? 전쟁의 원인이 된 사건들은 너무나 자주, 잘못된 그리고 자아도취적인 견해에 대한 맹목적인 집착의 결과가 아니었던가? 헤지스의 표현에 따르면, 그러한 견해는 발작적 갈등의 시기에 누구도 이의를 제기할 수 없었던 국가적 신화로서 강요된 것이었다. 그러나 나중에는 그것이 잠재적으로 예방할 수 있었던 광기, 어리석은 짓, 대유행의 전염병이었다는 것을 양측의 모든 당사자가 인정했다.

제2차 세계대전 당시 독일의 행동을 생각해 보자. 체계적 공격과 대량살상, 살인과 파괴가 유례없는 규모로 관에 의해 자행되었다. 그들은 마치 물품 재고를 관리하는 회계원처럼, 그리고 어떠한 도덕적 망설임이나 인간으로서의 상식도 없는 것처럼 조직적으로 이러한 일을 저질렀다. 그것은 모든 독일 국민의 '악' 때문이었을까, 아니면 신화—당시에는 많은 독일 국민이 믿고 싶어 했던 신화, 그리고 국민 사이에 은밀하게 퍼져 그들의 더 뛰어난 판단력에도 불구하고 어떤 경우에는 그들의 영혼을 일그러뜨린 신화—를 주입하려는 폭력적이고 무자비한 소수에 의해 시작된 일

앞에서 독일 국민이 겁을 먹고 그것을 부정하며 합리화하였던 것에 불과한 것일까?

지금 독일은 우리의 친구다. 겨우 두 세대가 지났을 뿐인데 말이다. 이제 그들은 곧 우리며, 내가 독일에서 가르치고 훌륭한 친구 및 동료들과 시간을 보낼 때면 확실히 그렇게 느껴진다. 마셜 플랜—제2차 세계대전 후, 1947년부터 1951년까지 미국이 서유럽 16개 나라에 행한 대외원조 계획: 역자 주—은 격동의 시대를 겪고 난 독일을 번영하는 사회로 복구했다. 그것은 미국의 커다란 도덕적 지혜와 경제적 통찰의 행위였다. 나치즘이라는 질병은 미국이 그것에 정면으로 맞섰기 때문에 극복될 수 있었다. 아마도 지금은 독일과 그 밖의 나라에 나치즘에 대한 면역력이 생겼을 것이다. 그러나 그 면역력이 얼마나 오래 지속될까? 미국은 제2차 세계대전 이후 스스로의 희생과 관용, 지혜로 세계에 커다란 선의를 축적했다. 그러나 우리의 그러한 선의도 모든 것은 변화한다는 사실과 지금 현재의 상황에 주의를 기울이고 그것을 이해해야 한다는 사실을 잊은 채, 그리고 우리 자신의 번지르르한 말로 인해 계속 잠에 빠져든 채 우리의 선함으로부터 너무 멀어진다면, 또 그러한 멀어짐을 계속해서 인식하지 못한다면 소용없이 허비되고 말 것이다.

다른 바이러스와 마찬가지로 두려움과 증오의 바이러스도 우리의 기억보다 오랜 잠복기를 가지고 있다. 그것은 지혜가 대부분의 경우 합리성과 친절, 외교술과 인내를 요구하고, 또 어떤 경우에는 보다 큰 그림, 전체를 염두에 두면서 신속하고 구체적이며 신중하고 능숙한, 그리고 엄정한 국제적 경찰 행동 혹은 군사 행동을 취할 것을 요구하는 때에, 피를 부르는 예의 그 은밀한 가장, 절반의 진실, 오만한 독선으로 우리를 다시 감염시키고 만다. 갈등은 외면적인 것만큼이나 우리 내면에서 일어나는 일이기도 하다. 정치와 외교에서 보다 의도적으로 마음챙김을 계발한다면 우리는 많은 위기—그것이 자유와 행복을 회복하기 위해서 악을 가장한 무지의 천벌을, 오직 군사적 무력으로만 다스릴 수 있는 데까지 나아가기 전에—를 피해 갈 수 있다. 그를 위해서 우리는 아마도 우리의 무기나 전투 훈련의 정교화에 상응하는 내면의 기술을 계발할 필요가 있는지 모른다. 더불어 상원과 하원에, 그리고 미 국방부와 백악관 그리고 그 밖의 모든 곳에 더 많은 침묵의 순간, 진정한 침묵과 관조의 시간이 필요한지 모른다.

베트남의 선승이자 마음챙김 지도자, 시인이며 평화운동가인 틱낫한 스님이 국회 직원들과 가족을 위해 마음챙김에 관한 강연을 열었던 날 저녁, 나는 국회 도서관에 있었다. 스님은 당신의 두 팔을 들어 보이시며 이렇게 말씀하시는 것으로 강연을 시작하셨다. "(한쪽 팔을 가리키며) 이 팔로 나는 시를 씁니다. 그러나 다른 쪽 팔로는 시를 쓸 수 없습니다. 그렇지만 이것이 한쪽 팔이 다른 쪽 팔보다 못하다는 의미일까요? 두 팔 모두 내 몸의 일부입니다. 따라서 나는 두 팔 모두를 소중히 여겨야 합니다." 스님은 서로 다른 국가, 서로 다른 견해와 관습, 신념을 가진 사람들이라도 모두가 하나인 세계의 일부라는 것, 그것들이 서로 아무리 다르다 해도 두 팔처럼 하나인 몸의 일부라는 사실을 지적하셨던 것이다. 그 강연에서는 국회 구성원과 가족을 위한 마음챙김 집중 수련회를 소개하기도 했다. 강연에는 12명의 의원이 참석했다. 그런 일은 그전에 한 번도 없었다.

그 주말은 그러한 분기점 가운데 하나였는지 모른다. 누가 알겠는가? 어쩌면 그러한 일이, 그리고 달라이 라마가 정기적으로 워싱턴을 방문하는 일이 공동의 선, 공공의 복지를 수호하는 책무를 진 사람들의 삶에서 현실적이고 타당한 선택으로서 마음챙김이라는 씨앗을 뿌리는 시작이 될지 말이다. 아마도 그 씨앗은 더 많은 사람이 마음챙김을 단지 불교에 국한된 것으로 간주하는 것을 넘어 그것의 가치를 진정으로 이해하게 되면서, 그리고 마음챙김이 우리의 고통스러운 마음과 혼란한 정신을 치료하는 적절한 약이 될 수 있음을 이해하게 되면서 싹을 틔우고 성장해 갈 것이다. 그리고 마침내 우리가 온정신을 회복할 때 우리 내면과 외면의 세상을 전체성의 눈으로 바라보는 창으로서 마음챙김을 이해하게 된다면, 그리고 그 자체가 목적이 아니라 새로운 존재의 방식, 우리의 전체성, 현명하게 살고 여기 우리에게 주어진 것들을 사랑하는 우리의 잠재력을 다시 확인하는 새로운 시작으로서 마음챙김을 인식할 수 있다면 그 씨앗은 싹을 틔우고 자라날 것이다. 그리고 이런 씨앗들이 우리 사회에서 점점 더 싹을 틔우고 꽃을 피우게 되면서, 마음챙김은 누군가 다른 사람에 관한 것이 아니라 언제나 우리 자신, 나와 너에 관한 것이라는 사실이 더 분명하게 드러날 것이다.

시인 존 던(John Donne, 1572~1631)은 "누구를 위하여 종이 울리는지 결코 알려고 하지 말라. 그것은 당신을 위하여 울리는 종이다."라고 하였다. 던이 말하고 있는 종은 죽은 사람을 애도하는 뜻으로 치는 조종(弔鐘)인데, 그것은 우리가 영원히 살 수 없으며 이 세상에 잠시 머물다 갈 뿐임을 상기하게 한다. 그러나 조종 말고 또 하나의 종이 있는데 그것은 마음챙김의 종이다. 이 종은 매 순간 울리며 우리를 우리의 감각으로 돌아오도록 초대한다. 그것은 우리가 우리의 삶에, 우리가 삶을 살고 있는 바로 그 동안에 깨어 있을 수 있다는 것을 상기하게 하는 종이다. 마음챙김이라는 종은 당신을 위하여 울리는 종이다. 그것은 우리 모두를 위하여 울리는 종이다. 그것은 삶을 축복하며 울리는 종, 우리가 삶을 그 전체성 속에서 귀 기울이고자 할 때 그리고 삶에 깨어 있고자 할 때 일어날 수 있는 일을 축복하며 울리는 종이다.

우리가 신뢰할 수 있는—그들이 우리이고 우리가 그들이며 우리 모두가 그것을 알고 있기 때문에—집단적 지혜의 토대 위에서 법률을 제정하고 다듬는 것으로 정치 공동체의 안녕을 돌보는 책무를 일정 기간 부여받은 사람들에게, 국가라는 배를 잠시 조종하도록 선택받은 사람들에게—왜냐하면 그들이 우리이고 우리가 그들이며 우리 모두가 그것을 알고 있기 때문에—그리고 우리의 삶의 방식을 지배하는 법률을 유지하는 사람들에게 사물의 근본적인 법칙성과 우리가 살아 있음 속에서 느끼는 정교한 균형의 아름다움에 대한, 우리가 우주적 다르마 혹은 도(道)라고 부르는 것—혹은 당신이 그것을 무엇이라고 부르든—에 대한 친밀한 이해와 존중은 없어서는 안 되는 반드시 필요한 무엇이다. 아무리 곤란한 문제 앞에서도, 그리고 변화와 치유에 대한 고질적인 저항 앞에서도 그것을 소중히 여기고 기억하는 일이야말로 우리 모두가 번창하게 해 주고, 역동적 균형과 박애, 진리, 앎과 알지 못함 속에서 기뻐하는 이 세계 속에서 우리의 상처를 점차 치유해 줄 것이다. 그리고 그것은 이러한 방식으로 지속적으로 우리와 우리의 후대에게 가능한 것, 모든 살아 있는 생명체와 우리가 지구라고 부르는 이 행성에 가능한 것을 더욱 키워 줄 것이다.

그런데 더 이상한 일이 우리에게 일어났다. 우리 인간은 놀랍도록 예측이 불가능한 존재, 놀라움으로 가득 찬 존재다. 결국 우리는 우리 스스로를 놀라게 할지 모른다.

> 권력이란 그것을 제대로 이해하자면 목적을 달성하기 위한 능력 외에 아무것도 아니다. 그리고 역사의 가장 큰 문제 가운데 하나는 사랑과 권력의 개념이 서로 반대되는—정반대되는—것으로 이해되고 있다는 사실이다. 그래서 사랑은 권력을 포기하는 것, 그리고 권력은 사랑을 부정하는 것과 동일시되고 만다.
>
> 우리는 이것을 바로잡아야만 한다. 지금 필요한 것은 사랑 없는 권력은 무모하고 착취적이며, 권력 없는 사랑은 감상적이고 나약하다는 것을 깨닫는 일이다. 최상의 권력은 정의의 요구를 실행에 옮길 수 있는 사랑이며, 최상의 정의는 사랑에

반대되는 모든 것을 바로잡는 권력이다. 오늘날의 주요한 위기를 만들어 내는 것도 바로 이러한 비윤리적 권력과 권력 없는 도덕성 사이의 충돌이다.

– 마틴 루터 킹, 1967년 남부 그리스도교 지도자 회의 의장으로서 한 마지막 연설에서

제8부

우리가 사랑하는 아름다움이 우리의 행위가 되게 하라

오늘도 다른 여느 날과 다름없이
우리는 텅 빈 채로 두려움을 느끼며 잠에서 깬다.
당장 서재 문을 열고
책을 읽으려 하지 마라.
대신 악기를 켜라.
우리가 사랑하는 아름다움이 곧 우리의 행위가 되게 하라.
대지에 무릎을 꿇고
입맞춤하는 방법은 무수히 많으니.

– 루미

또 다른 앎의 방식이 우리를 더 현명하게 만든다

9백 년 전에 루미는 이미 외경의 느낌을 일깨우고 있다. 그리고 만약 우리가 우리의 고질적인 불편함 앞에서 습관적으로 우리 서재의 문을 열어 책을 읽기 시작한다면 그 외경의 느낌이 또 얼마나 쉽게 사라질 수 있는 것인지도 일깨우고 있다. 그때 우리는 그러지 않고 '악기를 켜면서'—우리에게 가장 가까이 있는 악기는 바로 우리의 몸이다—만약 우리가 그것과 접촉할 수 있다면, 우리가 사랑하는 아름다움이 우리가 이 순간, 바로 지금 여기에서 행동하는 다양한 방식으로 스스로를 드러내도록 할 수도 있다. 이것은 곧 가장 근본적인 것, 가장 중요한 것과 진정으로 접촉하는 수련에의 권고, 또 그것을 하는 올바른 방법이 오직 하나만 존재하는 것이 아니라는 것에 대한 인정에 다름 아니다.

외경의 느낌은 우리가 알 수 없는 것과 맞닥뜨릴 때 일어난다. 여기서 '알 수 없는 것'이란 우리가 이해할 수 없는 무언가를 의미하지 않는다. 내가 여기서 말하는 '알 수 없는 것'이란 우리가 주의를 기울이는 어떤 대상이라도 그것을 이해하는 다양한 방식이 존재한다는 의미다. 모든 것을 말하고 행한 뒤에 우리가 우리 사고의 끝—그것이 아무리 똑똑하고 창의적이며 올바른 정보에 기초한 것이더라도, 그리고 우리의 모든 논리, 우리의 모든 학습이 아무리 이성에 기초를 두고 있더라도—에 다다랐을 때에도 여전히 사고를 완전히 넘어선 어떤 느낌이 여전히 남아 있다. 예를 들면, 놀라운 음악의 선율에 감동을 받았을 때, 혹은 위대한 그림의 예술성에 충격을 받았을 때가 그렇다. 그때에는 어떠한 설명을 넘어선 외경의 느낌이 일어나는 것이다. 그것이 어떤 것이든 실재성은 우리 감각과의 관계에서 그것의 바로 그 현상학적 현존의 신비—비개념적으로 아는 마음을 포함하여—속에 맴돌고 있다. 나는 사건이나 사물의 존재 자체의 신비에 대하여, 하나의 현상으로서 그것의 존재성(isness)에 대하여, 그리고 그것이 지금껏 존재했던 다른 모든 현상과 맺는 연결성에 대하여, 신비롭게 빛나는 그것의 존재성에 대하여 말하고 있는 것이다. 예술 작품의 경우에 예술가 자신도 어떻게 그런 존재성이 생겨나는가에 대하여 제대로 설명하지 못하는 경우가 있다.

우리는 그러한 신비롭고 빛나는 느낌을 표현할 단어를 가지고 있지 않다. 그리고 그런 느낌이 우리의 경험에서 얼마나 풍부하게 존재하는지를 쉽게 잊어버린다. 우리는 그것에 쉽게 익숙해져 우리가 그러한 느낌을 가지고 있다는 것, 혹은 그것을 가질 수 있다는 사실조차도 더 이상 인식하지 못한다. 우리는 다른 앎의 방식은 배제한 채 특정한 앎의 방식에만 사로잡혀 있다. 우리는 매 순간 우리 앞에 그러한 외경의 느낌이 명백하게 존재할 때에도, 즉 자연이나 동식물, 산과 강, 계곡과 풍경 속에, 심지어 우리 자신의 존재, 우리 자신의 본성, 우리 자신의 뼈와 세포, 살아 있음 속에 커다란 경외심의 이유를 가지고 있는 때에도 그것을 잃어버리고 만다. 우리는 우리의 한정된 자각—알아차림—과 순전한 무자각의 습관에 너무 깊이 빠져 있어 새파란 하늘과 장미의 향기, 종달새의 지저귀는 소리와 피부에 닿는 바람의 감촉, 우리가 발 딛고 서 있는 대지와 아기의 환한 미소를 놓쳐 버린다.

그러한 느낌을 표현할 단어가 없으므로 우리는 그것을 이해하고 있다고 스스로 납득하기 위해 기계 언어—컴퓨터가 읽을 수 있는 명령어—에 의존하게 된다. 사실 우리가 생물학에 관해, 살아 있는 유기체에 관해, 그리고 뇌와 신체, 심지어 마음에 대해서도 생각하는 지배적인 어휘는 기계 언어, 기계 이미지, 기계 비유다. 그리고 우리가 그 기계들을 더 잘 이해하고 더 뛰어난 기계들을 만들어 냄에 따라 우리의 기계 언어와 이미지는 점점 정교해지고 더욱더 설득력을 갖게 된다.

생물학자들은 흔히 생명의 기본 단위인 세포를 기계류로 가득 찬 '공장'으로 묘사한다. 그 공장은 기계류의 특징적인 입력과 출력, 통제 시스템, 기능을 갖추고 있으며, 진화를 통해서 너무나 효율적이고 우아하게 그러한 기능을 수행하는 모든 복잡한 구조와 형태, 즉 '기계'를 갖추게 되었다. 이러한 기계 비유는 지금까지는 적당히 작동해 왔으며 꽤 만족스러웠다. 세포는 실제로 매우 작은 공장으로 기능하고 있다. 그리고 여기에 외경의 느낌이 들어올 여지가 있다. 세포는 나노(nano) 공장이라고 할 수 있다. 이것은 원자, 분자 수준에서 작동하며, 바로 그 위에 고분자 구조를 갖추고 있다. 고분자 구조 전체는 그 세포가 수행할 '필요가 있는' 기능에 따라—여기서 세포는 마치 인격을 가진 것처럼 의인화된다—그리고 세포가 성장하고 재생할 수 있다는 사실에 기초하여 여러 가지 방식으로 유전자를 동원하거나 차단하면서 DNA와 그 자신의 구조 속에 담긴 청사진에 따라 스스로 설계되고 조직되는 듯 보인다. 각각의 세포는 그 자신의 특수한 구조와 기계를 그 안에 가지고 있다. 단백질 합성을 위한 리보솜—세포 안의 RNA와 단백질의 복합체, 단백질 합성이 이루어짐: 역자 주—과 소포체가 있으며, 세포 내부와 외부 환경—가깝고 먼 다른 세포들—사이의 쌍방향 소통을 조정하는 세포막과 이온 통로, 수용기 분자 도킹 스테이션(receptor molecule docking station)이 있으며, 세포 내의 구조적 조직 형성과 이동, 운반을 위한 미소관(微小管), 세포의 에너지 공장이며 그 자신의 DNA를 가지고 있고 그 자체로 퇴화된 작은 세포라고 할 수 있는, 그리고 수십억 년 전 유핵세포(有核細胞) 내에 자리를 잡고 세포 유형의 에너지 필요에 따라 수개에서 만 개가 넘는 수로 존재하고 있는 미토콘드리아가 있다. 이 모든 것이 우리 몸의 세포 하나하나에 다 들어 있다. 그리고 이것이 단순한 추상적 개념이 아니라는 사실을 명심하자. 우리는 이것이 우리 몸 안에서 가장 미세한 수준에서 매 순간 작동하고 있다는 사실을 알고 있다. 우리의 심장이 뛰게 하고 우리가 보고 느끼며 심지어 생각할 수 있도록 해 주는 것도 바로 이것이다.

그리고 우리의 세포가 하나의 사회로서 기능하고 있다는 사실도 잊어서는 안 된다. 그 사회는 우리가 출생을 통해 그리고 보다 큰 유기체의 일부가 됨으로써 서로 연관을 갖게 된 세포들의 집단이다. 그것은 또한 크고 작은 모든 유기체가 공통의 유전자 코드를 공유하는 살아 있는 세계의 일부가 됨으로써, 그리고 그 코드를 읽고 세포를 형성하며 자신의 생명을 유지하고 생식하는 동일한 기계를 공유하는 살아 있는 세계의 일부가 됨으로써 서로 연관을 갖게 되는 집단이다. 생명의 몇 안 되는 기초적인 주제에 있어서 적어도 이 지구상에는 엄청나게 많은 변이가 존재한다. 그리고 그 모든 것이 전개되는 데 있어서 세포가 필요하다.

어떻게 이 세포 집단이 그토록 신비에 가까운 일을 해낼 수 있는가 잠시 생각해 보라. 그리고 우리 모두가 단 하나의 세포에서 어림잡아 100조 개나 되는 세포—자릿수가 올라갈수록 이것은 우리의 감각 경험을 쉽게 뛰어넘는다—로 성장할 수 있는지 생각해 보라. 100조 개는 10의 제곱(=100)에 10의 12제곱(=1조)을 곱한 수다. 또 어떻게 단 하나의 세포로부터 우리의 몸을 구성하는 그 많은 세포로 성장했는지, 그리고 세포로 구성되는 다양한 구조—뼈, 근육, 피부, 간, 심장, 신경, 선(腺, 분비기관), 심지어 우리가 빛과 소리, 냄새, 맛과 촉각을 느낄 수 있게 해 주는 눈과 귀, 코와 혀의 '특화된' 구조—를 구성하는 그 많은 다양한 세포로 성장했는지 생각해 보라. 이것은 우리가 팔이나 손가락을 자유의지로 움직일 수 있는 것만큼이나 엄청난 일이다—자유의지란 도대체 무엇이며 또 그것은 어디서 어떻게 생겨났는가? 당신의 몸 안에 길이가 어림잡아 1,250억 마일이 넘고 폭은 2나노미터(2×10^{-9}미터)밖에 되지 않는 DNA 줄기가 있다고 상상해 보라. 그리고 DNA는 세포의 계속 진행 중인 기능을 감독하는 과정에서 끊임없이 열리고 닫히며, 그 코드가 읽히고 또 수정된다. 그 모든 것은 DNA 암호 해독과 필요한 경우 복제를 촉진하는 염색체 안에 위치한 채 세포핵 안의 아주 작은 공간에 꼭 맞게 자리 잡고 있다.

이것은 믿기 어려운 건축학적 성취다. 살아 있는 시스템이 갖추고 있는 설계의 모든 측면은 그야말로 믿어지지 않는 수준으로, 인간이 개발한 그 어떤 복잡한 컴퓨터나 기계보다 더 정교하고 미세하다. 그리고 인간의 뇌와 중추신경계—뇌 속에 있는, 그보다 훨씬 많은 수의 교질세포(우리가 아직 그 기능과 '목적'을 제대로 이해하지 못하고 있는)는 말할 것도 없이—에 존재하는 천억 개의 뉴런 하나하나가 다시 다른 신경세포들에서 오는 신호를 받아들이는 천 개 이상의 가지—수상돌기—를 가지고 있다는 것을 생각해 보라. 다른 신경세포들은 또 자신의 축색돌기와 수상돌기를 통해 그것과 이웃한 신경세포들을 건드리면서 자신과 이웃한 신경세포들의 활동을 확장하거나 위축시킨다. 그리고 이러한 과정 어디에서도, 세포 어디에서도, 그리고 신체 어디에서도 당신은 '당신'이라는 고정된 실체를 발견할 수 없을 것이다.

그리고 우리 신경세포 각각은 그 표면의 시냅스 접점에서 세포막에 존재하는 수많은 신경전달물질 수용기 분자를 가지고 있다. 이 수용기들은 특정 화학물질에는 반응하여 열리지만 다른 화학물질에는 닫힌 채로 있도록 만들어진 단백질 분자들로 구성되어 있다. 모든 차원에서 인간의 몸과 살아 있는 모든 유기체는 참으로 상상할 수 없는 복잡성의 우주이며, 동시에 그 기능의 통일성과 그 전체성과 존재 자체에 있어서 단순함과 아름다움의 우주라고도 할 수 있다.

그리고 잊지 말 것은 우리는 지금 또 다른 은하계나 다른 시대에 관한 공상과학 소설이 아니라 바로 '당신'에 대하여 이야기하고 있다는 점이다. 그러나 구조와 메커니즘에 대해, 기계와 공장에 대해—그것이 분자건 혹은 초(超)분자건—그런 방식으로 말하는 것은 그것이 여전히 아름답고 부분적인 진리이긴 하지만 아직도 제한적인 면이 있다.

그럴 때 우리가 망각하는 것은 우리가 누구이고 무엇인지를 아는, 논리와 사고를 넘어선 또 다른 앎의 방식이 존재할 수 있다는 점이다. 왜냐하면 우리의 기계적인 설명 방식은 외경의 느낌, 그 모든 것의 기적, 그 모든 것의 바로 그 존재성을 놓치는 경향이 있기 때문이다. 그러한 설명은 우리가 우리 머릿속에서 아무리 많이 안다 할지라도 말끔하게 설명되지 않는 모든 것을 빠뜨리고 만다. 그것은 우리의 경험과 경험 자체의 신비를 놓치고 만다. 그것은 세상에 관한 우리의 분석적이고 기계적인 앎의 방식의 많은 부분이 매우 믿을 만하고 인상적이며 유용하다 할지라도—내가 다시 '구축'이나 '기능' 같은 용어를 쓴다면 다시 기계 언어를 사용하는 것이 되고 만다—우리의 우주와 뇌가 어떤 식으로 존재하는가에 관하여 우리가 알지 못하는 혹은 더 복잡하고 높은 차원, 전체 시스템의 관점에서만 알 수 있는, 어쩌면 완전히는 결코 알 수 없는 크고 작은 영역이 언제나 존재한다는 사실을 무시하고 만다.

그러므로 어떠한 한순간에도 우리는 우리의 모형과 설명이 아무리 멋져 보인다 해도 빛 속에 있을 뿐만 아니라 어둠 속에도 있으며, 밝게 깨달은 만큼 무지의 어둠에 가려 있기도 하다. 만약 우리가 가지고 있는, 우리의 내부와 외부 풍경을 감각하고 느끼고 탐험하는 이들 다른 방식을 무시한다면 우리는 그에 대해 일정한 박탈감과 변질을 겪어야만 할 것이다. 또 만약 우리가 우리의 앎의 경계를, 그리고 우리의 알지 못함의 전 영역을 탐험하고 그것과 친숙해지지 않는다면 이와 마찬가지로 그러한 박탈감과 변질을 겪게 될 것이다.

물론 우리 모두는 이것을 알고 있다. 그 상투적인 예가 '이타적 사랑' 같은 것이다. 그것을 설명하거나 적절히 묘사할 방법은 전혀 존재하지 않는다. 이런 점에서 시는 신경과학보다 뛰어나다. 그러나 그 둘은 서로 보완적이며 입체적인 앎의 방식을 통해, 그리고 이와 함께 다른 많은 설명도 가치 있고 우리에게 깨달음을 주며 적절할 수 있다. 시인의 앎은 과학자의 앎보다 덜 '실재적'인가? 나는 그렇게 생각하지 않는다. 호머의 견해는 피타고라스의 견해만큼 진실이며, 그리고 그는 훨씬 더 복잡한 문제를 다루었다. 그렇다고 해서 이것이 피타고라스를 폄하하려는 의도는 결코 아니다. 천재적인 피타고라스는 수의 본질과 그것의 서로에 대한 관계를 탐구했고 추상성과 극단적 구체성—직각삼각형보다 더 구체적인 것이 있을까?—을 동시에 표현하는 재주를 가진 최초의 인간이었으며, 그 천재성은 호머와는 완전히 다른 종류의 것이었다. 그는 또 수의 세계를 보호하고 경배하며 수에 대한 탐구를 신성한 행위로 격상하려는 의도에서 신비주의 학파를 만들기도 했다.

그러나 호머도 일레인 스캐리(Elaine Scarry)가 자신의 책 『그 책으로 꿈꾸기(*Dreaming by the Book*)』에서 이야기한 것처럼 그에 못지않게 똑똑한 사람이었다. 그는 창 그림자의 궤도를 설명함으로써 창이 날아가는 것을 말로 표현할 수 있었던 놀라운 기술을 가진 사람이었다. 그것은 수학에서 직각삼각형의 가로변의 제곱과 세로변의 제곱의 합은 빗변의 제곱과 일치한다는 것을 밝혀낸 피타고라스의 업적에 결코 뒤지지 않는 재능이었다. 그리고 호머에 있어 이것은 사소한 예에 불과하다. 어떤 학자들은 『오디세이(*Odyssey*)』와 『일리아드(*Iliad*)』에는 호머의 뒤를 따라 일어났던 서구 문명의 중요한 주제가 모두 들어 있다고 평가한다.

우리가 직각삼각형의 가로변의 제곱과 세로변의 제곱의 합이 빗변의 제곱과 일치한다는 것을 '안다면' 우리는 마음이라고 불리는 영역의 놀랍고 신비로운 특징인 극도의 추상화에 매우 근접한 것이다. 수학계에서 3백 년 이상 난제로 남아 있었던 것은 '페르마의 마지막 정리(定理)'라는 것이다. 이것은 피타고라스의 공식 $a^2+b^2=c^2$를 가져와 그 지수값을 높여 모든 $a^n+b^n=c^n$에서 n이 3 이상의 정수(整數)인 경우 이 관계를 만족시키는 자연수 a, b, c는 존재하지 않는다고 했다. 이 정리를 증명하는 것은 수학계의 커다란 화두였으며, 많은 수학자가 그들의 용감한 시도에도 불구하고 실패했다. 그것은 마침내 앤드류 와일스(Andrew Wiles)의 초인적인 사고와 동기에 의해 증명되었다. 그는 10세 때부터 자신의 삶을 페르마의 정리를 증명하는 데 바쳤다. 결국 8년간의 비밀스러운 노력 끝에—비록 그는 자신이 다른 작업을 하고 있다고 속였지만—그리고 동료의 약간의 도움에 힘입어 1995년 마침내 최종 증명을 만들어 냈다.

우리는 수학의 세계가 실재적인 것인가라는 의문을 품을 수 있다. 구체적인 의미에서 볼 때 수는 매우 추상적이기 때문이다. 물론 우리는 수가 물건이나 물건 더미를 세는 데 사용한다는 것을 안다. 그러나 0은 어떤가? 물건이 없을 때는? 특정 종류의 물건이 없는데 그것을 쌓는 것은? 숫자의 특정한 자리에 수가 없는 것, 우리가 '십진법에서 유효하지 않은 숫자(place-holder)'라고 부르는 것은? 물건을 세는 것과 아무 관계가 없는 '수'의 개념은? 이것도 의미를 갖는가? 0과 1로 모든 수를 표현할 수 있다는 사실은? 그래서 이 두 수에 수와 관련된 수학의 모든 것이 들어 있다는 주장이 있다면?

수학이 우주의 속성인지, 아니면 수학이 물리적 우주와 별도로 존재하는 것인지 묻는 것은 그리 엉뚱한 질문이 아니다. 아니면 수학은 인간의 마음—코끼리의 전체 모습은 알지 못한 채 그 일부만을 밝히는 데 기여하는, 수학적으로 경도된 마음—이 만들어 낸 것인가? 그리고 그러한 것이 있다면 무엇이 감각되는 것이며, 그 감각을 행위하는 사람 혹은 물체는 무엇인가? 왜 수학은 물리적 세계의 뒤에 존재하는가? 왜 물리학자는 수학이 그들이 현상을 이해하는 데 도움을 준다는 것을 알게 되는가? 어떻게 물리학자들은 -1의 제곱근과 같은 전혀 '실재하지 않는', 수세기 전에 '발견된' 복소수 같은 추상적 개념이 불과 수백 년 전에 발견된 양자현상을 적절히 설명하는 데 필요하다는 것을 알게 되는가?

수학은 매우 적은 수의 최초의 공리—수학이나 논리학 따위에서 증명 없이 자명한 진리로 인정되며, 다른 명제를 증명하는 데 전제가 되는 원리: 역자 주—로부터 매우 신중하게 쌓아 나가는 논리적 증명에 기초해 있다. 무언가가 증명되면 그것은 영원히 증명되는 것이며, 그 '실재성'은 명확하게 확립된다. 비록 그것이 수학 자체를 제외하고 어떠한 방법으로도 우리의 눈으로 상상하거나 알거나 느낄 수 없는 n차원의 것이라 할지라도 말이다.

그러한 차원에서는 오직 수학자들만이, 그리고 좁은 전공 분야 내에서만이 그러한 차원을 이해하는 것이 가능하다고 한다. 어떤 면에서 보면 수학자들은, 심지어 과학자들도 많은 경우 이해하거나 동조하지 못하는 언어를 말하고 있다는 점에서 스스로에 대해 사제의 직을 수행하고 있는 것인지 모른다. 그러나 수학자들은 암호화 기술을 통해 디지털 시대의 정보 유출을 방지하는 데, 그리고 극미 수준에서 자연의 구조를 이해하는 데 절대적으로 필요한 '세계'를 건드리고 있다. 이 세계는 인간의 마음이 만들어 낸 것인가, 아니면 시간과 공간, 모든 물리적 실체—그것을 어떻게 표현하든—를 초월하여 발견된 진리인가? 바깥에서 보면 수학은 그 자체로 존재하는 순일하고 신비로운 우주라는 느낌을 준다. 그러나 그 우주는 괴델(Gödel)의 불완전성 정리—양자물리학에서 하이젠베르크(Heisenberg)의 불확정성 원리와 유사한—에 따르면, 궁극적으로는 결코 완전하게 알 수 없는 우주다.

우리가 앎의 단 하나의 방식, 단 하나의 어휘, 단 하나의 렌즈에 우리 자신을 국한하지 않을 때, 우리가 의도적으로 우리의 탐구와 호기심의 지평을 확장할 때, 우리는 우리가 무엇인가를 아는 다양한 방식에서 기쁨을 찾을 수 있다. 그럴 때 우리는 개념적으로 알 수 없으나 감각되고 느껴지며 직관으로 알 수 있고, 분열되지 않은 직접 경험 속에서 우리의 모든 감각으로 주의를 기울일 수 있는 무엇인가의 신비를 인식할 기회를 갖게 될 것이다. 거기에는 우리의 개념과 매 순간 그 개념들이 드러내고 있는 어떤 것도 배제되지 않는다. 그렇게 모든 것이 우리보다 크며 우리 자신이기도 한 무엇인가와의 끊임없는 교류가 된다. 신비롭고 기적적인 우리의 감각 하나하나—우리의 마음까지 포함하여—는 우리가 세계를 알고 또 우리 자신을 아는 앎의 방식이 된다.

우리는 어떠한 하나의 앎의 방식보다 더 크며, 그래서 모든 앎의 방식을 존재하는 것을 이해하는 다양하고 불완전하며 상호 보완적인 양식으로서, 열정과 기쁨으로 그 순간—영원하지만 또 순식간에 사라져 버리는—을 위하여 존재하는 것 속에 참여하는 양식으로서 즐길 수 있다. 우리는 앎 속에서와 마찬가지로 알지 못함 속에도 머물 수 있다. 우리는 감각과 마음, 우리의 도구와 본능, 그리고 이해하려는 우리의 노력이 매 순간 우리 앞에 드러내는 모든 차원에서 형상과 기능의 아름다움 속에, 그 신비 속에 머물 수 있다.

문간에 서서: 카르마가 다르마를 만날 때

- 호모사피엔스사피엔스의 비약적인 도약 -

인류가 이 세상에 얼마나 많은 이익을 가져왔는지 놀랍다.

또 인류가 이 세상에 얼마나 많은 해악을 가져왔는지도 놀랍다.

그것도 그렇게 짧은 시간에.

마지막 빙하기와 역사, 그리고 소위 문명이라는 것의 시작 이래 겨우 1만 2천 년, 다시 말해 400~600세대—한 세대를 얼마로 잡느냐에 따라 다르다—도 되지 않아 모든 인간 문화의 과학과 예술의 아름다움과 독창성이 우리에게 주어졌다. 그 모든 진화하는 지혜와 더불어 농업과 의학, 건축과 민주주의의 놀라움과 다양한 표현 그리고 역사 자체를 만들어 내는 데는 400~600세대면 충분했다. 문자로 기록된 역사는 수메르와 이집트, 중국에서 기원전 5000~2000년경(250~150세대 전)이 되어서야 출현했다. 이것은 생물학적 기준으로 보면 매우 짧은 시간이다. 그리고 더 멀리 호모사피엔스의 출현—10만 년 전, 즉 500세대 전—으로 거슬러 올라가 보더라도, 혹은 그보다 더 멀리 올라가 보더라도 시간의 지질학적 측정에 견주었을 때 인류 역사는 그야말로 순식간—그랜드캐니언의 최상층 흙이 몇 인치 쌓이는 동안—에 전개되어 왔다고 할 수 있다. 우주적 시간의 관점에서 보면 인간의 생명은 훨씬 더 짧은 시간에 전개된 것으로, 우리가 살고 있는 우주—현재 측정으로 137억 년 전에 탄생한—와 함께 시작된 시공간의 무한성에 비하면 그야말로 극미의 시간이라고 할 수 있다. 그렇지만 우리는 그에 관해 생각할 수 있고, 공간을 내다보고 시간을 거슬러 되돌아볼 수도 있다—내다본다는 것은 곧 되돌아보는 것이다. 또한 공간과 시간의 확장에 대하여, 그리고 그 속에서 우리의 현존과 자각의 신비에 대해서도 생각해 볼 수 있다. 우리의 마음은 놀라운 방식으로 시공간의 무한성을 알 수 있고 또 그 속에 담을 수도 있다.

인류는 빠른 시간에 성숙한 종(種)이다. 우리는 자기반성, 자기탐구, 자기탐색의 능력을 가지고 있다. 그리고 우리가 아는 한에 있어서 이러한 능력을 부여받은 종은 인간뿐이다. 우리는 무한한 창의성을 발휘할 수 있으며 그러한 창조적 에너지를 구체적인 사물과 아이디어의 형태로 만들 줄도 안다. 생각해 보라. 인간은 살아 있고 고동치는 생명을 가지고 추상적인 수학과 시를 만들어 낸다. 수학과 시, 두 가지 모두 실제 세계 속에서의 발견과 탐험을 필요로 한다. 그 세계는 어떤 면에서 보면 실재하는 것이며, 또 어떤 면에서 보면 실재하지 않는 것이다. 그 세계를 탄생시키고 그 비밀을 알아내며 결국 그에 관해 알게 되는 데는 엄청난 노력이 필요하다. 알고 행동하는 인간의 능력, 사물을 만들어 내고 생각하는 능력, 사물의 외관을 넘어 더 큰 진실을 볼 수 있는 인간의 능력은 때로 그 끝이 없는 것처럼 보인다.

하나의 종으로서 인류는 우리의 행동하는 능력이 아니라 아는 능력에 따라 이름을 부여받았다. 인간의 영어 단어인 human being은 존재(being), 자각, 지각을 직접적으로 가리키고 있다. 이미 살펴보았지만 어쨌든 우리는 우리 자신을 human doing이라고 부르지는 않는데, 이는 인간의 행동이 보다 큰 무엇, 우리가 존재라고 직관적으로 알아보는 것에서 나온다는 점을 감안하면 충분히 타당성이 있다.

그러나 우리는 또한 스스로 미혹되어 사물 전체를 잘못 이해하는 수도 있다. 어리석음—특히 우리 자신의 어리석음—을 지혜로 오인하기도 한다. 앞서 반복적으로 살펴보았듯이, 우리 호모사피엔스는 가장 두렵고 미혹되었을 때 엄청나게 잔인한 짓을 저지르기도 한다. 두려움과 미혹으로 폭발할 때 우리는 종종 더 큰 이익—대개는 우리 자신의—을 위해, 그리고 더 위대한 신의 이름 아래—대개 그 신이 다른 부족의 신을 배제한 우리 자신의 신인 것은 우연이 아니다—그렇게 한다고 말한다. 그리고 그 잔인한 행위가 소규모일 때에는 우리가 중요하지 않다고 생각하는 사람들—왜냐하면 우리가 우리 자신만을 생각하기 때문에—에 대해 적대적인 태도를 보이게 된다.

600세대도 되지 않는 시간에 인류는 자그마한 외딴 공동체에서 시작하여 지구 전체를 탐험했으며 지구의 대부분 지역에 자리를 잡고 살게 되었다. 그 과정에서 다양한 문화를 탄생시켰으며 전 세계적인 상업 활동도 시작하였다. 그러면서도 가끔씩은 너무나 서로에 대한 두려움과 질투, 경멸 속에 살아서, 이제는 그 어느 때보다 인구가 많아진 국가로서, 그리고 과거보다 훨씬 더 규모가 커진 자기 동일시적 집단으로서 우리는 우리의 천재성을 우리가 위협을 느끼는 사람들, 우리가 땅과 자원을 탐내는 사람들과 영원한 전쟁을 수행하는 데 사용해 오고 있다. 싸움을 일으키는 우리의 성향은 점점 더 우리에게 닥치는 재난에 대한 처방이 되어 가고 있다. 그것은—비록 그것이 우리를 오늘날까지 오게 했지만—인류의 지난 1만 2천 년 역사에 고통이라는 흔적을 남겨 놓았다.

지금 이 순간 우리가 물려받은 유산은 진정으로 혼합된 축복이다. 찰스 디킨스가 자신의 시대와 프랑스혁명의 시대를 가리켜 "그것은 최상의 시대였다. 그리고 그것은 또한 최악의 시대였다."라고 표현한 것과 마찬가지로 오늘날도 그러하다고 할 수 있다. 우리는 아름다운 것과 끔찍한 것을 함께 가지고 있다. 우리는 비범한 문화의 핵심적인 정수를 가지고 있으면서도 우리의 타고난—것으로 보이는—호전성이 초래한 쓰레기와 파괴의 결과도 함께 가지고 있다. 우리가 물려받은 유산이 혼합된 축복이라면 '축복(blessing)'이라는 단어에 이미 이러한 딜레마가 예정되어 있었다는 사실을 알아볼 필요가 있다. 프랑스어에서 *blessure*라는 단어는 '축복'과 '상처'의 의미를 함께 갖는다고 한다. 아마도 상처에 취약한 우리이기 때문에 우리는 타고난 권리이자 인류라는 종으로서 우리의 다른 이름이기도 한 더 큰 앎 속으로 성장해 갈 수 있는 것인지 모른다. 궁극적으로 그 성장은 오직 그 상처를 체험하고 수용하는 것을 통해서만, 그리고 그 상처를 그것을 위장하는 두려움과 분노를 통해 우리의 의식 속에 봉합해 버리지 않고 인정하고 축복하는 방법을 찾음으로써만 가능할 것이다. 두려움과 분노는 우리가 끊임없이 그것에 쫓기도록 만들며, 그래서 더욱 그것들에 조건화되도록 만들 뿐이다.

유전적으로 말해, 우리는 모두 한 사람이다. 세상의 가장 달라 보이는 두 사람도 유전자의 관점에서 보면 거의 동일하다고 한다—에릭 랜더(Eric Lander), 2002년 10월 인도 다람살라에서 달라이 라마와 함께한 제10차 마음과 생명 연구소 강연['마음의 본성, 생명의 본성(The Nature of Mind, the Nature of Life)'] 중에서. 우리 중 가장 피부색이 검은 사람과 흰 사람 사이에, 그리고 가장 키가 큰 사람과 작은 사람 사이에도 DNA 속의 천 개의 뉴클레오티드—핵산의 구성 성분—가운데 대략 한 개 정도가 다르다고 한다. 그러니까 우리는 99.9퍼센트가 서로 동일한 것이다. 우리는 하나의 부족, 하나의 가족이면서도 그것을 인식하지 못하고 있다. 우리 인간은 모두 서로 친밀하게 연결되어 있다. 우리가 서로를 대하는 방식은 곧 인류라는 종으로서 우리의 건강과 안녕, 심지어 생존에도 중요한 영향을 미친다. 알 수 없는 먼 미래가 아닌 바로 지금 이 순간에 말이다.

물론 문화에 따라 상호 연결성과 관계성에 대한 생각도 많이 다르다. 그러나 1만 2천 년 전에는 그러한 차이와 적대감도 지구의 안녕과 인류라는 종의 생존에—문명과 문화는 말할 것도 없고—그리 큰 문제가 되지 않았을 것이다. 인간 집단들은 그 당시 서로 떨어져 살았으며 각각의 집단은 먹고 자고 자식을 낳고 생존하는 데 여념이 없었다. 그들이 무슨 행위를 하건 그들은 자연세계의 일부였으며, 집단의 수도 지금보다 훨씬 적었기 때문에 그들의 삶—심지어 그들의 투쟁까지도—과 자연 속에서 흡수될 수 있었다—다른 집단과의 갈등의 소지가 적었다는 말: 역자 주. 인류의 최근 조상은 확실히 풍부한 내면세계를 갖고 있었다. 그것은 구석기시대까지 올라가는 정교한 동굴벽화와 작은 조각상 등을 통해 알 수 있다. 그들의 솜씨는 비범했으며, 그 작품들이 오랫동안 유지될 수 있도록 만드는 그들의 기술 또한 보통이 아니었다. 동굴 속에 살면서도 그림을 그려 광대한 자연 속에 살아 있음의 신비를 축복하려고 했던, 그리하여 그 신비에 대한 자신들의 체험을 확증하려 했던 욕구는 멈출 수 없는 것이었던 듯하다.

그로부터 1만 2천 년이 지난 오늘날 우리는 전에 없이 지구라는 행성에 밀집해 살게 되었고 자원은 점점 더 희소해져 가고 있다. 우리가 지금까지 우리의 땅이라고 굳게 믿어 왔던 지역을 넘어 더 멀리 확장하려고 하는 과정에서 서로 다른 문화 사이에 증오와 적대감, 불신은 과거와 마찬가지로 지금도 계속되고 있다. UN은 우리 모두가 공유하는 근본적인 통일성을 인식하고 우리의 차이를 화해하는 방법을 찾으려는 하나의 시도다. 그것은 우리와 우리가 살고 있는 국가와 마찬가지로 아직 시작 단계에 있는—그것이 어떤 식으로 성숙해 간다 할지라도—고귀한 노력이다.

인류라는 종과 국가로서의 우리 자신으로 온전히 성장하기 위해서—'국가'라는 개념과 제도가 앞으로 얼마나 오랫동안 유지될지는 몰라도—지금은 우리가 우리 본성의 선함을 통해서뿐 아니라 엄청난 약탈과 강탈을 통해서 인류 역사의 현재 시점에 이르렀다는 사실을 기억해야 할 때다. 우리는 모두 과거에 다른 민족의 땅과 생활 공간을 무자비하게 정복하여 여기까지 왔다. 그러나 그런 무자비한 정복도 역사 교과서에는 언제나 진보나 불가피한 일로 위생 처리되어 왔다. 그 과정에서 우리에게 협조한 사람들도 있었고 그렇지 않은 사람들도 있었다. 문명은 정복되거나 아니면 반복적으로 살육되어 왔다.

우리는 미국이 과거에 대량살상을 했다는 사실과 노예제도가 있었다는 것을 알고 있다. 우리는 왜 우리의 이 카르마—업—를 축소하려 하는가? 물론 그것은 그러한 우리 자신을 바라보는 일이 고통스럽기 때문일 것이다. 유럽인은 스스로 이 세계—식민지 세계—를 원했으며, 그 과정에서 원주민들에게 엄청난 피해를 입혔다. 유럽인은 식민지 노동자들이 자신들의 땅을 경작하기를 원했다. 노예로 일을 시키기 위해 아프리카인 포로들을 무자비하게 재빨리 채어 갔다. 그들의 '신세계'에서 아프리카인 포로들은 인간이 아닌 노예였다. 그것은 특히 지배를 옹호하는 것—특히 우리가 그렇게 할 수단을 가지고 있을 때—이 적어도 지금까지 인류라는 종의 강력한 특성인 것처럼 보인다는 점에서 어쩔 수 없는 일이었다.

다른 민족의 거주 공간을 강탈하고 그들을 인간 이하로 취급하며 복종시킨 역사는 북아메리카와 남아메리카에만 있는 것이 아니다. 그것은 지금까지도 계속되고 있다. 멀고 가까운 인류 역사에서 이러한 강탈과 복종의 역사로부터 완전히 자유로웠던 문명은 하나도 없었다.

식민지 시대와 마찬가지로 현대 문명도 많은 자원을 필요로 한다. 특히 기계를 돌리기 위한 자원, 공장을 가동하기 위한 원재료, 그리고 상품을 팔기 위한 시장을 필요로 한다. 현대 문명은 그 자체로 끊임없이 먹이를 줘야 하는 유기체와 같다. 우리는 더 이상 노예를 부리지 않지만, 그럼에도 여전히 우리는 우리 부족의 필요와 욕구를 우리보다 불운하고 덜 진화된—그리하여 다시 한 번 그들이 곧 우리라는 사실을 무시하면서—사람들의 것보다 우위에 두는 집단적 탐욕과 독선의 노예가 될 가능성이 얼마든지 있다.

우리는 탐욕과 무지의 졸렬한 모방품이라 할 수 있는, 그러면서도 우리가 불가피한 것으로 그저 '인간의 본성'이라고 합리화하는 이러한 과거의 월권 행위로 지금도 고통을 당하고 있다. 하나의 국가로서 우리는 더 이상 그러한 자기중심적 오만—우리가 천명한 모두를 위한, 생명과 자유를 위한 자유와 정의의 이상, 그리고 행복의 추구를 기만하는 오만—의 카르마를 저질러서는 안 되는 것처럼 보인다. 지금도 전쟁은 며칠 혹은 몇 주씩 계속되고 있다. 그러나 우리 안의 전쟁, 인류라는 종 안의 전쟁은 그 끝을 모르고 계속되고 있다.

이러한 때에 우리는 무엇을 할 수 있는가?

아마도 우리는 우리의 과거의 카르마로부터 의도적으로 거리를 두고, 우리의 내면과 외면에서 현재와 미래의 다르마에 주의 깊게 귀 기울여야 할 필요가 있는지 모른다. 머지않아 우리는 신성한 신뢰—미국의 국가적 수사법이 찬양하면서도 우리의 실제 행동은 너무나 많이 그것을 배반하는—를 실현해야 할 것이다. 왜냐하면 우리는 종으로서, 문명으로서, 여러 민족이 모여 만들어진 국가로서, 그리고 현재 세계의 유일한 '슈퍼파워—초강대국—'로서 더 이상 우리의 참된 본성에 깨어나지 않으면 안 되기 때문이다. 우리는 몽골 제국이 한때 세계의 유일한 초강대국이었다는 사실, 그리고 이집트와 페르시아, 그리스, 로마, 사라센—이슬람—마야, 잉카 등도 한때 그러했다는 사실—그러나 지금은 모두 사라졌다는 사실—을 잊어서는 안 된다.

오늘날 우리가 가진 기회는 초강대국으로서의 기회가 아니라 인류라는 한 종으로서의 기회다. 종으로서 우리는 또 다른 차원의 존재로 도약할 시점에 와 있다. 우리는 우리의 현명함과 부지런함, 그리고 사랑과 친절의 능력으로 이 세상에 가져오고 있는 아름다움과 선함에 점점 더 깨어나고 있다. 또한 우리는 우리의 탐욕과 부주의함으로 인해 세계에 일으키고 있는 피해와 고통에 직면해야 할 필요성 또한 점점 더 자각하고 있다.

우리는 지금 풍성한 전환점에 와 있다. 카르마와 다르마의 중요하고 정교한 교차점에 와 있는 것이다. 카르마는 과거 행동의 축적된 결과다. 다르마는 인류라는 우리 종의 본래적인 빛을 의식적으로 체현—구체화—하는 것, 우리 가슴과 마음의 지성적이고 선하고 친절하고 현명한 모든 것을 실현하는 것이다. 그리고 여기에는 모든 종의 본래적 빛과 그들과 우리의 상호 연결성을 인식하는 것도 포함된다. 또 우리 본성의 어두운 면을 그에 굴복하지 않고 인정하는 것도 포함된다.

우리가 지금 직면한 도전은 인류라는 종이 깨어나라는 신호다. 우리는 이 기회를 이용하여 의식의 대전환을 이루고, 우리의 지각과 마음챙김, 알아차림의 능력 계발을 통해 비약적인 도약을 이룰 수 있다. 비록 그것이 온갖 카르마를 가지고 있는 개인으로서, 국가로서, 지구 시민으로서 우리에게 엄청난 동기와 노력을 요구하기는 하지만 말이다. 그렇지 않으면 우리의 부주의함—지구상의 생명이 번창하는 데, 우리 모두가 우리의 가능성을 최대한으로, 그리고 가장 현명한 방식으로 추구하는 데 가장 중요하고 근본적인 것을 무시하는 것—으로 인해 초래되는 훨씬 더 끔찍한 결과로 고통을 당하게 될 것이다.

영적으로 우리는 지금 이 세계 속에 존재하는 참된 방식을 맛보고 그것과 친숙해지는 데, 그리고 가장 깊은 의미에서 우리 자신에게 진실해지는 데 목말라 있다. 우리는 자유, 있는 그대로의 우리가 되는 자유—자유의 내면적, 외면적 약속과 함께—에 굶주려 있다. 자유를 맛보기 위해 우리는 우리 스스로를 해방하고, 우리 존재와 소속의 공동체 내에서, 상가(sangha)와 서로의 성역의 공동체 내에서 그 자유를 축복해야 한다. 역설적이게도 우리는 줄곧 우리의 타고난 권리였던 본질적 행복을 갈구하고 있다. 그 본질적 행복은 우리가 우리의 마음을 잃어버리고 우리 가슴을 잊어버린 결과로, 우리 자신의 마음의 욕망에 너무 깊숙이 빠져 버렸기 때문에 너무나 손에 넣기 어려운 것, 순간적인 것이 되어 버렸다.

그러면 우리는 어떻게 그 자유를 맛볼 것인가? 카네기 홀—뉴욕 시에 있는 연주회장: 역자 주—에 입장하는 방법과 똑같다. 연습하고 연습하고 또 연습하는 것이다. 그리고 우리가 사랑하는 아름다움이, 우리의 존재인 그 아름다움이 우리의 행위가 되도록 하는 것이다.

지난 1만 2천 년의 인류 문명은 태동의 시기였다. 이제 새로운 출현은 가능할 뿐 아니라 필요해졌다. 그것은 곧 호모사피엔스사피엔스의 비약적인 도약으로, 우리가 맛볼 수 있는 것을 맛보고, 알 수 있는 것은 아는—바로 이 세대 그리고 앞으로 올 몇 세대에—기회다. 이를 위해서는 의도와 결심뿐 아니라 인내와 지혜도 필요하다. 우리는 단지 다음 몇 년이 아닌 수백 년의 시간 단위로 생각해야 한다. 아메리카 원주민은 적어도 향후 일곱 세대의 안녕을 염두에 두는, 지구에 대한 참된 보호의 정신을 이야기했다. 우리도 이런 방식으로 세계에 관심을 가져야 한다. 결국 그들—앞으로 오게 될 인류—이 곧 우리 자신이니까.

자연의 본성과 그 속에서 우리(인간)의 위치에 관하여

내가 열두 살 때 부모님들이 그곳 연구소와 관련이 있어서 가족과 함께 우즈홀—미국 매사추세츠 주 우즈홀에 있는 해양 연구소—에서 여름을 보내던 남자아이들 몇 명은 당시 최고의 장소였던 해양생물연구소(Marine Biological Laboratories: MBL) 동호회에서 시간을 보내고는 했다. 다시 말해, 우리는 자전거를 타고 돌아다니거나 바닷가에서 놀거나 아니면 집으로 점심을 먹으러 갈 때를 제외하고는 항상 거기에 있었다. 막간의 탁구 시합 시간에 우리는 형형색색의 유리알로 장식을 하고 천장에는 불가사리와 커다란 게 껍질을 낚시 그물에 매달아 놓은 방에서, 그리고 아늑한 벽감—벽면을 우묵하게 들어가게 해서 만든 공간: 역자 주—에는 퀴퀴한 냄새가 나는 책들과 푹신푹신한 2인용 소파가 놓인, 체스 판이 여기저기 널브러져 있던 방에서 중요한 주제에 관해 오랫동안 이야기를 나누었던 기억이 난다. 재스킨 잡화점에는 권당 50센트씩 하는 멘토(Mentor) 문고판을 진열한 회전식 선반이 있었다. 그 책들 중에는 조지 가모프(George Gamow, 1904~1968)—러시아 태생의 미국 이론물리학자: 역자 주—의 『하나, 둘, 셋 그리고 무한(*One, Two, Three…Infinity*)』 『태양의 탄생과 죽음(*The Birth and Death of the Sun*)』, 그리고 프레드 호일(Fred Hoyle, 1915~2001)—영국의 천문학자, 공상과학소설가, 정상우주론의 대표적인 학자: 역자 주—의 『천문학의 전선(*Frontiers of Astronomy*)』 같은 책들이 있었다. 우리는 그 책들을 가져와 탐독하면서 그 책에 매료되었다. 우리는 MBL의 지하에 있는 커다란 붉은색 자판기—병이 나오게 하려면 동전을 넣은 다음 커다란 손잡이를 오른쪽으로 돌려야 했다—에서 나온 초록색 병에 담긴 콜라를 마시며 둘러앉은 채 서로 책을 읽어 주며 빅뱅 이론과 정상우주론—우주는 늘 같은 상태를 유지하며 변화하지 않는다는 이론: 역자 주—우주와 의식의 본질, 그리고 그것이 우리의 삶에 어떤 의미를 갖는가에 관하여 토론했다. 나는 지금도 낡은 문고판 냄새에 종이는 누렇게 변색되었고 너덜너덜하며 책등은 망가진 『하나, 둘, 셋, 그리고 무한』 책을 한 권 가지고 있다.

시간을 앞으로 감아 지금으로 와 보자—비록 1956년에는 그것이 어떤 의미인지 몰랐지만, 우리는 시간을 앞으로 감는다는 것이 어떤 것인지 알고 있다. 우리가 어렸을 적 읽었던 책에 상응하는 현대의 책은 이론 물리학자 브라이언 그린(Brian Greene)이 쓴 『우아한 우주(*Elegant Universe*)』라는 책이다. 이 멋진 책에는 초끈이론의 제약을 받는 우주는 11차원이라는 이야기가 나온다. 이것은 우주가 4차원으로 되어 있다—네 번째 차원은 시간이다—는 아인슈타인의 통찰에 이제 겨우 다가간 우리로서는 선뜻 납득하기 어려운 주장으로 보인다.

그럼에도 물리학자들은 지금 빅뱅과 함께 상상할 수도 없을 만큼 짧은 시간—이것이 137억 년 전에 시작된 시간의 기원이다—에 '무'에서 탄생한 우주—이것은 바빌로니아를 비롯한 어떤 고대의 창조 신화보다 더 기이하다—가 11차원이라고 믿고—'믿는다'는 것이 물리학자에게 적절한 단어인지는 모르겠지만—있거나 적어도 그 가능성에 대해 진지하게 고찰하고 있다.

아마도 최초의 11차원 가운데 일곱 개는 창조의 순간에 제대로 펼쳐지지 못했을 것이다. 그래서 우리가 지금 알고 있는 3차원 혹은 시간을 더해 4차원의 세계가 나타났을 것이다. 그 차원들이 스스로를 발현할 기회를 놓친 것은 얼마나 안타까운 일인가? 그럼에도 그 차원들은 모든 것의 안과 속에 그 원시적 잠재태로서 여전히 '여기에' 존재하고 있다. 그리고 우주가 '작동하기' 위해서는, 양자가 양자가 되고, 전자가 전자가 되며, 쿼크가 쿼크가 되기 위해서는 이 차원들이 존재해야만 한다. 이 모든 것은 확실히 수학 자체, 우주에 관한 수학—그 자체로 흥미로운 의견인—에서 도출되는 결론이다. 물론 우리 인간의 감각은 오직 3차원에, 혹은 당신이 매우 민감하다면 4차원에 맞춰져 있기는 하지만 말이다.

다시 한 번 빅뱅의 순간부터 오늘날 우리에게로 시간을 되감아 보자. 우리의 몸,

심지어 우리의 개별 세포 하나하나는 우리가 살고 있는 우주의 나머지 부분과의 지속적이고 역동적인 교환 속에서 수없이 많은 원자로 구성된—기본 입자는 말할 것도 없고—그 자체로 완전한 하나의 우주다. 우리의 몸과 세포 하나하나는 거의 완전히 빈 공간이다. 왜냐하면 원자 자체가 거의 완전히 빈 공간으로서 우리가 입자라고 생각하는 것 속으로 작게 뭉친 것에 불과하기 때문이다. 어쩌면 그것은 거대한 에너지가 한 장소에 매우 집중되어 나타나는 확률파동(probability wave)이라고 하는 것이 더 적절한 표현인지 모른다.

빅뱅과 그 후의 오랜 시간이 인간의 몸을, 그리고 신비하기는 하지만 인간의 마음을 탄생시켰다. 얼마나 놀라운 일인가. 얼마나 상상조차 하기 어려운 일인가. 얼마나 믿기 어려운 일인가. 어쩌면 우리—인간—는 수소 분자나 쿼크 혹은 끈—무엇이 세상에서 가장 근본적인 것(무에서 우주를 쏟아낸 원시적 충동)이든—이 결국 자기 스스로를 바라보고, 의식 혹은 지각이라고 하는 것을 통해 스스로를 아는 방식—가운데 하나—인지도 모른다. 지각은 인지신경과학에서 커다란 물음표 가운데 하나다. 우리가 이미 살펴본 것처럼 우리가 어떻게 물질과 신경으로부터 구체적 세계의 주관적 체험으로 이동하는지, 특정 파장의 양자에서 우리가 경험적으로 '파랗다'고 아는 색깔로 이동하는지는 누구도 알지 못한다. 또 '저기 바깥'에 있는 것처럼 보이지만 그에 대한 '여기 이곳'에서의 우리의 체험과 관계하여서만 '저기 바깥'에 존재할 수밖에 없는 세계에 대해서도 우리는 조금도 알지 못한다. 어쩌면 가장 중요한 것은 분리가 아닌 그 관계인지 모른다. 분리는 환영이며 오직 관습적인 의미에서만 그 타당성과 편리성을 갖는다. 그러므로 지각을 설명하려는 시도는 요기 베라가 말했듯이 아직도 요원한 일이다.

더욱이 이 지각 그리고 인공위성을 통해 우주로 쏘아올린 도구를 이용한 그것의 확장된 감각 능력을 통해 우리는 우리가 '저기 바깥'을 내다보며—이것은 시간상으로 뒤돌아보는 것과 같다—만물의 시작점까지 거슬러 올라갈 때, 우주의 질량과 에너지의 오직 일부—천문학자들에 따르면, 단 4퍼센트—만이 우리가 아는 대로의 물질 형태를 띠고 있다는 사실을 발견하고 있다. 우주의 물질과 에너지의 1/4은 블랙홀과 같은 '암흑물질'로 되어 있으며, 그 나머지는 우주를 일종의 반(反)중력인 점증하는 가속도로 확장하고 있는 '암흑 에너지'로 되어 있다.

어떤 경우든 생명과 지각 같은 복잡한 것이 역동적 시스템 속에서 불활성 물질 같은 덜 복잡한 것으로부터 출현한다는 것을 느끼고 아는 우리의 능력으로 돌아오는 것은 우리가 그러한 현상을 우리 자신에게 개념적 · 이성적으로 설명하려고 할 때 혼돈과 복잡성, 질서 사이의 상호작용을 바라보는 한 가지 방식이 될 것이다. 그러나 그 모든 것이 빅뱅의 순간으로부터 '기원하는' 것처럼 보이기 때문에, 우리는 여전히 무에서 유가 생기고, '공간 이전'으로부터 공간이 생기며, 특정 시점—그 이전에는 아무것도 없었던 시점—에 시간이 시작되며, 모든 물질이 무한하고 순수한 에너지의 형태로 무에서 나오는 것 같은 느낌을 갖는다. 음……. 왜 이 모든 것이 과학을 사랑하는 아이들의 수집물이 되지 못하는가? 나는 그렇게 되리라고 생각한다.

사물을 바라보는 또 다른 방식은 무에서 유가 나올 수 없다고 말한다. 특히 의식은 물질에서 나올 수 없다고 한다. 이것은 불교적 견해다.

우리가 실재의 본성과 마음의 본성을 역동적 대화 속에서 탐구하는 이 두 가지 핵심적 방식을 갖는 것은 멋진 일이다. 특히 오늘날 달라이 라마가 과학과 사물의 작동 방식에 대하여 보여 준 오랜 관심 덕분에 이런 일이 가능해졌다—마음과 생명 연구소(www.mindandlife.org)에서 달라이 라마와 불교 승려, 학자, 인지신경과학, 심리학, 생물학, 물리학, 철학 등 다양한 학문의 과학자들 사이에 나눈 다양한 대화에 관해 출간된 책들을 참조하라.

> 우주가 탄생하기 전에
> 형상이 없고 완벽한 무언가가 존재했다.
> 그것은 고요한 것, 비어 있는 무엇이었다.
> 그것은 스스로 존재하는 것, 변하지 않는 무엇이었다.
> 무한한 것, 언제나 현존하는 무엇이었다.
> 그것은 우주의 어머니였다.
> 적절한 단어를 찾을 수 없어
> 나는 그것을 도(道)라고 부른다.
>
> – 노자, 『도덕경』

마지막으로 우리라는 우주에 관해 생각해 보라. 어떤 차원에서 볼 때 우리의 몸은 거의 완전히 비어 있는 공간—혹은 장—이다. 그것은 우리가 질량이라고 부르는 고도로 집중된 에너지의 초점을 찾기 어렵다. 더 높은 차원으로 올라가면 이 초점은 처음에 끈이었다가 다음으로 쿼크, 전자, 양자 그리고 원자로 이어진다. 더 높이 올라가면 원자가 결합되어 작은 분자가 되고, 또 중간 크기의 분자, 거대 분자—효소나 단백질 같은—이 지구상의 생명-우주를 추동하고 조정하는 '소프트웨어'의 주맥(主脈)이라 할 수 있는 DNA 같은 조거대 분자로 이어신다. 그다음에는 리보솜이나 소포체, 골지체—이 단어들 자체가 신비하고 감미롭게 들리지 않는가—같은 거대 분자 연합체가 있다.

이 모든 것이 몸 안의 세포 하나의 내용물 중 일부를 설명한다. 우리가 이미 살펴본 것처럼 몸은 상상할 수 없을 만큼 많은 세포로 구성되어 있다. 그리고 그 세포들은 모두 단 하나의 세포—수정란—에서 생겨났다. 수정란은 부모의 몸에서 온 두 개의 세포의 결합으로 생긴다.

우리는 이것을 실제로 체험하는가? 단 한순간이라도 우리 자신을 이러한 방식으로 알 수 있는가? 생각이 아니라—물론 깊은 사고와 물리학, 화학, 생물학, 인지과학에 관한 지식도 도움이 되기는 하지만—우리의 자각—알아차림—을 통해, 느낌과 감각, 직접 체험을 통해 알 수 있는가? 우리는 우리의 마음이 몸속에 존재하면서 그것을 채우도록 할 수 있는가? 피부라는 우리 몸의 숨쉬는 겉껍질부터 근육, 관절, 뼈, 간, 허파, 때로 고동치는 생식기, 언제나 고동치는 심장과 혈액, 뇌에 이르기까지, 그리고 감정, 기관, 조직과 관련하여 우리가 생각할 수 있는 모든 것, 세포 자체까지, 더 나아가 거의 물로 되어 있는 세계에서 바쁘게 작동하는 리보솜과 염색체, 효소까지, 다시 더 나아가 분자, 원자, 쿼크, 끈 그리고 그것들 사이와 그 안의 빈 공간—펼쳐지지 않은(not unfurled)[그 밖에 달리 어떻게 이것을 표현할 수 있을까? '펼쳐지지 않은(un-unfurled)'이라고 할까?] 실재 혹은 자연의 일곱 개의 차원을 포함하여—에까지 우리는 그것을 자각과 느낌, 감각, 직접 체험을 통해 알 수 있는가?

다시 말해, 우리는 우리의 본질을 물질과 비물질의 차원에서, 객체와 주체의 차원에서, 그리고 객체와 주체를 넘어 바로 지금 이 순간에 동시에 알 수 있는가? 우리는 그것의 살아 있는 기적과 신비를 보고 깨닫고 얻고 흡수할 수 있는가? 그 모든 것이 작동한다는 것, 우리가 생각할 수 있고, 몸을 움직일 수 있으며, 걷고, 음식을 소화하고, 사랑을 나누고, 아기를 갖고 성인이 되도록 양육하고, 음식을 구하고 의미를 찾으며, 예술과 음악을 만들고, 서로를 만나며, 궁극적으로 우리 자신을 알 수 있다는

것을 보고 깨닫고 얻고 흡수할 수 있는가?

우리는 또한 우리가 역설적으로, 그리고 자신도 모르게 우리의 끝이 없고 거대하지만 검토되지 않은 오만에서, 두려움과 탐욕에서 우리 자신과 생물권을 정신적 · 물리적으로 해를 입히고 있다는 것을 깨달을 수 있는가? 우리는 우리의 정신과 산업, 기관의 똑똑함—우리가 전체의 일부에만 집착하고 만족하면서 보다 큰 전체에는 관심이 없게 될 때 위험해지고 마는 똑똑함—으로 우리 자신과 생물권에 해를 입히고 있다는 사실을 깨달을 수 있는가?

우리는 우리가 고통받고 있는 편치 않음과 질병의 본질에 관해 지금까지 전혀 알지 못했다. 이제 우리는 적어도 세계의 건강 상태에 관해 논의를 하고, 그것의 생명 징후의 여러 측면을 살피고 있다. 그리고 그 생명 징후들의 의미와 그에 따라 일어날 수 있는 결과들에 대해서도 숙고하고 있다. 어쩌면 이런 관심 자체가 이 지구에 지적 생명체가 존재한다는 신호가 아닐까. 체현된 지혜와 그것과 불가분하게 모든 생명, 모든 유정에 대한 연민으로 자기 본연의 모습을 회복할 수 있는 지적 생명체 말이다. 그것은 곧 우리 자신 그리고 우리 아이들이 될 것이다.

숨은 차원을 펼치다

나는 '펼쳐지지' 못한 숨은 차원이라는 비유가 우리 삶에서 실질적인 의미를 가질 수 있겠다는 생각이 문득 들었다. 만약 물리학자들이 이러한 다소 기괴한 방식으로 진지하게 사고한다면 우리도 또한 그렇게 할 수 있을 것이다. 우리도 그렇게 함으로써 바로 코앞에 있는 것을 더 자세히 볼 수 있을 것이다. 왜냐하면 우리 자신의 삶에도 어떤 이유에선지 적어도 지금까지는 우리 안에 꼭꼭 접혀 있어 펼쳐질 기회를 얻지 못한 다중적 차원이 존재한다고 할 수 있기 때문이다. 만약 그 차원들이 펼쳐진다면 그것은 우리 삶의 빅뱅이 될 것이다. 명상 전통에서 깨달음과 명료함에 대해 이야기하는 많은 이야기가 그것을 통찰의 '폭발'이라고 묘사한다. 그것은 과학이 지금까지 우리에게 보여 준 것만큼이나 익숙한 것이 될 수 있다.

그러한 숨은 차원 가운데 하나가 바로 현재 순간이다. 현재 순간은 언제나 바로 여기에 존재한다. 그러나 그것은 종종 우리에게 분명하게 드러나지 않는다. 보다 구체적으로 말해, 그것은 우리가 사용할 수 없는 무엇으로서 우리의 소용에 닿지 않는 것이다. 현재 순간의 풍요로운 차원성은 우리가 지금 여기가 아닌 다른 곳에 가야 한다는 생각에 드러나지 않고 우리에게 알려지지 않았다. 우리는 우리가 언제나 현재 순간에 있다는 사실, 현재 순간 밖에는 다른 어떤 가야 할 곳도 또 차지할 어떤 시간도 없다는 사실을 인식하지 못한 채 현재 순간 속을 재빠르게 통과해 가고 있다.

현재 순간이라는 이 숨은 차원이 우리에게 펼쳐지도록 하면 어떨까? 그렇게 될 수 있다. 확실히.

어떻게 하면 되는가? 멈추어서 바라보고 귀 기울이면 된다. 우리 자신의 감각으로 돌아오면 된다.

앞서 우리는 T. S. 엘리엇의 「네 개의 사중주」라는 만찬 테이블에 잠깐 들러 디저트를 먹었다. 아직 더 먹을 수 있다면 다음 불멸의 시구를 소화해 보자.

> 찾지 않기 때문에 알 수 없는 것이라네.
> 고요 속에서라면
> 바다의 두 파도 사이에서라면
> 들을 수 있다네, 어렴풋이라도 들을 수 있다네.
> 바로 지금 여기서, 언제나 지금인 여기에서
> 이것은 완전한 단순함의 상태
> (그러나 모든 것을 걸어야 하네)

마치 진공의 거대한 에너지, 우리 몸의 원자 깊숙이 혹은 공간이라는 직물에 자리 잡고 있는 펼쳐지지 못한 차원이 가진 거대한 에너지를 상상하기 어려운 것처럼 현재 순간이 가진 힘은 상상하기 어려울 정도로 거대하다. 현재 순간은 우리가 그것을 머리로 믿을 방법이 없다. 아니, 그럴 필요가 없다. 오직 자기 스스로 그것을 체험하면서 어떻게 그것이 우리에게 또 다른 자유를 부여하는 삶의 차원을 회복해 주는지 스스로 확인하기만 하면 된다. 그러한 차원은 우리가 여기 있는 이 짧은 순간—머지않아 곧 우리의 평생이 되고 너무나 쉽게 놓쳐 버릴 수 있는 순간—에 우리의 삶과 우리의 세계에 머무는, 지금까지와 완전히 다른 새로운 영역이자 방법이 된다. 그것이 우리가 초대받은 만찬이다. 그 식사에서 우리는 매 순간, 데릭 월콧이 너무나 아름답게 표현하였듯이 "앉아서 당신의 삶을 마음껏 드세요." 하는 초대를 받게 된다.

보다 큰 관점을 갖기

시작도, 끝도, 중심도 없이 비어 있는 광대하고 불가사의한 공간을 상상해 보라. 비어 있으나 물질의 개별적 초점으로 가득 찬, 상상할 수 없을 만큼 많은 별을 가진 은하계들은 그 자체로 마치 거품이나 허공 위에 씌워진 얇은 막과 같은 모양을 한 채 서로 엄청난 거리와 시간을 두고 무리를 이루고 있다. 그러나 은하계들은 또한 137억 년 전에 시작된 것으로 추정되는 가속하는 팽창 속에서 엄청난 속도로 서로 멀어지고 있다. 당시에는 모든 물질과 에너지, 공간과 시간이 무(無) 차원의 한 점 속에 응집되어 있었을 것이다. 그리고 우주의 바깥은 존재하지 않으므로 그 한 점 바깥에는 아무것도 존재하지 않았을 것이다.

이 불가사의한 공간의 광대함과 상상할 수 없는 시간의 영원 속에서 지구—그러한 은하계 하나 가운데서 상대적으로 젊고 평범한 별에서 적당한 거리에 우연히 자리를 잡고 다양한 생명체가 탄생하기에 그리 덥지도 춥지도 않은 거리에 자리를 잡은 지구—가 대략 40억 년 전에 우리 태양계의 태양과 다른 행성들과 함께 스스로 생성되었다는 사실을 상상해 보라. 지구는 이전 세대 별들의 용광로 속에서 그 별들 중 일부가 자신의 수소를 연소하고 궁극적으로 자기 질량의 계속되는 인력—우리가 '중력'이라고 부르는—에 항복하는 과정에서 형성된 옅은 원자구름에서 생겼다. 지금까지 지구가 지내 온 상상하기 힘든 시간의 길이를 생각해 보라. 초기의 지구에는 아무런 생명체가 살지 않았고, 지질 구조판이 100억 년 동안 다시 형성되었으며, 바다와 육지, 대기에서 천천히 생명체가 잉태되어 갔다. 처음에는 매우 단순한 생명체에서 나중에는 점점 더 복잡한 생명체로 나아갔다. 그것도 인간 생명의 전 역사에 비하면 상상하기 어려울 만큼 짧은 순간에, 그리고 시간의 광대함 속에서 눈 깜짝할 사이도 되지 않는 지난 몇 백만 년 동안에 일어난 일이다.

우주의 빈 공간에, 그 광대함과 암흑 속에 떠 있는 지구라는 파랑과 초록, 흰색과 갈색의 구체에서 생명이 번창한 사실에 놀라지 않을 수 없다. 그리고 지구의 중심부 핵 위—그리고 그 아래에는 녹은 철이 존재하고 있다—에 떠 있는 고통당하는 암석이라고 할 수 있는 거대한 대륙의 해안 주변 거주지에서 지금 이 문장들이 손가락의 압력을 받는 기계—컴퓨터를 말함: 역자 주—에 쓰일 수 있다는 사실이 놀랍지 아니한가. 이 문장들은 글자가 그 위에 나타나도록, 인간이 만든 컴퓨터 화면을 볼 수 있는 눈의 도움을 얻어 쓰인다. 글자는 우리가 생각과 느낌이라고 부르는, 조직된 에너지에 옷을 입히는 도구다. 그리고 우리의 생각과 느낌은 마음이라고 하는 것에서 마술적으로 생겨나는데, 우리는 우리의 초라한 시간 기준에 의하면 아주 오래전 아프리카의 나무에 살던 조그만 유인원에서 진화한, 두개골 안에 있는 3파운드짜리 기관—뇌—에 의지하여 이 마음이 어떤 과정을 거쳐 생기는지 아직 알지 못한다.

우리는 또한 우리가 청구서를 지불할 수 있을지, 우리 아이들이 세상에서 잘 살아갈지, 우리가 행복해질 수 있을지, 사람들이 우리를 좋아할지, 우리가 바라는 것만큼 성공할 수 있을지, 우리가 원하는 사랑과 진정한 수용을 얻을 수 있을지, 그리고 우리의 끝없는 해야 할 일 목록에 치여 우리 스스로를 위한 시간을 가질 수 있을지 걱정한다. 우리는 경제에 대해 걱정한다. 우리의 몸과 마음에 대해, 미래와 심지어 과거에 대해서도—우리는 마치 개가 뼈다귀를 물고 놓지 않듯이 그렇게 과거를 붙들고 있다—걱정한다. 우리는 질병에 대해, 노화에 대해, 우리의 시력과 청력, 그리고 발로 땅을 감지하는 능력이 쇠퇴한다고 느낄 때면 감각을 잃는 것에 대해 걱정한다. 우리는 시간이 없는 것, 시간이 더 필요한 것, 시간이 너무 많은 것을 걱정하며, 사정이 지금과 달라지기—지금보다 더 좋게, 지금보다 더 만족스럽게 되기—를 바라며 걱정한다. 그리고 머지않아 우리는 죽음에 대해 걱정하게 된다.

우리는 또한 우리가 살고 있는 이 잔인하고 무분별한 세계에 대해서도 걱정한다. 세계에는 가난과 누추함 속에 사는 수많은 사람이 있다. 종종 그들은 마술처럼 그들 스스로 정치적 목소리를 찾을 때까지 어떠한 정치적 목소리도 갖지 못한다. 우리는 의심과 폭력, 공격성이 너무나 일상적으로 서로—때로 우리 자신에게, 그리고 우리가 물건을 만들어 팔고자 하는 자연스러운 충동의 부산물로서, 그리고 시장을 장악하고 이익을 증대하고 틈새시장을 만들고 우리의 경쟁자들을 물리치고 더 많은 돈과 물건을 획득하여 그 모든 것의 결과로 행복해지기를 희망하는 우리의 자연스러운 충동의 부산물로서 우리가 계속해서 파괴하고 있는 자연세계에—에게 자행되는 것을 걱정하고 있다.

우리는 멀리 보는 관점을 조금 상실한 것이 아닐까? 우리는 개인으로서 그리고 종으로서 우리가 처한 상황 전체를 보거나 느끼지 못하고 있는 것이 아닐까? 우리는 우리의 왜소함, 우리의 무의미함, 우리의 순전한 임시성에 눈감으면서 우리가 자연에서 태어났고 자연의 일부라는 사실을 망각한 채, 그리고 가장 중요하게는 우리가 검토되지 않은 동기에서 행동하기 전에, 우리에게 더 이상 시간이 없기 전에 우리 자신과 우리의 본성에 대해 아는 것이라는 사실을 잊은 채, 자연에 대한 통제와 지배를 통해 그러한 왜소함과 무의미함, 임시성을 보상하려고 하는 것은 아닌가?

그리고 우리는 우리의 집이며 우리가 집처럼 편안해지기를 배울 수 있는 이 알 수 없는 우주 속에서 우리의 아름다움과 우리의 놀라운 잠재력, 참된 지성의 신비로운 개화를 무시하고 있는 것은 아닌가? 우리는 인간의 형상, 곧 인간의 몸인 별들 속에 자리 잡은 한줌 원자의 기적에 눈감고 있는 것은 아닌가? 인간 생명이라는 특별한 선물과 그 생명을 우리의 근본적인 창의성을 무시하지 않고 그것과 접촉하면서, 우리의 지각, 우리의 의식, 이곳에서 우리의 현존의 신비, 우리의 서로에 대한 절대적 필요, 경외심과 놀라움 속에서 바라보고 아는 우리의 능력을 무시하는 것이 아니라 그것과 접촉하면서, 우리가 탄생했고 지금 살고 있는 우주에서 온전하게 잘 살아 낼 수 있는 가능성에 눈감고 있는 것은 아닌가?

우주의 관점에서 보면, 즉 무한한 공간과 상상할 수조차 없는 긴 시간의 관점에서 보면, 지구라는 작은 행성에서 일어나는 일은 어떠한 중요성도 갖지 않는다. 그러나 그것은 우리에게는 매우 중요한 일이다. 왜냐하면 우리는 잠시나마 지구에 머물면서 우리가 세계에 대해 행하는 일, 그리고 그것에서 배운 것을 미래 세대에 전해 주게 될 것이기 때문이다. 이제는 우리가 우리 본연의 능력을 온전히 포착하여 인간이 된다는 것의 의미—우리가 그 기회를 갖고 있는 동안에—를 철저히 탐험하고 그 속으로 성장해 가야 할 때가 아닐까?

향후 몇 십 년과 몇 세기에 우리가 종으로서 우리의 진화에 있어 전환점에 있다는 상당한 증거가 존재하고 있다. 만드는 자, 생각하는 자로서 우리의 조숙함은 우리가 자신의 유전자를 바꾸고, 불사(不死)는 아니더라도 유전적으로 수명을 연장하는 데까지 우리를 데려왔다. 또 정보 저장과 검색을 위한 실리콘/생물 인터페이스(silicon/biology interface)를 실험—기억력 향상이 가능하다면 누가 그 기회를 거절하겠는가?—하고, 우리보다 더 우수하고 신속하게 '생각하며' 언젠가는 느낄 줄 아는 기계, 그리고 머지않은 미래에 프로그래밍될 수 있고 자기복제가 가능한 기계와 로봇을 설계하는 데까지 나아갈 것이다. 그 기계와 로봇은 매우 크기가 작아서, 우리가 그것을 삼키면 그것이 우리 몸의 분자 하나하나까지 체크하면서 우리의 건강을 유지시켜 줄 것이다.

앞으로 우리가 그러한 경우에 직면하게 되면, 그리고 지금까지 상상할 수 없었지만 오늘날의 문화에서 급속하게 나타날 것으로 생각되는 다른 많은 경우에 직면하게 되면—비록 그 문제에 있어 실질적인 발언권을 행사하는 사람은 몇 되지 않으며 오직 소수만이 그것을 좋은 아이디어라고 생각할지라도 오늘날의 문화는 우리가 할 수 있다고 이론적으로 가능하다고 생각하는 것은 금세 해낸다—의식의 입체적 대전환이 정말로 우리에게 요구될 것이다. 구약의 예언자들은 자기 민족의 부주의함을 꾸짖었다. 그들이 오늘날 살아 있다면 아마도 종으로서 지금 우리의 부주의함을 호되게 꾸짖을 것이다. 우리의 부주의함을 꾸짖는 목소리가 존재하건 그렇지 않건, 인류는 이제 더 이상 우리의 본성과 우리가 살고 있는 장소—지구—를 우리 내면에서 무시할 수 없게 되었다. 그리고 고대와 성서 시대 이래—그것은 얼마 전이다—로 인간이 이룬 것들을 생각할 때, 우리의 조숙함 때문에 우리는 개인적이고 집단적인 행동의 결과에 대해서도 눈감을 수 없게 되었다.

아마도 이제 우리는 우리가 종으로서 우리 자신에게 부여한 이름을 우리 자신의 것으로 만들어야 할 때, 우리의 지각을 우리 자신의 것으로 만들어야 할 때, 그리고 아직 그렇게 할 시간이 남아 있는 동안에 온정신을 회복할 때가 되었다. 설령 우리가 그것을 깨닫지 못하더라도, 그 시간은 우리가 생각하는 것보다 확실히 짧을 것이다. 그리고 그 중요성은 과거보다 더 커졌다. 그 중요성은 결국 우리의 가슴, 우리의 바로 그 인간됨, 우리 종, 우리의 세계 외의 다른 것이 아니다. 우리가 이를 위해 온전히 사용할 수 있는 것은 바로 우리 자신이다. 우리에게 요구되는 것은 특별한 것이 아니다. 오직 우리가 주의를 기울이고 사물의 있는 그대로의 실재에 깨어나기만 하면 된다. 그러면 모든 것이 그 뒤를 따라올 것이다.

참고 자료

마음챙김 명상

Amero, B. *Small Boat, Great Mountain: Theravadan Reflections on the Great Natural Perfection*, Abhayagiri Monastic Foundation, Redwood Valley, CA, 2003.

Beck, C. *Nothing Special: Living Zen*, HarperCollins, San Francisco, 1993.

Buswell, R. B., Jr. *Tracing Back the Radiance: Chinul's Korean Way of Zen*, Kuroda Institute, U of Hawaii Press, Honolulu, 1991.

Goldstein, J. *One Dharma: The Emerging Western Buddhism*, Harper, San Francisco, 2002.

Goldstein, J., and Kornfield, J. *Seeking the Heart of Wisdom: The Path of Insight Meditation*, Shambhala, Boston, 1987.

Gunaratana, H. *Mindfulness in Plain English*, Wisdom, Boston, 1996.

Hanh, T. N. *The Heart of the Buddha's Teachings*, Broadway, New York, 1998.

Hanh, T. N. *The Miracle of Mindfulness*, Beacon, Boston, 1976.

Krishnamurti, J. *This Light in Oneself: True Meditation*, Shambhala, Boston, 1999.

Levine, S. *A Gradual Awakening*, Anchor/Doubleday, Garden City, NY, 1979.

Rosenberg, L. *Breath by Breath: The Liberating Practice of Insight Meditation*, Shambhala, Boston, 1998.

Rosenberg, L. *Living in the Light of Death: On the Art of Being Truly Alive*, Shambhala, Boston, 2000.

Salzberg, S. *Lovingkindness*, Shambhala, Boston, 1995.

Santorelli, S. *Heal Thy Self: Lessons on Mindfulness in Medicine*, Bell Tower, New York, 1999.

Sheng-Yen, C. *Hoofprints of the Ox: Principles of the Chan Buddhist Path*, Oxford University Press, New York, 2001.

Sumedo, A. *The Mind and the Way: Buddhist Reflections on Life*, Wisdom, Boston, 1995.

Suzuki, S. *Zen Mind, Beginner's Mind*, Weatherhill, New York, 1970.

Thera, N. *The Heart of Buddhist Meditation*, Weiser, New York, 1962.

마음챙김의 적용과 명상 관련 도서

Bennett-Goleman, T. *Emotional Alchemy: How the Mind Can Heal the Heart*, Harmony, New York, 2001.

Brantley, J. *Calming Your Anxious Mind: How Mindfulness and Compassion Can Free You*

from Anxiety, Fear, and Panic, New Harbinger, Oakland, CA, 2003.
Epstein, M. *Thoughts Without a Thinker*, Basic Books, New York, 1995.
Goleman, D. *Destructive Emotions: How We Can Heal Them*, Bantam, New York, 2003.
McLeod, K. *Wake Up to Your Life*, Harper, San Francisco, 2001.
McManus, C. A. *Group Wellness Programs for Chronic Pain and Disease Management*, Butterworth-Heinemann, St. Louis, MO, 2003.
McQuaid, J. R., and Carmona, P. E. *Peaceful Mind: Using Mindfulness and Cognitive Behavioral Psychology to Overcome Depression*, New Harbinger, Oakland, CA, 2004.
Segal, Z. V., Williams, J. M. G., and Teasdale, J. D. *Mindfulness-Based Cognitive Therapy for Depression: A New Approach to Preventing Relapse*, Guilford, NY, 2002.
Tolle, E. *The Power of Now*, New World Library, Novato, CA, 1999.
Wallace, B. A. *Tibetan Buddhism from the Ground Up*, Wisdom, Somerville, MA, 1993.
Williams, J. M. G., Teasdale, J. D., Segal, Z. V., and Kabat-Zinn, J. *Mindfulness and the Transformation of Emotion*, Guilford, New York, 2005.

요가와 스트레칭

Boccio, F. J. *Mindfulness Yoga*, Wisdom, Boston, 2004.
Christensen, A., and Rankin, D. *Easy Does It Yoga: Yoga for Older People*, Harper & Row, New York, 1979.
Iyengar, B. K. S. *Light on Yoga*, revised edition, Schocken, New York, 1977.
Kraftsow, G. *Yoga for Wellness*, Penguin/Arkana, New York, 1999.
Meyers, E. *Yoga and You*, Random House Canada, Toronto, 1996.

힐링

Goleman, D. *Healing Emotions: Conversations with the Dalai Lama on Mindfulness, Emotions, and Health*, Shambhala, Boston, 1997.
Halpern, S. *The Etiquette of Illness: What to Say When You Can't Find the Words*, Bloomsbury, New York, 2004.
Lazare, A. *On Apology*, Oxford, New York, 2004.
Lerner, M. *Choices in Healing: Integrating the Best of Conventional and Complementary Approaches to Cancer*, MIT Press, Cambridge, MA, 1994.
Meili, T. *I Am the Central Park Jogger*, Scribner, New York, 2003.
Moyers, B. *Healing and the Mind*, Doubleday, New York, 1993.
Ornish, D. *Love and Survival: The Scientific Basis for the Healing Power of Intimacy*, HaperCollins, New York, 1998.
Remen, R. *Kitchen Table Wisdom: Stories that Heal*, Riverhead, New York, 1997.
Simmons, P. *Learning to Fall: The Blessings of an Imperfect Life*, Bantam, New York, 2002.

Tarrant, J. *The Light Inside the Dark: Zen, Soul, and the Spiritual Life*, Harper-Collins, New York, 1998.

Tenzin Gyatso (the 14th Dalai Lama), *The Compassionate Life*, Wisdom, Boston, 2003.

스트레스

LaRoche, L. *Relax–You May Have Only a Few Minutes Left: Using the Power of Humor to Overcome Stress in Your Life and Work*, Villard, New York, 1998.

Rechtschaffen, S. *Time Shifting: Creating More Time to Enjoy Your Life*, Doubleday, New York, 1996.

고통

Cohen, D. *Finding a Joyful Life in the Heart of Pain: A Meditative Approach to Living with Physical, Emotional, or Spiritual Suffering*, Shambhala, Boston, 2000.

Dillard, J. N. *The Chronic Pain Solution*, Bantam, New York, 2002.

Sarno, J. E. *Healing Back Pain: The Mind-Body Connection*, Warner, New York, 2001.

시

Bly, R. *The Soul Is Here for Its Own Joy*, Ecco, Hopewell, NJ, 1995.

Eliot, T. S. *Four Quartets*, Harcourt Brace, New York, 1943, 1977.

Lao-Tzu, *Tao Te Ching*, (Stephen Mitchell, transl.), HarperCollins, New York, 1988.

Mitchell, S. *The Enlightened Heart*, Harper & Row, New York, 1989.

Oliver, M. *New and Selected Poems*, Beacon, Boston, 1992.

Whyte, D. *The Heart Aroused: Poetry and the Preservation of the Soul in Corporate America*, Doubleday, New York, 1994.

기타

Abram, D. *The Spell of the Sensuous*, Vintage, New York, 1996.

Ackerman, D. *A Natural History of the Senses,* Vintage, New York, 1990.

Bohm, D. *Wholeness and the Implicate Order,* Routledge and Kegan Paul, London, 1980.

Bryson, B. *A Short History of Nearly Everything,* Broadway, New York, 2003.

Glassman, B. *Bearing Witness: A Zen Master's Lessons in Making Peace,* Bell Tower, New York, 1998.

Greene, B. *The Elegant Universe,* Norton, New York, 1999.

Hillman, J. *The Soul's Code: In Search of Character and Calling,* Random House, New York, 1996.

Karr-Morse, R., and Wiley, M. S. *Ghosts from the Nursery: Tracing the Roots of Violence,*

Atlantic Monthly Press, New York, 1997.

Kazanjian, V. H., and Laurence, P. L. (eds.). *Education as Transformation,* Peter Lang, New York, 2000.

Kurzweil, R. *The Age of Spiritual Machines,* Viking, New York, 1999.

Loori, J. D. *The Zen of Creativity,* Ballantine, New York, 2004.

Luke, H. *Old Age: Journey into Simplicity,* Parabola, New York, 1987.

Montague, A. *Touching: The Human Significance of the Skin,* Harper & Row, New York, 1978.

Palmer, P. *The Courage to Teach: Exploring the Inner Landscape of a Teacher's Life,* Jossey-Bass, San Francisco, 1998.

Pinker, S. *How the Mind Works,* Norton, New York, 1997.

Ravel, J.-F., and Ricard, M. *The Monk and the Philosopher: A Father and Son Discuss the Meaning of Life,* Schocken, New York, 1998.

Sachs, O. *The Man Who Mistook His Wife for a Hat,* Touchstone, New York, 1970.

Scarry, E. *Dreaming by the Book,* Farrar, Straus & Giroux, New York, 1999.

Schwartz, J. M., and Begley, S. *The Mind and the Brain: Neuroplasticity and the Power of Mental Force,* HarperCollins, New York, 2002.

Singh, S. *Fermat's Enigma,* Anchor, New York, 1997.

Varela, F. J., Thompson, E., and Rosch, E. *The Embodied Mind: Cognitive Science and Human Experience,* MIT Press, Cambridge, MA, 1991.

웹 사이트

www.umassmed.edu/cfm Website of the Center for Mindfulness, UMass Medical School

www.mindandlife.org Website of the Mind and Life Institute

www.dharma.org Vipassana retreat centers and schedules

찾아보기

인명

내용

저자 소개

존 카밧진(Jon Kabat-Zinn) 박사는 과학자이자 저술가 그리고 명상 지도자다. 그는 현재 매사추세츠 대학병원의 명예교수로 재직 중이며, 그곳에서 스트레스 완화클리닉을 개설하여 MBSR 프로그램을 개발하고 보급하였다. 그는 마음챙김 명상과 적용에 관한 많은 책을 출간하였으며, 세계 35개 이상의 언어로 번역되어 널리 읽히고 있다. 그는 1971년에 MIT의 노벨상 수상자 살바도르 루리아(Salvador Luria) 실험실에서 분자생물학으로 박사학위를 받았으며, 그 후 오랫동안 몸과 마음의 상호작용, 만성통증과 스트레스 장애를 보이는 환자들에게 마음챙김 명상을 임상적으로 적용하는 것과 관련된 연구를 해 왔다. 그는 마음챙김이 의학, 심리학, 건강 보호, 학교, 기업, 병원, 교도소 등의 기관에서 중요한 실천 방법으로 자리 잡게 하는 데 크게 기여하였다.

역자 소개

안희영(Heyoung Ahn)은 충청북도 청주 출생으로 미국 컬럼비아 대학교에서 MBSR 지도자 교육과정을 주제로 박사학위(성인학습 및 리더십 전공)를 받았으며, 현재는 서울불교대학원대학교 부총장 및 심신치유교육학과 교수로 재직하면서 2005년부터 MBSR을 국내에 보급하고 있다. 미국 MBSR 본부인 마음챙김센터(CFM)에서 인증을 취득하였고, 현재 국내 유일의 CFM 공인 MBSR 지도자로서 한국MBSR연구소(http://cafe.daum.net/mbsrkorea)를 중심으로 스트레스, 명상, 심신치유, 리더십과 관련된 교육을 하고 있다. 서구의 기업교육용 명상프로그램인 포텐셜프로젝트 교육과 내면검색(Search Inside yourself) 프로그램 인증을 취득하였다.

풀브라이트 교환교수, 대한통합의학교육협의회 부회장, 한국정신과학학회 부회장을 역임하였으며, 현재 한국심신치유교육학회 회장, 한국불교심리치료학회 운영위원, 한국명상지도자협회 이사, 한국MBSR연구소 소장으로 있다.

역서로는 존 카밧진의 처음 만나는 마음챙김명상(불광출판사, 2012), 마음챙김에 근거한 심리치료(공역, 학지사, 2009), 마음챙김과 정신건강(학지사, 2010), 스트레스와 건강(공역, 학지사, 2012), 8주 나를 비우는 시간(공역, 불광출판사, 2013), 켄 윌버의 ILP(공역, 학지사, 2014), 마음챙김의 예술과 과학(공역, 학지사, 2014), MBSR 워크북(공역, 학지사, 2014), 생각의 판을 뒤집어라

저자 소개

존 카밧진(Jon Kabat-Zinn) 박사는 과학자이자 저술가 그리고 명상 지도자다. 그는 현재 매사추세츠 대학병원의 명예교수로 재직 중이며, 그곳에서 스트레스 완화클리닉을 개설하여 MBSR 프로그램을 개발하고 보급하였다. 그는 마음챙김 명상과 적용에 관한 많은 책을 출간하였으며, 세계 35개 이상의 언어로 번역되어 널리 읽히고 있다. 그는 1971년에 MIT의 노벨상 수상자 살바도르 루리아(Salvador Luria) 실험실에서 분자생물학으로 박사학위를 받았으며, 그 후 오랫동안 몸과 마음의 상호작용, 만성통증과 스트레스 장애를 보이는 환자들에게 마음챙김 명상을 임상적으로 적용하는 것과 관련된 연구를 해 왔다. 그는 마음챙김이 의학, 심리학, 건강 보호, 학교, 기업, 병원, 교도소 등의 기관에서 중요한 실천 방법으로 자리 잡게 하는 데 크게 기여하였다.

역자 소개

안희영(Heyoung Ahn)은 충청북도 청주 출생으로 미국 컬럼비아 대학교에서 MBSR 지도자 교육과정을 주제로 박사학위(성인학습 및 리더십 전공)를 받았으며, 현재는 서울불교대학원대학교 부총장 및 심신치유교육학과 교수로 재직하면서 2005년부터 MBSR을 국내에 보급하고 있다. 미국 MBSR 본부인 마음챙김센터(CFM)에서 인증을 취득하였고, 현재 국내 유일의 CFM 공인 MBSR 지도자로서 한국MBSR연구소(http://cafe.daum.net/mbsrkorea)를 중심으로 스트레스, 명상, 심신치유, 리더십과 관련된 교육을 하고 있다. 서구의 기업교육용 명상프로그램인 포텐셜프로젝트 교육과 내면검색(Search Inside yourself) 프로그램 인증을 취득하였다.

풀브라이트 교환교수, 대한통합의학교육협의회 부회장, 한국정신과학학회 부회장을 역임하였으며, 현재 한국심신치유교육학회 회장, 한국불교심리치료학회 운영위원, 한국명상지도자협회 이사, 한국MBSR연구소 소장으로 있다.

역서로는 존 카밧진의 처음 만나는 마음챙김명상(불광출판사, 2012), 마음챙김에 근거한 심리치료(공역, 학지사, 2009), 마음챙김과 정신건강(학지사, 2010), 스트레스와 건강(공역, 학지사, 2012), 8주 나를 비우는 시간(공역, 불광출판사, 2013), 켄 윌버의 ILP(공역, 학지사, 2014), 마음챙김의 예술과 과학(공역, 학지사, 2014), MBSR 워크북(공역, 학지사, 2014), 생각의 판을 뒤집어라

(공역, 불광출판사, 2015) 등이 있다.

논문으로는 MBSR 프로그램의 불교 명상적 기반(불교학연구, 2010), 통합미술치료를 위한 MBSR 프로그램 활용방안(예술심리치료연구, 2010), 마음챙김과 자기기억의 연관성(한국선학, 2010), 현대 서구사회에서의 마음챙김 활용(불교학연구, 2012), Dialogical and Eastern perspectives on the self in practice(공저, 2015) 등이 있다.

김재성(Jaesung Kim)은 서울대학교 철학과와 동 대학원(석사), 일본 동경대학대학원 인도철학불교학과 석사와 동 대학원 박사과정을 수료하였으며, 현재는 능인대학원대학교 명상심리학과 교수이며, 명상의 집 자애(http://cafe.daum.net/mettaa) 명상지도자다. 대한불교조계종 전통사상서 간행위원회 선임연구원을 역임하였으며, 한국불교심리치료학회 운영위원, 불교학연구회 편집위원, 선치료상담전문가(국제선치료연구소), 불교상담전문가(1급, 한국불교상담학회), 불교생명윤리협회 집행위원, 한국명상지도자협회 이사를 맡고 있다. 초기불교 및 테라와다 불교 및 설일체유부 등의 부파불교 교학과 수행론을 연구하고 위빠사나와 자애명상을 주된 수행법으로 수행을 해오고 있으며, 불교와 심리치료의 접점을 찾아 불교상담 및 불교심리치료, 명상심리치료를 연구하고 있다.

저서로는 불교의 이해(공저, 무우수, 2006), 현대사회와 불교생명윤리(공저, 조계종출판부, 2006), 초기불교산책 1, 2(한언, 2010), 마음과 철학: 불교편(공저, 서울대학교출판부, 2013), 마음의 인문학-동서양의 마음이해(공저, 원광대학교 마음인문학연구소, 2013), 자비, 깨달음의 씨앗인가, 열매인가(공저, 운주사, 2015)가 있다.

역서로는 위빠사나 수행(불광출판사, 2003), 붓다의 러브레터(정신세계사, 2005), 명상의 정신의학(민족사, 2009), 마음챙김에 근거한 심리치료(공역, 학지사, 2009), 마음챙김과 심리치료(학지사, 2012), 붓다의 말씀(고요한소리, 2002, 2015)가 있다.

논문으로는 초기불교의 분노와 치유(비폭력연구, 2010), 초기불교의 번뇌(인도철학, 2010), 현대의 위빠사나 위상(한국선학, 2010), 불교명상의 심리치료에의 응용에 대한 연구(불교연구, 2012), Zen Therapy 어떻게 볼 것인가-불교학자의 입장에서(한국불교상담학회지, 2013) 등이 있다.

이재석(Jaeseok Lee)은 서울대학교 노어노문학과를 졸업하였다. 평소 불교명상과 몸-마음의 관계에 관심을 갖고 있으며, 독자에게 도움이 되는 좋은 외국 서적의 기획과 번역을 궁리하고 있다. 보리수선원, 호두마을 등에서 위빠사나 수련을 하였고, 서울불교대학원대학교 심신통합치유학과를 거쳐 현재는 MBSR 지도자과정을 밟고 있다.

역서로는 통증혁명(국일미디어, 2006), 요통혁명(국일미디어, 2006), 오픈포커스 브레인(정신세계사, 2010), 현존수업(정신세계사, 2013) 외 다수가 있다.

온정신의 회복:

마음챙김을 통한 자신과 세계 치유하기

Coming to Our Senses:
Healing Ourselves and the World Through Mindfulness

2017년 1월 20일 1판 1쇄 발행
2026년 1월 20일 1판 2쇄 발행

지은이 • Jon Kabat-Zinn
옮긴이 • 안희영·김재성·이재석
펴낸이 • 김진환
펴낸곳 • (주) 학지사
04031 서울특별시 마포구 양화로 15길 20 마인드월드빌딩
대표전화 • 02)330-5114 팩스 • 02)324-2345
등록번호 • 제313-2006-000265호

홈페이지 • http://www.hakjisa.co.kr
페이스북 • https://www.facebook.com/hakjisabook

ISBN 978-89-997-1096-4 03180

정가 23,000원

이 도서의 국립중앙도서관 출판시도서목록(CIP)은 서지정보유통지원시스템 홈페이지(http://seoji.nl.go.kr)와 국가자료공동목록시스템(http://www.nl.go.kr/kolisnet)에서 이용하실 수 있습니다.
(CIP제어번호: CIP2016023887)

한국MBSR마음챙김연구소

-깨어 있는 삶의 기술, 건강하고 행복한 삶으로의 초대-

MBSR(Mindfulness-Based Stress Reduction) 프로그램은 동양의 마음챙김 명상과 서양의학을 접목하여 탄생한 의료명상 교육 프로그램으로, 1979년 미국 매사추세츠 주립대학교 메디컬센터에서 만성통증이나 만성질병에 노출된 환자들의 스트레스를 완화시키기 위해 존 카밧진 박사에 의해 창안되었습니다. MBSR은 마음챙김에 근거한 치료법 중에서 역사가 가장 길고 임상적인 연구 결과가 가장 많이 제시된 프로그램으로 알려져 있으며, Time, Newsweek, ABC, NBC 등 해외 유수 언론을 통해 소개되면서 최고의 심신이완 및 스트레스 완화 프로그램으로 인정받고 있습니다.

MBSR의 성공비결은 일반인들에게는 어려울 수 있는 명상을 이해하기 쉬운 언어 사용과 과학적인 효과 검증을 바탕으로 체계적이고 알기 쉽게 제공하는 것이라고 알려져 있습니다.

MBSR 프로그램의 임상 효과는 만성통증, 불안, 우울, 범불안장애 및 공황장애, 수면장애, 유방암 및 전립선암, 건선, 외상, 섭식장애, 중독, 면역강화 등의 다양한 정신적 증상의 완화 또는 치료뿐만 아니라 스트레스에 기인한 고혈압, 심혈관 질환 등 많은 만성질환의 증상 완화, 예방, 치료에 도움을 주는 것으로 보고되고 있습니다. MBSR은 이제 병원에서의 스트레스 치유뿐 아니라 학교나 기업에서 인성교육, 창의성, 리더십 교육에 적극 활용되고 있으며 법조계, 스포츠 분야 등 다양한 분야로 꾸준히 확산되고 있는 추세입니다.

국내에서도 이 책에 소개된 MBSR 프로그램을 제대로 배울 수 있는 길이 열려 있습니다. 한국MBSR마음챙김연구소는 전 세계 약 15여 개의 명망 있는 교육단체와 연합된 국제 마음챙김 협력기관(Global Mindfulness Collaborative: GMC) 파트너로서 국내 유일의 국제 인증 지도자이자 MBSR 티처 트레이너인 안희영 박사가 미국본부의 교과 과정과 지도원리 및 전통방식으로 MBSR 프로그램을 보급하고 있습니다. 또한 MBSR 일반 과정뿐만 아니라 3~7일 마음챙김 집중 수련 과정, MBCT-L 8주 일반 과정, MBSR 국제 지도자 양성 과정 등 다양한 프로그램을 제공하고 있습니다.

*한국MBSR마음챙김연구소 홈페이지, 카페, 유튜브(한국MBSR마음챙김연구소)로 들어오시면 안희영 박사의 마음챙김 명상 음원을 다양하게 경험하실 수 있습니다.

- ⊙ 서울시 서초구 방배로10길 10-4 3층 2호, Tel (02)525-1588
- ⊙ E-Mail mbsr88@hanmail.net
- ⊙ 홈페이지 www.mbsrkorea.com
- ⊙ 다음카페 cafe.daum.net/mbsrkorea
- ⊙ 네이버카페 cafe.naver.com/mbsrkorea

YouTube 한국MBSR마음챙김연구소

MBSR 창시자 카밧진 박사의 CD 시리즈 한국어 버전 시판 안내

이제 『온정신의 회복(Coming to Our Senses)』에 나오는 마음챙김 명상을 저자이자 MBSR의 창시자인 카밧진 박사가 가르쳤던 그대로, 우리말 번역본으로 배운다.

MBSR은 세계가 인정한 마음챙김 명상 브랜드다. MBSR 창시자 카밧진 박사는 "치유는 명상 수련이 존재의 길로써 이루어질 때 그 수련 자체에서 나오는 것"이라고 하였다. 근본적인 치유를 위해서는 무엇보다 존재의 영역으로 들어가 내려놓아야 한다는 것이다.

이 CD에서는 우리 모두가 이미 온전하다는 사실을 전제로 한다. 온전함이란 건강,건강한, 치유, 신성함이라는 말의 원래 의미이지만 대부분의 시간 우리는 그 사실을 알지 못하고, 부족하다고 느껴지거나 일어나야만 한다고 생각하는 것을 미친 듯이 추구하는 행위양식의 삶에 빠져 있다. 『온정신의 회복』과 이에 따른 이 CD는 우리 안의 가장 깊은 최고의 것과 접촉을 잃어버린 상태에서 바로 지금 여기에서 현존할 수 있는 길을 안내한다. 또한 소리 알아차림, 요가 마음챙김 움직임, 생각 및 감정 알아차림, 바디스캔, 선택 없는 알아차림, 걷기 알아차림까지 다양한 명상법을 소개한다.

CD 시리즈 1은 카밧진 박사의 첫 저서 Full Catastroph Living(마음챙김과 자기치유, 학지사)과 CD 시리즈 3은 Coming to Our Senses(온정신의 회복, 학지사)와 함께 나온 것이다. 우리말 녹음 CD 시리즈 1은 미국MBSR본부(CFM)인증 MBSR 트레이너인 안희영 박사가 녹음 제작하였으며, 2017년 초부터 서점이나 한국MBSR연구소(서울시 서초구 방배로10길 10-4 3층 2호, 홈페이지 www.mbsrkorea.com)에서 구입할 수 있다. 온정신의 회복에 기반한 오리지널 CD 시리즈 3은 2026년 3월 출시 예정이며 관련 문의는 한국MBSR연구소(02-525-1588, mbsr88@hanmail.net)로 연락 가능하다.

처음 명상을 하거나 혼자 수련하는데 진전이 없는 사람은 이 책의 근간이 되는 MBSR 일반과정 8주 수업을, MBSR 프로그램이나 마음챙김 명상지도자가 되고자 하는 사람은 한국MBSR연구소가 주관하는 지도자 과정에 참여할 수 있다.